中国休闲农业年鉴

2017

农业部农产品加工局
（乡镇企业局） 主编

中 国 农 业 出 版 社

中国休闲农业年鉴
编 辑 委 员 会

中国休闲农业年鉴
编辑部

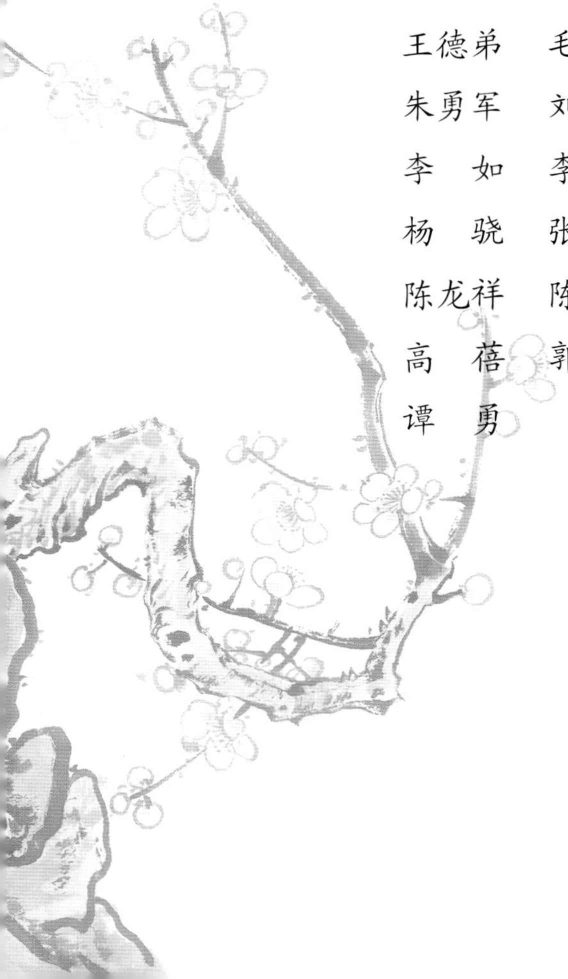

恭城休闲农

恭城文庙

恭城武庙

恭城瑶族盘王阁

瑶寨风光

恭城瑶族自治县位于广西桂林市东北部，南望粤梧，北邻三湘，距山水甲天下的国际旅游名城桂林市区108公里，贵广高铁正式通车运行，恭城一步迈进“高铁时代”，与广州、与贵阳之间的车程只需两小时，有着“广州后花园”之美誉。恭城三面环山，县内冬暖夏凉、气候温和，境内山清水秀，自然人文景观独特，是镶嵌在大桂林旅游圈中一颗璀璨的明珠。

恭城于隋末大业十四年（公元618年）开始置县，至今已有1390多年的历史，中原文化与岭南文化的交融，让这块神奇的土地积累了独特厚重的区域历史文化及民间艺术精华。恭城县地貌似天然的大八卦图，母亲河茶江以"S"形穿越整个城区，更添瑶乡之神秘。县内有文庙、武庙、周王庙、湖南会馆等四大古建筑群，分别形成“文、武、官、商、情”等浓郁的游览氛围。特别是建于明代的文、武两庙，气势恢宏，蔚为壮观，为恭城赢得了“华南小曲阜”的美誉。庙内浮雕、石刻做工精巧，镂空木雕工艺高超细腻，脊山彩陶人物花饰别具一格。走进这里，就像进了一座古老的艺术殿堂。文、武两庙并存一地，一文一武，一张一弛，相互辉映。雄伟壮观的盘王阁是继恭城文庙、武庙后又一大型文化景观，展示了中国瑶族优秀传统文化及恭城本地多姿多彩的瑶族民俗文化，吸引了大批游客前来参观。

瑶族是一个能歌善舞的民族，以歌传情、以歌会友是恭城瑶族一大特色。吹笙挞鼓舞、羊角舞、还盘王愿、瑶族婚礼舞、瑶族婆王节、恭城关帝庙会等项目，已列入自治区非物质文化遗产名录。在自然与社会的发

与乡村旅游

展过程中，当地的瑶族歌舞，与时代同歌同舞，既有传统的古朴浓郁，又有现代生活的活泼气息。多姿多彩的瑶家风情，将还给您一个酣畅的瑶乡梦幻。

恭城地方小吃十分丰富，被乾隆皇帝赐名为“爽神汤”的恭城油茶，风韵独具，闻香垂涎，将使您一饱口福。“恭城油茶喷喷香，又有茶叶又有姜，当年乾隆喝两碗，给它取名爽神汤”，由于它独特的制作方式、诱人的浓酽清香、舒心怡神的饮后感，早已名播广西誉满八桂。与油茶佐餐的瑶乡风味小吃品目繁多，排散、柚叶粑、萝卜粑、船上粑、芋头糕等30余种特色糕点，形成瑶乡小吃饮食魅力，为游客津津乐道。

恭城生态怡人、资源丰富。恭城人民20余年持之以恒大力发展生态农业，被冠为“恭城模式”而闻名全国，荣获“全国生态农业示范县”“国家级生态示范区”“中国月柿之乡”“中国长寿之乡”“全国休闲农业与乡村旅游示范县”等20多个国家级荣誉称号。根据自然山水、人文景观的旅游特性，恭城依托生态资源品牌优势，按照“观文物古迹，品瑶乡风情，赏生态风光”的发展思路，大力发展生态旅游业。良好的生态环境，秀美的自然风光，厚重的文化底蕴，多彩的民俗风情，给恭城的休闲农业与乡村旅游注入了新鲜的活力，带来了无限生机，一年一度的“桃花节”和“月柿节”更是吸引游客数十万人，桃花节成了桂林市春季旅游的最大品牌。这里春天是花园，夏天是林园，秋天是果园，冬天是公园，一年四季是乐园。第二次全国改善农村人居环境会议在恭城成功召开，“恭城经验”引起全国关注。

表演瑶族挞鼓舞

晒恭城月柿柿饼

恭城沙田柚

中国人居环境范例奖

中国重要农业文化遗产

广西隆安壮族“那”文化 稻作文化系统

隆安县作为壮族稻作文化发祥地之一，拥有得天独厚的“那”文化资源，具有丰富多彩的“那”文化遗存。

近年来，隆安十分重视“那”文化的挖掘工作并取得成效。目前，在隆安境内相继出土了大石铲、牙璋、遗骨等古文物，比较典型的遗址有大龙潭遗址、谷红岭遗址等。据《文物》杂志1978年第9期刊载的“桂南出土石铲地点统计表”，文中列有大石铲出土的地点共60处，当中仅隆安县就有15处，占总数的25%。在隆安县境内，还发现中国最古老的原始栽培稻和普通野生稻，原产地在该县的野生稻被列入优异品种的达33种。与此同时，隆安的满月礼、婚礼、寿礼、葬礼等风俗习惯，都与稻米有着千丝万缕的联系。许多流传已久的节日都与水稻有关，比较著名的节日有那桐“四月八”农具节、乔建“六月六”芒那节等。这表明在隆安这片古老的土地上使用大石铲的居民已过着相对长久的定居生活，开启了具有鲜明地方特色的稻作农业。目前，隆安已将“那”文化的研究挖掘利用工作列入全县“十三五”规划，明确责任单位，制定《隆安县2016年“那”文化研究挖掘利用工作方案》，进一步深入挖掘“那”文化元素，增强“那”文化底蕴。

为传承保护好“那”文化，近年来，隆安县始终把“那”文化的研究和开发作为文化强县的重要内容来抓。

2010年5月，隆安县传承了上千年的传统民俗活动“稻神祭”被自治区和南宁市列为自治区、市级非物质文化遗产名录，并将位于该县城厢镇江滨路的关帝大王庙定为“稻神祭”传承基地。目前，该县共有30多个项目列入县级非物质文化遗产保护名录，其渊源大多与“那”文化相关。如“那桐壮族农具节”“红良打铁技艺”“壮族亥日”和“稻神祭”（芒那节）。同时，隆安以大型节庆、文艺展演等文化活动为载体，通过组织本土艺术家进行创作、编排文艺节目，先后出版了本土作家散文集《那之韵》，创作了《隆安四月八》等本土歌曲，编排了《那之韵》《娅王赐福》《那地娅》等10多个本土歌舞节目，通过多种形式进行展示，使“那”成为隆安最灿烂的文化符号。

随着“那”文化影响的不断扩大，隆安县将如何经营好“那”文化品牌，充分发挥“那”文化的经济潜能作为农业文明向现代社会发展的突破口。

近年来，隆安县以“生态乡村”建设为契机，将定典屯综合示范村打造成为一个具有“那”文化特色的生态农业旅游休闲宜居村。该屯先后荣获“中国特色村”“全国一村一品示范村”称号，成为该县“美丽乡村”的典范，日接待游客最多达到2万多人次。

为经营好“那”文化品牌，2012年以来，隆安每年都成功举办“那”文化旅游节。在政府的正确引导下，每年的那桐“四月八”农具节、城厢“稻神祭”节、乔建“芒那节”、雁江龙舟比赛等民俗传统节庆活动也遍地开花。越来越多的境内外游客被“那”文化所吸引，感受到了“那”山“那”水“那”人的独特魅力。

目前，隆安正重点抓好一批“那”文化项目建设：一“山”（稻神山）、一“馆”（“那”文化博物馆）、一“城”（“那”城）、一“基地”（野生稻保护基地，分发源基地和展示基地）、一“节”（“那”文化旅游节）项目，其中“一山”、一“馆”、一“基地”已是自治区政府专题会明确要求实施的项目。当前，“那”文化博物馆立项申报工作正在扎实推进中，“那”城的建设已完成工程量近半，“那”文化旅游节每年通过不同形式举办，影响力不断扩大……

几千年的历史积淀造就了隆安风景“那”边独好的文化资源，“那”文化将带给我们更多期待。

你我的“世外桃源”

江阴朝阳山庄

2011年7月初周武忠教授在朝阳山庄接待国际园艺学会主席安东尼奥·门特罗教授（右）和国际园艺学会景观与都市园艺委员会主席哥特·格鲁宁教授

江阴朝阳山庄，创建于2008年6月，坐落在江阴东、定山山麓朝阳村殷家湾内，是一座集餐饮、休闲、娱乐、种养殖为一体的生态农庄，是人们暂离尘世喧嚣，尽享世外恬静的旅游度假胜地，堪称江阴人自己的“世外桃源”！

农庄建筑群设计匠心独运：东南亚风格的木墙竹瓦配以藤椅篾桌，与定山原生态的秀丽风光相得益彰，不着商业痕迹，仿佛浑然天成。

驻足朝阳山庄，您便可在清雅浪漫的云海竹澜中，坐享名师烹调的农家美味，细品“把酒东篱下”的山间闲适，漫谈“柴门临水稻花香”的田园纯净……

朝阳山庄是江苏省四星级乡村旅游点，无锡市五星级旅游单位，现有餐饮部、客房部、休闲区、娱乐区、种养殖场等区域。餐饮部拥有20多个大小包厢和一个大型宴会厅，其中大型宴会厅能容纳350多人就餐，是亲友聚会、喜庆宴饮的绝佳地；客房部拥有单人间、标准间和豪华套间，是您与亲友周末小憩或是长假小住的宜居之地；休闲区设立了足浴中心、茶馆，泡一回热水脚，把一盏清茗，便能为您驱散忙碌了一天的疲倦；娱乐区设立了垂钓区、棋牌室、网球场、KTV室内练歌房和露天派对场，垂钓静心，棋牌怡情，而高歌一曲则更能宣泄您身心的不畅快……

种养殖场种植了桃子、梨子、葡萄、猕猴桃等水果，这些水果可供庄内餐饮，也可供嘉宾采摘购买；此外，农庄还种植了一些菌菇和应时的绿色蔬菜，养殖了鸡、鸭、鹅等禽类以及青鱼、昂刺等鱼类，这些纯天然绿色农产品都直接供应农庄内餐饮部，来宾们可放心享用纯天然、无污染的农家菜肴。

江阴朝阳山庄全体员工在此诚邀天下嘉宾光临农庄，我们将一如既往地秉承“宾客至上、服务第一”的宗旨，以“及时周到、真诚礼貌”的服务，恭候您的到来。

朝阳山庄办公区

茶庄

竹海怡院

朝阳山庄月季花园

金山嘴渔村

渔村

山阳镇渔业村，是上海沿海成陆最早、保存最为完整的渔业村落，地处杭州湾畔，紧邻城市沙滩，与金山三岛遥相呼应。这里曾是金山地区渔民聚居地，海洋历史文化悠久，现有旅游产业具有相当规模，被盛赞为上海最古老的渔村，也是最后一个“活着”的渔村。

与上海其他渔村不同，金山嘴渔业村是最纯粹的渔村，祖祖辈辈靠海吃海，渔村除了有固定的海域可捕鱼之外，没有可种的土地。村里0.4平方千米的土地，没有一分农田，都是密密麻麻挤挤挨挨的住宅区。村里尚存18艘渔船，从事跟渔业有关的销售、捕捞等还有300人左右。

2011年开始，渔村进行了改造。修缮后的渔村保留了当地渔民原始的居住建筑特色，对于老渔村的房屋屋顶、墙面、门窗和沿街路面采用修旧如旧的办法，保留了明清建筑风格特色的青砖黑瓦马头墙，以及杉木材料门窗，并铺设了青石板路面，还原老街渔村的古韵。随着旅游业的发展，老街沿街店铺日益兴盛，鳞次栉比的业态给古老的渔村带来的新的活力。

金山嘴海鲜一条街，因其浓郁的海洋文化特色，在20世纪90年代享誉沪上。站在海鲜一条街上，面对浩瀚的大海，遥望金山三岛，看浪涛起伏，海风拂面，心旷神怡；待海潮涨起，渔船驶来，海鱼、白虾、梭子蟹等，让人望海鲜兴叹。坐进饭店，餐桌上一盆盆海鲜佳肴，尝之别具风味。在海鲜一条街品海鲜、赏海景，令人心醉，使人流连忘返。

经过几年的村庄改造和打造，渔业村近年来获得了许多的殊荣。这个中国最美休闲乡村，以其独特的魅力，吸引着热爱大海、热爱自然的人们。

金山嘴渔村清澈运石河

渔阅书吧

渔舟唱晚

目　录

发展概况

各地概况

国外发展概况及动向

全国休闲农业与乡村旅游示范县（市、区）

领导讲话

法律法规与规范性文件

统计资料

附　　录

索　　引

发展概况

全国休闲农业概况
中国重要农业文化遗产发掘保护工作
全国休闲农业和乡村旅游示范创建活动
中国美丽休闲乡村推介活动
全国休闲农业和乡村旅游精品景点线路推介

全国休闲农业概况

【基本情况】 休闲农业是贯穿农村一二三产业，融合生产、生活和生态功能，紧密联结农业生产、农产品加工业、服务业的新型产业形态和新型消费业态。近年来，全国休闲农业和乡村旅游蓬勃发展，呈现出“发展加快、布局优化、质量提升、领域拓展”的良好态势，已成为经济社会发展的新业态、新亮点。2016 年，各级休闲农业管理部门围绕农业提质增效、农民就业增收、农村繁荣发展，通过加强规划引导、创设扶持政策、培育知名品牌、强化公共服务、提升发展内涵、营造发展氛围等措施，推动休闲农业和乡村旅游持续健康发展。

2016 年，全国休闲农业和乡村旅游接待游客近 21 亿人次，营业收入超过 5 700 亿元，从业人员 845 万人，带动 672 万户农民受益。农业部高度重视休闲农业发展，提出发展休闲农业要以农耕文化为魂，以美丽田园为韵，以生态农业为基，以创新创造为径，以古朴村落为形。各地要充分认识休闲农业消费对经济增长的积极作用，进一步提高思想认识，完善政策措施，加大工作力度，切实推动休闲农业产品由低水平供需平衡向高水平供需平衡跃升。

【政策创设工作】 深入贯彻落实中央 1 号文件精神，2016 年，农业部会同国家发展和改革委员会、财政部等 14 部门联合印发了《关于大力发展休闲农业的指导意见》（农加发〔2016〕3 号），全方位、有针对性地明确了今后一段时间休闲农业的目标任务、保障措施和工作要求，明确提出了 7 项主要任务和 4 项扶持保障政策，指导各地做好“十三五”时期的休闲农业和乡村旅游工作。

【休闲农业品牌培育工作】 按照面点线结合的思路，在整合优化的基础上，重点打造了“3＋1＋X”的休闲农业和乡村旅游品牌体系。2016 年，在面上继续开展全国休闲农业和乡村旅游示范县（市、区）创建，着力培养一批生态环境美、产业优势足、发展势头好、示范带动能力强的休闲农业和乡村旅游聚集区；在点上继续开展中国美丽休闲乡村推介活动，在全国打造一批天蓝、地绿、水净，安居、乐业、增收的美丽休闲乡村（镇），培育消费新增长点；在线上重点开展休闲农业和乡村旅游精品景点线路推介，吸引城乡居民到乡村休闲消费。2016 年，农业部认定了 74 个休闲农业和乡村旅游示范县（市、区），向社会推介了 150 个中国美丽休闲乡村（镇），发布了休闲农业和乡村旅游精品线路 768 条、精品景点 2 032 个，扩大了品牌知名度和影响力，提高了全社会对休闲农业的认知和接受程度。

【重要农业文化遗产发掘保护工作】 2016 年，农业部开展中国重要农业文化遗产普查工作，摸清了全国农业文化遗产的底数、类型和分布，经过中国重要农业文化遗产专家委员会论证分析，上报的项目中具有潜在保护价值的农业生产系统达 408 项。部署第四批中国重要农业文化遗产认定工作。组织专家对认定的中国重要农业文化遗产保护工作进行了第三方评估。2016 年 4 月，在福建省福州市举办以“传承弘扬农耕文化，拓展农业多种功能”为主题的中国重要农业文化遗产管理人员培训班。

【基础性工作】 组织开展休闲农业统计监测工作，科学设置指标和监测统计方式，构建长期稳定的统计监测工作机制。积极参与住房和城乡建设部牵头的中国传统村落保护工作，中共中央宣传部牵头的关于中国优秀传统文化传承工作中央政策性指导文件的起草制定等。积极开展政策研究，组织开展“休闲农业和乡村旅游用地政策研究”“发展休闲农业与乡村旅游带动农民增收问题研究”等。

【宣传推介工作】 为进一步拉动休闲农业消费市场、带动农民就业增收，2016 年农业部根据季节特点和小长假时点分布，围绕“春节到农家过大年”“早春到乡村去踏青”“初夏到农村品美食”“仲秋到田间去采摘”4 个主题，通过中国农业信息网、中国休闲农业网等网络专栏，农民日报等报纸专版以及微信转发等形式，有步骤、有重点、分时段向社会推出休闲农业和乡村旅游精品景点线路。同时，制作全国休闲农业和乡村旅游宣传片，举办全国休闲农业和乡村旅游精品景点和线路发布活动，组织开展“春花经济”采访并专版宣传。

中国重要农业文化遗产发掘保护工作

我国农耕文化源远流长，是各族劳动人民长久以来生产、生活实践的智慧结晶，体现着中华民族的生命力和创造力，贯穿于中华传统文化的始终。中华民族在长期的生息发展中，凭借着独特多样的自然条件和勤劳与智慧，创造了种类繁多、特色明显、经济价值与生态价值高度统一的重要农业文化遗产。农业文化遗产是中华优秀传统文化的重要组成部分，具有悠久的历史渊源、独特的农业产品、丰富的生物资源、完善的技术体系和较高的文化价值。由于缺乏系统有效的保护，在经济快速发展和城镇化加快推进的过程中，一些重要农业文化遗产正在被破坏、被遗忘、被抛弃。

为贯彻落实党的十八大提出的“建设优秀文化传承体系，弘扬中华优秀传统文化”决策部署，农业部组织开展了中国重要农业文化遗产发掘工作。发掘农业文化遗产的历史价值、文化和社会功能，向社会公众宣传展示其中的精髓，能够增强国民对民族文化的认同感、自豪感，带动全社会对民族文化的关注和认知，对于弘扬中华农业文化，促进农业可持续发展和遗产地农民就业增收具有重要意义。农业部于 2012 年启动中国重要农业文化遗产发掘保护工作，确立“在发掘中保护、在利用中传承”的思路，深入挖掘遗产价值，创新保护与利用机制，制定了重要农业文化遗产管理办法，成立了中国重要农业文化遗产专家委员会。

中国重要农业文化遗产发掘工作开展以来，各地高度重视，按照农业部制定的重要农业文化遗产管理办法、重要农业文化遗产申报书编写导则、保护与发展规划编写导则和认定标准，积极挖掘整理当地的重要农业文化遗产。农业部依托中国重要农业文化遗产专家委员会对地方挖掘整理、省级管理部门审核上报的资料进行了严格评审，截至 2016 年，分 3 批发掘认定了 62 项中国重要农业文化遗产。为贯彻落实中央 1 号文件关于“开展农业文化遗产普查与保护”的部署要求，2016 年农业部精心组织、科学安排，强化指导、扎实推进，依托专家、科学论证，着力做好普查工作。在各级农业管理部门、各传统农业系统所在地有关部门和中国重要农业文化遗产专家委员会的共同努力下，圆满完成了普查工作。此次普查按照农业部部署指导、省级组织审核汇总、县级农业部门组织填报的方式进行推进，基本摸清了全国农业文化遗产的底数、类型和分布。经过中国重要农业文化遗产专家委员会论证分析，上报的项目中具有潜在保护价值的农业生产系统达 408 项。

对认定的中国重要农业文化遗产，农业部通过举办发布活动、制作中国重要农业文化遗产画册和宣传视频、编写系列丛书，利用报刊、电视、网络等重要媒体进行宣传报道，交流各地动态和传承的经验措施，不断推动重要农业文化遗产的挖掘、保护、传承和利用。农业部通过开展中国重要农业文化遗产发掘保护工作，推动了农业文化遗产多种功能日益突显、品牌价值日益提高，提高了全社会对农业文化遗产重要价值的认识和保护意识，努力实现遗产地文化、生态、经济、社会全面协调可持续发展，为促进农业可持续发展、带动遗产地农民就业增收、传承农耕文明和弘扬农耕文化做出了积极贡献。

全国休闲农业和乡村旅游示范创建活动

休闲农业和乡村旅游是一种新型产业形态和消费业态，是推进农村一二三产业融合发展的新载体，是促进农村经济发展的新动能，是实现农民就业增收的新途径。发展休闲农业和乡村旅游对于拓展农业多种功能，加快转变农业发展方式，弘扬中华传统农耕文化，推动农业供给侧结构性改革，带动农民就业增收和精准脱贫，建设美丽宜居乡村和美丽中国都具有十分重要的意义。

为加快休闲农业和乡村旅游发展，转变农业发展方式、带动农民就业增收、推进美丽乡村建设、拉动国内消费升级，2010 年农业部联合国家旅游局启动实施全国休闲农业和乡村旅游示范创建活动，按照“坚持示范创建与示范带动相结合、坚持政府引导与社会参与相结合、坚持系统开发与突出特色相结合、坚持设施改造与素质提升相结合”的原则，通过地方自愿创建、自愿申报、省级推荐和专家评审等程序，培育一批生态环境优、产业优势大、发展势头好、示范带动能力强的全国休闲农业和乡村旅游示范县（市、区），成为推动休闲农业和乡村旅游工作开展的有力抓手，成为促进农村一二三产业融合发展的新引擎。

根据《农业部办公厅关于深入开展 2016 年全国休闲农业和乡村旅游示范县（市、区）创建工作的通知》（农办加〔2016〕9 号）要求，2016 年，农业部继续开展了全国休闲农业和乡村旅游示范县（市、区）创建工作。经各县（市、区）申报、省级农业主管部门审核、专家评审和网上公示，认定了北京市昌平区等 74 个县（市、区）为全国休闲农业和乡村旅游示范县（市、区）。通过开展宣传推介、人才培训等工作，有效地推动了示范县的相关产业不断发展壮大，实现了典型引路，以点带面的工作目标，为农业强起来、农村美起来、农民富起来做出了应有的贡献。

全国休闲农业和乡村旅游示范创建工作开展以来，各地高度重视，积极创建，形成了很好的典型示范和品牌带动效应，有力地提升了产业的社会影响力。通过示范创建活动，进一步探索休闲农业和乡村旅游发展规律，厘清发展思路，明确发展目标，创新体制机制，完善标准体系，优化发展环境，形成“统筹谋划、系统部署、上下联动、示范引领”的休闲农业和乡村旅游品牌创建新格局，为城乡居民提供看山望水忆乡愁的休闲旅游好去处。

中国美丽休闲乡村推介活动

中国美丽休闲乡村是以农业为基础、农民为主体、乡村为单元，以农耕文化为魂，以美丽田园为韵，以生态农业为基，以创新创造为径，以古朴村落为形，围绕农业生产过程、农民劳动生活和农村风情风貌，因地制宜发展休闲农业和乡村旅游的典范。开展中国美丽休闲乡村推介活动，旨在深入贯彻党的十八大提出的“大力推进生态文明、努力建设美丽中国”重大决策部署，进一步提升美丽休闲乡村的社会知名度和影响力，扩大宣传效果，营造良好氛围，激发各地建设美丽休闲乡村的积极性和创造性，培育休闲农业和乡村旅游知名品牌，拉动城乡居民休闲旅游消费。

中国美丽休闲乡村推介活动以行政村为主体单位，包括特色民居村、特色民俗村、现代新村、历史古村等类型。参加推介的村应依托悠久的村落建筑、独特的民居风貌、厚重的农耕文明、浓郁的乡村文化、多彩的民俗风情、良好的生态资源，因地制宜发展休闲农业，确保功能特色突出，文化内涵丰富，品牌知名度高，农民利益分享机制完善，具有很强的示范辐射和推广作用。

为深入贯彻落实党的十八届五中全会和中央1号文件精神，总结各地发展休闲农业和乡村旅游的经验，树立一批发展典型，促进美丽宜居乡村建设，2016年，农业部组织开展了中国美丽休闲乡村推介活动。按照“政府指导、农民主体、多方参与、共建共享”的思路，推介一批天蓝、地绿、水净，安居、乐业、增收的美丽休闲乡村。根据《农业部办公厅关于开展中国美丽休闲乡村推介工作的通知》（农办加〔2016〕8号）要求，经过地方推荐、专家评审和网上公示等程序，向社会推介了北京市延庆区下湾村等150个村为2016年中国美丽休闲乡村。其中，特色民居村40个、特色民俗村44个、现代新村43个、历史古村23个。这些美丽休闲乡村都是围绕农业生产过程、农民劳动生活和农村风情风貌，因地制宜发展休闲农业和乡村旅游的典范。

2016年10月，农业部在浙江省德清县举办了中国美丽休闲乡村发布活动，向全社会发布了认定的150个中国美丽休闲乡村名单，进一步扩大了休闲农业和乡村旅游品牌的知名度。同时，农业部不断加强组织领导，完善政策措施，加大公共服务，强化宣传引导，充分发挥中国美丽休闲乡村的示范带动作用，有力带动了我国休闲农业和乡村旅游持续健康快速发展，促进了农业提质增效、农民就业增收、农村繁荣发展。

全国休闲农业和乡村旅游精品景点线路推介

休闲农业和乡村旅游作为新型产业形态和新型消费业态，呈现出产业规模日渐扩大、发展内涵不断提升、类型模式逐步丰富、发展方式逐步转变、综合效益同步提高的特点，形成了“发展加快、布局优化、质量提升、领域拓展”的良好态势。

为进一步拉动休闲消费市场、带动农民就业增收，从2016年起，农业部根据季节特点和小长假时点分布，围绕“春节到农家过大年”“早春到乡村去踏青”“初夏到农村品美食”“仲秋到田间去采摘”4个主题，有步骤、有重点、分时段向社会推出休闲农业和乡村旅游精品景点线路。

通过中国农业信息网、中国休闲农业网等网络专栏，农民日报等报纸专版以及微信转发等形式，在全国共发布包括中国最美休闲乡村、中国重要农业文化遗产和休闲农业与乡村旅游5星级企业在内的共计2 032个景点，以及从全国遴选的768条休闲农业和乡村旅游精品线路，极大地方便了城镇居民查询，满足了休闲度假需求，吸引了大量城镇居民前往乡村消费。

按照农业部指导意见，围绕小长假休闲需求，各地积极响应行动，举办各式节庆，推介发布精品线路和景点。如浙江省开化县3月底相继举办了油菜花节、全国摄影大展、“木兰花海”跑山节等3次以观光休闲为主题的活动，同时评选出10大金花胜地、10大最美茶园、6条春游线路。四川成都发布了“乡村采摘游”“乡村古镇游”“乡村特色游”“乡村景区游”“乡村赏花游”“乡村亲子游”6个共主题21条精品线路。江苏省南京市溧水县先后举办了梅花节、草莓节等节庆，共计吸引游客60余万人。句容市大王镇举办第二届樱花节，吸引游客210万人次。

各地概况

北京市
天津市
河北省
山西省
内蒙古自治区
辽宁省
吉林省
黑龙江省
上海市
江苏省
浙江省
安徽省
福建省
江西省
山东省
河南省
湖北省
湖南省
广东省
广西壮族自治区
海南省
重庆市
四川省
贵州省
云南省
西藏自治区
陕西省
甘肃省
青海省
宁夏回族自治区
新疆维吾尔自治区
大连市
青岛市
宁波市
深圳市
厦门市
新疆生产建设兵团

北京市

【主要工作措施及成效】 2016 年，北京市农村工作委员会会同有关部门，积极研究休闲农业与乡村旅游政策措施，努力为休闲农业与乡村旅游发展创造良好的外部环境。休闲农业经营者瞄准消费者需求，勇于开拓，积极创新，新兴业态不断涌现，产业规模不断扩大，保持了健康发展的良好势头。2016年，全市休闲农业和乡村旅游共接待游客4 548万人次，同比增长 12.5%，实现收入42.4 亿元，同比增长 8%。全市农业观光园达到1 258个，民俗旅游接待户 9 026 户。2016 年主要推动了以下几项工作。

（一）研究制定政策，改善休闲农业发展环境

贯彻农业部等十四部委《关于大力发展休闲农业的指导意见》（农加发〔2016〕3 号）精神，研究制定了加快全市休闲农业发展的政策意见，从基础设施建设、改善乡村景观、调整产业产品结构、优化区域布局、加强宣传推介、培育新农人、完善用地制度、加大财政支持等方面，提出了明确要求，为推动休闲农业与乡村旅游发展提供了有利的政策环境。

（二）积极培育新业态，优化休闲农业结构

为解决休闲农业“小散低”的问题，在对传统业态进行改造升级的同时，积极培育休闲农业与乡村旅游新业态。2016 年，新增乡村旅游特色业态 114 家，推出一批高端特色业态项目，如延庆区的山楂小院、怀柔区的山里中国等。累计评出特色业态 645 家，包括采摘篱园、休闲农庄、乡村酒店、山水人家、生态渔家、养生山吧、民族风苑、国际驿站等。

（三）加强指导，提升创意设计水平

农业因创意而精彩，创意因与农业结合而丰富。为提升休闲农业的创意设计水平，完成了《北京休闲农业与乡村旅游创意设计导则》的编辑和出版工作。该导则展示了京郊百个保留了农村符号、具有鲜明特色、符合游客需求的创意设计案例，以通俗的语言分析了案例亮点，讲解如何进一步改进提升，受到了普遍欢迎。

（四）加大宣传推介力度，提高市场影响力

一是在主流媒体开展休闲农业宣传推介。与北京晨报合作，每周推出一期休闲农业主题宣传，累计宣传推介休闲农业和乡村旅游采摘、美食、景观、亲子活动、民俗等产品百余个。同时通过北京旅游、京声京事、北京美丽乡村等微信公众号、微博以及今日头条等平台进行转载，扩大宣传影响力。二是举办第四届北京农业嘉年华主题日活动。利用嘉年华平台，扩大北京休闲农业的影响力和品牌知名度。三是继续开展京郊休闲农业和乡村旅游百度地图标注工作。与百度公司合作，开展京郊休闲农业和乡村旅游百度地图标注工作，进一步更新、完善京郊休闲农业百度地图信息，为消费者旅游提供便利。

（五）做好示范创建，培育知名品牌

一是组织参加农业部品牌创建活动。2016年，昌平区、房山区被认定为全国休闲农业和乡村旅游示范区，延庆区下湾村、昌平区康陵村等被评定为 2016 年中国美丽休闲乡村，8 家休闲农业园区被认定为全国休闲农业和乡村旅游五星级园区。二是开展市级休闲农业品牌创建。完成全市休闲农业园区（企业）星级评定工作，共有 79 家园区被评为北京市星级休闲农业园区（企业）。三是开展民俗村（户）的品牌创建工作。全市共评定星级民俗旅游村210 个，共评定星级民俗旅游户 4 691 户。

（六）加强培训指导，提高发展能力

一是成立专家委员会，加强对产业发展的宏观指导。为充分发挥首都智力资源在促进休闲农业发展中的作用，成立了北京市休

闲农业专家委员会。专家涵盖科研、媒体、设计、休闲农业园区、酒店、餐饮、旅行社等行业，在休闲农业调查研究、领导决策、产业培训、项目评审等方面提供服务。二是加强培训。开展了“百千万”京郊旅游培训工作，重点加强对从业人员餐饮、卫生、接待、营销等专业技能的培训。举办了休闲农业和乡村旅游经营管理人员培训班，邀请专家学者进行市场营销、品牌建设、创意设计等讲座，提高从业者经营水平。

（七）开展区域合作，拓展发展空间

京津冀三地农业部门签署了《京津冀休闲农业协同发展框架协议》，将在休闲农业统筹规划、统一标准体系、打造精品旅游线路、建立服务平台、开展人才培养、策划休闲农业活动等方面开展合作。

【发展特征】　当前，北京休闲农业正从快速成长期向成熟期转变，消费市场正从卖方市场向买方市场转变，要素投入正从以资源、资本为主向以资本、创意为主转变。适应这种背景，从供给侧来说，北京休闲农业呈现以下几个特征。

（一）产品进一步细分，朝特色化、小众化方向发展

在买方市场到来的背景下，为满足消费者的个性化需求，休闲农业与乡村旅游产品进一步细分，类型越来越多。比如，在市民农园领域，出现了都市菜园、开心农场、市民花园；在亲子农业领域，出现了田妈妈农乐园等一批创新型的项目；在休闲农场领域，出现了以花卉、水果为主打产品、专业性强的项目；在养老养生领域，出现了都市第三空间、中医药文化旅游项目；在乡村旅游领域，出现了山里寒舍等高端项目。在经济进入新常态的背景下，这些产品或项目深受市场欢迎。

（二）新农人正在成为北京休闲农业产业发展的有生力量

北京休闲农业发展主体正在实现多元化，一大批新农人的参与为休闲农业发展提供了新动力。这些新农人一般年龄不大、学历较高、大多从其他行业而来，给休闲农业产业发展带来了新思维、新理念。休闲农业领域的“大众创业、万众创新”，为进城农民工、大学毕业生、专业技术人员等参与休闲农业产业建设提供了巨大空间。各区通过相关政策措施，支持新农人领办休闲农业企业，鼓励大学生村官等受过高等教育的农民子弟回村“接班”。

（三）休闲农业进一步发展需要政策创新拓展空间

休闲农业是一二三产相融合的产业，需要依托经营场所、互动体验项目等，将农业农村要素传递给消费者。特别是在提档升级过程中，更需要健全相关配套设施。但由于土地性质以及现有的土地政策，休闲农业经营主体很难获得建设经营场所的用地许可。以农业为依托的休闲观光度假场所、各类庄园、酒庄、农家乐，以及各类农业园区中的餐饮、住宿、会议、大型停车场、工厂化农产品加工、展销等用地，都需要按建设用地进行管理，用地难问题成为制约。尽管目前政策朝着有利的方向发展，但距现实需求还有一定距离，需要进一步调整完善，为休闲农业大发展提供空间。

（四）京津冀协同发展为休闲农业跨区域发展提供了机遇

近年来，落实京津冀协同发展战略，京津冀三地的休闲农业主管部门及行业组织之间的联系日益紧密，交流日趋频繁。三地共同举办了农园节，联合召开了休闲农业产业发展论坛，取得了积极成果。在京津冀协同发展的背景下，三地加快在规划、宣传、市场、培训等方面的合作，力求实现区域休闲农业协同共赢发展，将为各自的休闲农业提供新的发展机遇。

（北京市农村工作委员会）

天 津 市

【主要工作措施及成效】

(一)完善了工作体系,为促进行业良性发展提供新保障

一是建立了组织体系。市、区(县)明确了休闲农业管理机构,配备专门的工作班子和成员,明确职能责任和工作目标,为休闲农业工作开展提供了组织保障。二是完善了规划和标准体系。制定了休闲农业发展“十三五”规划、农(渔)家乐发展规划以及旅游特色村(点)认定办法、经营户质量等级评定办法,出台了休闲农业星级评定标准等,以规划引领开发建设,用标准规范经营管理水平。三是健全了服务体系。天津市农村工作委员会联合天津市农业科学院、南开大学以及重点企业成立了天津市休闲农业协会、天津市休闲农业研究中心和天津市休闲农业专家咨询指导委员会,积极推进产学研结合,开展政策研究、规划编制、人才培养、学术交流等工作。四是搭建了网络营销体系。利用传统媒体与现代媒体相结合,提高休闲农业的智能化、信息化、现代化水平。

(二)强化政策措施,为提升休闲农业发展水平增加新动力

一是在财政扶持方面,设立专项资金,支持休闲农业精品培育项目、提升改造项目、组织创新项目、重点推介活动项目的开发建设,同时结合市级示范典型的评比工作,打造全市发展典范,引领行业高端、高效、高速发展;二是在金融政策方面,拓宽融资渠道,引导金融机构因地制宜制定信贷政策,对农家乐提升改造给予贷款贴息支持,最大限度地满足休闲农业发展的资金需求;三是在税收方面,协调税务部门制定税收优惠和减免政策,减轻经营者的压力。

(三)提升特色品位,为美丽乡村建设增添新亮点

按照“挖掘内涵,突出特色,提升品位,打造亮点”的思路,加大休闲农业国家级、市级示范典型的培育力度。截至2016年年底,建成全国休闲农业与乡村旅游示范县4个、示范点20个,蓟州区小穿芳峪村、宝坻区牛庄子村、宁河区小闫村、滨海新区崔庄村获评2016年中国美丽休闲乡村,蓟州团山子梨园、宝坻八门城水稻等4处农业景观被评为中国美丽田园,崔庄子古枣园被农业部评为中国重要农业文化遗产。结合天津发展实际认定市级休闲农业示范园区15个、示范村点200个、示范经营户3 000户,形成村村搞创建、户户有亮点的可喜局面,圆满完成“9123”载体建设目标。

(四)举办专项活动,为提高影响力构筑新载体

成功举办了津台乡村旅游合作交流论坛、京津冀休闲农业发展高峰论坛等一系列论坛研讨、交流对接活动,收到了集思广益、共谋发展的良好效果。深化与旅游的融合发展,依托各区县的资源优势举办不同季节不同主题的旅游推介活动,如以踏青赏花为主题的蓟州梨园情旅游文化节、武清金溪桃源桃花节,以避暑休闲为主题的滨海茶淀葡萄节,以秋收采摘为主题的宝坻稻香文化旅游节、宁河齐心农事体验节,以雪乡寻趣为主题的趣味滑雪节、迎新春草莓节等,通过多种媒体营销渠道增强与游客的互动,提升了休闲农业的综合影响力。

(五)推动京津冀休闲农业协同发展,为落实国家战略增添新内容

与北京签署了休闲农业合作协议,建立联席会议制度;加强与河北省农业主管部门联系沟通,在制定休闲农业规划、休闲农业项目合作等方面取得实质性进展。三地共同制定了《京津冀休闲农业一体化发展规划》,签订了《京津冀休闲农业协同发展框架合作协议》,共同组建休闲农业联盟,就休闲农业

精品线路开展对接，组织举办了北京农业嘉年华、齐心农事体验节等系列专项活动，京津冀休闲农业一体化工作取得突破性进展。

（六）扩大产业规模，为农村经济发展增添新动能

按照天津市委、市政府大力发展休闲农业的安排部署，天津市合理规划发展布局，以城市交通网络和生态廊道为骨架，以精品项目为节点，规划 9 条精品线路，串点成线，连线成片，整体推进，形成了一批休闲农业集聚区。蓟州以常州、东山、寺沟为重点的景区化旅游村建设和小穿芳峪乡野公园建设完工，整体运营良好；完善了宁河齐心庄园、滨海新区茶淀葡萄科技园等一批精品项目，新建了滨海龙达农夫乐园、宝坻泰泽康休闲农业示范园等一批亮点工程，休闲农业发展规模、接待能力逐年递增。截至 2016 年年底，全市休闲农业与乡村旅游直接从业人员已达 6.8 万人，带动农民就业 29.5 万人。2016 年，接待游客 1 810 万人次，旅游及农副产品综合收入 62 亿元，同比分别增长 13.1%和 24%。

【存在的主要问题】 天津市休闲农业虽然取得了一定的发展成果，但与先进省份相比还有较大差距，存在着项目低端建设、产品类型单一、市场无序竞争、经营各自为政的状况，影响了行业的持续健康发展。

（天津市农村工作委员会）

河 北 省

【基本情况】 2016 年，河北省认真贯彻落实中央 1 号文件和省委 1 号文件精神，坚持“创新、协调、绿色、开放、共享”五大发展理念，牢牢把握农业转方式、调结构和京津冀协同发展重大机遇，积极采取有效措施，全力推进休闲农业与乡村旅游工作深入开展，取得了明显成效。截至 2016 年年底，全省共创建全国休闲农业与乡村旅游示范市 1 个，示范县 13 个、示范点 21 个，中国最美休闲乡村 13 个、中国美丽田园 4 处，全国休闲农业星级企业 84 家（其中五星级 8 家、四星级 55 家、三星级 21 家）。秦皇岛市北戴河集发农业开发股份有限公司、定州市黄家葡萄酒庄被评为全国十佳休闲农庄，秦皇岛集发农业观光园——昌黎县渔岛滨海风情休闲游线路被评为全国十大精品线路。从 2014 年启动省级品牌创建工作以来，已创建河北省星级休闲农业园 125 家，星级采摘园 66 家；省级休闲农业与乡村旅游示范县 19 个，示范点 44 个；评选出 42 个河北最美休闲乡村和 31 个河北美丽田园。据统计，2016 年全省休闲农业与乡村旅游收入达到 70 亿元，在农业提质增效、农民就业增收、美丽乡村建设和城乡一体化发展等方面起到了极大的促进作用。

【主要工作措施及成效】

（一）借力旅游产业发展大会，宣传休闲农业

在京津冀协同发展和北京携手张家口承办冬奥会的大背景下，河北省委、省政府提出了以超常规举措，把旅游业打造成河北省重要战略支柱性产业的目标，并自 2016 年起，每年举办一次旅游产业发展大会（简称旅发大会），全力推动重点旅游区实现率先发展、率先突破。河北省首届旅游产业发展大会在保定京西百渡度假区举办。河北省紧紧抓住旅发大会召开的有利时机，积极宣传休闲农业，扩大休闲农业品牌的知名度，组织开展休闲农业精品线路评选、农耕文化类旅游农产品遴选等丰富多彩的活动。大会召开期间，建设了以休闲农业为主题的城市微耕馆，展示了入选的 101 个农耕文化旅游农产品，播放了“河北省休闲农业精品线路”宣传片，发放了《河北省农业品牌宣传系列丛

书——休闲农业旅游篇》《河北休闲农业旅游指南》《河北名特旅游农产品推介名录》等宣传书籍。保定、唐山等京津周边市农业部门也进行了广泛宣传，印发了当地休闲农业与乡村旅游地图，取得了很好的宣传效果。

（二）致力线路评选，推介休闲去处

按照农业部统一部署，积极推介“春节到农家过大年”“早春到乡村去踏青”“初夏到农村品美食”“仲秋到田间采摘”等休闲农业精品线路，在农业部面向全国发布的精品线路中，河北省共有52条线路入选，成为北方入选线路最多的省份。同时，为了让更多有休闲需求的城镇居民知道去哪里玩、怎么玩，河北省农业厅还与河北音乐广播、河北省自驾游与房车露营协会共同举办了“河北省休闲农业精品线路评选活动暨美丽乡村慢生活体验系列活动”，在河北省首届旅发大会举办地之一的涞水县绿舵庄园举行了活动的启动仪式，通过河北休闲农业微信公众号组织公众参与评选和体验，吸引了众多消费者热情参与，经过多轮投票和专家评审，最终评选出了廊坊京东休闲农业线路、唐山长城风光休闲农业线路等11条主题鲜明、各具特色的精品线路，并投资6万多元制作了精品线路专题宣传片，先后在河北省首届旅游发展大会和中国（廊坊）农产品交易会等大型活动中播放。石家庄、唐山、保定等市也评选出了本市的休闲农业精品线路，制作了精美的休闲农业与乡村旅游地图向公众发放。

（三）发力新型传媒，服务休闲消费

为宣传休闲农业政策措施，交流典型经验做法，更好地服务广大经营管理者和消费者，河北省农业厅于2016年初创建了河北休闲农业微信公众号（微信号：hebeixxny）。到目前关注人数达到5 000人，发布消息数百条，包括全国休闲农业精品线路推介系列、农业文化遗产系列、我和春天有个约会——河北美丽田园系列、河北省休闲农业精品线路评选活动系列、休闲农业发展与生态环境保护系列，以及与休闲农业相关的政策资讯、各地经验做法等，收到了很好的效果，受到各方面的好评。各市、县和园区积极效仿省农业厅做法，纷纷建立起了休闲农业公众号、QQ群，充分利用新媒体互动性强、传播快的特点，全面开展休闲农业宣传，为各级休闲农业管理部门提供了学习交流的窗口，为休闲农业企业提供了宣传展示平台，为城镇居民休闲消费提供了信息服务，在利用新型传媒开展宣传上取得了突破。

（四）聚力宣传报道，营造舆论氛围

为深度挖掘、广泛宣传河北省休闲农业发展的典型经验，河北省农业厅与农民日报、河北日报、河北电视台、河北新闻网等主流媒体合作，进行实地采访报道，播出和发表宣传片、文章数十条（篇）。联合河北科技报，深入京津冀多个市、区（县），进行了调查采访，以京津冀休闲农业协同发展之旅为主题，推出了《休闲农业：异军突起的新风景》《观光园：异彩纷呈映丰年》《美丽田园：妖娆胜境人间秀》《传承中的乡村记忆》《三产融合激活内生动力》《休闲农业助力脱贫》《休闲农业的科技支撑》《协同发展中的融合之旅》等8篇报道，深入分析了京津冀休闲农业的发展现状和趋势，系统总结了三地休闲农业在科技创新、文化创意、三产融合、助力脱贫等方面的成功经验，为全省各地发展休闲农业提供了学习、借鉴的示范样本，为推动京津冀休闲农业协同发展探索了新路径。利用在唐山、廊坊举办的中国—中东欧国家地方领导人会议、中国（廊坊）农产品交易会，集中宣传展示和推介了休闲农业园区、休闲旅游产品、休闲农业项目。在河北省现代农业招商项目平台上对100多家休闲农业园区进行了宣传展示。一系列的宣传活动，收到了良好的宣传效果，形成了强有力的宣传氛围。

（五）着力组织节庆，扩大品牌影响

河北省高度重视休闲农业节庆宣传，积

极引导各地组织开展丰富多彩的节庆活动。廊坊市举办了中国廊坊·第什里风筝节，全国30支专业队伍参加了风筝精英赛，组织了宫廷风筝文化研讨会、河北美丽乡村游、迷你马拉松、全民广场舞大赛、“放飞梦想在希望的田野上”万人放飞、马戏表演等活动，乡土风情浓郁、文体活动丰实，游客互动积极、场面壮观热烈；邯郸市举办了2016年休闲农业与乡村旅游启动仪式暨绿色骑行活动，吸引了近千人踊跃参与，引爆了邯郸民众绿色健身、关注农业的热情；怀来县以“盛世海棠·情系冬奥”为主题，举办了第九届怀来海棠花节，游客赏海棠花、游官厅湖、登古长城，沐浴阳光，尽享美景；易县在狼牙山牡丹园举办“旗袍秀，牡丹情，展示巾帼风采，助力旅发大会”旗袍盛典，牡丹花香、旗袍秀美，景物交融、沁人心扉。据统计，2016年全省共举办各类休闲农业活动200余场次，形成了踏青赏花、农事体验、民俗文化、农耕教育、体育竞技、音乐舞蹈等十多种类型，活动形式多样、独具特色、异彩纷呈，吸引游客730多万人次，经济效益超过1.6亿元。

（六）大力培育品牌，强化示范引领

为推动河北省休闲农业持续健康发展，河北省农业厅以培育和擦亮休闲农业品牌为抓手，强化品牌的示范引领作用。在编制的《河北省休闲农业发展“十三五”规划》中，明确了品牌发展的数量、区域和特色。在展会活动中，打造了以“冀忆·乡愁”为主题的“吃、喝、玩、看”休闲农业产品品牌。在制定的《休闲农业园区等级划分与评定》省级地方标准中，对拟评星的企业明确了等级标准和创建评定要求，引导休闲农业园区在管理、服务、设施等方面加强规范化、标准化、特色化建设。组织人员参加农业部、休闲农业与乡村旅游分会举办的研讨班、培训班，举办河北省休闲农业管理人员培训班和星级创建内审员培训班，编发河北省休闲农业十大发展模式等教材供休闲农业管理人员和经营者学习借鉴，多措并举，加强人才培训。组织河北省农业厅和各市农业局领导，赴四川、云南两省开展了休闲农业工作观摩学习，学到了经验做法，提升了思想认识，开阔了思路眼界，提振了工作信心。

（七）协力京津两地，助推协同发展

为促进京津冀三地休闲农业的协同发展，河北省积极与北京市、天津市沟通，商讨京津冀休闲农业协作机制，于2016年11月共同签署了《京津冀休闲农业协同发展框架协议》，明确了京津冀三地统筹规划休闲农业建设、统一休闲农业标准体系、共同打造休闲农业精品线路、建立京津冀休闲公众服务平台、共同开展休闲农业人才培养、共同策划休闲农业重大活动等六方面工作任务。利用三方的宣传平台开展交流协作，打造三地认可的品牌。组织河北省环京津的河北省十佳现代休闲农业园参加了第四届北京农业嘉年华活动，在专设的河北馆内集中展示了园区的特色、形象，京津市民询问者络绎不绝。积极开展三地的交流学习等活动，组织市、区（县）和部分休闲农业企业的管理者、经营者赴京津两地观摩学习。配合天津市休闲农业协会在廊坊举办了休闲农业从业管理人员培训班，与廊坊当地的休闲农业企业进行了座谈交流。

（河北省农业厅）

山西省

【基本情况】 华夏古文明，山西好风光。山西是中华民族的发祥地之一，五千年悠久的历史、灿烂的文化、辈出的名人，留下了遍布全省、独具神韵的文化遗产，山西现存地上文物数量占到全国的70%以上，全省国家级的中国历史文化名镇、名村的总数量达到 40 个，总数也位居全国第一；山西东临太行山，西傍黄河水，素有“表里河山”之称。省内山区丘陵面积占总面积的 70%以上，地貌类型复杂多样，从南到北跨度大，气候类型差异大，这些独有的自然地理条件，不仅造就了山西雄奇壮美的表里山河、雄关险隘、茂林秀水，更造就了种类众多、营养丰富的特色农产品资源；15.63 万平方千米的广袤大地，还留下了光辉灿烂的农耕文明，晋北是游牧民族发源地，晋中是游牧和农耕文明的交汇区，晋南是黄河农耕文化的重要发源地，游牧民族和农耕文明贯穿南北。山西还是抗日战争、解放战争的主战场，红色文化旅游资源遍布全省各地，现存革命遗址和纪念建筑物约 1 460 处，其中近 500 处已评定为各级文物保护单位，八路军总部旧址、太行纪念馆、黄崖洞保卫战旧址、红军东征纪念馆、刘胡兰纪念馆、平型关战役遗址等 8 大红色旅游基地、20 个红色旅游景区正在成为发展休闲农业和乡村旅游的新亮点。同时，山西承东启西、连接南北，铁路、公路、航空立体交通网络四通八达，全省高速公路总里程位居全国第七，高速铁路建设也是日新月异，发达的交通、优越的地理位置为发展休闲农业和乡村旅游提供了更加便利的条件。在山西农村，不仅有着优美的田园风光、恬淡的生活环境，更集聚了全省 70%的旅游资源，在这里自然与历史辉映、风景与人文交融，已经成为发展休闲农业和乡村旅游的一块宝地、福地。

“十二五”以来，在农业部的大力支持下，山西省依托资源优势，大力发展休闲农业。休闲农业已成为提升农业、美化乡村、富裕农民的战略性新兴产业，全省休闲农业企业及各经营主体达 1 200 多个，2016 年接待人数 2 300 多万人次，年营业收入近 50 亿元，吸纳农民就业 10 余万人。

【工作思路】

（一）积极探索休闲农业在农村一二三产业融合中的作用

休闲农业和乡村旅游是贯穿农村一二三产业，融合生产、生活和生态功能，紧密连接农业、农产品加工业、服务业的新型农业产业形态和新型消费业态，是拓宽农民增收渠道、构建现代农业产业体系的重要举措，是加快转变农业发展方式、探索中国特色农业现代化道路的必然要求。积极引导企业充分利用全省的特色农业资源，促进农业产业向二、三产业延伸，从而形成三次产业的良性互动，一二三产业融合发展；引导农家乐户主、休闲农业企业、电子商务企业等经营主体将农业与加工、流通、旅游、教育、文化有机融合，既有效增加农民收入，又弘扬农耕文化，加强生态文明建设。同时结合休闲农业和乡村旅游示范创建、美丽乡村建设、传统村落与农业文化遗产保护等工作，探索新的模式下如何带动农民就业增收，总结已有的行之有效的实践探索和发展经验，树立一批融合发展的先进典型，加强宣传推广，充分发挥其由点到面的示范带动作用。

（二）认真开展重要农业文化遗产的挖掘保护工作

重要农业文化遗产既是重要的农业生产系统，又是重要的文化和景观资源。将农业文化宣传展示与休闲农业发展有机结合，能充分挖掘遗产所在地的农业多功能性，努力推动遗产实现自我维持、自我发展，以确保遗产保护、文化传承、生态环境改善与经济发展目标同步实现。既能为休闲农业发展提供资源载体，又能有效带动遗产地农民的就业增收，推动当地经济社会的发展。要进一步加强推广、大力宣传山西省休闲农业和农业文化遗产的发展成果，搭建平台为农业文化遗产提供宣传展示的窗口，为广大市民休闲旅游推荐好的去处，互通信息、共创双赢。充分挖掘利用农村田园风光和农业文化遗产，依托原生态古村落、民间风俗、农事生产等乡村旅游资源，开发一批具有乡土特色的农业、民俗节庆活动，打造一批有品质、有内涵、叫得响的乡村旅游品牌。

（三）充分发挥休闲农业在产业扶贫中的作用

以促进农民就业增收、实现脱贫攻坚为核心目标，以贫困县建档立卡的贫困户为工作主体，以开展省级休闲农业与乡村旅游示范县创建工作和省级休闲农业与乡村旅游示范点提升工程为抓手。在全省贫困县创建的省级休闲农业与乡村旅游示范点达到 50 个。带动 5 万农民稳定就业，其中带动建档立卡贫困人口 1 000 人直接就业，增加贫困人口工资性收入。同时与山西省旅游发展委员会、扶贫开发办公室共同推动“农家乐”标准化建设。对贫困地区有计划地开展多层次、多形式的系统培训，省级培训 300 人，地市培训 700 人，组织省外学习取经、省内南北区域交流等专题培训交流，聘请国内以及境外知名专家学者，以丰富的课程安排、典型的教学案例、针对性强的实地考察，让休闲农业经营管理者，重点是贫困地区的经营管理者提高认识、增长见识、启发思维。通过不间断的强化培训，为休闲农业企业家认真总结经验做法，相互交流借鉴，持续创新实践提供平台，大幅度提升贫困地区休闲农业经营管理水平。

【主要工作措施及成效】 在积极参加农业部全国休闲农业和乡村旅游示范县创建工作基础上，山西省各市县也按照统筹城乡经济社会发展的要求，把休闲农业发展规划纳入当地经济社会发展总体规划中去，并以与土地利用总体规划、农业发展规划、城镇发展规划、城市旅游规划等相衔接为基础。以推动一二三产业融合、促进生产、生活、生态协调发展、开发农业多种功能、挖掘农业传统文化为目标。以促进农民就业增收和满足城乡居民消费为核心。以规范提升休闲农业与乡村旅游发展为重点。坚持示范创建与示范带动相结合、政府引导与社会参与相结合、系统开发与突出特色相结合、设施改造与素质提升相结合的原则。制定了《山西省休闲农业与乡村旅游示范县标准》和《山西省休闲农业与乡村旅游示范点标准》，从 2011 年开始山西省农业厅、山西省旅游发展委员会共同开展“山西省休闲农业和乡村旅游示范县、山西省休闲农业和乡村旅游示范点”创建工作。截至 2016 年年底，全省已创建了全国休闲农业和乡村旅游示范县 9 个、示范点 16 个；山西省休闲农业和乡村旅游示范县 23 个、示范点 161 个；中国最美休闲乡村 8 个、中国美丽休闲乡村 5 个。

在扎实搞好示范创建的基础上，同时开展休闲农业和乡村旅游示范县创建工程和示范点提升工程。支持休闲农业发展所需的道路、停车场、厕所、供电供水、垃圾污水处理、应急救援、标志标识系统等设施建设，支持休闲农业规划设计、信息网络、文化挖掘及活动场所、宣传推介、各种农事节庆活动及域内休闲农业经营主体、民俗村落的提升改造等。通过示范创建全省打造了一批有鲜明特色全国知名的休闲农业企业及园区。

阳城县皇城相府庄园在 2016 年 9 月 9 日，以“创新农业，创意生活”为主题召开阳城首届农业嘉年华，这项活动是将农业从单一的生产功能向休闲观光、农事体验、生态保护、文化传承等多功能拓展，满足城乡居民走进自然、认识农业、体验农事、休闲娱乐的一次重要的尝试。山西印象风陵旅游开发有限公司，注册资金 1 亿元整，公司于 2013 年正式筹建，是以黄河文化风情为核心，将历史文化与现代商业完美融合，精心打造的大型综合性旅游休闲商业区。2016 年春节，园区举办首届黄河文化大庙会暨小吃街试运营，截至正月十五，共接纳游客 30 万人以上，营业额达到 1 亿元左右，预计可实现年产值2亿元左右，实现税收千万元以上，同时也可解决1 000多人就业。临县德福苑文化生态农庄有限公司投资开发德福苑文化生态农庄，占地2万平方米，生态农庄建成运营后，经营收入扣除农庄必要的开支后，经营利润全部用于助学、助教、助残、助老等慈善事业，还可解决500人就业。

（山西省农业厅）

内蒙古自治区

【基本情况】　内蒙古自治区全区各地全面落实国家和自治区有关促进休闲农牧业发展的政策措施，贯彻中央1号文件和自治区1号文件精神，积极开发农牧业多种功能，研究促进休闲农牧业发展的政策措施，通过示范创建、宣传推介、培训提高、规范引导，推动全区休闲农牧业加快发展。截至2016年年底，全区有规模不等的休闲农牧业经营主体2 872家，同比增长6%；从业人员达到6.3万人，其中农牧民就业5.1万人，同比增长10%；带动农牧户9.5万户；接待游客2 316万人次，同比增长7%；营业收入57.76亿元，同比增长8%。“十二五”时期游客接待数和营业收入年均增速10%左右，整个产业呈现出“发展加快、布局优化、质量提升、领域拓展”的良好态势，正在成为全区农村牧区经济社会发展的新业态、新亮点。

（一）新主体多元涌现

随着城乡居民休闲消费需求的增多和升级，城乡基础设施条件的改善，休闲旅游经济呈现巨大的市场潜力，休闲农牧业和乡村牧区旅游业日益受到各级党委、政府和社会公众的关注。形成了在政府统一规划引导下，以农牧民为主体，社会资本热情参与的局面，成为人才、资金、管理、信息等要素加速回流农村牧区的重要渠道，经营主体更加多元，分工分业更加精细，新型经营主体组织化、规模化程度明显提高。

（二）新机制不断探索

各地积极探索与农牧民互惠共赢的产业发展和利益分享机制，有的通过土地、庭院、设施等资产入股的形式，以股东身份从产业发展中分享收益。既推动了产业的发展，又提高了农牧民的工资性、财产性和家庭经营收入，农牧民从发展休闲农牧业和乡村牧区旅游中得到了更多的实惠。

（三）新类型多式多样

许多地方结合当地的自然特色、区位优势、文化底蕴、生态环境和消费习惯，不断创新发展的形式，有的利用自家庭院、蒙古包、自产的农畜产品以及周边的田园风光、自然景观开办“农家乐”“牧家乐”；有的建成休闲农庄、牧场或观光园区；有的依托特色民俗村镇，开展民俗风情旅游；有的依托现代农牧业建成了集观光、体验、科普、教育于一体的休闲农牧业示范园区。形式多样、功能多元、特色各异的经营模式和发展类型，使农牧业的多功能性得到拓展，为促进农牧民创业增收开辟了新途径。

（四）新功能更加拓展

围绕城乡居民消费新需求，拓展了休闲度假、文化传承的功能，让市民享受青山绿水带来的视觉愉悦，领略农耕文明带来的心旷神怡；拓展了科普教育、农事体验的功能，让市民近距离参与农牧业生产，了解乡村牧区民俗，融入农牧民生活；拓展了养生养老、健身运动的功能，为市民提供感受田园和农耕的游牧生活，充分享受返璞归真的喜悦。

（五）新格局逐渐形成

各地将休闲农牧业发展纳入城市建设规划、农村经济社会发展规划，规划布局更加合理。一批投资大、起点高、功能齐全的休闲农牧业项目正在建设中，经营规模从零星分布、分散经营向规模化、集群化经营转变。如乌海市以机场路两侧为主的休闲农业观光带初具规模，呼和浩特市打造大青山前坡休闲农牧业观光带等。巴彦淖尔市五原县打造出听农耕历史、看河套文化、体验农业乐趣的主题农耕文化产业园。随着农村牧区基础设施的改善，催生了一批休闲农牧业和乡村旅游集聚村，截至2016年年底，全区共有10个中国美丽休闲乡村，2016年新认定4个。

【主要工作措施】

（一）研究制定“十三五”发展规划

为适应不断增长的消费需求，促进休闲农牧业和乡村牧区旅游健康发展，内蒙古自治区农牧业厅在“十二五”发展规划的基础上，进一步明确了“十三五”时期休闲农牧业发展的指导思想、基本原则、区域布局和重点工作，规划引领“十三五”时期休闲农牧业和乡村牧区旅游产业的发展。大多数盟市也制定了本地区的休闲农牧业发展“十三五”规划，特别是自治区级以上的休闲农牧业和乡村牧区旅游示范县也都有当地的休闲农牧业发展规划。

（二）开展示范创建，培育休闲农牧业品牌体系

按照串点成线，连线成面，点线面相结合的思路，打造休闲农牧业品牌体系。一是继续开展休闲农牧业和乡村旅游示范创建工作，并对获评两年以上的休闲农牧业和乡村牧区旅游示范县和示范点进行监测。新增国家级示范县2个，自治区级示范县5个、示范点22个。二是推介一批中国美丽休闲乡村，2016年新认定4个，达到10个。三是配合国家农业部开展中国重要农业文化遗产普查工作，举办农业文化遗产专题培训班，邀请国内知名专家讲课，对全区潜在的农业文化遗产进行实地考察，挖掘6个极具保护价值的农牧业生产系统。阿鲁科尔沁草原游牧系统被列入为中国全球农业文化遗产预备名单。四是各地加大投入力度推进品牌体系建设。包头市整合涉农资金，重点打造都市休闲农业高标准示范基地，对示范性带动作用强的休闲农牧业示范点给予资金奖补，重点用于休闲农牧业示范点基础设施建设和品牌宣传；乌海市设立品牌培育专项资金，对于在休闲农业方面获得国家和自治区奖项的企业给予奖励；阿拉善盟从旅游专项资金中安排部分资金，对于获评国家和自治区级休闲农牧业示范县、示范点的地区和单位给予不同额度的奖励。通过全区上下共同努力，截至2016年年底，全区共创建国家级休闲农业和乡村旅游示范县8个，示范点17个；自治区级示范旗县16个，示范点82个；全国重要农业文化遗产2个；中国最美休闲乡村10个；中国美丽田园9个；打造出了一批民俗特色鲜明，民族风情浓郁的休闲农牧业产品。

（三）强化培训提高，扩大宣传推介

通过教育培训、宣传推介，努力为行业发展营造良好环境。一是通过扩大宣传，提高休闲农牧业的社会认知度。组织推介了一批中国最美休闲乡村、中国美丽田园和休闲农牧业创意精品。按照春赏花、夏消暑、秋采摘、冬年庆四个时间节点，向社会宣传推介休闲农牧业精品线路60多条，景点200多个。二是针对不同群体，举办各类培训班、观摩会，提升管理人员、从业人员的政策理论水平和业务能力。聘请国内专家进行休闲农牧业管理人员、经营主体以及农业文化遗产等专题讲座，组织参加了农业部举办的星级企业内审员培训班和休闲农业与乡村旅游扶贫学习交流培训班。三是召开休闲农牧业经验交流现场会，观摩内蒙古休闲农牧业发展典型，总结交流工作经验，进一步提高了全区休闲农牧业管理人员和从业人员的管理水平和业务能力。“十二五”时期，培训人员500多人次，2016年培训100多人次。

（四）加强部门协作，合力推动全区休闲农牧业和乡村牧区旅游加快发展

加强配合、形成合力是推动产业发展的重要因素。近些年，内蒙古自治区农牧业厅

与自治区旅游局通力合作，开展休闲农牧业和乡村牧区旅游示范创建工作，引导地方农旅系统合作共事，培育了一批国家和自治区级休闲农牧业和乡村牧区旅游示范县和示范点，达到了以农促旅，以旅强农的目的。

【存在的主要问题】 全区休闲农牧业发展取得了一些成效，但也存在一些问题，主要表现为：

一是缺乏整体规划和科学指导。点多面少线短，特色特点不突出。重复建设，功能单一，发展雷同现象比较普遍。

二是资金投入少，对发展休闲农牧业的关注度不够，政策引导有待于进一步加强

三是专业性经营和管理人才欠缺，经营与服务缺乏创新。企业管理和服务质量参差不齐，标准不高。

（内蒙古自治区农牧业厅）

辽宁省

【基本情况】 据初步统计，截至2016年，辽宁省休闲农业经营主体11 646个，其中：农家乐10 151个，休闲农庄799个，休闲农业园区517个，民俗村179个；从业人员31万人，年接待游客8 816万人次，年经营收入209亿元。

2016年，新宾满族自治县和绥中县被农业部认定为全国休闲农业与乡村旅游示范县；辽阳三禾农业发展有限公司被农业部认定为全国休闲农业与乡村旅游五星单位，东港市獐岛村被农业部认定为中国十佳休闲农庄；盘锦市大洼区石庙子村、新民市蒲河新村、铁岭县当铺屯村、新宾满族自治县赫图阿拉村被农业部认定为中国美丽休闲乡村，一些精品线路被纳入到国家休闲农业精品线路中。2016年，辽宁省内也认定一批（如海城天源农业科技有限公司等19家）休闲农业与乡村旅游星级创建单位。

【主要特点】

（一）产业规模日趋壮大

随着消费需求的提高，休闲农业产业受到社会各界广泛认同，成为社会投资热点领域，各休闲农业企业为提高园区功能和规模，拓展领域，不断加大基础设施建设，满足各类消费群体的需求，一些地区继续保持较快的发展速度，如沈阳、大连、丹东、盘锦等地按照“串点成线、连线成片、整体推进”的理念，规划休闲农业精品线路，引领休闲农业提档升级，满足不同消费者的需求。

（二）产业类型丰富多样

各地根据自然特色、文化底蕴、生态环境、经济发展水平和消费习惯，在农家乐、民俗村、休闲农园、休闲农庄等形式基础上，不断创新发展，形成了形式多样、功能多元、特色各异的类型，以满足不同消费需求。如丹东市在发展中，逐渐形成了休闲度假、观光体验、观光采摘、休闲垂钓、科普教育、田园风光六种类型。通过创新休闲农业类型，拓展休闲农业的经济、社会、文化和生态等功能，激活了一片区域、兴起了一批产业、带富了一批百姓、建成了一方乐园，已成为建设现代农业、促进农民创业增收的重要载体和有效途径。

（三）发展方式逐步转变

各地通过规范管理和服务，不断引导休闲农业规范有序发展。在发展方式上，已从农民自发发展向各级政府规划引导转变；在经营规模上，已从零星分布、分散经营向集群分布、集约经营转变；在功能定位上，已从单一餐饮功能向休闲、食宿、教育、体验等多产业一体化经营转变；在经营主体上，已从农户经营为主向农民合作组织和社会资本共同投资经营发展转变。在产业发展上，注重功能衔接和特色互补，突出服务功能，

强化休闲体验。休闲农业已成为满足城乡居民日益多元化休闲需求的新型消费业态和健康产业。

（四）品牌建设不断推进

各地通过典型带动和示范拉动，广辟渠道，不断提升休闲农业的社会影响力，品牌建设呈现出“百花齐放”的良好态势。如全国休闲农业和乡村旅游示范县、全国休闲农业与乡村旅游星级创建工作、中国美丽休闲乡村、全国休闲农业与乡村旅游十佳休闲农庄、全国休闲农业与乡村旅游精品线路和省级休闲农业与乡村旅游星级创建单位等。如丹东市大梨树村、獐岛村，盘锦市大洼区石庙子村，葫芦岛市葫芦山庄，宽甸满族自治县天桥沟森林公园等是辽宁省休闲农业的典型单位，其品牌影响力在逐步扩大，有些企业品牌影响力已经迈出辽宁，走向全国。

【发展形势】

（一）美丽中国和新型城镇化建设为休闲农业发展提供了重要机遇

随着美丽中国和新型城镇化建设步伐的加快，休闲农业已经受到各级政府和社会各界的广泛关注，盘锦市已经先行一步，在全市范围整体推进美丽乡村建设和休闲农业和乡村旅游产业发展，打造特色宜居乡村，盘锦市以“民宿体验”为代表的乡村旅游产业越来越受到广大城乡居民的青睐，也进入快速的发展阶段。

（二）旺盛的市场需求为休闲农业发展提供了动力源泉

辽宁省城镇居民年人均纯收入接近中等收入国家行列，很多城乡居民开始有闲、有钱、有产。需要远离城市喧嚣，到乡村望蓝天白云、看碧水清波、吸清新空气、品特色美食、学农耕文化的愿望更加强烈。随着国家法定节假日的优化调整和带薪休假制度的逐步落实，休闲观光大众化、家庭旅游普遍化必将激活休闲观光、农事体验、度假养生等需求，必将成为拉动休闲农业快速发展的动力源泉。

（三）日趋完善的农村设施为休闲农业发展提供了基础条件

近年来，中央将“三农”工作放在全部工作的重中之重，大力推进城乡一体化发展，不断加大基础设施建设投入力度，推动公共服务均等化和城乡要素平等交换，农村的水电路气房和通信等设施得到较大改善，科教文卫保等社会事业水平明显提高，这为发展休闲农业打下了良好基础。

【存在的主要问题】

一是重视程度不够。各级政府还没有真正将休闲农业发展列入重要议程。各级政府对休闲农业经营企业急需的基础设施投入、信贷服务、税费优惠、用地短缺等方面还缺乏具体的扶持政策。很多农业管理者还没认识到休闲农业是我国当前“三农”工作的扩展和延伸；还没认识到休闲农业是当前我国经济新常态下，农业供给侧改革的重要发力点，是推进现代农业发展的重要举措。

二是产业发展无序。近年来，一些地方的领导或经营者急于发展经济，增加收入，没有认真分析本地的资源优势和客源市场，凭着一股热情，一哄而上，盲目发展休闲农业，既没有突出自己的特色，又造成同一地区内项目建设重复，功能雷同，效益低下。

三是文化融入不紧密。各农庄（园区）没有将文化、民间艺术等与现代农业科技有机地结合起来，农庄（园区）特色不突出，各环节衔接不顺畅、精细度不够、乡土气息与文化韵味没有体现出来，文化底蕴感不强，导致游客停留时间短，企业经济效益和社会效益没有充分地体现出来。

四是基础设施建设滞后。一方面，基础设施建设用地不足。企业的停车场、游客服务中心、餐厅等基础设施建设用地严重不足，每到节假日没有地方停车、没有地方吃饭、没地方休息的问题，已经严重影响了企业的发展。另一方面，公共配套设施建设水平较低。通向景区乡间道路、景区洗手间等公共设施简陋、设备不足，客房、餐厅、茶楼等主要生活设施条件简陋，水电气等设施不足，卫生状况欠佳等。

五是相关政策扶持不足 。休闲农业作为一种新型业态，不论是硬件基础设施建设，还是软件环境建设方面都需要相关政策加以引导和扶持，如住宿设施、饮食设施、卫生设施、安全设施等建设方面需要部分建设用地和建设资金的投入，企业发展需要的高端人才和社会资本投入需要软环境建设。因此由于没有出台相关的扶持政策，导致全省休闲农业企业很难引进人才、技术和资金，与发达省份相比差距逐渐拉大。

（辽宁省农村经济委员会）

吉林省

【主要成效】 2016 年，围绕推进农业供给侧结构性改革，全省休闲农业呈现了强劲的发展势头，经营主体达到 3 000 个以上，年接待超 3 360 万人次，日益成为吉林省发展农业、繁荣农村、富裕农民、保护生态、传承文化的一个战略性产业。

（一）新业态不断成型，农业功能不断拓展

吉林省是传统的农业大省，通过积极鼓励与引导，在发挥生产功能的基础上，拓展了休闲度假、文化传承、科普教育、农事体验、养生养老及健身运动等功能，休闲农业和乡村旅游新业态呈现由小到大、由点到片、由弱到强的态势，呈现出新主体竞相涌现、新功能日趋拓展的格局，逐步成为带动农业农村经济发展、促进农民增收致富的新的增长点。2016 年，全省休闲农业营业收入接近 70.5 亿元，同比增长 18%，直接安置农民就业 13.3 万人次，带动农户 6.5 万户以上。

（二）基础设施建设不断完善，服务水平不断提高

按照吉林省休闲农业和乡村旅游提档升级的发展阶段要求，全省在规划发展、融合发展基础上，强基固本，切实加强基础设施建设，努力实现生产设施、服务配套设施和基础设施“三个提升”，取得了显著成效。一是按照现代农业的要求，提升农业生产装备，用机械化装备基地生产，用设施化装备保护地生产，用物联网、互联网技术信息化装备园区生产。二是全省各地按照休闲农业发展规划要求，加强网络、标识及各种专业场地等休闲农业和乡村旅游配套服务设施建设，逐步配套完善。三是按照公共服务标准的要求，提升公共基础设施建设。吉林市围绕制约休闲旅游农业发展的难点、热点问题，统筹国土、水利、供电、农业等部门，整合农业、林业、旅游、新农村等项目资金，完善基础设施建设，切实解决用地、用水、用电等问题，出台了一系列扶持政策措施。各地大力推进休闲农业与乡村旅游园区主干线道路硬化、绿化和亮化工作，规范生产生活垃圾处理，完善旅游点标牌设置，丰富旅游点特色餐饮、住宿、购物等配套服务，休闲农业旅游点基础设施建设明显提升。

（三）产业融合不断深化，产业功能不断增强

吉林省立足资源优势，在农业、旅游和文化之间，在乡土意境和时尚度假之间搞好融合创新发展。积极引导和支持农民采取休闲农业合作社、联合体等组织化方式发展休闲农业，鼓励和引导社会资本进入，向休闲农业输入现代理念和要素。吉林市依托独特的优势资源，通过“村企合一”“村企联动”等方式，把企业资金优势和村委会组织优势结合在一起，由过去单一的种养业，发展成集种植养殖、农产品加工、温泉养生、休闲

采摘、餐饮娱乐等多项产业于一体的产业模式，相继建成一批以昌邑区孤店子镇大荒地村、龙潭区缸窑镇哈什蚂村、舒兰市平安镇两方村等为代表休闲魅力乡村，打造成为休闲、农产品加工、销售流通、电子商务等一二三产业深度融合发展的产业聚集乡村、文旅融合乡村，推进了农业现代化和城镇化。

（四）产业结构不断优化，产品类型不断丰富

各地依托青山绿水、田园风光、乡土文化等资源，开发休闲农庄、乡村酒店、特色民宿、自驾露营、户外运动等休闲农业和乡村旅游产品，不断丰富休闲度假、旅游观光、养生养老、创意农业、农耕体验、乡村手工艺等产业类型。白山市依托长白山自然资源、特色产品基地资源、生态绿色环境资源，着力打造了一批农业主题公园、农业嘉年华、教育农园、市民农园、森林体验和森林养生基地、摄影基地、运动垂钓示范基地等，不断演绎着“看得见山、望得见水、留得住乡愁”的休闲农业和乡村旅游品牌故事，探索了休闲农业和乡村全域旅游相结合的乡村休闲农业综合体。

（五）发展环境不断优化，发展氛围不断浓厚

经过几年的建设与发展，吉林省休闲农业这一农村新兴业态、模式，已经作为吉林各级党委、政府以及部门聚焦农业供给侧结构性改革、聚焦农村产业融合发展、聚焦农民创业和增收的重要抓手加以推进，创设政策等发展环境，加大政策、人力、物力、财力的投入，支持和鼓励返乡下乡人员发展休闲农业，鼓励支持工商资本注入休闲农业产业，鼓励支持农民创办农家乐、休闲农庄，成为自己土地上的创业者，农民发展意识逐步增强。

【主要工作措施】

（一）突出规划引领，加强顶层设计

立足全省自然资源优势特点、产业基础，编制下发了《吉林省休闲农业“十三五”发展规划》，明确了发展思路、总体目标、重点任务，打造生产标准化、经营集约化、服务规范化、功能多样化的休闲农业产业带和产业群，做到统筹发展、协调发展、绿色发展、融合发展。全省各地结合本地实际制订了专业化系统性的发展规划，作为引领产业方向、明确目标任务、促进产业发展的重要措施。长春市组织所属各县、区农业部门委托专业规划机构，做出了各地的十年休闲农业暨都市现代农业发展规划，并纳入全市总体规划中，引领休闲农业发展。

（二）精心组织推动，全力加快发展

组织开展了由各市（州）、县（市、区）农业部门领导及负责同志参加的全省休闲农业和乡村旅游暨都市农业经验交流活动，深入贯彻了农业部等 14 个部委下发的《关于大力发展休闲农业的指导意见》的精神，组织了现场参观，交流了休闲农业示范县、示范点的典型经验，分析了休闲农业发展面临的新形势新任务，安排部署了 2016 年全年工作，发布了全省休闲农业和乡村旅游精品线路和精品景点。

（三）强化保护传承，弘扬农耕文化

为了弘扬东北农耕文化，吉林省特别注重乡村生态环境、农业重要文化遗产挖掘和保护，积极发展具有历史记忆、地域特点、民族风情的特色小镇，按照《农业部办公厅关于开展农业文化遗产普查的通知》和《农业部办公厅关于开展第四批中国重要农业文化遗产发掘工作的通知》要求，认真组织全省各市（州）、县（市、区）农业部门开展了农业文化遗产普查和推荐活动，根据全省农业文化特点，筛选出林下参栽培系统等 4 项文化遗产，向国家推荐为中国重要农业文化遗产参评项目，为提升吉林省保护农业文化遗产意识，传承农耕文明，充分发挥农业多功能，奠定了良好基础。

（四）培育知名品牌，加强示范带动

坚持示范创建和宣传推介并重，持续抓好国家级和省级休闲农业和乡村旅游示范县（点）创建，培育一批生态环境优、产业优势大、发展势头好、示范带动能力强的休闲农业集聚区。截至2016年，吉林省11个县（市、区）被农业部、国家旅游局认定为全国休闲农业与乡村旅游示范县，吉林市神农庄园有限公司等16户企业被认定为全国休闲农业与乡村旅游示范点，四平市霍家店村等16个村被农业部认定为中国最美休闲乡村，省级休闲农业三星级及以上企业达到了89户，安图县自然风光农业体验游2015年被评为国家十大精品线路，延边苹果梨栽培系统被农业部确定为中国重要农业文化遗产。同时，鼓励各地因地制宜开展多种形式的品牌创建与推介活动，培育地方品牌。充分利用节假日和重要农事节庆节点，有组织、有计划、全方位、多层次地开展最美休闲乡村、美丽田园等精品景点、精品线路宣传推介。着力打造一批有内涵、有市场、有影响力的休闲农业知名品牌，形成品牌体系，放大品牌效应。

（五）突出政府引导，强化政策支持

在吉林省委、省政府制定出台的1号文件《关于推进全省农村产业融合发展的意见》中，将休闲农业作为农业农村经济发展、农村产业融合发展的重要内容和抓手予以定位，提出了加快传统农业与互联网、休闲旅游、文化传承、养老服务等产业的有机融合，用先进科技改造农业，用先进理念提升农业，发挥农业的多种功能，促进农业发展方式转变。采取以奖代补、先建后补、财政贴息等方式，支持休闲农业经营场所的游客综合服务中心、公共卫生间、停车场、垃圾污水处理、餐饮住宿的洗涤消毒设施、农事景观观光道路、休闲辅助设施、特色民宿、乡村民俗展览馆和演艺场所、信息网络等基础设施建设。采取市场化方式，深入推进养老服务社会化，扶持社会组织、企业和个人等社会力量承接养老服务，盘活农业资源，大力发展健康养老产业，让健康养老产业与农村休闲旅游有机结合。

（吉林省农业委员会）

黑龙江省

【基本情况】　2016年，黑龙江省认真贯彻落实农业部印发的《关于大力发展休闲农业的指导意见》，坚持把休闲农业和乡村旅游作为推动农业结构调整、促进农民增收的新产业和新支柱来抓，充分挖掘寒地黑土、现代田园、绿色农业的文化功能和环境价值，加快催化新的产业形态和消费业态，吸引国内外及省内外游客到黑龙江农村休闲消费，全省休闲农业和乡村旅游风生水起、快速发展，经营主体发展到5 175家，经营收入达到74.5亿元，同比分别增长22.5%和41.6%。吸纳8.3万农民就业，带动16万户农民在产业发展中受益，成为农村经济发展的新亮点。

【主要工作措施及成效】

（一）培育主体，做实产业

借助农村休闲资源，吸引工商资本到农村投资兴建休闲项目，引导农民围绕郊野田园、渔村特产、民俗风情等主题创新创业，真正激活一片区域、兴起一批产业、带富一批百姓。一方面，坚持将农业休闲项目列为绿色食品产业项目推进重要内容，吸引工商资本投资建设休闲农庄，使农业休闲旅游项目成为投资者关注和投入的一个重点领域，建成了大庆育棣等一批大规模、专业化、具有一定区域影响力的休闲观光农园，全省休闲观光农园发展到1 107个，同比增长24.7%。同时，一些设施农业项目也都规划建设了休闲产业内容。另一方面，培育了讷河市尼尔基斯湖风景区光明旅游合作社等一大批专门从事休闲经营的合作社，围绕郊野、田园、养生、渔村、垂钓和绿色农业，发展采摘、垂钓等娱乐项目，延伸烹饪餐饮，形成了一批集观光休闲、农事体验、饮食娱乐于一体的休闲农业产业链条，全省农家乐增加到 4 068 个，同比增长 21.9%。

全省农村真正出现一批形式多样、功能多元、特色各异的农村新业态，形成了有骨有肉的休闲产业链。有 6 700 多万农民通过直接投资、股份合作、租地打工等形式，参与休闲产业经营，景区、景点及周边居民人均年增收 20 000 元以上，休闲农业和乡村旅游已成为建设现代农业、促进农民创业增收的重要载体和有效途径。

（二）突出特色，加强营销

充分发挥黑龙江大山、大水、大农业的优势，发展龙江特色休闲农业。重点是突出黑龙江现代农区特色，以回归农业、体验农味和农事观光为主题，展示乡村农家生活，享受农家的休闲、娱乐、饮食。突出黑龙江冰天雪地特色，发展冰雪休闲农业，吸引游客体验雪乡雪景，开发冬捕冬钓等休闲项目。突出黑龙江的绿色特色，推动绿色有机食品和林下经济的休闲拓展，游有深山秀水峰谷田园，购有米耳瓜菌参蜜鹿蚕。突出黑龙江文化特色，深入挖掘乡土文化和生态文化，比如金源文化、京旗文化、土改文化、赫哲族文化、关东文化、知青文化等，开发“人无我有”的民俗旅游产品。

坚持政府搭台、休闲唱戏，借助中国哈尔滨国际经济贸易洽谈会、绿色博览会等全国性活动，外出推介产品同时宣传生产环境的秀美风光，大力宣传黑龙江休闲农业和乡村旅游，吸引更多投资者前来开发建设。通过多种媒介大力宣传特色农家园、观光采摘园等接地气、高品质、有代表性的本土休闲农业品牌，打响知名度，吸引国内外的游客到黑龙江省农村消费。组织各地制定专项的营销策略，做好专业市场的定位和宣传，精心策划冬捕节、山水文化、野菜采摘、端午踏青等一系列主题节（会）活动，形成错位发展、统一形象、集体营销的良性局面。积极借力宣传，为拍摄《乡村爱情》系列电视剧和《大村官》等影视作品提供拍摄场地，使英杰温泉度假小镇成为东三省闻名的游览胜地。2016 年，英杰温泉小镇接待游客 100 多万人次，创收 2.3 亿元。

（三）抓好典型，示范带动

坚持典型引路，对一批基础较好的县（市）、村、点、园等进行重点扶持，加快完善，总结推广发展经验，在全省发挥示范带动作用。重点培育哈尔滨周边和牡丹江一带两个休闲农业集聚区，打造宁海长休闲农业示范带和宾县、饶河、桦川等示范县，将拓展农业功能、带动产业融合作为农村产业融合试点的重要内容，全省 13 个试点中，休闲农业类型的试点有 4 个，占全部试点县的 31%，给予 3 160 万元的政策资金支持，占国投资金的 31.6%。

积极参与全国休闲农业和乡村旅游示范创建活动，带动产业质量提升、范围拓展和环境改善。哈尔滨市阿城区等 8 个县（市、区）被评为全国休闲农业和乡村旅游示范县（市、区），兰西县锡伯部落等 18 个点被评为示范点，嘉荫县辽原村等 9 个村被评为中国最美休闲乡村，宁安响水稻作文化等两个系统被列入中国重要农业文化遗产名单，“春节到农家过大年”等多条精品线路在农业部宣传平台发布。

突出培育冰雪休闲产业发展典型项目，雪乡雪村游成为全国知名乡村游品牌，全省每年开放具有一定规模的冬捕渔场 20 家左右，捕获量 60 万千克以上，镜泊湖、连环湖冬捕都具有很大的知名度。

全省继续打造宁海长休闲农业示范带和宾县、饶河、桦川等示范县，培育休闲农庄、休闲田园，开发乡村休闲度假产品，发展到村到户休闲项目，培育地方休闲品牌，吸引城乡居民到乡村休闲消费，把产品变成商品、把田园建成公园，实现“一田多用”。力争全省休闲农业经营主体突破5 500家。全省以这些典型为标杆，在学习经验中不断探索创新，成为全产业快速发展的一个重要推动因素。

（四）统筹规模，加强管理

总体而言，休闲农业和乡村旅游业的发展还是一个新兴的业态，任务新、要求新，各地需要厘清思路，做出规划，科学发展。为此，黑龙江要求全省各地把休闲农业和乡村旅游开发纳入美丽乡村建设总体规划，抓好全省宏观产业布局，注重合理开发，挖掘农村长处，保留乡土味道，系统开发建设，逐步成线成群，形成了区域联合、共同发展的良好态势。组织全省各地认真开展专题调研，制定出台休闲农业和乡村旅游产业发展规划，把休闲农业与小城镇建设、泥草房改造、美丽乡村建设等有机结合起来同步推进，一大批与休闲农业相关的道路、绿化、亮化、给排水、供热、燃气、通信等基础设施建设被纳入日程。各地纷纷出台优惠政策，吸引工商资本和有实力的企业家投资农村休闲产业，改善乡村环境，形成以环境涵养产业，以产业促进建设的良性循环。坚持保护、培育与传承相结合，对文化底蕴深厚的农耕文化遗产进行重点保护，让文化血脉传承下去。结合美丽乡村建设，对景区景点沿线和周围的村屯因地制宜绿化，营造休闲林园，利用农户庭院和房前屋后空间发展小花园、小菜园和小果园，使村在林中、院在绿中、人在景中，提升乡村绿化美化水平。

（黑龙江省农业委员会）

上 海 市

【主要工作措施及成效】　截至2016年年底，上海市休闲农业与乡村旅游项目共358个，全市休闲农业与乡村旅游项目共接待游客1 946万人，年营业收入13.92亿元，带动1.63万农户。

（一）编制全市休闲农业与乡村旅游产业布局规划

遵照上海市委、市政府领导批示精神，坚持问题导向和需求导向，针对休闲农业和乡村旅游产业发展中长期缺少产业发展和空间布局的专项规划引导，以及缺乏依法合规的供地机制等问题，上海市农业委员会会同上海市规划和国土资源管理局、旅游局、绿化和市容管理局并协调相关区县政府，认真做好全市休闲农业、乡村旅游、林地（湿地）休憩产业发展战略研究及设施用地布局规划编制工作，全面完成全市休闲农业、乡村旅游、林地（湿地）休憩等3个分规划，并整合成1个总体规划成果。该规划与全市土地利用总体规划、建设用地减量化等工作相衔接，坚持以产业发展、项目需求为导向，确定空间布局。

（二）开展休闲农业与乡村旅游设施布局规划用地试点

上海市农业委员会会同上海市规划和国土资源管理局、旅游局、绿化和市容管理局组织各区县上报休闲农业和乡村旅游设施布局规划用地试点，确定了松江区雪浪湖生态园、青浦区联怡枇杷乐园、嘉定区沥江生态园、崇明县东禾九谷开心农场4个项目为首批试点项目。会同上海市相关部门多次赴区县调研，研究形成试点项目规划和用地的试点方案，并积极指导试点项目稳妥推进，为全市扩大试点经验提供示范借鉴。目前，4个试点项目均已形成稳定的规划方案和可操作的用地方案。其中，沥江生态园项目专项规划已获得市规划和国土资源管理局批复同意（为全市第一个获批的休闲农业项目规划），联怡枇杷乐园规划也已获批，雪浪湖生态园项目新增的经营性建设用地即将通过公开市场招拍挂获得，东禾九谷开心农场项目的专项规划方案和供地方案也已形成，即将报批。

（三）举办2016长三角休闲农业和乡村旅游博览会和农家菜大擂台

遵照习近平总书记提出“长三角一体化发展”和“长江经济带发展”战略要求，上海市农业委员会会同上海市旅游局、合作交流办公室及苏浙皖农业、旅游等部门，成功举办2016长三角休闲农业与乡村旅游博览会、农家菜大擂台，为长三角地区的城乡居民搭建了“望得见山、看得见水、记得住乡愁”的高品质休闲旅游的交流合作平台，深受广大市民欢迎，得到了农业部有关领导的充分肯定。同时，针对广大市民对“农家菜”的喜爱，会同上海市旅游局、商务委员会，在成功举办两届海派农家菜大擂台基础上，圆满完成了2016上海农家菜大擂台活动。

（四）完成休闲农业星级企业评定

根据农业部要求，完成2016年全国休闲农业与乡村旅游三星级和四星级创建景点的评审复查工作，全市成功申报三星级、四星级、五星级景点分别为7个、6个、2个。同时，经农业部认定中国最美休闲乡村3个（浦东新区棋杆村、金山区中华村、金山区中洪村），全国十佳休闲农庄1家（宝山区闻道园），中国最美休闲农庄1家（青浦区凯博休闲农庄），精品休闲农业与乡村旅游线路13条。

【主要特点】

（一）主动牵头，形成合力，力争彻底解决休闲农业和乡村旅游发展中的瓶颈问题

一直以来，由于缺乏规划引导和用地政策指导，上海市并未真正建立起休闲农业与乡村旅游发展的布局规划和供地机制，休闲农业和乡村旅游项目的“设施用地”难以获得合法身份。为了解决休闲农业和乡村旅游发展中餐饮、住宿、农产品销售等经营性设施用地的实际需求问题，一部分项目利用农业设施用地等改建成餐饮、住宿、接待中心等配套设施，一部分项目则直接占用耕地建设休闲服务设施。

自2014年起，国家土地督察局在对上海市土地督察过程中，先后对奉贤、闵行、青浦、嘉定、浦东等区进行了土地督查，发现了休闲农业和乡村旅游经营性设施违规用地问题，并要求整改。休闲农业和乡村旅游经营性设施用地矛盾已成为制约休闲农业和乡村旅游发展的重要瓶颈问题。

2016年启动的全市休闲农业与乡村旅游产业布局规划工作，有四大特点：一是国家政策与上海实际相结合。在国家宏观层面出台了一系列支持休闲农业与乡村旅游发展政策，但在各地实施过程中遇到了经营性设施用地瓶颈问题，缺乏必需的产业发展研究和科学的设施用地规划，许多经营性设施用地无法真正落地，导致相关政策不接地气。二是产业发展与规划布局相统一。该规划坚持以产业发展、项目需求为导向，将产业规划与空间规划相统一，确定产业发展空间布局和设施用地规模等；同时，该规划与全市土地利用总体规划、建设用地减量化等工作相衔接。因此，该规划既实现了对产业发展的引领作用，又确保规划实施后项目空间布局和用地的可操作性。三是全市规划与分区规划相衔接。该规划在全市层面系统整合上海市农业委员会、旅游局、绿化和市容管理局相关工作，分别形成休闲农业、乡村旅游、林地（湿地）休憩等3个分规划，并汇总成1个市级总体规划成果；在区层面，每个区都通过现状调研和需求分析，形成本区的分规划。该规划系统整合了上海市相关部门和各区资源，确保了规划内容的完整性和结构的系统性。四是探索实践与示范带动相一致。上海开展的休闲农业与乡村旅游设施用地布局规划，力争彻底解决经营性设施用地问题，更好地开发农业多种功能，促进休闲农业与乡村旅游健康有序发展，以此带动全市“三农”事业及一二三产业融合发展，充分发挥

可借鉴、可复制、可推广的成功经验。

（二）以试点破障碍，为全市“三农”工作找重点、解难点、创造新亮点

1. 通过了上海市第一个休闲农业专项规划审批工作。经与上海市规划和国土资源管理局多次协商研究，2016 年 3 月，全市试点项目之一沥江生态园启动了项目专项规划编制工作，并上报上海市规划和国土资源管理局批复，成为迄今为止全市第一个批复的休闲农业项目专项规划，成功打通了休闲农业项目专项规划通道，为今后面上推广提供了可贵的政策和经验。

2. 实现了集体建设用地发展经营性设施。经与上海市规划和国土资源管理局反复协商研究，在多年来实践中集体建设用地只用于公益事业项目的情况下，实现了符合规划的休闲农业和乡村旅游项目，可利用集体建设用地建设餐饮、住宿、农产品展销等经营性项目。

3. 开启了存量农业设施用地再利用的新模式。沥江生态园在集体经济组织闲置的养猪场基础上，进行了科学规划、合理布局，利用存量、减少增量，通过使用集体建设用地改建新建经营性设施用地，租赁给经营者使用，为农业地区在推进农业生态建设过程中有效利用废弃养殖场等探索了新模式。

4. 融合了休闲农业发展与特色镇村保护开发。沥江生态园在近期利用闲置养猪场开发建设基础上，充分挖掘区域内竹桥老街的人文风情特色，进行整体规划、分期建设，使休闲农业和特色镇村发展互促、互动、互融。

5. 保障了集体经济组织及广大成员合法利益。用于沥江生态园经营性设施用地，其产权归村集体经济组织所有，有偿租赁给经营者使用，确保村集体经济组织无风险增收，既有每年约定增长的租金，又有保底分红的收益，还有集体经济组织成员就业收入，使多方收益有机捆绑在一起，同舟共济，多赢发展。

（上海市农业委员会）

江 苏 省

【发展成效与特点】 据统计，截至 2016 年年底，江苏省具有一定规模的休闲观光农业园区景点（包括农家乐）增至 7 200 个以上，年接待游客量达 1.2 亿人次，综合收入超过 350 亿元，比 2015 年增长 15%。全省休闲观光农业从业人员达 96.2 万人，其中农民 88.5 万人。

（一）品牌创建成果丰硕

一是成功创建了南通市启东市、常州市金坛区、南京市浦口区和盐城市盐都区共 4 个全国休闲农业和乡村旅游示范县（市、区），累计创建了 17 个全国休闲农业和乡村旅游示范县。二是扎实开展中国美丽休闲乡村推介工作，南京市高淳区蓝溪村等 6 个村被认定为中国美丽休闲乡村，累计创建了 17 个中国美丽休闲乡村。三是全国休闲农业与乡村旅游星级企业示范创建成效显著。2016 年全省培育创建了启东市江天生态园等 51 家全国休闲农业与乡村旅游星级企业，其中五星级企业有 11 家，全省累计培育创建了 127 家星级示范企业，创星总数居全国前列，新增了 1 个全国十佳休闲农庄（江苏句容岩藤农庄）和 1 个中国最美休闲农庄（江苏郡岭农庄）。四是省级休闲观光农业示范村培育创建全面启动。通过印发《关于加快发展休闲观光农业示范村的通知》，将示范村创建列入各涉农县（市、区）现代农业发展考核指标，激发各地培育创建示范村的原动力，全省共培育了 107 个省级休闲观光农业示范村，认定了首批 50 个江苏省休闲观光农业示范村，示范带动全省休闲观光农业和美丽乡村建设整村推进。

（二）农业多功能加快拓展

认真贯彻落实《关于积极开发农业多种功能　大力促进休闲农业发展的通知》和《关于大力发展休闲农业的指导意见》等文件精神，积极支持各地利用自有宅基地、空余房屋、闲置集体土地和“四荒地”等资源发展休闲农业，开发乡村民宿、休闲农庄、主题农园、度假酒店等休闲农业项目。引导扶持农民及返乡人员就地创业就业，加快创意休闲农业开发，新建了一大批集生产、加工、采摘、品尝、科普、体验、美食、养生、度假等于一体、“农旅文”融合的休闲观光农业综合体。大力推进农业多功能拓展和产业链延伸，强化农村一二三产业融合发展，搭建农村电子商务、“互联网＋”休闲农业等营销服务平台，创新创意休闲农业产品，不断提升休闲农业附加值，促进产品营销通畅，极大地提升了全省休闲观光农业的市场竞争力和产业整体发展水平。

（三）农耕文化发掘开始发力

按照传承与创新结合、保护与开发并重的农耕文化发掘理念，引导各地加强对农村历史遗存、古村落、古民居的保护修缮，强化对农村传统文化、民间技艺、风物特产等的发掘保护和传承利用，努力提升休闲观光农业景点的文化内涵和特色服务。重视中国（全球）重要农业文化遗产的保护利用与经营管理，认真开展全省重要农业文化遗产的普查工作，将 34 项重要农业文化遗产列入省级重要农业文化遗产名录库，其中 14 项遗产被列入国家级名录库。扎实推进中国重要农业文化遗产发掘工作，强化对重要农业文化遗产的调研分析和规划指导，积极申报第四批中国重要农业文化遗产项目。

（四）宣传推介有力有序

主动办节造势，营造发展氛围成为常态。各地纷纷举办的油菜花节、桃花节、葡萄节、草莓节、茶文化节等农事节庆不断唱响，节庆效应明显。2016 年举办了首届江苏名茶展销暨休闲观光农业博览会，在宣传推介全省茶产业和休闲观光农业发展成果的同时，引导茶企加快茶品牌创建、产业链延伸和茶功能拓展，推动茶业与休闲农业融合发展，引起社会强烈反响。组织参加了 2016 长三角休闲农业与乡村旅游博览会，持续打造长三角地区休闲观光农业宣传推介品牌，深受上海市民乃至长三角地区广大群众的喜爱与推崇。着力开展全国休闲农业与乡村旅游宣传推介工作，分别在春节、清明和五一节、端午节、中秋和国庆节等四个时间节点编排了“春节到农家过大年”“早春到乡村去踏青”“初夏到农村品美食”和“仲秋到田间去采摘”四批共 150 条休闲农业与乡村旅游精品线路，及时在中国休闲农业网、江苏省农业委员会微信微博、江苏省电视台《走进新农村》栏目和江苏政务信息等媒体平台宣传推介。组织编印的《江苏省休闲农业与乡村旅游精品线路集萃》宣传册为游客在江苏休闲旅游、度假养生提供服务指南。

【存在的主要问题】　江苏省休闲观光农业发展虽然取得了一定成效，但仍存在整体发展水平不够高，区域发展不平衡性大，功能拓展领域不宽、科技文化内涵不深、创新能力不足，品牌产品少、知名度低、竞争力不够强以及从业人员素质有待提高，管理服务能力有待提升，相应扶持政策尚显乏力等问题。

（江苏省农业委员会）

浙 江 省

【基本情况】　浙江省积极适应城乡居民日益增长的旅游休闲消费需求，大力发展集农业生产、农业观光、休闲度假、参与体验于一体的休闲农业，打造了许多乡村文化浓郁、民俗风情多彩、自然环境优美的美丽田园，培育了一批产业特色突出、村容景致独特、乡风文明和谐的美丽乡村，实现了休闲农业与乡村旅游、创意文化、保健养生、餐饮娱乐等产业的互动发展。2016 年，全省休闲农业累计建成园区 3 818 个，接待游客 1.5 亿人次，休闲观光农业总产值达到 393.9 亿元。休闲农业与乡村旅游成为城乡居民的新看点、社会投资的新热点和农民就业增收的新亮点。

【主要工作措施】

（一）坚持农业为本，创新产业融合发展

注重以产业融合的理念创新推动休闲农业发展。一方面不断丰富和深化农旅结合的文章，各地结合特色优势产业强县强镇、"一村一品"等农业产业基础，依托"花""果""农"等特色资源，充分利用田园风光、山海资源优势，延伸开发农业生产功能，配套服务设施，努力把农业资源优势转化为经济优势。仙居县依托 8 万亩[①]油菜田，做足农业与旅游结合文章，连续举办十届油菜花节，活动内容不断创新，包括了"稻草人—花田创意"制作大赛等农业文化的展示和农产品展销、网络油菜花节等活动，每年吸引游客 30 余万人次，实现旅游收入 3 亿多元，是种植油菜收入的 20 多倍，形成了油菜花的"花海经济"。另一方面不断拓展产业融合领域，鼓励支持多种产业与休闲农业融合，如与婚庆公司融合发展婚庆文化、与健康产业融合发展养生文化、与食品企业融合发展饮食文化等。安吉中南百草园每年接待参加农业科普活动学生 30 多万人次，整个园区仅门票收入就超过 6 500 万元；嘉善碧云花园依托花卉产业和优美的田园景观，与婚庆公司、影楼签约成为其拍摄基地，每年增加收入 450 万元。

（二）坚持市场导向，创新产业运营机制

各地发挥市场配置资源的决定作用，调动各类主体发展休闲农业的积极性，使休闲农业在经营上更加灵活多样，在机制上更加充满活力，在服务上更加贴近市场需求。一是创新投入机制。着力引导投资主体和经营主体的多元化，让更多的家庭农场、农民专业合作社、农业企业、旅游公司等依托自然景观、文化遗产、农业园区、森林公园和养殖基地，发挥生态功能，延长产业链，投资发展休闲观光农业和乡村旅游。安吉县依托万亩安吉白茶休闲观光园区，引入著名的"帐篷客"项目，总投资达到 2 亿元。截至 2016 年年底，全省休闲观光农业园区累计投入 333.5 亿元，其中业主自筹资金 268.4 亿元，占 80％。二是创新营销方式。不断创新宣传推介思路，注重媒体传播与主题活动相结合，创新应用微博、微信等新型营销手段，扩大休闲农业的辐射效应。浙江雅林现代农业园 2013 年开通微信公众号后，关注量达到 17 220 人，互动人次超过 35 万人次，客源量增长约 40％。2015 年浙江省农业厅通过微信平台市民投票与专家评选相结合的方式，评选推出 30 条主题鲜明、各具特色的休闲农业与乡村旅游精品线路。集中推介了全省 26 个欠发达县（市、区）优秀的休闲农业与乡村旅游观光点、特色农产品、传统农事活动，向大型汽车俱乐部、车友俱乐部发放浙江省休闲农业与乡村旅游精品线路手绘图册 5 000 余册，扩大休闲农业与乡村旅游的知名度。三是推进长效对接。联合旅游、有关新闻媒体等启动实施"百社百区对接"工程，以休闲观光农业园作为平台，与专业团体、旅行社有效对接，制定一系列鼓励旅行社参与休闲推介的奖励政策，不断增加休闲农业活力。2016 年全省休闲农业旅游观光总收入 176.2 亿元。

（三）坚持服务为先，创新产业扶持机制

浙江省政府办公厅在 2007 年、2011 年、2016 年分别出台农家乐休闲旅游业发展意见。休闲农业发展已被纳入"十三五"浙江省现代农业发展规划和旅游发展规划。2014

① 亩为非法定计量单位，1 亩＝1/15 公顷，后同。

年，浙江省政府出台了《浙江省人民政府关于加快培育旅游业成为万亿产业的实施意见》，对休闲农业和乡村旅游转型升级作出专门部署，推进休闲农业与旅游、文化、养生、科普等产业融合发展。各市县也纷纷出台配套细化政策，强化休闲农业的扶持和服务。一是加大财政支持。省、市、县三级财政设立专项扶持资金，安排农家乐公共服务设施投入，将“农家乐”休闲旅游村庄列入全省“千村示范、万村整治”工程和美丽乡村建设计划。绍兴市上虞区每年安排 4 000 万元专门用于打造“四季仙果之旅”休闲农业品牌。二是强化引导服务。对休闲农业规划选址等实行全程服务，将经营业主纳入千万农村劳动力素质培训工程，将省级农家乐特色村列入交通指示牌标注内容，逐步开通农家乐专线车。三是实行优惠政策。对符合政府会议要求的休闲农业示范点列入培训会议政府采购范畴。台州市将全市的休闲农业园、农家乐和民宿纳入职工疗（休）养的接待单位。

（四）坚持富民为要，创新促农增收方式

始终坚持以农民为主体，秉持提升农业、富裕农民、建设农村的原则发展休闲农业。一是突出农民主体。把引导培育农民经营休闲农业作为突出导向，全省休闲农业农民主体经营比重超过 80%。有些休闲农庄虽然以工商资本为主，当地政府将对业主相关政策扶持与业主雇佣当地农民有机结合，对周边农民有较大的带动作用。二是拓宽增收渠道。2016 年全省休闲农业从业人数 21.5 万人，从事休闲农业的农民人均收入超过全省农民人均可支配收入水平。发展休闲农业在直接促进农民就业增收的同时，还大幅提升农产品售价，增加农民临时性打工和餐饮等服务性收入来源，使周边农民的生产收入与经营收入、就业收入与创业收入、季节性收入与长年性收入叠加增长。德清县“洋家乐”裸心谷吸纳当地就业 400 余人，人均工资年收入近 5 万元。

（五）坚持农村为基，创新美丽乡村建设

自“十二五”以来，浙江省坚持把休闲农业与新农村建设有机结合，实施“千村示范、万村整治”工程，加强农村公路、水利、卫生等基础设施建设，实现休闲农业与新民居建设、沼气改造、农村清洁示范建设等工程的有效衔接，整合资源优势，共同推进休闲农业发展，建成一批农耕特色与自然山水、乡村风貌为一体，富有特色的美丽田园。截至 2016 年，全省已有 20 个国家级休闲农业和乡村旅游示范县、28 个全国休闲农业与乡村旅游示范点，推介了 22 个中国美丽休闲乡村、19 个中国美丽田园，被农业部认定了 7 个中国重要农业文化遗产。

（浙江省农业厅）

安徽省

【基本情况】 近年来，安徽省主动适应新常态下现代农业发展形势，在坚守耕地“红线”、确保国家粮食安全的前提下，坚持把发展休闲农业和乡村旅游作为拓展农业多功能性的有力抓手，按照“农旅结合、一三互动、接二连三”的发展思路，强化政策扶持引导，优化发展环境，推进农区变景区、田园变公园、劳动变运动、农品变商品、农房变客房，拉长了产业链条，拓展了农业功能，促进了农民增收，休闲农业和乡村旅游已成为现代农业的新型产业形态、现代旅游的新型消费业态，也成为农业供给侧结构性改革的重要抓手。据农业部门统计：2016 年，全省休闲农业和乡村旅游接待旅客人数达到 1.33 亿人次，营业收入 616.07 亿元，从业人员 50.25 万人，分别比 2015 年增长 17.7%、11.09% 和 11%。全省休闲农业和乡村旅游带动农民就业人数 45.23 万人。

【主要特点】

（一）新主体竞相涌现

在休闲旅游经济巨大市场潜力的驱动下，休闲农业日益受到各级党委、政府和社会各界的关注，产业发展不仅是农民自发组织行为，而是形成了在政府的引导扶持下，以农民为主体，社会资本踊跃参与的社会行为，人才、资金、管理、信息等要素加速回流到农村，经营主体更加多元，分工更加精细，催生了黄山北麓休闲农业产业联合体、马鞍山市休闲农业和乡村旅游联盟、合肥市休闲农业协会等新型经营主体。据不完全统计，截至2016年，安徽省休闲农业经营主体达到12 766家，比2015年增长39%，其中农家乐10 036家，休闲观光农园、农庄2 408家；休闲农业专业合作社和协会分别达621家、10家。

（二）新机制不断形成

积极探索与农民互利共赢的产业发展和利益共享机制，让农民通过土地、庭院、设施等资产入股，以股东身份从产业发展中分得一杯羹，是全省休闲农业发展的又一特征。如肥东建华农业专业合作社，在发展休闲农业和乡村旅游过程中，按照“入股自愿、退股自由”原则，通过土地和现金入股、年终保底分红的形式，吸引周边农民参股入社，目前现金入股农民1 146人，入股资金达1 120万元，土地入股农户1 243户，规模达5 736亩，每年兑现股民股息270万元和二次分配50万元。滁州市推进休闲农业多元发展，鼓励采取“村委会＋村民”“政府＋公司＋旅行社＋农民旅游协会”“政府＋村委会＋农户”“外来企业经营”“公司＋农民专业合作组织”等模式发展休闲农业。积极探索招商引资与自筹资金相结合，以农民户办、多家联办、城乡居民合办、城市居民承包独办、旅行社承包（租赁）创办、业主成片租赁承包开发或与农户股份化合作开发等多种形式，探索休闲农业发展的新机制。

（三）新模式日渐多元

各地充分依托当地的自然条件、文化底蕴、区位优势和消费习惯，以城市郊区、景区周边、民族地区和传统农区等为重点，在农家乐、田园农业游、民俗风景游、村落古镇游、休闲度假游、科普教育游、回归自然游等模式的基础上，进一步整合各类资源，创新发展形式，探索形成了芜湖大浦农业嘉年华、和县蔬菜嘉年华、六安茶谷等独具特色的发展新模式，形成了串点成线、连片成带、集群成圈的发展格局，让人们从过去简单的“吃农家饭、住农家院、做农家活、看农家景、享农家乐”，向回归自然、认识农业、怡情生活等方面转变。各地还立足当地的资源特色，举办各类休闲农业节庆活动，既丰富了乡村旅游内涵，又开拓了产品销售市场，带动了农民致富增收。合肥龙虾节、大圩葡萄节、长丰草莓节、来安桃花节、花亭湖旅游文化节和皖西南山货节等已成为知名的休闲农业节庆品牌。截至2016年，全省共有全国休闲农业和乡村旅游示范县12个、示范点20个，全国十佳休闲农庄3个，中国美丽休闲乡村11个，中国美丽田园9个，中国重要农业文化遗产2个；中国休闲农业和乡村旅游精品线路3条；省级休闲农业和乡村旅游示范县39个、示范点120个；省级休闲农业专业示范村16个。

（四）新功能日趋拓展

各地在发展过程中，紧紧围绕人们“眼看什么、嘴吃什么、肺吸什么、脑学什么、手玩什么”等新需求、新动向，拓展休闲度假、文化传承功能，让人们享受青山绿水带来视觉愉悦的同时，还能领略农耕文明带来的心旷神怡；拓展科普教育、农事体验功能，让人们近距离参与农业生产，了解乡村民俗，融入农民生活；拓展养生养老、健身运动功能，让城市退休老人到乡村居住，感受田园和农耕生活，充分享受返璞归真的喜悦。如庐阳区三十岗在传统西瓜种植的基础上，通过开发桃花观赏、果品采摘、美食品尝、艺术体验等项目，丰富了产品多样性；祁门县环砂村充分整合当地悠久历史文化、传统村风民俗等地方特色资源，打造以“游古树林、观古祠堂、赏目连戏、品农家宴”为主题的旅游村，这些都较好地拓展了休闲农业和乡村旅游功能。

【主要工作措施及成效】 2016 年以来，全省各地主动顺应休闲农业和乡村旅游快速发展的新态势，充分发挥政府这只“有形之手”的作用，引导和扶持休闲农业和乡村旅游发展。

（一）精心谋划抓指导

一是加强对休闲农业发展调研指导。为深入贯彻落实习近平总书记视察安徽有关发展休闲农业的重要讲话精神，安徽省组织专门力量，通过实地考察和召开座谈会相结合的方式，对全省休闲农业发展情况进行了全面深入调研，形成《全省休闲农业和乡村旅游发展情况调研报告》，达到了摸清家底、掌握现状、发现问题、分析形势、研究对策的目的。为贯彻落实农业部等 14 个国家部委联合印发的《关于加快发展休闲农业的指导意见》（农发〔2016〕3 号），加快调研成果转化，经过广泛征求意见、认真修改完善、反复推敲打磨，联合省直 14 个厅（委、局）研究制定了《关于加快发展休闲农业的实施意见》，为“十三五”全省休闲农业发展勾画了蓝图。该意见是全省休闲农业发展史上的首个重要指导性文件，也是一个有含金量、有实招的多部门联合文件，必将对全省当前和今后一段时期的休闲农业发展产生积极影响。二是深入开展休闲农业绿色体验模式攻关。印发《安徽省休闲农业绿色体验模式攻关实施方案》，明确目标，提出到 2017 年全省休闲农业年接待人数达到 15 000 万人次，营业收入达到 700 亿元以上，重点开展优化区域布局、丰富产业类型、拓展产业领域、发展创意农业、完善服务功能等 7 项推进行动。

（二）典型引路抓示范

把典型引路、示范带动作为推进休闲农业和乡村旅游的重要抓手，使农民“学有目标”，企业“创有对照”，居民“游有品牌”。一是积极推进现代生态农业产业化示范县创建工作。2015 年，按照县域大循环、园区中循环、企业小循环的要求，启动了 30 个现代生态农业产业化示范县建设，探索品牌化运营的产品生态圈、联合体组织的企业生态圈和复合式循环的产业生态圈三位一体的发展模式，并且将合肥市包河区、池州市贵池区分别以设施观光农业、休闲农业为主攻方向，列入首批示范创建县。目前，两县正按照实施方案进行示范县创建。二是深入实施国家和省级休闲农业和乡村旅游示范县（点）创建工作。按照农业部要求，结合当地资源优势，全力开展国家和省级休闲农业和乡村旅游示范县（点）创建活动。2016 年新增南陵县、金寨县、灵璧县等 3 个国家级休闲农业和乡村旅游示范县（市、区），合肥市庐阳区、太湖县等 5 个省级休闲农业和乡村旅游示范县（市、区），合巢经济开发区三瓜公社等 20 个示范点。三是创建“一村一品”。2007 年，安徽省启动了“一村一品”建设。9 年来，通过发挥资源优势，因地制宜大力发展特色种养业、农产品加工业和乡村特色服务业等，为休闲农业和乡村旅游发展奠定了坚实的产业基础。2016 年安徽省新增休闲农业国家级专业示范村 1 个（凤阳县小溪河镇小岗村），省级专业示范村 7 个。

（三）合力推进抓扶持

把加强协调配合，形成推进合力作为推动休闲农业和乡村旅游发展的重要因素。2016 年，安徽省农业委员会从财政支农专项资金中，切块安排 320 万元用于支持省级以上休闲农业与乡村旅游示范县（点）和星级休闲农业企业建设。阜阳市、滁州市、安庆市、宁国市、广德县等地，对休闲农业和乡村旅游国家级、省级、市级示范点，分别给予30万元、20万元、10万元不等的奖励。宿松县每年从县旅游发展基金中，安排30%的资金用于扶持休闲农业发展，在项目实施、贷款贴息、税收减免等方面，加大对休闲农业和乡村旅游经营主体扶持力度。安徽省还将休闲农业和乡村旅游专业合作社列入农民合作社扶持发展范畴，优先给予扶持。支持经营主体参加中国安徽名优农产品暨农业产业化交易会、长三角休闲农业和乡村旅游博览会等各类展示展销活动，并加强与长三角客源地市场的对接。

（四）坚持不懈抓服务

一是抓好科技服务。为支撑休闲农业科学发展，在全省相关高校、科研院（所）及企业遴选出126位专家，组建了全省首批休闲农业和乡村旅游专家库。二是搭建宣传推介平台。2015年、2016年连续两年在中国安徽名优农产品暨农业产业化交易会上设立休闲农业展区。2016年首次在合肥农业产业化交易会上设立了近1 400平方米的休闲农业厅，充分展示安徽省休闲农业和乡村旅游发展的丰硕成果，集中宣传推介全省休闲农业和乡村旅游精品线路、精品点，展现了极具地方特色的农耕文化的独特魅力，展会期间休闲农业展厅成为参观人数最多的展厅之一。利用上海主办农业产业化交易会之机，开展休闲农业推介活动，向上海新闻界、旅游界及上海市有关部门推介安徽省休闲农业发展现状。活动期间，组织全省20家休闲农业经营主体与上海25家旅行社、企业、投资主体签订了合作协议。此次活动的成功举办，对于深化皖沪两地休闲农业发展交流，引导安徽省精品休闲农业“走出去”起到了良好的促进作用。

【存在的主要问题】　安徽省休闲农业和乡村旅游发展取得了显著成效，但也存在一些制约其发展的问题，突出表现在：一是规划滞后，投入不足。绝大多数县（市、区）没有制定休闲农业和乡村旅游的专项发展规划，没有与本地的城乡建设规划、土地利用规划和美好乡村建设规划等有效对接，造成无序建设、简单仿效、粗放经营的现象比较普遍。加之休闲农业的各项投入大，见效慢，企业投资热情不足，而政府的扶持资金又太少，带动效应不明显。二是产品开发不够，功能单一。大多数地方的休闲农业和乡村旅游的开发层次低、产品较少，功能单一，大多停留在采摘、垂钓、吃饭这一层次上；低水平同质化现象严重，乡村文化与风情民俗挖掘不够，缺乏观赏型、体验型、度假型的旅游项目，很难满足游客“吃、住、行、游、购、娱”以及健康体验等综合一体化的消费需求。三是用地难、融资难。各地普遍反映，休闲农业和乡村旅游在发展壮大中，均面临着设施用地难的突出问题。此外，由于政策原因，休闲农业地上设施不能作为物权，造成投资主体融资困难。四是基础设施较差。大多数涉及休闲农业园区、农家乐的道路、交通、供水、供电、安全等基础设施等级较低，公共交通、卫生等公共服务配套功能不足，错车难、停车难、公厕少、综合型服务缺失等问题普遍存在。五是专业人才缺乏，专业人才、管理人才、经营人才严重不足。很多投资者原先从事非农产业活动，对农业特别是以特色种养业为基础的休闲农业了解不够深入，加之发展目标不明、管理水平不高，在激烈的市场竞争面前，没有比较优势，不少休闲观光企业运营不能可持续发展，乃至出现经营困难，转产、转包，乃至搁浅等现象。六是品牌效应不够。安徽省的休闲农业仍属于起步阶段，虽然目前各地发展势头不减，但大多规模不大，软硬件水平不高，服务质量与服务能力跟不上，加之缺乏宣传推介，有较大影响力的区域性休闲农业品牌不多。

（安徽省农业委员会）

福 建 省

【基本情况】 2016 年全省休闲农业继续保持投资与消费快速增长的强劲势头，民间投资热情高涨，百姓消费持续增长。截至 2016 年年底，全省具有一定规模的休闲农业经营主体达到 2 900 多家，比上年增长 11.5%，全年接待游客近 8 200 万人次，同比增长 17.1%，营业额达到 120 亿元，同比增长 16.5%，安排农民直接就业达 13.5 万多人，同比增长 12.5%。全省建设了一批规划科学、管理规范、功能完善的休闲农业点，培育发展了一批整体实力较强、具有一定知名度、服务较为优良的休闲农业企业。全省获得中国休闲农业与乡村旅游示范县 10 个，居全国前列；获得中国最美休闲乡村 22 个；获得全球重要农业文化遗产 1 个、中国重要农业文化遗产 3 个。

【主要工作措施】

（一）推动出台支持休闲农业政策意见

根据 2016 年初福建省政府办公厅的意见，以及 7 月农业部、国家发展和改革委员会、财政部等 14 部门联合出台的《关于大力发展休闲农业的指导意见》，福建省农业厅在加强调研的基础上，将 2015 年上报的《福建省人民政府关于促进休闲农业持续健康发展的意见（代拟稿）》进一步进行了充实和完善，并印发给 29 个省直有关部门征求意见。

（二）整合支持休闲农业发展资金项目

一是通过多方努力，休闲农业进入国家现代农业示范区、福建省农民创业园（示范基地）专项资金使用范围，仅这两个项目，全省用于扶持休闲农业建设、发展的资金就达 4 000 万元。二是推进农村产业融合发展试点工作。积极配合福建省发展和改革委员会做好“百县千乡万村”试点工程，建立试点示范建设评价指标体系，确保各项试点示范任务有效落实。推荐漳平市、连江县、建宁县、建瓯市四个试点示范县（市）和福清市高山镇等 49 个试点示范乡镇，探索农业内部融合、延伸农业产业链、拓展农业多种功能、发展农业新型业态等多种产业融合形式，为争取融合发展试点示范资金奠定基础。

（三）推介休闲农业品牌

一是组织全国休闲农业与乡村旅游示范县的推荐工作。下发了《关于组织申报全国休闲农业与乡村旅游示范县（市、区）创建工作的通知》，组织各地积极申报参加 2016 年度农业部“全国休闲农业与乡村旅游示范县（市、区）创建活动”，永泰县获得全国休闲农业与乡村旅游示范县。二是组织开展中国美丽休闲乡村推介活动。根据农业部办公厅的通知，下发了《关于组织开展中国美丽休闲乡村推介活动的通知》，全面部署中国美丽休闲乡村推荐活动，全省各地积极响应，经县市相关部门把关推荐，省级专家评审推荐，全省择优推荐 8 个候选村报农业部参加全国角逐，经过评选，其中大田县东坂村、晋江市围头村、惠安县大岞村、福鼎市杜家村、古田县桃溪村、泰宁县际溪村连同厦门市同安区郭山村等 7 家获此殊荣，获牌数量居全国前列。三是开展省级休闲农业示范创建活动。下发了《福建省农业厅关于推荐申报 2016 年省级休闲农业示范点、最美休闲乡村的通知》，根据计划继续在全省评审认定 30 个省级休闲农业示范点和 20 个福建省最美休闲乡村。目前，各地基层组织已完成推荐报送至福建省农业厅，近期将组织评审，并公示、公布认定。

（四）推荐精品休闲农业与乡村旅游线路

开春以来，按照农业部办公厅的要求，福建省分四次相继组织优选了“春节到农家过大年”“早春到乡村去踏青”“初夏到农村品美食”“仲秋到田间去采摘”4 期精品休闲农业与乡村旅游线路共 45 条，推荐给农业部专业网站“去农庄网”统一发布，取得良好效果。初步统计，通过精品线路推荐发布，引领集中消费，4 期精品线路推荐活动集中接待游客分别达到 350 万人次、800 万人次、300 万人次、500 万人次以上。

（五）组织开展休闲农业培训

一是配合农业部农产品加工局在福州具体承办了中国重要农业文化遗产管理人员培训班，培训对象有各省、自治区、直辖市及计划单列市、新疆生产建设兵团休闲农业管理部门业务处室同志和全国 62 个中国重要农业文化遗产所在地代表。并组织了尤溪联合梯田、永泰春光村春伦茉莉花基地现场教学。二是举办了 2016 年闽台休闲农业培训班，培训对象为在闽投资休闲农业的台湾同胞、福建省休闲农业企业代表等 90 多人。通过专题讲座、研究探讨交流相结合的方式，重点学习休闲农业发展成功案例、台湾休闲农业发展的经验做法和休闲农业相关政策措施等。三是于 12 月在福鼎组织 2016 年休闲农业创新创意培训班。培训对象为设区市及重点县（市、区）农业部门休闲农业业务负责人及部分省级以上休闲农业示范点经营业主。本期参加人数超过 100 人，培训创新教学模式，采用专题讲座、现场参观考察、经营主体典型交流、学员互动、专家点评相结合的方式进行培训，做到接地气、重实效、学以致用，取得了较好的培训效果，深受广大业主和参会人员的好评。

（六）开展中国重要农业文化遗产普查发掘工作

一是下发了《关于开展全省农业文化遗产普查工作的通知》，全面布置开展全省重要农业文化遗产普查工作，普查涵盖所有区域的农业文化遗产类别，包括种植业、林果业、畜牧业、渔业及其复合系统等农业生产系统。普查工作对于传承农耕文明、弘扬地方文化、促进休闲农业提档升级具有重要意义。全省共上报了 31 个农业文化遗产普查名单。二是下发了《关于组织开展第四批中国重要农业文化遗产发掘工作的通知》，布置开展第四批中国重要农业文化遗产发掘工作，经各地县级政府同意，共有 3 个设区市推荐 9 个农业文化系统申报中国重要农业文化遗产。福建省农业厅产业推进处对照认定标准，进行认真审核，提出确定 5 个名单，通知相关县（市、区）准备申报材料。

（七）做好休闲农业监测工作

开展经营业者、固定资产、营业额、待定农民就业等情况的跟踪统计，做好半年和全年监测报告。

（八）积极帮扶寿宁县发展休闲农业产业

安排了专项经费，委托规划团队，深入寿宁县乡村，帮助寿宁县开展全县休闲农业与乡村旅游总体规划的编制，指导寿宁县争创全国休闲农业与乡村旅游示范县。

（九）指导筹建省级休闲农业协会

指导省级休闲农业协会筹备事宜，推动全省休闲农业行业自律、规范、发展。

【存在的主要问题】 一是目前虽然国家出台了加快休闲农业和农村一二三产业融合等方面的政策，但是没有什么实质性的鼓励发展举措，业主们尚未从已出台的政策中得到福利。福建省加快休闲农业发展的意见尚未正式出台，有无资金扶持尚不确定。二是休闲农业投资大、回报期长。三是从业人员总体素质较低，缺乏专门经营管理团队和具有专业知识的经营人才，难以满足产业发展需求。

（福建省农业厅）

江西省

【主要特点】 2016 年是江西省实施休闲农业“十三五”发展规划的第一年，在全省上下的共同努力下，休闲农业发展态势良好、亮点纷呈，呈现出“规模扩大、质量提升、模式多元、效益增加”的良好发展局面。

（一）主体规模不断扩大

截至2016年，江西省各类规模经营休闲农业企业总数达到4 190家，是2010年的17倍，其中省级龙头企业有55家，年综合收入亿元以上的企业有25家、5 000万元以上的企业有50家；农家乐经营户2.1万户，比2010年增加了近6倍；休闲农业专业村数量达到220个，占全省行政村总数的1.3%；休闲农业园区从无到有，数量达到70个。

（二）农业功能深度拓宽

围绕着“望得见山、看得见水、记得住乡愁”的新要求，全省积极拓展农业的休闲度假、文化传承、科普教育、农事体验、养生养老、乡村健身等多种功能，培育了一批农家乐专业村、休闲农庄、乡村民宿、观光采摘园、科普教育园、休闲小镇、民俗文化村等休闲农业新模式，促进了农村一二三产业融合发展，极大地带动了休闲旅游消费。如婺源县倾力打造“花海婺源”景观，成为全国著名的“四大油菜花海”之一；南丰县观必上乐园，融蜜橘种植、橘园观光、橘果采摘、橘树认养于一体，农业与旅游实现了深度融合；靖安县则打造农家乐升级版，倾力创建“农宿文化”乡村游，农业的观光、休闲与养生功能得到充分挖掘。

（三）就业增收效果明显

2016年，江西省休闲农业与乡村旅游年接待游客超过2亿人次，旅游综合收入超700亿元，年均增速均超过20%。全省休闲农业从业人员近100万人，其中带动农民就业90万人，促进农民增收100多亿元，较普通农民高出25%以上。经抽样调查，全省许多生态环境好、具有一定旅游资源的新农村建设点，参与休闲农业的农民家庭收入高出在家从事传统种养业的农民家庭收入30%以上，如九江市武宁县长水村依托良好的生态环境，建起了农家乐、观光采摘园等，2016年实现旅游经济收入8 200余万元，人均增收1 500多元。随着农业旅游资源的不断挖掘和产业规模的进一步扩大，休闲农业的收入占乡村经济总收入的比例也在逐年提升。

（四）品牌示范作用突出

全省各地通过示范引领、典型带动，不断提升了休闲农业的社会影响力，品牌建设呈现出“百花齐放”的良好态势。截至2016年，全省共创建全国休闲农业与乡村旅游示范县13个、示范点20个，中国美丽休闲乡村13个，全国休闲农业与乡村旅游星级企业55个，全球重要农业文化遗产1个，中国重要农业文化遗产2个，“中国十大精品线路”2条；创建省级休闲农业示范县25个、示范点250个，农家乐专业村2个。

【主要工作措施】 2016年，江西省各地高度重视休闲农业发展，在完善扶持政策，设立专项资金，规范行业管理，开展示范创建，举办推介活动，培育知名品牌等方面做了大量的工作，有力地推动了全省休闲农业持续健康快速发展。

（一）强化产业引导，加大政策扶持

2016年12月，江西省政府在婺源首次召开全省休闲农业与乡村旅游工作现场推进会，对全省休闲农业与乡村旅游工作作了全面的部署，吹响了合力推进江西休闲农业发展的集结号。2015年，各级政府和各有关部门加大了对休闲农业的支持力度，出台了一系列促进休闲农业发展的政策、措施，有不少设区市和县区设立了休闲农业发展专项经费。江西省农业厅首次安排了800万元财政专项资金，采取以奖代补的方式，对休闲农业品牌创建给予了资金支持。婺源县2016年安排2 000万元专项资金，用以扶持民宿产业发展，并以此为契机，新引进外商投资1.5亿元，打造“望山民宿群”项目，提升了婺源民宿经济。

（二）开展示范创建，促进产业融合

依托丰富的农业资源与优美的乡村环境，结合“百县百园”建设，创建了一批美丽休闲乡村、农家乐专业村；打造了一批集农业生产、农耕体验、文化娱乐、科普教育、生态环保、加工销售于一体的休闲农庄；发展了一批以休闲农业为核心的一二三产业融合发展的休闲农业园区；在城市周边、景区周边和传统特色农业区，建设了一批主题突出、文化内涵丰富的休闲农业主题公园。如龙南县虔心小镇，以 6 万亩竹林为生态背景，种植了 1 万亩有机茶叶，发展林下土鸡养殖，配套有餐饮、民宿、农家豆腐、榨油作坊，实现了农村一二三产业深度融合，成为全省休闲农业产业发展的典范。

（三）举办节庆活动，带动休闲消费

组织各地举办了丰富多彩的农业农事节庆活动，大大地促进了旅游消费。全省共举办农事节庆活动 160 多项，参与活动人数达 500 多万人次，营业收入 22.3 亿元。连续两年举办了休闲农业乡土美食推介活动，2016 年的江西休闲农业乡土美食推介活动，组织了全省 13 支代表队共 85 家休闲农业企业和农庄参赛，农家菜大擂台赛出了“十大江西特色农家菜”“十大江西传统农家菜”，休闲食品展示和评比活动评选出了“十大江西风味休闲食品”和“十大江西传统农家小吃”。同时，配合农业部开展了“春节到农家过大年”“早春到乡村去踏青”“初夏到农村品美食”“仲秋到田间去采摘”等主题宣传活动，吸引了来自全国各地的游客前来观光度假。

（四）加强专业培训，提升服务水平

组织市、县、乡、村工作人员和休闲农业企业管理人员 80 多人参加了农业部休闲农业与乡村旅游星级企业培训班和休闲农业和乡村旅游扶贫学习交流活动。结合江西省农业厅农业科技下乡活动，在萍乡市举办了休闲农业送科技下乡启动现场会和休闲农业培训班，邀请了江西省内知名专家、学者讲课，萍乡市休闲农业管理人员和企业代表 100 多人参加培训，发放了农业科技书籍 300 余册、宣传资料2 000多份。组织专家赴上栗、芦溪两县休闲农业点进行考察和指导，现场帮助企业解决生产经营过程中遇到的难点问题。

（五）加大宣传推介，扩大社会影响

与江西电视台《稻花香里》栏目合作，精心策划推出了 4 期休闲农业专题节目——“美丽乡村我们的家”，节目内容质量佳、口碑响、收视率高。在《江西农业》杂志上设立了“休闲农业专栏”，发表论文 19 篇，总结推广全省各地发展休闲农业的经验和先进典型。在江西农业信息网“休闲农业”专栏发布相关信息，及时报道各地休闲农业发展情况，展示全省休闲农业风采。编辑出版《江西休闲农业》画册，重点推介宣传江西省休闲农业企业和美丽乡村。积极探索政企合作建设“智慧休闲农业”，深度整合景观、饮食、住宿、交通、娱乐、购物等资源，实现线上线下互动，促进农产品销售，扩大企业盈利空间。

（六）挖掘农业遗产，促进保护利用

开展了全省农业文化遗产的普查工作，17 项农业文化遗产列入农业部全国农业文化遗产普查目录。向农业部申报了全球重要农业文化遗产项目，其中崇义县上堡梯田被列入联合国全球重要农业文化遗产预选名单。组织鄱阳、广昌、南丰等县编写项目申报书和遗产保护规划，积极申报中国重要农业文化遗产项目。组织实施了 2016 年农业国际交流与合作项目——江西省实施全球重要农业文化遗产保护与发展项目。

（江西省农业厅）

山东省

【主要工作措施及成效】

（一）强化政策引领，推动休闲农业和乡

村旅游健康发展

一是加强政策研究。为推动全省休闲农业和乡村旅游健康发展，山东省农业厅组织开展了全省休闲农业和乡村旅游调研活动，认真总结全省休闲农业与和乡村旅游发展经验，全面分析影响产业发展的突出问题，研究制定了努力方向，在此基础上，联合山东省发展和改革委员会等 12 个部门制定印发了《关于积极开发农业多种功能　大力发展休闲农业的意见》，明确了全省“十三五”时期休闲农业发展方向、任务目标和工作重点。二是注重建立行业规范。在全面梳理相应政策文件及现有标准和实地调研的基础上，结合山东省建设生态休闲农业园区的实际需要，编制了《生态休闲农业园区建设规范》，并作为山东省农业地方标准正式颁布实施，对全省休闲农业和乡村旅游业发展起到积极的引导和促进作用。

（二）加强人员培训，提高从业人员能力素质

从业人员能力素质是决定行业发展水平的重要因素。一年来，为全面提高全省休闲农业从业人员能力水平，全省积极组织开展丰富多彩的业务培训，极大地提升了全省从业人员的经营管理水平。一是开展全省休闲农业和乡村旅游培训。结合举办全省现代生态农业培训班，安排休闲农业和乡村旅游培训内容，邀请国家和山东省知名专家，对全省各市县 200 多名休闲农业管理人员，开展了休闲农业和乡村旅游专题讲座。二是组织开展休闲农业和乡村旅游赴台湾地区学习交流活动。结合新型职业农民培训，组织山东省内休闲农业示范县、示范点相关人员赴台湾开展学习交流活动，重点学习台湾发展休闲农业和乡村旅游的经验做法。组织业内相关人员积极参加赴台湾乡村旅游培训班，据统计，全年参与赴台湾交流学习休闲农业和乡村旅游的从业人员达 1 500 多人。三是组织参加农业部相关业务培训。年内积极组织参加农业部举办的各类主题推介会及相关业务培训会，加强了与各省份之间的交流沟通。各市、县也不断丰富组织形式，开展了各类培训活动，培训人数 5 000 多人。

（三）加大扶持力度，夯实发展休闲农业的产业基础

山东省整合省级以上资金近 4 亿元，大力开展现代农业示范园区、现代农业果菜振兴、标准化农业生产基地及农村一二三产业融合试点项目建设，大力发展果、菜、茶等高效特色农业，提高休闲农业产业支撑能力。在推动农业产业发展的同时，2016 年，首次将农业功能拓展示范纳入全省生态循环农业示范基地项目建设内容，选择景观资源较好的生态循环农业基地，每处投入 20 万元用于设置指示路标、景区布置图，安装太阳能路灯，修葺步道等，进一步拓展农业多种功能，发展休闲农业。2016 年建设的 34 个生态循环农业项目中，有 25 个选择休闲农业建设内容，涉及资金 4 000 多万元。在全省农村一二三产业融合试点项目中，涉及休闲农业内容的项目有 20 个，资金总额达到 3 200 多万元。全省各地也积极争取财政投入，支持休闲农业发展，如临沂市每年从“一圈一带”专项资金中拿出 30%以上用于休闲农业和乡村旅游发展，潍坊市投入 400 万元用于促进休闲农业园区的提档升级，促进农业功能拓展。

（四）开展创建活动，强化休闲农业和乡村旅游示范带动

根据农业部统一部署，组织开展了休闲农业示范创建活动，有 3 个县、6 个村分别荣获全国休闲农业和乡村旅游示范县、中国最美休闲乡村荣誉称号。继续联合旅游部门，组织开展省级示范创建工作，认定省级休闲农业和乡村旅游示范县 14 个、示范点 26 个，美丽休闲乡村 21 个，齐鲁最美田园 20 个，休闲农业示范园区 24 个。在有关专项资金安排上，优先向休闲农业和乡村旅游示范县及

示范点倾斜，加速培育休闲农业和乡村旅游示范典型。各地结合示范创建，不断总结典型，探索经验，培育品牌。蓬莱市借助创建国家级休闲农业和乡村旅游示范县的有利时机，把休闲农业和乡村旅游作为旅游产业发展的重点在全市深入推进，确立“特色旅游村、旅游风情小镇”的乡村旅游全域化布局，示范县的成功创建大大提高了蓬莱休闲农业与乡村旅游的知名度。

（五）创新工作思路，加大休闲农业宣传推介

联合山东人民广播电台开展全省乡村科普游基地宣传活动及“美丽山东”乡村游项目启动仪式，开办专题节目宣传山东休闲农业工作。开展全省休闲农业乡村旅游精品园区和线路征集活动，通过山东省农业信息网、电视、广播、报纸及微信等渠道进行宣传推荐，推荐精品科普游基地30处，推荐上报农业部休闲农业观光旅游线路40条。在山东农业信息网、《农业知识》杂志开设专栏，大力宣传休闲农业和乡村旅游品牌。各地也开展各类特色活动，策划推出一批具有浓郁文化特色和地域风貌的休闲农业和乡村旅游节庆活动，在全省形成具有地域特色的品牌体系。枣庄电台的金色乡村栏目宣传休闲农业与乡村旅游发展成绩，各休闲园区通过各种采摘节、报纸、农业主管网站等多种渠道进行宣传。聊城市姜堤乐园每年举办一次中国江北水城国际樱花节，截至2016年，已经举办7届，中国第一梨园每年举办梨园文化观光周和采摘游园活动，提升了知名度和影响力。

（山东省农业厅）

河南省

【基本情况】 河南省位于黄河中下游地区，全省地势西高东低，北有太行山，西有伏牛山，南有桐柏山和大别山，中东部是广阔的黄淮冲积平原，地理位置优越，四季分明，自然资源丰富，这为全省农、林、牧、渔业的综合发展提供了有利的条件，造就了河南美丽而丰富的休闲农业资源。河南省休闲农业发展起步于20世纪90年代，经过20余年的发展，目前全省已涌现出一大批融休闲度假、观赏观光、农事参与、农耕文化、高效农业、民俗风情为一体的休闲农业景点和项目。2016年，全省共有休闲农业经营主体15 149个，实现营业收入111.69亿元，从业人数31.63万人，其中农民29.46万人，占从业人数的93.13%。全省创建全国休闲农业与乡村旅游示范县14个、示范点21个，中国美丽田园6处，中国最美休闲乡村13个，中国重要农业文化遗产1处，全国十大精品线路1条，全国十佳农庄1个。仅2016年，全省有3个市（县）、5个乡镇分别被评为全国休闲农业与乡村旅游示范县和中国最美休闲乡村。

【主要工作措施】

（一）贯彻政策精神，加强规划引导

近年来，河南省认真贯彻落实农业部会同国家发展和改革委员会等11部委联合印发的《关于积极开发农业多种功能　大力促进休闲农业发展的通知》、农业部会同国家发展和改革委员会等14部委联合印发的《关于大力发展休闲农业的指导意见》。各级政府坚持把发展休闲农业作为提升农业、致富农民、发展农村的一项重要抓手，在组织协调、发展规划、政策措施等方面做出了明确的规定，为休闲农业发展创造了有利的政策环境。郑州市组织编制了《郑州市休闲农业发展规划（2013—2020）》、洛阳市出台了《洛阳市人民政府关于推进休闲农业发展的意见》、商丘市下发了《商丘市人民政府办公室关于推动全市都市生态农业发展的实施意见》等。

（二）加大财政投入，完善基础设施

按照《河南省人民政府关于加快发展乡村旅游意见》要求，省级财政筹措资金 1 270 万元，用于乡村旅游厕所、停车场、污水垃圾无害化处理、交通标牌体系、游客服务中心等基础配套设施建设。同时，市、县两级财政支持休闲农业发展的力度不断加大。郑州市财政每年都安排专项财政扶持资金，用于休闲农业企业改善基础设施、拓展休闲功能、开展创新创意、提升服务质量。近 3 年来，郑州市财政共支出专项资金 5 412.5 万元，扶持 95 个休闲农业项目，带动社会投资 2.1 亿元。洛阳市每年市县两级财政拿出不少于 5 000 万元的财政资金，专项用于宣传推介和对重点休闲园区进行以奖代补奖励，发挥财政资金四两拨千斤的作用。安阳市龙安区每年拿出 1 000 万元专门用于对休闲农业基础设施建设补贴。

（三）以休闲农业为载体，促进城乡融合发展

积极引导、鼓励各地工商资本投资兴建休闲农业。城镇游客把现代化城市的思想理念、生活方式、文化等行为和信息带到农村，使农民接受现代化意识和生活习俗，在潜移默化中提高了自身素质。大量市民到农村观光、消费，既满足了城镇居民的心理、生理需求，又带动了农村餐饮、娱乐等产业发展，实现了城乡交流互动、融合发展。同时，通过大量资金投入到建公路、修水利、搞绿化中，使农村的道路交通、通信、垃圾污水治理、商业便民设施、文化体育设施等公共服务设施等同步得到了提高，农村面貌焕然一新，广大农民群众的人居环境有了明显提升。

（四）加强宣传推介，培育知名品牌

近年来，河南省农业厅与河南日报、大河报、东方今报等省内新闻媒体进行合作，连续对河南省休闲农业发展现状，以及已被农业部、国家旅游局认定的示范县、示范点进行宣传和报道，受到社会各界的一致关注，努力营造全省休闲农业良好的发展氛围。与此同时，为扩大休闲农业的吸引力和影响力，各地举办各类推介活动。郑州市先后举办阳春踏青赏花游、樱桃文化节、河阴石榴节、枣乡风情游、绿源山水风筝节和冬枣节、普兰斯薰衣草节、富景生态葡萄节等农事节会活动，不断提高本地休闲农业的知名度和影响力。

（五）注重业务培训，强化素质提升

每年举办 1～2 次全省休闲农业培训班，对全省休闲农业示范县、示范点，省辖市、直管县休闲农业工作人员，以及具有发展潜力的企业负责人进行培训，邀请国内一些知名专家进行授课，帮助企业开阔视野，厘清发展思路。各地也都采取不同的形式引导企业负责人换脑筋、转思路、促发展。洛阳市组织实施了新型农业现代化系列讲座活动。利用周末组织农业系统的各级干部、休闲园区负责人等参加，邀请国内农业方面的有关领导、知名专家、学者到洛阳进行授课，讲政策、谈形势、理思路，拓宽视野。

【存在的主要问题】 虽然近几年河南休闲农业发展较快，但与全国先进地区相比，发展速度及水平还有不小差距，还存在诸多阻滞发展的问题。如建设规划重视不足、基础建设相对薄弱、开发层次尚待提升、创新创意比较薄弱、互动体验不够深入、休闲内容不够丰富、经营项目较多雷同、服务质量有待提高、行业管理仍需规范、环境保护亟待加强等诸多问题。

（河南省农业厅）

湖 北 省

【基本情况】 截至 2016 年年底，全省拥有全

国休闲农业示范县11个、示范点19个，“中国美丽休闲乡村”14个，“中国美丽田园”10个，省级休闲农业示范点120个，限上休闲农业点达到4 700家，从业人员12万人，年接待游客达6 000万人次，综合收入达265亿元，从业农民人均收入达到23 500元。

【主要工作措施及成效】

（一）坚持规划引领，优化休闲农业产业布局

“十二五”期间，湖北省编制了《湖北省休闲农业发展总体规划（2013—2020）》，明确了全省休闲农业发展的战略目标、重点任务及推进措施。2016年，出台了《关于统筹整合相关项目资金开展美丽宜居乡村建设试点工作的指导意见》，湖北省政府每年整合财政资金20亿元，重点支持300～500个村开展美丽宜居乡村建设试点，重点加强基础设施建设，改善农村人居环境，打造特色宜居村庄，加强公共服务体系建设，促进农村经济发展。截至2020年年底，全省建成2 000个左右美丽宜居乡村示范村。

（二）着力产业扶贫，厚植休闲农业增收潜力

2016年5月，出台了《湖北省休闲农业与乡村旅游产业扶贫示范区创建工作方案》，确定每两年一轮，每一轮遴选一批具备乡村旅游发展基础与条件的贫困区，开展产业扶贫示范创建。通过加大投入强化基础、送教培训智力扶持、产业提升利益联结等措施，打造“特色鲜明、功能齐全、设施完备、管理有序、效益明显”的新型绿色发展示范区，创建扶贫攻坚事业中绿色产业扶贫、产业综合扶贫标杆，促进贫困地区产业增效、农民增收。恩施土家族苗族自治州以美丽休闲乡村建设为抓手，稳步推进创建工作，涌现出一批休闲农业产业脱贫典型。咸丰县钟塘村、来凤县土家寨村以特色农业产业为基础，开发观光、采摘、旅游等功能，带动农民增收脱贫，双双跻身2016年中国美丽休闲乡村行列。

（三）注重融合发展，拓展农业多种功能

湖北省是农业部确定的农村一二三产业融合发展试点省份之一。近两年，在国家农村一二三产业融合发展试点项目中，安排项目资金支持11个主体发展休闲农业和乡村旅游。全省各地认真贯彻落实国务院办公厅发布的《关于推进农村一二三产业融合发展的指导意见》（国办发〔2015〕93号），积极推进农业从单纯的生产向生态、生活功能拓展，实现农业与旅游、教育、文化产业深度融合。沙洋县50万亩油菜花海，年吸引百万人观光游览；鄂西漫山遍野的茶园，让游客休闲品茗买茶；江汉平原水乡观光垂钓蔚然成风；大中城市郊区都市农业与农耕文化，让市民流连忘返。

（四）借力“互联网＋”，推进休闲农业提档升级

湖北省印发了《关于加快推进“互联网＋”行动的实施意见》，各级农业部门积极推进“互联网＋”与美丽休闲乡村融合。各类新型经营主体积极应用互联网思维和技术，改造传统的乡村休闲旅游业，让古老的传统村落、特色的民俗风情、悠久的人文故事、现代的美丽新村走向全媒体时代的广阔天地。宜昌“淘实惠”、潜江“潜网电商”等平台，其线上服务、线下体验和可视化功能，为美丽休闲乡村产品销售、品牌推介提供了崭新的平台。恩施依托省级电商进农村综合示范试点机遇，加快美丽休闲乡村电子商务建设，各类电子商务企业达30家，网店、微商等已超过1 500家，网上销售农特产品400余种，年交易金额达3.8亿元。

（五）强化品牌宣传，增强休闲农业市场活力

2016年6月，湖北省农业厅与湖北广电总台从各地上报的72家视频资料中，筛选了22个单位的精彩片段，编辑制作了《湖北最

美休闲乡村》宣传片，在荆楚网、湖北农业信息网、长江云等平台向社会发布。7 月编印了《湖北 2016 年最美休闲乡村》画册，努力营造全社会关注美丽休闲乡村的良好氛围。全省各地结合各自实际，推介美丽休闲乡村。武汉市的农业嘉年华、麻城的杜鹃花节、潜江的小龙虾节、枝江的“三峡·桃花节”、孝感的郁金香节、蔡甸的荷花节等农事节庆活动，为美丽休闲乡村打造了品牌、聚了人气、增了收益。

【存在的主要问题】 近些年来，湖北省休闲农业和乡村旅游虽然发展很快，但也存在一些问题与不足：一是创意设计不够。社会资本投资休闲农业的热情较高，但存在重经验而轻设计的现象，特别是创意设计不够，同质化严重。二是资源开发不够。贫困地区特别是贫困山区，自然生态优美、民俗风情独特，蕴藏着丰富的休闲农业和乡村旅游资源，但还缺乏深度挖掘与打造。三是管理人才缺乏。一些休闲农业主体既是投资者，又是管理者，缺乏休闲农业专业知识储备，存在重硬件建设，轻服务管理的现象。四是供需信息不对称。城市居民到处找景点、找休闲场所，休闲农庄四处张罗找客源，供需信息未能有效对接。

（湖北省农业厅）

湖南省

【主要工作措施及成效】 2016 年，湖南省休闲农业与乡村旅游主要致力于产业融合发展，着力转型升级、提质增效，通过强化“三个引导”、着力“三个创新”、树立“四个意识”、构建“四个支撑”、搞好“一个示范”（“33441”工程），全省休闲农业健康有序发展，为农业农村新业态新模式的发展探索了可行路径。

（一）产业提档升级，接待人次、经营收入呈双增长

湖南省休闲农业发展定位逐步拓展到做强特色产业、做美生态环境、做全旅游元素、做深文化底蕴、做精管理服务、做好盈利模式，一大批农庄通过重新规划、创意策划深耕休闲农业内涵，产业规模、品质得到提升。2016 年全省休闲农业经营主体达 16 300 个，其中规模农庄 4 300 家，农家乐等 12 000 多家。全省休闲农业企业接待游客 1.56 亿人次，同比增长 16.9%，增速比 2015 年同期加快 0.6 个百分点；实现营业收入总计将超过 320 亿元，同比增长 19.8%，带动相关产业 380 亿元。

（二）产业融合日益紧密，多元化合作实现效益共赢

通过融合发展、延长产业链条，拓宽就业增值空间，经济、生态、社会效益明显。一是农民以多元方式参与休闲农业，实现农庄农户共赢，通过直接就业、租赁土地返聘农民耕作、入股经营、订单生产、与村级组织合作等方式，农户赢得增收、脱贫、致富，企业赢得生存、发展、壮大。全省休闲农业从业人员近 75 万人，远郊企业安排农民就业比例达 80%以上。二是通过农产品的分级、预制、深加工以及其他服务带动农业产业增值增收，2016 年，全省休闲农业企业实现农产品销售收入 162.5 亿元，其中经过分级、深加工的销售收入 64 亿元，占 39%。三是通过融合政策资源带动休闲农业软硬件建设，聚焦财政支持重点、政府工作着力点和社会关注点到休闲农业上，发挥四两拨千斤作用，带动更多涉农资金及社会资本支持湖南省休闲农业，如新农村建设、农产品产地初加工、扶贫攻坚，基础配套设施得到完善，生态环境得到保护改善，产业实力增强。

（三）产业经营模式创新，探索业态发展可行路径

在引导发展中，全省形成一批盘活农村资产型、产业融合型、精准扶贫型、科普教育型休闲农业经营模式。全省休闲农业实现“四个喜人转变”：一是从先休闲后产业的发展路径向先产业后休闲的发展路径转变；二是从低端休闲模式向丰富内涵融合发展的模式转变；三是从单打独斗孤园求变向互补融合、引领农民参与、盘活农村资产、带动农民就业增收转变；四是从效益下滑资金短缺向效益回升资本回流转变。经营模式的创新为湖南省农业农村新业态新模式的发展探索了可行路径。

（四）产业资源盘活唤醒，发挥精准扶贫作用

充分利用贫困山区生态环境优美、生物资源丰富、民俗文化浓郁的优势以及当前扶贫攻坚的大好机遇，大力发展推进休闲农业扶贫工作，产业观光、生态养生、文化认知、食宿赏景型休闲农业项目在贫困地区取得较好成绩，休闲农业发展在精准扶贫中发挥了不可替代的作用，全省 51 个贫困县，通过休闲农业带动 27.8 万户农户脱贫，户均增收 13 580 元。以怀化市为例，休闲农业及相关产业对贫困地区脱贫贡献率超过 40%，全市有望比全国提前二年实现脱贫目标。同时在带动山区推进休闲农业与精准扶贫融合发展中，全省总结出了 6 种发展休闲农业带动贫困人口脱贫致富模式：村级组织引领型（麻阳县楠木桥村九村联创）、企业主导型（会同县依托农业产业化龙头企业）、市场推动型（鹤城区大坪村农民入股）、产业支撑型（中方县大松坡村依托葡萄产业）、旅游带动型（溆浦县山背村依托旅游开发）、民俗文化型（通道县皇都村依托侗文化资源）。

【主要经验】

（一）坚持科学定位，保持理性发展

1. 强化“三个引导”，促转型。通过产业规划编制、优惠政策制定、扶持资金投向等措施，引导休闲农庄坚持以农为本，因地制宜发展特色、生态、高效农业产业；引导实施农村一二三产业融合发展，做到一二三产业良性互动，做到有规模、有品牌、有文化；引导彰显区域特色，挖掘地域文化，打造区域特色产业、生态景观、饮食文化、民俗风情等。

2. 着力“三个创新”，促提质。一是创新发展理念。坚持产业先行，紧紧依托农业产业，拓展农业功能；坚持生态护园、品牌立园、文化养园，丰富旅游产品；坚持人才至上、效益优先、事业为本，构建企业价值体系。二是创新管理模式。着力推进休闲农庄引入现代企业管理制度，从待遇留人逐步形成事业留人的管理机制，打造一批为休闲农业事业奋斗的管理团队。三是创新农业生产方式。坚持传统农业、都市农业、旅游农业与现代农业相融合，引进新品种、新技术以及新的生产方式与管理模式，实现产业规模化、专业化、标准化、景观化，达到优质、生态、高效的目的。

3. 树立“四个意识”，促服务。一是树立环保意识。加大环保投入，加快生态建设。运用环保技术与设施对休闲农业园区垃圾、污水、病虫害等进行无害化处理，着力建设循环农业。二是树立文化意识。注重文化挖掘、文化涵养、文化传承，彰显企业价值观念、管理模式、建筑风格、景观创意、饮食服务等方面的文化价值。三是树立细节意识。强化消费者就是上帝的观念，充分尊重消费者的消费心理和细节需求，实施标准化服务。四是树立品牌意识。严格产品标准、严格质量管理，尊重市场认可，注重品牌培育。

（二）开展“示范创建”，引领转型提质

为引领全省休闲农业发展方向，促进转型升级、提质增效，加快农村一二三产业融合发展步伐，2016 年在全省启动开展休闲农业示范创建活动。创建活动以创新发展模式、推进农旅融合、实现提档升级、满足消费需

求、带动农民增收为重点，围绕优化布局，突出特色；以农为本，丰富内涵；规范管理，有序发展；政府引导，多方参与开展，有25个特色产业规模较大、融合“三农”紧密、旅游元素完备、生态环境良好、服务管理规范、综合效益较高、带动效应突出的休闲农业企业，经专家考核评审进入了“三个百千万”工程特色园行列，全省共评选出15个省级休闲农业示范园，遴选出10个千园培育对象，并分别给予100万元、50万元奖扶资金，15个示范园直接纳入湖南省政府“三个百千万”工程休闲农业特色园。有效引导了全省休闲农业企业在发展路径、融合模式、特色彰显等方面实现突破，出现了效益提升、投资增速的良好局面。

（三）搭建“四大平台”，促进融合发展

通过平台搭建，提供智力、资本、营销等支撑，引导休闲农业企业由单打独斗转向互补融合发展。一是搭建智力支撑平台。举办休闲农业培训班、组建服务团队分区指导、推行“引进来走出去”交流机制，为行业管理经营人员更新发展理念、提升素质。2016年7月如期举办了全省休闲农业工作会议与星级农庄负责人培训班，以“创新发展思路，转变发展方式，加快湖南省休闲农业转型升级提质增效”为主题，从政府宏观政策、具体经营设计、农业生产、旅游开发、互联网应用、证交融资等方面系统授课，为休闲农业创新发展开拓思路。12月6日，在长沙举办了湖南休闲农业发展对策论坛，农业部农产品加工局领导、全国休闲农业界知名专家学者、湖南省省市两级主管部门负责人、湖南省直相关单位负责人、休闲农业企业代表、湖南省内外权威媒体记者等共约160人出席了论坛活动。论坛以“开放、创新、融合、共享”为主题，领导、专家、学者从多视角、多层次、多维度地分析了湖南休闲农业发展存在的问题，探讨了湖南休闲农业发展的巨大潜力和发展策略，通过政府、专家和企业的智慧聚焦，为湖南省休闲农业迎接“爆发式”增长提供了强有力的智力支撑，为促进全省休闲农业实现跨越式发展打下良好基础。二是规范行业协会平台建设。按照湖南省委、省政府办公厅《关于推进行业协会与行政机关脱钩的实施方案》通知要求，完成了休闲农业协会换届与脱钩工作，进一步规范提升行业服务管理。指导行业协会完成了第六批星级农庄的评定工作，新增省级星级休闲农庄361家。三是搭建营销支撑平台。实施“互联网＋”休闲农业工程。经过与多家网络公司接洽沟通，达成了“互联网＋”休闲农业的合作机制，打造休闲农业与乡村旅游推介平台，为企业建立网络推介及销售平台。四是搭建资本支撑平台。通过股权交易所融资平台，对接资本市场，建立股权融资与交易的全新机制，吸引更多社会资本参与休闲农业的开发与建设。2016年继续引导、推荐休闲农业企业在湖南股权交易所Q板挂牌上市，有22家休闲农业企业申报挂牌上市。

（四）组织遴选推介，推进品牌建设

一是组织精品线路推介活动，结合农事季节特点和工作重点，围绕“春节到农家过大年”“早春到乡村去踏青”“初夏到农村品美食”“仲秋到田间去采摘”四个主题，向社会推介一批休闲农业与乡村旅游精品景点线路，全年共遴选了精品线路42条，并在农业部“去农庄网”进行发布推介。二是组织开展中国美丽休闲乡村评选工作，全省6个村庄被农业部评为中国美丽休闲乡村。三是培育遴选出国家五星级、四星级农庄14家。四是组织全国休闲农业与乡村旅游示范县推荐和农业文化遗产普查的推荐工作。安仁县、吉首市获评全国休闲农业与乡村旅游示范县，湖南江永香米、双牌古银杏群、道县把截萝卜栽培系统、保靖古茶园、古丈毛尖茶文化系统等被农业部评为有保护价值的农业生产系统。五是组织推荐参与中部农业博览会、湖南美丽乡村展、特色产业园等会展活动。通过会展，积极推介湖南省休闲农庄的民俗民韵、特色特产，为农庄唱戏搭台，农庄的创意特色、招牌卖点、文化内涵、品牌推广、品牌价值均得到了完美展示，对全省休闲农业的提质增效起到了良好的推动作用。

【存在的主要问题】

1. 人才匮乏。休闲农业从业人员的整体素质、结构与产业发展要求差距很大。其一，相当一部分企业主受教育程度不高，思想观念、经营理念难以跟上休闲农业产业发展形势，缺乏驾驭一二三产业融合发展的能力；其二，农庄就近就地吸纳的农民工，大部分年龄偏大，缺乏专业培训，对新品种新技术掌握不好，以致大部分优势特色产业因为人的因素难以推进；其三，行业服务机构及相应人才发展培育不够，如休闲农业规划机构参差不齐，休闲农业职业经理人、导览员培育不够。

2. 融合脱节。农业是产业支撑，农村是休闲旅游核心吸引物，农民是休闲旅游产品供给主体，“农旅”融合是发展的铁律。当前部分农庄，要么没有农业产业，要么农业产业与休闲旅游是两张皮，与体验、休闲、度假、用餐、赏景等功能相互割裂。产业没有起到支撑作用，旅游没有发挥拓展功能、延长产业链条、增强农产品附加值的作用，导致资源效率、综合效益不能有效发挥，经营举步维艰。

（湖南省农业委员会）

广 东 省

【基本情况】 2016 年，在广东省委、省政府的正确领导和农业部的大力支持下，广东省紧紧围绕地方自然及特色农业资源，努力争取政策支持，加大农业多种功能开发力度，大力发展休闲农业、乡村旅游，促进一二三产业融合发展，取得了较好成效。韶关市乐昌市茶料村等 4 个村被评为中国美丽休闲乡村，梅州市平远县和韶关市翁源县 2 个县被评为全国休闲农业和乡村旅游示范县。

截至 2016 年年底，全省共有农业旅游区（点）300 多个，其中有 8 个县（市、区）和 19 个休闲农业旅游点被农业部、旅游局联合认定为全国休闲农业与乡村旅游示范县和全国休闲农业与乡村旅游示范点，1 个乡村被农业部评为中国最具魅力休闲乡村，10 个被认定为中国美丽休闲乡村，3 个景观被认定为中国美丽田园，1 个系统被认定为中国重要农业文化遗产。84 个乡镇和 190 个休闲农业旅游点被广东省农业厅、广东省旅游局认定为广东省休闲农业与乡村旅游示范镇和广东省休闲农业与乡村旅游示范点，23 个基地被命名为广东省农业旅游示范基地，认定了 50 个广东人文历史最美乡村游示范区（点）、50 个广东自然生态最美乡村游示范区（点），认定的广东省国家级历史文化名村 11 个，广东古村落 154 个，还有许多各具特色的山庄、农庄、农家乐休闲点。全省现有 3 000 多个休闲农业经营主体，其中农家乐 2 300 多家，休闲农业就业人数达 10 万人，其中农民就业人数达 8 万多人。一批休闲农业产品脱颖而出，一些资源丰富、起步较早的地区已在部分城市周边形成了休闲农业与乡村旅游度假带，全省休闲农业与乡村旅游市场开始从单一的农家乐、赏花摘果向以观光、参与、康体、休闲、度假、娱乐等为一体的综合型方向发展，发展较快地区的休闲农业与乡村旅游正成为当地经济的特色产业，休闲农业已成为全省农村发展新的经济增长点。

【主要工作措施及成效】

（一）高位推进规划政策引领

广东省农业厅与广东省旅游局联合编制印发了《广东省乡村旅游与休闲农业发展规划（2013—2020 年）》，并引导各级农业部门积极将休闲农业和乡村旅游纳入广东省国民经济和社会发展规划，形成政府各部门协力齐抓的良好氛围。《广东省生态文明建设“十三五”规划》明确提出，全省要形成“四区两带”农业发展战略格局，其中，珠三角都市农业区要逐步形成现代农业科技示范区、都市农业休闲度假区，北部山地生态农业区发展生态绿色农产品区和休闲旅游农业区。2015 年，广东省财政统筹 1 000 万元农业项目资金，对全省认定挂牌的休闲农业示范单位予以奖励扶持。《汕头市旅游业转型升级和创新发展行动计划》中，明确将“大力发展生态乡村旅游”列为该市十大行动要点之一。广州市每年安排 600 万元专项资金用于扶持观光休闲农业示范村、示范园、特色农庄和星级农家乐的基础设施和配套设施建设。佛山市也出台《佛山市农业局关于推进佛山农业公园建设的指导意见》，并安排市级财政资金 1 000 万元用于农业公园建设奖补，带动休闲农业发展。中山市人民政府出台《关于促进我市休闲农业发展的指导意见》，提出到 2025 年建设农业公园 10 个、休闲农场 100 家，建成一批广东省休闲农业示范镇、示范点等具体目标，为发展休闲农业指明了方向。云浮市对新创全国休闲农业与乡村旅游示范县的县，给予一次性补助 30 万元，省级补助 20 万元，激励各地加大休闲农业发展力度。茂名市立足现代特色农业、岭南农耕文化和自然生态环境等基础条件，制定了美丽乡村和观光农业的发展规划，2012 年来，全市共投入休闲乡村、美丽乡村、农业公园等建设资金达 32.5 亿元。

（二）高标推开基础设施配套

全省各市（区）整合使用高标准基本农田建设、现代农业示范园区建设、秀美村庄建设、农路硬底化、“农村最后一公里畅通工程”、农田水利整治、农村四旁绿化等专项资金，着力打造山青、水秀、田沃、路通、村庄美的农业农村环境，使农业生产经营条件得到极大改善，农村面貌焕然一新，为休闲农业的发展奠定了硬件基础。2016 年，广东省本级整合农业专项资金 1 亿元，扶持创建了 10 个农业公园和 2 个休闲农业综合体，广东省农垦系统和部分市县也扶持创建一批农业公园。组织专家团队根据《广东省省级农业公园评定标准及申报创建评价体系》，对各地农业公园进行实地考核评定并授牌。珠海市在该市斗门乡村旅游连片开发示范区共种植油菜花、紫云英、蔬菜等 2 500 亩，在增加农户收入的同时，通过冬种油菜、紫云英、稻底菜、草莓茎叶回田，增加了土壤有机质，减少了化肥施用，实现了生态、经济效益双赢，创新出一条农民增收和环境友好型发展道路。

（三）高频推介精品景点路线

运用省内外旅游交流活动和中国（广东）国际旅游产业博览会、广东国际旅游文化节、第七届广东现代农业博览会等高端会展节事平台，宣传休闲农业与乡村旅游产品和景点景区，提高全省休闲观光农业的知名度和影响力。同时加强与国内外主流媒体以及各类新闻媒体平台合作，利用网络技术创新宣传营销方式，增强线上线下营销能力，多渠道、多形式、立体化宣传推介广东乡村和休闲农业旅游。各市县利用当地报纸、电视台、电台等媒体，对有接待能力、形式多样、各具特色的休闲农业园区进行宣传报道，将休闲农业旅游线路作为重要内容来推广；借助网络、微信等平台，宣传推介休闲农业景点亮点，吸引群众出游。茂名市专门组织召开全市美丽乡村和农业公园建设现场会，总结交流全市美丽乡村和农业公园建设情况，广泛宣传休闲农业和乡村旅游精品景点，研究部署相关工作。

【存在的主要问题】 休闲农业和乡村旅游作为一种新业态，近几年呈“井喷式”发展，涌现了一些特色鲜明、定位高端、前景良好的典型，吸引不少资本投入，但仍有一些制约行业健康科学发展的问题。

1. 缺少科学规划和系统的战略研究，地区发展不平衡，发展质量不高。有些园区没有正确的定位，盲目发展，重复建设。高品位、高档次、多功能、知识型的休闲园区还很少，大多数农家乐规模小、档次低、设施简陋、内容单一，服务水平较低。大部分农村有新房无新村的无序现象比较突出，严重制约了休闲农业和乡村旅游的发展。

2. 同质化严重，特色化、个性化发展不足。在多数农业观光园里，还没有达到“农业园区景区化、农业设施生态化、生产过程体验化、农民从事导游化、耕读休闲大众化”的“五化”标准，大多数只宣传品种介绍，游客能采摘果蔬，品尝果实，无法领略到无形的文化资产。

3. 休闲农业景区供应链配套不完善。大部分休闲农业位于城市郊区或经济发展水平较低的农村，安全、消防、应急、医疗、食宿等基础设施条件差、设备简陋，垃圾污水的无害化处理严重滞后，不能满足游客需求。

4. 土地流转难。休闲农业是一个朝阳产业，也是综合产业，需要大量的土地和资金投入，且回报周期长。一方面，单靠农民投资不起，各级政府的投入又远远不够，需要大量的民营企业家进入。另一方面，随着城市化进程的推进，土地越来越少，可以说是“寸土寸金”，近郊农民意识到土地的潜在价值，不愿流转，部分存在观望、漫天要价的情况。

5. 各级农业部门休闲农业和乡村旅游监测统计系统和数据库建设几乎为空白。存在基础数据来源困难、底数不清、采集更新手段落后等问题。

（广东省农业厅）

广西壮族自治区

【主要成效及特点】

（一）产业规模增长迅速

据不完全统计，截至 2016 年年底，广西建立农家乐近 4 000 个，乡村旅游点 1 100多个，规模休闲农业园 630 多个，年接待游客 5 280 多万人次，产业总收入近 190 亿元，广西休闲农业和乡村旅游开始步入快速发展阶段。通过示范引领带动，全区累计创建国家级休闲农业与乡村旅游示范县 11 个、示范点 22 个，中国美丽休闲乡村 13 个，中国美丽田园 8 个，全国休闲农业星级企业 69 家，广西休闲农业与乡村旅游示范点 63 个。

（二）产业类型丰富多样

广西根据自然特色、区位优势、文化底蕴、生态环境、经济发展水平和消费习惯，在发展农家乐、民俗村、休闲农园、休闲农庄等形式基础上，不断创新产业类型，鼓励开发乡村酒店、特色民宿、户外运动等休闲度假产品，拓展休闲农业的经济、社会、文化和生态等功能，激活了一片区域、兴起了一批产业、带富了一批百姓、建成了一方乐园；一些休闲农业旅游区引进了民族风情表演、民族美食、民族农耕文化、民族建筑文化等当地有特色的民族文化，丰富了休闲农业旅游区的文化内涵；地方农事节庆和旅游节庆异彩纷呈，中国·隆安“那”（稻作）文化旅游节、恭城月柿文化旅游节、横县中国国际茉莉花文化节、灵山荔枝文化节、贵港覃塘荷花节、昭平茶王节、武宣金葵花旅游节等节庆活动吸引了大量游客前往，成为广西休闲农业靓丽的风景线。

（三）品牌培育提档升级

近年来，广西农业部门积极组织参与全

国休闲农业与乡村旅游示范创建、中国美丽休闲乡村和中国美丽田园推介等系列活动，树标杆、育品牌，引领产业新发展。同时，广西组织开展全区休闲农业与乡村旅游示范创建活动，收到了良好成效。比如桂林市通过示范带动作用，先后有 6 个县获得全国休闲农业与乡村旅游示范县称号。玉林市容县全面深入推进特色农业、乡村旅游等优势资源的开发建设，逐渐完善各项基础设施，不断增强发展后劲，全县现有休闲农业和乡村旅游点 118 个，形成沙田柚之旅、爱国将军乡村历史文化之旅、贵妃故里之旅、天堂湖温泉度假之旅、中华仙草养生之旅、抗日烈士红色之旅、千姿容州休闲之旅、天下奇楼探秘之旅、亲子田园采摘之旅、现代休闲农业之旅、容州兰花之旅、中医药养生休闲之旅等 12 条精品旅游线路，近三年年均增长 32%，被授予全国休闲农业与乡村旅游示范县称号。

（四）发展方式逐步转变

经过近几年的快速发展，广西休闲农业结构不断优化，功能日益拓展。休闲农业的发展方式逐步从农民自发发展向各级政府规划引导转变，经营规模逐步从零星分布、分散经营向集群分布、集约经营转变，功能定位逐步从单一功能向休闲、教育、体验等多功能一体化经营转变，空间布局逐步从城市郊区和景区周边向更多的适宜发展区域转变，经营主体逐步从农户经营为主向农民合作组织和社会资本共同投资经营发展转变。比如南宁市美丽南方、玉林市五彩田园、贵港市荷田广场等示范区都实现了规模化、多功能、多产业一体化经营。

（五）产业扶贫成效明显

近年来，广西各级农业部门着力培育农业产业品牌，挖掘农耕文化，指导贫困地区发展生态休闲产业，助推脱贫成效明显。柳江百朋万亩双季莲藕休闲农业基地、万亩鲁比葡萄休闲基地、荔浦砂糖橘休闲园区、忻城薰衣草庄园等拉动了近万群众脱贫致富，河池南丹歌娅思谷景区采取“公司＋合作社＋基地＋农户”的模式，年支付劳务费 1 000多万元，为社区及周边群众创造就业岗位 192 个，共有贫困户 139 户、569 人从中获利，其中 103 户、443 人实现脱贫。

【主要工作措施及经验】

（一）立足顶层设计，努力创设优良的产业发展环境

广西壮族自治区党委、政府坚持把“三农”工作摆在重中之重，通过“美丽广西·宜居乡村”系列建设活动和城乡环境综合整治，全面推进村屯道路硬化、村屯环境绿化、农村饮水净化、主要干道亮化、门前屋后美化、公共设施实用化、产业发展特色化、农村发展城市化，建设生态优美的宜居宜业宜人农村，为推动休闲农业产业发展提供了良好的条件。近年来，广西壮族自治区党委、政府高度重视休闲农业和乡村旅游的发展，2016 年召开休闲农业产业推进大会，为各地积极拓展农业多种功能，促进农村一二三产业融合发展指明了方向。自治区党委办公厅、自治区人民政府办公厅印发的《“产业富民”专项活动工作指南》，将“农旅结合休闲农业进村行动”列入自治区“十项进村行动”之一，作为促进农村产业转型升级和提质增效的重要手段全面推进。同时，广西加大财政投入，支持各地休闲农业产业提升，创设优良的发展环境。

（二）坚持规划引领，突出培育“两区七带”产业聚集带

2016 年，广西启动编制的《广西休闲农业发展规划（2017—2025）》，将力求充分发挥全区沿边、沿海、沿江、沿湖、富硒、长寿和山清水秀等独特优势，实现顶层设计、牵头抓纲的作用。广西全力打造休闲农业产业聚集带（区），进一步做大休闲农业产业规模，着重做好首府南宁都市休闲农业示范区、

桂林休闲农业国际旅游示范区、沿边民族风情特色休闲农业产业带、沿江亲水观光休闲农业产业带、滨海海洋文化休闲农业产业带、依山森林旅游生态休闲农业产业带、沿高铁（公路）特色种养休闲产业带、富硒农业休闲体验产业带、养生长寿生态休闲农业产业带等“两区七带”休闲农业聚集带（区）的规划布局，全面推动广西全域范围内的休闲农业产业提档升级。广西农业部门于2016年启动实施“一县一规划”工程，争取到2020年实现全区各市、县（市、区）基本完成休闲农业规划编制工作。

（三）强化品牌培育，充分发挥典型示范带动作用

围绕一二三产业融合发展，下发文件发动各市积极参加2016年度全国休闲农业与乡村旅游示范县创建和中国美丽休闲乡村推介活动，新增容县、贵港市覃塘区、荔浦县等3个全国休闲农业与乡村旅游示范县（市、区），新增5个中国美丽休闲乡村，继续在全区树立了一批标杆。同时，启动2016年度广西休闲农业与乡村旅游示范创建工作。在修订和完善《广西休闲农业与乡村旅游示范点质量评定管理办法》和《广西休闲农业与乡村旅游示范点质量评分细则》的基础上，联合广西旅游发展委员会下发了《关于开展2016年度广西休闲农业与乡村旅游示范创建活动的通知》，积极发动各市开展2016年全区休闲农业与乡村旅游示范创建活动，共新增南宁市马山县小都百乡村旅游区等45个广西休闲农业与乡村旅游示范点，成为引领产业发展的样本。

（四）依托示范园区，着力打造休闲农业发展载体

2014年，广西壮族自治区党委、政府做出创建“广西现代特色农业（核心）示范区”的决策，把示范区建设作为广西全面深化农村改革、加快发展现代农业的有效载体和有力抓手。从2015年开始，全区的涉农县（区）都启动建设现代特色农业示范区，逐步实现每个涉农县（区）都建有1个自治区级或市级示范区，通过典型引路、以点带面，形成产村互动、农旅融合、生态产业化、产业生态化的广西现代特色农业发展新格局。到目前为止，全区启动创建的各级现代农业示范区共954个，其中80%以上的园区设计规划了休闲观光设施，并有1/3以上园区将休闲旅游作为主要产业功能之一。现代特色农业示范区的建设，有力推动了美丽乡村建设，产业与乡村互动，促进农业园区从农业生产向科普、教育、休闲、观光、度假等功能发展，逐渐成为发展休闲农业的重要载体，为广西休闲农业产业发展奠定了坚实的基础。

（五）加强宣传推介，全面塑造休闲农业整体形象

广西深入贯彻落实《农业部办公厅关于进一步做好休闲农业与乡村旅游推介工作的通知》要求，按照时间节点和活动主题，于2016年1月、2月、5月、8月围绕“春节到农家过大年”“早春到乡村去踏青”“初夏到农村品美食”“仲秋到田间去采摘”四大主题，有针对性地遴选推介了一批休闲农业与乡村旅游精品线路；依托互联网、移动终端、微信微博等宣传平台，结合季节特点和工作重点，强化宣传推介与示范推广，全年累计在广西农业信息网休闲农业频道和广西农业微信公众号上发送休闲农业相关宣传报道超过90篇，有效扩大广西休闲农业与乡村旅游精品景点和线路的知名度和吸引力，提升行业经济效益和社会效益。2016年7月，广西旅游部门、农业部门、林业部门联合举办的2016乐游广西·乡村旅游嘉年华，对带动市场供求，进一步提升广西休闲农业的品牌形象起到了积极的促进作用，公众反响强烈；正在制作的广西休闲农业电子导览图和纸质导览图，也将助力展示广西休闲农业与乡村旅游精品，实现向区内外提供全区休闲农业景点景区、特色农家餐饮和交通信息等资讯

服务的综合功能。

（六）贯彻落实中央1号文件要求，深入开展农业文化遗产普查

2016年中央1号文件部署了重要农业文化遗产普查工作，广西农业部门认真组织各地对潜在的农业文化遗产开展普查，普查涵盖所有区域的农业文化遗产类别，包括种植业、林果业及其复合系统等农业生产系统，同时引导各地加强对农业文化遗产价值的研究，推进乡土民俗文化的推广、保护和延续。横县白毛茶文化系统等14项列入农业部农业文化遗产普查名录，为国家认定重要农业文化遗产和推进广西农业文化遗产的发掘、保护工作提供了重要依据。

（七）提升人才素质，切实推进休闲农业的人才队伍建设

广西农业部门分层次、有计划地开设休闲农业产业专题培训班，手把手、面对面地帮助干部和群众提高发展休闲农业产业的能力。比如11月举办的2016年广西休闲农业与农产品品牌建设培训班，全区各市、县农业局（农委）相关人员，全区优秀青年农场主，各地休闲农业企业代表120余人参加了此次培训。培训班采取专题培训与现场参观相结合的方式，开设休闲农业创新发展、休闲农产品品牌建设及营销策略、休闲农业规划与案例分析等课程，学员普遍反映丰富了知识，开阔了视野，启迪了思维，取得了明显效果。

【面临形势】 广西是全国有名的水果之乡、“南菜北运”蔬菜基地、长寿之乡等，经过多年的培育和发展，目前已经形成了水果、粮食、糖料蔗、蔬菜、茶叶、桑蚕、食用菌、罗非鱼、中草药种植等一批特色鲜明的特色优势农业产业。随着广西全面启动实施现代特色农业产业品种品质品牌提升行动和“产业富民”专项活动，休闲农业必将迎来广阔的发展前景；广西形成了独特的少数民族农耕文化，壮族“那”文化、梯田文化、苗族“游耕”文化、侗族“禾仓”文化独具特色，这些文化内涵是广西休闲农业的特色和精髓所在。多年的新农村建设、城乡风貌改造及清洁乡村建设，带动建成了一批村容美丽、交通便利、风情浓郁的新农村，吸引着区内外众多游客。随着经济持续增长、人均可自由支配收入增加，闲暇时间增多以及旅游休闲消费观念的提升，广西休闲农业与乡村旅游需求呈现旺盛态势。

【存在的主要问题】 广西许多地区休闲农业目前仍处于自由发展状态，部分市、县（区）没有编制休闲农业发展规划，休闲农业项目在结构布局上缺乏整体性，休闲农业投资开发带有一定的盲目性，休闲农业与乡村旅游产业和其他产业融合度不够；许多休闲农业点（场所）主要还是以游览观光、果园采摘为主，产品结构单一，档次不高，休闲农业资源内涵挖掘不深，没有充分地将地方传统文化融入到休闲农业产品开发中。

（广西壮族自治区农业厅）

海南省

【主要成效及特点】

（一）产业规模不断壮大

2016年全省休闲农业点（场）500多家，同比增长14.6%，资产总额达67亿元，同比增长6.3%，直接从业人数4.1万人，同比增长8.1%，间接从业人员8.4万人，带动农户2.3万户，累计接待人次1 358万人次，同比增长6.0%，总收入120多亿元，同比增长18.9%，呈现出快速增长的态势。

（二）发展方式逐步转变

休闲农业已从农民自发发展向政府规划

引导转变，在经营规模上，逐渐从零星分布、分散经营向集群分布、集约经营转变；在功能定位上，逐渐从单一餐饮功能向休闲、食宿、教育、体验等多产业一体化经营转变；在空间布局上，逐步从局限于景区周边和城市郊区向更多的适宜发展区域布局转变；在经营主体上，逐渐从农户经营为主向农民合作社和社会资本共同投资经营发展转变。

（三）产业类型趋向多样

不同类型、各具特色的农家乐、休闲农庄、休闲农业公园、观光果园、民宿客栈等纷纷涌现，形式日趋多样、功能不断拓展、类型不断丰富。琼海市着力打造生态农业观光型、田园风光旅游型、民俗风情型、农家乐休闲度假型等不同风格特色乡村，并通过500千米旅游绿道系统，把琼海的田园、村庄、乡镇和景点，连接成一个大景区。该市博鳌镇将美雅、朝烈、岭头、南强、大路坡等5个相连的自然村庄整体开发，通过美化提升村容村貌、完善公共基础设施，配套乡村旅游项目，打造成集田园风光与琼海乡土民俗风情为一体，提供骑车健身、青年旅社、农家餐饮等综合服务的乡村公园。2015年，博鳌乡村公园被农业部和国家旅游局授予全国休闲农业与乡村旅游示范点。

（四）品牌创建不断推进

通过开展全国休闲农业与乡村旅游示范县、示范点创建工作，打造国家级示范县、示范点和星级企业。保亭县、琼海市和定安县等3个市县荣获全国休闲农业与乡村旅游示范县，全国休闲农业与乡村旅游示范点12个，五星级企业10个、四星级企业10个、三星级企业14个，评定省级示范点102家，评定休闲农业观光果园40家，建设美丽乡村181个。全国重要农业文化遗产普查及保护工作在海南省全面开展。

（五）乡村旅游精品线路日趋成熟

依托高速铁路、邮轮游船航线以及全省“多规合一”提出的“田”字形高速骨架和“三纵四横”的国、省道主干线系统，结合休闲农业旅游产品的空间区位，以线串点，连通各市县优势景区，重点打造十条休闲农业精品线路，形成资源和产品合力，提升全省休闲农业总体吸引力。

（六）产业扶贫效应日益凸显

因地制宜发展乡村旅游业，通过“消费引进来”“产品卖出去”的模式，将农产品变成旅游产品、农家院变成旅游设施，带动农民就业增收，特别是贫困地区农民脱贫致富。澄迈县侯臣村以“农村集体＋企业＋政府”模式，引进社会资金6 838万元将侯臣村闲置房屋和宅基地建设为集商铺、家庭旅馆、茶坊等休闲娱乐为一体的特色民居，并由村民小组成立的澄迈福山侯臣乡村旅游观光有限公司统一经营，村民按股权占比进行分红。共建设41幢96套民居，每年租金共计345.6万元，人均可获8 000多元分红。另利用村里53公顷土地发展农家乐、休闲观光、观光旅游、生态农业等多种形式的乡村旅游项目获得经营收益，让村民在家门口就业，解决农村空心化、农村土地流转难问题。

（七）休闲农业监管体系日趋完善

制定并实施《海南省休闲农庄建设标准》《海南省休闲农业观光果园建设标准》等标准，完善星级休闲农业企业划分与评定标准，对休闲农业示范点的运行机制、经营场所、接待设施、安全生产、环境保护、服务质量、应急处置等各个方面进行规范指导，提升经营管理和服务水平。加强市场监管，按照分级管理的要求，加强对休闲农业示范点经营行为的管理，建立休闲农业监测统计系统和数据库，加大对休闲农业示范点的日常巡查和投诉处理力度。积极发挥休闲农业行业协会在行业自律、市场营销、协调服务等方面的作用，规范竞争行为，促进休闲农业健康发展。

（八）全域旅游创建工作不断深入

海南省开展全域旅游创建，海口主推

“十个一”自游海口旅游精品，三亚市整合境外新媒体平台，包装境外旅游产品，入境游实现高位增长。琼海市实施“田园城市”推动全域旅游，在嘉积镇龙寿洋万亩公园开展了水果采摘、美丽乡村观光、认知自然亲子游等活动，以丰富的产品带动农旅融合发展。文昌巧打“航天牌”，紧紧围绕火箭首发，推出前沿旅游 VR 体验式服务，以其特有的风土人情、地道的农家美食、自然美景吸引着周边市县的游客。临高县充分利用独特的自然风貌和人文景观，着力打造精品线路，把碧桂园金沙滩、临高角解放公园、彩桥红树林、黄桐瀑布、乡村农家乐、海鲜排档等连成一线，展现出了良好的发展势头。昌江精心策划了水上乐园冰爽嘉年华、万人庙会活动、极地冰雪节、黎苗风情主题歌舞文艺晚会、棋子湾石林徒步探险活动、玩海赏石棋子湾系列活动、“老渔民”万人趣味赶海主题活动、体验黎族传统制陶技艺活动、“海南有片爱情海”昌江棋子湾爱情节等特色活动，吸引了八方来客。

【主要工作措施】

（一）加强整体科学生态规划

以“创意提升农业、休闲改变生活”为主题，做好休闲农业的“顶层设计”，依托高速铁路、邮轮游船航线以及全省“多规合一”提出的“田”字形高速骨架和“三纵四横”的国省道主干线系统，结合休闲农业旅游产品的空间区位进行总体发展布局，着力培育一大批休闲农业示范点和示范企业，增强对本地区农民的引导、带动和帮扶作用，逐步形成布局合理、特色鲜明、服务规范、功能多元的现代休闲农业特色优势产业带和产业集群。

（二）推进休闲农业示范点创建

继续开展省级示范点评定工作，组织督导组对 25 个申报示范点进行了审核，并对首批满 3 年的 68 家示范点进行复评，淘汰经营状况不良的 17 家示范点，新评定 20 家示范点，示范点数量达到了 102 家，实行动态管理。琼海市以乡村园林化、景点化为特征，与发展乡村旅游相结合，培育支撑农村持续发展的特色产业，推动传统农业向休闲农业、观光农业和热带高效农业转变。该市绿洲番石榴农民专业合作社，引导农民开展绿色无公害化种植，精心构建采摘旅游线路。2016 年元旦 3 天假期，该村番石榴基地迎来游客近1 000人次，采摘番石榴 1 万余斤（1 斤＝500 克），创产值 6 万多元。博鳌镇美雅乡村公园目前有农家乐 4 家，农家旅馆 3 家、接待床位 90 张，从业人员 120 人（大部分为本村农民，其中返乡村民 38 人）。由 8 位村民合股经营的“阿叔”农家乐，月营业额达 20 多万元，2016 年春节期间日营业额达 8 万余元，打工人员人均月工资 2 000 元。

（三）开展热带观光四季果园嘉年华活动

海南省农业厅、海南省旅游发展委员会、有关市县人民政府共同举办 5 次海南四季果园嘉年华活动，以无核荔枝、蜜瓜、芒果、红毛丹和绿橙等地方知名特色农产品为抓手，以精品拍卖、精准扶贫、特色农产品订单互联网竞购为亮点，同时推出多条休闲农业精品线路，宣传带动周边休闲农业和美丽乡村游发展，扩大热带水果知名度和影响力，打造休闲旅游品牌。海南省农业厅、海南省旅游发展委员会对全省申报的热带四季观光果园进行实地考评，评选认定出 40 家果园，三年拟评选认定 100 家。

（四）开展全国重要农业文化遗产普查及保护工作

推荐海南海口荔枝栽培系统、海南白沙茶园与茶文化系统和海南陵水疍家渔文化系统等 3 个农业文化遗产申报农业部重点农业文化遗产保护目录。海南各市县挖掘传统民俗，提升美丽乡村文化底蕴。琼海市深入挖掘各个村镇的文化资源禀赋，将文化传承保护与产业发展完美结合，注意保留村镇的原始风貌，打造传承本地文化、历史记忆、地域特色、民族特点的美丽村镇。该市会山镇加脑村将苗家文化融入特色村寨建设，成功打造村入口景观、朋莱湾、苗族文化中心、苗家客栈、竹园、苗家咖啡屋、苗家乐等特色景点，吸引各地游客前来休闲旅游体验。该村2016年旅游人数达15万人，人均纯收入达13 595元，12户贫困户54人全部脱贫。2015年获评中国乡村旅游模范村，2016年荣获海南省五星级美丽乡村称号。

（五）强化休闲农业宣传

与海南广播电视总台等共同办好《农旅时空》栏目，组织国内、省内新媒体对休闲农业进行宣传推介，筛选部分市县观光果园或休闲农庄，打造一小时旅游圈内休闲农业精品线路，针对不同季节组织观众参与采摘和休闲农业游活动，进一步树立海南休闲农业建设标杆，谱写美丽中国海南篇章。开展休闲农业创意精品大赛活动，组织休闲农业创意精品择优遴选、宣传推介和供需对接等活动。编辑《海南休闲农业与乡村旅游指南》，以纪实性、实用性、指导性为目标，有计划、有组织地向全国乃至全世界推介一批海南休闲农业与乡村旅游精品线路和景点，全力打造全域旅游品牌。编印休闲农业特刊，宣传休闲农业发展动态。举办休闲农业高峰论坛，海南省农业厅、海南省旅游发展委员会和海南省工商联主办2016全域旅游及美丽乡村建设暨休闲农业发展高峰论坛，搭建休闲农业博览园全方位宣传休闲农业。借助一年一度中国（海南）国际热带农产品冬季交易会的平台，展示海南休闲农业发展历程及取得的成果，让广大民众了解休闲农业，了解农民生活、享受乡土情趣、参与农事体验，在观光、游乐、品味美食、科普教育中享受休闲农业带来的乐趣，展示展销海南特色休闲农业创意产品等。

（六）实施“共享海南农庄”行动

海南省委、省政府研究制定“共享海南农庄”指导性意见。澄迈县制定“面向全国，限量认购，保量供应，品牌营销”活动方案，实施“互联网＋农庄”全省首创无核荔枝庄园全国网上认购活动。2016年637公顷无核荔枝，80％通过移动互联网销售，平均价格比一般荔枝高6倍。制作无核荔枝庄园APP，实现认购用户网上实时监测。重新划分无核荔枝庄园构造，根据果树分布和地形地貌，把637公顷无核荔枝庄园分区域、分片区规划成为认购“陆侨无核荔枝小庄园”，每个小庄园树立认购者的标识，并将果树编号作为认购凭证。海南陆侨农牧有限公司每月定期向认购客户汇报果树生长情况。建立无线监控平台和制作APP软件，订购者可随时随地登陆APP查看荔枝树情况。制定认购价格，建立庄园长效收益机制。按现有果树产量和销价推算，每株荔枝产值约2 000元/年，暂定认购周期为5年，每个认购周期果树的总值为10 000元/株。目前庄园荔枝树总数量12万株，5年周期荔枝产业的总价值为12亿元。每人限量认购2株，可多人形成小庄园，或大庄园统一管理；公司或企事业单位限量认购50株，可形成庄园独立管理；每株无核荔枝树认购期为5年；每株无核荔枝树认购特惠价3 800元，认购款一次付清；每株荔枝果树管理费100元/年；认购的荔枝树每年供果10千克，均为礼品包装，供货到家。如遇天然灾害失收，可延长1年合同期。精细化果树管理，打造私人订制服务。按照“一树一编号，定点定岗，专人管理”的模式细化农业种植管理流程，增加机械化作业设备，完善自动化浇灌系统和电子防虫设备，做好溯源管理系统，做到全过程有效记录和追溯，确保果品质量。

【存在的主要问题】 近年来，海南省休闲农业发展虽取得一些成效，但由于起步晚，还存在规划引导力度不够、产业发展水平不高、发展不平衡、模式和服务功能单一、经营形式简单雷同、同质同构现象明显等问题，与全国先进地区相比还有一些差距。财政投入、用地保障、融资渠道、税费优惠、宣传鼓励等配套措施等还不完善，不利于休闲农业的长远发展。

（海南省农业厅）

重庆市

【基本情况】 近年来，在重庆市委、市政府的高度重视和领导下，重庆市切实把休闲农业与乡村旅游作为一大主导产业来抓，截至2016年年底，已成功创建了10个全国休闲农业与乡村旅游示范县（区），23个示范点，23个最美休闲乡村和中国美丽田园；建设部级美丽乡村36个、市级示范村388个；打造休闲农业和乡村旅游景区景点3 000余个，发展农家乐2万余家、休闲果园及农庄7 500多个；全年休闲农业和乡村旅游接待游客1.52亿人次，营业收入349亿元，带动就业50余万人。

【主要工作措施】

（一）抓规划引领

近年来，重庆市编制完成了《重庆市乡村旅游发展规划》《重庆市美丽乡村建设规划纲要》等市级专项规划，指导有关区县编制完成了乡村旅游规划。通过规划编制与实施，切实摸清家底、明确目标任务。在《重庆市旅游业“十三五”规划》编制过程中，明确将休闲农业与乡村旅游作为重要内容，加强对全市休闲农业与乡村旅游工作的规划指导。目前正在编制《重庆市休闲农业发展规划纲要》，用以指导全市各地休闲农业和乡村旅游发展。

（二）抓项目建设

一是加强旅游大项目建设。将重点休闲农业与乡村旅游项目纳入市级重点项目以及旅游度假区、示范点、特色景观旅游名镇名村等范畴予以重点开发建设，分四季推出“醉美乡村”精品线路。二是依托特色效益农业生产基地，培育了一批特色突出、民俗多彩、生态怡人的休闲农业与乡村旅游景点。三是扎实抓好示范片区建设，带动区域乡村旅游发展，强力打造中国最美乡村旅游品牌，逐步完善乡村旅游产品体系，将重庆市建设成为全国知名的休闲农业与乡村旅游有机融合的典范。

（三）抓基础建设

结合美丽乡村建设，加大对全市休闲农业与乡村旅游基础设施建设的投入，切实改善全市乡村旅游发展基础条件。近年来，实现全市高速公路通车里程突破2 500千米，所有乡镇通柏油路、水泥路，行政村和撤并村全部实现公路通达。推动智慧乡村旅游建设，在全市高速路、城市快速干道及其他道路上，安装旅游交通标志牌、建“网上村庄”电商村、新改建旅游服务设施等。

（四）抓宣传营销

积极开展宣传推介活动，不断提高重庆市休闲农业与乡村旅游知名度和影响力。策划举办了旅游“四季歌”、石柱黄水国际民俗生态旅游节、中国大巴山（重庆城口）消夏节等乡村旅游活动，形成了渝东南民俗生态旅游节、武隆国际山地户外运动公开赛、巫山红叶节等一批知名旅游节庆活动，吸引了中外大量游客。积极利用“巴渝·醉美乡村网”和微信公众号开展网络营销，推广网络预订等旅游在线服务，提高乡村旅游的信息化水平。

（五）抓品牌建设

积极开展特色景观旅游名镇（名村）、星级农家乐等乡村旅游品牌创建工作，大力推介乡村旅游品牌。截至2016年年底，共创建市级休闲农业和乡村旅游示范区（县）17个、示范乡镇17个、示范点113个。

（六）抓精准扶贫

一是深入落实重庆市委、市政府关于精准扶贫精准脱贫的总体部署，研究制定旅游精准扶贫的实施意见，全方位推动乡村旅游扶贫。二是大力推动全市纳入国家乡村旅游扶贫试点村的乡村旅游扶贫，整合扶贫资金启动贫困村试点工作。三是牵头组织重庆市农业委员会扶贫集团成员单位对忠县 72 个贫困村实施一对一精准帮扶。

（七）抓人才培养

一是分批组织试点村村官积极参加全国乡村旅游扶贫培训，培养乡村旅游致富带头人，着力提升贫困群众的专业技能和服务水平。二是加大休闲农业从业人员的培训，将贫困地区领导干部、旅游扶贫带头人、休闲农业讲解员纳入职业技能培训体系，逐步推动持证上岗制度。三是建立人才引进机制，充实一批规划设计、创意策划和市场营销人才，提高休闲农业设计水平。

【存在的主要问题】 随着重庆市休闲农业与乡村旅游的蓬勃发展，一些问题日益明显，主要表现在：一是产品结构仍较单一，特别是对文化内涵特色挖掘不够；二是品牌形象不突出，基础设施建设落后，生态环境保护重视不够；三是乡土特色不够鲜明，彰显“品农家菜、住农家院、干农家活、娱农家乐、购农家品”的地方特色不够；四是监督管理的力度不够，乡村旅游发展政策、制度、法治与标准体系需进一步健全完善；五是乡村旅游人才匮乏，旅游服务人员素质不高。

（重庆市农业委员会）

四 川 省

【基本情况】

（一）产业规模不断扩大，发展水平快速提升

2016 年，四川省休闲农业经营单位数量稳中有升，农家乐、休闲农业企业的发展齐头并进。休闲农庄、休闲农业景区景点、休闲农业专业村快速发展，培育产业基础良好、规模较大、设施完善、服务水平高、带动农民就业增收能力强的休闲农庄 2 088 家。打造产业特色鲜明、表现形式多样、农耕文化浓郁、田园风光秀美的休闲农业景区景点 4 832个，其中农业主题公园 120 个。

（二）产业效益不断提高，助农增收日益明显

2016 年，全省休闲农业与乡村旅游接待游客 3.5 亿人次，综合经营性收入 1 150 亿元，同比增长 14.08%。休闲农业带动全省 1 155万农民就业，同比增长 11.7%，带动全省农民人均增收 88 元。

（三）产业影响不断提升，品牌培育突破发展

通过成功举办雅安全国休闲农业和乡村旅游经验交流会，四川休闲农业在国内的影响力进一步提升，接待青海等 7 个省级和 30 多个地区的休闲农业考察团。创建全国休闲农业和乡村旅游示范县 3 个，其中示范市 1 个，认定中国美丽休闲乡村 5 个。认定省级示范农业主题公园 80 个。

【主要工作措施】

（一）科学制定发展规划

结合现代农业、旅游产业、产业扶贫、新农村建设、民俗文化等发展规划，按照“注重特色、优化布局、差异发展”的要求，高起点高标准编制“十三五”发展规划，构建了省市县三级配套规划体系。在《四川省“十三五”休闲农业建设规划》中，明确提出到 2020 年，全省建成休闲农业和乡村旅游专业村 2 000 个、农业主题公园 800 个，综合经营性收入达到 2 000 亿元，带动 2 000 万农民就业增收。着力打造成都平原、川西北高

原、川东北山区、川南丘区、攀西干热河谷区五大休闲农业发展区。大力实施休闲农业和乡村旅游提升工程，打造一批农业主题公园、培育一批特色休闲农庄、发展一批休闲农业专业村、开展一批创建示范活动。

（二）建设休闲农业景区

按照"产业基地为基础、创意农业为手段、农耕文化为灵魂"的要求，打造了多种类型的休闲农业景区景点。一是在省级产业融合发展专项资金 1.2 亿元和现代农业重点县示范县专项资金 4.04 亿元中，切块支持农业主题公园建设，依托全省现代农业万亩亿元示范区，打造了以花卉、水果、蔬菜、茶叶、中药材、水产等为主题的农业主题公园 120 个，累计建设 320 个。名山县依托万亩生态茶叶基地，以蒙顶山茶文化为内涵，建成中峰牛碾坪茶旅综合体，2016 年接待游客 68.46 万人次，休闲农业带动农民人均增收 555 元。二是围绕休闲采摘、农事体验、农耕文化、科普教育等，以满足游客体验为重点，在城市近郊，依托花卉、水果等特色产业，配套完善休闲旅游设施，打造特色精品休闲园区，建成了新津花舞人间、邛崃大梁酒庄、大邑蓝莓博览园、江油百合博览园、眉山桂花湖等大批休闲观光园、农事体验园、科普教育园。三是依托攀枝花、西昌、都江堰、彭州等地特色产业、良好生态环境和自然资源，结合新农村建设，扶贫攻坚，不断改善传统村落、民族村寨、川西民居设施条件，形成了一批康体养生园区、休闲度假基地。攀枝花市凭借丰富的光热资源和特色优质水果，大力发展"康养＋农业"，仅 2016 年春节期间接待游客就达 157 万人次。

（三）培育新型经营主体

采取分层、分级，多渠道、多方式培训，有效提升休闲农业管理及从业人员的业务素质和服务水平。举办全省农民合作社示范社、家庭农场示范场休闲农业专题培训 1 期，培训人数 1 000 人次。举办全省农村实用带头人休闲农业专题培训 6 期，培训人数 600 人。举办全省现代农业发展休闲农业专题培训，培训县级负责人 90 人。由四川省农业厅牵头，联合四川省休闲农业协会、四川旅游学院签订战略合作协议，举办四川省休闲农业企业高级研修班等各类专题培训。全省以农家乐为基础，休闲农庄为主体，休闲农业旅游公司为引领的新型休闲农业经营体已初步构建。

（四）实施品牌培育工程

以发展质量水平为核心，以提升影响带动力为目标，积极培育国家级品牌和省级品牌。成都市、西昌市和阆中市被认定为全国休闲农业和乡村旅游示范县（市），全省示范县（市）数量达到 16 个，其中示范市 2 个。成都市新都区回南社区、郫县青杠树村、内江市市中区尚腾新村、芦山县青龙场村和宣汉县洋烈村获评中国美丽休闲乡村，全省总数达到 13 个。开展全省农业文化遗产资源普查，筛选上报江油附子栽培系统等 23 项农业文化遗产，其中入选全国目录 20 项。启动省级示范农业主题公园创建工作，通过自愿申报、现场考察、专家评审、网上公示等程序，评选认定 80 家省级示范农业主题公园，并在全省农业工作会议上授牌。

（五）构建现代营销体系

继续开展"2016 四川美丽田园欢乐游"品牌活动，2016 年年初在隆昌县举办启动仪式，全年举办省级产业节庆大型活动 3 个，地方特色节庆活动 380 余个，吸引游客 8 700 万人次。通过省级休闲农业专业网站麦味网，开展休闲农业信息和电商服务，已入住的休闲农业商家 231 家、产品 937 个。筛选休闲农业和乡村旅游精品线路 168 条，其中 54 条在农业部"去农庄网"上推介。通过农民日报、四川电视台等主流媒体和腾讯、新浪等新媒体，全方位宣传推介。编印《休闲农业》（季刊），印发 1.6 万册。

（六）搭建公共服务平台

在四川省农业厅牵头下，成立了四川省休闲农业协会，开展规划设计、信息发布、交流合作、人才培育等活动，搭建了助推产业发展的省级公共服务平台。为促进优势互补，抱团发展，强化对外合作，截至2016年年底，四川省休闲农业协会与全国其他省份市级休闲农业社团组织签订的战略合作协议达15个。为进一步整合省内优质资源，更好服务于会员，四川省休闲农业协会成立了自驾游分会和田园康养分会两大分会，整合旅游资源，联合省内100家省级示范休闲农庄、星级农家乐，为产业健康发展注入了活力。

【存在的主要问题】 目前，四川休闲农业的发展现状与爆发式增长的市场需求和市场对中高端消费的需求还有一定差距，具体表现为发展方式较为粗放，基础设施滞后，文化内涵不够，服务质量还有待提高。

（四川省农业厅）

贵州省

【基本情况】 “十三五”开局之年贵州省休闲农业营业收入64亿元，同比增长速度达54.6%，休闲农业与乡村旅游的新型业态成为社会消费热点，主要经济指标快速增长。

（一）新农村建设

提升休闲农业与乡村旅游发展的基础条件。一是贵州省委、省政府出台《关于深入推进“四在农家·美丽乡村”创建活动的实施意见》和《关于实施贵州省“四在农家·美丽乡村”基础设施建设六项行动计划的意见》，广泛开展“四在农家”（富在农家、学在农家、乐在农家、美在农家）创建活动，把农民求富、求学、求乐、求美的愿望变成现实。创建点覆盖率每年总体上要以10%的增速递增，力争2018年实现“四在农家·美丽乡村”创建全覆盖。六项行动计划的实施，切实改善了贵州农村生产生活条件，优化了公共资源配置，推动了城乡发展一体化，提升了休闲农业与乡村旅游发展的基础，提高了扶贫开发成效，加快了农村全面小康建设进程。

（二）休闲农业与乡村旅游等示范创建，推动全省休闲农业与乡村旅游快速发展

一是由贵州省农业委员会牵头，全省开展了美丽乡村“百村大战”工作，围绕重点打造、连片推进、争创品牌，重点在城乡统筹、突出特色、产业培育、融资运营上下功夫，创新建设理念，丰富建设内涵，加大整合力度，着力提质扩面，强化考核调度，主打“美丽乡村贵州游”品牌，全省重点打造六项行动计划省级综合示范村。二是“四在农家·美丽乡村”新农村建设小康寨示范创建。突出乡村特点、地域特征、民族特色和文化内涵，将示范点建成“道路硬化、卫生净化、环境美化、村寨亮化、生活乐化”的特色村寨，建设“生活美、生态美、环境美、精神美、人文美”的美丽乡村。三是开展新农村环境综合治理试点。按照“全国一流、全省第一”的标准要求，在遵义县三岔镇柏香台村开展了以农村生活污水治理和沼气集中供气为主要建设内容的新农村环境综合治理试点。示范点建设完善的污水收集管网，采取无能耗生物处理技术和人工湿地处理系统，对污水进行有效治理，同时实现了治污和景观营造的融合；同时建设沼气集中供气工程，通过对当地畜禽粪便、农作物秸秆、农村有机垃圾的收集和利用，在对废弃物进行有效处理，改善生活环境的同时，为群众生活提供清洁能源。四是部门的配合联动，开展全国、省级休闲农业与乡村旅游示范点创建和品牌建设工作，积极推进示范点持续、健康发展，已创建省级休闲农业与乡村旅游

示范点90家、国家级休闲农业示范点（县）等30家、中国重要农业文化遗产2家、中国美丽田园15家、中国美丽休闲乡村14家、中国休闲农业与乡村旅游十大精品线路1条，极大地提升了贵州旅游的知名度和美誉度。全省休闲农业发展进入重点打造、全面推进的阶段，休闲农业产业品牌不断扩容，品牌影响力逐步扩大。

（三）高效农业示范园区建设的融合功能，提高休闲农业和乡村旅游发展的品质

省级现代高效农业示范园区建设工作成为农村一二三产业融合发展的重要平台。一是坚持多业共生融合。园区从单纯发展种植、养殖业拓展出农产品加工业、仓储物流业、农村休闲旅游服务业等二、三产业，接二连三、联动发展态势明显。二是坚持基础建设先行，为观光农业、体验农业提供了发展平台，为游客提供了高品质的农产品。截至2016年年底，省级农业示范园区中有1/3涉及休闲观光农业及乡村旅游，其中，40个省级农业示范园区被贵州省旅游局确定为农业旅游景区。

【主要工作措施】 贵州省农业委员会与贵州省旅游局共同成立贵州省休闲农业与乡村旅游领导小组，积极开展全国、省级休闲农业与乡村旅游示范点（县）创建等工作，发挥“以点带面”示范带动效应，推动品牌建设，促进休闲农业与乡村旅游发展。

1. 加强省级示范点管理，促进休闲农业与乡村旅游服务体系建设。制定和完善《贵州省休闲农业与乡村旅游示范点评分标准》和《贵州省休闲农业与乡村旅游示范点评分细则（试行）》，使标准更好地指导评价工作；制定《贵州省休闲农业与乡村旅游示范点暂行管理办法》，推进示范点持续、健康发展；探索休闲农业服务体系建设的新模式。指导成立贵州省休闲农业与乡村旅游发展促进会，充分发挥社团组织优势，吸纳人才，聚合智慧，制定服务规范，按照市场经济规律，多方面、多角度、多环节服务于企业发展。

2. 开展全国、省级休闲农业与乡村旅游示范点（县）品牌创建工作。

3. 在全省第八届旅游产业发展大会上贵州省农业委员会和贵州省旅游局签订了贵州省休闲农业与乡村旅游发展合作备忘录。一是统筹开发、利用、共享资源，全面推动各级农业部门和旅游部门合作，促进休闲农业与乡村旅游业发展。二是共同聘请专家团队合作调研，对全省休闲农业与乡村旅游进行整体谋划和布局，推进全省休闲农业与乡村旅游园区化、区域化、产业化进程，引导休闲旅游农业企业向园区集聚。三是加大基础设施、产业结构等方面的资金投入，建立“政府主导、业主开发、市场运作、多方参与”的投入机制。四是共同整合农业和旅游项目资金，紧紧围绕园区建设打造一批具有贵州特色的旅游新亮点，联合对外推介。五是共同构筑信息化服务平台和园区信息化建设互通互融，为休闲农业与乡村旅游提供网络化管理的支持和社会化服务的便利，提高其组织化程度和管理水平。

4. 在项目投资建设方面，建立了休闲农业与乡村旅游项目扶持专项资金，截至2016年年底贵州省农业委员会已投入近4 000万元资金扶持了一批特色鲜明、运行规范、前景广阔的休闲观光农业项目，撬动了工商资本、民营资本和金融资本投入开发，形成了“政府扶持、企业为主、农民参与”投入机制。与农业部共同建立了“魅力城乡网”贵州站和手机客户端，及时推荐发布贵州省休闲农业与乡村旅游精品线路和相关信息。

（贵州省农业委员会）

云南省

【主要成效】 近年来，在农业部的大力引导和直接推动下，云南省加大了对休闲农业的工作力度，2016年云南省休闲农业营业收入107.3亿元，休闲农业呈现出良好发展势头。

（一）发展成效显著

一是示范创建成效好。截至2016年，云南省共获得国家级品牌63个，省级品牌92个。二是农业文化遗产普查成效显著。此次普查按照农业部部署指导，省级组织审核汇总，县级农业部门组织填报的方式进行推进，基本摸清了全省农业文化遗产的底数、类型和分布，云南省有63项农业生产系统被列入全国农业文化遗产普查结果目录。三是“春花经济”促增收。每年的2月初到3月中下旬，是云南省春花盛开的时节，漫山遍野的油菜花、桃花等争奇斗艳，闻名而至的赏花客络绎不绝，以腾冲、罗平为代表的小县城一时间成为中外游客汇聚的“花花世界”。各级农业部门因势利导，大力发展“春花经济”，举办罗平油菜花节、腾冲花海节等各种花卉节庆，引导休闲农业健康发展，有力促进了地方经济发展和农民增收。精明的罗平人种油菜种出了好风景，依托这一风景打造了乡村旅游业，罗平油菜花海这一自然奇观得到了海内外的认可。2002年，罗平县经上海大世界基尼斯总部批准，创下了基尼斯纪录：罗平油菜种植园成为世界最大的自然天成花园。罗平县油菜产业真正成为富民产业。中国·云南·罗平国际油菜花文化旅游节，成为面向全国、走向世界的休闲农业观光旅游大型节日活动，成为云南旅游的一大亮点。2016年，罗平县共接待游客170余万人次，油菜花旅游综合收入171 612.98万元，接待外国游客16 416人次，实现外汇收入685.83万美元。罗平油菜花节期间，农户卖农副产品的收入户均可高达5万余元。四是宣传推广见成效。结合全省休闲农业发展成效，编辑出版了《休闲农业 秀美乡村》（云南休闲农业指南）等专门宣传休闲农业的书籍，提高了云南省休闲农业的知名度和认知度。

（二）休闲农业服务水平显著提高

云南省休闲农业从最初单一娱乐性的农家乐，逐渐向产业配套、功能多样的休闲农业发展，从低水平服务向高水平服务转变。全省认定的国家级品牌和省级品牌的单位和企业服务水平显著提高，相继开发了采摘、耕作、科教、民族文化等休闲农业体验项目，最终实现农民增收、农业增效、政府增税的发展目标。

（三）休闲特色逐步显现

各地根据自然条件和农业资源禀赋，结合人们的消费需求，加大了休闲农业资源的深度开发力度，不断调整产业布局，逐渐形成了具有浓厚地方特色和农业特色的休闲农业产业发展模式。以中国重要农业文化遗产为依托体验农耕文化为主的山水民族风情休闲农区，如红河哈尼梯田稻作系统和哈尼族长街宴；以中心城市群为依托的，以城市居民假日休闲娱乐、购物、农业教育等为主的多功能休闲农业区，如昆明锦庄农业科技有限公司等。同时，春天赏花，秋天摘果等多种类型的特色休闲农区也不断涌现。

（四）带动作用不断增强

休闲农业的发展，带动了农村商贸业、交通运输业、乡村客栈等产业的繁荣，促进了农民就业增收和农业农村经济发展。云南省发展较好的国家级休闲农业示范点丽江市玉水寨2016年营业收入近8 000万元，带动周边481户农民建设种养基地2 000多亩。吸纳农民就业115人，人均年工资近3万元，比全省农民年人均纯收入高出近2万余元。同时，还带动了周边农家乐、乡村客栈、乡村酒吧等服务业的发展，间接带动农民就业

1 324 人（不含季节性农民工）。

【主要工作措施】

（一）创新机制，融合发展

云南省农业厅在推动休闲农业发展的同时十分注重与乡村旅游的融合发展，主动与云南省旅游局对接，牵头与云南省旅游局联合出台了《云南省农业厅云南省旅游局关于云南省休闲农业与乡村旅游示范企业认定管理办法》等一系列文件，联合成立了云南省休闲农业与乡村旅游工作协调小组，办公室设在云南省农业厅，共同推进云南省休闲农业与乡村旅游的发展。

（二）示范引领，引导发展

在休闲农业的推进工作中各级农业部门高度重视培养休闲农业与乡村旅游发展典型，树立了一批国家级、省级、州市级的休闲农业与乡村旅游的发展典型，充分发挥其示范带动作用。2010 年以来，全省共创建国家级和省级品牌 100 余家。

（三）突出特色，提升发展

云南省休闲农业的发展突出了乡土性、体验性、群众性和差异性，注重乡村生态和自然环境的保护，让山村青山常在、绿水长流，加强了对广大农村人文景观和风俗文化的保护和传承，制定了人文保护的乡规民约，使广大游客能够回归自然，体验乡村风情。如普洱市澜沧拉祜族自治县惠民乡芒景村充分发挥当地的自然优势和民族风情，大力发展休闲农业，被农业部授予中国最有魅力休闲乡村称号。

（四）塑造形象，协调发展

云南民族文化悠久，生态环境良好，旅游资源丰富，是全国享有盛名的旅游胜地。云南省立足于旅游大省这一品牌，加大了对云南休闲农业的宣传力度。罗平县精心设计打造的罗平县国际油菜花文化旅游节，让罗平从一个鲜为人知的偏远山区小县一跃成为旅游名县。通过这些活动，极大地提升了休闲农业与乡村旅游的影响力和文化软实力，推动了全省休闲农业与乡村旅游的协调发展。

（五）制定政策，加快发展

云南农耕文化至今仍能原生态般地保留下来，作为一种文化现象，它深藏于滇云大地，深藏在生活于斯的 26 个民族中，它在中国及世界农耕文化链中，以独具魅力的地域文化特征，见证着人类生生不息的历程，是云南省宝贵的农业文化遗产，也是全省农业发展的又一优势。基于这一认识，云南省农业厅积极争取，出台了《中共云南省委云南省人民政府关于进一步加强农耕文化保护与传承工作的意见》（云发〔2015〕11 号），开展云南省重要农业文化遗产的认定工作。

【存在的主要问题】 从总体上讲，云南省虽然拥有得天独厚的休闲农业资源禀赋和巨大的发展潜力，全省休闲农业发展速度很快，探索出了一些成功的经验，取得了一定的成效，但从发展质量和水平上看，与国内休闲农业发达地区相比还有较大的差距。突出表现为：发展较为粗放，产品较为单一，基础设施相对较差，宣传促销力度不够。

（云南省农业厅）

西藏自治区

【主要成效】 自 2002 年西藏自治区设立乡村旅游发展引导资金以来，各级政府和涉农部门都加大了乡村旅游的扶持力度并逐年提高资金、人力和物力的支持强度，形成旅游部门主导、农牧部门为基础、相关部门支持的合力发展乡村旅游的喜人局面。目前，基于政府主导、行业指导、属地管理、项目审批、社会参与的体制机制日渐成熟，乡村旅游发展动力日益强劲。

（一）产业规模不断扩大，富民惠民功能

更加显著

西藏自治区党委、政府高度重视旅游业，不断加强组织领导，厘清工作思路，增加资金投入，加快发展步伐。旅游部门紧紧围绕自治区政府的工作思路，狠抓各项工作落实，保证了全区旅游经济持续增长，由此推动了休闲农业和乡村旅游的快速发展，休闲农业和乡村旅游产业规模不断扩大，在西藏旅游产业中的地位显著提高，休闲农业与乡村旅游不仅成为国内外游客赴藏旅游的重要内容，而且成为农牧民非农就业、增收的重要形式。通过“特色乡村旅游工程”建设，在主要旅游沿线、主要旅游景区（点）、主要城镇周围等乡村旅游资源潜力富集区域大力发展乡村旅游，形成了以农家乐、藏家乐、休闲度假点、家访点为主题的产品，包含自助、自驾等专项旅游和生态旅游的乡村旅游产品体系，以及覆盖全区、具有一定规模的产业体系。全区星级家庭旅馆 812 家，全国休闲农业与乡村旅游示范县 6 个、示范点 9 个，中国美丽休闲乡村 8 个，中国最有魅力休闲乡村 1 个；从事旅游接待服务的农牧民 9.7 万人，年人均旅游增收 1.05 万元；全区乡村旅游及旅游扶贫建设项目资金累计达 6 亿元，项目辐射贫困人口达 4 万人。出现了巴河镇、俊巴渔村、扎西岗村、达东村等一批旅游致富村镇的典型，形成了“以旅游助农、农旅结合、安居致富、城乡互动”的旅游富民发展新格局，农牧民吃上“旅游饭”、发上“旅游财”成为近年来西藏民生的新亮点。

（二）服务质量快速提升，市场结构更趋合理

西藏自治区通过旅游扶贫、特色乡村旅游工程、重点乡村旅游示范扶持等途径，不断加大对乡村旅游从业人员的培训力度，切实帮助他们提高了乡村旅游服务意识、服务质量和经营理念，保证乡村旅游饮食卫生、住宿环境、产品品质等各个环节服务质量的不断提升，从而高质量地满足了国内外、区内外旅游市场的需求，初步形成了面向国内外客源市场、本地城镇居民的乡村旅游市场格局。

（三）科学规划统领，设施条件加快完善

围绕青藏铁路通车，林芝、阿里、日喀则机场通航，拉日铁路等重大基础设施建设，配套完善了主要旅游干线公路升级改造，以拉萨为中心的四条旅游环线公路的黑色化，全面完成拉狮公路改造工程，加速茶马古道等主要旅游路线和重点景区的旅游配套设施，大幅度缓解了休闲农业与乡村旅游发展的“瓶颈”制约。拉萨市、林芝市结合实际，制定了乡村旅游发展规划。

【存在的主要问题】

1. 旅游基础公共服务设施严重滞后。旅游基础设施和公共服务设施严重滞后仍然是制约西藏乡村旅游与休闲农业发展的瓶颈。乡村旅游对外交通基础薄弱，游客出游交通花费时间长、成本高，与“快旅慢游”的市场需求之间矛盾突出，卫生、信息、金融等公共配套设施依然严重缺乏，旅游安全保障系统投入少，严重制约乡村旅游和休闲农业的规模化、标准化发展。

2. 市场发育程度低。一是乡村旅游和休闲农业专门市场还不成熟。目前主要为徒步体验等特趣市场和区内市场，均为小众市场，国内大众观光市场很少关注西藏乡村旅游和休闲农业。二是基础公共服务设施建设的社会化、市场化发育程度较低。三是市场意识不强。四是缺少培育市场化意识的体制机制。

3. 缺乏规划引导，优势资源整合不力。专门的旅游规划对休闲农业和乡村旅游研究不够，特色发掘不足，开发建设带有一定的盲目性，导致产品类型单一，缺乏龙头、精品项目，规模小，丰富的资源没有得到有效的整合，不仅难以满足现代旅游市场发展的需求，更不能适应建设“重要的世界旅游目的地”的要求。

4. 村旅游市场管理不规范，市场秩序比较混乱。虽然农牧部门名义上参与乡村旅游和休闲农业发展工作，但由于缺乏手段，无法进行管理。

5. 政府的指导、服务、扶持等手段欠缺，引领作用不明显。

（西藏自治区农牧厅）

陕 西 省

【主要成效】 陕西省已形成以西安周边地区为核心、关中平原为主带、陕南和陕北为两大辐射区的“一体两翼”发展格局，呈现出“近城、靠景、依产（特色农业产业）、沿路”的布局特征，产业发展形成了速度加快、布局优化、质量提升、领域拓展的良好态势。

（一）产业规模初步显现

据统计，全省现有休闲农业经营主体 1.4 万个，其中休闲农家（农家乐）1.25 万个、休闲观光农园（农庄）1 537 个；从业人数 18.68 万人，其中农民就业人数 16.09 万人；带动农户 10.47 万户。2016 年接待游客 1.34 亿人次，营业收入 121.08 亿元，其中农副产品销售收入 50.67 亿元，利润总额 19.86 亿元，从业人员年均劳动报酬 2.59 万元。

（二）综合效益日益突出

各地通过发展休闲农业，不断强化农、文、旅、康养等产业融合互动发展，有力拓展了农业增效增值空间，成为经济发展新常态下农业农村经济新热点、新亮点和新看点。全省休闲农家经营户年均收入基本在 5 万元以上，从业人员年均收入 2 万元以上。关中 5 市大部分休闲农家经营户年均收入都在 10 万元以上。西安秦岭北麓等重点发展区域内的休闲农业经营收入已占到当地农业总产值 30%以上。咸阳市袁家村 2016 年直接收入 3.5 亿元，综合效益达 10 亿元，2017 年春节假期接待游客 136.5 万人次，综合收入达9 600万元。

（三）品牌建设不断推进

共创建全国休闲农业和乡村旅游示范县（区）10 个、示范点 18 个，中国美丽休闲乡村 15 个，中国重要农业文化遗产 1 处，中国美丽田园 11 处，全国五星级休闲农业企业（园区）4 家、四星级 2 家、三星级 1 家。2016 年创建省级休闲农业示范点 69 个。

（四）业态类型日趋丰富

各地在发展休闲农业过程中，注重发挥资源特色，充分考虑区位优势、文化底蕴、生态环境、经济发展水平和消费习惯，培育打造了一批以欣赏田园美景、品味乡土美食、参与农事活动、感受农耕文化等为主要内容的休闲农园、休闲农庄和休闲乡村，发展了一批民俗文化、农事节庆等不同类型的休闲农业业态。全省初步形成了陕北黄土风情休闲农业区、关中平原民俗休闲农业区、陕南山水风光休闲农业区三大板块。

【主要工作措施】

（一）抓政策宣贯，不断强化推动力

在贯彻落实农业部等 14 部委《关于大力发展休闲农业的指导意见》过程中，陕西省农业厅高度重视，及时向陕西省委、省政府建言献策，并积极与陕西省财政、旅游等部门沟通，把推动休闲农业发展的意见，体现到陕西、省委省政府工作部署中。近年来陕西省委 1 号文件、陕西省政府工作报告，以及陕西省政府推进文化创意和设计服务与相关产业融合发展、支持农民工等人员返乡创业、加快转变农业发展方式、促进旅游业改革发展及旅游投资和消费的工作安排中，都有相关内容。

（二）抓规范引导，不断强化内驱力

一方面，以规划标准引领发展。一是发布了陕西地方标准《农家乐（休闲农家）经营要求》，对农家经营场所、食品安全、卫生、环境保护及土地利用等提出了规范要求。二是制定了《陕西省省级休闲农业示范点认定和运行监测管理工作方案》，对休闲农业经营管理和服务提出要求。三是编制了《陕西休闲农业“十三五”发展规划》，提出了推动全省休闲农业加快发展的总体思路和布局。另一方面，以示范创建带动发展。一是积极参加农业部组织的全国休闲农业和乡村旅游示范县、示范点，中国美丽休闲乡村，中国美丽田园的创建，参加中国重要农业文化遗产申报活动。2016 年新增全国休闲农业和乡村旅游示范县（区）4 个、中国美丽休闲乡村 6 个，8 处农业生产系统被列入国家农业文化遗产普查目录。二是扎实做好省级示范创建。近年来，结合全省地域特色，学习休闲农业发展先进省份经验和做法，目前基本形成休闲农园、休闲农庄、休闲乡村三种业态发展模式。2016 年实施省级休闲农业示范点动态管理，重新认定了 69 个省级休闲农业示范点。

（三）抓公共服务，不断强化保障力

一是加强学习培训。采取“请进来”“走出去”相结合的办法，组织各市（区）管理人员和获得认定的国家级、省级休闲农业点、规划设计单位负责人进行学习培训。二是加大项目扶持。认真贯彻落实决策部署，每年从全省一村一品扶持资金中列支 1 000 多万元，用于扶持休闲农业发展，有效拉动了社会资本投资休闲农业的热情。注重引导经营主体积极拓展农业多种功能，延伸产业链条，加强生态理念，强化创意设计，挖掘农耕文化资源，提升产业内涵。三是强化宣传推介。把宣传推介作为营造良好发展氛围的重要抓手，创新方式，大力推进。先后组织了 4 届杨凌农高会陕西休闲农业专题展，举办了 2 届全省休闲农家（农庄）乡土美食推介活动，举办了 1 届全省乡村趣味运动会；向农业部推荐了 30 余条陕西省休闲农业四季游精品线路并向社会公开发布；引导各地搭建市级宣传平台，精准发力开展宣传推介；组织编印了《陕西休闲农业体验指南》《休闲农业经营管理》读本，向市民宣传推介，引导经营主体提升管理水平，有力提升了休闲农业的美誉度和影响力。

【存在的主要问题】　总体上看，陕西省休闲农业还处于初级发展阶段，仍面临一些困难和短板。一是工作体系已有，思想准备不足。部分市县农业部门对休闲农业内涵、外延认识还不清，定位不准，高度不够，工作的自觉性、主动性还不到位。二是产业架构已有，融合发展不足。一些地方产业发展模式和服务功能单一，产业发展仅停留在简单观光、餐饮服务层次，一产向二、三产链条延伸不充分，与周边农户利益联结不紧密，三次产业融合效应尚未充分体现出来。三是产品供给已有，创意创新不足。一方面是产品供给能力不足，项目设计简单缺乏新意，参与性体验性项目较少，经营形式简单雷同、低层次同质同构等现象较为普遍，经营淡旺季明显，市场竞争力、可持续性偏弱；另一方面是有效需求得不到充分满足，常常出现“想玩没处去、去了玩不好、走时没啥带、回头不想去”的现象。四是配套服务已有，体系匹配不足。表现为四缺：缺专业规划设计团队，缺经营管理服务人才，缺行业协会组织，缺专项扶持政策。

（陕西省农业厅）

甘肃省

【基本情况】　2016 年，全省各类休闲农业经营主体10 468家，总资产 563.1 亿元，营业收入 30.3 亿元，接待人数 3 493.9 万人次，各项指标均以 10%以上的速度增长。全省共创建全国休闲农业与乡村旅游示范县 8

个、示范点 17 个，省级休闲农业示范县 10 个、示范点 85 个；中国重要农业文化遗产 4 个；中国美丽休闲乡村 11 个。

【主要工作措施】

（一）开展了休闲农业示范品牌创建

组织全省积极参加全国休闲农业和乡村旅游示范县创建活动，创建庄浪县、康县为全国休闲农业和乡村旅游示范县；组织开展了省级第二批休闲农业示范创建，经过创建单位自愿申报、市州主管部门审核推荐、评审小组专家评审和网上公示等程序，认定酒泉市肃州区等 6 个县（区）为甘肃省休闲农业示范县，嘉峪关城市香巴拉文化旅游服务有限公司等 60 个休闲农业经营主体为甘肃省休闲农业示范点。

（二）积极挖掘保护农业文化遗产

迭部扎尕那农林牧复合系统成功入选全球重要农业文化遗产候选项目；组织全省各地认真开展了农业文化遗产普查。指导全省已有的 4 个中国重要农业文化遗产所在地不断完善政策措施，积极保护、传承和利用农业文化遗产，为甘肃省陇东南农耕文明、河西走廊绿洲文明等的发掘，起到了积极的示范作用。

（三）参加了中国美丽休闲乡村评选

2016 年，甘肃省肃南县大都麻村、文县石门沟村、景泰县龙湾村、山丹县祁店村 4 个村被农业部命名为 2016 年中国美丽休闲乡村。

【主要成效】

（一）促进了农民增收

休闲农业的发展，为有资源优势的农民找到了致富门路。凡是靠近城市和景区周边的农村，都不同程度地搞起了休闲农业。农民的房屋成了游客居住的乡村旅馆，农户的产品成了就地购买的土特产品，农村农业设施，农民空置的房屋、剩余的劳动力、自产的蔬菜水果等，都发挥了不同程度的增收作用。敦煌市 2016 年各类休闲农业经营主体 348 个，比上年新增 108 个，增长 45%。天水市建成天水伟业生态观光园、中滩镇九龙山万亩“花牛”苹果园、琥珀高原旱地无公害农产品示范园等 10 余家农业生态观光园，不仅延伸了农业产业链，增加了农业产业附加值，提高了经济效益，给当地农户也带来了实实在在的实惠。两当县在发展休闲农业与乡村旅游时突出“生态美丽田园、宜居幸福家园、乡村富民产业园、乡村旅游特色品牌、乡村生态文明”五个方面和“园区、产业、村庄、景观、文化、公共服务”六个重点，发展果木加工、盆景、草编等创意农业，实现了农业与二、三产业融合发展，提高了农产品的附加值，让农民在产业链上增收。

（二）促进了农村产业结构调整

全省坚持以农为本理念，讲求区域特色，优化分区布局，在景区景点周边、旅游线路沿线和农业示范园区大力建设以农业产业示范、田园风光展示、旅游休闲观光、农村生活体验、民俗接待和农家美食为特色的休闲农业基地，引导城郊农民大力发展观光农业、生态农业、精品农业，种植无公害蔬菜，建设绿色农业示范园，呈现田园风光与山水风光浑然一体的景象，推动了传统农业向现代农业的转变。天水市麦积区先后投资 20 多亿元，建成休闲农业项目 40 余个。敦煌市依托光热资源禀赋，加快葡萄、红枣、设施农业等高效节水产业的规模化发展，林果产业面积达到 22.87 万亩，占到耕地面积的 62%，打造了一批可观、可摘、可品尝的锦绣田园；沿甘肃省道 314 线的休闲观光农业精品园区产业带，现已建成敦煌市万亩高效节水园区、敦煌市中医生态养生园等 4 个园区，形成近 20 千米的农业休闲观光长廊；围绕三大景区（莫高窟、鸣沙山·月牙泉景区、阳关景区）建设集农业景观、休闲观光、艺术鉴赏、乡村文化展示、特色商品展销与游客广泛参与融为一体的休闲农业观光旅游风情街。建成七里镇314线休闲农业观光采摘一条街，牙泉镇月牙泉村农家客栈一条街、杨家桥村农家园一条街、阳关镇龙勒村农家客栈一条街、七里镇杜家墩村农家园一条街等。

（三）促进了农村劳动力的就地转移

休闲农业和乡村旅游具有劳动密集型的特点，且对服务人员技能要求不是很高。乡村旅游的兴起和发展，使当地农民就业不离乡，有力地带动了农村富余劳动力，无论男女老少都比较容易找到适合自己干的事情，特别是农村妇女劳动力在发展乡村旅游中发挥了主力军作用，工艺品加工和经营以及店铺、餐饮服务人员大部分是女性。2016年，全省休闲农业农民就业10.4万人，带动农户13.2万户。

（四）促进了美丽乡村建设

农民发展休闲农业有了钱，农民主动配合政府盖新房、修村路、改水电、改厨、改厕，农村基础设施、村容村貌和生产生活条件发生了很大变化。特别是在当地政府的规划引导下，一些村容整洁、各具特色的旅游小城镇应运而生。康县坚持全县350个村统一规划、整合资源，分年建设、整体推进，每年集中新建40多个村、完善提升20个村，并以景点要求打造美丽乡村升级版，注重保护乡村风貌和乡音乡愁，不搞大拆大建，不砍树、不埋泉、不挪石、不毁草，加强古村、古街、古楼、古坊的保护，复原醋坊、酒坊、豆腐坊、水磨坊等土制做法，目前已建成美丽乡村262个，占全县总村数的75%，休闲农业快速发展。

（五）促进了城乡要素合理流通

随着休闲农业发展，吸引城市的资金、人才等现代要素流入农村，助推了城乡一体化发展，为打破城乡二元结构带来积极影响。城镇居民游客的到来，也促进了农村与城市现代文明的渗透交融，带动了农民遵纪守法、诚实守信、民主互助观念的发扬，促进了城乡统筹发展。

（甘肃省农牧厅）

青海省

【基本情况】　2016年，青海省各地积极拓展农牧业功能，大力发展以观光采摘、农事体验、生态休闲、自然景观、农耕文化为主的休闲农牧业，加快美丽田园、美丽乡村建设，截至2016年年底，全省共有各类休闲农牧业经营主体1 905家，其中休闲农业园区43家，休闲农庄125家，农家乐1 701家，休闲农牧业聚集村、民俗村36个；年营业收入14.4亿元，实现利润总额4.9亿元，累计接待游客1 399万人次，休闲农牧业从业人员达到2.8万人，安置农牧民就近就业2.4万人，有力地推动了农牧区三次产业融合统筹发展。

【主要工作措施】

（一）领导重视，高位推进休闲农牧业发展

青海省将加快发展休闲农牧业作为转变农牧业发展方式、提高农牧业效益、增加农牧民收入的有效途径和传承农耕文明、弘扬地方文化的重要举措，高度重视，高位推进。一是2016年4月下旬由青海省政府召开了全省乡村旅游提升与旅游扶贫推进大会，青海省农牧厅、青海省扶贫开发局、青海省财政厅、青海省旅游局等部门作了大会发言，会议总结了全省乡村旅游和旅游扶贫工作发展情况，分析了发展面临的形势和任务，安排部署了今后休闲农牧业工作。二是出台了《青海省政府办公厅关于加快发展休闲农牧业与乡村旅游的意见》。三是编制完成了《青海省休闲农牧业“十三五”发展规划》。四是制定了《青海省休闲观光农牧业基地项目管理办法》《青海省休闲农牧业示范县管理办法》《青海省美丽休闲乡村项目管理办法》等3项管理制度，进一步明确了休闲农牧业发展思路、路径措施，规范了全省休闲农牧业的发展。

（二）增加投入，引领休闲农牧业健康发展

2016年，青海省省级财政投入700万元，在全省建设13个休闲农牧业观光基地，着力建设“特色明显、产业带动、绿色休闲、人文和谐”的现代休闲农牧业观光基地。

（三）丰富载体，开展休闲农牧业宣传推介

配合农业部组织推介青海省休闲农业与乡村旅游“春节到农家过大年”“早春到乡村去踏青”“初夏到农村品美食”“仲秋到田间去采摘”精品线路18条。全省通过国家认定的休闲农牧业示范县2个，中国美丽休闲乡村3个，推荐申报农业文化遗产普查项目3项，品牌效应逐渐显现。在中国青海结构调整暨投资贸易洽谈会期间，专设了休闲农牧业展区，设计制作了休闲农牧业精品线路图、休闲农牧业示范点布局图，展示了全省休闲农牧业示范点及发展成就。在青海日报和青海农牧业信息网专版报道休闲农业及美丽乡村发展3次。

（四）开展培训，提升休闲农牧业管理水平

安排专项经费10万元，组织全省休闲农牧业管理人员50人赴成都举办培训班1期。并和成都市农业委员会就开展休闲农业与乡村旅游共建达成共识。一是支持规划设计。拟由成都市农业委员会组织专家团队，赴青海考察调研，帮助青海省进行规划设计和确立发展思路。二是结对共建休闲农牧业基地。从青海省现已认定的休闲农牧业和乡村旅游示范点中遴选出5家，和成都休闲农业示范点进行结对共建，由成都市农业委员会选派人员赴青海对遴选出的5家基地开展定点指导。三是举办培训班。由青海省农牧厅组织，每年在成都举办一期（50人）青海休闲农牧业和乡村旅游示范点管理经营人员培训班，由成都市农业委员会选派专家授课、安排考察地点、并组织结对共建示范点人员开展专题座谈。

【存在的主要问题】 全省休闲农牧业虽然取得了一些发展成绩，但从总体上看，仍然存在基础薄弱，经营管理水平不高，发展不平衡，资源优势还没有充分得到发挥等制约因素。

（青海省农牧厅）

宁夏回族自治区

【基本情况】 宁夏休闲农业发展顺应城乡居民休闲消费快速增长的需求，在市场拉动、政策推动、创新驱动、政府联动下，宁夏休闲农业和乡村旅游快速发展，推动了宁夏全域旅游建设，促进了休闲农业健康发展，成为建设“塞上江南、神奇宁夏”的重要组成部分。具有产业规模日渐扩大、发展内涵不断提升、类型模式逐步丰富、发展方式逐步转变、综合效益同步提高的特点。据不完全统计，2016年全区休闲农业和乡村旅游接待游客超过703万人次，营业收入超过13亿元，从业人员2.2万人，其中农民从业人员1.8万人，带动5万户农民受益。“十二五”时期游客接待数和营业收入年均增速均超10%，整个产业呈现出“发展加快、布局优化、质量提升、领域拓展”的良好态势，作为农业新的业态和新的增长点，其内涵日益丰富，显现出旺盛的生命力，风生水起，欣欣向荣。

【主要工作措施】

（一）突出规划引领，着力构建休闲农业新格局一是谋划规划，全景打造。各地适应经济新常态调整发展思路，突出休闲农业和乡村旅游业的发展，分别提出了“两宜银川”“绿色石嘴山”“水韵吴忠”“休闲中卫”和“生态固原”的发展理念，并将休闲农业和乡村旅游业纳入经济社会发展整体布局中进行统筹谋划，全景打造。编制了《宁夏休闲农业“十三五”发展规划》，将宁夏作为一个景区打造。瞄准开放、和谐、富裕、美丽“四个宁夏”建设的战略目标，把发展休闲农业和乡村旅游业写进了《关于做好农村工作的意见》《宁夏经济社会发展“十三五”规划》和《宁夏农业和农村经济发展“十三五”规划》中。组织全区100余家会员企业与区内外9家休闲农业与乡村旅游规划设计单位开展面对面咨询对接。二是招商引资，借力助推。通过各种形式发布了全区休闲农业投资指南，布设了“中国与阿拉伯国家论坛·休闲农业馆”。举办宁台休闲农业论坛，宣介并引资投创休闲农业，为休闲农业发展增添了新的动力。三是政策引导、资金支持。连续五年自治区政府下达《关于加快推进农业特色优势产业发展若干政策意见》，支持休闲农业发展，明确了支持措施，2016年增加资金900万元，用于支持休闲农业贷款贴息、示范点创建。

（二）突出产业融合，着力构筑休闲农业发展新业态。

大力实施“休闲农业+旅游发展”战略，推动休闲农业与城镇化、新型工业化、农业现代化和现代服务业的融合发展，不断拓展休闲农业发展的新领域。一是加快推进“休闲农业+文化产业”发展。成功举办了宁夏休闲农业推进年活动，将地域文化、田园景观、农事体验、生活情趣等元素与休闲农业相关功能有机结合，创意出了一系列出奇、出新、出色、出彩和富有乡土气息的休闲农业品牌节会，全年举办30余场休闲农业与文化结合的品牌推介活动，做到了市市有活动、县县有节会。利用彭阳山花节，举行了宁夏休闲农业推进年启动仪式，收到良好的经济、社会效果。山花节以粉红之恋“游花海”、长镜聚焦“摄花海”、丹青妙手“绘花海”、有奖征文“赞花海”、农庄乡愁“思花海”、秦风汉雅“唱花海”、产品展销“闹花海”等文化产业活动为载体，共吸引15万多人参与体验和观光。各市县区因地制宜、突出特色、各显才情，积极参与，围绕“农业生产、农民生活、农村生态、生命健康”的“四生理念”，着力打造“创意提升农业、休闲改变生活”的文化氛围。二是加快推进“休闲农业+特色产业”示范村建设。加快特色回乡风情特色产业示范村镇建设，积极争取项目资金，通过金融创新，以休闲农业与乡村旅游概念布局新型城镇化和新农村建设，使之成为统筹城乡发展的新的增长点和助推器，大力扶持十大特色产业示范村——科海鱼米之乡等项目持续健康发展。三是加快推进“休闲农业+信息产业”发展。启动实施智慧休闲农业与乡村旅游建设工程，要求各休闲农业与乡村旅游主体单位安装相关设施设备及Wi-Fi；创建宁夏休闲农业微信平台，着力搭建集咨询、展示、预定、交易于一体的智慧旅游服务平台。四是加快推进“休闲农业+旅游业”融合发展。重点开展了休闲农业的提升和示范创建，大力发展田园观光、生态渔村、休闲农庄、采摘篱园、乡村酒店、五色梯田、养生山吧、山水人家、回族家访等业态。

（三）突出协调发展，凝聚休闲农业发展新共识

一是加强了上下协调推进。各级领导重视，坚持把发展休闲农业作为农村一二三产业融合发展，推进新农村建设和发展现代农业的重要举措，制定工作目标和政策措施，逐渐形成了各市、县（区）争相发展休闲农业、乡村旅游的良好氛围。宁夏农牧厅积极加强与自治区有关部门、市县政府联动，主

动上门、寻求支持，构建相互支持、齐抓共管的休闲农业发展新机制；与工商、交通、税务、公安等部门联合，构建齐抓共管的监管机制；与文化、旅游、体育部门联合，打造休闲农业综合体；与建设、土地、规划部门联合优化城乡休闲农业与乡村旅游资源投向布局；与交通部门联合，完善休闲农业与乡村旅游交通标识、确保道路通达；与市县政府对接，推动休闲农业与乡村旅游工作和项目落地。二是加强管理协调发展。制定了《宁夏休闲农业经营主体分类分级标准》《宁夏示范休闲农庄标准》等地方标准，下发了宁夏星级列级创建方案，启动了宁夏休闲农业示范点创建工程，加强宣传、培训和推广力度，规范住宿设施、饮食设施、卫生设施、安全设施等建设标准，从资源、环境、市场、服务、交通、效益等多方面进行规范管理。三是加强行业管理。开展休闲农庄和休闲农园农产品绿色和地理标志认证（认定）力度，有条件的休闲农庄（园）建立线下体验店，开展原产地休闲农产品品牌营销。建立健全休闲农业管理数据体系，加强行业数据管理和共享，加强产业发展跟踪研究。

（四）突出共享目标，体现休闲农业发展新担当

一是加强产业扶贫。按照精准扶贫的要求，以农产品加工、休闲农业及农村一二三产业融合发展统筹产业扶贫，进行了帮扶行动。建立了乡村旅游重点村名录，选点规划，实施休闲农业后备箱行动。做实项目，开展“两带两加”休闲农业扶贫项目，即农庄景点带村、能人带户、合作社＋农户、企业＋农户，通过农庄、能人、合作社、企业等休闲农业市场主体的投资、营销，带动贫困户分享休闲农业经济效益，实现脱贫。将宁夏休闲农业示范项目有重点地向贫困地区倾斜，2016 年在西海固等贫困地区培育自治区级休闲农业示范点 14 家。联合行动，争取旅游、水利、交通、文化、广电、商务、扶贫等各行业资金整合用于发展休闲农业与乡村旅游。支持休闲农业创客行动，鼓励农村经济组织创办休闲农业合作社，与社会资本联办休闲农业主体单位。支持传统村落保护，维护少数民族特色村整体风貌，引导社会资本开发农民参与度高的休闲农业项目。二是完善休闲农业公共服务。通过示范点项目设计，自治区星级等级划分与评定，全面启动休闲农业基础设施提升，要求主体单位要以农为主，进行主题化提升，进行标识标牌标准化建设。做好特色主题，通过差异化表达、支撑点塑造、特色文化植入、盈利模式改造来夯实特色主题。提升智慧休闲农业发展水平，做好休闲农业数据统计与分析工作。提升休闲农业信息化水平。

（五）突出宣传推介，拓展休闲农业发展新空间

一是充分利用自治区对外平台。紧紧抓住西部大开发，“一带一路”建设，中阿博览会，打造“中国穆斯林旅游窗口阵地”，建成的宁夏与阿拉伯国家和穆斯林地区合作交流平台，举办世界穆斯林旅行商大会、中阿论坛、中美旅游论坛的机遇，设立休闲农业专题，借势宣传推介休闲农业。提升休闲农业与乡村旅游的知名度和影响力。二是运用新兴媒体平台，加强网络推介。与阿里健康公司签署战略合作协议，共同打造“互联网＋宁夏特色农业”线上线下营销平台，并通过阿里、天猫等平台将有需求的企业聚合起来，协助企业走出去。加强与专业网站合作，通过视频、地图、新闻、网页、图片等信息服务，推送宁夏休闲农业与乡村旅游信息。宁夏农牧厅为天猫医药《中国重要农业文化遗产——中宁枸杞种植系统》道地溯源的企业进行政府背书。建立宁夏休闲农业网站，积极宣传推介休闲农业企业，发布经营项目信息，开展网络内容话题营销，策划宁夏休闲农业专题活动，代售门票、休闲农业产品，组织专区宣传休闲农业，为休闲企业

提供经营指导和信息服务。运用手机客户端。强化与去村里、宁夏休闲农业等手机客户端的合作，休闲农业主体单位也编制特色鲜明、主题突出、制作精美的 H5 链接、微视频动态链接，开展精准、主题化、差异化、创意化的营销活动。三是打造节会平台。开展以“创意提升农业，休闲改变生活”为主题的宁夏休闲农业精品创意大赛，策划和举办了一系列休闲农业节会和品牌推介活动。如银川森淼生态园的“郁金香暨风车美食文化节”、银川鸣翠湖首届“萤火虫之夜”亲子生活节、吴忠市的桃源农庄桃花节、山水沟农庄休闲吴忠慢生活体验节、青铜峡市金沙湾生态园黄河母亲感恩节、盐池惠安堡黄花菜采摘节；石嘴山市的沙湖之夏嘉年华——贺兰东麓葡萄美酒节、全国钓鱼大赛、陶乐高仁沙漠西瓜文化节；固原市的彭阳县“粉红花海，魅力彭阳”杏花旅游节、西吉县火石寨情人谷丁香花节、中卫市的南北长滩梨花节，等等。举办活动的休闲农庄接待游客人数和营业收入都较 2015 年增加了1～2 倍。节会与品牌推介活动成为休闲农业新空间的拓展手段，是休闲农业核心竞争力之所在。

（六）突出创新驱动，激发休闲农业发展新动能

按照“政府搭建平台、平台聚集资源、资源服务创业”的总体思路，完善一套政策、搭建一批平台、培育一批带头人、总结一批模式、构建一个服务体系，使休闲农业成为促进“三农”融合发展的重要平台。一是创新思路。围绕全域旅游统筹规划，努力实现资源整合、要素综合调动、共建共享的目标，充分拓展农业功能，注重景观创意，发挥产业休闲、体验、教育、健康、养生、观光效应，为消费者提供吃住行游乐购、商养学闲情奇等全方位服务与产品，实现农村一二三产业融合发展。做到一产有规模、二产有品牌、三产有文化。挖掘重要农业文化遗产，引导彰显区域文化特色，打造区域特色产业、生态景观、饮食文化、民俗风情等，形成农业资源与跨界元素良性互动的局面。二是创新休闲农业产品。打造精品线路，支持各地围绕“浪漫花海、沙游胜地、瓜果飘香、亲子体验、山水人家、回乡别院、田园养生”等主题，设计推出 20 多条精品线路，印发宁夏休闲农业体验自驾地图。启动自治区休闲农业星级创建及宁夏休闲农业示范创建提升活动。加大休闲度假产品的开发，深入挖掘区域特色，打造具有宁夏特色的休闲农业产品。进行了休闲农业冬季营业调研，引导休闲农业主体单位规划设计全年营销产品。探索和完善新的旅居产品，大力发展冰上体验，发展冰上项目，搭建冬季营销新平台。三是创新市场主体。鼓励休闲农业企业之间成立新的联合体，或通过入股或者成立股份合作公司的形式，发展休闲农业。通过联合、跨地区兼并重组和投资合作等途径加强休闲农业投资引导，拓展休闲农业投资和消费，这种新兴模式，摒弃独家独户发展，吸引市场资本入股，具有起点高、投资大、规划设计超前、建设速度快等优势，能够促进休闲农业规模化、品牌化、网络化经营。如宁夏红寺堡区石子沟休闲农庄，由莲弘休闲旅游公司建设。宁夏万和实业有限公司（占股 41%）、宁夏红粉佳荣科技有限公司（占股 40%）和宁夏罗山豪瑞祥农业开发有限公司（占股 19%）三方共同出资筹建，注册资金 5 000万元。该农庄是一家集生态种养体验、休闲采摘垂钓、餐饮娱乐、旅游观光度假为一体的现代农业产业融合示范基地，总占地面积 500 亩，总投资 1 350 万元，其中基础设施建设 1 290 万元，流动资金 60 万元。四是创新行业服务。加强与农业银行合作，创设休闲农业信贷新产品。加大对宁夏休闲农业协会服务指导，创造行业自律，做好信息服务、协调服务、规范服务、质量管理服务，实现资源交流、客源共享。协调宁夏休闲农业协会成立联组长机构，建立会员联组制度，

协调帮助各市、县（区）设立休闲农业协会会员联组，发挥会长、理事组织能力和责任意识，承担为辖区会员提供服务的义务。选配一名副会长或理事担任组长，负责本辖区协会工作，协调当地主管部门，负责推荐入会企业，组织召集辖区会员开展协会活动，为会员提供咨询服务。同时协调帮助协会期刊按期出版、内容精彩实用，增强了会员凝聚力，大受欢迎。

（七）突出品牌打造，引导休闲农业新出彩

开展宁夏休闲农业与乡村旅游星级创建行动。引导各地在发展过程中保护生态环境、增加农民收入、提升农业效益，促进农村一二三产业融合发展。认定了一批产业特色突出、村容景致独特、乡风文明和谐的特色民居村、特色民俗村和现代新村。形成了一批颇有个性化的休闲农业品牌。如沿黄城市带休闲观光农业区，银川市西夏区沿山生态果林、贺兰山东麓葡萄产业基地，兴庆区黄沙古渡、金凤区湖上垂钓，石嘴山市的黄河金岸、脱水菜基地，中卫市的黄河漂流、大漠风光，红寺堡的万亩葡萄基地、固原市六盘山地区的红色旅游等，各地通过发展特色种植、养殖等活动，拓展农业休闲功能，因地制宜、规模适度、档次适中、项目丰富。参加了农业部组织的各项休闲农业示范创建活动、星级创建行动。培育出了一批国家级休闲农业品牌，其中，国家级休闲农业示范县8个、示范点16个，中国最美休闲乡村5个，中国美丽田园5个，全国休闲农业与乡村旅游三星级以上单位48个，中国重要农业文化遗产2项。在此基础上，组织了自治区级休闲农业示范点创建活动，创建示范点45个。

【存在的主要问题】　全区休闲农业在取得重大成效，展现出广阔前景的同时，也还存在认识不统一、融合发展不够、管理模式落后、文化底蕴不深、效益不高等诸多问题，休闲农业产业在发展中也遇到了一些困扰。

（一）认识上存在差异

各地发展很不平衡，甚至在某些地方、某些部门休闲农业发展遇到了阻力。

（二）规划布局欠合理

部分休闲农业与乡村旅游主体没有制定休闲农业发展规划，或规划布局不符合有关要求，也没有得到相关部门的批准。主题定位模糊，园区功能布局零乱，有的或全而杂，或跟风跑的同质化现象比较严重；主体单位的生产、生活、生态设施设置不配套，空置现象普遍，使用效率不高。

（三）农业产业发展滞后

不仅缺乏产业观光载体、农事体验场所，还无法形成农业资源与旅游元素的良性互动。单一的休闲消费导致需求萎缩，效益下降，发展后劲不足。

（四）人力资源难以支撑

休闲农业从业人员的整体素质、结构与产业发展要求差距很大。大多数企业主受教育程度不高，思想观念、经营理念难以跟上休闲农业产业发展形势，缺乏驾驭农村一二三产业融合发展的能力；部分优势特色产业因为人的因素难以推进。

（五）服务平台建设滞后

休闲农业的发展离不开人力、资本、营销三大支撑，这三大支撑需要政府通过设立发展基金建设人才培训、资金融通、“互联网+”等服务平台予以保障。

（六）休闲农业产品结构不合理

观光产品多，休闲度假产品少；大众化、同质化休闲农业产品多，个性化、品牌化休闲农业产品少；满足吃住行游购娱的浅层开发多，针对商养学闲情奇的深度开发少；高端游客和消费外流问题突出。服务质量不高。

（七）经济效益差

主要表现在部分休闲农业主体单位客流

量较少，营业收入不高，因而效益差，对当地经济发展、农民就业增收和新农村建设辐射带动作用不大。

（宁夏回族自治区农牧厅）

新疆维吾尔自治区

【基本情况】 2016年全区休闲农业快速增长，成为新疆农牧业发展的新亮点。休闲农业经营户数6 050家，比2015年增加819家；年接待人次1 739万人次，比2015年增加319万人次；从业人员60 000人，比2015年增加3 000人；资产总额达到45亿元，比2015年增加2.2亿元；完成营业收入34.59亿元，比2015年增加5.59亿元，同比增长18.18%，发展势头迅猛。休闲农业的三个经济指标中，经营户数突破6 000家整数关口，达到6 050家，年接待人数1 739万人次，营业收入34.59亿元，均全面超额完成了“十三五”发展规划起步之年的目标任务，实现了“开门红”。

（一）主要经济指标均实现两位数增长，发展势头迅猛

2016年休闲农业经营户数增幅超过15%，营业收入增幅也在18%以上。在新疆面临两个“三期叠加”的形势下，休闲农业发展独树一帜，势头迅猛，已经呈现出“发展加快、布局优化、质量提升、领域拓展”的良好态势。

（二）发展模式日趋多元

休闲农业内生要素被充分激活，在发展方式上，已从早期农民自发发展为主向各级政府部门规划引导和农民自愿发展相结合的方式转变。在空间布局上，已从景区周边和区域中心城市近郊向生态基础条件好、交通便利的县域城市、乡镇、农村、牧区蔓延发展，经营规模从早期分散经营的星状分布逐步向集约、集群经营的带状、块状分布过渡。在经营类型上，从早期以吃农家饭、住农家屋、干农家活为主的单一服务型向集养生、保健、文化、教育、娱乐于一体的综合服务导向型拓展，涌现出田园风光型、民俗风情型、农家乐型、养生度假型、农事体验型、科普教育型、古镇新村型等发展类型。在组织形式上，从农民筹资自办向政府财政资金引导、社会工商资本投资、龙头企业参股、村集体经济领办、农民专业合作社集资，家庭农场、种植养殖大户、农户广泛参与等多种经营模式转变。

（三）品牌效应加快形成

围绕“眼看、胃吃、肺吸、脑学、手玩”等全新消费需求，陆续在全疆区域中心城市近郊和自然、人文、生态基础条件好的乡镇、农村、牧区新发展了一批基础设施条件优良、公共服务完善的休闲农业新场所。培育全国休闲农业与乡村旅游示范县10个、全国休闲农业与乡村旅游示范点19个；休闲农业星级示范企业达到128家，其中五星级12家、四星级43家、三星级73家；中国美丽休闲乡村13个，中国重要农业文化遗产3项；自治区休闲观光农业示范县20个，休闲观光农业示范点183个。围绕以上休闲目的地，自治区推出了一批以春季郊外出行踏青赏花、夏季下乡避暑品评美食、秋季漫步农田休闲采摘为主题的精品线路。以沙画、羽毛画、芦苇编织品、根雕、骨雕、葫芦雕刻、手工刺绣、羊毛地毯、核桃麻仁、玫瑰冰糖为代表的休闲农业创意产品，丰富提升了新型旅游市场产品体系，有效满足了城乡居民生态休闲消费新需求。

（四）带农增收成效显著

传统的田间劳动、果蔬采摘、种植喂养、湖面捕捞、日常餐饮等农事活动，经过设计开发，打造成为休闲体验消费项目，极大地提升了农业附加值。据初步估算，休闲农业

土地平均产值 7 124 元，是农业土地平均产值的 3 倍以上，休闲农业劳动力平均产值 5.1 万元/人，是从事纯农业劳动力的 2.2 倍。休闲农业和乡村旅游专业村有效带动周边乡镇道路、水电、排污、通信等基础设施建设，带动生产、资本、人才、技术等各项生产要素向乡村流动，催生当地农产品加工、交通运输、商贸物流、餐饮娱乐、金融服务等相关产业发展，培养了一批懂经济、会经营的新式农牧民。

【主要工作措施】 目前，新疆休闲农业已成为农村经济新的增长点、农业结构调整的新模式、农村一二三产业融合发展的新亮点，城乡互动，资金流、信息流、人流汇聚，促进各民族之间在语言、文化、饮食等诸多方面的交流，增强沟通了解，促进了民族团结，是城乡居民望山看水忆乡愁的好去处。

（一）切实加强规划引导，提升管理服务水平

根据 2016 年中央 1 号文件《关于落实发展新理念加快农业现代化　实现全面小康目标的若干意见》提出的“大力发展休闲农业和乡村旅游，使之成为繁荣农村、富裕农民的新兴支柱产业”精神、《新疆维吾尔自治区国民经济和社会发展“十三五”规划纲要》和《自治区农牧业现代化建设规划纲要（2011—2020 年）》的要求，新疆维吾尔自治区农产品加工局组织开展了南北疆专项调研考察，并学习借鉴内蒙古、陕西、宁夏、甘肃等省份的发展经验，结合国家和自治区层面出台的关于支持农村一二三产业融合发展、产业扶贫攻坚、农村创业创新等政策意见，组织力量认真编制、印发了《新疆维吾尔自治区休闲农业发展“十三五”规划》，明确了今后五年发展的指导思想、发展原则、目标任务、区域布局和主要任务、重点项目和保障措施。

（二）加大项目资金扶持，吸引社会投资

积极争取自治区财政支持，将休闲农业项目纳入乡镇企业贷款财政贴息和农产品加工企业发展专项资金扶持范围，与自治区财政厅联合下发《关于印发〈2016 年自治区财政扶持农产品加工流通企业和休闲观光农业创业创新贷款贴息实施方案〉的通知》（新农产财〔2016〕7 号），安排财政预算贷款贴息资金 870 万元，实行先贷款后补助原则，扶持了一批休闲观光农业项目。发挥了财政资金的导向作用，鼓舞了农民专业合作社和村集体经济组织通过股份合作的方式参与休闲农业的积极性。同时，也吸引了一大批农业产业化龙头企业、旅游企业投资开发休闲农业项目，较好解决了休闲观光农业规模小、同质化、实力弱的发展难题。

（三）积极开展专题调研，不断优化政策环境

结合全区发展实际，组织开展全区休闲农业政策创设调研。一是争取自治区党委政研室支持，将休闲农业列入绿色农业、旅游产业、康养产业互动发展专题调研内容，并配合参与了赴昌吉回族自治州、伊犁哈萨克自治州、巴音郭楞蒙古自治州和阿勒泰地区的调研活动，提供了休闲农业相关资料和政策建议。二是协助农业部农产品加工局和国家税务总局财产行为税司调研组一行在乌鲁木齐市、吐鲁番市和昌吉回族自治州开展休闲农业与乡村旅游耕地占用税情况专题调研，认真梳理休闲农业用地、用水、用电、财税、金融等方面的突出困难问题，向自治区党委提交了专题工作报告，为争取上级支持和顶层设计创造条件。三是采取书面调研和实地调研的方式，对各地、州、市休闲农业部门，20 个自治区休闲观光农业示范县休闲农业部门，以及全区休闲农业示范点，部分地区调研范围扩大至休闲农业经营组织和个体商户，开展专题调研，并形成《发展自治区休闲农业指导意见》初稿。

（四）加快推进品牌建设，树立示范标杆

新疆认真贯彻落实农业部农产品加工局关于休闲农业品牌建设工作的部署，一是组织参与全国休闲农业和乡村旅游示范县（市、区）创建活动，以自治区的示范创建成果为基础，严格审核申报县市相关材料，推荐阜康市、和静县和察布查尔锡伯自治县参与示范创建，最终3个县市成功荣获全国休闲农业和乡村旅游示范县称号。二是组织参与中国美丽休闲乡村评选活动，根据各地州市参选情况，择优推荐7个乡村参与评选活动。乌鲁木齐县甘沟乡被评选为特色民居村，和田市库木巴克村和昭苏县苏吾克托海村被评选为特色民俗村，霍城县四宫村被评选为现代新村。三是第一次在全区开展休闲农业经营组织星级创建，新认定星级以上休闲农业企业124家，进一步规范了休闲农业产业发展，提升了行业发展的水平。

（五）加强宣传推介，拓宽营销宣传

面向全区组织开展新疆休闲观光农业宣传推介系列活动，重点实施休闲农业宣传推介“三个一工程”（即策划一批精品线路、推介一批农事节庆、编撰一部宣传画册）。一是借助中国休闲农业网、新疆农业信息网，集中推介宣传了30条休闲农业和乡村旅游精品线路。通过《新疆经济报》、新疆电视台向社会各界介绍了新疆休闲农业发展情况。广泛收集整理休闲农业与乡村旅游示范县示范点、中国美丽休闲乡村、中国重要农业文化遗产、星级休闲农业企业相关图片资料，整理编撰了《新疆休闲农业和乡村旅游宣传画册》。二是借助相关县域特色农业、农事节庆活动，开展以休闲观光农业为主题的推介宣传，先后拨付资金支持米泉花儿文化节、精河枸杞节、沙湾辣椒节、泽普胡杨节、若羌红枣节等系列活动，采取“政府搭台、文化唱戏、经济主导、社会参与”的模式，积极引导当地农民开发利用休闲观光农业边际资源、民俗风情等无形资产，提高他们市场意识和商品意识，使传统的农产品变现速度加快。同时以节促会模式吸引广大城市居民前来消费，带动资本、信息、技术、人才、理念等资源回流，有效推进城乡互动，在潜移默化中培养城市生态消费理念，培养农民现代文明理念。

（六）组织开展资源普查，深入发掘文化内涵

立足全区绿洲经济、农耕文化和西部少数民族地域民俗资源，融合休闲农业要素，深入挖掘新疆历史长河中，各族群众吃苦耐劳、勤劳勇敢、团结互助精神，通过开展农业生产、农事生活积淀而成的优秀文化和智慧结晶，积极争创中国重要农业文化遗产项目。目前，吐鲁番坎儿井农业文化系统、哈密瓜栽培和贡瓜文化系统、奇台旱作农业文化系统已成功列入中国重要农业文化遗产名录，极大地鼓舞了各族群众爱国爱疆的家园意识和民族自豪感。农业部拨付专项资金用于遗产地的后续保护与管理服务，新疆维吾尔自治区配套相应资金用于文化遗产的开发利用。根据农业部农产品加工局工作安排，组织全区开展农业文化遗产普查工作，进一步收集整理重要农业文化遗产储备项目15项，经基层申报，择优推荐察布查尔锡伯布哈农业系统、吐鲁番葡萄耕作文化系统、温宿水稻旱育稀植栽培技术与稻鱼鸭共生系统和阿图什无花果树群系统上报农业部农产品加工局。

（七）强化培训服务，提升人员素质

新疆维吾尔自治区高度重视休闲农业与乡村旅游的教育培训工作，把各级休闲农业管理人员的培训作为推动休闲农业发展的一个重点，大力开展人才培养工作，实现了地州县市休闲农业行政管理部门行政人员培训的全覆盖。将休闲观光农业培训课题列入自治区党委组织部“天池计划”和自治区农牧业产业化重点龙头企业负责人培训等专项培训，主动服务，到基层开展维吾尔语培训，

还组织基层管理人员和休闲观光农业示范点负责人走出去考察学习，开阔视野，探求新的发展思路。2016年累计培训休闲农业经营管理人员2 000余人次。

【存在的主要问题】 一是管理服务水平有待提高。休闲农业发展的政策环境和相关工作措施需要进一步优化，部分政策落地还不到位。二是休闲农业开发模式单一。农业生态景观资源的文化内涵挖掘不足，一些项目盲目跟风，缺少有机串联，易受季节性瓶颈制约而造成资源闲置、利用率低。三是宣传推介力度亟待加强。各类休闲农业经营主体与客源消费市场之间信息传递不畅，宣传推介造势力度不大，众多消费者寻找休闲目的地仍停留在口口相传的初级阶段，借助“互联网+”开展宣传推介、运用电子商务开展营销才刚刚起步。这些问题需要进一步改革解决，不断完善。

（新疆维吾尔自治区农产品加工局）

大连市

【主要成效】 2016年，大连市积极推动农村一二三产业融合发展，大力发展休闲农业和乡村旅游产业，全市共有特色旅游乡镇40个；旅游专业村100个；全市农（渔）家乐1 700个，星级农渔家乐149家，其中4星级21家，3星级40家，2星级43家，1星级45家；旅游休闲农庄（酒庄）30个；精品采摘园118个；从业人员20 000余人，带动农户38 000余户，全年休闲农业与乡村旅游共接待游客1 565万人次，增长11.8%，旅游收入达到91亿元。大连市积极实施品牌创建工程，广泛参与国家、省级休闲农业示范品牌评选，累计获得休闲农业领域荣誉35项，其中国家级荣誉18项、省级荣誉17项。旅顺口区等4个区（市、县）被农业部评为全国休闲农业和乡村旅游示范县，金普新区石河街道东沟村等9个单位被农业部评为全国休闲农业和乡村旅游示范点，庄河市王家岛镇东滩村等4个单位分别被农业部评为中国最有魅力休闲乡村、中国最美休闲乡村和中国美丽田园。

【主要特点】 全市都市型现代农业发展水平高，水产、水果、蔬菜、畜牧、花卉五大优势产业发展迅速，2015年大连市都市型现代农业发展综合指数排名全国第4，被评为国家都市型现代农业示范区，农业产业基础雄厚，为休闲农业产业发展奠定了良好的功能储备基础。依托现有资源，大连市休闲农业呈现出从无到有，从小到大，从品种单一到形式多样的喜人态势。休闲农业与乡村旅游已成为发展都市型现代农业的“新引擎”，呈现出以下发展特点。

在产业类型上，休闲农业发展内容多样、形式丰富，与国家休闲农业产业类型类似，基本形成农（渔）家乐、民俗村、农业园区、休闲农庄等四大类型。

在产业布局上，休闲农业发展重点与旅游业相结合，两者相辅相成，形成了黄渤海两翼滨海岸和北部温泉走廊，逐步向内部、北部辐射发展的态势。

在产业规模上，休闲农业从最初的农民自发行动到政府有序引导，呈现出从星罗棋布向集群化发展的趋势，重点围绕传统的旅游景区和国家农业园区，形成休闲农业旅游集聚区。

在运营方式上，举行四季不断的节庆活动，吸引了众多中外游客，获取不错的经济效益。目前大连市已有温泉滑雪节、樱花节、杜鹃花节、草莓节、樱桃节、钓鱼节、蓝莓节、苹果节等市级以上涉农旅游节庆活动8个，形成了农家乐、果菜采摘园、生态旅游、温泉滑雪和节庆活动五大系列产品协调发展的格局。

在经营主体上，休闲农业经营主体众多，已从农户个体逐步向合作社、工商资本领域拓展，形成以个体农户为基础、“农户＋公司”“农户＋农业合作社”为支撑、工商资本为补充的经营模式。各经济主体根据各自实力和规模，面对不同的消费需求，分别制定差异化的发展路径。

【主要工作措施】

（一）做好统筹规划

2016 年，大连市编制出台了《大连市旅游业发展“十三五”规划》，构建“一心一环，三区多组团”的空间发展格局，实现旅游产业全域发展，并将休闲农业和乡村旅游放在更加重要的位置。提出重点打造 2 个创意乡村旅游示范区。建设金普新区东沟乡村旅游示范区和旅顺口区小南村乡村旅游示范区，推动滨海渔家、花果庄园、森林人家、主题民俗四类乡村旅游品牌建设。建设 3 类特色乡村集市。线下通过特色乡村集市平台，将乡村生活、民风民俗、农产品交易、农事活动、农事节庆等内容通过创意化、情境化的形式展现给游客，打造黑岛乡村渔市、庄河蔬果集市、紫云花汐乡村花市 3 类特色乡村集市。创建一批乡村旅游创客示范基地。成立大连市乡村创客联盟，通过乡村众筹、创客投资等方式，鼓励各地制定优惠政策，吸引文化、艺术、科技专业人员落户乡村，开展旅游创业就业。

（二）改善发展环境

积极开展村级公益事业“一事一议”及美丽乡村建设，不断优化全市农村村容村貌和居住环境，为全市休闲农业发展提供良好的基础设施条件。2016 年共计在全市 174 个村开展村级公益事业“一事一议”财政奖补硬化亮化工程，在 9 个村开展美丽乡村建设，累计修筑道路和建设文化广场约 380 万平方米，安装路灯 1 500 余盏；并在硬化亮化工程的基础上，加强村庄规划、基础设施、生态环境的优化，开展了景观提升工程，实施健身场所、景观河道、宣传画廊、绿化美化等工程，为村庄村民生产生活、产业融合发展提供相应配套。

（三）做好品牌建设

大力实施休闲农业品牌建设，2016 年，瓦房店市继庄河市、旅顺口区、金普新区后，获评农业部全国休闲农业与乡村旅游示范县称号，全市共计 4 个市（区）成为示范县。瓦房店市前进村获评农业部 2016 年美丽休闲乡村称号。同时制定和完善了休闲农业与乡村旅游四季线路，向农业部进行推介，并在国家《休闲农业与美丽乡村》上进行宣传。加强与中国农村杂志社的合作，累计刊发文章 20 余篇，并出版了《庄河市休闲农业与乡村旅游专刊》。在发展休闲农业和乡村旅游过程中，注重将民俗文化、建筑文化、餐饮文化、农耕文化和民间艺术等融入当中，积极开展农业文化发掘保护和传承推广工作，2016 年，庄河市歇马杏栽培系统和大骨鸡养殖系统入选中国农业文化遗产名录，为推动农民增收，传承大连市农耕文明起到了积极的推进作用。

（四）开展涉农节庆活动

举办各类涉农旅游节庆活动，提升乡村旅游的吸引力，大连国际大樱桃节、草莓文化旅游节、国际樱花节、油菜花节、长海国际钓鱼节、乡村文化旅游季、沙滩文化节等节庆活动，吸引市民游客寻节而来，并逐步发展为大连市休闲农业和乡村旅游的新亮点。以金普新区为例，2016 年该区实现旅游综合收入约 28 亿元，多项指标实现新突破。其中，樱桃节接待自驾车 16 万余台，省内大巴 300 余台，东北列车 120 余节，旅游团队近 7 000个，拉动旅游综合消费逾 20 亿元；草莓节约 30 万名游客参与采摘季；沙滩节共接待游客 200 余万人次亲海玩海吃海，过夜游游客突破 80 万人次。

（五）推动三产融合发展

以农村田园景观、农业生产基地和特色农产品为载体，通过生态休闲游，展现农业技术，带动农业新技术、新品种推广和产业发展，并实现二产增效，三产繁荣的良好局面。全市 15 个都市型现代农业园区基础设施主体工程已全面建设完成。大连市示范区被农业部认定为返乡农民工创业创新示范基地，园区建设的基础不断夯实，探索创设“企业＋合作社＋基地＋农户”经营模式，农村电子商务等迅速兴起，第六产业等新业态稳健发展。农产品加工业链条拉长、价值链提升，全年新增国家级农业产业化龙头企业 2 家、省级 14 家、市级 12 家。

（六）加强营销宣传

利用多种媒体平台，更接地气加大大连市休闲农业与乡村旅游宣传工作，指导各地区积极利用微信、微博等新媒体开展宣传，指导各地在大连市城市窗口投放旅游广告，充分利用线上线下互动营销。邀请 CCTV-7《乡村大世界》走进大连金普新区北屏山大樱桃园，向全国推介大连市休闲农业与乡村旅游资源、提高大连市农业的知名度和美誉度。全年全市在中央及地方媒体刊发旅游资讯上千条。

【存在的主要问题】 从产业发展内部来看，大连市休闲农业产业主要出现“五不”现象。一是创新能力不足。休闲农业旅游产品同质化严重，主要产品以“吃、喝、玩、乐”为主，“学、做、康、养”等产品较少，导致游客的满足感稍显不够。二是从业人员素质不够。服务人员以农民自身为主，缺少相应培训，服务理念不足。三是产业规模不大。大连市休闲农业产品丰富，但出现“全而散、小而弱”的总体发展状态，尤其是农家乐、采摘园等小型产品，精品化程度普遍较低，休闲体验功能较少。四是管理理念不新。不少休闲农业经营主体管理上不能跟现代接轨，小农意识强烈，太看重眼前利益，过于看中门票收益，不注重服务和农产品销售收益。五是产品定位不明。在休闲农业领域投入上，不少企业经营策划比较盲目，如外地市场发展如火如荼的乡村民宿市场，在大连市鲜有见到。

从产业发展外部环境来看。一是行业管理不够规范。大连市还没有休闲农业专业合作社，在管理、指导和营销上手段不足，还未能搭建起行业准入、经营、评选标准。二是政府投资力度不够。目前，农业部门对休闲农业的建设重点主要是结合农业产业发展和新农村建设，完善基础设施和农业生产发展，对休闲农业产业直接投入较少。三是旅游宣传错位。大连市城市旅游一家独大，而休闲农业主要面向大连市和邻近城市居民，宣传工作力度稍显不足，导致了“酒香也怕巷子深”。四是乡村环境治理问题突出。因农业生产、农民自身和自然条件等诸多原因，农村环境问题任重而道远，影响着休闲农业的健康发展。

（大连市农村经济委员会）

青岛市

【基本情况】 近年来，青岛市始终把发展休闲农业和乡村旅游作为推进农业供给侧结构性改革，培育农业农村发展新动能的重要抓手，大力发展以休闲采摘、养生度假、旅游文化等休闲农业和乡村旅游为主的新产业新业态，促进农村一二三产业融合发展，推动农业和农民持续增收，农村更加具有活力。截至 2016 年年底，全市规模以上休闲农业经营主体达 1 029 家，占山东省的 10％以上。年可接待游客 2 831 多万人次，营业收入 342 亿元，受益农户超过 11.2 万户。创建各级各类休闲农业和乡村旅游品牌共计 323 个，有

3个区（市）先后被评为全国休闲农业和乡村旅游示范县（市、区）。

【主要工作措施】

（一）高标准规划，推动休闲农业科学发展

坚持规划引领，围绕青岛市休闲农业和乡村旅游发展现状，高标准、高水平编制了《青岛市乡村旅游业发展总体规划》《青岛市美丽乡村建设提升行动计划（2016—2020年）》，青岛市政府出台了《关于加快发展休闲农业的实施意见》，各区市也都相继完成了当地休闲农业和乡村旅游规划的编制。结合大沽河综合整治改造，编制发布了《大沽河生态旅游轴带规划》，通过核心轴、产业带、辐射区这三个空间层次的划分，明确了大沽河生态旅游轴带的发展目标和主要任务，提出了发展步骤和建设层次，并确定要围绕大小沽河及其两岸旅游资源和特色项目，打造大沽河旅游发展的景观轴、动力轴与辐射轴，重点推进“饮水思源、山水情怀”等10个主题农业旅游段，以及莱西姜山、即墨古城等5大休闲旅游区和莱西市店埠镇、平度市云山镇在内的13个特色农业旅游镇的规划建设，串联构建起大沽河深度游的旅游体系，形成功能完善的旅游目的地体系和旅游产业带。通过一系列高水平规划，逐步构建起青岛市各具特色、功能互动的休闲农业和乡村旅游新格局。

（二）政府主导，广泛参与，构建互动共建新模式

青岛市在推进休闲农业和乡村旅游发展中始终坚持“政府主导、农民主体、社会参与、市场运作”的工作思路，通过乡村旅游资源的挖掘及利用，不断发挥旅游产业的综合带动效应，完善乡村吃、住、行、游、购、娱等基础服务设施，构建休闲农业、乡村旅游、新农村建设互动共建新模式，使乡村旅游与所在农村形成利益共同体，达到“以旅促农，以旅游促进乡村建设”的目的，实现美丽乡村与乡村旅游共赢。一方面，加大资金支持力度。2016年，青岛市财政单列专项资金6 000万元，用于支持休闲农业基础设施建设。另一方面，通过优惠政策引导工商资本、企业和个人多元化资金投入。各级部门根据职能，对休闲农业项目建设给予积极支持；拓宽招商引资渠道，特别是引进外资、管理经验、服务理念于休闲农业；积极筹集社会闲散资金，倡导群众参与和支持；探索农业贷款的新路子，发展农村信用社对农户的小额贷款。

（三）加强村庄特色保护，提升休闲农业魅力

结合美丽乡村建设，对富有特色的传统村落和特色建筑，不断加大基础设施资金投入，在保护的同时，改造升级村庄基础设施，培育休闲旅游、采摘体验等新兴产业，极大提升了全市农业休闲和乡村旅游的魅力。形成处处有景观、村村有韵味的局面，让城市居民“望得见山、看得到水、记得住乡愁”。筛选出了8处传统文化村落、18处传统民居、9处“乡村记忆”博物馆，其中即墨市雄崖所村成为山东省“乡村记忆工程”试点村落。对历史文化名村和具有长久保留价值的自然村落，尽量保留原有面貌，在原有村庄形态上改善居民生活条件，挖掘打造特色村庄141个，包含历史文化特色村、自然风光特色村、产业发展特色村等。即墨市雄崖所村、凤凰村和崂山区青山渔村等6个村庄被列入国家传统村落保护名录，被评为全国生态文化村。各区市结合美丽乡村建设，加大基础设施和农业设施资金投入，使乡村旅游上了一个台阶。胶州市玉皇庙村结合美丽乡村建设，加大旅游投入，深入挖掘村中旅游资源，在完善村容村貌的基础上，在村中修建了教育基地、民俗展览、特色商品商店、开心农场等。黄岛区王家台后村，利用近靠琅琊台和龙湾海水浴场西岸的优越条件，充

分利用旅游资源，积极引导该村村民从事旅游关联产业开发，积极发展以家庭旅馆、渔家宴为重点的有着农村乡土风情的海滨旅游业，让游客住渔家屋，吃渔家饭，游千古名胜琅琊台，看卧龙山庄生态园，赶海捡螺拾贝，享受渔家生活的乐趣。一大批有特色的村庄提档升级，促进了休闲农业和乡村旅游的发展

（四）积极开展示范创建，加快休闲农业品牌建设

近年来，青岛市积极参加国家、省相关部门关于休闲农业与美丽乡村的申报、推介和评选活动，大力推荐全市休闲农业和乡村旅游好典型、好单位。通过一系列示范创建活动，提高了青岛休闲农业和乡村旅游的知名度和影响力。截至 2016 年年底，全市共获全国休闲农业与乡村旅游示范县（区、市）3 个，全国休闲农业与乡村旅游示范点 8 个，全国美丽乡村创建试点村 5 个，全国休闲农业精品景点线路 8 条，中国最美休闲乡村 4 个，中国美丽田园 2 处；省级休闲农业与乡村旅游示范县（区、市）1 个，省级休闲农业与乡村旅游示范点 2 个，山东美丽乡村 2 个，省级生态休闲农业示范园区 2 处，齐鲁美丽田园 2 家。通过典型示范推介和宣传，提高了青岛休闲农业和乡村旅游的知名度和影响力。

（五）与农业节会相结合，繁荣农村节庆文化

遵循“企业主导、政府服务、产业互动、社会参与、突出特色”的办节理念，体现资源特色、文化特色、创意特色，变静态展示为互动体验，充分发挥节庆优势，打造休闲农业新品牌 。休闲观光农业以“节庆为驱动”，走“节庆＋活动＋线路”的道路，形成了一年一度的田横中国渔文化盛会、北宅樱桃盛会、张家楼国际蓝莓盛会、大泽山葡萄盛会等农业嘉年华活动，还依托各类农业特色资源，通过节庆活动为地方经济发展搭台唱戏。全年先后有桃花节、樱桃节、崂山茶节、葡萄节、祭海节、蛤蜊节、西瓜节、柿子节、采摘节等节庆活动 67 个。平度市通过四季节庆活动让平度的乡村旅游开始走上了品牌化的道路，促进了地方经济繁荣，带动了休闲观光游的发展，唱响了“乡村让城市更向往”的主题。胶州市洋河镇近年来形成了集果园采摘、垂钓、登山、餐饮多方位于一体的采摘节会，形成了“山水洋河，四季有约”旅游品牌。

（青岛市农业委员会）

宁波市

【主要工作措施及成效】 2016 年，全市休闲农业与乡村旅游接待游客 4 197.5 万人次、经营收入 41.52 亿元，同比 2015 年分别增长 21.92%、22.71%。

（一）加强政策扶持，推进升级发展

宁波市委、市政府高度重视休闲农业和乡村旅游的农村一二三产业融合发展，坚持全域旅游发展的理念，从政策推动、部门联动、财政支持、产业融合等各个方面着力推动农村新产业新业态的发展，推进农业、林业、新农村建设与旅游、教育、文化、康体等产业的深度融合，促进农业供给侧的结构性改革。宁波市政府出台《关于加快休闲旅游目的地建设的意见》，明确提出把乡村旅游业培育成宁波市国民经济战略性支柱产业和建设宁波市中国一流休闲旅游目的地的目标。宁波市财政设立专项资金 3 500 万元，用于旅游基础设施建设和对乡村旅游重点镇、村、民宿发展的奖补。制定《关于建设项目和资金管理的通知》，按照部门联动的要求，加强新农村建设资金的整合，各级农办、旅游、农（林、渔）业、交通、环保等新农村建设项目和资金，要向休闲农业和乡村旅游集聚

区进行布点建设，集中打造一批能展示宁波美丽乡村建设成就的农家乐特色村、镇。按照产业融合、景村一体的要求，用打造景区的理念建设农村，用经营旅游的思路经营农业，在新农村建设、现代农业、绿化造林、农村加工业、农村电商、水环境整治等方面融入旅游元素，实现乡村旅游全域化、景村一体化发展。2016 年全市景村整合各类建设资金 7 亿多元，创建省级休闲农业与乡村旅游特色乡镇 1 个，省、市级特色村 13 个。

（二）坚持集聚发展，促进精品建设

针对宁波市休闲农业与乡村旅游布点分散、同质化现象严重、经营档次低等问题，为适应现代休闲农业与乡村旅游发展的新需求，宁波市提出集聚、集约发展和精品化建设的新思路，制定《宁波市农家乐集聚村建设规范》，明确集聚村建设的标准、申报条件、建设方式及成效评估，推动农家乐集聚村向特色化、品牌化、集聚化方向发展。在创建主体上，坚持以农民为主体，实行多元化模式，采取多村联建、“村＋农户”、“村＋企业＋农户”多元化创建方式，有效解决农家客栈（民宿）集聚村建设资金投入不足难题，打破因行政区域划分不能集聚的瓶颈制约。2016 年，创建中国最美休闲乡村 1 个、市级全域旅游示范区 3 个、民宿集聚区 17 个、精品民宿 34 家；新增床位 5 022 个，全市民宿总床位达 2.5 万张。在市场运作上，积极引导农家乐特色村将农家乐经营户（点）纳入统一管理，实行“公司＋农户”运作模式和公共品牌、宣传营销、接团分客、服务标准、收费结账“五统一”的经营模式，促成小农户和大市场的有机整合，目前，宁波市农家乐已在上海、杭州、南京等长三角地区城市设立营销联络站，并与京沪杭甬等地 300 多家旅行社签订合作协议。

（三）加强营销推介，促进农民致富

把握“互联网＋”趋势，加强与长三角经济圈各城市乡村旅游对接，建立“景点互通、客源互送、促销联动、管理统一”的网络平台合作机制，启动宁波农家乐休闲旅游电子地图建设和农家乐 Wi-Fi 全覆盖工程，充分利用微博、微信等新媒体开展推广营销，推动农家乐特色村（点）与所在村淘宝服务点对接，在线交易市场规模不断扩大，网上预订销售餐饮、住宿人次同比分别增长 20％以上，全年实现线上交易 5.1 亿多元。拓展线下活动，根据农业部“春节到农家过大年”“早春到乡村去踏青”“初夏到农村品美食”“仲秋到田间去采摘”四个主题推介活动，结合“发现乡村之美，共享旅游成果”宁波美丽乡村旅游推广年活动，设计 20 条精品线路、70 余项节庆活动，开展专题推介，累计游客达 800 多万人次，实现经济收益 4.2 亿元。组织参加了 2016 上海新春农副产品大联展浙江农家乐展示推介活动、长三角休闲博览会等推介活动，举办了宁波市休闲博览会。同时，与工会、财政联合发文，将农家乐纳入职工疗养定点单位进行推介。

（四）创新服务机制，完善服务管理

推动依法管理，指导各区县（市）出台民宿管理办法，对民宿发展原则，具体申报条件、程序、监管、法律责任及卫生、环保、安全等予以规范，并推出“村＋农户”打包办证法，将特种行业许可证办到村，打通民宿办证的绿色通道，着力解决民宿“身份”问题，目前全市农家客栈（民宿）经营户的办证率达 80％以上。简化民宿办证审批程序，在农家客栈（民宿）发展重点区县（市），试点开展联合审批，通过多部门联合踏勘、一站式办理的方式，简化审批程序，提高办证效率，证照办理时间从原来的 20 天缩短到现在的 3 天。创新培训方式，推动院校文艺类、设计类教师与农家乐进行结对帮扶，开展进高校充电、赴境内外开阔视野活动，组织送教下乡、“乡愁经济创客＋”论坛等，2016 年市、县两级各类培训共培训 2 050余人次。建立游客实名制住宿登记制度，以 G20 杭州峰会安保工作为契机，对全市有住宿业务的农家乐安装了公安信息联网系统，并落实农家客栈（民宿）实名制登记常态化管理。

（宁波市农业局）

深圳市

【基本情况】 深圳是国内开展休闲农业较早的地方之一。20 世纪 80 年代末深圳首先开办了荔枝园采果的观光农园——荔枝大世界，主要吸引城市人前往观光、采果、娱乐、休闲，并利用这个机会进行商贸洽谈，招商引资，取得了良好的效果。随后又开创了多种类型的观光农园，对我国城市郊区观光旅游发展起到了带头作用。2004 年首批全国农业旅游示范点评选，深圳就有西部海上田园和光明农场两家名列其中。自 2004 年全面实现农村城市化后，深圳成为全国首个没有农村、没有农民建制的城市。随着城市化进程不断加快，深圳农业用地规划不断调整，农业生产主体、生产方式发生了较大变化。一部分农业企业选择发展对土地依赖程度不强的高科技农业，涌现出了创世纪、诺普信、华大基因等一批农业高科技企业；一部分农业企业在市内从事蔬菜、水果等传统农作物种植生产，还有更多农业企业走出市外，在广东省内和全国建立生产基地，农业“大生产、大流通”的格局逐步形成。据统计，2016 年深圳第一产业增加值 6.29 亿元。全年农作物播种面积 72 358 亩，其中，蔬菜播种面积 65 249 亩，水果播种面积 35 474 亩。全市农业产业化龙头企业共 77 家，其中国家级 7 家，2016 年全市农业龙头企业销售收入 583 亿元。

随着 2013 年年底全市基本农田改造任务完成，农田基础设施逐步完善，加上国家大力鼓励发展休闲农业，相关政策陆续出台，极大地激起了深圳市农业企业的积极性，尤其是农业龙头企业跃跃欲试，纷纷投入到休闲农业发展中。目前宝安区塘头北片区、黄麻布片区、塘下涌—燕川片区，光明新区光明北片区，坪山新区碧岭片区，大鹏新区鹏城片区等地块休闲农业发展已初见成效。涌现出美丽乡村、凤凰山野趣谷、锦绣田园、峰人农场、菜博士生态园，科普特农业生态园等众多休闲农业项目，吸引了深圳及周边地区的大量游客。此外，为充分发挥高科技农业优势，深圳还在探索将高科技农业和休闲农业结合发展的路子，形成了以超级稻育种等农业科普为主题的碧岭农业生态园，以农业新品种、新技术综合开发应用为主题的中国农业科学院深圳创新研究院农业基地，以葡萄新品种示范种植为主题的鹏城农夫葡萄园等项目。最近不少工商资本业、上市企业也开始关注休闲农业项目投资，深圳休闲农业发展迎来重大发展机遇。

厦门市

【主要成效】

（一）特色产业带初步形成

2016 年，厦门市以特色餐饮业为主的农家乐增长较快。初步形成了沿海岸以海鲜为食材、以住宅和改造渔船及码头集装箱为建筑，看海为主；中部以蔬菜、果、香草为食材，以农家屋、钢结构房为建筑，体验活动为主；北部山区以自养家禽、蔬菜为食材，以提供住宿的小木屋、多层房屋为建筑，看山、摄影为主的三条农家乐产业带。其中仅沿海的集美区后田村、同安区潘涂村和翔安区琼头、刘五店、澳头及小嶝村等就有各类海鲜馆数十家。

（二）休闲民宿有所发展

一是规模较大的休闲农业点，开始向民

宿拓展。主要是北部山区部分休闲农业点，因占地较大，农事体验、休闲、拓展训练等活动开展较多，消费者有住宿要求，推动了民宿的发展；二是沿海渔村因特色明显，劳动力外出，闲置民房较多，一些改建为民宿，如仅小嶝渔村就有20余幢民宿。三是部分旅行社或公司、个体等社会资本介入民宿。如小嶝渔村几幢居民楼由企业承租后，重新设计、改装，作为旅行社定点民宿，经营效益良好。

（三）带动作用明显加强

据不完全统计，2016年厦门市135家休闲农业点共接待消费者470万人次，总收入5.35亿元，其中销售各类农副产品收入达3.5亿元。安排本地农民就业超过4 600人，人均年收入达到11 000元，仅此一项共促进农民年增收达5 060余万元。

【主要工作措施】

（一）政府鼓励

一是落实奖励。根据《厦门市关于进一步促进休闲农业发展意见的通知》（厦府办〔2015〕80号）要求，对2015年获评国家级、省级和市级休闲农业示范点的地方进行奖励，2016年市财政下达休闲农业示范点奖励项目资金160万元。二是农业设施补助。从事蔬菜种植的休闲农业企业，同时享受厦门市农业设施补助，钢管大棚等设施最高补助达总投资的60%，部分企业年补助资金达100万元以上。

（二）示范创建

推介翔安区澳头社区、莲塘村，同安区郭山村参与农业部中国美丽休闲乡村评选活动，其中，同安区郭山村获得2016年度中国美丽休闲乡村历史古村称号；开展市级休闲农业创建工作，组织专家对市级休闲农业申报点进行考察评审，新评同安云和休闲山庄等8家企业为厦门市2016年度休闲农业示范点；开展省级休闲农业示范点及最美休闲乡村创建工作，择优推荐4家企业参评省级休闲农业示范点，2个村参评福建最美休闲乡村，其中，海沧院前济生缘等3家企业获评省级休闲农业示范点，翔安莲塘村、锄山村获评福建省最美休闲乡村。

（三）加强宣传

2016年春节、清明节、端午节等节假日前分别以踏青、采摘为主题在《厦门日报》《厦门晚报》及其官方微信宣传推介休闲农业精品路线共5次，重点对国家级、省级和市级休闲农业示范点进行广泛推介，进一步提升厦门市休闲农业项目知名度，为市民提供休闲出游参考，为休闲农业点带来客源。通过节假日前的宣传推介，全年法定节假日期间，休闲农业点消费者达40余万人次，约占全年的8.5%，营收超过1 600万元。

（四）经验复制

为了推进休闲农业发展，复制发展经验，落实厦门市委、市政府关于农民转产就业促增收的要求，6月21日，厦门市农业局召开全市休闲农业发展现场推进会，重点宣传推广集美宝生园、同安顶村民宿等典型经验，示范带动行业发展。全市有关区、镇、村及休闲农业负责人近百人参会。

【存在的主要问题】

1. 土地政策问题。按农业部等14部委最新出台的《关于大力发展休闲农业的指导意见》（农加发〔2016〕3号），在农用地上建设临时设施，如配套的住宿、餐饮等设施虽有进展，但农用地上临时建筑审批问题依然存在。

2. 融资难的问题。因土地承包性质、临时建筑的违章性质及餐饮、民宿的村宅或临建性质，经营者融资难度仍然很大、保险公司不愿介入的问题依然存在。

3. 项目扶持难的问题。目前，除了奖励资金外，项目扶持仅限于农业设施的补助，其他如民宿、餐饮、停车场、教育、活动等场所因建筑不合规、手续不合规等，难以申请财政项目扶持。

4. 休闲农业内容同质化问题。大部分休闲农业项目仍然停留在参观、采摘、吃饭、买点农产品上，精品项目少、深度休闲少、教育功能少、特色不突出。

（厦门市农业局）

新疆生产建设兵团

【基本情况】　截至 2016 年年底，新疆生产建设兵团（以下简称“兵团”）共有 1 086 个休闲农业经营主体，其中农家乐 927 家，休闲观光农园（庄）159 个，从业人数 6 823 人，其中职工就业人数 5 656 人，带动农户数 5 082 户，年接待人数 308.3 万人，年营业收入 4.47 亿元，其中农副产品销售收入 1.97 亿元，年利润总额 1.56 亿元。兵团已拥有全国休闲农业与乡村旅游示范县 4 个、示范点 8 个，全国最美乡村 6 个，美丽田园 4 个。整个产业呈现出“发展加快、领域拓展”的良好态势，成为兵团经济社会发展的新业态、新亮点。

以农场田园景观、农业生产基地和特色农产品为载体，通过生态休闲游，展现农业技术，带动农业新技术、新品种推广和产业发展，涌现了一批优势特色生态农业产业集群及农家乐示范点。十师 185 团依托白沙湖景区的地缘优势和资源禀赋，大力发展以乡村旅游为主的休闲农业。现有经营主体 45 个，从业人员数 147 人，其中农民（职工）就业人数 133 人，带动农户 38 户。十二师三坪农场草莓主题公园、头屯河农场开心农场、西山农场烽火台小镇以生态农业为依托，把新农村建设与体现传统农庄风貌结合起来，把生态农业建设与农家旅游结合起来，把村庄建设成一个集旅游观光、农业高效、环境优美、社会文明于一体的社会主义新农村。

【主要特点】

（一）发展规模不断壮大

随着城乡居民休闲消费需求的增多和升级，城乡基础设施条件的改善，休闲旅游经济呈现巨大的市场潜力，休闲农业日益受到各级党委和社会公众的关注。目前，产业发展团场统一规划引导，休闲农业和乡村旅游的组织化、规模化程度明显提高，呈现快速增长的态势。

（二）产业类型不断多元

各师团结合当地的自然特色、区位优势、文化底蕴、生态环境、经济发展水平和消费习惯，以城市郊区、景区周边、山水牧区、民族地区和传统农区为重点，在农家乐、民俗村、休闲农园、休闲农庄、现代农业科技示范园区休闲采摘、都市科普等形式基础上，不断创新发展的形式，一师五团苹果之镇、八师 150 团西古城镇特色小镇和九师 165 团达因苏小镇概念设计开辟了产业发展的新途径。

（三）休闲形式多种多样

目前兵团已初步建立了日光温室观光、特色果蔬采摘、节庆休闲、夏日避暑等富有特色的休闲农业发展模式，将农业生产、科技普及、生态观光、田园采摘体验等融为一体，涵盖红色旅游、观光旅游、休闲度假、品尝美食、农事体验等多主题、多类型、多业态，文化品位和档次不断提升，产业内涵不断丰富。

（四）特色节庆活动不断增多

一师的阿拉尔市蓝泊湾首届农业嘉年华、蓝泊湾美食节、沙漠樱花旅游文化节、秋游番茄采摘季、苹果文化节、红枣及果品评选大赛、睡胡杨谷摄影大赛，四师的蟠桃节，六师的郁金香节、荷花节、观鸟节、冰雪体育旅游节等大型活动以及葡萄、草莓等各类采摘节，九师的山花节、冰雪文化节、旅游摄影文化节，十二师的桃花节、薰衣草节、摄影节、土豆美食文化节，十三师的牡丹节、风筝节、赏桃花、品草莓、杏花节等一系列特色休闲活动，吸引了大量游客前来休闲观光游览，提高了团场的知名度，推动了团场经济的发展。

（五）新功能更加拓展

围绕人们“眼看什么、嘴吃什么、肺吸什么、脑学什么、手玩什么”等新的需求，推进农区变景区、田园就公园、民房变客房、产品变商品，为广大城乡居民提供记得起乡愁的高品质休闲旅游体验，拓展农业的休闲度假、文化传承、科普教育、农事体验、养生健体等功能，让市民近距离参与农业生产，了解农牧团场风俗民情，感受田园和农耕生活，享受青山绿水带来的视觉愉悦，领略农耕文明带来的喜悦。

【主要工作措施】

（一）加强领导，科学规划

兵团党委六届十四次全委（扩大）会议提出了“大力发展现代观光农业、休闲农业和农家乐为代表的乡村旅游，着力打造以乌鲁木齐为中心，以四师、六师、八师、十师等为重要节点的精品旅游线路”，制定的《关于加快推进兵团农业产业化发展的意见》《关于印发〈兵团服务业中长期发展规划（2013—2020年）〉的通知》《兵团农业现代化建设中长期规划（2011—2020年）》和《新疆生产建设兵团“十三五”农业产业化发展规划》中，都提出要大力发展休闲农业提升工程，到2020年，创建60个旅游名团（镇）、80个以上乡村旅游模范连队，形成150个以上乡村旅游特色连队、100家星级农家乐，将兵团建设成为全国著名的乡村旅游目的地。六师成立由主要领导亲自挂帅的五家渠市休闲观光与乡村旅游发展领导小组，逐级分解责任，层层抓落实，编制《五家渠市休闲观光农业与乡村旅游发展规划》。十二师农业局成立十二师休闲农业采摘示范点创建领导小组，加强对休闲农业的组织领导，战略性谋划兵团休闲农业的发展，培育兵团经济社会新的增长点。

（二）制定标准，规范管理

结合兵团休闲农业发展现状，在征求各师农业局和兵团休闲农业典型单位意见的基础上，制定下发了《新疆生产建设兵团休闲农业示范团场、示范点认定办法（试行）》，提升休闲观光农业整体素质，推动兵团休闲农业健康发展。四师制定了《农家乐（渔家乐、牧家乐）星级管理办法》，十二师制定《十二师休闲农业采摘示范点认定管理办法》，六师共青团农场制定《农业观光景区管理办法》《共青团农场农家乐管理办法》，七师奎东农场编制《关于加快发展休闲农业的若干意见》《奎东农场休闲农业管理办法》《奎东农场农家乐接待户评定标准》等，进一步规范兵团休闲农业持续健康发展。

（三）农旅结合，促进增收

充分发挥区位、生态、自然、文化、旅游等方面的优势，完善配套基础设施和公共服务设施，走农旅结合、文旅互动的特色发展之路，大力发展生态、观光、体验、创意农业，拓展农业发展空间，提升休闲农业发展水平，为农牧职工提供新的可持续的增收途径，满足城乡居民体验农业、回归自然的心理需求。十师北屯市委、市政府把发展休闲农业作为产业富民战略的重点，大胆探索以“特色农业为主体、特色山水为依托、特色文化为内涵”的“三特融合”休闲农业发展模式，促进参与休闲农业职工增收。休闲农业已成为壮大十师经济的朝阳产业和促进农民增收的重要产业。十三师创建个性化私人订制绿色葡萄（含大枣）、有机哈密瓜示范基地70亩、200亩，喜羊羊生态牧场认领羊2 000只，开创了“互联网+”农业的新业态。

（四）品牌创建，典型引路

为培育兵团休闲农业和乡村旅游品牌，

发挥典型示范带动作用，满足城乡居民消费升级需求，增强团场经济发展新业态、新动能，根据农业部要求，结合兵团的实际情况，兵团农业局认真组织全国休闲农业与乡村旅游示范县和中国最美休闲乡村推荐工作。一师10团被认定为全国休闲农业和乡村旅游示范县（市、区），四师65团后三宫镇和六师军户农场二畦镇荣获中国美丽休闲乡村荣誉称号。组织开展兵团休闲农业示范创建工作，22个团场申报兵团休闲农业示范团场，29个点申报兵团休闲农业示范点。十二师评选出4个休闲农业采摘示范点并挂牌。通过示范创建和品牌培育，培育一批建设规模大、服务功能全、产业优势显、发展势头好、示范带动能力强、旅客满意度高的休闲观光农业企业，带动兵团休闲农业规范经营，科学发展，提高了休闲观光农业在全社会的影响力和知名度。

（五）整合资源，突出优势

加大休闲观光农业资源、田园生态资源景观、人文资源的整合开发力度，将休闲农业与团场原连队居住区转型相结合，使农业集生活、生产、生态于一体，实现养生、休闲、生态、效益共赢的目标。六师五家渠市举办各种节庆活动吸引周边游客，郁金香节已连续举办12届，冰雪风情节已连续举办8届，葡萄采摘旅游节连续举办3届，充分将军垦文化资源特色和农业休闲观光特征有机结合，以亮剑团使馆、古尔班通古特沙漠特色旅游、凰家梁“知青之家”休闲度假村等为载体，打造集疗养度假、采摘垂钓、水上运动、沙漠生态旅游为一体的休闲度假胜地；一师7团依托设施农业产业链示范园，打造集生产、技术、加工、仓储、运输、销售为一体的示范园；五师88团把生态农业建设与农家旅游结合起来，把连队建设成一个集旅游观光、农业高效、休闲体验、特色采摘、农家旅馆、农家餐厅等特色服务设施健全为一体的休闲旅游基地；一师5团以苹果为主线，设计特有的苹果标志，建立苹果主题公园、博物馆，创办苹果文化节，提升小城镇内涵，促进旅游发展。

（六）加强培训，提高素质

加强休闲农业的各类培训，提高从业人员素质。2016年9月20日组织四师65团领导共同参加农业部组织2016年中国美丽休闲乡村发布活动；7月组织兵团的全国休闲农业与乡村旅游示范县领导参加农业部举办的休闲农业与乡村旅游培训班；10月组织兵团七师奎东农场一行8人到袁家村考察休闲农业，学习建设美丽休闲乡村的经验和做法，开阔了眼界、转变了思路，结合当地实际，制定了发展休闲农业的办法和措施，取得了良好效果。三师41团开展旅游服务培训5期，培训休闲农业经营户、农家乐业主和从业人员200多人次，全团从事休闲农业的人员80%接受过了相关培训。十师依托“阳光工程”培训103人，开展专业知识、服务技能和服务礼仪培训，185团请业内专家对景区服务人员（包括旅社经营户、农家乐经营户等）开展手工编织、中式烹调、创业培训班2次，共培训200人。通过培训，增强了服务意识，提高了休闲农业从业人员素质和服务水平。

（七）加强融资，推动发展

在国家政策资金对兵团投入的引导带动下，民营企业和社会资本进入旅游业投资扩张迅速，已成为兵团休闲农业与乡村旅游投资重要的组成部分，有实力的企业、投资人与政府共同参与休闲观光农业的开发，形成了“政府牵头、企业经营、农工参与”的发展局面。涌现出一批规模较大的休闲农业与乡村旅游景点。上亿元项目有八师新疆张裕巴保男爵酒庄、十二师三坪农场花卉产业园等。十二师通过招商引资新建葡萄酒庄3个，建设立体式特色水产养殖场1个，为十二师今后休闲农业注入强有力的发展后劲。五师87团依托自然环境优美、地理位置优越的优势，结合连队功能转型发展，采取能人带头、职工入股的模式，新建博河民俗农家风情园。

（八）加大宣传，提高知名度

为扩大兵团休闲农业与乡村旅游景点线路的知名度，营造促进职工就业增收、拉动城乡居民休闲消费的氛围，兵团农业局积极组织宣传推介活动。按照时间节点和活动主题，精心挑选，统筹安排，春节期间5个师推介6条精品线路，五一小长假7个师推介10条精品线路，十一黄金周7个师推介10条精品线路，并公布在中国休闲农业网上。十师185团的“边境风景线　传奇185”官方网站访问量已达411 491人次，景区微信公众平台关注人数达1 500余人，发送信息100余条，总阅读量超过10万次。十二师新疆农佰汇农业科技有限公司通过强大的自媒体平台对“番薯兄弟”品牌和“小土豆农庄”采摘园进行宣传推广，让小土豆农庄的新老游客都能够看得明白、吃得放心，宣传效果显著，打造出了农场对外经济文化交流的一张绿色名片；六师101团葡萄谷庄园和十二师三坪农场充分利用微信平台和手机客户端等新媒体平台，及时向社会发布举办的各类农事节庆、节会等热点信息，提高传播影响力，引导消费者健康消费。

【存在的主要问题】　兵团休闲农业服务于农业现代化建设，符合国民经济社会发展的新需求，经过各方面的努力，虽然取得了一些成效，但整体上还处于起步阶段。

1. 规划设计滞后。目前兵团的休闲观光农业大部分景点没有经过科学规划，设计布局不合理，定位不明确，在开发建设上随意性很大，品位不高，市场生存能力不强。

2. 功能配套落后。许多景点的游玩项目单一，设施不完善，游乐设施较少，工作人员的文化水平普遍不高，服务意识弱。

3. 业态季节性强。受农业生产的影响较大，休闲观光农业多存在较强的季节性，主要集中在夏秋两季，季节性矛盾较突出。

4. 品质档次较低。项目开发中对深层次的农村文化、民俗风情、文体体验活动等开发不足，服务设施处于粗放式开发的阶段，开发的采摘、垂钓或餐饮等项目文化创新和创意不足，经营特色不明显。

国外发展概况及动向

国外发展概况及动向

【英国】

（一）英国农业休闲旅游的发展历程

20 世纪六七十年代，英国的农业休闲旅游开始出现并得到迅速发展，经过不到 20 年的发展，到 20 世纪 80 年代后期，英国的农业旅游景点就已经发展成为与手工艺品中心、主题公园、文化遗产、工厂等旅游景点齐名的时髦景点。根据英国官方的统计，1992 年英国共有 5 552 个以人造旅游景点为主的旅游景区，其中农业类的农场景点、葡萄园、乡村公园分别为 186 个、81 个和 209 个，几乎占全部人造景点的 1/10。到了 90 年代中期，大约有 1/4 的农场直接开展旅游业务或提供与旅游相关的服务，农业休闲旅游在英国得到进一步普及和推广。农业景点、主题公园和工业景点成为当时英国人气最高的 3 大类景点。进入 21 世纪后，英国为大力发展农村经济，采取了积极、有效的管理措施。面对产业革命对英国自然环境造成的严重破坏，英国政府在 2001 年改组原来的农业、渔业及食品部，成立新的环境、食品与乡村事务部（Department for Environment，Food and Rural Affairs，缩写为 DEFRA）。DEFRA 以保护英国的自然环境、促进农村繁荣发展为目标，实施了一系列有关农村管理、有机耕作和经济多样化的措施，并给予相应的资金支持，有效地改善了英国的农村生态景观和基础设施。自此，英国政府每年投入约 5 亿英镑（1 英镑约合 9.22 元人民币，2016）用于改善农村的基础设施，在 2016 年更是投入了 16 亿英镑来支持英国农村的发展计划。农村生态景观的改善和基础设施的完善为英国农业休闲旅游的发展提供了良好的环境，吸引了大量的游客来到英国的农村享受休闲旅游服务。

根据 DEFRA2016 年发布的一份关于旅游业的调查报告显示，2010—2016 年，英国农业休闲旅游业的企业数量和就业人数分别增长了 23.2%和 29.9%，远高于同期城市旅游企业数量和就业人数的增长速度，农业休闲旅游企业的营业额增长了 28.2%（按可比价计算）。在英国，大约有 1/4 的旅游企业从事农业休闲旅游业务，这些企业吸纳了接近 1/5 的旅游从业者，并且贡献了英国旅游业营业额的 13.1%。与此同时，从事农业休闲旅游的企业占英国农村地区企业总数的比例超过了 10%，就业人数达到 12.6%，农业休闲旅游营业额占农村地区企业营业额的比例一直维持在 7%左右。这些数据均表明农业休闲旅游不仅成为英国旅游业的重要组成部分，而且是促进英国农村地区经济和就业发展的重要手段。

（二）英国农业休闲旅游的特征

经过近半个世纪的快速发展，截至 2016 年，英国已经成为世界上农业休闲旅游最为发达的国家之一。英国旅游业的发达源于其向游客提供了多样化的服务，旅游产品种类多且极具吸引力。旅行社、酒店（包括住宿和餐饮）和旅游交通是传统上旅游业提供的 3 大类主要服务，在旅游业收入中占据绝对高的比重。但在英国的农村旅游收入结构中，三者合计只占了 61.9%（图 1），其中旅行社服务占英国农村旅游业收入的比例仅有 2.5%。除这 3 大类传统服务外，与旅游相关的其他服务占英国农村旅游业收入的比例接近 40%。其中，以房屋租赁为主的服务，以及重视游客亲身体验的体育和娱乐休闲服务，占英国农村旅游收入的比例接近 30%（2016）。除此之外，英国的农村旅游还提供有博彩服务、图书馆及博物馆参观服务等，让游客在欣赏自然景观之余可学习到与农业、农村相关的知识。

农业休闲旅游的主要形式是贴近自然、体验农趣和休闲娱乐，因此游客对农业旅游景点的选择性不强，只要有能满足休闲放松

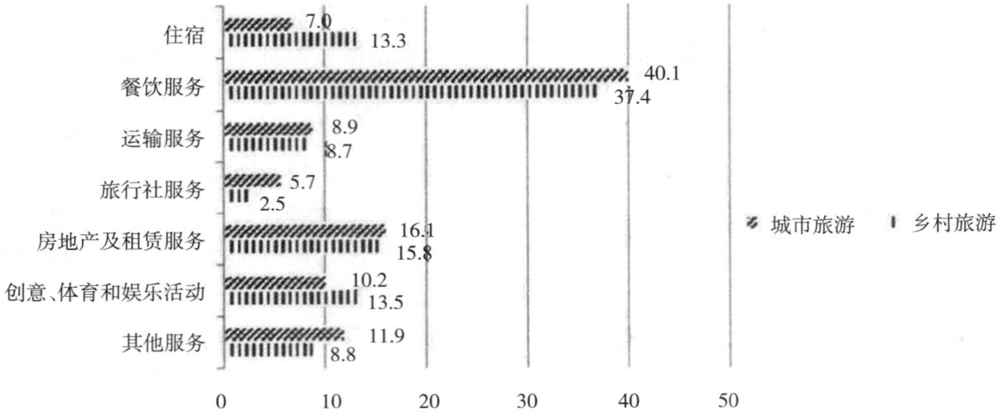

图 1　以行业分类计英国城市旅游和农村旅游收入结构（%）

注：其他服务包括博彩活动、图书馆及博物馆活动、行政管理服务。

资料来源：根据 U. K. DEFRA. September 2011 statistical Feature Report：Tourism 中的数据整理制作。

需要的、优美的自然风光，淳朴的人文风情，以及相应的基础设施和公共服务，游客就不会选择较远地区的景点进行跨区旅游。英国农业休闲旅游的主要目标市场是本地居民，占比超过 90%。根据英国“自然环境参与度调查”2016 年报告显示，在选择距离大于 8 千米的旅游景点目的地时，大约 55%的英国游客选择去农村地区参观或度假，其中农村近郊的比例为 47%。在参与调查的农业休闲旅游者中，外地游客非常少，大多数游客是来自本地区的距离目的地 2～3 小时车程以内的居民。并且，这些游客中，家庭游客占总游客数的 2/3。

规模较小。英国的农业休闲旅游主要是在家庭自营农场的基础上发展起来的。畜牧业在英国农业的生产结构占较大比例，其次是种植业，另有少量的渔业和林业。从 15 世纪末开始发生的英国“圈地运动”，推动了英国的土地私有化革命，并且在 19 世纪中期以法律形式得以确认。在土地私有的制度下，英国的农场主能够在从事农业生产的同时，在私营农场上搭建与旅游相关的设施，开展各种形式的旅游经营活动。游客可以亲自参与农业活动，如喂养家禽、采摘果实、收割农作物、捕鱼生产，甚至租地耕种。同时，虽然英国的平均农业生产规模非常大，但是其用于旅游开发的面积却较小，游客的活动空间不大。旅游景点雇佣的员工数一般少于 10 人，对景点的投资也不多，年营业额多在 10 万英镑以下。对景点规模的控制保证了英国农业休闲旅游项目的个性化和游客的体验质量。

旅游配套服务完善。在开发旅游景点的同时，英国积极完善了农业休闲旅游的配套设施。自 1991 年起，英国政府就明确提出向私人农场开发旅游项目提供资金支持，包括开发景点、修建道路等。自驾游是农业休闲旅游的主要形式，2016 年数据显示，英国已经形成了由高速公路、国道和地方道路组成的现代化的公路网，实现了城市与乡村的互联互通。在欧盟的资助下，英国推出的“SPARC 农村旅游业计划”帮助乡村设计开发了步行和自行车道，使游客能够更加便捷地到达英国的农村内部。同时，英国还非常重视交通信息网的完善，不论是乡村的大小道路，都可以在导航仪中搜索到。此外，在英国的乡村，以 B&B 旅馆（Bed and Breakfast Hotel）为主的旅游客房随处可见，而且收费较低，成为 2016 年游客消费度最高的选择之一，并已成为英国农业休闲旅游的一大特色。

（三）英国农业休闲旅游的主要模式

英国历史悠久，乡村自然景观与乡村文化资源丰富。在发展的早期，英国的农业休闲旅游大多属于自发性的，受制于土地、资金等资源的限制，农场主无法进行大规模的投资，只能根据现有资源，以农场有限的剩余空间提供食宿，因此经营规模较小，并且比较分散。但是，这也决定了英国农业休闲旅游景点高度的个性化。英国人酷爱园艺，且追求与众不同，农场主们根据农场特点和个人喜好，将英国的农村庄园开发为独具特色的旅游景点。其主要开发模式可分为以下3种类型。

1. 观光农业型。观光农业是英国农业休闲旅游发展最早的一种模式，20世纪60年代，英国面临着农业结构僵化和农村经济发展缓慢等问题，英国政府为解决这一问题，开始在乡村推广生态保健、休闲度假的农业经营模式。观光农业对增加农民收入、推动农村经济发展起到了明显的促进作用，因此在当时作为一种新型的农业发展模式受到了农场主们的广泛支持，并在全国范围内得到广泛推广。2016年调查显示，60%以上的英国农民认为开发观光农业明显增加了收入，对英国农村的发展起到了非常重要的作用。但是，由于英国观光农业的经营者主要是私有农场主，其经济规模有限，辐射范围和影响力都较小，导致来参观的游客以本地城镇居民为主，外地游客较少。

2. 娱乐体验型。随着英国城市化的推进，以及现代都市人工作、生活压力的加大，利用节假日进入乡村令身体和精神放松逐渐成为英国城市居民喜爱的一种旅游形式。从20世纪末开始，英国的乡村开始出现了一些娱乐性强、游客参与度高、表现形式新颖的娱乐体验型旅游项目，以满足越来越多城市居民的需求。从2016年的消费数据来看，娱乐体验型农业休闲旅游普遍受到追捧，这种方式注重游客的亲身参与，在不同主题的农场中表现出不同的形式，游客可以亲自参与劳务活动，现场采摘农作物、捕捞鱼虾和水生植物、喂养小动物等，甚至可以亲自把采集到的食材做成佳肴。通过亲自参与，游客能够在体验乡村生活乐趣中缓解生活压力，享受别有情趣的度假项目。

3. 节日活动型。除了前两种农场主自发的小规模旅游项目外，英国乡村还通过举办乡村节日活动，形成了具有一定规模的农业休闲旅游品牌，以吸引更多的外地游客。最具有代表性的是始于1985年的威尔士中部乡村节。乡村节由威尔士乡村开发管理局与威尔士乡村理事会共同组织，旅游和环保组织、农场主、农村服务企业共同参与，从每年的7月一直持续到12月。乡村节以满足游客的娱乐需求、促进当地环境保护、提供就业机会、刺激乡村经济发展为宗旨，涵盖自然景观、劳动场景、乡村环游、手工艺品、乡村文化5大活动主题，极大地促进了威尔士中部地区农村的经济发展和环境保护。威尔士中部的乡村节持续时间长，涉及区域广，参与人数多，成为英国节日活动型农业休闲旅游模式的典型代表。

【法国】

（一）法国旅游与休闲农业概况

法国是世界级的旅游胜地之一，在2016年，有8 300万人次海外游客来法国旅游（其中来法国大陆的游客为8 260万人次，海外省份为40万人次），并创造了共计384亿欧元的旅游收入。因此，该年法国的旅游收入仅次于中国（401亿欧元）、泰国（451亿欧元）、西班牙（545亿欧元）和美国（1 861亿欧元），位列世界第五，其国际旅游收入呈现出强劲的发展态势。法国的旅游特色是主题式旅游，这使得海内外游客可以根据各自需求选择旅游产品。其中，主要有以蓝色滨海为主的海滨旅游、以高山滑雪为特点的滑雪旅游、以山地景色为主的山脉旅游（除滑雪胜地外）、以巴黎等城市名胜为代表的城市旅游和以乡村风光与农村特产为卖点的乡村旅游（法语：tourisme rural），即休闲农业。

根据法国财政部企业管理总局（DGE）的旅游调查报告显示，2016 年，法国乡村旅游的游客数量仅次于海滨旅游游客数量，并占法国旅游游客总数的近 1/3。尽管乡村旅游的平均旅行天数较短（4.4 天），仅位列第四，但其旅行次数的比例（24.7%）仅次于城市旅游次数的比例（31.3%），位列第二。乡村旅游顾客的过夜次数占全年法国所有游客过夜次数的 21%，次于海滨旅游（32.5%）与城市旅游（23%），位列第三。报告指出，虽然 2016 年在法国本土游玩的游客人数较 2015 年相比有所下降，但这些游客的消费不降反升，较 2015 年增加了约 13 亿欧元。这在很大程度上得益于乡村旅游的发展与推动——乡村旅游 2016 年的收入约占法国当年旅游总收入的 1/4。截至 2016 年，法国已拥有众多提供乡村旅游服务的机构与设施，其中包含 7 900 家乡村旅游庄园，2 400间带家具的住宿房间，31 700 间提供床铺与早餐的住宿，1 000 个度假村与家庭房屋，2 300 间旅游住宅，18 100 座旅游酒店。

（二）法国休闲农业的管理机制

在政府管理方面，法国乡村旅游与休闲农业行业的辅导与推动工作目前主要由农业部、外交部合作进行。其中，自 2014 年外交部长 Laurent Fabius 上任后，包含乡村旅游在内的法国旅游海外市场营销业务便由外交部统筹，具体则由外交部下设的旅游发展部门负责。对内方面，由该部门制定宏观乡村旅游发展政策，地方政府旅游单位负责执行。对外方面，通过在全球各地设置法国旅游发展署（法语：Atout France），拓展国际市场及开展海外营销。截至 2016 年 12 月底，该署已在包含中国在内的世界各地设立了 56 处海外办事处。农业部主要负责业务包括农林渔牧产业的推广、研发、教育及防疫等工作，其政策目标为促进农村永续发展。就产业辅导方面，主要工作为培植农民、推广地方特色农产品及农场，辅导农民建立自有品牌，并协助营销。其辅导推广及建立产业特色的做法具体有善用故事包装、产品标准化、辅导取得认证或商标、焦点行销四个部分。

在行业协会服务方面，法国各省均设有省农会。2016 年，法国政府将全国 22 个行政区合并为 13 个大区，101 个省。位于首都巴黎的农会常设委员会（法语：Assemblée Permanente des Chambres d' Agriculture，APCA）依然是全国级别的农会总会。作为农民与政府的沟通桥梁，APCA 也得到法国政府授权制定法规，以协助政府执行推广农业政策。目前，由 APCA 与法国农业经营者工会联盟（FIVSEA）、法国农会与互动联盟（CNMCCA）和国家青年农民中心（CNJA）等专业农业组织共同成立的“欢迎光临农场”（法语：Bienvenueà la ferme）网站，已经成功运行了近 30 年。截至 2016 年年底，该网站约有 8 000 名注册会员农场，并根据各农场的服务属性，将网站类别重新调整成为目前的“吃在农场”（含农产品）、“生活在农场”（含生活体验、住宿与发现乐趣）、“灵感”（含风土灵感、食谱测试与季节性产品）三个主要类别。

（三）法国休闲农业的营销与相关服务

为了推广营销其会员农场的产品，APCA 设立了多种销售渠道。截至 2016 年，法国全国已建有 4 200 处销售点直营店，并与 450 个市场销售部门、22 个合作社商店（经营者均为该网络会员）合作销售，2016 年办理 2 300 余场露天市场供农场会员摆摊。根据对 2016 年销售数据的统计发现，约有 52%的农场会员，其农场产品在农场内即销售完毕；21%的农场会员除了在农场内销售外，也会通过当地市场销售产品；7%的农场则是与当地农场或合作社合作销售；2%的农场则完全通过网络销售。

在法国乡村旅游的新动态方面，生态旅游与葡萄酒旅游是法国乡村旅游 2016 年的推广重点——通过搭配深度旅游规划，促进当地产业营销与经济。

目前，生态旅游已成为致力于发展新旅游品牌的乡村发展方向之一。越来越多的游客不再满足于现有的农庄旅游，他们逐渐离开了以往的标志性乡间小道，前往乡村的周边环境，试图进行独特而真实的体验，与当地居民更近距离接触，并发现当地更丰富、更有趣的环境与生活知识。这些区域包括绿色度假胜地、地区性的自然公园以及具有特色人文景观的场所等。2016 年 4 月，法国农业部在其官网上向公众推荐了位于法国默兹（Meuse）的生态旅游项目——“森林之风”（法语：Le Vent des forêts），其特色是融合了森林景观与当代艺术。目前，在默兹森林附近的乡村中，已有 6 个乡村邀请了艺术家尝试参与与森林直接接触的艺术创作，当地村民、工匠和志愿者们纷纷提供他们的专业知识和技能，以支持艺术家们的研究、项目实施和实地组装工作。而村民们的目标很简单：将艺术和乡村环境融合在一起。沿 45 千米的小径可以免费参观、进入 90 多件作品。初访者与经验丰富的游客可以在 5 000 公顷的森林中找到 7 条标记的旅游路线。在 1～4 小时的步行中，每个人都会在自己的路线中享受发现作品的乐趣。最后，为了更具冒险精神，“森林之风”邀请步行者在森林的中心——设计师 Matali Crasset 创作的 Maisons Sylvestres 中休息、吃饭、观察和住宿。

近年来，葡萄酒旅游正成为法国乡村旅游发展的重要因素。葡萄酒路线周边的旅游活动也呈现多样化发展。因此，法国大力推动葡萄酒主题深度游。这是由农业及旅游产业团体共同倡议推行的，目的是促进更多的葡萄酒产区能够进一步提供旅游及住宿服务，吸引游客到访驻足，进而带动地方农业发展，帮助特色农产品营销。据统计，2016 年，法国国内具备接待外国游客能力的葡萄酒庄，已经有大约 1 万家；葡萄酒庄每年接待游客人次约 1 000 万人次，达法国全年游客人次近 1/8，前景良好。但是，由于葡萄酒旅游目的地数量较多，为了更好地满足游客对区分葡萄酒主题旅游目的地的需求，法国政府于 2009 年启动了“葡萄园与发现”（法语：Vignobles & Découvertes）的国家品牌遴选计划，类似于一种官方认证的知名商标或品牌。通过官方认定组成的葡萄酒庄园名单，将成为游客选择相关旅游目的地的重要参考。

其中，法国著名的葡萄酒产地——桑塞尔（Sancerre）、普依—芙美（Pouilly-Fumé）、奇恩山坡（Coteaux du Giennois）三地的葡萄园在 2016 年 7 月成功入选“葡萄园与发现”品牌计划。截至 2016 年年底，法国全国共有 60 家葡萄酒庄园入选该计划。

20 世纪 50 年代初，法国旅游俱乐部与园艺协会共同举办了一场名为“鲜花之路”（法语：Routes Fleuries）的活动并取得巨大成功。受此启发，时任法国交通、公共事务及旅游部部长 Robert Buron 决定在 1959 年举办一场全国性质的城镇评选活动，以小红花的数量表示等级上的差异，分为 1～4 朵花 4 个等级，其中 4 朵花为最高荣誉。获得小红花荣誉的城镇都会获得“鲜花小城”（法语：Ville Fleuri）或是“鲜花小镇”（法语：Village Fleuri）的标志，并附以相应小红花的数量。在举办的第一年就有 600 多个城镇申报参加评选，为应对此后每年迅速增长的申报城镇数量，国会决定由成立于 1901 年的城乡美化委员会专门负责评选工作。50 多年来，“鲜花城镇”的标志在法国大众心目中已经成为一种名副其实的社会现象，年复一年，这种现象慢慢发展壮大，到现在为止，法国总市镇的 1/3，大约 12 000 个城市和乡镇递交参加鲜花城市竞争的申请材料。评选工作的良性循环所发挥的效应达成了主办方的最初意愿，即期望借由充满绿意的花草园艺改善城镇的生活品质及市容，也借此推动城市的旅游产业。截至 2016 年年底，共有4 757个城镇获得“鲜花城镇”标志，其中“4 朵花城镇”236 个，“3 朵花城镇”1 063 个，“2 朵花城镇”1 674 个，“1 朵花城镇”1 784 个。较为著名的小镇有埃吉桑（Eguisheim）、吉维尼（Giverny）、伊瓦尔（Yvoire）、科尔马（Colmar）等鲜花小镇。

【德国】

（一）德国休闲农业的历史发展

德国的休闲农业发展已经积累了百年以上的历史，但早期农村休闲仅限于达官显贵而非平民化。直到第二次世界大战后，国民在有钱有闲之余开始逐渐盛行观光休闲之风，对田园景观、地方风味及农业、历史遗产或生态等方面产生日渐浓厚的兴趣，遂兴起“绿色旅游”（Green Tour）。德国的官方文件将绿色旅游释义为：“为活跃乡村经济，利用农户民宿、出租小木屋、农村体验设施等，在农村地区长期滞留，促进对农村资源高效利用的长期性休闲、休养方式”。换言之，德国休闲农业旅游具有维持乡村风貌、以农业为服务载体及资源活化等主要内涵。这种不同于过去商业性大规模开发的新型观光方式，便是俗称的“农业旅游”。

德国农业旅游的兴起，归功于游客热衷租用农户房舍来避暑。20 世纪 50 年代，德国的农村人口外流，劳动力不足，农宅空屋甚多，为增加收入便将多余屋舍提供给观光客租用。这期间经历了 70 年代欧洲共同体（EC）的形成与共同农业政策的实施，以及 90 年代欧盟（EU）的形成，德国农业生产表现出明显过剩。为活跃农村经济，改善农民收入，发展乡村旅游成为首先得到考虑的选择路径。由于 20 世纪 60 年代德国经济萧条，一般民众对廉价的农场度假方式颇为喜好，此期间催生出的 B&B 式的农户民宿，以附设厨房、厕所、浴室的乡村旅舍为特点并兼具了大幅提升的服务质量，使得农村旅游的吸客力明显增加。由于乡村农场或农户在地理区位上均亲近自然环境，广阔的开放空间与宁静浪漫的氛围配上相对价廉的生鲜农产品供应，加上有别于都市生活的农业生态与乡村传统文化，从整体上促进了德国乡村旅游的发展。

（二）德国休闲农业的发展现状

德国给国人的印象一直是富裕的资本主义国家。其实德国同样是人口密度很高的国家。以下为几组数据对比。

	国土面积（平方千米）	2016 年常住人口（人）
德国	35.7 万	8 267 万
中国四川	48.5 万	8 262 万
中国云南	39.0 万	4 771 万
中国黑龙江	47.3 万	3 835 万

所以，仅从人口密度来看，德国家庭农庄模式值得中国一些省份在发展休闲农业的过程中参考和学习。德国休闲农业根据开发的旅游项目不同，分为休闲游、体验游、特色游三大类。

第一类是休闲游，主要指依赖自然环境优势来发展旅游业。德国大的农场周边往往都拥有大片田野，有的还远离都市位于山区，环境优雅、安静，吸引大批游客在此休闲。

第二类是体验游，旨在注重对不同生活方式的体验，这在德国很受家庭的欢迎，大人和儿童均可以了解平时生活中常见的食品是如何制作的，这类农场一般提供儿童课堂，由农场主专门面向儿童讲课，让儿童更亲近自然生活。游客可以参与到农场的生产活动中，如可以参加挤牛奶、做奶酪、种花草、除杂草、做面包、喂养、放牧家畜等活动；农场对生产过程还配有细致入微的讲解，使游客既增长了见识，又愉悦了心情。其中比较成功的例子如：德国安特赫夫儿童体验农庄，占地500公顷的农场曾面临破产，后经过10年的经营，成功转型为一个很受孩子们欢迎的儿童体验农庄。农庄把喂牛的干草做成可以让孩子们奔跑的室内游乐场，新生的牛仔可供孩子们抚摸。小动物自然放养供孩子们喂养，原来破旧的拖拉机开发成农场游览车，玉米地转变成迷宫，养马场成了孩子们的骑马体验场，新增了室外游乐设施和餐馆等。同时孩子们还可以品尝到家庭亲手制作的爱心甜品和蛋糕，该农庄已是德国转型较成功的儿童体验农庄。

第三类即特色游，以采摘为最常见的特色游方式。通常上，以这种方式经营的农场大都种植大片果园，游客可以按经济价采摘草莓、蓝莓、樱桃、苹果等水果；其他特色游包括酒庄游，游客可以体验从种植葡萄到酿造葡萄酒的每个环节；马场游的游客可以在马场体验骑马。不少农场会根据周边的自然环境，提供丛林探险、划船、滑雪、垂钓等服务，一些农场还通过组织大南瓜比赛等活动集聚人气。

（三）德国休闲农业的认证制度与数据统计（2016年）

德国也是较早开展休闲农业质量管理制度的国家之一，主要通过认证制度来确保休闲农业的质量，其推行乡村旅游质量认证已超过30年。目前有2个主要的认证机构：联邦农场及乡村度假协会和德国旅游协会(DTV)。联邦农场及乡村度假协会在德国各州设有分会，各分会之间互相合作以共同完成一些项目，同时，协会向符合特定服务条件的农场颁发合格农场、合格酒庄、合格马场、合格采摘园等7种质量认证，每3年进行一次重新认证。德国大部分度假农场都是该协会的成员，该协会对度假农场做出的标准化评级会决定游客对该农场的印象。该协会也为成员提供咨询服务（有免费和收费两种），帮助农场按照各自的特点确定经营模式，每个农场在该协会都有固定的联系人可定期接受旅游服务、宣传、推荐等相关培训。同时，联邦农场及乡村度假协会将成员资料汇总，通过互联网向游客推荐。

德国最大的休闲农业网站有农场视角、所属各州的农场及乡村度假协会官网，游客可通过协会网站查看所有成员的农场服务、内容及评价，并预订房间。此外，协会还会不定期地开展旅游推广，宣传某种风格的农场旅游方式，在其网站上一些农场度假宣传资料也可以下载。德国旅游协会（DTV）会对度假农庄的住宿条件进行评级，标准与普通旅馆一样，共分为五星，德国84%的度假农场达到三星或四星标准。在政府层面，德国农业部、经济部会委托私营研究机构或协会通过调研休闲农业的发展状况，为制定政策提供参考。

现如今，德国的休闲农业已经发展成为一项较为成熟的产业，成为旅游业中重要的经济组成部门。每两年由国家统计局发布接待设施统计数据。

据2016年统计数据，德国休闲农业与地区气候及历史文化依存度较高，在风景秀丽、气候温和且有久远度假传统的巴伐利亚、下萨克森等地区，无论游客数还是过夜游客数都呈现明显的优势。

总的来说，2016年德国的休闲农业伴随着“有机旅行”（Organic Travel）的概念而日趋流行，其质量的稳定性和可靠性促使德国大约有23 000个农庄转向了生态环保的种植模式，为分布在全国各地、不同规模的休闲农业企业的发展提供了有力的支撑。而其认证制度的完善以及后续不断更新评估的数据统计分析，在可持续运营维护上保证了休闲农业长期的、合理的、有机的发展。随着休闲农业的发展，德国作为旅游目的地的受欢迎程度在近年来不断创出新高。

【意大利】

（一）意大利休闲农业的特点——绿色假期

意大利是最早发展休闲农业的国家之一。意大利最先成立的农业与旅游全国协会专门介绍城市居民到农村去体味农业野趣，与农民同吃、同住、同劳作，或者在农民土地上搭起帐篷野营，或者在农民家中住宿。纵观2016年的发展境况，将乡村旅游与现代化的农业和优美的自然环境、多姿多彩的民风民俗、新型生态环境及其他社会现象融合在一起，对农村资源的综合开发与利用以及改善城乡关系都起着非常重要的纽带作用，也构成意大利农业休闲旅游的主要特点之一。

意大利休闲农业发展的巅峰时期，学术界称之为“绿色假期”，始于19世纪70年代，发展于19世纪80年代，到19世纪90年代到达鼎盛时期。目前，休闲农业已成为意大利现代农业的一部分，它融合了当地自然、人文、社会等环境，综合开发和利用当地农业资源，对城乡统筹具有重要意义。早在2002年，意大利大约有1.15万户居民专门从事绿色农业旅游的经营，当年夏季就招来了120万人次本国旅游者和20万人次外国游客前来休闲度假。到2016年，“崇尚绿色、注重提高生活质量”的理念在绿色假期出现后成为意大利人的新追求。同时，绿色农业旅游的发展使得农村成为一个寓教于农的生态教育农业园，有效地扩大了生态农业耕地面积。此外，在休闲农业发展中意大利还通过合作经济组织的桥梁作用，为休闲农业提供了完善的管理体系。

（二）意大利农业产业的主要特色

在意大利发展休闲农业的过程中，发达的中小企业是意大利农业产业的一大特色，也为整个国家发展休闲农业提供了有力支撑。从2016年的数据来看，在意大利农业企业总数中，中小企业占95%以上；在116个农业部门中，以中小企业为主的部门占84%；中小企业的产值占意大利国内农业生产总值的50%左右。可以说，中小企业的技术水平代表着意大利农业整体水平。意大利农业的中小企业主要集中在种植、养殖、流通、农产品加工等领域。意大利农业中小企业小而不弱、小而不散的奥秘在于通过合作社有机联合。合作社基本上分三个层次，各担负不同的职责：

1. 一级合作社，由生产者自愿提出申请，经合作社董事会批准，即可成为社员。一类商品的生产者只能参加一个合作社。合作社集资或贷款兴建农产品种植、清洗、挑选、分级、包装、贮存设施。合作社把生产者送来的产品进行抽样检验后，进行统一分级、包装和销售。产品销售后，按抽样验收的数量和等级，扣留15%～25%的清洗、包装、贮存等费用，其余货款全部返还给生产者。

2. 二级合作社，即康采恩，由几十个至上百个一级合作社组成，一般是地区性的组织。主要负责一级合作社的全部出口商品和内销商品的销售，同时为其提供市场信息、生产建议、技术指导等服务。产品销售后，二级合作社按销售额2%～3%的扣留货款作管理费用，其余全部返还一级社。

3. 三级合作社，即康采恩联合体，是全国性的合作社组织。主要代表各地康采恩与政府对话，确定商品价格和销售政策，协调各康采恩之间的关系。三级社一般不直接从事农产品经营，其经济来源是各地康采恩上交的管理费。

意大利是联合国粮食及农业组织、世界粮食计划署和国际农业发展基金三大联合国粮农机构总部所在地，把握国际粮农形势最准确，影响国际农业政策走势最直接，参与国际标准和规则制定最深入。意大利借助联合国粮农三机构已经成为世界农业信息汇集地和政策策源地，其在粮农领域的国际优势已经充分体现、不可替代并将长期持续，意大利通过联合国粮农三机构重大会议和活动的举办，与世界各国首脑和农业部长建立了定期沟通，政治影响和经济影响日上。

由此可见，具备了农业基础作为可靠保障，在意大利发展休闲农业旅游也成为环境友好型度假的理想选择，旅游者可以通过与任何农业人员一起观察或参与耕种、收获农产品，并利用传统或互联网技术分享经验、价值观和土地保护等方法。意大利休闲农业观光旅游也提倡可持续绿色旅游，许多农庄都位于国家公园内。此外，意大利休闲农业旅游的另一个重要方面是提供高质量的服务且高性价比的消费度，即使最初以廉价而注重体验的方式发展这类度假模式，到2016年随着休闲观光农业的发展，越来越多的前沿概念正逐渐应用到传统的休闲观光农业中，与不同主题及互联网服务搭接，发展出越来越成熟的休闲农业模式。

【荷兰】

（一）荷兰旅游业的整体趋势

根据荷兰统计局与世界旅游组织（UNWTO）的报告显示，2016年，整个欧洲的游客数量平均增长2.4%。其中，北欧的增幅最大，达到6.1%，其次是中欧和东欧，达到3.7%。在西欧，尽管整体旅游业较2015年相比没有增长，但荷兰的旅游业却呈现快速增长的趋势。2016年访问荷兰的外国游客人数超过1 580万人次，较2015年增长了5.5%，这使得荷兰旅游业的增长速度超过同年的大部分欧盟国家。同时，荷兰的旅游业在2014年和2015年的增长速度也高于其他欧盟国家和全球的平均增长速度。这在一定程度上源于具有荷兰特色的乡村旅游与休闲农业吸引了大批海内外游客。

在荷兰，经济部（Ministerie van Economische Zaken）统筹全国包含乡村旅游在内的旅游行业发展，荷兰旅游和会议委员会（NBTC）负责具体事宜。NBTC主要采用私人—公共—合作伙伴关系（PPP）模式，创建组织营销计划所需的联合合作。这使得各种不同的合作伙伴可以围绕共同的目标或兴趣捆绑他们的预算与投资。这些合作伙伴通常可以是荷兰和其他国家的公共合作伙伴（国家、省和地方旅游局的主管部门），公私合作伙伴（营销和促销组织）和私人合作伙伴（访客部门和相关部门的企业）。

（二）荷兰旅游业的重点政策

2016年，荷兰政府为本国旅游业制定了五项重点政策，其中“促进自然、户外娱乐与创业之间的协同作用”一项主要针对的是乡村旅游与休闲农业行业。为了配合国家层面的旅游政策，NBTC与行业合作伙伴提出了“荷兰城市”概念（The Holland City Concept），旨在向海内外游客推广更多的旅游目的地，尤其是乡村旅游目的地，防止旅游业集中在少数几个地区，促进荷兰更多的地区能够得益于旅游业的发展。因此，“荷兰城市”概念并不是指特定的荷兰城市，而是将荷兰描述为一个单一的大都市。它通过以事件、地区和故事情节为中心的三管齐下战略（采用虚构的城域网）来激发游客前往更广泛的旅游目的地。这些战略事件、地区和故事情节主要采用文化主题来推广荷兰。例如，2016年，为了纪念荷兰著名画家博斯（Jheronimus Bosch，1450—1516年）逝世500周年，荷兰全年的旅游活动都围绕着“Jheronimus Bosch 500”主题。通过以博斯生平足迹构建起来的故事线，荷兰推出了一条串联城市旅游（阿姆斯特丹、鹿特丹等）与乡村旅游（Rozen & Radijs休闲有机玫瑰园、Zaanse Schans风车村、Flora Holland花卉拍卖公司与Singel花市等）的旅游产品。此外，荷兰新的国家公园计划——“世界级国家公园计划”已于2015年启动，该计划旨在提高国家公园的质量，促进公众对大自然的参与，并加强该国国家公园的品牌和市场地位。2016年5～10月，世界级国家公园计划进行了一项全国范围的调查，确定了荷兰瓦登海等三个新的公共自然区域。

在行业协会服务方面，荷兰农业及园艺产业组织联盟（Land-en Tuinbouw Organisatie Nederland，LTO）为荷兰农民志愿组成组织，旨在集结农民及产业（高技术农业、休闲农业与农业培训等），并与政府及社会进行沟通。截至 2016 年年底，LTO 会员约有 5 000 人。自 2014 年起，LTO 开通了乡村旅游与农业发展的咨询热线，得到了荷兰农业企业家的积极响应。2014 年，LTO 收到 2 616 个来电，2015 年收到的来电数字急剧上升到 3 886 个，这一趋势在 2016 年继续增加，并增至 4 440 个来电。由此，LTO 这项服务的品牌知名度不断提高，并意味着在下一年会有更多的咨询来电。

每年 2 月 23 日是荷兰的“乡村旅游日”（Dag van het Plattelandstoerisme）。此节日旨在提倡生活在城市中的人们前往乡村体验生活、享受假期，同时为更多的农场主开设讲座、进行短期旅游培训，并提供新的乡村旅游信息。

【美国】

（一）美国休闲农业的历史发展

19 世纪，美国上层社会的乡村旅游是美国休闲农业发展的起源。随着城市人口大量增加，城市化进程加快，美国城市居民收入增加，城乡居民收入差距加大。美国人重视休闲的传统使得久居城市的人们开始把目光转向农村田园自然风光，因此其城市人口对农村自然风光的追求使休闲农业旅游风潮兴起。第二次世界大战后，由于美国地广人稀导致食物生产相对过剩，美国政府出台政策使农业用地被转移为非农业使用，其中有一部分就被转移为野生动物保护与公众休闲游憩。

1970—1980 年，美国的休闲农场如雨后春笋般出现，仅美国东部就有 500 处以上的休闲农场，美国乡村经济的发展相当一部分依靠休闲农业旅游的收入，根据美国旅游协会 2016 年的资料显示，旅游业在美国拥有 940 亿美元的市场，直接创造了 810 多万个就业机会。旅游和旅游业为联邦、州和地方政府带来了 1 479 亿美元的税收，餐饮业占这一经济活动的大部分。休闲农业是其中重要的组成部分，农业生产者越来越受欢迎，也有越来越多的机会。休闲农业在美国除了被称为 Leisure Agriculture 之外还有专有名词 Agritourism，这项产业已经被认为是一项结合了旅游和农业的专项产业。从技术上，被定义为一种连接农业生产和处理旅游（尤其是吸引游客到一个农场）或以其他农业商业娱乐、教育为目的的产业，参与主体包括游客，产生收入的农场、牧场和企业主。

休闲农业包括以下四个因素：结合旅游业和农业的基本要素，吸引公众人士参观农业活动，旨在增加农业收入，为游客提供娱乐或教育体验。而休闲农业在美国通常被定义为包括参观一个工作农场或任意农业、园艺或农业企业的经营活动，以享受农村环境，接受教育或参与农业的特殊活动。美国的休闲农业旅游成为美国旅游业的重要组成部分。

（二）美国休闲农业发展的相关数据

在 2016 年的一项行业调查中，87%的美国受访者会推荐朋友家人参与到休闲农业中去，61%的受访者表示他们每年会有 1～2 次的休闲农业经历，96%的游客承认他们在旅游过程中会购买农产品。

休闲农业在美国的不同地区，都有着自身的特色。例如，夏威夷农业统计局在 2006 年将农业旅游相关活动的价值定为 3 880 万美元，与 2003 年的 3 390 万美元相比增长了 14%。2006 年，有 112 家夏威夷农场获得农业旅游相关收入。农场内直接面向游客销售农产品是主要的收入类别，达到 1 210 万美元，其次是纪念品的零售额。夏威夷农场的其他创收活动包括户外娱乐、住宿和早餐以及提供会议场所、娱乐和教育等。这一数据到 2016 年持续增长。

在蒙大拿州，仅 2016 年就有 1 050 万人次非居民访问了该州，花费24.8亿美元。总体而言，黄石公园和冰川公园是访问量最大的景点。一项调查显示，钓鱼、野生动物观赏、远足和购物是蒙大拿州的主要旅游活动。

在佛蒙特州，在2016年之前就有1/3的农场（2 200个）从农业旅游中获得收入。这2 200个农场的平均收入接近8 900美元。调查发现，面积较小的农场往往比大农场更倾向于参与农业旅游。小于20公顷的农场中有38%从农业旅游中获得收入，而拥有60公顷或更多面积的农场中有29%开展农业旅游。

综上可见，休闲农业作为一种收入来源和营销媒介，对于北美地区的农场本身、当地社区、农业遗产与自然资源均起到积极的保护和推动发展的作用。现如今，美国休闲农业在经历几百年发展历史后，在新时代、新环境、新需求的市场推动与活力注入下，形成更具活力的发展趋势。

【日本】

（一）日本休闲农业的历史发展

在亚洲地区，日本的休闲农业发展较早，早在1924年便有园艺爱好者自发组织了京都园艺俱乐部，该俱乐部在京都城郊设置和经营市民农园。后来，随着第二次世界大战的爆发，日本的休闲农业也基本消失。20世纪50年代末日本经济开始复苏，这时休闲农业也开始发展，长野县饭山农民在冬季充分利用被称为“雪国”的自然条件，开设滑雪场和农民家庭旅馆，吸引都市居民前来滑雪、观光。20世纪六七十年代，日本经济高速增长，1962年小岩井农场开辟了600余亩观光农园，兴建了动物广场、牧场馆、农机具展览馆等多种游览设施，吸引了大量游客，赢得了可观的经济收入。1966年开始在高知市、神户市等成立了渔业观光体验中心，进行渔业养殖、垂钓等体验。1992年日本农林水产省在其公布的《新食品、农业、农村政策方向》报告中，首次以政府正式文件的形式指出重视农事体验、农家乐、乡村文化的开发。1993年小岩井农场Makiba农业观光园建成。1999年出台新农业法，即《食品、农业、农村地区基本法》，强调了农业的多功能性，在全国范围内进一步推进休闲农业。

（二）日本休闲农业的主要业态

1. 市民农园。日本的市民农园，也称休闲农园或接触农园，是指都市居民以休闲的生产方式种菜、养花、种植果树，自己使用农产品的小面积农地的农园。随着体验经济的发展，这种农业体验经营方式被更多人所接受，除了综合性的市民农园外，很多地区还建立了一些专业性较强的农园，如老年人农园、学童农园、残疾人农园等。

2. 观光农园。观光农园，一般流行于城市近郊，采用发达的农业栽培技术培育出一些名、特、优、新的农作物品种，包括果园、花园、茶园等。日本的樱花园、梅花园、苹果园让游客在观赏中愉悦心情，开阔眼界，发挥现代农业宣传教育功能。据2016年调研数据，最受欢迎的包括有“东方的普罗旺斯”之称的北海道富良野的富田农场，它们以旅游业代替了本来并不盈利的薰衣草种植业，发展薰衣草观光农园。其他诸如日本札幌观光农园，青森县苹果试验场，弘前市苹果观光园及生产园，山形县红王将观光果园、樱桃生产园，这些都受到游客的称赞，位列2016年游客受欢迎程度的前列。

3. 农业公园。农业公园是一种按照公园的经营思路和特点，把农业生产、加工、农业实习、进修等与公园的休闲场所结合起来，具有多功能性的综合旅游休闲场所。日本农业公园主要集中于东京、大阪、名古屋三大都市圈，除种植果树、蔬菜、花卉等专业性农业公园外，日本综合性的农业公园居多，一般面积比较大。日本最有名的农业公园之一便是位于东京足立区的都市农业公园，一年四季在这里可以观赏到应时的郁金香、大波斯菊等鲜花。公园还开辟了游客农业体验区，插秧、除草、收割、采摘瓜果等农活在这里都可以体验和学习。公园中的“旧农具展示室”以及名为“旧和井田家住宅母屋”的老房子也别具特色。

4. 民宿农庄。日本的民宿农庄类似于我国的农家乐，以农户自家庭院进行经营，提供住宿、农家特色食物和瓜果等。在日本，民宿农庄更注重农家特色，通常是将农民废弃或多余的农舍加以改造，提供给都市休闲度假者住宿，规模可容纳 25～60 人。截至 2016 年，日本除继续发展民宿的建设外，更注重与农庄干净的街道、优雅安静的环境相结合，大力加强农庄基础设施的建设。

5. 体验农业园。体验农业主要是指居民直接参与农林牧渔的耕种、生产、加工等活动，体验性较强，能够满足体验经济时代下，游客的更高要求。目前，日本已经将体验农业作为一项重要农业政策来发展，鼓励全民参与农业体验活动，更注重孩童对农业的参与体验，使孩童在体验中，了解农业的重要性。从日本 2016 年的建设计划来看，更注重体验农业园在规划设计上，依据不同游客的年龄、爱好等特点提供丰富的体验方式。

（三）日本休闲农业发展的成功经验

1. 政府大力支持，健全政策法规。日本休闲农业的发展得到了各级政府的大力支持，法规体系是比较健全的。除旅游及农业方面基本法外，还针对休闲农业提出了很多专项法律法规。这些法律、政策的制定鼓励农协和农民广泛参与，充分体现了农民的意愿，有较好的应用性。

2. 突出特色且内容丰富，体验性较强。日本各地发展休闲农业都比较注重挖掘当地特有资源，融合当地文化特色。日本休闲农业，体验性较强，农业体验的种类包括插秧、割稻子，蔬菜的栽培和收获以及制作簸箕，编草绳、草鞋等；林业体验主要是到森林公园林区游憩、沐浴；牧业体验主要是到牧场，游客可以与动物亲密接触；渔业体验的种类包括大拉网等。

3. 政府、地方公共团体、协会、企业和农民多方参与，专业化规模化趋势明显。日本休闲农业在各级政府支持引导下，农业园开设主体包括地方公共团体、协会、企业、农民等。地方公共团体有的利用自己的农地，有的从农地所有者中取得使用权；农业协同组织从协会成员中租借土地使用权，或者向其他农地所有者租借。企业一般通过与市町村缔结贷付协定，持完整的运营计划向市町村申请。农民可以利用自己的农地，自己发展民宿农庄等，也可加入所在市町村的农业协会，进行统一的经营管理。日本休闲农业目前已经走出了农户小规模经营阶段，现在大多采取的是政府引导、协会组织、绝大部分农户参与的形式，既能有效地分散和防范风险，又能发挥规模潜能，产生规模经济效应。例如，明日香村为发展休闲农业，成立了振兴公社，由该协会组织采摘节吸引游客。

4. 科学规划开发，注意保护生态环境。日本的休闲农业园区设置的场所都是经过科学规划的市县农园区域、市街化区域，开设前要持完整的开发运行规划进行申请。日本在进行休闲农业开发和规划时，非常重视保持原始风貌，很少有人为的过分修饰。即使一些遗址基础上的复原和整修，也尽量还原其历史风貌。日本的市民农园种植中均不得使用农药、化肥，进行生态种植，游客在游玩中也注意捡拾垃圾，在休闲娱乐和观光旅游中提高了游客环保意识。

总的来说，日本的休闲农业在法规建设与规模发展方面，在 2016 年均取得了新的进展与成果。

【韩国】

（一）韩国农业乡村振兴的发展基础

与西方不同的是韩国农业是以杂粮和稻米为中心发展的。毋庸置疑，这是韩国国土所处的自然环境使然。2016年，韩国休闲农业在宏观计划层面有新的成果。2016年年初，韩国农林畜产食品部公布了农业“未来增长产业化”计划，核心课题主要有三：一是发展农业的第六产业化、创造工作岗位；二是增强国际竞争力和扩大出口；三是建设幸福农村。该计划是在韩国农业人口减少、农村老龄化和农村中青壮年人口流失的背景下提出的，因此，韩国着重在国内推行“第六产业”，通过把农业向第二和第三产业延伸打造围绕农业的产业融合，进而形成集农业生产、加工、销售、服务为一体的产业链。

韩国政府推行农业“第六产业”化旨在吸引更多人，特别是年轻人回归农业和农村，提高农业和农民收入，以期重塑农业生产活力。据韩国农村振兴厅2016年统计，韩国目前向“第六产业”转化的农户有3 800余个，年平均所得较此前增幅达到23%，创造就业岗位逾30万个。

（二）韩国休闲农业的主要特色

韩国发展休闲农业的经典形式为“周末农场”和“观光农园”，以江原道旌善郡大酱村为例：大酱村首先抓住游客好奇心，出奇制胜地由和尚与大提琴家共同经营，利用当地原生材料采用韩国传统手艺制作养生食品的方式制造大酱，既符合现代人的养生学，还可以让游客亲临原初生活状态下的大酱村，同时节省资本、传承民俗文化特色。

此外休闲农业的经营者还特别准备了以3 000个大酱缸为背景的大提琴演奏会，绿茶冥想体验，赤脚漫步树林及美味健康的大酱拌饭，增加了游客的体验性，在体现乡村旅游的就地取材、地域特色浓郁的同时迎合了修身养性的市场需求，成功地吸引了大量客源。

【澳大利亚】

澳大利亚一直以来都以“生态休闲度假、农业旅游观光”为休闲农业旅游产业核心，其休闲农业产业发展备受世人关注，虽然与其地广人稀、自然环境优越的国家环境条件密不可分，但其宣传推广、持续发展产业链等不断推陈出新的休闲农业发展方式也值得借鉴。

（一）澳大利亚当代休闲农业的主要特征

近年来，澳大利亚休闲农业产业发展主要延续了之前的三个特征。第一，是继续强化“休闲农业＋互联网”的理念，智慧休闲农业应用广泛。澳大利亚的农业信息化进程始于20世纪90年代，到21世纪初各农场的电脑普及率就已达到相当程度，到2016年已发展为日渐红火的休闲农业产业，并具备良好的技术基础。除了较完善的网络信息基础系统建设，澳大利亚国家信息与通信技术研究机构自主研发了多种适用于农业生产生活的应用软件，且对农民免费开放，电脑、手机等终端都可以使用，再加上原有国家农业信息平台所提供的大量气候、土地、农产品信息，从基础与交互信息平台的角度为想要参与休闲农业活动的农民与游客提供了便利，这些措施在2016年均已全面开展并使用。在此基础之上，绝大多数农民或企业都可通过互联网与外界直接联系，充分展示自己漂亮的牧场、健康的牛羊、无污染的农产品等休闲农业产品的旅游吸引力，通过个体宣传久而久之成规模成气候地强化地区、国家在休闲农业产业方面的良好形象，可以说信息技术在旅游业中的作用是非常巨大的。自2016年以来，“互联网＋”“智慧休闲农业”的理念在开发建设者和游客中接受度都较高，澳大利亚的许多本地农庄结合旅游开发设立了方便自驾游客停靠游憩的农庄旅游点，并通过智能应用连接互联网，让游客能够提前合理规划出行；国家也结合“慢生活”理念推广闲适旅游基础设施，沿途多建厕所等停靠站点、建立旅游信息中心、互联网信息预先发布、提供无线网络服务等，通过多种智慧旅游手段让居民与游客感受现代休闲农业游的舒心。

第二，是针对休闲农业产品的多元化发

展与旅游产品推广。休闲农业的早期产品形式因其农业与旅游相结合的特点，一开始是偏向于农业景观观光与农产品售卖的较为单一的旅游形式，而随着休闲农业产业的不断发展，体验式乡村生活、稻田民宿、升级版农家乐等新产品逐渐走入大众的视野并呈现出欣欣向荣的良好态势，这充分说明了人们对于休闲农业产品多元化的需求在不断增长。从 2016 年的走访数据来看，澳大利亚的休闲农业产品最受追捧的属养殖农业与特色酒庄了，充分利用自然生态环境以及人与动植物和谐相处关系的这两项充满地域风情的休闲农业产品每年为澳大利亚吸引数以万计的世界各国游客。但即使是再有吸引力的旅游资源在“见多识广”的游客群体间也难免出现腻乏之感，于是产品体系的更新完善、多样化新产品的开发推广就成为了澳大利亚旅游业的必经之路。截至 2016 年，澳大利亚已经发展出一套由农场采摘体验到人与动物共生再到葡萄酒庄美食共同组成的业态发展链。产业链的不断完善开发，大大延续了其休闲农业的持续活力。

第三，依然是全方位的“旅游＋农业”产业链融合。休闲农业的发展健康与否，与其“农业＋旅游”产业链的完善程度息息相关。澳大利亚的休闲农业产业发展充分结合了其良好的生态基础，向“生态休闲游＋绿色产品游”的复合式旅游不断发展，产业融合呈现出产业链不断延伸完善、关键环节大力扶持的特点。澳大利亚的休闲农业产品充分发挥了其业态交叉的特性，不仅在第一产业农业上发展成熟，还与第二、第三产业融合发展，形成独具特色的农业旅游产品，实现了城市与农村、工业与农业的休闲农业旅游有机融合。如葡萄酒庄主题旅游是以葡萄酒工业、农业复合园区为吸引物，结合参观、学习、娱乐、购物于一体的专项旅游活动，仅 2016 年就有接近 80％的澳大利亚酿酒厂涉及旅游业务，提供体验游、酒产品、文化游等旅游产品；而颇具卖点的农场休闲旅游吸收了传统欧洲农场的优势，结合现代化农业建设开发了如度假村、文化村、活动游等具有丰富旅游功能的旅游集散地。

（二）澳大利亚休闲农业的经验总结

首先，澳洲的科技化水平高，农业生产机械化高度普及，这种机械化尤其体现于当地的大型家庭农场，足见其现代化水平显著。此外，政府对于农业发展提供了相当大的科研及政策支持。经过百年的发展澳大利亚形成了以多部门、多单位协同合作的结构体系，其中最主要的一点是澳大利亚的农业科研机构一直以来都以国际市场作为导向。

第二，休闲农业属于娱乐与收益并行的产业模式，澳洲本土注重人类与大自然携手共进一同完成的发展理念。不论科技如何发达，农业与大自然之间永不可分。这种观念充分体现在休闲农业的体验过程中，通过与自然的充分接触，体会种植、采摘的乐趣，具有很强的娱乐性，同时，也给农场主带来了额外的收益。在澳大利亚，休闲农业丰富人们的业余生活。其最高境界就是“自然”，人们在进行休闲农业活动的同时可以了解农业的历史、文化，开阔自己的眼界，增长知识。

第三，针对休闲农业发展的国家政策，澳大利亚政府相当注重可持续性。可持续协调发展对休闲农业而言是非常重要的，可以保护生态环境，并且使生物多样性得以充分体现。随着城市节奏的加快人们更向往以健康及自给自足的形态过生活，休闲农业旅游可以使生产、生活、生态以及健康有机地结合在一起，能够将农业从单一的食品保障功能向原料供给、增加就业、生态涵养、观光休闲等功能拓展。这样既可以打破一、二、三产业的界限，促进它们整合，也增加了发展的可持续性。

（周武忠　闻晓菁　华　章　周予希　张羽清）

全国休闲农业与乡村旅游示范县（市、区）

北京市昌平区
天津市宝坻区
黑龙江省东宁市
江苏省常州市金坛区
浙江省桐乡市
安徽省金寨县
福建省永泰县
河南省民权县
湖北省恩施土家族苗族自治州
湖南省安仁县
广东省平远县
四川省西昌市
陕西省咸阳市渭城区
甘肃省康县
青海省祁连县
宁夏回族自治区银川市
新疆生产建设兵团第一师十团

北京市昌平区

昌平区是首都北京的北大门，区位优势明显，在远郊区县中距离北京城区最近，地理位置上风上水，素有“神京屏障”的美誉。境内交通便利，八达岭高速公路、立汤路纵贯南北，六环路、京密路横跨东西。文物古迹众多，明十三陵景区、居庸关长城、银山塔林等享誉世界。林果资源得天独厚，尤其以苹果、草莓、柰枣、柿子、板栗、核桃、食用菌等名优品种最为突出。“昌平苹果”“昌平草莓”和“燕山板栗”已成功申报国家地理标志产品保护，昌平被中国特产之乡推荐暨宣传活动组委会评为“中国栗蘑之乡”。昌平具备发展休闲农业与乡村旅游的巨大优势。昌平区委、区政府依托资源优势，挖掘文化内涵，科学编制休闲农业和乡村旅游发展规划，通过政策积极引导，精心打造原生态麻峪房村、传统古村落长峪城、红色景区狼儿峪村、文化新村香堂村、都市型新村郑各庄村堂等一批民俗旅游村；在北京市农村工作委员会和北京市旅游发展委员会行业主管部门指导下，加强行业管理和培训，开展星级园区和星级民俗旅游户评定工作，涌现出洼里乡居、红栌山庄、御林汤泉农庄等一批特色突出规模较大的休闲农庄；转变农业发展模式，深度挖掘农业多种功能，建设草莓博览园和苹果主题公园；利用承办世界草莓大会和北京农业嘉年华的契机，完善基础设施，使休闲农业和乡村旅游逐步成为农民增收致富的主导产业。

截至2015年，昌平区共计创建北京市休闲农业与乡村旅游示范镇3个，民俗旅游村达到60个，市级民俗村26个，民俗旅游户1 601户。乡村旅游特色业态企业88家，位居全市之首，评选星级民俗村16个，星级民俗旅游户250家。2015年休闲农业与乡村旅游接待游客409万人次，比2014年增长36%，休闲农业和乡村旅游收入达到4.89亿元，农民人均收入增加2 747元。

天津市宝坻区

宝坻，古称渠阳、泉州，公元1172年置县，现拥有宝坻、京津两座新城，辖24个镇街，面积1 450平方千米，人口70万人。宝坻区位优越。地处天津、北京、唐山三大城市中心腹地，毗邻中国最具经济活力的天津滨海新区，距北京、天津、唐山市区均在80千米以内。境内路网密织，京哈高速、津蓟高速、唐承高速等公路和建设中的京唐高铁、津蓟轻轨纵横穿越，“八横十纵一环六联”的路网日益完善，到达北京首都国际机场、天津滨海国际机场以及天津、曹妃甸、秦皇岛三大海港车程均在1小时以内。宝坻资源丰富，生态良好。地下蕴藏着丰富的煤炭、矿泉水和地热资源。境内河流纵横，有一级、二级河道13条，水域面积超过3 000公顷，正常年景，过境水源径流量达到2亿立方米以上，被誉为“北国江南”。全区拥有青南、青北两个市级自然保护区，林地总面积42万亩，林木覆盖率接近30%，先后被评为全国生态建设示范区、全国绿化和村镇建设先进区、国家级卫生先进城、环保模范城。

依托温泉古玉、稻田湿地、潮白阔水、评剧曲艺等旅游资源，宝坻休闲旅游业迅速兴起，随着40个休闲旅游村的陆续投入运营，以及潮白河国家湿地公园、国家储备林基地和30万亩稻田湿地的开发建设，宝坻必将成为京津冀核心区域的旅游宝地。

2015年，宝坻实现旅游业总收入5亿元，其中休闲农业与乡村旅游总收入4亿元；全区旅游年接待200万人次，其中休闲农业与乡村旅游年接待180万人次；休闲农业与乡村旅游点74个，其中规模以上旅游点20个；休闲农业与乡村旅游从业人员1 320人，其中农民从业人员1 135人。依托潮白新河、青龙湾河、30万亩稻田湿地等自然资源，宝坻区累计打造了休闲旅游村40个，目前已有

20 个旅游村投入运营。宝坻区现有国家级休闲农业示范点 1 个，即泰泽康休闲农业示范园，市级休闲农业示范点 16 个。

一年来，宝坻区举办了多次休闲旅游节庆活动，一是举办了天津市第七届温泉康体旅游节，主动对接北京资源，京津冀 50 多家旅行社参加了旅游推介会，取得了丰硕成果。期间举办的泡温泉、滑冰雪、赏古玉、听评戏、逛庙会、赶大集、尝美食等多项活动吸引了京津冀地区的大量游客。二是举办了宝坻区第五届生态旅游节，先后在黄庄小辛码头等点位策划举办了“劝农杯”插秧节、黄庄新米节、包粽子大赛、端午赛诗会、“美丽宝坻”采风等多项活动，吸引了大量游客。三是举办了宝坻区首届稻田文化旅游节，包括潮白河骑行、京津摄影大赛、稻田钓蟹等多项活动。通过举办各类节庆活动，大大提升了宝坻区休闲农业的知名度。

黑龙江省东宁市

东宁市地处黑龙江省东南部，是全省最大的公路口岸和全国对俄第三大口岸，素有塞北小江南之美誉，市域面积 7 139 平方千米，地理概貌为“九山半水半分田”，辖 6 镇 102 个行政村，农业人口 10.9 万人。东宁属大陆性季风气候，境内气候温和湿润，是黑龙江省最温暖的气候区之一。2015 年全市农村经济总收入 67.96 亿元，农民人均纯收入 20 080 元，连续七年稳居全省前列。据统计，全市共有休闲农业与乡村旅游景观（点）106 处，其中人文类景观 25 处、省级文物保护单位 5 处、自然风光类景观 15 处、农家乐 61 处。辐射带动周边 1 900 多农户 5 600 人从事休闲农业和乡村旅游。2015 年，共接待海内外游客 106 万人次，全年实现旅游业总收入 8.2 亿元。

1. 依托特色农业发展生态游。按照“农业带动旅游、旅游反哺农业”的发展思路，充分发挥东宁市的黑木耳、绿色稻米、大榛子、葡萄等特色产业，建设了 10 余个现代农业庄园，总面积达到 3.5 万亩，每年到庄园旅游的人数达到了 20 万人次。

2. 依托自然景观发展休闲游。东宁市的洞庭峡谷地质公园和鸟青山野生动物自然保护区是省级保护区，区域内 10.44 平方千米的松山林地处中俄边境，属原始森林，郁闭度达 90%以上。优美的自然景色、景观和丰厚的历史文化底蕴每年吸引国内外游客 30 余万人。

3. 依托市域特色发展民俗游。借助东宁市的朝鲜族风情、东宁要塞爱国教育、金光寺佛教传承、五排山历史遗迹等特有的人文景观，打造了 12 个旅游特色村和 61 处农家乐，成为了域内及周边县市市民节假日最佳游玩去处。

江苏省常州市金坛区

金坛区农业生产历史悠久，被誉为“鱼米之乡”“中国绿茶之乡”和“中国食用菌之乡”，休闲农业与乡村旅游起步较早、发展较快、特色鲜明。近年来，依托优越的山水资源禀赋，加快全区休闲农业和乡村旅游发展，深入实施休闲观光农业提升工程，大力拓展现代农业发展空间，重点打造“山边、城边、水边”休闲观光农业和乡村旅游带，全区已建成观光休闲、采摘体验、农业科普、成果展示等休闲观光农业和乡村旅游点 139 个，形成了长荡湖籽虾节、金坛雀舌茶道会、水果采摘节、乡村旅游节、乡村年俗体验、乡村美食大赛等丰富多彩的乡村民俗风情活动和风味独特的乡土饮食文化，打造了最美田园、早春赏花、长荡湖美食、建昌圩重要农业文化遗产、秋冬养生等十条精品线路，2015 年接待休闲农业和乡村旅游游客 700 多万人次，休闲观光农业和乡村旅游总产值达 76 亿多元。目前，金坛区正以上阮现代农业产业园为龙头，依托东方盐湖城等旅游特色项目，不断做大“春季赏花”“夏季采果”

“秋季休闲”“冬季养生”四大旅游品牌，为农民增收带来更大空间。

浙江省桐乡市

近年来，桐乡市按“诗画江南典范、旅游休闲名城”的总体要求，依托独特的资源和区位优势，注重挖掘内涵，拓展功能，培育精品，加快推进“一业驱四化”之旅游业驱动新型农业化，积极发展休闲观光农业、农家乐、现代庄园经济等多种休闲农业与乡村旅游新业态，推动了红杉郦、稻乡人家、畅想园、桂花村等乡村旅游点的建设，打造了以石门省级现代农业综合区、汇丰村、海华村等为代表的乡村旅游集聚区，推出了四季花果特色主题农事节庆活动。休闲农业与乡村旅游拉长了旅游产业链条，为城乡统筹发展、农业转型发展和推进城镇化进程注入新的动力和活力，极大地增强了“桐乡旅游”吸引力。2015 年桐乡市被浙江省农业厅、浙江省旅游局认定为浙江省休闲农业与乡村旅游示范县。

农旅互促产业融合发展模式基本形成。桐乡市以旅游业驱动新型农业化为战略发展路径，有效实现旅游业发展与“森林桐乡”“美丽乡村”等载体有效融合，按照“全域化旅游”理念，依托旅游交通主干道，串点成线，串线成片，休闲农业与乡村旅游呈现多样化、特色化和本土化的发展模式，有农民集中连片开发现代观光农业园区；有农民利用自家庭院、自己生产的农产品开办的农家乐；有在农民承包地合理流转集中后，合作建立的休闲农庄；有通过休闲农业这个平台，吸引城市消费者来购买自己生产特色农产品的产业带动模式，等等。目前，桐乡市已拥有一批在全省范围内有一定知名度的休闲农业与乡村旅游点，市级以上休闲观光农业园 13 个，市级以上农家乐特色村（点）21 家，其中全国休闲农业与乡村旅游五星级企业（园区）1 家，省级农家乐特色村 2 个，省级农家乐特色点 5 个。庄园经济建设异军突起，全市现有庄园经济建设点 42 个，成为农旅融合的新典范。一批具有一定规模的休闲农业与乡村旅游产业带和集聚区正在形成，同时也推动了旅游产业结构优化转型，在乡村休闲度假游基础上，桐乡市还精心培育了节庆旅游、会展旅游、禅修旅游、城市自驾车旅游等旅游新业态。

休闲农业与乡村旅游带动力日益增强。全市现拥有各类开放景区（点）23 家，2015 年累计接待游客 1 765.1 万人次，旅游业收入 184.4 亿元，其中 2015 年全市休闲农业与乡村旅游累计接待游客 1 470 万人次，实现旅游收入 44.24 亿元，从业人员中农民就业比例达到 80%以上。休闲度假旅游大幅增长，国外游客入境旅游逐年增多，以观光游为主的旅游单一格局逐步改变，吃、住、行、游、购、娱等要素较为完善的产业体系基本形成。同时还促进了桐乡城市形象的塑造与城市品位的提升、投资环境的改善、社会经济的和谐发展、人民群众文化生活的丰富。

休闲农业和乡村旅游的地方特色品牌不断彰显。近年来初步形成了桐乡旅游的特色品牌，一是古镇品牌，以大运河申遗成功为契机，推动乌镇互联网智慧小镇、濮院时尚购物小镇、石门耕读小镇、崇福商贸小镇建设，形成“运河古镇群落”。二是庄园品牌，建设“庄园之乡”。重点扶持建设以庄园为特色的乡村旅游，走乡村旅游个性化、品牌化发展之路，“苏州看园林，桐乡看庄园”将是桐乡庄园发展的目标。三是休闲品牌，以专业市场为依托形成“商贸休闲之地”，借力旅游激活现有闻名全国的毛衫、皮草、家纺等专业市场，深入挖掘旅游休闲购物的潜力，使商贸休闲引领乡村旅游新时尚。

安徽省金寨县

金寨地处皖西大别山腹地，鄂豫皖三省结合部，总面积 3 814 平方千米，自然资源丰富，生态环境优美，森林覆盖率75%，素有“名茶产地”“西山药库”“丝绸大县”“板栗之乡”之美誉，是全国生态建设示范区。同时，金寨“红、绿、蓝”三色旅游资源富集，有AAAAA级旅游景区1个、AAAA级旅游景区5个、AAA级旅游景区5个。

金寨县依托农村自然生态、田园景观、民俗文化和农业特色优势产业，以休闲旅游市场的发展需求为导向，以农业旅游资源的合理开发和充分利用为基础，以生态环境建设和农民增收致富为根本出发点，以“绿色、休闲、参与、体验”为主题，以功能多样化、投资多元化、发展产业化为重点，大力发展休闲观光旅游农业，休闲农业已成为推动全县农业转型、促进农民增收的一大载体。截至2016年5月，全县共有休闲农业经营主体450个，其中休闲农庄与园区59个，农家乐233个，从业人数达52 366人，其中农民就业人数达32 982人，2015年接待游客654.14万人次，年总收入121 701万元，全县农民人均纯收入8 503元，近3年平均增速10.77%，其中农民人均从休闲农业和乡村旅游获得的收入为2 391元，近3年平均增速12.63%，发展速度突飞猛进。

金寨县休闲农业发展总体形成了“两大茶谷、三大区域、四大板块”的格局，从而联结产业、拓展链条、发挥功能、片状发展。全县围绕8大特色农业产业，做大做强农业经济，在休闲农业方面，突出开展了六安茶谷麻埠油店茶谷建设、响洪甸六安瓜片现代农业示范区建设、小南京现代农业示范区建设、36个美好乡村建设示范点建设等项目。在休闲农业方面涌现出很多典型，金禾农庄、源丰农庄、万宝园、茶山花海、西庄温泉、响洪甸茶谷等为金寨休闲农业发展增添了不少亮点。

福建省永泰县

永泰，原称永福，简称樟，雅称永阳。隶属福州市，位于福建省东部，福州市西南部，东邻福清、闽侯，西界德化、尤溪，南连莆田、仙游，北接闽清。永泰有1 200多年的历史，县域总面积2 241平方千米，总人口37万人，“九山带水一分田”，是典型的山区县，享有“李果之乡”“建筑之乡”“武术之乡”“温泉之乡”的美誉。境内山清水秀，自然原始，千姿百态的火山地貌景观与湖、泉、瀑、溪完美结合，构筑一幅秀美的风景画卷，为永泰旅游发展提供了良好发展空间。

永泰县紧紧围绕“致力绿色崛起，建设美好永泰”的战略目标，推出“清新福建 乐享永泰”口号，塑造“菜篮公”为旅游形象代言人，着力打造“一山一水一古镇”旅游品牌，充分依托丰厚的永泰文化、优美的自然风光和一流的生态环境，以专业村、标准化基地、农家乐为抓手，大力发展休闲农业和乡村旅游。嵩口古镇成为全国首批乡村旅游创客示范基地、全国特色景观旅游名镇名村。以生态体验为特色的永泰幸福庄园休闲农业观光园已正式对外营业。整合溪西、小洲、月洲、春光、大喜、溪口、麟阳、连山等18个乡村旅游特色村建设带动乡村游发展，制定5条乡村旅游精品线路，申报精品示范点5个。截至2016年，全县共建有现代农业科技园区1个，农业观光采摘园5个，休闲农庄10个，156家农家乐；其中省级休闲农业示范点2家，市级休闲农业示范点3家，县级休闲农业示范点5家。全县休闲农业和乡村旅游年接待量达103万人次，年总收入6 815万元。休闲农业旅游已成为永泰县新农村建设的新亮点、新卖点和新的增长点。

河南省民权县

民权县地处豫东平原东北部，隶属河南省商丘市。在河南省郑、洛、汴“三点一线”旅游格局中，民权县靠近“三点一线”最东端，区位优势明显，利于借势发展。民权是传统的农业大县，物产丰富，农产品久负盛名，区域和资源优势比较优越。常年种植粮食187万亩、花生23万亩、果品4万亩、蔬菜17万亩、葡萄6万亩，是全国闻名的粮食生产县，优质果品生产基地。民权处于黄河冲积平原，水域宽广，水产品丰富，河蟹养殖享誉全国。曾先后被命名为“国家粮食生产先进县”“中国葡萄之乡”“中国河蟹之乡”“中国休闲垂钓之乡”等荣誉称号。近几年，北关镇王公庄先后荣获全国绿色小康村、全国生态文化村、全国十大书画村、全国十佳魅力乡村等殊荣，人和镇双飞生态农业观光园被农业部等九部委确定为全国休闲农业示范性合作社。

民权县乡村观光旅游分为六大功能区，是融林、花、果、河、湖、寺于一体，集观光游览、宗教朝圣、动感体验、休闲度假于一身的多元多质综合型精品旅游景区，是都市人回归山野、身心放松的首选之地。自2010年开始，民权县连续举办了庄子文化节、河蟹美食节、冷谷红葡萄酒文化节等活动，以活动为载体，大力发展特色休闲观光农业，既推动了优势特色产业发展，又促进了地方经济繁荣，呈现出村庄美化、企业增效、农民增收的多重效应，唱响了“乡村让城市更向往”的主题。

全县具有不同接待条件和规模的休闲农业景点113个，其中年营业收入500万元以上的规模景点有10个。从目前的景区投资开发和管理情况来看，成规模的10个观光园管理比较规范，每年接待游客约69万人次。从业人数近4 000人，吸纳当地农村劳动力3 000多人，占职工总数的70%以上，且从业人员60%以上都接受了专门培训并取得了相应的职业资格证书。

湖北省恩施土家族苗族自治州

恩施土家族苗族自治州（简称恩施州）位于湖北省西南部，辖恩施、利川两市和建始、巴东、宣恩、来凤、咸丰、鹤峰六县，是中国最年轻的自治州，也是湖北省唯一的少数民族自治州。全州总人口405万人，其中土家族、苗族、侗族等28个少数民族人口占54.68%。属亚热带季风性山地湿润气候，冬少严寒，夏无酷暑，雨量充沛，四季分明；海拔落差大，小气候特征明显，垂直差异突出，“一山有四季，十里不同天”。森林茂密，植被良好，森林覆盖率达67%，素有“鄂西林海”的美誉。自然景观以“雄、奇、秀、幽、险”著称于世，有以巴东神农溪、恩施清江、来凤卯洞酉水为主的闯滩漂流，以利川腾龙洞、恩施龙麟宫、咸丰黄金洞为代表的溶洞群体，以利川齐岳山牧场、咸丰坪坝营、宣恩双龙湖为代表的休闲度假区，以恩施大峡谷、利川星斗山、佛宝山、恩施铜盆水、宣恩七姊妹山、鹤峰木林子为代表的森林公园和自然保护区，以恩施梭布垭石林、建始朝阳观为代表的观光区。

全州已拥有AAAAA级旅游景区2个，AAAA级旅游景区14个，全国休闲农业与乡村旅游示范县（市、区）2个（恩施市、咸丰县），国家级休闲农业与乡村旅游示范点3个，省级休闲农业与乡村旅游示范点9个，五星级农家乐14家，四星级农家乐38家。据统计，2015年全州观光农业点总数为1 728个，开展乡村旅游的自然村寨超过200个。其中，现代农业科技园43个，农业观光采摘园89个，休闲农庄215个，农家乐1 745个。园区资产总额达到了12.9亿元，年营业收入达到12.6亿元，实现利润2.8亿元，上缴税金4 174.7万元；园区内从业人员达到2.8万人，吸纳农民工就业2.2万人。

全州积极推进旅游与文化融合，围绕龙船调、女儿会、摆手舞等土家民族文化品牌，打造一批集民族性、艺术性、娱乐性于一体的旅游文化产品。全州初步培育出天赐仙境、吸氧洗肺、候鸟迁徙、硒游佳肴、欢乐浪漫、

“三原”乡愁等六大主题产品；初步打造出“一会三节”（恩施土家女儿会、中国三峡纤夫文化旅游节、中国龙船调艺术节和中国土家摆手舞文化旅游节）等一批休闲农业旅游品牌。

湖南省安仁县

安仁县位于湖南省东南部，郴州市北部，县域面积 1 476 平方千米的土地，辖 5 镇 8 乡，分 151 个村（居）委会，有 41.58 万人口，其中农村人口 15.6 万人。拥有 43 万亩耕地（其中水田 34 万亩）、140 万亩极具开发潜力的丘岗地。安仁地处亚热带季风湿润气候带，土地肥沃，气候温和，雨量充足，四季分明。农业生产条件十分优越，是全国商品粮基地，全国食用菌之乡，全国油茶生产基地县。安仁旅游资源丰富和文化底蕴深厚，是发展休闲农业和乡村旅游的理想之地。

安仁县“生态立县，产业富县，文化强县”的战略决策和“生态为本，产业开路，旅游搭台，农业唱戏”的发展思路，经过几年的实践，催生了一大批农业庄园和农业企业。首创全国第一家稻田公园，2014 年以来陆续投入资金 2.3 亿元，在稻田中引入城市规划理念，注入公园因素，挖掘本土农耕文化，在永乐江镇建起了一座总面积 5 万亩，辐射带动 20 万亩农田、4 万个农户的农业湿地公园。仅仅五年，就在稻田公园及其环稻田公园区，聚集了水龙山庄、神乐生态园、军龙庄园、移民山庄、稻花农庄、紫园山庄、华溪生态园、香炉寨庄园等 20 多个农业庄园，生平米业、湘众药业、四季果业、奎源农林、辰霖果蔬、宏远畜牧、温氏养殖等 30 多个农业企业，100 多家各具特色的农家乐。还开辟了风情游、生态游、风景名胜游、农耕文化体验游等精品旅游线路。

2015 年安仁县国内生产总值达到 75.02 亿元，增幅 8.7%，高出郴州市平均值 0.2 个百分点，在 12 个县、市、区中排名前三甲。在整个经济下滑的大形势下，休闲农业、农业企业挑起了维持安仁经济快速发展的大梁。

广东省平远县

平远县位于广东省东北部，粤赣闽三省交界处，东边与广东省蕉岭县相邻，南边与广东省梅州市梅县区相邻，西北与江西省寻乌县相邻，西边与广东省兴宁市相邻，北边与福建省武平县相邻。是中央苏区县、世界客都文化始祖地、世界客都第一村、中国最佳文化休闲旅游县、中国最佳文化生态旅游目的地、中国仙草之乡、中国油茶之乡、广东慈（脐）橙之乡、中国绿色名县、全国农产品加工创业基地、全国粮食生产先进县、全国造林绿化先进县、广东省中医药文化养生旅游示范基地、中国民间文化艺术之乡、全国电子商务进农村综合示范县。

依托农业和乡村发展条件，平远县形成了一批以产业化种植、农旅一体发展为特色的休闲农业资源，已形成乡村自然生态系列、乡村休闲度假系列、乡村文化体验系列三大类旅游产品。现有休闲农庄与园区 121 个，农家乐（农家经营户）62 个，在省内及周边省份具有较高的知名度。五指石、相思河、客家相思谷、金穗休闲旅游区、曼佗山庄、石正云雾、别具洞天、程旼故居、鸿泰生态农庄、红豆娘山庄等旅游区（点），已经成为广东省内著名的休闲农业和乡村旅游点。形成了休闲农业与乡村旅游精品线路 16 条。这些线路串联起了县域、市域和省内外的主要休闲农业与乡村旅游点，形成了一定的产业集聚。

截至 2015 年年底，平远县休闲农业与乡村旅游总收入 16.47 亿元，近三年平均增速达到 48.41%；接待人次达到 365.5 万人次，近三年平均增速达到 67.27%。以平远县 2015 年生产总值 68.3 亿元计算，休闲农业与乡村旅游已经成为县域经济的主导产业。休闲农业与乡村旅游从业人数达到 4 320 人，其中农民就业人数达到 2 635 人，超过 60%。农民从休闲农业与乡村旅游获得收入人均达到 2 950 元，近三年平均增速达到 32.4%。

四川省西昌市

西昌市位于四川省西南部，是全国最大的彝族聚居区——凉山彝族自治州首府，面积 2 655 平方千米，总人口 75 万人，是国家森林城市、闻名中外的航天城，被誉为“一座春天栖息的城市”，是中国西部的生态宜居天堂和创业发展福地。西昌农业光热资源丰富、旅游资源绚丽多彩、民族风情浓郁，是全国粮食大县、全国生猪大县、中国洋葱之乡、中国花木之乡、中国冬草莓之乡和全国现代烟草农业示范市。先后荣获中国优秀旅游城市、中国旅游最令人向往的地方、中国最值得去的十座小城、中国十大最美古城等荣誉称号。

2007 年以来，西昌市依托特色产业优势，开展休闲农业和乡村旅游活动，茅坡樱红、桃瑞月华、桃源农庄、凤凰葡园、兴胜草莓、榴开客家等乡村八景应运而生。在休闲农业和乡村旅游持续发展的带动下，形成了一批集种植、观光采摘、休闲度假为一体的特色产业基地村，每年举办踏青节、桃花节、樱桃（花）节、梨花节、蜜桃节、油桃节、葡萄节、石榴节等 18 个休闲农业和乡村旅游节庆活动。呈现出月月有节，月月火爆的场面，实现了“举办一个节，活跃一方经济，致富一方百姓”的目标。

注重挖掘、包装、宣传休闲农业和乡村旅游承载的地域历史文化底蕴，提升休闲农业和乡村旅游的档次，打造了以火把节为代表的民俗风情文化，到安哈、洛古坡体验原生态的民俗表演和火把狂欢夜；以大箐乡的“彝山·彝韵”为代表的古彝文化；以“天下第一缸”为代表的乡土文化；以“到礼州逛庙会，过年味最浓的春节”为代表的古镇文化；以礼州会址为代表的红军长征文化；以天喜花卉博览园为代表的花卉文化；以月华知青窑洞为依托的“中国·西昌知识青年上山下乡博物馆”，成为全国青少年爱国主义教育基地。休闲农业和乡村旅游的文化特色和品位得到提升，实现进入一个乡村景区，体验一种民俗风情，感受一种民俗文化。

以创意农业为手段，农耕、民俗文化为灵魂，实现“特色产区变景区、田园变公园、产品变商品”的功能升级，推动特色产业基地景区化。建成了川兴小花山蜜桃、西乡凤凰葡萄、黄联大德石榴、樟木茅坡樱桃、月华新华油桃、兴胜花庄冬草莓等产业基地，形成“可览、可游、可居”的环境景观和集“自然、生产、体验、休闲、康乐、教育”于一体的农耕文化景区，让游客在观赏自然风光的同时，能栽、能采、能品，回归自然、亲近自然，体验农家的快乐，享受农耕乐趣，实现将特色农业产业和产业文化有机结合，体现农业特色产业的景观价值，农产品价值得到进一步提升，产业经济效益显著提高，产业可持续发展能力得到增强。倡导绿色生态的“鸡—沼—果—蔬—游”立体循环生产模式，西乡凤凰村的葡萄、葡萄鸡已成为响亮的名片；月华乡油桃从 2000 年的 500 亩，已发展到现在核心区近 5 000 亩，全乡水果达万余亩，成为“桃瑞月华”的支柱产业。

目前，全市特色水果种植面积 4.4 万亩，产量 5.5 万吨，产值 3.6 亿元，其中葡萄产业 2 万亩，产量 2.3 万吨，产值 2.4 亿元；桃果产业 1 万亩，产量 1.44 万吨，产值 0.5967 亿元。花木产业 1 万亩，年产鲜切花 1 000 万枝，高中档盆花 650 余万盆，总产值 1.1 亿元。蔬菜产业 12.45 万亩，产量 46.69 万吨，产值 22.153 1 亿元。全市拥有休闲农庄、乡村酒店及农家乐 1 058 家，星级农家乐 453 家，其中 3 家农家乐荣获全省十佳农家乐称号，龙泉人家休闲农庄、老兵休闲度假山庄被授予四川省五星级农家乐，龙泉人家休闲农庄被授予省级示范休闲农庄称号。

2015 年共接待游客 643.66 万人次，实现休闲农业和乡村旅游收入 8.24 亿元，其中产业收入 6.592 亿元，休闲旅游经营收入 1.648 亿元。休闲农业和乡村旅游从业人员达 55 000余人，新增就业岗位 10 000 余个。

陕西省咸阳市渭城区

“渭城朝雨浥轻尘，客舍青青柳色新”，渭城区是 1987 年 5 月经国务院批准成立的县级行政区，位于千年帝都——咸阳市市区东部，全区总面积 272 平方千米，辖 10 个办事处，102 个行政村，总人口 44 万人，耕地面积 18 万亩，农业人口 15.92 万人，属典型的城郊型县区，渭城区位优势明显，地处关中—天水经济区和西咸新区的核心区，是“西咸一体化”建设的桥头堡和前沿阵地。

渭城交通便利，西北最大的航空港西安—咸阳国际机场坐落境内，形成了全省唯一的集航空、铁路、公路“三位一体”的交通网络。渭城文化底蕴深厚，曾是秦王朝的国都所在地，又是周、汉、隋、唐等 13 个王朝的京畿之地，文物荟萃，古迹众多，素有天然历史博物馆之称，全区现有各类文物景点 320 余处。渭城是陕西经济社会发展十强区之一，国家知识产权强县示范区，荣获全国绿化模范城市、国家园林城市、国家卫生城市等多项荣誉称号。2015 年全区完成生产总值 313.094 亿元，增长 8.5%。财政总收入 98.6 亿元，其中地方财政收入 7.33 亿元，增长 13.5 %，城镇居民人均可支配收入和农民人均纯收入分别达到 38 592 元、13 099 元。

渭城，农耕文明绵延数千年，特色产业多元，民俗风情独具魅力，发展休闲农业具有得天独厚的先决条件。近年来，渭城区按照西咸新区“城市组团发展、快捷交通连接、优美小镇点缀、都市农业衬托”的发展理念，依托五陵塬都市农业长廊，转变农业发展方式，调整农业产业结构，大力发展休闲农业和乡村旅游，实现了农村一二三产业融合发展增加了群众收入。截至 2015 年年底全区培育休闲农业聚集村 28 个，村内从事休闲农业和乡村旅游农户达到 60%以上；建成营业休闲农庄与园区 18 个；发展农家乐 180 个，全区休闲农业和乡村旅游总数达到 226 家。其中国家 AAAA 级旅游景区 2 个，AAA 级旅游景区 1 个，全国一村一品示范村 1 个，全国休闲农业与乡村旅游示范点 1 个，省级现代农业园区 2 个，省级休闲农家明星村 2 个，省级休闲农业示范点 1 个，市级现代农业园区 6 个。2015 年全区休闲农业和乡村旅游从业人数10 800人，年接待游客超过 230 万人次，全区休闲农业和乡村旅游收入达 60 000 万元。

甘肃省康县

康县隶属甘肃省陇南市，位于甘肃省东南部，甘肃、四川、陕西三省交界地带，东临陕西省略阳县，南接陕西省宁强县，西与武都区毗连，北隔西汉水与成县相望。面积 2 958.46 平方千米，总人口 20.2 万人，辖 14 镇、7 乡，350 个行政村。康县属亚热带向暖温带过渡地区，境内气候温和，雨量充沛，风景优美，被誉为“陇上江南”“陇上西双版纳”。在 2012 年中国旅游品牌推广峰会上，康县荣获中国最佳生态宜居旅游目的地称号。2013 年 4 月 20 日，亚太旅游联合会、中国品牌协会在深圳举办了 2013 建设美丽中国暨旅游目的地品牌推广盛会，康县积极参与，最终获得“中国最美绿色生态旅游名县”荣誉称号。境内具有开发价值的自然景观达 100 多处，人文景观 50 多处。著名的景区景点有：白云山森林公园、阳坝国家 AAAA 级旅游景区、红豆谷、托河龙宫景区、清河原生态风景区等。

在全县新农村建设工作中，按照建设全县生态旅游大景区建设目标的统一部署，坚持“一乡一景、一村一品、一品一韵、一家一特”和“亲近自然、走进美丽乡村”的原则，着力打造“吃农家饭、住农家屋、游农家景、享农家乐”的乡村旅游模式，逐步使乡村旅游成为群众增收致富的重要产业。截至2016年，全县350个村，已经打造了262个生态特色鲜明、村容村貌整洁、基础设施完善、增收渠道顺畅、乡村文化繁荣、社会和谐稳定的生态文明新农村，这些新农村“宜居、宜业、宜游”，在全省树起了标杆，在全国有了影响。伴随着美丽乡村的深入开展，结合中国最佳生态宜居旅游目的地、中国最美绿色生态旅游名县生态养生旅游的快速发展，全县乡村旅游呈现出良好的发展趋势。宋沟村、大水沟村、玄麻湾村等3个村被评为甘肃省乡村旅游示范村；花桥、玄麻湾、大水沟、凤凰谷、段庄、桂花庄、刘家坝、青林沟、宋沟等9个村2014年被列入国家乡村旅游重点扶贫村；在寻梦2015——中国最美村镇评选活动中阳坝镇荣获“产业富裕奖”，大水沟村荣获“文化遗传奖”；康县阳坝镇阳坝村、平洛镇团庄村获得第二届“绚丽甘肃·十大美丽乡村”称号，王坝镇大水沟村获得提名奖；康县在第二届中国（深圳）国际旅游博览会被评为候鸟旅居县——秋耳夏菌十佳；康县大水沟村在第七届中国生态文化高端论坛暨全国生态文化村遴选命名活动中被授予全国生态文化村；康县长坝镇花桥村、城关镇凤凰谷村被评为2015中国乡村旅游模范村。诸多荣誉使康县乡村旅游接待人数迅速增长，据统计2015年，全县乡村旅游共接待游客150.2万人，实现乡村旅游综合收入18 925万元，发展农家乐和农家客栈307户。

青海省祁连县

祁连县因地处祁连山中段腹地而得名，位于青海省的东北部、海北州的西北部，北邻古丝绸之路的首要通道甘肃河西走廊，故有青海北大门之称。自然资源丰富。有被誉为中国最美丽的六大草原之一的祁连山下好牧场1 764.1万亩，承载着白藏羊、高原之舟牦牛等牲畜117.5万头（只），是全省季节性畜牧业的发祥地和白藏羊保护区。境内矿产资源富集，曾被地质学家李四光称为中国的“乌拉尔”，已发现的矿藏有40多种500余处，潜在经济价值巨大。水电资源理论蕴藏量57万千瓦。祁连地处中国第二大内陆河——黑河、黄河一级支流大通河及甘肃嘉峪关市的母亲河——托勒河“三河”源头，森林覆盖率达13.5%，生态保护相对较好，是黄河上游重要的水源涵养地和甘肃、内蒙古西部地区重要的生态屏障和水源补给地。

农牧部门挖掘农业文化底蕴，丰富农业文化内涵，拓展多元功能，发展功能齐全、环境友好、文化浓郁的休闲农牧山庄，大力培育规模大、特色明、档次高、功能全、效益好的休闲农牧业园区，以创建全国休闲农业和乡村旅游示范区、环青海湖北路休闲观光牧游示范区为目标，将其打造成为惠及草原牧民、广大城乡居民，特别是加快产业结构调整，增加农牧收入的一项甜蜜事业和生态产业。截至2015年年底，全县共有农（牧）家乐108家，其中，四星级乡村旅游接待点11家，三星级乡村旅游接待点6家，二星级乡村旅游接待点7家，按餐位数计算已达到18 460人的接待规模。将计划在全县建立5个草原驿站及5个休闲观光示范点。以自然生态、园区文化、游牧文化、农耕文明为基础，培育一批发展产业化、经营特色化、管理规范化、旅游品牌化、服务标准化的休闲观光农业示范点，建立完善休闲观光农业服务标准体系，以及农（牧）家乐、草原驿站星级划分与评定等系列标准，提高休闲观光农业景区（点）管理服务水平。

在旅游旺季期间，祁连县先后举办了中国最美丽的草原——祁连山草原风情文化旅游节、全国露营大会、祁连风光摄影展、天境祁连·绿色清真美食文化节等，以“节、赛、会”等形式，助推旅游产业发展，取得良好成效。充分利用网站、微信、旅游杂志等平台，加大宣传频率，吸引更多游客了解祁连、走进祁连。强化区域合作，促进优势互补，以最美国道 227 线、西北五省高铁经济论坛为平台，搭建了信息互通、游客互送、抱团取暖的营销机制。强化产品与市场对接力度，邀请甘肃省内外国际旅行社赴祁连县踩线，举办年会及合作研讨会，截至目前，已与龙之旅及甘肃省内外 350 余家国际、国内旅行社签订了合作协议，促进了景区与市场的有效对接。

宁夏回族自治区银川市

银川市位于黄河上游宁夏平原中部，是自治区政治、经济、文化中心，下辖兴庆、金凤、西夏三区，永宁、贺兰两县及灵武市。银川自古就是丝绸之路上的商埠重镇，有“塞上湖城”“回族之乡”“西夏古都”之称。近年来银川市委、市政府确立了把银川建设成为西北地区最适宜居住、最适宜创业的现代化区域中心城市的发展战略，并取得了显著的阶段性成果。现在，城市综合竞争力跻身全国百强，荣获全国文明城市、国家节水型城市、国家卫生城市、国家园林城市、国家环保模范城市等殊荣。

银川市依托贺兰山、黄河金岸、艾依河及众多湖泊湿地自然风光，坚持把发展休闲农业和乡村旅游、打造休闲旅游城市与建设“塞上湖城”相结合，整体规划、统一布局，全市“三带两轴十六组团”休闲农业发展格局初步形成，众多不同类型、不同层次、不同特色，具有观光、娱乐、采摘、品尝、体验、休闲、度假、养生、养老、科普、写生、婚庆拍照等功能的休闲农业旅游点和精品线路初具规模，一批特色鲜明的园林生态型、垂钓休闲型、乡村风情体验型、特色餐饮美食型、科技园区观光型休闲农业产业群日渐凸显。

西夏区、贺兰县、永宁县、金凤区 4 个县区，万义生态园、鸣翠湖湿地公园、红柳湾山庄等 8 个休闲农庄（园）分别被命名为全国休闲农业示范县和示范点。分别占全区被命名示范县和示范点总数的 66.7% 和 61.5%。2015 年，全市休闲农业经营点发展到 270 个，接待游客 278 万多人次，营业收入 3.1 亿元，占全市旅游接待人数的 30%，休闲农业已成为带动农民就业增收、推动农业转型升级、融合农村一二三产业发展的新兴产业。

新疆生产建设兵团第一师十团

第一师十团，建于 1958 年 1 月，地处塔里木河上游北岸阿拉尔市科克库勒镇。现有规划面积 78.7 万亩，其中耕地面积 16.7 万亩，园地面积 6.45 万亩，总人口 1.56 万人，在岗职工 4 022 人，行政建制单位 36 个。有党支部 40 个，党员 1 236 人。经过 58 年发展壮大，十团已建设成为以棉花、红枣为主导产业，农林牧副综合经营，工交建商多业并举，文卫科教协调发展的现代、文明、和谐的综合城镇。

这里是国家级现代农业示范区、国家级农业科技示范区的核心区，是南疆特色苗木繁育基地、南疆蝴蝶兰基地、南疆有机红枣生产加工基地、自治区有机蔬菜生产基地、阿拉尔市蔬菜禽蛋肉食品供应基地、塔里木大学科研教学实习基地、阿拉尔市城郊农业科技观光基地。全团有 10 余万亩“新农牌”稳产高产棉田，6.3 万亩“大漠牌”红枣基地和 50 家工业企业。

十团拥有得天独厚的地缘优势，距离阿拉尔只有 10 千米，拥有现代化的农业科技，被确立为国家级现代农业示范区和农业科技示范区核心区。围绕徽派建筑风格、集中连片果园、循环经济示范区、设施采摘农业、高档花卉苗木基地积极打造阿拉尔市休闲观光农业、创意观光农业现代旅游示范团场，推动农业经济向全域经济开发拓展，年接待游客16万余人次，门票、产品收入每年达到300万元，苗木基地成为阿拉尔市现代旅游发展的样板，十团荣获兵团首批特色旅游名镇、兵团科普示范基地，2015年6月获国家AAA级旅游景区命名挂牌，2016年十团入选国家全域旅游示范区。

在休闲农业发展方面，十团以鼓励职工多元增收为重要手段，抓好《十团旅游发展总体规划》编制，按照“旅游+城镇”定位，推进“旅游+”与城镇化深度融合。现有采摘园、农家乐10个，从业人员73人，年接待游客26 300人次，营业收入达765万元。2016年以来，十团继续在休闲农业上持续发力，建设3 800亩创意农业观光园，探索8千米的小火车现代旅游观光农业。做实农业嘉年华品牌，2016年五一成功举办首届农业嘉年华节庆系列活动，吸引游客10万余人，打造“文化搭台、经贸唱戏”的发展平台，促进现代农业观光和产城融合发展生动实践。

十团大力挖掘、整合优势资源，以发展创意观光农业为契机，培育和开创经济新模式，在“吃住行、游购娱、商学会、体休养”上下功夫，力争实现农业亩产出1万元、利税1亿元、游客留1天的“三个一工程”目标。

领导讲话

在全国休闲农业和乡村旅游经验交流会上的讲话
——农业部副部长　陈晓华
在农民创业创新经验交流活动上的讲话
——农业部副部长　陈晓华
在美丽乡村博鳌国际峰会上的致辞
——农业部总农艺师　孙中华
在中国农民工返乡创业创新论坛上的讲话
——农业部总农艺师　孙中华
在 2016 年中国美丽休闲乡村发布活动上的讲话
——农业部总农艺师　孙中华
在第四届北京农业嘉年华开幕式上的讲话
——农业部农产品加工局（乡镇企业局）局长　宗锦耀
在全国休闲农业和乡村旅游经验交流会上的总结讲话
——农业部农产品加工局（乡镇企业局）局长　宗锦耀
在全国农村创业创新与农村产业融合发展经验交流会上的讲话
——农业部农产品加工局（乡镇企业局）局长　宗锦耀
在全国休闲农业和乡村旅游扶贫学习交流活动上的讲话
——农业部农产品加工局（乡镇企业局）副局长　马洪涛
在 2016 年中国美丽休闲乡村发布活动上的讲话
——农业部农产品加工局（乡镇企业局）副局长　马洪涛

在全国休闲农业和乡村旅游经验交流会上的讲话

农业部副部长　陈晓华

（2016 年 5 月 6 日）

今天，我们在四川雅安召开全国休闲农业和乡村旅游工作经验交流会。主要任务是深入贯彻落实党中央国务院关于大力发展休闲农业和乡村旅游的决策部署，总结交流“十二五”休闲农业和乡村旅游的发展成就和工作经验，分析当前面临的形势任务，研究部署“十三五”时期的重点工作。昨天，我们用一整天时间进行考察，感受到四川省休闲农业和乡村旅游创新举措多、工作抓得实、发展水平高。特别是雅安市结合灾后重建，大力发展休闲农业和乡村旅游成绩斐然，很受鼓舞。刚才，四川省曲木史哈副省长做了热情洋溢的致辞，体现了四川省对发展休闲农业和乡村旅游的高度重视和大力推动。吉林、山东、江苏、陕西以及雅安市、德清县等介绍的经验做法都很好，听后很有启发。下面，我讲三点意见。

一、肯定成绩，认真总结“十二五”时期休闲农业和乡村旅游发展的经验

“十二五”时期，全国休闲农业和乡村旅游发展风生水起、异彩纷呈。据不完全统计，2015 年全国休闲农业和乡村旅游接待游客超过 22 亿人次，营业收入超过 4 400 亿元，从业人员 790 万人，其中农民从业人员 630 万人，带动 550 万户农民受益。“十二五”时期游客接待数和营业收入年均增速均超 10%，整个产业呈现出“发展加快、布局优化、质量提升、领域拓展”的良好态势，成为经济社会发展的新业态、新亮点。

（一）新主体多元涌现。随着城乡居民休闲消费需求的增多和升级，城乡基础设施条件的改善，休闲旅游经济呈现巨大的市场潜力，休闲农业和乡村旅游业日益受到各级党委政府和社会公众的关注。目前，产业发展已不仅仅是农民自发的经营，而是形成了在政府统一规划引导下，以农民为主体，社会资本热情参与的局面，成为人才、资金、管理、信息等要素加速回流农村的重要管道，经营主体更加多元，分工分业更加精细，不少地方还催生了一批休闲农业和乡村旅游发展协会、专业合作社、休闲农业联盟等新型经营主体，休闲农业和乡村旅游的组织化、规模化程度明显提高。

（二）新机制不断探索。各地积极探索与农民互惠共赢的产业发展和利益分享机制，农民不仅仅是流转土地或做打工仔，有的已通过土地、庭院、设施等资产入股的形式，以股东身份从产业发展中分享收益。广西探索形成的农民与投资商合作经营、农民股份集资等多种利益分享机制，浙江丽水试行的民宅两权分离、资产入股、受益共享机制，既推动了产业的发展，又提高了农民的工资性、财产性和家庭经营收入，农民从发展休闲农业和乡村旅游中得到了更多的实惠。

（三）新类型多式多样。许多地方结合当地的自然特色、区位优势、文化底蕴、生态环境、经济发展水平和消费习惯，以城市郊区、景区周边、山水牧区、民族地区和传统农区为重点，在农家乐、民俗村、休闲农园、休闲农庄等形式基础上，不断创新发展形式，探索形成了高淳国际慢城、陕西袁家村、北京农业嘉年华、陕西泾渭茯茶特色小镇等形式多样、特色各异的新类型，开辟了产业发展的新途径。

（四）新功能更加拓展。围绕人们“眼看什么、胃吃什么、肺吸什么、脑学什么、手玩什么”等新的需求，拓展了休闲度假、文化传承的功能，让市民享受青山绿水带来的视觉愉悦，领略农耕文明带来的心旷神怡；拓展了科普教育、农事体验的功能，让市民近距离参与农业生产，了解乡村民俗，融入

农民生活；拓展了养生养老、健身运动的功能，让城市退休老人到乡村居住，感受田园和农耕生活，充分享受返璞归真的喜悦。休闲农业和乡村旅游的内涵更加丰富了。

各地的实践证明，休闲农业和乡村旅游的发展，使一些地方农区变成了景区、田园变成了公园、民房变成了客房、劳动变成了运动、产品变成了商品，农村闲置的土地利用起来了，农民闲暇的时间充实起来了，传统的农耕文化也活跃起来了。休闲农业和乡村旅游日益成为了富裕农民、提升农业、美化农村的朝阳产业。

总结“十二五”发展休闲农业和乡村旅游的工作，有几点值得肯定和继续坚持。

（一）注重发挥规划的引领作用。编制和实施规划是引领产业方向、明确目标任务、促进产业发展的重要方式。为适应不断增长的消费需求，促进休闲农业和乡村旅游健康发展，我部专门制定了《全国休闲农业发展“十二五”规划》，明确了指导思想、基本原则、区域布局和重点工作，起到了顶层设计、牵头抓纲的作用，保证了产业发展不“乱”不“滥”。大多数省、自治区、直辖市从当地实际出发，也制定了本地的“十二五”休闲农业发展规划。刚刚发言的吉林省、山东省、陕西省，以及上海、河北、广东、重庆、海南、青海等省份根据“十三五”发展的新要求，已制定完成了《休闲农业发展“十三五”规划》。北京、天津、河北三地还联合制定了《京津冀休闲农业一体化发展规划》，共同引领休闲农业和乡村旅游产业发展，成为三地农业融合发展的一个重要内容。

（二）注重发挥政策的支撑作用。政策是凝聚发展要素、营造发展环境、推动产业发展的重要保障。近几年间，我部会同国土资源部联合下发了《关于进一步支持设施农业健康发展的通知》，规范休闲农业的用地政策。特别是 2015 年会同国家发展和改革委员会、财政部等 11 部委联合印发《关于积极开发农业多种功能大力促进休闲农业发展的通知》，在用地政策、财税支持、拓宽融资、公共服务方面提出了一系列政策。许多地方从当地实际出发，不断加大政策支持力度，出台的指导意见在土地使用、财政支持等方面，针对性强、有不少含金量。山东、上海等地积极联合当地发改局等十多个部门出台《积极开发农业多种功能大力促进休闲农业发展的意见》，值得各地借鉴。刚才吉林在发言中提到，在推进农村土地承包经营权确权登记颁证时，配套推进农村土地流转市场服务体系建设，鼓励土地承包经营权向休闲农业等新型农业经营主体流转，探索了休闲农业用地问题解决途径。财政支持上，陕西拿出了实招，每年从省财政专项中列支 1 000 多万元，对休闲农业和乡村旅游省级明星村，在公共设施完善、人员培训、宣传推介等关键环节给予扶持，带动了社会资本积极参与，开辟了支持扶持的新路子。

（三）注重发挥品牌的示范作用。典型引路、示范带动是农业农村工作的重要方法。近几年，农业部联合国家旅游局开展了全国休闲农业和乡村旅游示范创建活动，我部组织进行了中国重要农业文化遗产发掘、中国最美休闲乡村和中国美丽田园推介等活动，在全国树立了一批标杆，培育了一批品牌，成为引领产业发展的样本。各地结合当地实际开展省级创建活动，并不断完善有关标准和办法，收到了良好成效。江苏省刚才交流了农家乐集聚村示范村建设的经验，对农家乐聚集村有明确的定位，严格的“五有”建设标准和一套完整的规划指导、管理培育和营销推介的措施，江宁“23 朵金花”已经形成了广泛的社会影响。四川通过网络评选推出了全省十佳精品农庄、十佳乡村美味、十佳最美乡村、十佳创意产品、十佳度假村落等“五个十佳”休闲农业精品。北京连续三年开展“农业嘉年华”“乡村休闲旅游示范乡镇创建活动”，使农民“学有目标”、企业

"创有对照"、市民"游有品牌"。

（四）注重发挥公共服务的推动作用。公共服务是更好发挥政府作用的重要内容。通过标准制定、运行监测、教育培训、宣传推介等，努力为行业发展营造良好环境。近几年，农业部发布了《休闲农业术语、符号规范》《农家乐设施与服务规范》等 4 项标准，推动产业规范有序发展。成立了全国休闲农业专家委员会和中国重要农业文化遗产专家委员会，为产业发展提供智力支撑。科学设置指标，稳步推进统计监测工作。编印出版了《中国休闲农业年鉴》《中国最美休闲乡村》《中国重要农业文化遗产》等丛书，充分展示发展成果。举办培训班 30 多次，培训人员 5 000 余名，2015 年首次将休闲农业和乡村旅游纳入全国农牧大县局长培训班，不断提升管理人员、从业人员的政策理论水平和业务能力。多形式开展系列宣传推介活动，助推农民就业增收，拉动城乡居民休闲消费，形成报纸有文章、网络有专题、广播有声音的格局。去年国庆期间和今年春节向社会推介了 1 000 个景点、300 条线路，公众反响强烈。四川雅安市提出了"农旅＋生态、互联网、品牌、会节、金融、科技"五大行动；浙江德清县加大政府服务，引导培育农业龙头企业、专业合作社和家庭农场等主体，积极拓展功能，做出了"洋家乐"一批休闲农业和乡村旅游的"金名片"。

（五）注重发挥各部门的协同作用。加强配合形成合力是推动产业发展的重要因素。近些年，我们坚持开放办事业的理念，凝聚多方共识、汇聚各方力量，上下衔接、左右协调，充分发挥各部门的职能作用。在部级层面，农业部联合国家发改委、财政部、国土资源部、中国人民银行等多部门研究制定行业发展政策，出台发展意见，合力推动产业发展。与国家旅游局签署合作框架协议，引导地方农旅系统合作共事。各地也加强部门间合作协同发力。湖南、云南、四川、云南、贵州、河南等多省成立了由农业厅、旅游局等部门参加的休闲农业和乡村旅游领导协调机构，京津冀建立联席会议制度，对休闲农业和乡村旅游工作进行统筹谋划和协调推进。

二、认清形势，进一步明确发展休闲农业和乡村旅游的目标任务

我国休闲农业和乡村旅游经历了萌芽、起步，进入了快速发展的阶段。总的来看，休闲农业和乡村旅游正在发生三大变化，一是从农民的副业变成了农村的新产业态，二是从市民的临时安排变成经常性的生活方式，三是从农业部门的一般性工作变成了一项重要工作内容的任务。从今后一个时期看，产业发展势头仍很强劲，可以说是发展黄金期。主要表现在以下几个方面。

一是市场需求旺盛。国际经验表明，当一个国家或地区人均 GDP 超过 5 000 美元时，就会形成休闲度假的消费需求，休闲消费能力显著增强，并呈多元化趋势。2015 年我国人均 GDP 超过 8 000 美元，未来 20 年，我国人均 GDP 水平将进一步提高，预计居民人均年休闲旅游将超过 5 次，全国休闲旅游市场规模将超过 80 亿人次，呈爆发式增长态势。特别是随着生活方式的转变，国家法定节假日的优化调整，带薪休假制度的逐步落实，以及 2.5 天弹性休假制度的实施，休闲度假会从少数人的奢侈品，发展成为大众化、经常性消费的生活方式，休闲观光大众化、家庭旅游普遍化必将成为拉动休闲农业和乡村旅游快速发展的动力源泉。

二是发展基础较好。中央坚持把"三农"工作摆在重中之重，大力推进城乡一体化发展，不断加大基础设施建设投入力度，推动公共服务均等化和城乡要素平等交换，农村的水电路气房和通信等设施得到较大改善，科教文卫保等社会事业水平明显提高，这为发展休闲农业和乡村旅游打下了良好的基础。

各级农业部门通过加强规划引导、研究制定政策、加大品牌培育、强化公共服务、加强宣传推介、注重部门配合等，有力地引导和推动了产业的持续健康发展。各地把休闲农业和乡村旅游作为新兴产业，编制发展规划明确发展方向，创设发展政策加大扶持力度，强化公共服务创造发展条件，全国认定的254个休闲农业和乡村旅游示范县均将休闲农业和乡村旅游定位为支柱产业、主导产业优先发展，为促进产业发展提供了良好条件。

三是国家政策鼓励。今年的中央1号文件专门提出要大力发展休闲农业和乡村旅游，使之成为繁荣农村、富裕农民的新兴支柱产业，并且在用地政策上，首次提出要支持有条件的地方通过盘活农村闲置房屋、集体建设用地、“四荒地”、可用林场和水面等资产资源发展休闲农业和乡村旅游，并要求各地将休闲农业和乡村旅游项目建设用地纳入土地利用总体规划和年度计划合理安排。在扶持项目上，提出要实施休闲农业和乡村旅游提升工程，采取以奖代补、先建后补、财政贴息、设立产业投资基金等扶持方式，着力改善休闲旅游重点村的基础服务设施。今年财政部和农业部安排12亿元的农村一二三产业融合试点示范项目，以及发改委和农业部等部门实施的一二三产业融合“百千万”工程中，均将休闲农业和乡村旅游作为重点支持内容。国办在加快转变农业发展方式、推进农村一二三产业融合发展、促进旅游投资和消费三个文件中，都强调要加强规划引导，拓展农业多种功能，大力发展休闲农业和乡村旅游，推进乡村精准扶贫，推进农业与旅游、教育、文化、健康养老等产业深度融合。党中央、国务院的要求部署和政策红利，将成为休闲农业和乡村旅游新一轮发展的强大支撑。

但我们也必须看到，机遇与挑战同在。休闲农业和乡村旅游作为新型产业形态和消费业态，在快速发展过程中，还存在思想准备不足、基础设施滞后、服务质量有待提高等问题。总的看整体发展方式还比较粗放，与爆发式增长的市场需求还不相适应。越是面对火爆的市场，越是面对高涨的积极性，越是要从休闲农业和乡村旅游产业长远发展出发，加快产业提档升级，有序发展、健康发展、持续发展，真正把农民劳动生活、农村风情风貌、农业产业特色体现出来，努力把休闲农业和乡村旅游打造成农民就业增收新的增长极。

要把休闲农业和乡村旅游发展好、引导好，十分重要的是要从农村经济社会发展全局中认识和把握，以增强工作的自觉性、主动性。

要充分认识发展休闲农业和乡村旅游是带动农民就业增收和产业脱贫的重要途径。发展休闲农业和乡村旅游，能够使农业生产实现物化产品和精神产品双重增值，有效增加农业经营性收入；能够延长农业产业链条，扩大就业容量，有效增加农民工资性收入；能够把农家庭院变成市民休闲的“农家乐园”和可住可租的旅店，有效增加农民的财产性收入；能够把农业产区变成居民亲近自然、享受田园风光的景区，保障农民收入“四季不断”。特别是对贫困地区来讲，更是实现脱贫致富的有效途径。贫困地区大都是未开垦的处女地、原生态地，往往生态环境良好，农产品特色明显，民俗风情各异，古村落形式多样，具有发展休闲农业和乡村旅游得天独厚的优势。在这些地区，大力发展休闲农业和乡村旅游，形成产业支撑，建立帮扶机制，实现利益分享，可以走出一条产业脱贫的路子。

要充分认识发展休闲农业和乡村旅游是推动农业供给侧结构性改革的重要内容。当前休闲农业和乡村旅游仍存在有效供给不足的问题。有的地方在产品品种、食宿环境、服务质量、文化展示、农事体验等方面还难以满足城乡居民高质量的休闲消费需要。有的经营主体功能单一，果园只能提供采摘，农家乐只能提供食宿，农业园区只能提供科普观光，观光、体验、休闲、度假、用餐、赏景相互割裂，没有形成结构优化和业务衔接，导致游客不愿来，来了待不住。这种状况制约了产业发展，这就需要推进供给侧结构性改革，一方面提高供给质量，着力打造功能齐全、环境优美、体验活动丰富、产品绿色安全、文化内涵深厚的休闲农业和乡村旅游产品。另一方面加大公共服务，串点成线、连线成面，推动休闲农业和乡村旅游由低水平供需平衡向高水平供需平衡跃升。

要充分认识发展休闲农业和乡村旅游是促进农村一二三产业融合发展的重要载体。一二三产业融合发展涉及面广、内涵丰富，既要打好第一产业的基础，又要推动第二产业延长产业链，还要延伸第三产业的价值链。休闲农业和乡村旅游很好地体现了一二三产业融合发展的理念，是一二三产业融合的有效载体之一。许多经营业主在生产优质农产品做大一产的基础上，发展加工业做强二产，发展休闲度假、养老养生、农事体验等做优三产，有机地把农业生产、农产品加工、休闲观光服务紧密结合在一起，实现了农村三次产业的融合发展，拓展了农村的发展空间。

要充分认识发展休闲农业和乡村旅游是带动农民创业创新的重要平台。大众创业、万众创新是经济社会发展的新动能。休闲农业和乡村旅游资源消耗低、投资额度小、就业容量大、市场需求旺、综合效益高，农民、大学生、返乡农民工均可参与，是创业创新者可以大有作为的广阔天地。大量的休闲消费，为创新创业者提供了无穷市场。互联网+等技术的应用，为创业创新者获取创意信息、发布休闲产品、开展众筹融资提供了便利条件。移动通信、高速铁路、电子商务、在线支付等基础条件的改善，为创业创新者提供了有力保障。一大批投身休闲农业和乡村旅游的弄潮儿，走“小、专、精、特、新”发展道路，打造了一批“人无我有、人有我优、人优我特、人特我专”的休闲产品和服务，他们的成功，为农民创新创业起到了重要的示范带动作用。

三、精心组织，扎实推进休闲农业和乡村旅游提升工程

五一节前不久，习近平总书记在安徽小岗村召开的农村改革座谈会上，提出“加快农村发展，要紧紧扭住发展现代农业、增加农民收入、建设社会主义新农村3大任务。”并指出“建设社会主义新农村，要规划先行，遵循乡村自身发展规律，补农村短板，扬农村长处，注意乡土味道，保留乡村风貌，留住田园乡愁。”这对我们推动休闲农业和乡村旅游工作，从战略和全局的高度提出了新的更高的要求，是我们做好发展休闲农业和乡村旅游工作的一个基本遵循。

“十三五”时期休闲农业和乡村旅游发展要牢固树立“创新、协调、绿色、开放、共享”的发展理念，以促进农民就业增收、满足居民休闲消费需求、建设美丽乡村为目标，以激发消费活力、促进产业升级、实施产业脱贫为着力点，依托绿水青山、田园风光、乡土文化等资源，坚持农耕文化为魂，美丽田园为韵，生态农业为基，创新创造为径，古朴村落为形，推进农业与旅游、教育、文化、健康养老等产业深度融合，加强统筹规划，强化政策创设，组织实施休闲农业和乡村旅游提升工程，加快发展休闲农业和乡村旅游，让更多的农民参与进来，从中受益。力争到2020年，产业规模年均增长10%以上，布局更加优化、类型更加丰富、功能更加完善、特色更加鲜明的格局基本形成，产业发展质量效益不断提高，从事休闲农业和乡村旅游的农民收入持续较快增长，成为拓展农业、繁荣农村、富裕农民的新兴支柱产业。

今后一个时期，要围绕提升产业发展质量开展工作。

第一，要围绕优化布局，着力在丰富类型和融合聚集上实现提升。当前，农业部正联合多个部门制定促进休闲农业和乡村旅游发展的指导意见，争取在规划指导、发展政策、公共服务、项目扶持等方面有大的突破。正在编制的《“十三五”全国农产品加工业与农村一二三产业融合发展规划》，也将对“十三五”时期的发展思路、总体目标、重点任务作出部署。各地要结合本地实际加强规划引导，加快发展特色各异的休闲农业和乡村旅游产品，满足消费者多样化、个性化需求。要大力支持农民发展农家乐，鼓励发展以休闲农业和乡村旅游为核心的一二三产业融合发展聚集村，从点状发展到片状打造，要有差异成规模、有特色；鼓励在适宜区域发展以拓展农业功能、传承农耕文化为核心，兼顾度假体验的休闲农庄；鼓励建设具有科普、教育、示范以及传统农耕文化展示功能的休闲农园；在符合规划、保护环境、农民受益的前提下，引导多元投资主体发展特色民宿，因地制宜兴建特色餐饮、住宿、购物、娱乐等配套服务设施，满足消费者的需求。

第二，要围绕丰富内涵，着力在文化传承和创意设计上实现提升。农业部已经部署了重要农业文化遗产普查工作，并在传统村落保护、文化遗产发掘、文化创意设计方面与有关部门密切配合，合力推进。重要农业文化遗产既是一份荣誉，也是一份责任。地方政府和部门要落实保护责任，重视农村文化资源的保护和挖掘，强化休闲农业和乡村旅游经营场所的创意设计，推进农业与文化、科技、生态、旅游的融合，提高农产品附加值，提升休闲农业和乡村旅游的文化品位。要处理好保护与利用的关系，加强对农业文化遗产价值的研究，加强农村文化遗迹和传统村落、传统民居的保护，发展具有文化内涵的美丽休闲乡村，加快乡土民俗文化的推广、保护和延续。

第三，要围绕增收脱贫，着力在产业融合和利益共享上实现提升。农业部已经会同国家发展和改革委员会等 9 部门联合印发了贫困地区发展特色产业促进精准脱贫指导意见，将休闲农业和乡村旅游作为产业扶贫的重点，并将分层次、有计划地对贫困地区村干部开设休闲农业和乡村旅游专题培训班，手把手、面对面地帮助贫困地区干部和群众提高发展休闲农业和乡村旅游的能力。对资源禀赋有优势的贫困地区，要支持农民发展休闲农业和乡村旅游合作社、农家乐和小型采摘园等，带动传统种养产业转型升级，促进贫困地区农村一二三产业融合发展。部里将对贫困地区创建休闲农业和乡村旅游品牌以及申请中国重要农业文化遗产保护给予支持，各地要把贫困地区优先上报。要探索社会资本参与贫困地区发展休闲农业和乡村旅游的利益分享机制，引导和支持社会资本开发农民参与度高、受益面广的项目，着力推动精准脱贫。

第四，要围绕提档升级，着力在人员素质提高和设施改善上实现提升。农业部在今年专门安排了农业文化遗产培训，并积极会同发改委和财政部组织实施农村一二三产业融合试点项目，支持和带动各地改善休闲农业和乡村旅游的基础设施。各地要立足提高产业发展水平和质量，发展充实一批规划设计、创意策划和市场营销人才，加大从业人员培训，提高服务水平。要采取多种方式加大支持力度，着力改善基础服务设施，扶持建设一批功能完备、特色突出、服务优良的休闲农业专业村、休闲农业园、休闲旅游合作社，发展充实一批规划设计、创意策划和市场营销人才，加大从业人员培训，提高服务水平，实现特色农业加速发展、村容环境净化美化和休闲服务能力同步提升。

第五，要围绕有序发展，着力在规范管

理和生态保护上实现提升。农业部将加大休闲农业和乡村旅游标准和规范的制定和宣贯力度，并指导各地分层次制定相关标准，逐步推进管理规范化和服务标准化，促进休闲农业和乡村旅游规范有序发展。各地要引导各休闲农业和乡村旅游经营主体树立开发与保护并举的理念，在统筹考虑资源和环境承载能力的情况下，加大生态环境保护力度，走资源节约型和环境友好型的发展道路，实现经济效益、生态效益、社会效益协调发展。

第六，要围绕品牌培育，着力在典型示范和氛围营造上实现重大提升。农业部将按照点线面结合的思路，在整合优化的基础上，重点打造“3＋1＋X”的休闲农业和乡村旅游品牌体系。“3”指的是在面点线上开展品牌创建和推介。在面上，继续开展全国休闲农业和乡村旅游示范县（市、区）创建，着力培育一批生态环境优、产业优势大、发展势头好、示范带动能力强的休闲农业与乡村旅游集聚区。在点上，继续开展中国美丽休闲乡村推介活动，在全国打造一批天蓝、地绿、水净，安居、乐业、增收的美丽休闲乡村（镇），培育消费新增长点，增强经济发展新动能。在线上，重点开展休闲农业和乡村旅游精品景点线路推介，吸引城乡居民到乡村休闲消费。“1”指的是着力培育好农业文化遗产这个品牌，继续加大中国重要农业文化遗产的发掘保护传承工作，推动遗产地经济社会可持续发展。“X”指的是鼓励各地因地制宜开展农业嘉年华、休闲农业特色村镇、星级户、精品线路、农业主题公园等形式多样的创建与推介活动，培育地方品牌。在宣传方面，要按照“统筹谋划、上下联动、均衡有序”的思路，在节假日和重要农事节庆节点，有组织、有计划地开展休闲农业和乡村旅游精品景点宣传推介，扩大产业的影响力。鼓励各地举办特色鲜明、影响力大、公益性强的农事节庆活动。

在农民创业创新经验交流活动上的讲话

农业部副部长　陈晓华

（2016 年 6 月 22 日）

同志们：

刚才听了农民创业创新的经验交流，非常高兴，很受鼓舞。听后感到，农村天地广阔，农业潜力巨大，农民创业创新热情高涨。结合大家谈的，我有三点认识。

一、农民创业创新意义重大

近年来，广大农民在党的强农惠农富农政策引导下，在现代农业和新农村建设的实践中，积极投入大众创业、万众创新的浪潮，为农业提质增效、农民就业增收、农村繁荣稳定和稳增长、促改革、惠民生、防风险做出了重要贡献，具有十分重要的意义。

（一）推动农民创业创新是蓄积农业农村经济新动能的必然选择。随着资源要素驱动力逐步减弱，传统的农业发展方式越来越难以为继。推进返乡农民工、大学生、退役军人、大学生村官、农村青年、农村能人等群体，以自身资金、技术和经验积累在农村开办新企业、开发新产品、开拓新市场，培育新技术、新业态、新模式，实现多要素聚集、多产业融合、多经营主体培育，有利于推动农业结构优化调整，提高农业质量效益和竞争力，为农业农村经济发展不断培植新的增长点和动力源，不断注入新的活力。

（二）推进农民创业创新是带动农民就近就业增收的重要举措。随着经济转型升级和去产能的推进，农民外出就业压力增大，结构性矛盾凸显。推进有梦想、有意愿、有能力的农民在农村创业创新，使他们“如鱼得水”、施展才干，在充分实现他们的个人价值的同时，也从单纯打工的就业加法变为创业带就业的乘法，有利于带动更多的农民就业增收，实现创新支持创业、创业带动就业的良性互动局面。

（三）推进农民创业创新是培育新型职业农民的迫切需要。随着农业兼业化、农村空心化和农民老龄化等景象出现，今后“谁来种地”的问题尖锐地摆在面前。因此，要引导富余劳动力外出务工就业和就地就近就业，同时也要积极适应新形势和新趋势，推进具有较高文化知识水平、现代经营理念的农民工和大学生等人员返乡创业，向农村输送新生力量和新鲜血液，有利于储备和培养大量现代农业经营管理人才，壮大新型职业农民队伍，为现代农业和新农村建设提供人力资源保障。

（四）推进农民创业创新是聚集农村资源要素的有效手段。随着现代农业推进和农村二三产业发展壮大，越来越需要用工业化、信息化、城镇化成果支撑农业农村发展。推进各类人才到农村，放飞自己创业创新的梦想，吸引工业和城市资源要素向农业和农村聚集，有利于推进农村一二三产业融合发展，开创新型工业化与农业现代化、城镇化与新农村建设协同推进和城乡一体化发展的新局面。

二、农民创业创新成效显著

从大家发言中，可以看出，当前农民创业创新风生水起、成效显著，有许多可喜变化。

一是创业人数越来越多，创业新热潮正在形成。到 2015 年年底，农民累计创办 2 505 万个中小微企业，农产品加工企业 40 多万家、休闲农业经营主体 27 万家、农业新型经营主体 250 万家（其中农民合作社 153 万家）。近五年返乡创业人数增幅均保持在两位数，目前农民工返乡创业人数累计已超过 450 万人，约占农民工总数的 2%，“十二五”期末大学毕业生返乡创业比例也达到 1%。

二是创业领域越来越宽，产业融合创业明显增多。创业领域逐步覆盖特色种养业、农产品加工业、休闲农业和乡村旅游、信息服务、电子商务、“三品一标”农产品生产经营、特色工艺产业等农村一二三产业，创办的经营主体包括家庭农场、种养大户、农民合作社、农业企业和农产品加工流通企业，并呈现出融合互动、竞相发展的趋势。

三是创业起点越来越高，现代要素投入明显增加。返乡创业主体素质更高，抱团创业更多，管理方式更新，广泛采用了新技术、新模式和新业态，并且融入到当地的现代农业和特色经济中去。目前有 54.3%的返乡创业者通过网络、微博、微信等新媒体了解信息、政策法规并进行营销推广。

四是创业服务体系越来越健全，扶持措施明显加强。各地结合实际采取了一些行之有效的措施。比如提供创业资助券，对农民创业者给予政策性贷款授信；建设创业孵化基地和服务平台，为创业者提供“孵化器”和“保育箱”；加强创业培训，2015 年各地共培训返乡创业人员 1.83 万名，开展职业技能培训鉴定近 40 万人次，培育新型职业农民 100 万人，培训农场主 4 000 人次，培训 5 000 农民网上创业人员；通过举办创业训练营、创业创新大赛、组建创业联盟、创新成果和创业项目展示推介等，营造创业氛围；制定“候鸟回归”计划和“春风行动”“农创客行动”，为农民创业者提供各类服务。

刚才听了大家的发言，我认为，农民创业创新之所以取得成功，共同之处就是在四个方面的关系上处理得比较好：一是市场和政府的关系，农民创业创新既要政府支持，更要靠市场引领，要多研究市场、紧跟市场、适应市场；二是多方扶持和自身努力的关系，创业创新有风险，关键要靠自身的坚持和努力；三是创业与创新的关系，创业成功能活下去，而活得好、可持续就必须依靠创新；四是个人富和带动农民富的关系。农民创业创新的变化来之不易，这些成效值得肯定，我们要认真总结各地和农民创业创新带头人的经验，大力宣传推广。

三、推动农民创业创新任重道远

要看到，当前农民创业创新还存在一些特殊困难和问题。用地难是创业的第一道瓶颈，融资难是创业的第二道瓶颈，吸引人才难是创业的第三道瓶颈，创业风险高是创业的第四道瓶颈，这些都需要方方面面采取切实措施加以化解。当前，推动农民创业创新，要按照“政府搭建平台，平台集聚资源，资源服务创业”的思路，以“创设落实一批政策，搭建一批平台，培育一批带头人，总结推广一批典型模式，建立一套服务体系（五个一）”为工作布局，大力实施农民创业创新服务工程。

在工程实施上，一是落实和创设农民创业创新政策。打通创业创新扶持政策落实的“最后一公里”，确保各项优惠政策能落地生根。推动强农惠农富农政策和农业农村补助项目等向农民创业创新倾斜。支持各地根据本地实际创设更加优惠的政策措施。二是培育农民创业创新带头人。利用现有培训资源网络、远程传输、远程教育服务平台和培训机构，结合新型职业农民、农村实用人才、职业技能等培训计划，培育一批农民创业创新带头人和农民创业创新辅导师，广泛开展农民创业技能培训。三是搭建农民创业创新平台。利用现有工业园区和农业园区，建设一批农民创业创新园，真正让农民创业创新园成为好的抓手；利用名村、企业、园区和农贸市场，建设一批农民创业创新见习基地。

在推进方式上，一要建立工作机制。要像抓农业和粮食生产那样抓农民创业创新，充分发挥各方面优势，加强部门间协调配合，不断完善农民创业创新工作内容，形成高效运行的长效机制，把工作落到实处。二要坚持典型引路。总结推广一批农民创业创新模式，引导广大农民在创业创新中学习借鉴。开展农民创业创新大赛等活动，培育宣传一批农民创业创新带头人。三要提供公共服务。实施新生代农民工职业技能提升计划，实施职业培训行动。鼓励各类社会机构开展农民创业创新综合性服务和专业类服务，办好各类促进创业创新的公益活动。

同志们，这次交流活动，各地都做了充分准备，希望大家相互学习，取长补短。今天有很多中央新闻媒体到场，十分感谢并真切希望新闻界朋友加大对农民创业创新的宣传报道，讲活农民创业创新好故事、唱响农民创业创新好声音，形成推动农民创业创新的“大合唱”，形成全社会关心支持农民创业创新工作的良好环境。

在美丽乡村博鳌国际峰会上的致辞

农业部总农艺师 孙中华

（2016 年 6 月 23 日）

各位来宾，女士们、先生们，朋友们：

大家上午好。

今天我们相聚在美丽博鳌，喜迎美丽乡村博鳌国际峰会隆重开幕。在此，我谨代表农业部对峰会的召开表示热烈的祝贺！并借此机会，向长期关心支持美丽乡村建设的各界代表和朋友们表示衷心的感谢！

党的十八大做出了建设美丽中国的战略部署。习近平总书记指出，中国要强，农业必须强；中国要美，农村必须美；中国要富，农民必须富。最近在小岗村座谈时又强调，建设社会主义新农村，要规划先行，遵循乡村自身发展规律，补农村短板，扬农村长处，注意乡土味道，保留乡村风貌，留住田园乡愁；全面改善农村生产生活条件，为农民建设幸福家园和美丽宜居乡村。这为我们推进美丽乡村建设指明了方向。

农业部高度重视美丽乡村建设工作。近年来，通过开展美丽乡村创建活动和中国美丽休闲乡村推介活动，创设发展政策，加强规划引导，强化公共服务，培育知名品牌，有力地推动了休闲农业与乡村旅游产业发展。2015 年，全国休闲农业和乡村旅游接待游客超过 22 亿人次，营业收入超过 4 400 亿元，从业人员数量超过 790 万人，带动了 550 万户农民受益。实践表明，休闲农业和乡村旅游的发展，使农区变成了景区、田园变成了公园、民房变成了客房、劳动变成了运动、产品变成了商品，农村闲置的土地利用起来了，农民闲暇的时间充实起来了，传统的农耕文化也活跃起来了，日益成为了富裕农民、提升农业、美化农村的朝阳产业。

当前，我国休闲农业和乡村旅游已进入快速发展阶段，正面临难得的发展机遇。一是美丽中国和新型城镇化建设为休闲农业和乡村旅游发展提供了重要机遇。党的十八大作出了推进生态文明和美丽中国建设的重大决策部署，中央城镇化工作会议提出了生产空间集约高效、生活空间宜居适度、生态空间山清水秀的总体要求。美丽乡村作为美丽中国建设的重要组成部分和新型城镇化规划布局中的重要领域，必将受到各级政府高度关注，必将受到城乡居民的更大青睐。二是良好的政策环境为休闲农业和乡村旅游发展提供了有力支撑。今年的中央 1 号文件专门提出要大力发展休闲农业和乡村旅游，使之成为繁荣农村、富裕农民的新兴支柱产业，并且在用地政策、扶持项目、发展类型等方面都提出了明确要求。三是旺盛的市场需求为休闲农业和乡村旅游发展提供了动力源泉。2015 年，我国城镇化率已经达到 56.1%，城镇居民年人均纯收入接近 31 195 元。市民远离城市喧嚣，到乡村望蓝天白云、看碧水清波、吸清新空气、品特色美食的愿望更加强烈。随着国家法定节假日的优化调整和带薪休假制度的逐步落实，必将成为拉动休闲农业和乡村旅游发展的动力源泉。四是日趋改善的农村设施为休闲农业和乡村旅游发展提供了基础条件。近年来，中央将“三农”工作放在全部工作的重中之重，大力推进城乡一体化发展，不断加大基础设施建设投入力度，推动公共服务均等化和城乡要素平等交换，农村的水电路气房和通信等设施得到较大改善，社会事业水平明显提高，这为发展休闲农业和乡村旅游打下了良好基础。

“十三五”时期，休闲农业和乡村旅游发展工作一定要牢固树立“创新、协调、绿色、开放、共享”的发展新理念，以促进农民就业增收、满足居民休闲消费需求、建设美丽乡村为目标，以激发消费活力、促进产业升级、实施产业脱贫为着力点，依托绿水青山、田园风光、乡土文化等资源，坚持农耕文化为魂，美丽田园为韵，生态农业为基，创新创造为径，古朴村落为形，推进农业与旅游、教育、文化、健康养老等产业深度融合，加强统筹规划，强化政策创设，组织实施休闲农业和乡村旅游提升工程，力争到 2020 年，产业规模年均增长 10%以上。一要加强规划引导。按照生产生活生态统一、一二三产业融合的总体要求，遵循乡村自身发展规律，因地制宜科学编制发展规划，调整产业结构，优化发展布局，打造生产标准化、经营集约化、服务规范化、功能多样化的休闲农业和乡村旅游产业带和产业群。二要创新发展类型。大力发展休闲度假、旅游观光、养生养老、创意农业、农耕体验、乡村手工艺等，因地制宜开发休闲农庄、乡村酒店、特色民宿、自驾露营、户外运动等乡村休闲度假产品，促进休闲农业和乡村旅游的多样化、个性化发展。三要改善基础设施。实施休闲农业和乡村旅游提升工程，加强传统村落和传统民居的保护修缮，着力改善休闲旅游重点村进村道路、宽带、停车场、厕所、垃圾污水处理等基础服务设施，扶持建设一批功能完备、特色突出、服务优良的休闲农业聚集村、休闲农业园、休闲旅游合作社。四要推动产业扶贫。探索社会资本参与贫困地区发展休闲农业和乡村旅游的利益分享机制，引导和支持社会资本开发农民参与度高、受益面广的项目，带动传统种养产业转型升级，着力推动精准脱贫。五要提升发展内涵。强化休闲农业和乡村旅游经营场所的创意设计，提升休闲农业和乡村旅游的文化软实力。按照“在发掘中保护、在利用中传承”的思路，加大对农业文化遗产价值的挖掘、保护、传承和利用力度，推动遗产地经济社会可持续发展。六要培育知名品牌。按照点线面结合的思路，在整合优化的基础上，打造示范县（市）、中国美丽休闲乡村（镇）、全国休闲农业和乡村旅游精品景点线路和农业文化遗产品牌体系，吸引城乡居民到乡村休闲消费。

建设美丽宜居乡村是一项长期的系统工程，涉及农业、农村、文化、旅游、环境等诸多方面。建设过程既是乡村自身调整发展方式的过程，又是催生新型产业类型形成的过程，更是推动城乡一体化发展的过程。希望大家以此次峰会为契机，遵循乡村发展规律，加强交流研讨、分享建设经验，加强部门合作、形成工作合力，加强宣传推介、营造良好氛围，共同为促进农业强起来、农村美起来、农民富起来做出新贡献。

在中国农民工返乡创业创新论坛上的讲话

农业部总农艺师　孙中华

（2016 年 9 月 11 日）

各位领导，同志们：

大家上午好！

很高兴出席今天的论坛。首先，代表农业部对 2016 首届农民工返乡创业创新发展论坛的举办表示热烈祝贺！支持农民工返乡创业是党中央、国务院大众创业万众创新重大战略部署的重要组成部分，是适应经济发展新常态、深化农业产业结构调整、为“三农”发展增添新动能的重要举措。不久前，李克强总理、汪洋副总理、马凯副总理分别做出重要批示，要求农业部作为农民工返乡创业的牵头部门，协调国务院有关部委共同做好工作。农业部按照中央领导的指示，已经出台了一系列相关文件，组织宣传推介一批农民创业创新带头人，举办了返乡创业农民工经验交流活动，正在联合有关部门起草促进农民工等人员返乡创业的政策意见，筹备成立工作推进协调领导小组，大力推进返乡创业工作的开展。

下面，我谈三点看法。

一、农民工返乡创业的重大意义

近年来，随着经济发展进入新常态，城乡劳动力的流动趋势出现了一个重大变化：这就是由单一的农民工进城务工，变成了农民工开始返乡创业，并且有不断增长的趋势。据农业部调查，近五年，农民工和大学生等人员返乡创业就业人数年均增幅保持在两位数，全国农民工返乡创业人数累计已经超过 450 万人。农民工返乡创业已经成为一个非常重要的经济和社会现象，在一定程度上反映了现阶段劳动力迁移的规律。农民工在经验、技术、资金、管理、人脉等方面有了越来越多的积累，回乡创业就业的想法自然应运而生。不断完善的基础设施使农村的吸引力大大增强，多年的农村空心化、农民老龄化带来了新的发展机遇，乡村的价值洼地需要被填平，乡情、乡愁的张力越拉越紧，农民工返乡创业大有可为。

农民工返乡创业有利于多主体培育，构建现代农业经营体系。农民工返乡创业可以把现代的发展理念、先进的科学技术导入农村，大批返乡创业者成为种养殖大户，创办家庭农场、农民合作社、农产品加工、休闲农业与乡村旅游、农村电商、农村社会服务等一二三产业企业，形成了现代农业的新型经营主体，改变了农村的经营结构。农民工返乡创业有利于多要素发力，构建现代农业生产体系。返乡创业农民工受过工业化训练、城市化熏陶，有技术、有文化、有知识、有水平、有阅历，了解农村，对农村有感情，能够在农村留得住，顶得起，用得上。他们把城乡资源有效整合，不断改变落后的农业生产方式，推动农村生产、生活、生态的转型升级和进步。农民工返乡创业有利于多产业融合，构建现代农业产业体系。依靠人力和畜力发展的传统农业是农业的 1.0 版，农业的规模化、机械化是农业的 2.0 版，信息化的互联网＋、物联网农业是农业的 3.0 版。当前我们正在朝着农业的更高阶段——即农业接二连三、实现一二三产业融合发展的农业 4.0 版迈进。在这个过程中，农民工返乡创业会成为领头雁，形成雁阵效应，加速现代农业产业体系的构建和发展。

现代农业的发展方向是一二三产业融合，重点是发展农产品加工业为代表的第二产业，增长点是休闲农业、乡村旅游、电子商务为代表的第三产业，亮点就是农民工返乡创业创新。支持和鼓励农民工等人员返乡创业创新，激发他们的创业创新热情，是发展现代农业的重要引擎和内生动力。

二、大力推进农民工返乡创业

作为农民创业创新的牵头部门，农业部将按照“政府搭建平台，平台集聚资源，资源服务创业”的思路，以创设一套政策、搭建一批平台、培育一批带头人、总结一批模式、构建一个服务体系“五个一”为工作布局，以营造良好农民创业创新社会生态为目标，以激发农民创业创新活力为主线，不断构建有利于农民创业创新蓬勃发展的工作机制、政策体系、制度环境和公共服务平台。

一是落实和创设一批政策。打通创业创新扶持政策落实的“最后一公里”，确保各项优惠政策能落地生根。推动强农惠农富农政策和农业农村补助项目等向农民创业创新倾斜。二是搭建一批农民创业创新平台。利用现有工业园区和农业园区，建设一批农民创业园，真正让农民创业园成为好的抓手；利用名村、名企业、园区和农贸市场，建设一批农民创业创新见习基地。三是培育一批农民创业创新带头人。利用现有培训机构、资源网络、远程教育服务平台，结合新型职业农民、农村实用人才带头人、职业技能等培训计划，培育一批农民创业创新带头人和农民创业创新辅导师。四是总结一批典型模式。宣传推介一批全国农民创业创新带头人和一批推进农民创业创新的典型模式，将一批有思想、有文化、懂经营、善管理、敢闯敢干、敢为人先、勤于耕耘的农民创业创新典型选拔出来，总结推广好典型、好机制、好经验，供各地学习借鉴。五是建立一套服务体系。创建返乡创业孵化平台、实训基地，鼓励各类线上虚拟众创空间发展，打造线上线下相结合的返乡创业载体，加快建设综合性创业信息服务平台和服务窗口（服务热线），让返乡创业人员“门好找、事好办、政策一门清”。

三、积极扶持农民工返乡创业

随着农民工返乡创业的日益深入，返乡创业农民工也遇到不少困难，主要是用地难、融资难和人才短缺等。解决好这些问题，为返乡农民提供良好的创业环境，是摆在各级政府面前的重要任务。第一，要加大政府支持。政府应该在政策创设与落实、采取措施提供便利化开业登记、用地用电、减税贴息等方面提供行政服务。地方政府，特别是县乡两级政府应该为农民工返乡创业铺设一条绿色通道，成为他们的知心人。第二，要加强资金扶持。投融资机构、金融机构、投资基金等应该多为返乡创业农民工提供贷款、投资、融资服务，解决融资难问题，成为他们的投资人。第三，要完善公共服务。鼓励社会各类创业服务机构，如创业园、孵化器、培训实训基地、创业辅导机构、技术咨询服务机构等积极向返乡创业农民工开放，提供全方位的创业服务，成为他们的贴心人。第四，强化宣传引导。各类新闻媒体应该加强对返乡创业政策、典型、经验、模式的研究、宣传与推介，营造良好的舆论氛围和社会环境，挖掘农民工返乡创业的潜力，激发他们的创业热情，成为他们的指路人。

多年来，遵义市汇川区委、区政府高度重视"三农"工作，把大力支持农民工返乡创业作为打造生态汇川、绿色汇川、和谐汇川的重要抓手，出台优惠政策，创建农民创业园和"农民工返乡创业一条街"，返乡农民工创办了一大批种植养殖、农产品加工、休闲农业与乡村旅游、农村电商甚至机械制造等企业，极大地促进了精准扶贫、现代农业、城乡互动和一二三产业融合发展。昨天，与会代表现场参观了汇川区农民工返乡创业典型，很受鼓舞，他们的经验做法令人敬佩，也值得各地学习借鉴。

希望大家在本次论坛活动中共同学习，相互交流，研究问题，共促发展，推动农民工返乡创业工作取得新成绩。

最后预祝本次农民工返乡创业论坛取得圆满成功！谢谢大家！

在2016年中国美丽休闲乡村发布活动上的讲话

农业部总农艺师　孙中华

（2016年10月21日）

值此秋高气爽、瓜果飘香的美好季节，我们在美丽的德清县举办2016年中国美丽休闲乡村发布活动，很有意义。首先，我代表农业部向被认定的150个中国美丽休闲乡村表示热烈的祝贺！向长期以来关心支持休闲农业和乡村旅游发展的朋友们表示衷心的感谢！

我们在德清县考察了12个休闲农业发展和美丽乡村建设典型，让我们看到了"绿水青山就是金山银山""山水林田湖生命共同体"的现实写照，给大家留下了深刻的印象。德清的成功，立足于生态环境保护，得益于一二三产融合发展，先进的理念、灵活的机制、创新的模式，有效盘活了农村资源、焕发了农业生机、促进了农民增收，其发展模式和机制探索，具有典型的示范作用，为我们发展休闲农业和建设美丽乡村积累了好经验，值得各地学习借鉴。6位同志的典型发言，讲得都很好，他们的好做法好经验，也都很值得各地学习借鉴。

党的十八大作出大力推进生态文明、建设美丽中国的重大决策部署。习近平总书记多次强调，中国要强农业必须强，中国要美农村必须美，中国要富农民必须富；在小岗村召开的农村改革座谈会上，总书记又指出要遵循乡村自身发展规律，补农村短板，扬农村长处，注意乡土味道，保留乡村风貌，留住田园乡愁。今年中央1号文件明确指出，要大力发展休闲农业和乡村旅游，实施休闲农业和乡村旅游提升工程，建设一村一品、一村一景、一村一韵的美丽村庄。这些为我们积极拓展农业多种功能，大力发展休闲农业和乡村旅游，促进农村一二三产业融合发展指明了方向。

休闲农业和乡村旅游是贯穿农村一二三产业，融合生产、生活和生态功能，紧密连接农业生产、农产品加工业、农村服务业的新型产业形态和消费业态。虽然发展时间不长，但在市场拉动、政策推动、创新驱动、政府联动下，全国休闲农业和乡村旅游快速发展，呈现出产业规模日渐扩大、发展内涵不断提升、类型模式逐步丰富、发展方式逐步转变、综合效益同步提高的特点。据不完全统计，2015年全国休闲农业和乡村旅游接待游客超过 22 亿人次，营业收入超过 4 400 亿元，从业人员 790 万人，其中农民从业人员 630 万人，带动 550 万户农民受益。“十二五”时期游客接待数和营业收入年均增速均超 10%，整个产业呈现出“发展加快、布局优化、质量提升、领域拓展”的良好态势。各地的实践证明，发展休闲农业和乡村旅游日益成为富裕农民、提升农业、美化农村的朝阳产业，使一些地方农区变景区、田园变公园、民房变客房、劳动变运动、产品变商品，农村闲置的土地利用起来了，农民闲暇的时间充实起来了，传统的农耕文化活跃起来了。

休闲农业和乡村旅游快速发展的过程中，各地因地制宜广泛开展形式各异、内涵丰富的美丽乡村创建活动，不断创新发展模式，拓宽发展领域，涌现出了许多产业特色突出、文化特征明显、品牌知名度高、村容景致独特、精神风貌良好的美丽休闲乡村。这些乡村的出现和发展，激活了一片区域、兴起了一批产业、带富了一方百姓。为培育一批休闲农业和乡村旅游知名品牌，提升美丽休闲乡村的知名度和影响力，激发各地建设的积极性和创造性，从 2016 年起，农业部以原有的中国最美休闲乡村、美丽乡村和全国休闲农业与乡村旅游示范点创建工作为基础，启动开展了中国美丽休闲乡村推介工作，与全国休闲农业和乡村旅游示范县创建、中国重要农业文化遗产、全国休闲农业和乡村旅游精品景点线路推介等工作一起，重点打造“3＋1＋X”的休闲农业和乡村旅游品牌体系。这是农业部门深入贯彻党的十八大提出的大力推进生态文明、建设美丽中国决策部署的重要行动，是认真落实习近平总书记重要指示和中央 1 号文件精神的具体举措，是总结美丽休闲乡村发展经验、培育休闲农业和乡村旅游品牌的有效手段。

经过地方推荐、专家审核和网上公示等程序，农业部推介北京市延庆区下湾村等 150 个村为 2016 年中国美丽休闲乡村。这些美丽休闲乡村以农耕文化为魂，以美丽田园为韵，以生态农业为基，以创新创造为径，以传统村落为形，实现了人与自然的和谐发展，成为新时期发展现代农业、带动农民增收、保护生态环境和建设社会主义新农村的典型代表；成为满足城乡居民休闲旅游消费、传承农耕文明和中华民族文化的重要载体；成为农民幸福生活的美好家园和建设美丽中国的经典缩影。今年中秋国庆长假期间，我部向社会推介了一批休闲农业和乡村旅游精品景点线路，包括 150 个中国美丽休闲乡村以及 530 个精品景点和 240 条精品线路，取得了良好效果。据不完全统计，经发布的精品景点和线路，在长假期间客流量显著增加，特色农产品销量明显增加，游客量达 8 000 万人次，同比增长 23%，接待收入约 2.4 亿元，同比增长 26%。

今天举办这次发布活动的目的就是向全社会发布推介中国美丽休闲乡村，扩大品牌知名度，提高全社会对休闲农业和乡村旅游的认知和接受度，为推动休闲农业和乡村旅游工作营造良好的氛围。希望这些中国美丽休闲乡村要珍惜荣誉、加强管理，进一步拓展农业功能，挖掘农耕文化，保护生态环境，改善服务设施，开发特色产品，提升服务质量，不断提升休闲农业和乡村旅游发展水平，切实发挥好示范带动作用。

为深入落实今年的中央 1 号文件精神，促进农村一二三产业深度融合发展，前不久，农业部联合国家发展改革委、国土资源部、中国人民银行、国家税务总局等 14 部门印发了《关于大力发展休闲农业的指导意见》（以下简称《指导意见》）（农加发〔2016〕3 号），在去年 11 部门文件的基础上，更加全方位、有针对性地明确了今后一段时期休闲农业的目标任务、保障措施和工作要求，明确提出了 7 项主要任务和 4 项扶持保障政策。主要任务方面包括：一是加强规划引导。因地制宜科学编制发展规划，打造生产标准化、经营集约化、服务规范化、功能多样化的休闲农业产业带和产业群，积极推进“多规合一”。二是丰富产品业态。推动休闲度假产品的多样化、个性化，发展农（林、牧、渔）家乐、休闲农业合作社和以休闲农业为核心的一二三产业融合发展聚集村，积极探索农业主题公园、农业嘉年华等形式。三是改善基础设施。实施休闲农业和乡村旅游提升工程，扶持建设一批功能完备、特色突出、服务优良的休闲农业聚集村、休闲农业园、休闲农业合作社，改善基础配套服务设施和休闲农业基地种养条件。四是推动产业扶贫。支持贫困户发展休闲农业合作社、农家乐和小型采摘园等，拓宽贫困地区农产品加工销售渠道；引导支持社会资本开发农民参与度高、受益面广的休闲旅游项目，积极探索农民利益分享机制。五是弘扬优秀农耕文化。加大对农业文化遗产价值的发掘保护，积极开展普查摸底，实行动态监督管理；推进优秀农耕文化与校园教育相结合，实施中国传统工艺振兴计划。六是保护传统村落。改善基础设施和公共服务设施，建立中国传统村落的保护管理机制，强化休闲农业经营场所的创意设计，提升休闲农业的文化软实力。七是培育知名品牌。打造点线面结合的休闲农业品牌体系。在面上，继续开展全国休闲农业示范县（市、区）创建；在点上，继续开展中国美丽休闲乡村推介活动；在线上，重点开展休闲农业精品景点线路推介。同时，鼓励各地因地制宜创建多种形式的地方品牌。扶持保障政策方面包括：一要强化政策落实创设。支持有条件地方开展城乡建设用地增减挂钩试点，鼓励各地将休闲农业和乡村旅游项目建设用地纳入土地利用总体规划和年度计划合理安排。支持农村集体经济组织，依法使用集体建设用地灵活创办休闲旅游接待服务企业。鼓励各地政府、金融机构通过加大财政扶持、创新信贷模式等扶持休闲农业。二要加大公共服务。分类、分层开展休闲农业管理服务人员培训，建立设计研究、规划创意中心。鼓励社会资本建设休闲农业宣传推介平台。构建监测统计制度。三要加强规范管理。加强休闲农业行业标准制定宣贯，鼓励制定地方行业标准。加强品牌动态管理和行业组织服务，加快形成自我管理、自我监督、自我服务的社会化服务体系。四要强化宣传推介。有组织、有计划地开展全国性休闲农业精品景点宣传推介。鼓励各地举办特色鲜明、影响力大、公益性强的农事节庆活动。

此次印发的《指导意见》将是今后一个时期指导全国休闲农业和乡村旅游发展的纲领性文件。各地要在深入领会意见精神的基础上，因势而谋，应势而动，顺势而为，开拓创新，认真抓好贯彻落实。第一，要切实加强组织领导。各地要从全局和战略的高度深化对发展休闲农业的认识，将休闲农业和乡村旅游纳入当地国民经济和社会发展规划，充实工作力量、加强干部人才队伍建设，理顺职责关系，建立高效的管理体系。要认真履行规划指导、监督管理、协调服务的职责，组织拟定发展战略、政策、规划、计划并指导实施，切实提高推动休闲农业与乡村旅游科学发展的能力。第二，要坚持推动发展原则。要按照“农业为基础、农村为载体、农民为主体”的理念，坚持以农为本、促进增收，多方融合、相互促进，因地制宜、突出特色，规范管理、强化服务，政府引导、多方参与，保护环境、持续发展的原则，将休闲农业发展与现代农业、美丽乡村、生态文明、文化创意产业建设、农民创业创新融为一体，推动农村一二三产业融合发展。第三，要推动政策落实创设。《指导意见》在休闲农业用地、财政、税收、金融等方面出台了一系列新的扶持政策。各地要在积极推动落实这些政策的基础上，结合本地实际，积极与相关部门沟通协商，争取制定含金量高，指向性、精准性、操作性强的政策措施，切实把《指导意见》的要求落到实处，使之变成休闲农业和乡村旅游发展的指南。

同志们、朋友们，发展休闲农业是发展现代农业、增加农民收入、建设社会主义新农村的重要举措，是促进城乡居民消费升级、发展新经济、培育新动能的必然选择。做好新时期的休闲农业工作责任重大、使命光荣，任务艰巨。在此，我希望全国各级休闲农业管理部门以本次活动为契机，围绕美丽宜居乡村、健康乡村和美丽中国、健康中国建设，不断增强使命感、责任感和紧迫感，切实加强组织领导，完善政策措施，强化公共服务，加大工作力度，努力推进我国休闲农业和乡村旅游持续健康发展，为农业强起来、农民富起来、农村美起来，全面建成小康社会，实现中华民族伟大复兴的中国梦做出新的更大的贡献。

在第四届北京农业嘉年华开幕式上的讲话

农业部农产品加工局局长　宗锦耀

（2016 年 3 月 12 日）

尊敬的陈晓华副部长、林克庆副市长，各位领导，同志们：

芳菲三月，万物复苏。值此繁花似锦、春满人间的美好季节，第四届北京农业嘉年华隆重开幕。首先，我代表农业部农产品加工局向活动的举办表示热烈祝贺。

近年来，在市场的强力拉动和各级政府的积极推动下，全国休闲农业和乡村旅游发展如火如荼、精彩纷呈。2015 年各类经营主体达 180 万家，年接待游客 11 亿人次、营业收入约 3 500 亿元、带动 3 300 万农民受益，呈现出“发展加快、布局优化、质量提升、领域拓展”的格局。各地的发展实践，充分彰显了休闲农业和乡村旅游促进增收的经济功能、带动就业的社会功能、传承农耕文明的文化功能、美化乡村环境的生态功能、促进基层政权建设的政治功能，日益成为富裕农民、提升农业、美化乡村的战略性新兴产业，成为农业农村经济的新增长点、农民就业增收的新亮点。

党中央国务院高度重视休闲农业和乡村旅游的发展。今年中央 1 号文件提出，要大力发展休闲农业和乡村旅游，使之成为繁荣农村、富裕农民的新兴支柱产业。在国务院办公厅关于加快转变农业发展方式、推进农村一二三产业融合发展、促进旅游投资和消费等文件中也都强调，要加强规划引导，拓展农业多种功能，大力发展休闲农业和乡村旅游。党中央国务院的决策部署，既为我们指明了方向，明确了任务要求，也为我们推动产业发展提供了难得的机遇。

近年来，北京市委市政府认真贯彻落实中央的决策部署，高度重视休闲农业和乡村旅游发展，通过编制发展规划，加强行政管理，加大公共服务，强化项目扶持，丰富发展内涵等，不断推动全市休闲农业和乡村旅游产业发展，着力打造城乡居民望山看水忆乡愁的好去处。特别是根据市民的春季消费需求，将农业生产、农民生活、农村生态和农耕文化等通过科学规划和系统创意统一起来，成功举办农业嘉年华，不断提升休闲农业和乡村旅游发展水平，满足居民休闲的个性化需求，打造了市民走进农村、了解农业、关注农民的重要平台，在加快转变农业发展方式、促进农业现代化和农民就业增收方面发挥了重要作用。

休闲农业和乡村旅游是现代农业、现代旅游的新型业态，也是促进美丽乡村美丽中国和健康中国建设的重要内容。随着城乡居民收入水平的提高、消费方式的转变和闲暇时间的增多，我国已经进入大众化休闲旅游时代。我们要牢固树立并切实贯彻创新、协调、绿色、开放、共享的新发展理念，紧紧围绕城乡居民消费升级需求，推动供给侧结构性改革，促进农村一二三产业融合发展。要认真实施休闲农业和乡村旅游提升工程，依托农村绿水青山、田园风光、乡土文化等资源，加强统筹规划，以农耕文化为魂，以美丽田园为韵，以生态农业为基，以创新创造为径，以古朴村落为形，大力发展休闲度假、旅游观光、养生养老、创意农业、农耕体验、休闲农庄、特色民宿等休闲旅游产品，推进农业与旅游、教育、文化、健康养老等产业深度融合，推动休闲农业和乡村旅游产业优化布局、提升质量、拓展领域，变农区为景区、田园为公园、农房为客房、劳动为运动、产品为商品，让广大城乡居民养眼养胃养肺养心养脑，为农业强起来、农民富起来、农村美起来，夺取全面建成小康社会决胜阶段的伟大胜利，做出新的更大贡献。

在全国休闲农业和乡村旅游经验交流会上的总结讲话

农业部农产品加工局局长　宗锦耀

（2016 年 5 月 6 日）

同志们：

这次全国休闲农业和乡村旅游工作经验交流会，总结交流了“十二五”休闲农业和乡村旅游的发展成就和工作经验，分析了当前面临的形势任务，研究部署了“十三五”时期的重点工作，举办了全国休闲农业和乡村旅游精品景点线路发布活动，并深入雅安市牛碾坪茶旅综合体、中国藏茶村、白火新村，成都市邛崃市大梁酒村、蒲江县光明乡等地进行了现场考察。上午，四川省雅安市以及吉林、江苏、山东、陕西四省和浙江省德清县作了典型发言，6 地在规划引领、资金扶持、标准制定、模式创造、机制创新、宣传推介等方面经验有很强的借鉴意义。刚才，陈晓华副部长作了十分重要的讲话。讲话认真贯彻了党中央、国务院的决策部署和习近平总书记系列重要讲话精神，站在全局和战略的高度，充分肯定了“十二五”休闲农业和乡村旅游的发展成绩，认真总结了工作开展中的好经验好做法，并从释放新需求、发展新业态、创造新供给、培育新动能的角度，深刻分析了“十三五”休闲农业和乡村旅游发展面临的新形势新任务，系统论述了发展休闲农业和乡村旅游的重大意义，紧紧围绕实施休闲农业和乡村旅游提升工程，全面部署了优化布局、丰富内涵、增收脱贫、提档升级、有序发展、品牌培育等重点工作。陈晓华副部长的讲话理论联系实际，立足当前，着眼长远，思想深刻，内涵丰富，具有很强的思想性、针对性和可操作性，是指导和推动“十三五”和今后一个时期休闲农业和乡村旅游发展的纲领性文献。我们一定要认真学习，深刻领会，切实贯彻落实。下面，我就贯彻落实这次会议精神和陈晓华副部长讲话，再强调五点要求。

第一，要深化认识抓落实。党中央、国务院高度重视休闲农业和乡村旅游发展，今年的中央 1 号文件明确指出，要大力发展休闲农业和乡村旅游，实施休闲农业和乡村旅游提升工程。习近平总书记多次强调“中国要强农业必须强，中国要美农村必须美，中国要富农民必须富”，并提出要像保护眼睛一样保护生态环境，像对待生命一样对待生态环境；要让居民望得见山、看得见水、记得住乡愁；绿水青山就是金山银山；山水林田湖是一个生命共同体；要注意保留村庄原始风貌，要传承文化。前不久在小岗村召开的农村改革座谈会上，总书记又指出要遵循乡村自身发展规律，补农村短板，扬农村长处，注意乡土味道，保留乡村风貌，留住田园乡愁。这些重要论述为我们推动休闲农业和乡村旅游发展指明了方向。我们要把思想和行动统一到习总书记的系列重要讲话精神上来，统一到党中央、国务院决策部署上来，牢固树立并切实贯彻创新、协调、绿色、开放、共享的新发展理念，按照陈晓华副部长的讲话要求，统一思想认识，充分认识到，发展休闲农业和乡村旅游是带动农民就业增收和产业脱贫的重要途径，是推动农业供给侧结构性改革的重要内容，是促进农村一二三产业融合发展的重要载体，是带动农民创业创新的重要平台。我们要因势而谋、应势而进、顺势而为，坚持以促进农民就业增收、满足居民休闲消费需求、建设美丽乡村为工作目标，以激发消费活力、促进产业升级、实施产业脱贫为着眼点，以推进农村一二三产业融合发展为工作路径，下大力气实施休闲农业和乡村旅游提升工程，力争再创新成绩。

第二，突出重点抓落实。各地要结合实际，认真贯彻陈晓华副部长的讲话精神，努力推动落实中央 1 号文件和 11 部委联合印发的通知精神，紧紧围绕“十三五”休闲农业和乡村旅游的重点任务，把“六个围绕、六个提升”作为各项工作的重中之重，在用地政策、财税支持、拓宽融资渠道、加大公共服务等方面下工夫，结合当地发展实际，细化实化、积极创设具体政策措施。要按照点线面结合的思路，进一步加大品牌培育工作力度，因地制宜培育各具特色的地方知名品牌，加强规范管理，强化动态监管，确保培育的品牌经得起市场的检验。要加强对休闲农业和乡村旅游发展情况的统计监测，并及时分析上报运行情况，为科学决策提供依据。要分季节、分特色，多渠道、多途径推进宣传推介工作，加强统筹安排，形成上下联动、多媒体互动的新机制。

第三，要履职尽责抓落实。各级休闲农业管理部门要发挥主管部门规划指导、监督管理、协调服务的职能作用，切实提高认识，加强组织领导，健全工作体系，认真履职尽责，把发展休闲农业和乡村旅游作为促进农业强、农村美、农民富的重要举措来抓，纳入重要工作议程。做到年初有安排部署，年中有检查指导，年底有总结考核，及时总结经验，大胆创新思路，全力推动各项工作的开展。

第四，要互相学习抓落实。陈晓华副部长讲话中全面总结了“十二五”休闲农业和乡村旅游工作的好经验、好做法。会上有 6 个省、市、县的同志交流了很好的经验，希望大家围绕促进产业持续健康发展，借鉴兄弟省、市、县的发展经验，因地制宜，分类指导，改革创新，积极探索本地的发展模式和机制，提高推动休闲农业和乡村旅游科学发展的能力。

第五，要加强协作抓落实。各级休闲农业管理部门要牢固树立“一盘棋”思想，增强大局意识、服务意识、合作意识，加大沟通协调力度，积极主动争取地方政府和有关部门的高度重视和大力支持，加强与各有关部门的沟通协调，强化与各方社会力量的团结合作，整合力量，形成合力，形成密切配合、齐抓共管的长效机制，同唱一首歌，共促大发展。

十八届五中全会和“十三五”规划纲要都对农业现代化、农村贫困人口脱贫、生态文明建设等提出了新的目标要求。休闲农业和乡村旅游是现代农业和现代旅游的新业态，是推进农村一二三产业融合发展的新载体，是促进农村经济发展的新动能，是实现农民就业增收的新途径。发展休闲农业和乡村旅游对于促进农业强、农村美、农民富，推动农业供给侧结构性改革，弘扬中华农耕文化，推进生态文明，建设美丽宜居乡村和美丽中国都具有十分重大的意义和作用，必将在“十三五”受到更加广泛的关注和重视。让我们坚定信心、奋发有为、求真务实、开拓进取，进一步增强责任感使命感，努力推动休闲农业和乡村旅游持续健康发展，为促进农业基础稳固、农村和谐稳定、农民安居乐业，夺取全面建成小康社会的伟大胜利做出新的更大贡献。

在全国农村创业创新与农村产业融合发展经验交流会上的讲话

农业部农产品加工局局长　宗锦耀

（2016 年 11 月 24 日）

同志们：

这次全国农村创业创新与农村产业融合发展经验交流会，是在“十三五”开局之年、我国大众创业万众创新深入开展、农村一二三产业融合发展加快推进的重要时期召开的一次重要会议。会议的主要任务是，认真总结交流成效经验，积极探索总结成功做法，分析面临形势任务，研究部署下一步工作思路措施，努力推进农村创业创新和农村一二三产业融合发展。下面，我讲四点意见。

一、深刻认识推动农村创业创新工作的重要意义

改革开放 37 年来，我国农村创业创新曾出现过四次浪潮：20 世纪 80 年代前期乡村集体和农村能人创业，1992 年后体制内人员“下海”到农村创业，2001 年加入世界贸易组织后海外留学归国人员和城镇居民到农村创业，2008 年金融危机后返乡、下乡和本乡三大类群体组成的新农民创业创新，特别是近年来大众创业、万众创新的深入推进，激发出了农民这样草根一族的想象力、创业热情和创造力，他们带着对农村的深厚感情，利用多年打拼积累的市场、资本和经验开展创业创新，极大地活跃了农村、推进了农村一二三产业融合发展，为农业提质增效、农民就业增收、农村繁荣稳定和稳增长、促改革、惠民生、防风险做出了重要贡献，具有十分重要的意义。

（一）推动农村创业创新是蓄积农业农村经济新动能的必然选择。随着资源要素驱动力逐步减弱，传统的农业发展方式越来越难以为继，传统农村面临着衰退、凋敝的危险。为确保农业不衰退、农村不凋敝、农民不破产，既需要继续向外转移农村富余劳动力，减少农民、增加市民，实现农业规模经营和农业合理的收益；同时也需要向外吸纳各种优质资源，推进各类群体以自身资金、技术和经验积累在农村开办新企业、开发新产品、开拓新市场，培育新产业、新业态、新模式，将现代科技、生产方式和经营理念引入农业，实现多要素发力、多产业融合、多经营主体培育，为农业农村经济发展不断培植新的增长点，不断注入新的动能和活力。

（二）推进农村创业创新是带动农民就近就业增收的重要举措。随着经济转型升级和去产能的推进，农民外出就业压力增大，结构性矛盾凸显，农民就业增收面临着政策、科技和投入等要素贡献边际效益递减的趋势，面临着价格天花板和成本地板双重挤压的压力。支持那些既懂城市、又懂农村，有梦想、有意愿、有能力的人员在农村创业创新，使他们“如鱼得水”、施展才干，在充分实现他们的个人价值的同时，也从单纯打工的就业加法变为创业带就业的乘法，带动更多的农民就业增收，实现创新支持创业、创业带动就业的良性互动局面。

（三）推进农村创业创新是培育新型职业农民的迫切需要。目前，我国一些地方出现农业兼业化、农村空心化和农民老龄化现象，农业农村今后“谁来种地、谁来带动农民增收致富、谁来建设农村美好家园”的问题尖锐地摆在面前。因此，推进那些具有较高文化知识水平、拥有现代经营理念的各类人员到农村创业创新，向农村输送新生力量和新鲜血液，有利于储备和培养大量现代农业和农村经济发展所需的各类人才，壮大新型职业农民队伍，构建农业农村经营体系，形成现在农业企业经营、合作经营和农户经营的三层架构，即 12 万家大型加工流通企业以标准、品牌和资本为引领，促进 270 万个农民合作社等发展全产业链全价值链的农村产业

融合项目，带动 2.3 亿农户社会化服务的规模化。

（四）推进农村创业创新是聚集农村资源要素的有效手段。发展现代农业，推进农村二三产业发展，越来越需要用工业化、信息化、城镇化成果支撑。推进各类人才到农村，放飞自己创业创新的梦想，吸引工业和城市资源要素向农业和农村聚集，有利于发展新产业新业态新模式，推动“互联网＋”现代农业和农村一二三产业融合发展，构建新型工农城乡关系，维护农村和谐稳定，开创新型工业化与农业现代化、新型城镇化与新农村建设协同推进和城乡一体化发展的新局面。

二、充分肯定农村创业创新的成效经验

随着国家“大众创业、万众创新”战略深入推进，各地农村创业创新风生水起，呈现明显增多趋势，表现出一些可喜变化。各级农业部门在支持农村创业创新促进农村一二三产业融合发展的过程中，积极探索、勇于实践，既坚持政策规定，又创新完善方法，积累了一些好的经验。

一是创业人数越来越多，创业新热潮正在形成。农村创业创新涌现出特征明显的三大群体，既有具有农村户籍的农民工、中高等院校毕业生和退役士兵等返乡人员，也有具有城镇户籍的科技人员、中高等院校毕业生、有意愿有能力的城镇居民等下乡人员，还有农村能人和农村青年等本乡人员，形成蔚为壮观的双创主体。这三类群体增幅近 5 年均保持在两位数，到 2015 年年底，农民工返乡创业人数累计已超过 450 万人，约占农民工总数的 2%，大学毕业生返乡创业比例达到 1%，科技人员等下乡创业 130 万人，虽然初创企业规模不大，但至少能够创造 3 000万个就业岗位，解决 2 000 多万户离乡离巢问题。目前新型农业经营主体 270 万家，乡镇企业 3 204 万个（其中个体工商户 2 505 万个），农产品加工企业 45.5 万家，休闲农业各类经营主体 27 万家，经抽样调查发现 70%的创办者都有打工、求学和服兵役等经历，都是农村能人和农村青年。

二是创业领域越来越宽，产业融合创业明显增多。据我部抽样分析，80%的返乡下乡人员创业创新领域都是农村产业融合项目，创业领域逐步覆盖特色种养业、农产品加工业、休闲农业和乡村旅游、信息服务、电子商务、“三品一标”农产品生产经营、特色工艺产业等，创办的经营主体包括家庭农场、种养大户、农民合作社、农业企业和农产品加工流通企业，并呈现出融合互动、竞相发展的趋势。

三是创业起点越来越高，现代要素投入明显增加。返乡创业主体素质更高，抱团创业更多，管理方式更新，广泛采用了新技术、新模式和新业态，并且融入到当地的现代农业和特色经济中去。目前有 54.3%的返乡创业者通过网络、微博、微信等新媒体了解信息、政策法规并进行营销推广。

农村创业创新虽然取得了一些成效，但还存在融资难、用地难、人才聘用难、技术获得难和一些政策落地难等特殊困难问题，农村创业创新迫切需要解决创什么、在哪创、有什么政策、谁来培训提升、如何到各部门办事等共性问题，迫切需要结合农村实际，坚持问题导向，采取切实措施加以解决。适应农民创业创新的巨大潮流，以问题为导向，各地结合实际在落实扶持政策、建设孵化平台、培育创业主体、营造创业氛围等方面采取了一些行之有效的措施。

一是制定扶持政策。一些地方制定了扶持农村创业创新的一系列政策措施并通过各类媒体和制作政策明白卡等形式宣贯政策，组织开展农民工返乡创业、农村青年创业、发展休闲农业与乡村旅游等行动计划。四川设立 1.76 亿元的风险补助资金，撬动金融支持返乡农民工创业贷款，并发放了 2 000 万

元返乡农民工创业专项资金。青海设立担保基金 2.58 亿元，与邮政储蓄银行协作开展“授信池”业务，共审批授信贷款金额 9.73 亿元。很多省建立贷款风险补偿基金，由银行提供授信额度 10 倍放款，解决“两无（无抵押、无担保）”问题；提供创业资助券，包括培训券、见习券、贷款贴息券、农险补贴券和宣传补贴券等；对“农创客”每人给予政策性贷款授信；实行创业培训补贴、创业补贴、创业担保贷款、创业吸纳就业奖励、微企补贴、“三权抵押”等多项创业扶持政策。

二是建设孵化基地。许多地方采取多种形式建立一批创业创新园区（基地）。安徽省累计建成 662 个创业孵化基地，建设农民工创业园 350 个，覆盖全省 1/4 的乡镇，大学生创业孵化基地覆盖 50%以上高校，在孵企业 1 200 多家。浙江省大部分县（市、区）也建有创业孵化基地，有的还依托高校和企业搭建了大学生创业平台。黑龙江认定了 63 个农民创业培训基地、建立 300 个农民创业示范基地，福建创建 73 个省级农民创业园，下达补助资金 3.52 亿元。重庆市累计培育公共孵化基地 16 个，经营性孵化基地 43 个，孵化企业和个体工商户 5 800 家。各地的这些基地正在建成创业的“孵化器”“保育箱”“避风港”，正逐步催生“星星之火”向“燎原之势”扩展，从“小作坊”向“大集群”转变，从“散兵游勇”向“园区聚合”发展，从“候鸟经济”向“蜂群经济”演进。

三是培育创业主体。各省（自治区、直辖市）农业系统去年共培训返乡创业人员 1.83 万名，开展职业技能培训鉴定近 40 万人次，培育新型职业农民 100 万人。河北累计免费培训返乡农民工、大学生 9 867 人，江苏培训农产品电子商务人员 1.3 万人，河南去年开展创业培训累计培训 16.2 万人次。黑龙江投入 2 500 万元培训创业型农民 10 000人。湖北培训创业农民 4 000 余人，其中现代青年农场主 1 000 余人。浙江实施大学生创业引领计划，鼓励高校开设创业课程。安徽省建有 2 615 名专家的创业服务队伍。

四是营造创业氛围。各地通过举办创业训练营、创业创新大赛、创新成果和创业项目展示推介等，搭建创业者交流平台，营造鼓励创业、宽容失败的社会氛围；运用 12316 热线和惠农短信，提供公益服务、便民服务、电商服务和培训体验服务；组建创业联盟，定期举办联盟大会进行技术咨询、培训、交流、大赛，并通过报纸、广播、电视等方式对先进典型加以宣传，制定“候鸟回归”计划和“春风行动”“农创客行动”，为返乡创业提供政策咨询、项目评估、经营指导、企业策划等服务，很多乡镇建立返乡创业人员信息、创业项目服务档案，组织乡村干部、创业导师进行“一帮一”定向结对服务，同时建立不同层次、不同行业、不同规模的创业项目库，定向精准推介创业项目。

成效来之不易，经验弥足珍贵。我们要很好地总结各地的成效和经验，积极宣传推广，努力推动农村创业创新蔚然成风。

三、扎实推动农村创业创新各项措施落地生根

要继续按照“政府搭建平台，平台集聚资源，资源服务创业”的思路，以“创设落实一批政策，搭建一批平台，培育一批带头人，总结推广一批典型模式，建立一套服务体系（五个一）”为工作布局，根据当前实际，重点开展五项工作，推动农村创业创新。

第一，落实和创设一批政策。要制定政策文件，强化政策支持。这是推动工作的一个强有力的支点，能起到“四两拨千斤”的作用，通过抓政策创设和落实，撬动其他各项工作的开展。当务之急是贯彻落实支持返乡下乡人员创业创新意见、进一步促进农产品加工业发展意见、14 部委大力发展休闲农业的意见和农产品加工与农村产业融合发展

规划等重要文件，加强政策宣传，逐条抓好落实。还要根据新的形势，从着力解决创业创新者遇到的困难问题入手，立足职能，不断推动、制定和强化新的政策措施。要促进已有政策措施的落实，通过督查、加强项目引导等多种措施，使政策落地生根、开花结果。出台政策，落实政策这是我们的重要抓手和上方宝剑，要主动抓、深入抓，抓细抓实抓出成效。争取通过政策制定，使政策变成规划、工程和项目，变成实实在在的抓手。

第二，搭建一批服务平台。推荐一批全国农民创业园区（基地）目录，为返乡下乡人员提供一个便利的创业创新平台。尽快建设中国农村创业创新网，搭建一个网上创业创新服务平台。认定一批返乡下乡创业创新实训基地、一批创业辅导师。开展相关的培训工作，培训创业人员。组织各种渠道开展返乡下乡创业创新专题对接活动，开展各种面向返乡下乡人员的就业创业政策解答、信息咨询、银企对接、技能培训、农技推广等工作。

第三，宣传推介一批典型案例。开展返乡下乡创业创新试点示范，总结一批模式。宣传推介一批全国农村创业创新优秀带头人典型案例，发挥典型引导作用。在各地开展的农村创业大赛基础上，大规模开展全国农村创业创新项目大赛，明年要在苏州召开总决赛，赛创意、赛成效、赛水平，积极放大大赛的社会效应。

第四，建设一个统计监测体系。要对返乡下乡人员创业创新情况进行及时了解、统计、分析和研判，为决策和制定相关政策提供依据。这项工作看起来最基础，但我认为实际最关键，是涉及长远的事，是巩固我们职能、履行好职能、发挥作用的最有力手段。如果没有统计数字，没有及时跟踪了解，掌握情况，其他工作都会受到影响，最终丧失话语权和主动权。要抓紧与相关单位对接，建立统计渠道和指标体系，把一些基础数字掌握在手中，建立信息数字共享机制，畅通信息数字报告制度，及时提供统计监测数据、调研分析报告、工作进展成效和经验做法模式等共享信息，为协调推进工作提供科学依据。

第五，构建一个协调推进机制。做好工作，归根到底靠队伍、靠人才。我部联合 12 个部委已经组成了农村创业创新推进协调机制，下设办公室在我局。各地要高度重视自身和整个系统的工作队伍的建设，也要明确推进机构，建立协调机制，特别是要熟悉相关政策，掌握相关情况，增加工作手段，提高工作水平，主动作为，积极进取，建设一支综合素质高、具有丰富工作经验、敢于开拓创新的干部队伍，发挥好农业部门的牵头作用，为促进返乡下乡创业创新工作提供强有力的组织领导保障。

四、进一步推进农村一二三产业融合发展

习近平总书记今年 4 月 15 日在小岗村农村改革座谈会上指出，要发展农产品加工和流通业，优化农业区域布局，推动一二三产业融合发展。今年中央 1 号文件指出，把农村一二三产业融合发展作为农民持续较快增收的重要支撑。去年年底，国务院办公厅印发《关于推进农村一二三产业融合发展的指导意见》（国办发〔2015〕93 号）。近期，李克强总理做出重要批示，要督促政策措施落实，促进农村新产业新业态新模式发展，推进农村一二三产业融合发展结合起来，着力破解融合发展难题。

根据党中央国务院的决策部署和农业部的要求，全系统开展了一些有成效的工作。一是加强顶端设计。农业部根据国办意见制定分工意见，推进工作方案和融合发展先导区推进方案，编制了农产品加工业与农村产业融合发展规划，指导各地积极探索实践。二是开展试点示范。国家发展和改革委员会、财政部、农业部等七部门联合印发《农村产业融合发展试点示范实施方案》，拿出专项建设资金，实施农村产业融合发展“百县千乡万村”试点示范工程。与财政部联合印发了《关于做好2016年现代农业生产发展等工作的通知》，拿出12亿元中央财政资金开展试点。三是争取信贷支持。我部与中国农业银行联合印发《关于金融支持农村一二三产业融合试点示范项目的通知》，向中国农业银行推荐了448个农村产业融合项目和403个农民合作社加工示范单位。安徽农业信贷担保公司，已为756户新型农业经营主体，提供融资担保6.13亿元。四是各地加大财政支持力度。北京累计投入约2亿元资金，天津落实6.6亿元市财政补贴资金，用于农村产业融合发展。新疆2016年扶持休闲农业财政贷款贴息项目74个共计870万元，累计吸纳社会资金近50亿元投资休闲观光农业。吉林培育支持农家乐2 335户，休闲观光农园653个，带动农户5.6万户。陕西2015年扶持休闲农园363个、休闲农庄346个、休闲专业村270个，休闲农家经营户1.3万户，接待游客8 000万人次，营业收入61亿元。

下一步，推进农村一二三产业融合发展，要采取“五多”策略。

第一，多业态打造，构建农村产业融合的产业体系。以农产品加工业、休闲农业和乡村旅游为引领，将产业相互渗透和交叉重组，将农村一二三产业有机整合，形成新产业、新业态、新商业模式，带动资源、要素、技术、市场需求在农村的整合集成和优化重组，最终实现产业链条和价值链条延伸、产业范围扩大、产业功能拓展和农民就业增收渠道增加的经营方式。通过加工带动让农业与加工、流通、储藏、运销、保鲜、包装、分等分级、净化、商品化处理等接二连三，通过休闲旅游带动，让农业与休闲、观光、旅游、教育、科普、养生、养老、电子商务等隔二连三，促进农业产业链条延伸、价值链多层次多环节提升和供应链与消费链的重组，形成农村产业融合的庞大的产业集群。

第二，多要素发力，构建农村产业融合的生产体系。通过返乡下乡本乡人员创业创新，促进城乡资源要素双向平等流动，将农业单纯依靠人力、地力、畜力、机械力和单纯依靠生产环节的局面转变到依靠资金、技术、管理、设施、装备、企业、企业家等多要素和新产业、新业态、新模式上。做大规模聚集点，一片一片开发；做长产业延伸点，一条龙一条龙开发；做亮品牌闪光点，一个产品一个产品开发；做圆循环经济点，一个圆圈一个圆圈开发；做强社会服务支撑点，一个平台一个平台开发，破解农户是松散的、土地是零散的、资金是闲散的、市场是分散的和合作组织是软散的问题。

第三，多主体培育，构建农村产业融合的经营体系。要支持能够让农民分享二三产业增值收益的新型经营主体，采取“先建后补”、贷款贴息、设立产业引导基金等方式，支持农村一二三产业融合发展的关键环节和重点领域，支持农民合作社等新型农业经营主体发展加工流通和直供直销，支持农产品加工流通企业与农户联合建设原料基地和营销设施，支持休闲农业聚集村合作组织、休闲农园企业、电子商务企业与农户联合建设公共服务设施，支持农村产业融合发展集中建设农产品及加工副产物综合利用公共设施。要科学合理确定补助比例。财政补助资金形成的资产可折股量化到普通农户或组织成员，使其参与全产业链价值链利益分配。

第四，多利益联结，构建农村产业融合的模式体系。最为关键的是要有相应的组织载体和融合模式，搭建组织载体，创新融合模式，构建融合发展的长效机制。积极打造产城（镇）融合型、农业内部循环型、农业产业链延伸型、农业多种功能拓展型、新业态向农业渗透型、园区前延后展型等多种类型。积极发展股份合作制、合作制、股份制等组织形式，打造利益共同体和命运共同体；积极探索各种融合模式，让农民参与一二三产业融合发展全过程。

第五，多措施并举，构建农村产业融合的工作体系。加强融合发展规划引领指导，加强融合发展政策落实和创设，加强融合发展科技创新推广，加强融合发展人才队伍建设，加强融合发展公共服务体系建设，加强融合发展示范创建。支持一批县（市、区）开展融合发展试点示范，与发改、财政等部门共同协商，紧密合作，支持粮食主产区、特色优势农产品产区、“老少边穷”地区、加工业优势区开展试点示范。支持创建一批融合发展先导区，以农产品加工园区为主要依托，高起点、高标准、高水平创建融标准化原料基地、集约化加工园区、体系化物流配送市场营销网络“三化一体”，并与推进新型城镇化、新农村建设结合实现镇（城）区、园区、农区“三区互动”的融合发展先导区。

同志们！党中央、国务院高度重视农村创业创新促进农村一二三产业融合发展。我们一定要继续精心组织实施农村创业创新服务工程和农村一二三产业融合发展试点示范工程，明确责任，周密部署，创新工作机制，确保实施成效，为促进农业农村经济转型升级发展，发展现代农业，增加农民收入，建设社会主义新农村，促进经济持续健康发展和社会和谐稳定，夺取全面建成小康社会的伟大胜利做出新的更大贡献！

在全国休闲农业和乡村旅游扶贫学习交流活动上的讲话

农业部农产品加工局副局长　马洪涛

（2016 年 9 月 1 日）

今天，我们在江苏省南京市江宁区举办全国休闲农业和乡村旅游扶贫学习交流活动，目的是提升大家发展休闲农业和乡村旅游的能力，为带领当地群众大战休闲农业和乡村旅游、走产业脱贫新道路提供智力支持。首先，我代表农产品加工局向江苏省农业委员会、南京市农业委员会和江宁区政府对本次活动给予的大力支持表示衷心的感谢，对各位村干部不远千里来此参加学习交流活动表示热烈的欢迎。下面，我讲三点意见。

一、充分认识举办本次活动的重要意义

习近平总书记在中央扶贫开发工作会议上提出了“五个一批”扶贫工程，并把发展生产脱贫作为首要举措。今年，党中央、国务院明确产业脱贫工作由农业部牵头推动后，农业部召开了定点扶贫工作座谈会。韩长赋部长在会上指出，发展特色产业、开展产业扶贫是农业部门的职责，也是贫困地区农业农村经济发展的主业。各级农业部门要把产业扶贫作为精准扶贫的重点，通过“选准一个好产业、打造一个好龙头、创新一个好机制、完善一个服务体系”模式，推动产业精准扶贫。

休闲农业和乡村旅游作为一个新兴产业，近年来在政策推动、市场拉动和消费驱动下，全国发展精彩纷呈。2015 年全国休闲农业和乡村旅游接待游客超过 22 亿人次，营业收入超过 4 400 亿元，从业人员 790 万人，带动 550 万户农民受益。“十二五”时期游客接待数和营业收入年均增速均超 10%，整个产业呈现“发展加快、布局优化、质量提升、领域拓展”的发展特点，已成为农民发展致富的新亮点。

我国许多贫困地区生态环境良好、历史文化悠久、生物资源丰富、产业特色突出，具有发展特色种养业、加工业、休闲农业和乡村旅游产业得天独厚的优势。而目前这些地区仍然贫困的根本原因，是产业发展带头人少，产业发展方向不明，资源的价值没有被有效发掘，导致产业链不长、价值链不高。按照经济学的一个说法，属于“富饶的贫

困”。随着城乡居民生活方式的转变，国家法定节假日的优化调整，带薪休假制度的逐步落实，以及2.5天弹性休假制度的实施，休闲度假的需求将会爆发式增长。在这些地区，大力发展休闲农业和乡村旅游，只要路子正确、政策到位、指导有力，形成产业支撑，建立帮扶机制，实现利益分享，完全可以探索出一条产业脱贫的新路子。

二、村干部是带动群众脱贫致富的中坚力量

村干部处在农村工作的第一线，是村级组织的“核心”，担负着带领群众致富奔小康的直接重任，这种特殊作用任何人都无法替代。“村看村，户看户，群众看干部”，村干部责任大，担子重，是党员群众的“主心骨”。要想带领贫困地区群众通过发展休闲农业和乡村旅游致富，让农民安居乐业，真正实现“家乡就是好地方，就业不用去远方”“在家就业好，照顾老和小”，就要求在座的各位有结合本地的资源禀赋、产业基础和市场需求，选准主导产业，明确发展方向，能够调动群众的积极性，通过发展产业带领群众发家致富的能力。

为了提高大家发展休闲农业和乡村旅游的能力，我局邀请来自全国16个省份有发展休闲农业和乡村旅游的资源禀赋、产业基础、市场需求和发展愿望的村（镇）干部、合作社负责人和农户到南京市江宁区，通过“讲座+参观+实习”的方式，对大家进行全面培训，帮助大家对休闲农业和乡村旅游产业有全面深入的了解，为贫困地区培养一批休闲农业和乡村旅游产业发展带头人。希望大家到江苏省、到江宁区学习经验后，能够在思想认识、业务素质、合作水平、行动能力方面收获四个“提升”。

一要提升思想认识。通过此次活动，提高大家对休闲农业和乡村旅游产业整体发展理念的认识，牢固树立发展休闲农业和乡村旅游产业、带动村民脱贫致富的新理念。要充分认识到穷的根本原因不是没有资源，而是缺发掘资源价值的理念和眼光。要学会用新视觉、新需求去重新审视和发掘本地资源的价值，加快唤醒“沉睡”的资源，着力构建一二三产业融合发展的新机制，告别抱着“金饭碗要饭”的困境。

二要提升发展素质。通过到农家乐专业村实习，亲自参与经营过程中，要深入了解客户需求，学习先进经营理念，借鉴江宁区农家乐专业村产品开发、环境打造、宣传推介、互联网销售等实用技能，掌握发展休闲农业和乡村旅游的素质，争做带领农民脱贫致富的“领头雁”。

三是提升合作水平。通过参与活动，与江宁区休闲农业和乡村旅游专业村建立紧密联系，共享特色产品、人才资源和游客资源，为本地休闲农业和乡村旅游后续发展提供持续的支持和帮助。

四是提升行动能力。充分利用学习交流成果和合作平台，尽快推动本村休闲农业和乡村旅游发展上新台阶，把当地的绿水青山变成金山银山，让贫困群众“靠山吃山”“靠水吃水”，增收受益，农民收入实现新增长。

希望在座的各位村干部、合作社负责人以及农户代表能够珍惜此次活动的宝贵机会，真正做到学有所思、思有所得、得有所获。

三、严格遵守本次活动的安排

此次学习交流活动从9月1日到3日，时间短、内容多、方式新，所请的老师在国内都是一流水平，参观的地点也是精心挑选，实习的内容也十分丰富。为确保大家能学习好、考察好，我提四点要求。

一要珍惜机会。希望大家端正态度，静下心来，把宝贵的时间和精力放在学习交流和实习活动上，刻苦学习，认真思考，踏实实习，为带领村民发展休闲农业和乡村旅游、助推村民脱贫致富奠定良好基础。

二要遵守纪律。活动期间，希望大家要强化纪律观念，自觉服从活动安排，严格遵守活动纪律。在用餐、学习和讨论时要尊重少数民族同志的生活习俗。

三要学以致用。要坚持学有所用、学以致用，充分发扬理论联系实际的良好学风，紧密联系村内实际，努力把学习成果转化为发展产业、带领致富、服务群众的本领，使活动取得实实在在的效果。

四要注意安全。在学习、考察和返程期间，要注意身体和财产安全，妥善管理好自己的财物，保护好自己的人身安全。身体有不适时，请及时与会务人员联系。

在 2016 年中国美丽休闲乡村发布活动上的讲话

农业部农产品加工局副局长　马洪涛

（2016 年 10 月 21 日）

今天，我们齐聚山清水秀的浙江德清，举办 2016 年中国美丽休闲乡村发布活动。这是农业系统贯彻落实美丽中国建设、生态文明建设要求的重要举措。

近年来，浙江省农业厅立足培育农业主导产业，充分发挥社会资本力量，引导投资主体和经营主体多元化，创新推进以农户和农民专业合作社为主体、以政府为引导、社会参与和市场运作的经营模式，印发加快发展休闲农业与乡村旅游的意见，多举措支持多种产业与休闲农业融合发展，有力推动了休闲农业健康快速发展。德清县围绕高端、生态、精致、特色的休闲度假发展方向，积极引导创建内涵丰富、业态多元、文化多样的德清版乡村民宿，成为高端休闲农业的代表。相信浙江经验、德清模式，对我们和各省休闲农业管理部门都有很好的借鉴意义。

江西、湖北两省和 4 个获得中国美丽休闲乡村荣誉的代表也与大家做了经验交流与分享，希望大家认真学习、借鉴、运用。江西省充分发挥生态优势、资源优势、民风优势，设立专项资金，加强基础设施建设，净化、美化农村环境，挖掘地域文化特色，促进区域品牌、企业品牌培育，精心打造了一批休闲农业示范园区和美丽乡村。湖北省围绕打好“规划牌”“扶贫牌”“融合牌”“网络牌”“宣传牌”，积极编制中长期发展规划，整合财政专项资金，开展示范区创建，推进农业与旅游、教育、文化产业，“互联网＋”与美丽休闲乡村等深度融合，多媒体多平台开展宣传推介，创建了一大批具有荆楚风韵的美丽休闲乡村。

发言的 4 个村都是以休闲农业为产业支撑的中国美丽休闲乡村，是特色民居村、特色民俗村、现代新村和历史古村 4 个类型的典型代表，在发展过程中，他们注重生态环境保护。借助发展休闲农业，绿化荒山、净化水源、美化村庄，最大限度地保持生态环境和自然风貌的原生性，展现田园风光，将绿水青山变成了金山银山。注重产业融合发展。在发展特色农业主导产业的基础上，优化整合资源，将农业与加工销售、休闲度假、旅游观光相结合，提升了农产品的附加值，激活了田园、农房的市场价值，实现了农民就地就近增收致富。注重突出当地特色。立足自身自然资源、文化资源、农产品资源，因地制宜，深入挖掘并加以传承利用和创新发展，走出了独具特色的发展之路。注重改善基础设施。从路、水、电、房、垃圾处理设施等方面，在硬件设施上奠定了美丽休闲乡村的发展基础。注重创新管理方式。通过创新管理方式，从机制上提升了产业发展水平、企业服务水平和消费者的休闲体验质量。

孙中华总农艺师的讲话，从美丽中国、健康中国和生态文明建设的高度，系统阐述了休闲农业发展的重大意义，充分肯定了各地在培育休闲农业品牌体系工作中付出的努力，并对做好下一步工作提出了明确要求。

孙总师的讲话高屋建瓴，立意深远，针对性强，对我们做好今后一个时期休闲农业和美丽乡村建设工作具有重要的指导意义。下面，我就贯彻落实孙总师的讲话，提三点要求。

一要提高认识，深刻领会讲话精神。刚才，孙总师在讲话中对近期农业部等 14 部门联合印发的《关于大力发展休闲农业的指导意见》进行了全面介绍，尤其对 7 项任务和 4 项扶持保障政策进行了深入解读和阐释，并对推进文件贯彻落实提出了明确要求。这是今后一个时期休闲农业工作的纲领性指导文件。大家回去以后，要认真贯彻落实孙总师的讲话要求，深入领会文件精神，加强部门协调沟通，加大政策创设力度，尽快形成推动本地休闲农业发展的新局面。

二要加强交流，认真学习先进经验。中国美丽休闲乡村推介活动受到了各级政府和社会各界的广泛关注和热情参与，提高了美丽乡村建设的积极性。参加今天活动的各地代表，都有很多可供总结、交流、学习的经验，昨天我们还现场考察了德清县休闲农业和美丽乡村建设的新模式新机制。希望各位代表认真借鉴经验，带回去结合当地实际，指导改进工作，推动本地休闲农业和美丽乡村建设不断取得新成效。

三要推动工作，切实加强宣传推介。“酒香也怕巷子深”，我们建设美丽休闲乡村和各种形式的休闲农业经营点，最终目的是要吸引更多的城乡居民到乡村休闲度假，推动乡村建设和产业发展，助推农民增收致富。通过各种媒体不断向社会广泛宣传推介，是做好这篇文章的重要环节。希望省级农业管理部门站在拉动国内消费需求、带动农民就业增收的高度，在明年的工作中把宣传推介再加重一笔，切实加强统筹安排，分季节、分特色，多渠道、多途径地加以推进。今天获得农业部推介的中国美丽休闲乡村更要以此为新的起点和契机，不断推动休闲农业产业提档升级，美化乡村建设，进一步加大宣传推介力度，提升村庄的社会知名度和影响力。

同志们，休闲农业和乡村旅游作为农村一二三产业发展的融合体，助推农民就业增收的新载体，培育居民消费需求的增长体，美化农村环境的生态体，弘扬中华农耕文明的传承体，必将在“十三五”受到更加广泛的关注和重视。让我们按照孙总师的讲话要求，进一步加强组织领导，完善政策措施，加大公共服务，齐心协力，开拓进取，共同推动休闲农业和乡村旅游产业持续健康快速发展，共同推动中国美丽休闲乡村保持天蓝、地绿、水净、安居、乐业、增收的良好状态，为建设美丽宜居乡村、健康乡村和美丽中国、健康中国做出新的更大的贡献。

法律法规与规范性文件

国务院办公厅关于支持返乡下乡人员创业创新促进农村一二三产业融合发展的意见
农业部等 14 部门关于大力发展休闲农业的指导意见
国家发展和改革委员会等七部门关于印发农村产业融合发展试点示范方案的通知
国家发展和改革委员会　国家旅游局关于实施旅游休闲重大工程的通知
农业部关于印发《全国农产品加工业与农村一二三产业融合发展规划（2016—2020 年）》的通知
农业部关于推动落实农村一二三产业融合发展政策措施的通知
中国农业银行关于做好农村一二三产业融合发展金融服务的意见
内蒙古自治区人民政府办公厅关于推进农村牧区一二三产业融合发展的实施意见
吉林省休闲农业“十三五”发展规划
黑龙江省人民政府办公厅关于推进农村一二三产业融合发展的实施意见
江苏省农业委员会关于加快推进休闲观光农业强省建设的意见
浙江省人民政府办公厅关于加快转变农业发展方式的若干意见
浙江省人民政府办公厅关于全面推进农家乐规范提升发展的意见
浙江省人民政府办公厅关于确定民宿范围和条件的指导意见
安徽省人民政府办公厅关于推进农村一二三产业融合发展的实施意见
安徽省农业委员会等 14 部门关于加快发展休闲农业的实施意见
山东省农业厅等 13 部门关于积极开发农业多种功能大力发展休闲农业的意见
重庆市人民政府办公厅关于加快乡村旅游发展的意见
重庆市人民政府办公厅关于　加快农村一二三产业融合发展的实施意见
陕西省人民政府关于深入推进新型城镇化建设的实施意见
陕西省人民政府办公厅关于促进旅游投资和消费的实施意见
陕西省农业厅办公室关于印发《陕西省省级休闲农业示范点认定和运行监测管理工作方案》的通知
青海省人民政府办公厅关于加快发展休闲农牧业与乡村旅游的意见
青岛市加快发展休闲农业的实施意见
中共青岛市委办公厅　青岛市人民政府办公厅关于印发《青岛市美丽乡村标准化建设行动计划（2016—2020 年）》的通知
兵团国土资源局等三部门关于支持兵团旅游业发展用地政策的意见

国务院办公厅关于支持返乡下乡人员创业创新促进农村一二三产业融合发展的意见

国办发〔2016〕84 号

各省、自治区、直辖市人民政府，国务院各部委、各直属机构：

近年来，随着大众创业、万众创新的深入推进，越来越多的农民工、中高等院校毕业生、退役士兵和科技人员等返乡下乡人员到农村创业创新，为推进农业供给侧结构性改革、活跃农村经济发挥了重要作用。返乡下乡人员创业创新，有利于将现代科技、生产方式和经营理念引入农业，提高农业质量效益和竞争力；有利于发展新产业新业态新模式，推动农村一二三产业融合发展；有利于激活各类城乡生产资源要素，促进农民就业增收。在《国务院办公厅关于支持农民工等人员返乡创业的意见》（国办发〔2015〕47 号）和《国务院办公厅关于推进农村一二三产业融合发展的指导意见》（国办发〔2015〕93 号）的基础上，为进一步细化和完善扶持政策措施，鼓励和支持返乡下乡人员创业创新，经国务院同意，现提出如下意见。

一、重点领域和发展方向

（一）突出重点领域。鼓励和引导返乡下乡人员结合自身优势和特长，根据市场需求和当地资源禀赋，利用新理念、新技术和新渠道，开发农业农村资源，发展优势特色产业，繁荣农村经济。重点发展规模种养业、特色农业、设施农业、林下经济、庭院经济等农业生产经营模式，烘干、贮藏、保鲜、净化、分等分级、包装等农产品加工业，农资配送、耕地修复治理、病虫害防治、农机作业服务、农产品流通、农业废弃物处理、农业信息咨询等生产性服务业，休闲农业和乡村旅游、民族风情旅游、传统手工艺、文化创意、养生养老、中央厨房、农村绿化美化、农村物业管理等生活性服务业，以及其他新产业新业态新模式。

（二）丰富创业创新方式。鼓励和引导返乡下乡人员按照法律法规和政策规定，通过承包、租赁、入股、合作等多种形式，创办领办家庭农场林场、农民合作社、农业企业、农业社会化服务组织等新型农业经营主体。通过聘用管理技术人才组建创业团队，与其他经营主体合作组建现代企业、企业集团或产业联盟，共同开辟创业空间。通过发展农村电商平台，利用互联网思维和技术，实施“互联网＋”现代农业行动，开展网上创业。通过发展合作制、股份合作制、股份制等形式，培育产权清晰、利益共享、机制灵活的创业创新共同体。

（三）推进农村产业融合。鼓励和引导返乡下乡人员按照全产业链、全价值链的现代产业组织方式开展创业创新，建立合理稳定的利益联结机制，推进农村一二三产业融合发展，让农民分享二三产业增值收益。以农牧（农林、农渔）结合、循环发展为导向，发展优质高效绿色农业。实行产加销一体化运作，延长农业产业链条。推进农业与旅游、教育、文化、健康养老等产业深度融合，提升农业价值链。引导返乡下乡人员创业创新向特色小城镇和产业园区等集中，培育产业集群和产业融合先导区。

二、政策措施

（四）简化市场准入。落实简政放权、放管结合、优化服务一系列措施，深化行政审批制度改革，持续推进商事制度改革，提高便利化水平。落实注册资本认缴登记和“先照后证”改革，在现有“三证合一”登记制度改革成效的基础上大力推进“五证合一、一照一码”登记制度改革。推动住所登记制度改革，积极支持各地放宽住所（经营场所）登记条件。县级人民政府要设立“绿色通道”，为返乡下乡人员创业创新提供便利服务，对进入创业园区的，提供有针对性的创业辅导、政策咨询、集中办理证照等服务。对返乡下乡人员创业创新免收登记类、证照类等行政事业性收费。（工商总局等负责）

（五）改善金融服务。采取财政贴息、融资担保、扩大抵押物范围等综合措施，努力解决返乡下乡人员创业创新融资难问题。稳妥有序推进农村承包土地的经营权抵押贷款试点，有效盘活农村资源、资金和资产。鼓励银行业金融机构开发符合返乡下乡人员创业创新需求的信贷产品和服务模式，探索权属清晰的包括农业设施、农机具在内的动产和不动产抵押贷款业务，提升返乡下乡人员金融服务可获得性。推进农村普惠金融发展，加强对纳入信用评价体系返乡下乡人员的金融服务。加大对农业保险产品的开发和推广力度，鼓励有条件的地方探索开展价格指数保险、收入保险、信贷保证保险、农产品质量安全保证保险、畜禽水产活体保险等创新试点，更好地满足返乡下乡人员的风险保障需求。（人民银行、银监会、保监会、农业部、国家林业局等负责）

（六）加大财政支持力度。加快将现有财政政策措施向返乡下乡人员创业创新拓展，将符合条件的返乡下乡人员创业创新项目纳入强农惠农富农政策范围。新型职业农民培育、农村一二三产业融合发展、农业生产全程社会化服务、农产品加工、农村信息化建设等各类财政支农项目和产业基金，要将符合条件的返乡下乡人员纳入扶持范围，采取以奖代补、先建后补、政府购买服务等方式予以积极支持。大学生、留学回国人员、科技人员、青年、妇女等人员创业的财政支持政策，要向返乡下乡人员创业创新延伸覆盖。把返乡下乡人员开展农业适度规模经营所需贷款纳入全国农业信贷担保体系。切实落实好定向减税和普遍性降费政策。（财政部、税务总局、教育部、科技部、工业和信息化部、人力资源社会保障部、农业部、国家林业局、共青团中央、全国妇联等负责）

（七）落实用地用电支持措施。在符合土地利用总体规划的前提下，通过调整存量土地资源，缓解返乡下乡人员创业创新用地难问题。支持返乡下乡人员按照相关用地政策，开展设施农业建设和经营。落实大众创业万众创新、现代农业、农产品加工业、休闲农业和乡村旅游等用地政策。鼓励返乡下乡人员依法以入股、合作、租赁等形式使用农村集体土地发展农业产业，依法使用农村集体建设用地开展创业创新。各省（自治区、直辖市）可以根据本地实际，制定管理办法，支持返乡下乡人员依托自有和闲置农房院落发展农家乐。在符合农村宅基地管理规定和相关规划的前提下，允许返乡下乡人员和当地农民合作改建自住房。县级人民政府可在年度建设用地指标中单列一定比例专门用于返乡下乡人员建设农业配套辅助设施。城乡建设用地增减挂钩政策腾退出的建设用地指标，以及通过农村闲置宅基地整理新增的耕地和建设用地，重点支持返乡下乡人员创业创新。支持返乡下乡人员与农村集体经济组织共建农业物流仓储等设施。鼓励利用“四荒地”（荒山、荒沟、荒丘、荒滩）和厂矿废弃地、砖瓦窑废弃地、道路改线废弃地、闲置校舍、村庄空闲地等用于返乡下乡人员创业创新。农林牧渔业产品初加工项目在确定土地出让底价时可按不低于所在地土地等别相对应全国工业用地出让最低价标准的70％执行。返乡下乡人员发展农业、林木培育和种植、畜牧业、渔业生产、农业排灌用电以及农业服务业中的农产品初加工用电，包括对各种农产品进行脱水、凝固、去籽、净化、分类、晒干、剥皮、初烤、沤软或大批包装以供应初级市场的用电，均执行农业生产电价。（国土资源部、国家发展改革委、住房城乡建设部、农业部、国家林业局、国家旅游局、国家电网公司等负责）

（八）开展创业培训。实施农民工等人员返乡创业培训五年行动计划和新型职业农民培育工程、农村青年创业致富“领头雁”计划、贫困村创业致富带头人培训工程，开展农村妇女创业创新培训，让有创业和培训意愿的返乡下乡人员都能接受培训。建立返乡下乡人员信息库，有针对性地确定培训项目，实施精准培训，提升其创业能力。地方各级人民政府要将返乡下乡人员创业创新培训经费纳入财政预算。鼓励各类培训资源参与返乡下乡人员培训，支持各类园区、星创天地、农民合作社、中高等院校、农业企业等建立创业创新实训基地。采取线上学习与线下培训、自主学习与教师传授相结合的方式，开辟培训新渠道。加强创业创新导师队伍建设，从企业家、投资者、专业人才、科技特派员和返乡下乡创业创新带头人中遴选一批导师。建立各类专家对口联系制度，对返乡下乡人员及时开展技术指导和跟踪服务。（人力资源社会保障部、农业部、教育部、科技部、民政部、国家林业局、国务院扶贫办、共青团中央、全国妇联等负责）

（九）完善社会保障政策。返乡下乡人员可在创业地按相关规定参加各项社会保险，有条件的地方要将其纳入住房公积金缴存范围，按规定将其子女纳入城镇（城乡）居民基本医疗保险参保范围。对返乡下乡创业创新的就业困难人员、离校未就业高校毕业生以灵活就业方式参加社会保险的，可按规定给予一定社会保险补贴。对返乡下乡人员初始创业失败后生活困难的，可按规定享受社会救助。持有居住证的返乡下乡人员的子女可在创业地接受义务教育，依地方相关规定接受普惠性学前教育。（人力资源社会保障部、财政部、民政部、住房城乡建设部、教育部等负责）

（十）强化信息技术支撑。支持返乡下乡人员投资入股参与信息进村入户工程建设和运营，可聘用其作为村级信息员或区域中心管理员。鼓励各类电信运营商、电商等企业面向返乡下乡人员开发信息应用软件，开展农业生产技术培训，提供农资配送、农机作业等农业社会化服务，推介优质农产品，组织开展网络营销。面向返乡下乡人员开展信息技术技能培训。通过财政补贴、政府购买服务、落实税收优惠等政策，支持返乡下乡人员利用大数据、物联网、云计算、移动互联网等新一代信息技术开展创业创新。（农业部、国家发展改革委、工业和信息化部、财政部、商务部、税务总局、国家林业局等负责）

（十一）创建创业园区（基地）。按照政府搭建平台、平台聚集资源、资源服务创业的思路，依托现有开发区、农业产业园等各类园区以及专业市场、农民合作社、农业规模种养基地等，整合创建一批具有区域特色的返乡下乡人员创业创新园区（基地），建立开放式服务窗口，形成合力。现代农业示范区要发挥辐射带动和示范作用，成为返乡下乡人员创业创新的重要载体。支持中高等院校、大型企业采取众创空间、创新工厂等模式，创建一批重点面向初创期“种子培育”的孵化园（基地），有条件的地方可对返乡下乡人员到孵化园（基地）创业给予租金补贴。（农业部、国家发展改革委、科技部、工业和信息化部、财政部、人力资源社会保障部、商务部、文化部、国家林业局等负责）

三、组织领导

（十二）健全组织领导机制。各地区、各有关部门要充分认识返乡下乡人员创业创新的重要意义，作为经济社会发展的重点任务予以统筹安排。农业部要发挥牵头作用，明确推进机构，加强工作指导，建立部门间协调机制，督促返乡下乡人员创业创新政策落实，加强经验交流和推广。地方人民政府要建立协调机制，明确任务分工，落实部门责任，形成工作合力；加强调查研究，结合本地实际，研究制定和落实支持返乡下乡人员创业创新的政策措施。探索建立领导干部定点联系返乡下乡人员创业创新制度，深入了解情况，帮助解决实际问题。（农业部、省级人民政府等负责）

（十三）提升公共服务能力。积极开展面向返乡下乡人员的政策咨询、市场信息等公共服务。推进农村社区综合服务设施和信息平台建设，依托现有的各类公益性农产品市场和园区（基地），为返乡下乡人员创业创新提供高效便捷服务。做好返乡下乡人员创业创新的土地流转、项目选择、科技推广等方面专业服务。利用农村调查系统和农村固定观察点，加强对返乡下乡人员创业创新的动态监测和调查分析。（农业部、国家发展改革委、民政部、人力资源社会保障部、商务部、国家统计局、国家林业局等负责）

（十四）加强宣传引导。采取编制手册、制定明白卡、编发短信微信微博等方式，宣传解读政策措施。大力弘扬创业创新精神，树立返乡下乡人员先进典型，宣传推介优秀带头人，发挥其示范带动作用。充分调动社会各界支持返乡下乡人员创业创新的积极性，广泛开展创业大赛、创业大讲堂等活动，营造良好氛围。（农业部等负责）

国务院办公厅

2016 年 11 月 18 日

农业部等 14 部门关于大力发展休闲农业的指导意见

农加发〔2016〕3 号

各省、自治区、直辖市及计划单列市、新疆生产建设兵团农业（农牧、农村经济、农垦、渔业）厅（局、委）、发展改革委、工业和信息化厅（局）、财政厅（局）、国土资源厅（局）、住房城乡建设厅（建委）、水利厅（局）、文化厅（局）、人民银行、林业厅（局）、旅游局（委）、文物局、扶贫办、妇联：

发展休闲农业是发展现代农业、增加农民收入、建设社会主义新农村的重要举措，是促进城乡居民消费升级、发展新经济、培育新动能的必然选择。为深入贯彻落实中央1 号文件精神，进一步改善休闲农业的基础设施，提升服务质量，优化政策措施，推动产业持续健康发展，现提出如下意见。

一、重要意义

休闲农业是现代农业的新型产业形态、现代旅游的新型消费业态，为农林牧渔等多领域带来了新的增长点。“十二五”以来，全国休闲农业取得了长足发展，呈现出“发展加快、布局优化、质量提升、领域拓展”的良好态势，已成为经济社会发展的新亮点。“十三五”时期，随着城乡居民生活水平的提高、闲暇时间的增多和消费需求的升级，休闲农业仍有旺盛的需求，仍将处于黄金发展期。目前，休闲农业发展现状与爆发式增长的市场需求还不相适应，发展方式还比较粗放，存在思想准备不足、基础设施滞后、文化内涵挖掘不够、产品类型不够丰富、服务质量有待提高等问题，亟须提档升级。

大力发展休闲农业，有利于推动农业和旅游供给侧结构性改革，促进农村一二三产业融合发展，是带动农民就业增收和产业脱贫的重要渠道，是推进全域化旅游和促进城乡一体化发展的重要载体。各地要充分认识休闲农业消费对增长的积极作用，进一步提高思想认识，完善政策措施，加大工作力度，切实推动休闲农业产品由低水平供需平衡向高水平供需平衡跃升，为促进农业强起来、农村美起来、农民富起来做出新贡献。

二、总体要求

（一）指导思想

深入贯彻党的十八大和十八届三中、四

中、五中全会精神，牢固树立“创新、协调、绿色、开放、共享”的发展理念，紧紧围绕发展现代农业、增加农民收入、建设社会主义新农村三大任务，以促进农民就业增收、满足居民休闲消费需求、建设美丽宜居乡村为目标，以激发消费活力、促进产业升级、实施产业脱贫为着力点，坚持农耕文化为魂，美丽田园为韵，生态农业为基，传统村落为形，创新创造为径，加强统筹规划，强化规范管理，创新工作机制，优化发展政策，加大公共服务，整合项目资源，推进农业与旅游、教育、文化、健康养老等产业深度融合，大力提升休闲农业发展水平，着力将休闲农业产业培育成为繁荣农村、富裕农民的新兴支柱产业，为城乡居民提供望得见山、看得见水、记得住乡愁的高品质休闲旅游体验。

（二）基本原则

一是以农为本、促进增收。坚持以农业为基础，农民为主体，农村为场所，加强规划引导，科学构建利益分享机制，增强农民自主发展意识，激发农民创业创新活力。二是多方融合、相互促进。加强与农耕文化传承、创意农业发展、乡村旅游、传统村落传统民居保护、精准扶贫、林下经济开发、森林旅游、水利风景区和古水利工程旅游、美丽乡村建设的有机融合，推动城乡一体化发展。三是因地制宜、特色发展。要结合资源禀赋、人文历史、交通区位和产业特色，在适宜区域，因地制宜、突出特色、适度发展，避免低水平重复建设。四是政府引导、多方参与。强化政府在政策扶持、规范管理、公共服务、营造环境等方面的作用，发挥市场配置资源的决定性作用，引导和支持社会资本开发农民参与度高、受益面广的休闲旅游项目，鼓励妇女积极参与休闲农业发展。五是保护环境、持续发展。遵循开发与保护并举、生产与生态并重的观念，统筹考虑资源和环境承载能力，加大生态环境保护力度，走生产发展、生活富裕、生态良好的文明发展道路。

（三）主要目标

到2020年，产业规模进一步扩大，接待人次达33亿人次，营业收入超过7 000亿元；布局优化、类型丰富、功能完善、特色明显的格局基本形成；社会效益明显提高，从事休闲农业的农民收入较快增长；发展质量明显提高，服务水平较大提升，可持续发展能力进一步增强，成为拓展农业、繁荣农村、富裕农民的新兴支柱产业。

三、主要任务

（一）加强规划引导。按照生产生活生态统一、一二三产业融合的总体要求，围绕农业生产过程、农民劳动生活和农村风情风貌，遵循乡村自身发展规律，因地制宜科学编制发展规划，调整产业结构，优化发展布局，补农村短板，扬农村长处，注意乡土味道，保留乡村风貌，留住田园乡愁，形成串点成线、连片成带、集群成圈的发展格局。要挖掘农业文明，注重参与体验，突出文化特色，加大资源整合力度，形成集农业生产、农耕体验、文化娱乐、教育展示、水族观赏、休闲垂钓、产品加工销售于一体的休闲农业点（村、园），打造生产标准化、经营集约化、服务规范化、功能多样化的休闲农业产业带和产业群。积极推进“多规合一”，注重休闲农业专项规划与当地经济社会发展规划、城乡规划、土地利用规划、异地扶贫搬迁规划等的有效衔接。依托休闲农业点（村、园）、乡村旅游区建设搬迁安置区，着力解决异地扶贫搬迁群众的就业脱贫问题。

（二）丰富产品业态。鼓励各地依托农村绿水青山、田园风光、乡土文化等资源，有规划地开发休闲农庄、乡村酒店、特色民宿、自驾车房车营地、户外运动等乡村休闲度假产品，大力发展休闲度假、旅游观光、养生养老、创意农业、农耕体验、乡村手工艺等，促进休闲农业的多样化、个性化发展。支持农民发展农（林、牧、渔）家乐，积极扶持农民发展休闲农业合作社，鼓励发展以休闲农业为核心的一二三产业融合发展聚集村；加强乡村生态环境和文化遗存保护，发展具有历史记忆、地域特点、民族风情的特色小镇，建设一村一品、一村一景、一村一韵的美丽村庄和宜游宜养的森林景区。引导和支持社会资本开发农民参与度高、受益面广的休闲旅游项目。鼓励各地探索农业主题公园、农业嘉年华、教育农园、摄影基地、特色小镇、渔人码头、运动垂钓示范基地等，提高产业融合的综合效益。

（三）改善基础设施。实施休闲农业和乡村旅游提升工程，扶持建设一批功能完备、特色突出、服务优良的休闲农业聚集村、休闲农业园、休闲农业合作社，着力改善开展休闲农业村庄的道路、供水设施、宽带、停车场、厕所、垃圾污水处理、游客综合服务中心、餐饮住宿的洗涤消毒设施、农事景观观光道路、休闲辅助设施、乡村民俗展览馆和演艺场所等基础服务设施，改善休闲农业基地的种养条件，实现特色农业加速发展、村容环境净化美化和休闲服务能力同步提升。鼓励因地制宜兴建特色餐饮、特色民宿、购物、娱乐等配套服务设施，满足消费者多样化的需求。

（四）推动产业扶贫。对资源禀赋有优势的贫困地区，要优先支持农民，特别是建档立卡贫困户发展休闲农业合作社、农家乐和小型采摘园等，重点实施建档立卡贫困村“一村一品”产业推进行动，带动贫困地区传统种养产业转型升级，促进贫困地区脱贫致富。要探索社会资本参与贫困地区发展休闲农业的利益分享机制，引导和支持社会资本开发农民参与度高、受益面广的项目，着力推动精准脱贫。要通过休闲农业，推动贫困地区优质农副土特产品的加工和销售。积极培树创办领办休闲农业致富带头人，注重培树巾帼创办领办休闲农业致富带头人。

（五）弘扬优秀农耕文化。做好农业文化遗产普查工作，准确掌握全国农业生产系统的发布状况和濒危程度。按照“在发掘中保护、在利用中传承”的思路，加大对农业文化遗产价值的发掘，加强对已认定的农业文化遗产的动态监督管理，加大挖掘、保护、传承和利用力度，推动遗产地经济社会可持续发展。要合理开发农业文化遗产，大力推进优秀农耕文化教育进校园，加强大中小学生的国情乡情教育，统筹利用现有资源建设农业教育、社会实践和研学旅游示范基地，实施中国传统工艺振兴计划，支持发展妇女手工艺特色产业项目。

（六）保护传统村落。不断加强传统村落、传统民居的保护力度，按照保持传统村落完整性、真实性、延续性要求，保护村落文化遗产，改善基础设施和公共服务设施。建立保护管理机制，做好中国传统村落保护项目实施和监督。注重农村文化资源挖掘，强化休闲农业经营场所的创意设计，推进农业与文化、科技、生态、旅游的融合，提升休闲农业的文化软实力。发展主客共享的美丽休闲乡村，加快乡土民俗文化的推广、保护和延续。

（七）培育知名品牌。在整合优化的基础上，重点打造点线面结合的休闲农业品牌体系。在面上，继续开展全国休闲农业示范县（市、区）创建，着力培育一批示范带动能力强的休闲农业集聚区。在点上，继续开展中国美丽休闲乡村推介活动，在全国打造一批天蓝、地绿、水净，安居、乐业、增收的美丽休闲乡村（镇）。在线上，重点开展休闲农业精品景点线路推介，吸引城乡居民到乡村休闲消费。鼓励各地因地制宜开展多种形式的品牌创建与推介活动，培育地方品牌。

四、保障措施

（一）强化政策落实创设。支持有条件的

地方通过盘活农村闲置房屋、集体建设用地、开展城乡建设用地增减挂钩试点、“四荒地”、可用林场和水面、边远海岛等资产资源发展休闲农业。鼓励各地将休闲农业和乡村旅游项目建设用地纳入土地利用总体规划和年度计划合理安排。在符合相关规划的前提下，农村集体经济组织可以依法使用建设用地自办或以土地使用权入股、联营等方式与其他单位和个人共同举办住宿、餐饮、停车场等休闲旅游接待服务企业。鼓励各地将中央有关乡村建设资金适当向休闲农业集聚区倾斜。鼓励各地采取以奖代补、先建后补、财政贴息、设立产业投资基金等方式加大财政扶持力度。金融机构要创新担保机制和信贷模式，扩大对休闲农业和乡村旅游经营主体的信贷支持。鼓励社会资本依法合规利用PPP模式、众筹模式、“互联网＋”模式、发行债券等新型融资模式投资休闲农业。国家推动重要农业文化遗产的保护、传承和利用。各地要加大投资力度，组织实施休闲农业和乡村旅游提升工程，推动休闲农业和乡村旅游的提档升级。

（二）加大公共服务。依托职业院校、行业协会和产业基地，分类、分层开展休闲农业管理和服务人员培训，提高从业人员素质。加强科技支撑，依托科研教学单位建立一批设计研究中心、规划中心、创意中心，为产业发展提供智力支撑。鼓励社会资本参与休闲农业宣传推介平台建设，加快构建网络营销、网络预订和网上支付等公共服务平台，增强线上线下营销能力。强化行业运行监测分析，构建完善的休闲农业和乡村旅游监测统计制度。

（三）加强规范管理。加大休闲农业行业标准的制定和宣贯力度，逐步推进管理规范化和服务标准化。鼓励各地根据实际情况制定地方行业标准，推动本地休闲农业和乡村旅游规范有序发展。加大对认定的全国休闲农业和乡村旅游示范县示范点、中国美丽休闲乡村、全国休闲农业星级企业、特色景观旅游名镇名村示范等景点的动态管理，确保服务质量和水平。加强行业组织服务，加快形成自我管理、自我监督、自我服务的社会化服务体系。强化安全意识，提倡文明出行和诚信经营。

（四）强化宣传推介。按照“统筹谋划、系统部署、上下联动、均衡有序、重点推进”的思路，在重大节假日前和重要农事节庆节点，充分利用网络、电视、报纸、微信等，以图文并茂的形式，有组织、有计划地开展全国性的休闲农业精品景点宣传推介，吸引城乡居民到乡村休闲消费。鼓励各地通过传统媒体和互联网等新兴媒体宣传推介精品线路和精品景点，扩大休闲农业和乡村旅游产业的影响力。鼓励各地举办特色鲜明、影响力大、公益性强的农事节庆活动，努力营造发展的良好氛围。

五、组织领导

（一）加强组织实施。各地要从战略和全局的高度深化对发展休闲农业的认识，将休闲农业纳入当地国民经济和社会发展规划，出台具体的政策措施，支持休闲农业和乡村旅游发展。要充实工作力量，加强人才队伍建设，建立高效的管理体系。要认真履行规划指导、监督管理、协调服务的职责，组织拟定发展战略、政策、规划、计划并指导实施，切实提高推动休闲农业科学发展的能力。

（二）明确任务分工。各相关部门要结合实际情况，支持休闲农业的发展。农业部门负责牵头落实本地休闲农业发展工作，指导产业的整体发展，并做好宣传推广工作。发展改革部门负责统筹利用现有渠道资金完善休闲农业的基础设施建设工作，将休闲农业和乡村旅游作为农村一二三产业融合“百县千乡万村”试点示范工程的重要内容予以支持。工业和信息化部门负责指导休闲农业和乡村旅游电子商务平台搭建。财政部门负责落实财税支持政策，通过现有资金渠道对重要农业文化遗产保护项目予以支持。国土部门负责落实休闲农业和乡村旅游用地政策。住房和城乡建设部门负责指导村庄的规划建设、传统村落和民居保护等工作。水利部门负责指导相关供水设施建设管理、河湖管理保护和水利风景区建设发展。文化部门和文物部门负责指导乡村文化和文物的挖掘保护和传承利用工作。人民银行等金融管理部门负责指导金融机构落实金融政策。林业部门负责指导森林、湿地等自然资源的保护与开发利用。旅游部门负责指导乡村旅游发展工作，推动乡村旅游与休闲农业融合发展。扶贫部门负责协调使用扶贫等专项资金，支持建档立卡贫困户因地制宜发展带动建档立卡贫困户的休闲农业和乡村旅游。妇联负责指导妇女发展休闲农业和乡村旅游，充分发挥“半边天”作用。

（三）形成工作合力。各相关部门要结合职能，将休闲农业发展的有关工作纳入各自工作体系，并予以重点支持。鼓励各地成立由农业部门牵头，有关部门共同参与的工作协调机制，共同推进有关工作落实。各地要将休闲农业纳入当地国民经济和社会发展规划，列入当地经济发展统计指标体系，出台具体的政策措施，整合资金，集中力量，支持休闲农业重点区域的发展。同时，广泛吸引社会力量参与休闲农业的发展，鼓励企业、院校、协会和社会组织发挥积极作用。

农业部　国家发展和改革委员会
工业种信息化部
财政部　国土资源部　住房和城乡建设部
水利部　文化部　中国人民银行
国家林业局　国家旅游局　国家文物局
国务院扶贫开发领导小组办公室
中华全国妇女联合会
2016 年 7 月 8 日

国家发展和改革委员会等七部门关于印发农村产业融合发展试点示范方案的通知

发改农经〔2016〕833 号

各省、自治区、直辖市及计划单列市、新疆生产建设兵团发展改革委、工业和信息化主管部门、财政厅（局）、国土资源主管部门、农业（农牧）厅（委、办、局）、商务主管部门、旅游局（委）：

为贯彻落实今年中央 1 号文件和《国务院办公厅关于推进农村一二三产业融合发展的指导意见》（国办发〔2015〕93 号）精神，我们制定了《农村产业融合发展试点示范实施方案》（以下简称《方案》），拟在全国范围内组织实施农村产业融合发展“百县千乡万村”试点示范工程。现将《方案》印发给你们，请结合本地实际，抓紧组织开展农村产业融合试点示范县、乡、村的申报、筛选工作，于 2016 年 4 月底前向国家七部门上报试点示范县名单，并切实加强对试点示范工作的指导和服务。

附件：农村产业融合发展试点示范实施方案

国家发展改革委　工业和信息化部　财政部
国土资源部　农业部　商务部　国家旅游局
2016 年 4 月 15 日

附件

农村产业融合发展试点示范实施方案

为贯彻落实今年中央 1 号文件和《国务院办公厅关于推进农村一二三产业融合发展的指导意见》（国办发〔2015〕93 号），围绕产业融合模式、主体培育、政策创新和投融资机制等，积极探索和总结成功的做法，形成可复制、可推广的经验，推进农村产业融合加快发展，国家发展改革委、财政部、农业部、工业和信息化部、商务部、国土资源部、国家旅游局等七部门决定实施农村产业融合发展“百县千乡万村”试点示范工程。具体实施方案如下：

一、总体要求

（一）分级负责，共同推进。农村产业融合发展“百县千乡万村”试点示范采取分级负责的实施方式，中央层面重点抓好“百县”试点示范工程（含县级市、区、旗、新疆兵团和黑龙江农垦团场等，下同），乡级、村级试点示范参照县级方式，分别由省级、县级有关部门负责。各级发展改革、财政、农业、工业和信息化、商务、国土资源、旅游等部门要密切配合，形成合力，共同推进试点示范工作。

（二）合理确定试点示范规模。综合考虑农林牧渔业总产值、规模以上农产品加工业主营业务收入、农村地区社会消费品零售总额占全国的比重、农业产业化经营组织规模与数量，适当考虑脱贫攻坚等因素，确定各省（自治区、直辖市）试点示范县、乡、村数量。其中，2014 年农林牧渔业总产值超过 5 000 亿元的省（自治区）试点示范县数量不超过 5 个，其他省（自治区）不超过 3 个，直辖市不超过 2 个，计划单列市不超过 1 个，新疆生产建设兵团、黑龙江农垦可确定 2 个团（场）开展试点示范。各省（自治区、直辖市）试点示范乡、村的数量原则上不超过试点示范县数的 10 倍、100 倍。

（三）择优确定试点示范名单。县级试点示范名单由拟开展试点示范的县（市、区等）自愿申报，省级有关部门根据国家相关要求和工作任务，结合本省区实际情况，在组织编制试点示范实施方案并组织联合评审的基础上择优确定。试点示范乡、示范村由试点示范县按规定数量自行选择确定。农村产业融合试点示范县、乡、村的选择，可以与各部门已经确定的相关试点示范结合，对已列为新型城镇化试点地区、现代农业示范区、农业产业化示范基地、电子商务进农村综合示范县、休闲农业与乡村旅游示范县、乡村旅游模范村、美丽休闲乡村、农产品加工示范基地等试点示范范围的地区，可适当优先考虑。

（四）加强试点示范成效总结推广。建立试点示范县建设评价指标体系，定期进行监测评估，确保各项试点示范任务有效落实，及时总结推广试点示范过程中的好经验、好做法。各省（自治区、直辖市）要加强对试点示范单位的指导，并建立信息上报制度，及时上报工作进展、成效及取得的经验、存在的问题、相关建议等。

二、县级试点示范的主要任务

（一）优化县域空间发展布局，推进产城融合发展。探索农村产业融合发展与新型城镇化相结合的有效途径，合理规划县域内城乡产业布局，引导二三产业向县城、重点乡镇及产业园区等集中，发挥产业集聚优势，提高综合竞争力和企业经济效益。加强规划引导和市场开发，通过培育农产品加工、商贸物流、休闲旅游等专业特色小城镇，实现产业发展和人口集聚相互促进、融合发展。

（二）探索多种产业融合形式，构建现代农业产业体系。支持试点示范县结合地方资源优势，通过推进农业内部融合、延伸农业产业链、拓展农业多种功能、发展农业新型业态等多种形式，探索并总结一批适合不同地区的农业产业融合商业模式，努力构建农业与二三产业交叉融合的现代农业产业体系。

（三）培育多元化产业融合主体，激发产业融合活力。重点是探索农民合作社和家庭农场在农村产业融合中更好发挥作用的有效途径，鼓励农民合作社发展农产品加工、销售，鼓励家庭农场开展农产品直销。支持龙头企业和领军企业通过直接投资、参股经营、签订长期供销合同等方式建设标准化、规模化原料生产基地以及营销设施，带动农户和农民合作社发展适度规模经营。引导行业协会和产业联盟发展，加强产业链整合和供应链管理。

（四）健全产业链利益联结机制，让农民更多分享产业增值收益。鼓励试点示范县围绕股份合作、订单合同、服务协作、流转聘用等利益联结模式，建立龙头企业与农户风险共担的利益共同体。引导龙头企业创办或入股合作组织，支持农民合作社入股或兴办龙头企业，采取“保底收益、按股分红”的分配方式，实现龙头企业与农民合作社深度融合。鼓励试点示范县将财政资金投入农业农村形成的经营性资产，通过股权量化到户，让集体（合作）经济组织成员长期分享资产收益。

（五）创新产业融合投融资机制，拓宽资金渠道。按照企业主导、政府支持、社会参与、市场运作的原则，进一步完善农村产业融合投融资体制。指导试点示范县制定具体办法，对社会资本投资建设连片面积达到一定规模的高标准农田、生态公益林等，允许利用一定比例土地，按规划开展观光和休闲度假旅游、加工流通等经营活动。综合运用奖励、补助、税收优惠等政策，鼓励金融机构与新型农业经营主体建立紧密合作关系，推广产业链金融模式，加大对农村产业融合发展的信贷支持。挖掘农村资源资产资金的潜力，探索通过“资源变股权、资金变股金、农民变股东”，把闲置和低效利用的农村资源、资金优化用于农村产业融合发展。

（六）加强基础设施建设，完善产业融合服务。支持试点示范县加强农村基础设施建设，推动水电路、信息等基础设施城乡联网、共建共享。改善物流基础设施，完善交通运输网络体系，降低物流成本。合理布局教育、医疗、文化、旅游、体育等公共服务设施，提升宜居宜业水平。支持试点示范县搭建农村综合性信息化服务平台，提供电子商务、休闲农业与乡村旅游、农业物联网、价格信息、公共营销等服务。优化农村创业孵化平台，提供设计、创意、技术、市场、融资等定制化解决方案等服务。

三、试点示范县的选择标准

（一）基本条件。一是县（市、区）政府高度重视农村产业融合发展工作，有开展试点示范建设的积极意愿，地方已出台相应政策措施，发展农产品加工、乡村旅游、休闲农业、农民创业创新具备一定基础。二是县域经济范围内以农业农村为基本依托，现代生产经营方式广泛应用，农村一二三产业已经呈现出融合发展趋势。三是新型农业经营主体不断壮大，在探索多种形式利益联结机制方面已有较好基础。

（二）分类与标准。为避免试点示范县类型过于单一或雷同，将试点示范县共分为6种类型。各省（自治区、直辖市）要结合本地实际，充分挖掘地域特色，尽可能选择不同类型的县（市、区）进行试点示范，每种类型最多选择1个，并在试点示范实施方案中明确。

一是农业内部融合型。以农牧结合、农林结合、循环发展为导向调整优化农业种植养殖结构，无公害、绿色、有机农产品和地理标志农产品比例高，农业废弃物综合利用水平高，实现经济效益和生态保护实现统一，种养结合等循环农业、生态农业发展形成规模，在全国具有较高知名度和影响力，有力地促进当地产业发展和农民增收。

二是产业链延伸型。农业向后延伸或者农产品加工业、农业生产生活服务业向农业延伸，促进农业产业链各环节紧密结合，提高农产品附加值。通过农业产业化龙头企业和农产品加工领军企业带动农产品加工原料基地建设，发展农业规模经营；支持农民合作社和家庭农场发展农产品加工和农产品直销等。

三是功能拓展型。农业通过与其他产业

的功能互补，赋予农业新的附加功能。如农业与旅游业、文化创意产业、能源工业等相结合衍生出的休闲农业或乡村旅游、创意农业和能源农业等新业态项目。

四是新技术渗透型。技术密集或信息化程度高，农产品生产、交易和农业融资方式先进。例如，信息技术、物联网技术等新技术在农业中的应用，产生的涉农电子商务、农业互联网金融、智慧农业等项目。

五是多业态复合型。同时兼有上述四种类型或者融合其中几个类型，一般以龙头企业为主要投资主体，农业资源集约利用程度高、产业链条完整、农业多功能性明显、示范带动作用较强。

六是产城融合型。农村产业融合与新型城镇化联动发展，县域内城乡产业布局规划合理，二三产业在县城、重点乡镇及产业园区等集聚度较高，较好发挥对人口集聚和城镇建设的带动作用，形成了一批农产品加工、商贸物流、休闲旅游等专业特色小城镇。

四、具体工作安排

（一）尽快确定试点示范名单。省级发展改革委要会同相关部门，按照国办发〔2015〕93号文件和本方案要求，尽快组织开展农村产业融合试点示范县、乡、村的申报、筛选等工作，并于2016年4月底前向国家七部门上报试点示范县具体名单。

（二）完善县级试点示范实施方案。根据各地上报的县级试点示范实施方案，省级有关部门要通过组织召开座谈会等方式，指导各县进一步修改完善试点示范实施方案，并于2016年6月底前将县级试点示范实施方案上报国家七部门备案。同时，要及时组织对试点示范县的相关人员进行培训，切实提高推进各项工作的能力。

（三）抓好组织实施。试点示范县要成立由县级主要领导为组长的领导小组，切实做好方案的编制和组织实施工作。每年年底，试点示范单位要进行认真总结，并将总结报告上报省级有关部门，由省级发展改革部门会同有关部门汇总形成全省试点示范总结报告上报国家七部门。

五、保障措施

（一）加强业务指导。中央和省级有关部门要发挥各自优势，从试点示范方案编制、制度建设、投入机制、人员培训等方面加强对试点示范县的指导，帮助地方编好做实试点示范实施方案，支持试点示范县开展各项试点示范工作。

（二）强化政策支持。对确定为农村产业融合发展试点示范的县（市、区），国家、省级有关部门在安排相关投资时，对于符合条件的项目予以倾斜，允许试点示范县在不改变资金用途和管理要求的基础上，整合国家、省级预算内投资等各项资金，支持产业融合发展。其中，发展改革部门在专项建设基金中，支持符合条件的试点示范县建设产业园区，对试点示范县符合条件的企业类项目予以支持。财政部门要加大农业综合开发资金等对试点示范县的支持。国土资源、农业、工业和信息化、商务、旅游等行业主管部门要结合各自职责，加强对试点示范县的业务指导和行业管理，加大对试点示范县的支持力度。

（三）完善工作机制。各有关部门要密切配合，加强协作，支持试点示范县推进各项工作，确保取得预期成果。发展改革部门要发挥牵头职能，做好监测评价和总结推广等工作。

国家发展和改革委员会　国家旅游局
关于实施旅游休闲重大工程的通知

发改社会〔2016〕2550号

各省、自治区、直辖市及计划单列市、新疆

生产建设兵团、黑龙江农垦总局发展改革委、旅游委（局）：

为贯彻落实《国务院关于促进旅游业改革发展的若干意见》（国发〔2014〕31 号）、《国务院办公厅关于进一步促进旅游投资和消费的若干意见》（国办发〔2015〕62 号）精神，国家发展改革委、国家旅游局决定实施旅游休闲重大工程，积极引导社会资本投资旅游业，不断完善旅游基础设施和公共服务体系，丰富旅游产品和服务，迎接正在兴起的大众休闲旅游时代。现就有关事项通知如下：

一、充分认识实施旅游休闲重大工程的重要意义

旅游业是现代服务业的重要组成部分，带动作用大。我国旅游休闲消费具有巨大的市场需求和发展空间，但基础设施和公共服务水平亟待提高。实施旅游休闲重大工程，是适应人民群众消费升级和产业结构调整的必然要求，对于扩就业、增收入，推动中西部发展和贫困地区脱贫致富，促进经济平稳增长和生态环境改善意义重大，对于提高人民生活质量、培育和践行社会主义核心价值观也具有重要作用。

二、实施旅游休闲重大工程的基本原则和目标

（一）基本原则

统筹布局、突出重点。根据区位条件、资源禀赋、交通布局、产业水平等情况，结合国家重大区域发展战略，因地制宜、分类指导，统筹布局一批旅游休闲重大项目，培育各具特色的旅游目的地。

政府引导、市场主导。发挥好政府资金“四两拨千斤”的引导作用，加快推进旅游基础设施和公共服务设施建设，突出企业的主体地位，最大程度的调动社会资本投资旅游发展、分享旅游红利的积极性。

改革创新、合力推进。建立健全工作协调机制，优化投融资等旅游供给侧结构性改革，优化投资结构，着力解决制约社会资本投资旅游的体制机制障碍，为社会资本创造良好的投资条件，营造良好的投资环境。

提升质量、优化结构。积极引导旅游投资方向和领域，优化旅游产品结构，支持建设一批满足大众化、多样化、个性化消费需求的观光、休闲、度假等旅游产品，提升旅游产业质量，优化产业结构。

（二）实施目标

到 2020 年，依托旅游休闲重大工程的实施，基本建立与大众旅游时代相匹配的基础完善、城乡一体，结构优化、供需合理，机制科学、规范有序的现代旅游业发展格局。

旅游基础设施和公共服务设施水平全面提升。到 2020 年，重点旅游目的地的旅游基础设施和公共服务体系基本健全，生态环境保护能力显著增强，接待能力大幅增强，公共服务水平有效提升，游客满意度水平明显提高。

旅游供给的结构性矛盾逐步缓解。打造 1 000 家新的自然生态环境良好、文化科普教育功能完善、在国内外具有较强吸引力的精品景区，使主要热门景区长期高负荷运行、游客数量超过环境容量、游览品质无法保障的现象得到有效改观，游览品质得到提高，科普教育功能明显增强。

旅游企业的发展能力明显增强。旅游企业综合化、专业化能力进一步提高，信息化和现代化管理水平明显提升，形成 100 家左右具有国际一流水平的龙头型、创新型的综合旅游企业集团和旅游服务品牌。

旅游业对国民经济的贡献明显提高。全国旅游直接投资年均增长 20%，到 2020 年，实现旅游投资总额达到 2 万亿元；旅游消费总额达到 7 万亿元，旅游业对国民经济增长的综合贡献超过 10%；旅游就业总量达到 5 000万人，旅游业就业对社会就业的贡献率

超过10%，实现每年约200万贫困人口通过发展旅游实现精准脱贫。

三、实施旅游休闲重大工程的任务安排

（一）主要任务

1. 加强旅游基础设施和公共服务设施建设。在重点旅游城市之间、城市到国家4A级旅游景区之间、城市和重点乡村旅游目的地之间，实现交通畅通，消除景区“断头路”；在A级旅游景区、旅游度假区、重点乡村旅游区、旅游扶贫重点村等地新建和改扩建一批旅游厕所、停车场、交通引导标识、游客服务中心等旅游基础设施和公共服务设施。

2. 加快旅游产品开发。完善提升观光旅游景区、乡村旅游景区，引导布局国家级、省级旅游度假区及自驾车房车露营基地、国际特色旅游目的地和低空旅游示范区，支持打造一批城市旅游休闲街（区）和环城市旅游休闲带。鼓励发展海岛旅游、体育旅游、邮轮旅游、研学旅游、温泉旅游、冰雪旅游、健康旅游等新兴旅游产品。

3. 积极推动乡村旅游和旅游扶贫。支持乡村旅游重点村的步行道、停车场、厕所、供水供电、应急救援、旅游标识标牌、综合环境整治等旅游基础设施和公共服务设施建设，以满足基本的旅游接待条件。

4. 稳步推进重点旅游区发展。推进海南国际旅游岛、平潭国际旅游岛、长江黄金旅游带、桂林国际旅游胜地、皖南国际文化旅游示范区建设。培育一批生态旅游协作区、国际生态旅游目的地、生态旅游重点景区和国家生态风景道。

5. 扎实推进全域旅游。建立各级部门齐抓共管、全体居民共同参与、各类要素全面利用的全域旅游发展模式，着力提供全过程、全时空、全方位的旅游体验。打破封闭式景点景区建设和经营模式，城乡规划、设施布局、公共服务体系建设等统筹考虑旅游发展需要。

6. 大力推动旅游创业创新。引导和支持旅游创业创新，建设一批科技旅游示范基地，推进智慧旅游景区建设，鼓励大型互联网企业进军旅游业，推动旅游线上线下深度融合发展。大力提升旅游基础设施和信息服务的互联网化水平，积极发展基于互联网的旅游服务新业态。

（二）重点建设项目。

重点引导企业开展以下8个领域项目建设：

1. 旅游公共服务保障工程。建设重点旅游目的地机场、火车站、汽车站、码头、高速公路服务区、商业集中区等游客聚集区域的旅游咨询中心；区域性的旅游应急救援基地；游客集散中心、集散分中心及集散点；旅游交通引导标识系统；旅游数据中心。

2. 重点景区建设工程。建设景区到交通干线的连接路，景区内的道路、步行道、停车场、厕所、供水供电设施、垃圾污水处理设施、消防设施、安防监控设施、解说教育系统、应急救援设施、游客信息服务设施以及环境整治等。

3. 旅游扶贫工程。建设乡村旅游富民工程重点村的道路、步行道、停车场、厕所、农副土特产销售中心、供水供电设施、垃圾污水处理设施、消防设施以及环境整治等。

4. 红色旅游发展工程。建设全国红色旅游经典景区到交通干线的连接路，景区内道路、步行道、停车场、厕所、供水供电设施、垃圾污水处理设施、消防设施、安防监控设施、展陈场馆、解说教育系统、游客信息服务设施以及环境整治等，国家级抗战纪念设施、遗址的必要维修保护。

5. 贫困户乡村旅游“三改一整”工程。对乡村旅游扶贫重点村的农家乐等，重点支持实施“三改一整”工程（即改厨、改厕、改房间、修整院落）项目，改善贫困户旅游接待条件。

6. 新兴旅游业态培育工程：引导建设自驾车房车旅游、邮轮游艇旅游、温泉旅游、

滑雪旅游、体育旅游、森林旅游、海洋旅游、研学旅行、健康旅游、旅游小城镇、城镇特色旅游街区、旅游演艺、国际特色旅游目的地、环城游憩带等休闲度假产品配套设施建设项目。

7. 旅游创业创新工程。重点支持全域旅游示范区、旅游产业园区、乡村旅游创客基地、跨境旅游合作区和边境旅游试验区、智慧旅游景区等项目。

8. 绿色旅游引导工程。重点支持旅游景区、民宿客栈等节水节电、绿色低碳升级改造项目。

四、实施旅游休闲重大工程的保障措施

（一）加强旅游休闲重大工程实施的组织协调。各地发展改革部门、旅游部门要会同相关部门建立“旅游休闲重大工程”项目建设协调机制和绿色审核通道，加强横向联动、有机衔接，形成工作合力，协调解决重大工程项目推进中面临的困难和问题，为项目顺利实施创造良好条件。

（二）加大对重大工程项目的政策支持力度。各省（自治区、直辖市）要多渠道增加旅游休闲重大工程投入，引导银行业金融机构加大对旅游投资企业的信贷支持，为重大项目建设提供更便利的融资服务。支持企业通过发行公司债券、非金融企业债务融资工具、企业债券和上市等多种方式拓宽融资渠道，开展重大项目建设。国家发展改革委、国家旅游局通过中央预算内投资、专项建设基金、旅游发展基金等方式对旅游休闲重大工程项目给予支持。积极协调有关部门在政策允许的范围内对列入旅游休闲重大工程的项目给予一定土地、规划等政策支持。

（三）加强重大工程项目监督检查。国家发展改革委、国家旅游局将统筹利用月度调度、项目稽查和专项检查等方式，加大对旅游休闲重大工程实施情况的监督检查。加大对项目进展缓慢、调度协调不力的地方的督办力度，研究建立推进旅游休闲重大工程成效与安排中央预算内投资额度相挂钩的机制。

各省（自治区、直辖市）发展改革部门、旅游部门要充分认识实施旅游休闲重大工程对促进旅游业改革发展的重要意义，积极采取有力措施，抓紧部署实施，确保列入旅游休闲重大工程的项目建设有序推进。

国家发展改革委
国家旅游局
2016 年 12 月 5 日

农业部关于印发《全国农产品加工业与农村一二三产业融合发展规划（2016—2020 年）》的通知

农加发〔2016〕5 号

各省、自治区、直辖市及计划单列市农业（农牧、农村经济）、农机、畜牧兽医、农垦、农产品加工、渔业厅（局、委），新疆生产建设兵团农业局，农业部有关司局、直属事业单位：

为贯彻落实党中央、国务院有关决策部署，发挥农产品加工业引领带动作用，推进农村一二三产业融合发展，根据《国民经济和社会发展第十三个五年规划纲要》有关部署要求，我部研究编制了《全国农产品加工业与农村一二三产业融合发展规划（2016—2020 年）》。现印发你们，请结合实际，认真贯彻执行。

农业部
2016 年 11 月 14 日

全国农产品加工业与农村一二三产业融合发展规划（2016—2020 年）

“十三五”时期，是我国全面建成小康社会的决战决胜阶段，也是推进新型工业化、信息化、城镇化和农业现代化同步发展的关

键时期。加快推进农业供给侧结构性改革，充分发挥农产品加工业引领带动作用，大力发展休闲农业和乡村旅游，促进农村一二三产业融合发展，是拓展农民增收渠道、构建现代农业产业体系、生产体系和经营体系的重要举措，是转变农业发展方式、探索中国特色农业现代化道路的必然要求，是实现“四化同步”、推动城乡协调发展的战略选择。为促进农产品加工业与农村一二三产业融合发展（农村一二三产业融合简称“产业融合”），根据《国务院办公厅关于推进农村一二三产业融合发展的指导意见》和《全国农业现代化规划（2016—2020 年）》，制定本规划。

一、环境条件

农产品加工业连接工农、沟通城乡，行业覆盖面宽、产业关联度高、带动农民就业增收作用强，是产业融合的必然选择，已经成为农业现代化的重要标志、国民经济的重要支柱、建设健康中国保障群众营养健康的重要民生产业。“十二五”时期，我国农业农村经济形势持续向好，农产品加工业快速发展，产业融合新主体新业态新模式大量涌现，为“十三五”发展打下扎实基础。

（一）发展基础

1. 农业农村经济形势持续向好，奠定了产业融合的坚实基础。2015 年，我国粮食总产量 62 145 万吨，棉油糖、肉蛋奶、果蔬茶、水产品生产水平不断迈上新台阶。农民人均纯收入超过 11 000 元，“十二五”年均增长 10%。物质技术装备条件建设取得新发展，农业科技进步贡献率、农作物耕种收综合机械化率分别达到 56%和 63%。农村改革深入推进，家庭经营、合作经营、集体经营、企业经营等多种经营方式共同发展的格局初步形成。

2. 农产品加工业快速发展，成为了产业融合的重要力量。规模水平提高，2015 年全国规模以上农产品加工企业 7.8 万家，完成主营业务收入近 20 万亿元，“十二五”年均增长超过 10%，农产品加工业与农业总产值比由 1.7∶1 提高到约 2.2∶1，农产品加工转化率达到 65%。创新步伐加快，初步构建起国家农产品加工技术研发体系框架，突破了一批共性关键技术，示范推广了一批成熟适用技术。产业加速集聚，初步形成了东北地区和长江流域水稻加工、黄淮海地区优质专用小麦加工、东北地区玉米和大豆加工、长江流域优质油菜籽加工、中原地区牛羊肉加工、西北和环渤海地区苹果加工、沿海和长江流域水产品加工等产业聚集区。带动能力增强，建设了一大批标准化、专业化、规模化的原料基地，辐射带动 1 亿多农户。

3. 新型经营主体蓬勃发展，构筑了产业融合的重要支撑。到 2015 年年底，家庭农场、农民合作社、农业产业化龙头企业等新型经营主体超过 250 万个，新型农业经营主体队伍不断壮大。各类新型农业经营主体通过入股入社、订单合同、托管联耕等多种形式开展联合与合作，融合机制不断健全，融合发展能力不断增强，在大宗农产品生产供给、产前、产中及产后服务和带动农民进入市场等方面提供了重要支撑。

4. 新业态新模式不断涌现，拓展了产业融合的新领域。2015 年全国有各类涉农电商超过 3 万家，农产品电子商务交易额达到 1 500 多亿元。随着互联网技术的引入，涉农电商、物联网、大数据、云计算、众筹等亮点频出，农产品市场流通、物流配送等服务体系日趋完善，农业生产租赁业务、农商直供、产地直销、食物短链、社区支农、会员配送等新型经营模式不断涌现。休闲农业和乡村旅游呈暴发增长态势，2015 年全国年接待人数达 22 亿人次，经营收入达 4 400 亿元，“十二五”期间年均增速超过 10%；从业人员 790 万，其中农民从业人员 630 万，带动 550 万户农民受益。

（二）重要机遇

1. 一系列“三农”政策为农产品加工业

和产业融合营造了良好的发展环境。党的十八届五中全会提出了创新、协调、绿色、开放、共享的五大发展理念，强调“促进农产品精深加工和农村服务业发展，拓展农民增收渠道”“种养加一体、一二三产业融合发展”；2016 年中央 1 号文件提出加强农业供给侧结构性改革，实现农业调结构、提品质、去库存；国务院办公厅下发了推进产业融合发展的指导意见，以及农业降成本、补短板等一系列改革举措，对农产品加工业发挥引领带动作用，培育新产业，推动产业融合营造了更为有利的发展环境。

2. 新型城镇化和全面深化农村改革为农产品加工业和产业融合提供了难得的发展机遇。“十三五”时期，新型城镇化加速发展，促进约 1 亿农业转移人口落户城镇，改造约 1 亿人居住的城镇棚户区和城中村，引导约 1 亿人在中西部地区就近城镇化，对强化产业支撑，引导农村二三产业向城镇集聚发展提出了明确要求。农村改革全面深化，土地承包经营权确权颁证加快推进，农村宅基地、集体建设用地和集体产权制度改革不断深化，农村资源要素市场进一步完善，城乡一体化发展体制机制更加健全，为农产品加工业和产业融合提供了难得的发展机遇。

3. 消费结构升级为农产品加工业和产业融合创造了巨大的发展空间。2015 年，我国人均 GDP 约 8 000 美元，城乡居民的生活方式和消费结构正在发生新的重大阶段性变化，对农产品加工产品的消费需求快速扩张，对食品、农产品质量安全和品牌农产品消费的重视程度明显提高，市场细分、市场分层对农业发展的影响不断深化；农产品消费日益呈现功能化、多样化、便捷化的趋势，个性化、体验化、高端化日益成为农产品消费需求增长的重点；对新型流通配送、食物供给社会化、休闲农业和乡村旅游等服务消费不断扩大，均为推进农产品加工业和产业融合创造了巨大的发展空间。

4. 信息技术等高新技术的不断变革为农产品加工业和产业融合注入了不竭的发展动力。移动互联网、大数据、云计算、物联网等新一代信息技术发展迅猛，以农产品电商、农资电商、农村互联网金融为代表的“互联网+”农业服务产业迅速兴起。绿色制造、食品科学、材料科学加速创新应用。高新技术的飞速发展，延伸了农业产业链条，重构了产业主体之间的利益联结机制，创新了城乡居民的消费方式，为农产品加工业和产业融合注入了不竭的发展动力。

（三）面临挑战

1. 农业产业体系不完善，产加销发展不够协调。农村产业之间互联互通性差，融合程度还比较低。农业生产面临越来越多的挑战，如土地、水等资源约束加剧，劳动力成本不断提高，生态环境压力加大，食品安全和消费者信心问题日益突出。农业市场化发育程度还处于初级阶段，农业的产前、产中和产后环节被人为地分割在城乡工农之间不同的领域、地域，导致农业成本高、效益低。

2. 农产品加工业转型升级滞后，带动能力不够突出。与农业生产规模不协调、不匹配，农产品加工业与农业总产值比 2.2∶1，明显低于发达国家的 3～4∶1。技术装备水平不高，比发达国家落后 15～20 年。精深加工及综合利用不足，一般性、资源性的传统产品多，高技术、高附加值的产品少。加工专用品种选育和原料生产滞后，农产品产地普遍缺少储藏、保鲜等加工设施，产后损耗大、品质难保障。融资难、融资贵、生产和流通成本高等外部环境制约依然突出。

3. 股份合作数量较少，利益联结关系不够紧密。农业集约化和农民组织化程度偏低，农民与企业之间订单交易普遍缺乏法律约束力，有些合同不够规范，履约率不高，双方利益都得不到有效保障。受风险防范和法律制度等方面的制约，合作、股份合作等紧密型利益联结方式数量不多。

4. 国际竞争不断加剧，国内产业融合不够充分。国内大宗农产品普遍缺乏国际竞争力，同类产品的国内外价格差不断扩大，进口压力不断加大，产品市场受到挤压。中美中欧农业投资协定正在加快谈判，国内企业发展粗放、产业链条短、融合度低，销售渠道和品牌效应与外资竞争面临更大压力。

二、总体要求

（一）指导思想

全面贯彻党的十八大和十八届三中、四中、五中、六中全会精神，认真落实党中央国务院决策部署，牢固树立创新、协调、绿色、开放、共享的发展理念，主动适应经济发展新常态，以坚持农民主体地位，增进农民福祉为出发点和落脚点，按照“基在农业、利在农民、惠在农村”的要求，以市场需求为导向，以促进农业提质增效、农民就业增收和激活农村发展活力为目标，以新型农业经营主体为支撑，以完善利益联结机制和保障农民分享二三产业增值收益为核心，以制度、技术和商业模式创新为动力，强化农产品加工业等供给侧结构性改革，着力推进全产业链和全价值链建设，开发农业多种功能，推动要素集聚优化，大力推进农产品加工业与农村产业交叉融合互动发展，为转变农业发展方式、促进农业现代化、形成城乡一体化发展的新格局，为农业强起来、农村美起来、农民富起来和全面建成小康社会提供有力支撑。

（二）基本原则

1. 坚持创新驱动，激发融合活力。把创新作为引领产业融合发展的第一动力，着力实施创新驱动战略。树立“大食物、大农业、大资源、大生态”观念，深入开展产业融合理论创新；大力发展合作制、股份合作制和股份制，逐步推进产业融合制度创新；积极应用互联网、智能制造、绿色制造等现代技术，切实加大产业融合科技创新。

2. 坚持协调发展，优化产业布局。把协调作为产业融合发展的内在要求，着力推进产业交叉融合。要增强发展的协调性，以市场需求为导向，充分发挥市场机制和市场主体的作用，推动农业产前产中产后和农产品初加工、精深加工及综合利用加工协调发展，引导优化产业布局，拓宽发展空间，促进城乡、区域、产业间的协调发展。

3. 坚持绿色生态，促进持续发展。把绿色作为产业融合发展的基本遵循，着力促进可持续发展。牢固树立节约集约循环利用的资源观，通过绿色加工、综合利用，实现节能降耗、环境友好，形成“资源—加工—产品—资源”模式，发展营养安全、绿色生态、美味健康、方便实惠的食品产业；遵循生产生活生态并重，发展培育新业态；坚持绿色富国、绿色惠民，推动形成产业融合的绿色发展方式。

4. 坚持开放合作，拓展融合空间。把开放作为产业融合发展的必由之路，着力推动产业“走出去”和国际产能合作。鼓励引导农产品加工、流通等涉农企业参与双向开放，充分利用好国内国外两种资源、两个市场，搭建区域间、国际间投资贸易合作平台，加强国际交流合作，推动产品、技术、标准、服务走出去。

5. 坚持利益共享，增进人民福祉。把共享作为产业融合发展的本质要求，着力促进农民增收。坚持以人民为中心的发展思想，坚持人民主体地位，产业发展为增进人民福祉服务，拓展产业功能，通过支持政策与带动农民分享利益挂钩，激励企业承担社会责任，大力发展农民共享产业，多渠道促进农民增收；完善企农利益联结机制，形成利益共同体、命运共同体和责任共同体，使农民有体面的就业，有尊严的生活，在共建共享发展中有更多获得感与幸福感。

（三）发展目标

到 2020 年，产业融合发展总体水平明显提升，产业链条完整、功能多样、业态丰富、利益联结更加稳定的新格局基本形成，农业生产结构更加优化，农产品加工业引领带动作用显著增强，新业态新模式加快发展，产业融合机制进一步完善，主要经济指标比较协调、企业效益有所上升、产业逐步迈向中高端水平，带动农业竞争力明显提高，促进农民增收和精准扶贫、精准脱贫作用持续增强。

——农产品加工业引领带动作用显著增强。农产品加工业产业布局进一步优化，产业集聚程度明显提高，科技创新能力不断增强，质量品牌建设迈上新台阶，节能减排成效显著。到 2020 年，力争规模以上农产品加工业主营业务收入达到 26 万亿元，年均增长 6%左右，农产品加工业与农业总产值比达到 2.4∶1。主要农产品加工转化率达到 68%左右，其中粮食、水果、蔬菜、肉类、水产品分别达到 88%、23%、13%、17%、38%；农产品精深加工和副产物综合利用水平明显提高。规模以上食用农产品加工企业自建基地拥有率达到 50%，专用原料生产水平明显提高。

——新业态新模式发展更加活跃。农业生产性服务业快速发展，“互联网＋”对产业融合的支撑作用不断增强，拓展农业多功能取得新进展，休闲农业和乡村旅游等产业融合新业态新模式发展更加活跃。到 2020 年，力争农林牧渔服务业产值达到 5 500 亿元，年均增速保持在 9.5%左右；企业电商销售普及率达到 80%；农产品电子商务交易额达到 8 000 亿元，年均增速保持在 40%左右；休闲农业营业收入达到 7 000 亿元，年均增长 10%左右，接待游客突破 33 亿人次。

——产业融合机制进一步完善。农业产加销衔接更加紧密，产业融合深度显著提升，产业链更加完整，价值链明显提升。产业融合主体明显增加，农村资源要素充分激活，股份合作等利益联结方式更加多元，农民共享产业融合发展增值收益不断增加。城乡之间要素良性互动，公共服务均等化水平明显改善，产业融合体系更加健全，培育形成一批融合发展先导区。

主要指标

类别	指 标		2015 年	2020 年	年均增长
农产品加工业	规模以上农产品加工业主营业务收入（万亿元）		19.4	26	6%
	农产品加工业与农业总产值比 1		2.2∶1	2.4∶1	[0.2]
	主要农产品加工转化率（%）	总体	65	68	[3]
		其中：粮食	85	88	[3]
		水果	20	23	[3]
		蔬菜	10	13	[3]
		肉类	16	17	[1]
		水产品	35	38	[3]
	加工企业自建基地拥有率 2（%）		25	50	[25]
新业态	农林牧渔服务业产值（亿元）		4 300	5 500	9.5%
	加工企业电商销售普及率 3（%）		50	80	[30]
	农产品电子商务交易额（亿元）		1 500	8 000	40%
	休闲农业年接待旅游人次（亿人次）		22	33	8.4%
	休闲农业年营业收入（亿元）		4 400	7 000	10%

注：[] 为五年累计增加数。

1. 农产品加工业与农业总产值之比=农产品加工业总产值/农业总产值，其中农产品加工业总产值以农产品加工业主营业务收入数据为基础计算。

2. 加工企业自建基地拥有率=规模以上食用农产品加工企业中拥有自建基地的企业数量/规模以上食用农产品加工企业总数量。

3. 加工企业电商销售普及率=规模以上食用农产品加工企业开展电子商务交易的企业数量/规模以上食用农产品加工企业总数量。

三、主要任务

（一）做优农村第一产业，夯实产业融合发展基础

1. 发展绿色循环农业。立足实际，从时间和空间上合理布局，科学引导不同类型区域农业生产，促进粮食、经济作物、饲草料三元种植结构协调发展。大力发展种养结合循环农业，加快构建粮经饲统筹、农牧结合、种养加一体、一二三产业融合的现代农业产业体系。积极发展渔业和林下经济，推进农渔、农林复合经营。围绕适合精深加工、休闲采摘的特色农产品，发展优势特色产业，形成产加销结合的产业结构。

2. 推进优质农产品生产。以农产品加工业为引领，稳步发展农业生产。在优势农产品产区，组织科研单位开展农产品加工特性研究，筛选推广一批加工专用优良品种和技术，促进农产品加工专用原料生产。引导鼓励农产品加工企业及新型农业经营主体通过直接投资、参股经营、签订长期合同等方式，带动建设一批标准化、专业化、规模化原料生产基地。推进无公害农产品、绿色食品、有机农产品和农产品地理标志产品生产，加强农业标准体系建设，严格生产全过程管理，建立从农田到餐桌的农产品质量安全监管体系，提高标准化生产和监管水平。

3. 优化农业发展设施条件。推进高标准农田建设，不断提高农产品加工专用原料生产能力。加强农产品仓储物流设施建设，不断健全以县、乡、村三级物流节点为支撑的农村物流网络体系。支持农村公共设施和人居环境改善，不断完善休闲农业和乡村旅游道路、供电、供水、停车场、观景台、游客接待中心等配套设施建设。将产业融合发展与新型城镇化建设有机结合，引导农村二三产业向县城、重点乡镇及产业园区等集中，培育农产品加工、商贸物流等专业特色小城镇，促进城乡基础设施互联互通、共建共享。加强产业融合发展与城乡总体规划、土地利用总体规划有效衔接，完善县域产业空间布局和功能定位。通过农村闲置宅基地整理、土地整治等新增的耕地和建设用地，优先用于产业融合发展。

（二）做强农产品加工业，提升产业融合发展带动能力

1. 大力支持发展农产品产地初加工。以粮食、果蔬、茶叶等主要及特色农产品的干燥、储藏保鲜等初加工设施建设为重点，扩大农产品产地初加工补助政策实施区域、品种范围及资金规模。鼓励各地根据农业生产实际，加强初加工各环节设施的优化配套；积极推动初加工设施综合利用，建设粮食烘储加工中心、果蔬茶加工中心等；推进初加工全链条水平提升，加快农产品冷链物流发展，实现生产、加工、流通、消费有效衔接。

2. 全面提升农产品精深加工整体水平。支持粮食主产区发展粮食特别是玉米深加工，去库存、促消费。培育主食加工产业集群，研制生产一批营养、安全、美味、健康、方便、实惠的传统面米、马铃薯及薯类、杂粮、预制菜肴等多元化主食产品。加强与健康、养生、养老、旅游等产业融合对接，开发功能性及特殊人群膳食相关产品。加快新型非热加工、新型杀菌、高效分离、绿色节能干燥和传统食品工业化关键技术升级与集成应用，开展酶工程、细胞工程、发酵工程及蛋

白质工程等生物制造技术研究与装备研发，开展信息化、智能化、成套化、大型化精深加工装备研制，逐步实现关键精深加工装备国产化。

3. 努力推动农产品及加工副产物综合利用。重点开展秸秆、稻壳、米糠、麦麸、饼粕、果蔬皮渣、畜禽骨血、水产品皮骨内脏等副产物梯次加工和全值高值利用，建立副产物综合利用技术体系，研制一批新技术、新产品、新设备。坚持资源化、减量化、可循环发展方向，促进综合利用企业与农民合作社等新型经营主体有机结合，调整种养业主体生产方式，使副产物更加符合循环利用要求和加工标准；鼓励中小企业建立副产物收集、处理和运输的绿色通道，实现加工副产物的有效供应。

（三）做活农村第三产业，拓宽产业融合发展途径

1. 大力发展各类专业流通服务。健全农产品产地营销体系，推广农超、农社（区）、农企、农校、农军等形式的产销对接，鼓励新型农业经营主体在城市社区或郊区设立鲜活农产品直销网点。鼓励各类服务主体把服务网点延伸到农村社区，向全方位城乡社区服务拓展。配合有关部门落实在各省（自治区、直辖市）年度建设用地指标中单列一定比例，专门用于新型农业经营主体进行农产品加工、仓储物流、产地批发市场等辅助设施建设。继续实施农产品批发市场、农贸市场房产税、城镇土地使用税优惠政策。培育大型农产品加工、流通企业，支持开展托管服务、专项服务、连锁服务、个性化服务等多元服务。

2. 积极发展电子商务等新业态新模式。推进大数据、物联网、云计算、移动互联网等新一代信息技术向农业生产、经营、加工、流通、服务领域的渗透和应用，促进农业与互联网的深度融合。支持流通方式和业态创新，开展电子商务试点，推进新型农业经营主体对接全国性和区域性农业电子商务平台，鼓励和引导大型电商企业开展农产品电子商务业务。积极协调有关部门完善农村物流、金融、仓储体系，充分利用信息技术逐步创建最快速度、最短距离、最少环节的新型农产品流通方式。积极探索农业物联网应用主攻方向、重点领域、发展模式及推进路径，稳步开展成功经验模式在国家级、省级、县级等层面推广应用。

3. 加快发展休闲农业和乡村旅游。拓展农业多种功能，推进农业与休闲旅游、教育文化、健康养生等深度融合，发展观光农业、体验农业、创意农业等新业态，促进休闲农业和乡村旅游多样化发展。优化布局，在大中城市周边、名胜景区周边、特色景观旅游名镇名村周边、依山傍水逐草自然生态区、少数民族地区、传统特色农区，支持发展农（林、牧、渔）家乐、休闲农庄、休闲农园、休闲农业产业融合聚集村等。改善设施，加快休闲农业经营场所的公共基础设施建设，兴建垃圾污水无害化处理等设施，改善休闲农业基地的种养条件，鼓励因地制宜兴建特色农产品加工、民俗手工艺品制作和餐饮、住宿、购物、娱乐等配套服务设施。规范管理，加大休闲农业行业标准的制定和宣贯，加强品牌培育和宣传推介，提升社会影响力和知名度。

（四）创新融合机制，激发产业融合发展内生动力

1. 培育多元化产业融合主体。强化家庭农场、农民合作社的基础作用，促进农民合作社规范发展，引导大中专毕业生、新型职业农民、务工经商返乡人员以及各类农业服务主体兴办家庭农场、农民合作社，发展农业生产、农产品加工、流通、销售，开展休闲农业和乡村旅游等经营活动。培育壮大农业产业化龙头企业，引导其发挥引领示范作用，重点发展农产品加工流通、电子商务和社会化服务，建设标准化和规模化的原料生

产基地，带动农户和农民合作社发展适度规模经营。鼓励和支持工商资本投资现代农业，促进农商联盟等新型经营模式发展。

打造产业融合领军型企业。鼓励一批在经济规模、科技含量和社会影响力方面具有引领优势的企业突出主业，大力发展农产品精深加工、流通服务、休闲旅游、电子商务等，推进产业化经营，增进融合，带动产业链前延后伸，挖掘各环节潜力，创新多种业态，增强核心竞争能力和辐射带动能力，充分发挥在农村产业融合发展中的领军作用。

2. 发展多类型产业融合方式。延伸农业产业链，积极鼓励家庭农场、农民合作社等主体向生产性服务业、农产品加工流通和休闲农业延伸；积极支持企业前延后伸建设标准化原料生产基地、发展精深加工、物流配送和市场营销体系，探索推广“龙头企业＋合作社＋基地＋农户”的组织模式。引导产业集聚发展，创建现代农业示范区、农业产业化示范基地和农产品加工产业园区，培育产业集群，完善配套服务体系。积极打造产业融合先导区，推动产业融合、产村融合、产城融合，加快先导区内主体间的资产融合、技术融合、利益融合，整合各类资金，引导集中连片发展，推动加工专用原料基地、加工园区、仓储物流基地、休闲农业园区有机衔接。大力发展农村电子商务，推广“互联网＋”发展模式，支持各类产业融合主体借力互联网积极打造农产品、加工产品、农业休闲旅游商品及服务的网上营销平台。

3. 建立多形式利益联结机制。创新发展订单农业，引导支持企业在平等互利基础上，与农户、家庭农场、农民合作社签订购销合同、提供贷款担保、资助农户参加农业保险，鼓励农产品产销合作，建立技术开发、生产标准和质量追溯体系，打造联合品牌，实现利益共享。鼓励发展农民股份合作，加快推进将集体经营性资产折股量化到农户，探索不同区域的农用地基准地价评估，为农户土地入股或流转提供依据，探索形成以农民土地经营权入股的利润分配机制。强化企业社会责任，鼓励引导从事产业融合的工商企业优先聘用流转出土地的农民，提供技能培训、就业岗位和社会保障，辐射带动农户扩大生产经营规模、提高管理水平，强化龙头企业联农带农激励机制。健全风险防范机制，规范工商资本租赁农地行为，建立土地流转、订单农业等风险保障金制度，鼓励制定适合农村特点的信用评级方法体系，制定和推行涉农合同示范文本，加强土地流转、订单等合同履约监督。

四、重点布局

根据各地资源禀赋和区域布局，因地制宜推进融合发展。依托自然和区位优势，大力发展优质原料基地和加工专用品种生产，积极推动科技研发、电子商务等平台建设，培育优势产业集群。依托重点加工产业，合理布局初加工、精深加工、副产物综合利用以及传统食品加工业，推进冷链物流、智能物流等设施建设，大力发展新型商业营销模式。依托各地特色农业农村资源和农业文化遗产，发展美丽休闲乡村，培育特色小镇，打造休闲农业品牌体系。依托重点产业和优势产业集群，推动产业融合试点示范，培育一批集专用品种、原料基地、加工转化、现代物流、便捷营销为一体的农产品加工园区和产业融合先导区，不断提升产业融合发展水平。

（一）融合发展区域功能定位

1. 粮油生产核心区。在粮食生产核心区，大力发展优质原料基地及加工专用品种生产，积极推动大宗粮食作物产地初加工、传统加工技术升级与装备创制。在东北、长江中下游等稻谷主产区，黄淮海、长江中下游等小麦主产区，东北、华北等玉米主产区，东北、华北、西北和西南等马铃薯主产区，东北和黄淮海等大豆主产区，长江流域和北方等油菜主产区，东北农牧交错区及沿黄河花生主产区，重点开展优质原料基地建设。在东北、华北、长江中下游、大宗粮油作物生产核心区形成初加工产业带，引导生产合作组织、创新联盟发挥更大作用，建立更加专业、便捷的粮油生产仓储、物流、金融、信贷平台与服务网络，打造自然生态与传统文化结合的休闲农业发展模式。

2. 经济作物生产优势区。在经济作物生产优势区，加强加工专用原料基地建设，加快电子商务平台建设，积极推动经济作物产地初加工、精深加工和综合利用技术升级与装备创制，大力促进休闲农业发展。在渤海湾和西北黄土高原地区发展苹果原料基地；在长江上中游、浙闽粤和赣南湘南桂北、鄂西湘西发展柑橘原料基地；在华南与西南热区、长江流域、黄土高原、云贵高原、北部高纬度、黄淮海与环渤海等地发展蔬菜原料基地；在长江流域、东南沿海、西南地区发展绿茶、乌龙茶等茶专用原料基地，在华南、西南热区发展热带水果原料基地。在东南沿海、环渤海等地以及西部地区分别建设速冻果蔬、果蔬浆及果蔬干制等初加工产业带；在热带、亚热带、东北地区建设果蔬制汁制罐及副产物高值化加工产业带；在河北、山西、山东、福建、浙江、广东、广西、江苏、新疆等地建设果蔬干制及营养健康食品加工产业带；在中原、西北、贵州及江浙闽地区等建设茶饮料及速溶茶加工产业带。在新疆、长江及黄河流域等棉花主产区和广西、云南等糖料主产区，发展优质原料基地及加工产业带。推动果蔬茶原料企业电子商务平台及物流体系建设，积极拓展“农产品生产＋精深加工＋休闲旅游”的融合模式，大力发展休闲农业。

3. 养殖产品优势区。在养殖产品优势区，进一步加强加工原料基地建设，大力发展产地初加工和高值化综合利用，物流体系和信息网络共享平台。稳步推进养殖标准化和适度规模养殖，在东北、中部、西南的生猪主产区，在中原、东北、西北、西南的肉牛主产区，在中原、中东部、西北、西南的肉羊主产区，在东北、内蒙古、华北、西北、南方和大城市郊区奶业主产区，在华北、长江中下游、华南、西南、东北等肉禽优势产区，在华东、华北、华中、华南、西南禽蛋主产区，分别建设肉、奶、蛋制品优质原料生产基地。在沿海地区积极保护滩涂生态环境，鼓励发展生态养殖、深水抗风浪网箱养殖和工厂化循环水养殖，开展海洋牧场建设，拓展外海养殖空间，打造生态“海上粮仓”，提供优质海产品食材。在内陆地区稳定宜养区域养殖规模，充分利用稻田、低洼地和盐碱地资源，积极发展生态健康养殖，建设优质淡水产品生产基地。在沿海和长江中下游地区建设优质水产品加工产业带。推动产学研结合，大力推进技术创新与先进装备研发与推广，建立市场导向、资源聚集的加工产业集群。在原料主产区建立初加工和高值化综合利用产业带。

4. 大中城市郊区及都市农业区。在京津冀、长三角、珠三角、东南沿海、长江经济带等大中城市郊区及都市农业发展区建立主食加工、方便食品加工、休闲食品加工产业带以及农产品精深加工与综合利用产业带，培育一批大型农产品加工企业、产业园区，形成具有国际竞争优势的产业带。结合大中城市郊区及都市农业区农业资源及农产品加工产业带，创新农业文化、农耕（渔事）体验、教育科普、生态观光、人文创意、饮食文化、生活服务、餐饮服务等休闲农业和乡村旅游发展模式，鼓励建设中央主食厨房、休闲农园、农产品及加工品的仓储物流设施及配送体系、网上营销等设施平台，满足城乡居民多元化、个性化的消费需求。

5. 贫困地区。实施精准扶贫、精准脱贫，立足当地资源优势，因地制宜发展农产品加工、休闲农业和乡村旅游，探索支持贫困地区、革命老区、民族地区、边疆地区和生态涵养地区的产业扶贫新模式，加快农村贫困劳动力向加工业、休闲农业及服务业的转移。以农民合作社、企业等新型经营主体为龙头，立足当地资源，与农户建立稳固的利益联结机制，发展农产品生产、加工、储藏保鲜、销售及休闲、服务等融合经营，确保贫困人口精准受益。适当集中布局，培育重点产品，以县为单元建设特色产业基地，以村（乡）为基础培植特色拳头产品，实现就地脱贫，提高扶贫实效。

（二）融合发展重点产业结构

1. 粮棉油糖加工业。依托我国粮棉油糖资源与产业优势，着力建设优质粮棉油糖原料基地，大力培育推广粮油加工专用品种；健全粮棉油糖加工科技创新体系，积极推动粮棉油糖产地初加工、精深加工、副产物综合利用以及传统食品工业化，提升粮棉油糖加工企业节能降耗、提质增效的水平与能力；适应市场消费需求，丰富粮棉油糖加工产品种类，改善供给产品结构与质量；建立粮油加工产品信息平台、交易市场，发展新型商业营销模式；推行低温储粮、散粮流通的粮食贮运模式，借助互联网、物联网等信息技术，大力推进智能仓储、智能物流。

2. 果蔬茶加工业。依托我国原料资源优势和气候特点，加强不同地区果蔬茶加工专用原料基地建设，提升果蔬茶加工冷链技术及设施装备水平。积极发展果蔬鲜榨汁、浓缩果浆和新型罐头加工；发展节能提质果蔬干制、速冻果蔬、鲜切果蔬、食用菌等加工和果酒酿造、果蔬副产物综合利用技术；调整茶叶加工产品结构，加大精深加工产品比重，开发茶饮料、功能性茶产品，加强茶资源高效利用。

3. 畜禽加工业。加快推进畜禽适度规模养殖，建设优质原料生产基地，提高主要畜产品自给水平和产品质量。大力推进畜禽屠宰工艺升级，淘汰落后产能；强化减损降耗、分等分级，中式肉制品加工技术革新与工业化装备研制与推广，着重开展骨、血、脏器和皮毛羽等畜禽副产物的综合利用；发展适合不同消费者需求的特色乳制品和功能性产品；重点推广洁蛋加工技术，开发专用蛋液、蛋粉等系列产品。结合物联网、移动互联网、云计算等信息化技术，完善仓储（冷链）物流建设，提高产品可追溯性，保障食品安全。

4. 水产品加工业。培育组织化、标准化、品牌化、优质化、信息化水产品产业链。开展传统水产品加工产业的升级改造；开发标准配方预制食品、预包装食品、方便食品、休闲食品、功能性食品等现代水产食品，提高淡、海水产品精深加工和高效利用产品的比例；实现水产品加工的自动化、智能化、信息化、品牌化。发展种类齐全、功能完备、技术先进的水产品现代冷链物流体系。

5. 休闲农业和乡村旅游。依托农村绿水青山、田园风光、乡土文化等资源，有规划地开发休闲农庄、乡村酒店、特色民宿、自驾车房车营地、户外运动等乡村休闲度假产品，大力发展休闲度假、旅游观光、养生养老、创意农业、农耕体验、乡村手工艺等，促进休闲农业的多样化、个性化发展。依托农业文化遗产、传统村落、传统民居，发展具有历史记忆、地域特点、民族风情的特色小镇，建设一村一品、一村一景、一村一韵的美丽村庄和宜游宜养的森林景区。整合优化、重点打造点线面结合的休闲农业品牌体系。

（三）农产品加工园区和产业融合先导区建设

1. 农产品加工园区。结合优势特色农产品区域和现代农业示范区布局规划，对农产品加工业整体以及加工园区进行科学合理的布局，引导产业向重点功能区和产业园区集聚。坚持集聚发展和融合互动，打造集专用品种、原料基地、加工转化、现代物流、便捷营销为一体的农产品加工园区，培育标准化原料基地、集约化加工园区、体系化物流配送和营销网络"三位一体"、有机衔接、相互配套、功能互补、联系紧密的农产品加工产业集群，以资产为纽带，以创新为动力，通过产业间相互渗透、交叉重组、前后联动、要素聚集、机制完善和跨界配置，实现园区内部产业有机整合、紧密相连、一体推进，形成新技术、新业态、新商业模式，带动资源、要素、技术、市场需求在农村的整合集成和优化重组，最终实现产业链条和价值链条延伸、产业范围扩大、产业功能拓展和农民就业增收，努力提升农产品加工园区建设水平，为农产品加工业创新发展和转型升级提供有力支撑。

2. 产业融合先导区。以农产品加工园区、现代农业示范区、都市现代农业样板区、农业产业化示范基地、休闲农业和乡村旅游示范县为载体，推动产业融合试点示范。组织实施试点示范项目，在粮食主产区、特色优势农产品产区、老少边穷地区、加工业优势区，优先培育一批产业融合先导区。在标准化原料基地、集约化加工园区和体系化物流配送及市场营销网络等开展产业融合先行先试，促进各有关产业和环节交叉融合、相互配套、功能互补、联系紧密，促进城（镇）区、加工园区、原料产区互动发展，吸引人口聚集和公共设施建设。重点支持新型农业经营主体发展加工流通和直供直销，建设原料基地和营销设施、休闲农业及电子商务公共服务设施、农产品及加工副产物综合利用设施。通过培育示范，探索路径、总结经验，不断提升产业融合发展总体水平，逐步形成产业链条完整、功能多样、业态丰富、利益联结紧密、产城融合更加协调的新格局。

五、重大工程

认真组织实施专用原料基地建设、农产品加工业转型升级、休闲农业和乡村旅游提升、产业融合试点示范等重大工程，为促进农业提质增效、农民就业增收、农业现代化和农村繁荣稳定提供有力支撑。

（一）专用原料基地建设工程

组织实施专用原料基地建设工程，在确保谷物基本自给、口粮绝对安全的前提下，与市场需求相适应、与资源禀赋相匹配，为农产品加工业、休闲农业和乡村旅游等产后环节提供优质农产品。重点开展专用品种、原料基地、农产品生产标准化等建设。工程内容详见专栏1。

专栏1　专用原料基地建设工程

1. 培育专用品种，发展原料基地。加强基础设施条件建设，开展农产品加工特性研究，推进良种重大科研联合攻关，培育和推广一批适应机械化生产、优质高产多抗广适、适合精深加工、休闲采摘的新品种。加大投入力度，整合建设资金，创新投融资方式，支持企业与农户多种形式合作，鼓励社会资本发展适合企业化经营的现代种养业，建设一批专用原料基地。

2. 推进农产品标准化生产。推进农业标准化示范区、园艺作物标准园、标准化规模养殖场（小区）、水产健康养殖示范县（场）建设，发展无公害农产品、绿色食品、有机农产品和农产品地理标志产品，加快健全从农田到餐桌的农产品质量和食品安全监管体系，实现农产品生产标准化、专业化、规模化，为农产品加工、流通提供质量安全的原料来源。

（二）农产品加工业转型升级工程

组织实施农产品加工业转型升级工程，促进农产品加工业与农村产业交叉融合发展。以转变发展方式、调整优化结构、提高质量效益为主线，推动规模扩张向质量提升、要素驱动向创新驱动、分散布局向集聚发展转变，更加注重发展质量和效益、供给侧结构性改革、促进绿色生产方式、消费方式、资源环境和集约发展，构建政策扶持、科技创新、人才支撑、公共服务、组织管理等体系，在初加工、精深加工技术集成、副产物综合利用、主食加工、质量品牌提升、加工园区建设等重点领域取得新突破新进展新成效。工程内容详见专栏2。

专栏2：农产品加工业转型升级工程

1. 农产品产地初加工设施建设。通过实施农产品产地初加工补助政策，引导各地在农产品优势产区，集中连片建设一批农产品产地初加工设施，促进当地农产品减损提质、农民就业增收、农产品市场稳定供应、农业产业链延伸和产业融合发展。力争到“十三五”末，进一步扩大补助资金规模和实施区域，新增果蔬贮藏能力800万吨、果蔬烘干能力260万吨，实现“减损增供、农民增收、农业增效、品质提升”的目标。

2. 主食加工业能力建设。以促进粮食等主要农产品的加工转化、满足城乡居民食物消费升级的多样化需求为目标，加快发展主食加工业，鼓励发展农产品生产、保鲜及食品加工、直销配送或餐饮服务一体化经营，在农产品产地和大中城市郊区培育主食加工产业集群，建设一批技术水平高、带动力强的主食加工示范企业和主食加工产业集聚区，实现相关产业融合发展。力争通过5年努力，在大中城市郊区，发展1 000个为城乡居民生活配套的中央厨房；在县级区域，发展2 000个为县域居民生活配套的传统面米等谷物类主食加工生产线；在优势农产品产地，发展300个预制菜肴加工项目。

3. 质量品牌提升。实施农产品加工业质量品牌提升行动。大力提升标准化生产能力，制定和完善相关标准，引导企业严格执行强制性标准，积极采用先进标准，推行标准化生产。大力提升全程化质量控制能力，鼓励企业开展先进的质量管理、食品安全控制等体系认证，逐步建立全员、全过程、全方位的质量管理制度，实现全程质量管理和控制。大力提升技术装备创新能力，加强企业原始创新和引进吸收再创新。大力提升品牌培育创建能力，加快培育一批能够展示“中国制造”和“中国服务”优质形象的品牌。

4. 农产品加工技术集成基地建设。面向农产品主产区农产品加工转化和县域发展农产品精深加工，以解决粮油、果蔬茶、畜产品和水产品等农产品加工产后损失严重、综合利用率低、水耗能耗高、自动化程度低、风味与营养成分损失严重等技术难题为重点，有效整合全国农产品加工科技资源，依托国家农产品加工技术研发体系及具有较强研究基础的科研机构，通过中央投资为主的方式建设农产品加工技术集成基地，开展共性关键技术工程化研究和核心装备创制，孵化形成一批“集成度高、系统化强、能应用、可复制”的农产品加工成套技术装备，提升农产品加工集成创新与熟化应用的科研能力，满足农产品加工企业共性关键技术需求。到2020年，力争建成40个农产品加工技术集成基地。

5. 农产品加工综合利用试点示范。以农产品及加工副产物综合利用试点县、试点园区、试点企业为重点，以财政贴息和税收减免为杠杆，撬动金融资本和社会资本投入，引导和促进副产物的产地资源化利用。着力开展秸秆、粮油薯、果蔬、畜禽、水产品加工副产物的循环利用、全值利用和梯次利用，集成、示范和推广一批综合利用成熟技术设备，通过工程、设备和工艺的组装物化，对秸秆微生物腐化有机肥及过腹还田、稻壳米糠、等外果及皮渣、畜禽骨血、水产品皮骨内脏等进行综合利用试点推广，完善产品标准、方法标准、管理标准及相关技术操作规程等。

（三）休闲农业和乡村旅游提升工程

组织实施休闲农业和乡村旅游提升工程，拓展农业多功能。以建设美丽乡村美丽中国为目标，依托农村绿水青山、田园风光、乡土文化等资源，强化规划引导，注重规范管理、内涵提升、公共服务、文化发掘和宣传推介，积极扶持农民发展休闲农业专业合作社，引导和支持社会资本开发农民参与度高、受益面广的休闲旅游项目，推动休闲农业和乡村旅游提档升级。重点抓好文化遗产保护、培育特色品牌，推进基础设施、接待配套设施、展示场所等建设改造，让广大城乡居民养眼养胃养肺养心养脑，为其提供看得见山、望得见水、记得住乡愁的高品质休闲旅游体验，促进美丽中国和健康中国建设。工程内容详见专栏 3。

专栏 3：休闲农业和乡村旅游提升工程

1. 推动休闲农业基础和配套服务设施改造。引导各地采取以奖代补、先建后补、财政贴息、设立产业投资基金等方式，在城市周边、景区周边、沿海沿江、传统特色农区、扶贫攻坚地区，扶持建设一批功能完备、特色突出、服务优良的休闲农业聚集村和休闲农业园。着力改善休闲旅游重点村进村道路、宽带、停车场、厕所、垃圾污水处理等基础和配套服务设施。实现特色农业加速发展、村容环境净化美化和休闲服务能力同步提升。

2. 加大休闲农业和乡村旅游品牌培育。重点打造“3＋1＋X”的休闲农业和乡村旅游品牌体系。“3”是，在面上，继续开展全国休闲农业和乡村旅游示范县（市、区）创建，着力培育一批生态环境优、产业优势大、发展势头好、示范带动能力强的休闲农业与乡村旅游集聚区；在点上，继续开展中国美丽休闲乡村推介活动，在全国打造一批天蓝、地绿、水净，安居、乐业、增收的美丽休闲乡村（镇）；在线上，重点开展休闲农业和乡村旅游精品景点线路推介，吸引城乡居民到乡村休闲消费。“1”是，着力培育好农业文化遗产品牌，推动遗产地经济社会可持续发展。“X”是，鼓励各地因地制宜开展农业嘉年华、休闲农业特色村镇、星级户、精品线路、农业主题公园等形式多样的创建与推介活动，培育地方品牌。

3. 加强中国重要农业文化遗产保护。按照“中央支持、地方配套、农民参与”的思路，以保护、修复为核心，以能力提升为重点，通过遗产资源普查与评估、动态监测、核心区保护设施建设和基础条件改善、传统农业优良技术的挖掘保护、宣传推介、品牌培育和遗产地自我发展能力提升等工作，确保农业文化遗产的长久传承和可持续发展，构建重要农业文化遗产动态保护与传承机制。

（四）产业融合试点示范工程

组织实施产业融合试点示范工程，促进农村产业深度融合发展。以培育融合发展载体、探索融合发展模式、完善融合发展机制为主要任务，通过规划引导、政策扶持、项目支持、营造氛围等有力措施，积极开展产业融合示范点和先导区建设，加快形成产业融合发展的新技术、新业态、新模式。工程内容详见专栏 4。

专栏 4：产业融合试点示范工程

1. 推动产业融合试点示范。采取政府引导、市场运作、多方参与的方式，鼓励和支持农业产业化龙头企业、农民合作社、家庭农场和物流企业、农产品电商平台、专业协会等积极开展种养加结合型、农产品加工业引领型、休闲农业带动型、“互联网＋”支撑型、产业园区整合型等多种产业融合模式的试点示范，完善利益联结机制，让农民从产业链增值中获取更多利益，合理分享初级产品进入加工销售领域后的增值利润。“十三五”期间，总结推广一批产业融合典型模式，推动形成一批产业融合新型业态，选择适合融合、有基础、有优势、成规模的重点产业和区域进行试点示范。

2. 实施产业融合百县千乡万村试点工程。配合有关部门共同推进试点工程实施，建设100个示范县、1 000个示范乡、10 000个示范村，实现各类规模种养区、加工区、物流区、流通区无缝对接融合，农业综合效益明显高于一般地区。

3. 创建产业融合先导区。结合实施产业融合百县千乡万村试点工程和新型城镇化，依托农产品加工业园区、休闲农业园区、现代农业示范区和农业产业化示范基地等平台，示范创建一批产业融合先导区。鼓励和支持产业融合先导区进行体制机制创新，开展宅基地入股等试点，改革集体经济经营管理体制，探索产业融合政策扶持措施。鼓励和支持产业融合先导区以市场需求为导向，大力发展特色种养业、农产品加工业、农村服务业，形成一村一品、一乡（县）一业。鼓励和支持产业融合先导区积极利用“大数据”和“互联网＋”等先进信息技术，大力发展网络营销、在线租赁托管、食品短链、社区支农、电子商务、体验经济等多种新型业态。

4. 支持优势特色产区和贫困地区产业融合发展。采用先建后补、以奖代补、贷款贴息和产业基金等方式，以能够让农民分享增值收益的新型经营主体为扶持对象，重点支持鼓励主产区和贫困地区农民合作社兴办加工流通、加工流通企业与农民股份合作建设标准化原料基地、休闲农业公共设施建设、电子商务企业建设配送体系等。

六、保障措施

（一）加强组织领导

各级农业部门要站在经济社会发展全局的高度，充分认识发展农产品加工业和产业融合的重要性和紧迫性，把加快发展农产品加工业，促进产业融合发展摆上重要议事日程，作为现代农业建设的重要任务，作为全面建成小康社会的重大举措，作为推进城乡发展一体化的突破口，给予高度重视，纳入当地国民经济发展规划和农业农村经济发展规划。要按照中央的要求，统一思想，加强领导，理顺部门分工，密切协作配合，转变工作方式，调动社会力量，确保各项任务落实到位，切实推进农产品加工业和产业融合健康发展。

（二）完善产业扶持政策

设立产业融合发展引导专项资金，重点支持农民、农民合作社开展农产品产地加工、产品直销和农家乐，支持农业产业化龙头企业与农户建立紧密的利益联结机制。扩大农村产业融合试点示范资金规模和专项投资产业基金规模。扩大农产品产地初加工政策的资金规模，拓展支持内容和范围，初加工用电享受农用电政策，鼓励地方将农产品初加工产品列入绿色通道。国家农业综合开发资金、现代农业生产发展资金、扶贫开发资金等涉农项目，要将产业融合发展作为重点内容，给予支持。加大粮棉油糖等重要农产品初加工机械农机购置补贴力度。进一步完善《享受企业所得税优惠政策的农产品初加工范围》。逐步扩大农产品加工企业进项税额核定扣除试点行业范围，尽快统一农产品加工进销项增值税税率，解决农产品加工业增值税高征低扣问题。加快构建覆盖全国的农业信贷担保体系，重点支持新型农业经营主体发展农产品生产、加工、流通和服务、休闲农业和乡村旅游，促进产业融合发展。在严格保护耕地的前提下，对各类新型农业经营主体建设产后流通、加工配套、休闲农业和乡村旅游设施用地，出台专门政策，解决用地难问题。

（三）深化体制机制改革

深化农村改革，完善要素市场，充分发挥市场在资源配置中的决定性作用。加快农村承包土地确权颁证，完善土地所有权、承包权和经营权分置办法，健全土地经营权流转市场。深化农村集体建设用地制度改革，加快形成城乡一体的土地市场。注意加强对工商资本租赁农户承包地的准入、监管和风险防范。加快农村金融体制改革，引导和鼓励商业性金融机构支持农产品加工业和流通服务业发展，探索加大长期资金投入。健全农业政策性保险，构建农业风险防范体系，降低自然风险和市场风险对农业生产和产后加工、流通环节的影响。积极发展行业协会、技术创新或产业联盟，发挥各类社会组织的桥梁纽带作用，促进经济、技术等要素的深度融合，推动跨领域跨行业协同创新、协调发展。深化农产品加工业行业管理体制改革，加强部门、行业、地区之间的协作配合，形成推动产业融合发展的合力。

（四）强化公共服务体系建设

各级主管部门要积极搭建各类公共服务平台，为发展农产品加工业和产业融合创造有利条件。加快全国农产品加工技术研发体系建设，开展协同攻关，研发推广农产品加工共性关键技术。搭建农产品加工对接平台，为农产品加工企业提供专用原料、技术改造、产品开发、市场营销、融资贷款、参股并购等配套服务。搭建农民创业创新平台，建设农民创业创新园，培育产业融合主体，为农民创业提供场地、技术支持和学习实践基地，开展创业展示、创业辅导、创业培训、创业大赛等活动。搭建行业运行分析和监测预警平台，建立专家队伍，完善数据库，加强信息发布，指导行业和企业发展。依托各类农业科研、推广项目和农业高等教育、农民职业教育、人才培训工程等平台，加强农产品加工业和产业融合人才培养，建设一支熟悉行业情况、充满农业情怀、具备现代市场管理素质的专业技术和经营管理等复合型人才队伍，为产业融合发展提供人才保障。

（五）激发农民创业创新活力

加大对农民创业创新扶持力度，实施农民创业创新行动计划、农村青年创业富民行动、农民工等人员返乡创业行动计划，大力培养新型职业农民，为农产品加工业与产业融合发展提供可靠保障。积极落实和创新政策，确保定向减税和普遍性降费政策的落实，促进强农惠农富农及“三农”金融支持的一系列政策措施向返乡创业创新群体重点倾斜；培育一批创业创新带头人和辅导师，认定一批为返乡创业人员提供实习和实训服务的见习基地，树立一批农民创业创新典型，选拔一批有思想、有文化，敢闯敢干、勤于耕耘、敢为人先的农民创业创新带头人，示范带动农民创业创新。

（六）营造产业融合发展良好社会环境

加强分类指导，因地制宜，探索产业融合发展好经验、好典型、好模式。围绕规划目标任务，制定分工落实方案，强化责任考核，开展动态监测，加大督促检查，加强绩效评价和监督考核。通过传统媒体和新媒体加强宣传，深入贯彻各项强农惠农政策和本规划主要内容，宣传产业融合发展的重要作用，引导社会各方面提高对产业融合发展的认同，积极引导社会舆论，营造全社会共同关注、协力支持产业融合发展的良好氛围，努力把规划确定的目标任务落到实处。

农业部关于推动落实农村一二三产业融合发展政策措施的通知

农加发〔2016〕6 号

各省、自治区、直辖市及计划单列市农业（农牧、农村经济）厅（局、委、办），新疆生产建设兵团农业局：

推进农村一二三产业融合发展是建设现代农业产业体系、生产体系和经营体系的必然要求，是培育农村新产业、新业态和新模式的有效途径，是促进农民持续较快增收的重要支撑。《国务院办公厅关于推进农村一二三产业融合发展的指导意见》（国办发〔2015〕93 号）（以下简称《意见》）印发以来，各级农业部门高度重视、深化认识，采取了一系列行之有效的落实措施，取得了较好的成效。但也存在扶持政策落实不够到位、部门之间尚未形成合力、试点示范项目实施较慢等问题。为深入贯彻落实近期国务院领导同志关于农村产业融合发展的重要批示精神，督促落实促进农村产业融合发展的措施，总结各地经验，着力破解难题，支持广大农民群众创业创新，发展农村新经济，增强农村新动能，现就有关事项通知如下。

一、协调推动落实农村产业融合发展扶持政策

《意见》明确提出了包括财政、税收、用地、金融、基本建设和用电等在内的一系列政策措施，为推进农村产业融合发展提供了强大动力，发挥了重要的引领和推动作用。各级农业部门要结合本地实际，加强沟通协调，加大政策宣贯力度，进一步将政策细化实化，切实提高政策的精准性、指向性和可操作性，推动各项扶持政策落实到位、落地生根。在财政政策上，要积极争取将财政现有资金、预算内投资、农业综合开发资金等向农村产业融合发展项目倾斜；支持符合条件的农民合作社、家庭农场优先承担政府涉农项目，落实财政项目资金直接投向农民合作社，形成资产转交合作社成员持有和管护政策；认真实施好农产品产地初加工补助、农村产业融合试点示范项目；通过政府和社会资本合作、设立基金、贷款贴息等方式，带动社会资本投向农村产业融合领域。在税收政策上，要积极争取扩大农产品加工企业进项税额核定扣除试点行业范围，进一步完善农产品初加工所得税优惠目录等。在用地政策上，要积极争取年度建设用地指标中单列一定比例，专门用于新型农业经营主体进行农产品加工、仓储物流、产地批发市场等辅助设施建设。在金融政策上，要积极争取推广产业链金融模式，稳妥有序开展农村承包土地的经营权、农民住房财产权抵押贷款试点、农民合作社内部信用合作试点等。在基本建设政策上，要积极争取逐步健全以县、乡、村三级物流节点为支撑的农村物流网络体系，完善休闲农业和乡村旅游道路、供电、供水、停车场、观景台、游客接待中心等配套设施。在用电政策上，要积极争取落实初加工用电享受农业用电等。

二、积极推动探索农村产业融合发展多种方式

《意见》明确提出要积极探索农村产业融合发展多种方式。各级农业部门要因地制宜、分类指导、勇于创新，积极推动探索农村产业融合发展的多种方式、类型和模式，形成一套可复制、可借鉴、可推广的经验和做法。在产城（镇）融合方面，要引导农村二三产业向县城、重点乡镇及产业园区等集中，培育农产品加工、商贸物流等专业特色小城镇。在农业内部融合方面，要以农牧结合、农林结合、循环发展为导向，调整优化农业种植养殖结构，加快发展绿色农业。在农业产业链延伸方面，促进农产品初加工、精深加工、综合利用加工、农村特色加工流

通业和优势产区产地批发市场发展。在农业功能拓展方面，推进农业与旅游、教育、文化、健康养老等产业深度融合，建设一批具有历史、地域、民族特点的旅游村镇和乡村旅游示范村，开发农业文化遗产，推进农耕文化教育进校园。在新技术向农业渗透方面，大力发展农业新型业态，实施“互联网＋”现代农业行动，将现代信息技术应用于农业生产、经营、管理和服务，发展农田艺术景观、阳台农艺等创意农业，探索农产品个性化定制服务、会展农业、农业众筹等新型业态。在园区前延后展、多业态复合方面，引导产业集聚发展，创建农业产业化示范基地，完善配套服务体系，形成农产品集散中心、物流配送中心和展销中心，扶持发展一乡（县）一业、一村一品，加快培育乡村手工艺品和农村土特产品牌，推进农产品品牌建设。

三、大力推动培育农村产业融合发展多元主体

《意见》明确提出要培育多元化农村产业融合主体，强化农民合作社和家庭农场基础作用，支持农民创业创新特别是农民工、大学生和退役士兵等人员返乡创业创新，支持龙头企业发挥引领示范作用，搭建全国性和区域性电子商务平台，积极发展行业协会和产业联盟，创建农业产业化联合体，鼓励各类社会资本投向农业农村。各级农业部门要积极争取发改、财政、金融等部门支持，采取“先建后补”、贷款贴息、设立产业引导基金等方式，重点支持带动或辐射农民分享二三产业增值收益的新型农业经营主体和龙头企业。要支持农民合作社、家庭农场等新型农业经营主体发展农产品加工流通和直供直销，包括采收、产地处理、贮藏、烘干等初加工及运输、销售等环节和休闲旅游设施建设，支持开展综合性服务、农业电子商务等平台建设。引导发展农民合作社联合社。支持企业与农户、合作社、家庭农场联合建设原料基地和营销设施，围绕当地有发展潜力的主导产业、特色品牌产业等，通过订单生产、合作协议、产供销对接等方式，强化一二三产业的有机融合，形成完整产业链等。支持休闲农业聚集村合作组织、休闲农园企业、电子商务企业与农户联合建设公共服务设施。支持农村产业融合发展先导区企业集中建设农产品及加工副产物综合利用公共设施。支持贫困地区参与产业精准扶贫、精准脱贫、符合上述条件的各类经营主体等。

四、着力推动建立农村产业融合多形式利益联结机制

《意见》明确提出要建立多形式利益联结机制。各级农业部门要积极推动创新发展订单农业，引导和支持龙头企业与农户、家庭农场、农民合作社建立稳定购销关系、提供贷款担保、资助订单农户参加农业保险、打造联合品牌等，实现利益共享。鼓励发展股份合作，引导企业采取“保底收益＋按股分红”等形式，探索形成以农户承包土地经营权入股的股份合作社、股份合作制企业利润分配机制，让农户分享加工、销售环节收益。强化工商企业社会责任，发挥自身优势，辐射带动农户扩大经营规模，提高管理水平。强化龙头企业联农带农激励机制，国家相关扶持政策与利益联结机制相挂钩。健全风险防范机制，建立农户承包土地经营权流转分级备案制度，引导各地建立土地流转、订单农业等风险保障金制度，制定适合农村特点的信用评级方法体系等。加强农村土地承包经营纠纷调解仲裁体系建设，建立健全乡村调解、县市仲裁、司法保障的纠纷化解机制，确保土地流转双方合法权益。

五、认真推动实施农村产业融合试点示范工程

《意见》明确提出开展农村产业融合发展试点示范。各级农业部门要积极探索和总

结成功的做法，制定具体实施方案，明确项目总体要求、实施区域、资金分配、支持对象、组织实施、监管要求等。要根据国家发展改革委、财政部、农业部等七部门联合印发的《农村产业融合发展试点示范实施方案》（发改农经〔2016〕833号）文件要求，认真组织实施农村产业融合发展“百县千乡万村”试点示范工程。根据农业部办公厅与财政部办公厅联合印发的《关于做好2016年现代农业生产发展等工作的通知》（农办财〔2016〕40号）要求，组织开展好农村产业融合发展试点。根据《国民经济和社会发展第十三个五年规划纲要》关于“培育一批产业融合先导区”的要求，创建一批以农产品加工园区、农业产业化示范基地为主要依托，集标准化原料基地、集约化加工园区、体系化物流配送和营销体系“三化一体”和园区、农区、镇（城）区“三区互动”的融合发展先导区。根据农业部办公厅和中国农业银行办公室联合印发的《关于金融支持农村一二三产业融合试点示范项目的通知》（农办加〔2016〕15号）要求，对农村产业融合发展试点示范项目和融合主体给予金融支持。

各省（区、市）农业部门要高度重视农村产业融合发展，将其摆上重要位置，积极推动各项政策措施落实到位，主要负责同志要亲自抓，分管负责同志要牵头抓，分管处室要具体抓。要主动汇报，积极争取党委政府的重视和支持，加强与有关部门协调沟通，形成推动农村产业融合发展的强大合力。要加强调研，及时总结新经验，发现新问题，提出新措施。要开展督导，对《意见》落实情况进行自查，我部将适时组织抽查。自查形成的书面材料（关于农村一二三产业融合发展政策措施落实情况的报告，并附农村产业融合发展模式5—10个），于2016年12月30日前以书面材料和电子版形式送我部农产品加工局，我部汇总后将适时报送国务院。

联系方式：
农业部农产品加工局产业发展处
联系人：毕晟维、史少然
联系电话：010-59193255、59192851
电子邮件：ncpjgjcyc@agri.gov.cn。

农业部
2016年10月18日

中国农业银行关于做好农村一二三产业融合发展金融服务的意见

农银发〔2016〕31号

推进农村一二三产业融合发展，是国家顺应农业农村发展大趋势，加快推动农业发展方式转变、拓宽农民增收渠道、加速城乡一体化进程的重要举措。做好农村一二三产业融合发展金融服务，既是农业银行贯彻中央“三农”改革发展战略部署的必然要求，也是抢抓发展机遇、促进“三农”和县域业务发展的必然选择。各级行要高度重视，深入了解当地农村一二三产业融合发展现状及趋势，明确服务重点，探索有效模式，积极加大金融支持力度。为贯彻落实《国务院办公厅关于推进农村一二三产业融合发展的指导意见》（国办发〔2015〕93号），切实做好金融支持农村一二三产业融合发展工作，现提出以下意见：

一、支持新型农业经营主体发展，发挥其在农村产业融合中的作用

深入开展农业产业化龙头企业“百亿百家”行动，进一步加强与国家级、省级农业产业化龙头企业的合作，为企业发债、兼并、重组、上市、“走出去”等提供金融服务，力争到2016年末对省级以上龙头企业服务覆盖率提高1～2个百分点。加大对龙头企业建设农业生产基地、开展农产品加工、发展物流

和销售体系等的支持力度，帮助其不断延伸产业链和价值链。完善金融支持农民合作社的政策产品，深入实施“万社促进计划”，进一步加大对国家级示范社等的支持力度，为其拓展合作领域和服务内容提供全面金融服务，力争2016年全年新增合作社及社员贷款50亿元以上，对示范社的服务覆盖率达到70%以上。充分利用好专业大户（家庭农场）普查成果，加大对重点专业大户（家庭农场）的营销力度，力争2016年全年新营销10万户以上。积极利用订单质押贷款、企业担保贷款等产品，支持龙头企业与农户、农民合作社、家庭农场等发展订单农业，形成紧密利益联结机制。对接国家232个县（市）农村承包土地的经营权抵押贷款试点，进一步完善推广我行农村土地经营权贷款产品。紧密跟踪国家开展的粮食生产规模经营主体营销贷款改革试点情况，积极创新相关产品。深入总结福建安溪茶产业服务模式、山东“六和模式”等成功经验，完善推广农业产业链金融服务，进一步拓展产业覆盖面和服务深度。

二、支持农业多功能开发，推动农村产业融合发展

深入推进“美丽中国·旅游百县”活动，结合国家建设特色旅游村镇和乡村旅游示范村的相关政策，不断加强对县级重点旅游景点的金融服务。总结相关分行开展“农家乐”贷款做法和经验，适时出台全行性产品，进一步加大对管理水平高、服务质量好、发展潜力大的“农家乐”的支持力度。研发相关产品，积极支持各地利用农村闲置房屋、集体建设用地、“四荒地”等发展乡村旅游。对各地休闲农业、观光农业等发展情况全面调查摸底，根据其现金流特点和抵押担保能力等，创新有针对性的产品，支持其加快发展。加强与政府、企业等主体合作，支持其推进农业与教育、文化、健康养老等产业深度融合。

三、支持新型城镇化和要素集聚，带动农村产业融合

积极拓展第一批64个新型城镇化综合试点项目，主动与第二批59个试点地区政府主管部门对接，围绕市政供水、保障房建设、工业园区、学校医院等城市基础设施及公共服务项目，力争2016年全年新增城镇化贷款500亿元以上。对接各地新型城镇化发展规划，支持农产品加工、商贸物流等专业特色小城镇建设，助力农村二三产业向县城和重点乡镇集中。对接国家引导农产品深加工企业向优势产区和关键物流节点集中的政策，切实加强与相关区域农业产业化示范基地、现代农业示范区等的合作，积极支持园区（基地）建设，为入驻企业提供全方位金融服务。继续开展“物通城乡·百强市场”活动，以大型农产品集散中心、物流配送中心和展销中心等为重点，支持农产品流通体系的发展。结合各地农业科技园区、育种制种基地等的建设情况，积极探索金融支持农业科技企业、科技园区的有效模式，不断提升服务能力和水平。

四、支持农业新业态发展，提升农村产业融合层次和水平

配合国家“互联网＋现代农业”行动，积极推广“E农管家”、“四融”、银讯通等平台，加强农产品电商平台及互联网金融“三农”服务平台的建设。加快县域网点、惠农支行、“金穗惠农通”服务点、网上银行、手机银行等与相关平台的对接，拓宽平台应用渠道，拓展服务覆盖面。以平台收集的数据为支撑，开展大数据分析，适时推广数据网贷等相关产品。深入研究农业物联网项目特点，加强与项目的对接，积极探索提供有针对性的金融服务。积极支持创意农业、高科技农业、会展农业等新兴业态的发展。

五、支持基础设施和公共服务平台建设，为农村产业融合提供有力保障

对接国家支持农村基础设施建设的相关政策，完善推广贵州、浙江、江苏等分行支持“美丽乡村”建设试点经验，加大对农村水、电、路、通信设施等的支持力度。以高标准农田、重大水利工程项目为重点，积极支持农业基础设施建设，力争2016年新投放水利贷款800亿元以上，年末贷款余额新增300亿元以上。结合国家农民工返乡创业三年行动计划和百万乡村旅游创客行动，进一步完善大学生、农民工返乡创业贷款产品，支持农村创业创新。紧密跟踪农村综合性信息化服务平台建设情况，及时开展对接，借助平台为农民提供结算、汇兑、信贷等金融服务。积极与农村创业孵化平台、农村产权流转交易市场等合作，共享客户信息、交易信息等，相互推荐优质客户，实现双赢。加强与国家有关部门的沟通，将我行新型农业经营主体金融培训与国家新型职业农民培训、青年农场主计划等有机结合，进一步提升影响力。

六、支持贫困地区农村产业融合发展，助力脱贫脱困

倾斜配置832个扶贫开发重点县支行信贷规模，确保每年新增贷款投放高于700亿元，力争达到1 000亿元。结合贫困地区资源禀赋，着力支持贫困地区发展特色种养业、特色资源开发、农产品加工业和乡村旅游、电子商务等，提升产业发展水平。结合国家在贫困地区开展的农村产业融合项目，有效推进精准扶贫工作，实现目标精准、政策精准、产品精准、考评精准。优先选择贫困地区行试点支持农村产业融合的新产品、新模式。持续做好定点扶贫工作，将推动当地产业融合发展作为定点扶贫的重点任务之一。主动加强与发改委、财政部等部门的沟通协调，积极参与国家“三农”投资基金、扶贫专项基金的建设，加大投资贫困地区农村产业融合项目的力度。

七、加强与供销社和农垦的合作，共同促进农村产业融合

加强与供销总社、农垦总局的沟通协调，开展总对总营销，力争签署全面战略合作协议。深入调查供销社、农垦下属农业产业化龙头企业经营发展情况，符合条件的，优先纳入总行级、省级核心客户，提高对接层级，加大服务力度，发挥其在农村产业融合中的作用。探索有效合作模式，实现供销社“新网工程”与我行“金穗惠农通”工程的对接，为农民提供便利实惠服务。以垦区为重点，加大我行高标准农田建设贷款、农业水利设施建设贷款、农机租赁、投行等业务拓展力度，支持其改组创建大型现代农业企业集团，示范带动农村产业融合发展。充分利用供销社、农垦联结农户多、熟悉客户情况的优势，参照政府增信农户贷款模式，选择部分地区开展试点，深化双方在客户信息、客户筛选、贷后管理等方面的合作。

中国农业银行
2016年2月16日

内蒙古自治区人民政府办公厅关于推进农村牧区一二三产业融合发展的实施意见

内政办发〔2016〕152号

各盟行政公署、市人民政府，各旗县人民政府，自治区各委、办、厅、局，各大企业、事业单位：

为深入贯彻落实《国务院办公厅关于推进农村一二三产业融合发展的指导意见》（国办发〔2015〕93号）精神，加快推进农牧业供给侧结构性改革，拓宽农牧民增收渠道，构建产业融合发展的现代农牧业体系，经自治区人民政府同意，现结合我区实际提出如下意见。

一、总体要求

（一）指导思想。全面贯彻落实党的十八大和十八届三中、四中、五中全会精神，深入学习贯彻习近平总书记系列重要讲话和考察内蒙古重要讲话精神，牢固树立创新、协调、绿色、开放、共享的发展理念，用工业理念发展农牧业，以市场需求为导向，以完善利益联结机制为核心，以制度、技术和商业模式创新为动力，以新型城镇化为依托，将多种形式的适度规模化经营与延伸产业链有机结合，形成城乡一体化的农村牧区发展新格局，为全面建成小康社会提供重要支撑。

（二）基本原则。坚持因地制宜，分类指导，探索不同地区、不同产业融合模式；坚持尊重农牧民意愿，健全完善龙头企业与农牧民利益联结机制，保障农牧民获得合理的产业链增值收益；坚持市场导向，充分发挥市场配置资源的决定性作用，更好发挥政府作用，营造良好市场环境；坚持改革创新，打破要素瓶颈制约和体制机制障碍，激发融合发展活力；坚持农牧业现代化与新型城镇化相衔接，与新农村新牧区建设协调推进，引导农村牧区产业集聚发展。

（三）主要目标。到 2020 年，农村牧区产业融合发展总体水平明显提升，产业链条完整、功能多样、业态丰富、利益联结紧密、产城融合的新格局基本形成。力争全区绿色农畜产品产业产值实现6 000亿元，农畜产品加工转化率达到 65%，龙头企业与农牧民紧密利益联结比例达到 70%，全区农牧民专业合作社达到 8 万个以上，家庭农牧场达到 2 万个，培育新型职业农牧民 5 万人，农牧民人均可支配收入实现16 580元，建成全国重要的绿色农畜产品生产加工输出基地。

二、发展多类型农村牧区产业融合方式

（一）着力推进新型城镇化。将农村牧区产业融合发展与新型城镇化建设有机结合，有序推进包头市、扎兰屯市、元宝山区、准格尔旗、和林格尔县、宁城县八里罕镇、托克托县双河镇、海拉尔区奋斗镇等国家、自治区新型城镇化综合试点，科尔沁左翼中旗、乌拉特中旗海流图镇、鄂伦春旗大杨树镇等民族聚居区新型城镇化试点和东河区、海勃湾区中小城市综合改革试点，引导二三产业向城镇及周边集聚。支持农畜产品加工、商贸物流等特色小城镇创建，培育一批规模大、主导产业突出、核心企业竞争力强以及对区域经济、相关产业和农牧民增收辐射带动作用大的农畜产品加工物流园区，形成产业集聚融合发展的示范区、先行区。全面放开城区人口 100 万以下城市和建制镇落户限制，引导 180 万左右农牧民就近城镇化，稳步推进 210 万人左右农牧业转移人口和其他常住人口落户城镇。建立城镇建设用地增加规模同吸纳农牧业转移人口落户数量挂钩机制。落实《内蒙古自治区人民政府办公厅关于全面做好居住证制度实施工作的意见》（内政办发〔2016〕60 号），完善城乡教育、医疗、住房等社会保障体系，稳步推进城镇基本公共服务向常住人口全覆盖。（自治区发展改革委、农牧业厅、商务厅、公安厅等负责）

（二）加快农牧业结构调整。按照“粮改饲”和“稳羊增牛扩猪禽”发展思路，改变农牧业“一粮独大”、“一畜独大”的单一种养结构。研究出台自治区《探索实施耕地轮作休耕制度试点方案》，加强耕地休养生息。大力发展牧草产业，鼓励青贮玉米、苜蓿、燕麦等优势牧草种植，全面提升牧草产业的质量、效益和竞争力。合理布局规模化养殖场，推动养殖增量由牧区向农区转移，推广农牧结合的发展模式，形成粮草兼顾、农牧结合、循环发展的新型种养结构，实现粮食

作物、经济作物、饲草作物协调发展。大力发展干鲜果品、木本油料等特色经济林产业和林菜、林药、林禽、林畜、林菌等林下经济，推进农林、畜林复合经营。积极发展特色沙产业，坚持沙生植物种植和生态治理相结合，加强肉苁蓉、锁阳等蒙药、中药药材基地建设和品种保护。推广适合精深加工、休闲采摘的作物新品种，建立健全农畜产品标准体系，鼓励龙头企业参与标准制定，实现从田间到餐桌的食品安全全过程管理。（自治区农牧业厅、林业厅、科技厅等负责）

（三）延伸农牧业产业链。开展农牧业生产全程社会化服务创新试点，支持为农牧民提供代耕代收、联耕联种、统防统治、烘干贮藏、饲料防疫等“保姆式”、“菜单式”服务，支持粮食银行发展。落实农产品初加工补助政策，扩大实施区域、设施种类和资金规模，推动补助政策向优势产区、特色产区倾斜，改善农畜产品贮藏、保鲜、烘干、分类分级、包装和运销等设施条件。对从事种养业、畜禽屠宰、农畜产品初加工的企业，按国家规定免征、减征企业所得税，享受农用电政策。大力发展特色精深加工业，支持中小乳品加工企业优化升级；支持肉类企业扩大规模、提质增效；支持羊绒加工企业提升自主品牌影响力和产品市场占有率，减少贴牌出口；支持粮油加工企业开展精细加工，消化玉米库存；支持马铃薯加工企业向主粮生产和主食加工拓展。加快农畜产品冷链物流体系和优势产区产地批发市场建设，对专门经营农畜产品的批发市场暂免征房产税，各盟市在使用新增建设用地指标时，单列一定比例，专门用于新型经营主体进行农畜产品加工、仓储物流和产地批发市场等辅助设施建设，实现市场流通体系与储运加工布局有机衔接。建立健全农畜产品产地营销体系，推广“农超对接”、“农社对接”、“农企对接”、“农校对接”等机制，鼓励在城市社区设立鲜活农畜产品直销网点。（自治区农牧业厅、财政厅、经济和信息化委、国土资源厅、商务厅、粮食局、供销合作联社等负责）

（四）拓展农牧业多种功能。出台自治区《关于加快休闲农牧业与乡村旅游发展的指导意见》，制定促进休闲农牧业发展的用地、财政、金融等扶持政策，加大配套公共设施建设支持力度。支持各地深入挖掘农牧业生态、农耕文化、草原文化、民族文化、历史文化、庭院经济等资源，发展休闲农牧业和乡村旅游业。推动休闲农牧业旅游产品形态从单一农家乐、牧家乐、林家乐向生态观光、休闲度假、健康养生等复合型产品转变，满足游客多层次、多样化和高文化品位需求。加大美丽乡村牧区推介力度，提高在线营销能力。加大传统村落、民居、历史名村名镇保护力度，合理开展管理、展示、开发、利用，注重保留草原文化特色，避免“千村一面”。鼓励发展农业科普旅游，开发现代设施农业、蔬菜和花卉新品种展示、现代农业科普教育、果蔬新品种采摘等为一体的现代农业旅游产品。加强农村牧区传统文化保护，推进农耕文化进校园，依托现有职业教育资源建设农牧业教育和实践基地，为广大中小学生参与农牧业科普和体验提供安全、稳定、有效场所。（自治区农牧业厅、旅游局、发展改革委、财政厅、教育厅、文化厅、民政厅、林业厅等负责）

（五）大力发展农牧业新型业态。实施“互联网＋现代农牧业”行动，积极推广五原县“互联网＋牧场”电商新模式，着力建设一批农牧业电商产业园区。推进农牧业云、农牧业大数据建设和应用，重点支持牛羊肉追溯系统等一批实用信息技术和产品研发推广，鼓励对大田种植、畜禽养殖、渔业生产等进行物联网改造。利用电商、现代物流等商业模式对农牧业生产经营方式进行改造，不断完善北上广“电商销售＋展示展销＋零售体验”的管理和运营模式，逐步构建覆盖全国的绿色农畜产品销售网络。继续实施

"菜篮子"工程，鼓励在大城市郊区发展工厂化、立体化等高科技农业，建设一批设施蔬菜和特色蔬菜基地。支持发展农田艺术景观、阳台农艺等创意农业，鼓励发展农牧业生产租赁业务，积极探索农畜产品个性化定制服务、会展农牧业、农牧业众筹等新型业态。（自治区农牧业厅、发展改革委、科技厅、经济和信息化委、财政厅、商务厅、林业厅、粮食局等负责）

（六）引导产业聚集发展。加强农村牧区产业融合发展与城乡规划、土地利用总体规划有效衔接，充分发挥县域连接城乡、贯通三产的枢纽作用，完善产业空间布局和功能定位，推动农畜产品加工园区化发展。优先保障农村牧区规模化经营主体生产设施、附属及配套设施用地需求，探索将通过土地整治、闲置宅基地整理增加的耕地作为占补平衡补充耕地指标，返还指标交易收益，优先用于一二三产融合发展。全面实施"一乡一品"、"一县多标"品牌培育工程，加快具有地域特色的品牌建设。充分发挥农牧业科技园区对企业、技术、人才的集聚效应，推动建设一批国家级农牧业科技园区，促进盟市、自治区、国家三级科技园区梯次发展。（自治区发展改革委、农牧业厅、国土资源厅、科技厅、经济和信息化委、教育厅、财政厅、商务厅、工商局等负责）

三、培育多元化农村牧区产业融合主体

（一）强化农牧民合作社和家庭农牧场基础作用。支持农村牧区各类经营主体在农畜产品加工、储存、运输、销售等二、三产业环节兴办农牧民合作社，开展增值服务。鼓励家庭农牧场和农牧民合作社依托多种渠道开展农畜产品直销。大力培养农牧民合作社带头人、经营管理人员、技术人员和新型职业农牧民，鼓励大学生村官、高校毕业生和务工经商人员返乡创办农牧民合作社、兴办家庭农场、开展乡村旅游等经营活动。国家、自治区涉农涉牧项目，优先安排有条件的农牧民合作社实施，补助项目形成的资产逐步移交给合作社管护使用。对于政府部门组织实施、由第三方建设形成的资产和同农牧民生产生活密切相关的项目，可将资产移交给项目区内的农牧民合作社管理。围绕粮油、肉、乳、薯菜、绒毛、饲草饲料等优势产业，组建农牧民合作社联合社，发挥农牧民合作联社带动产业发展的龙头作用，承担行业协调、自律、服务等功能。加快推进农田、草牧场有序流转，鼓励引导资源要素向农牧民合作社和家庭农牧场集中。（自治区农牧业厅牵头负责）

（二）支持龙头企业发挥引领示范作用。落实各项优惠政策，支持涉农涉牧优势企业采取兼并、重组、收购等措施，加快行业整合，打造领军企业。重点发展农畜产品加工、流通、电子商务和农牧业生产社会化服务，并通过直接投资、参股经营、签订长期合同等方式，建设标准化和规模化的原料生产基地，辐射带动农牧户扩大生产经营规模。鼓励龙头企业发展循环产业，加强产业链和供应链管理，提高产品附加值。支持发展连锁店、自营店、配送中心，健全农畜产品营销网络，改善农畜产品贮藏、加工、运输和配送等冷链设施设备。推进垦地合作共建，示范带动农村牧区产业融合发展。发挥农垦在发展现代农牧业中的示范作用，走规模化发展道路，构建现代农牧业经营体系，做大做强农垦经济。（自治区农牧业厅、林业厅、粮食局牵头负责）

（三）发挥供销合作社综合服务优势。着力破解影响农牧业生产和消费的流通环节制约，发挥供销合作社主导农村牧区流通综合服务优势，加快与新型农牧业经营主体有效对接，通过参股控股、联合、连锁经营等方式，改造、提升、培育一批农畜产品加工、流通企业。实施新农村新牧区现代流通网络工程，优化要素资源配置，加强产业链建设

和供应链管理，加快形成连锁化、规模化、品牌化经营服务新格局。提升农资流通服务能力。稳定农资供应渠道，提高上下游资源掌控能力。进一步加强农资仓储物流基础设施和区域配送中心建设，完善仓储、配送、分销及服务功能，增强辐射带动能力。拓展供销社服务领域，以现有的经营渠道、经营网络为基础，加载服务内容，向全程农牧业服务延伸。加快建设嘎查村综合服务社和城乡社区综合服务中心（站），为城乡居民提供日用消费品、文体娱乐、养老幼教、就业培训等全方位、一站式服务。支持供销社创办、领办农牧民合作社，引领农牧民参与农村牧区产业融合发展。（自治区供销合作联社牵头负责）

（四）积极发展行业协会和产业联盟。支持引导农牧业优势产业组建行业协会，开展标准制订、技术创新、教育培训和品牌营销等工作，加强行业自律，完善行业管理。在质量检测、信用评估等领域，将适合承担的职能移交行业协会。鼓励龙头企业、农牧民合作社和科研院所成立产业联盟，支持联盟成员通过共同研发、科技成果产业化、融资拆借、共有品牌、统一营销等方式，实现优势互补、信息互通。（自治区农牧业厅、粮食局牵头负责）

（五）鼓励社会资本投入。落实国家和自治区支持发展农牧业、龙头企业、小微企业、服务业的政策，着力改善农村牧区投资环境，鼓励各类社会资本投向农村牧区和农牧业，发展适合企业化经营的现代种养业，鼓励利用农村牧区“四荒”（荒山、荒沟、荒丘、荒滩）资源发展多种经营，开展农牧业环境治理、农田水利建设和生态修复。对社会资本投资建设连片面积达到一定规模的高标准农田、生态公益林等，允许在符合土地管理法律法规和土地利用总体规划、依法办理建设用地审批手续、坚持节约集约用地的前提下，利用一定比例的土地开展观光和休闲度假旅游、加工流通等经营活动。商业化运营的农村牧区服务业，全面向社会资本开放。积极争取国外贷款，加大农牧业基础设施建设投入，积极落实国家放宽对农牧业产业外商投资者进入相关行业或领域的限制，鼓励外商投资农村牧区产业融合发展。（自治区发展改革委、财政厅、国土资源厅、水利厅、农牧业厅、商务厅、林业厅、旅游局等负责）

四、建立多种形式利益联结机制

（一）创新订单农牧业。引导龙头企业在互惠互利基础上，与农牧户、家庭农牧场、农牧民合作社签订农畜产品购销合同，合理确定收购价格，通过保底价收购、利润返还、建立风险基金等方式，形成稳定购销关系。鼓励龙头企业采取承贷承还、信贷担保等方式，为农牧户、家庭农牧场、农牧民合作社提供贷款担保，资助订单农牧户参加农牧业保险。鼓励农畜产品产销合作，建立技术开发、生产标准和质量追溯体系，设立共同营销基金，打造联合品牌，实现利益共享。加强对订单农牧业的监管与服务，强化企业与农牧户的诚信意识。（自治区农牧业厅、发展改革委、商务厅、工商局、金融办、粮食局等负责）

（二）鼓励发展股份合作。加快推进土地、草牧场确权、颁证工作。完善农村牧区集体产权权能，健全集体经济组织资源、资产、资金管理制度，允许以集体资产入股方式参与企业项目开发经营，赋予农牧民对集体资产股份的占有、收益、有偿退出及抵押、担保、继承权。各级政府要及时发布本行政区域内农用地基准地价，为农牧户土地、草牧场入股或流转提供参考依据。鼓励以土地、草牧场、林地为基础的各种形式合作，凡是享受财政投入或政策支持的承包经营者均应成为股东方，采取“保底收益＋按股分红”等形式，让农牧民分享到加工、销售环节收益。引导龙头企业和农牧民通过双向入股进行利益联结，探索形成以农牧户承包土地、草牧场、林地经营权入股的股份合作社、股份合作制企业利润分配机制，切实保障土地、草牧场、林地经营权入股部分的收益。（自治区农牧业厅、发展改革委、财政厅、国土资源厅、林业厅等负责）

（三）强化工商企业社会责任。鼓励龙头企业优先聘用流转出土地、草牧场的农牧民，为其提供技能培训、就业岗位和社会保障。强化工商企业联农带农激励机制，制定自治区龙头企业认定和监测管理办法，在龙头企业认定、项目扶持等方面，对利益联结紧密、守信履约好、带动能力强的企业给予优先支持，实行龙头企业动态监测管理，逐步建立社会责任报告制度。支持符合条件的龙头企业设立小额贷款和担保公司，开展对农牧民、商户、中小企业的金融服务。（自治区农牧业厅、发展改革委、财政厅、金融办等负责）

（四）健全风险防范机制。稳定土地、草牧场流转关系，推广实物计租货币结算、租金动态调整等计价方式，规范工商资本租赁农田和草牧场行为。对工商企业长时间、大面积租赁农牧户承包土地、草原要有明确的上限控制，流转期限不得超过第二轮土地承包剩余时间。设立工商资本流转土地、草牧场和订单农牧业风险保障金，建立工商企业租赁农牧户承包土地、草原按面积分级备案制度，制定适合农村牧区特点的信用评级方法体系。继续推行涉农涉牧合同示范文本，依法打击合同欺诈违法行为。加强对土地、草牧场流转、订单等合同履约的监督，建立健全纠纷调解仲裁体系，保护双方合法权益。（自治区农牧业厅、发展改革委、财政厅、金融办、工商局等负责）

五、完善多渠道农村牧区产业融合服务

（一）搭建公共服务平台。以旗县（市、区）为基础，搭建农村牧区综合性信息化服务平台，提供电子商务、乡村旅游、农业物联网、价格信息、公共营销等服务。研究建立在线技术支持体系，提供设计、创意、技术、市场、融资等定制化解决方案及其他创业服务。建立自治区、盟市、旗县（市、区）、苏木乡镇、嘎查村五级联动的产权流转交易管理体系，确保市场规范、有序、健康发展。采取政府购买、资助、奖励等形式，引导科研机构、行业协会、龙头企业等提供公共服务。（自治区农牧业厅、发展改革委、科技厅、经济和信息化委、商务厅等负责）

（二）创新农村牧区金融服务。积极引进符合条件的银行业金融机构发起设立村镇银行，鼓励各银行下沉延伸营业网点，向需求量较大的农村牧区投放 POS 机、ATM 机等支付服务终端设备，推动农村牧区基础金融服务全覆盖。引导金融机构调整优化贷款结构，鼓励与新型农牧业经营主体建立紧密合作关系，推广产业链金融模式，加大对农村牧区产业融合发展的信贷支持。推进粮食生产规模经营主体营销贷款试点，稳妥有序开展农村牧区承包土地、草牧场经营权和农民住房财产权抵押贷款试点。坚持社员制、封闭性、民主管理原则，发展新型农村牧区合作金融，稳妥开展农牧民合作社内部资金互助试点。鼓励各盟市设立农牧业投资公司，发挥政府投资的杠杆作用，放大政府资金的规模效益，撬动银行资本，通过担保、贴息等方式，为工商资本、金融资本进入农牧业产业各环节提供平台。引导涉农涉牧企业通过发行企业债、中期票据、短期融资券、中小企业集合票据等方式融资，支持条件成熟的企业上市融资。积极探索农牧业保险保单质押贷款，鼓励保险资金开展农牧业产业化项目融资服务创新试点，组建全区农牧业政策性保险公司，完善财政支持下的农牧业大灾风险分散机制。（人民银行呼和浩特中心支行，自治区金融办、财政厅、农牧业厅、发展改革委、地税局，内蒙古银监局、证监局、保监局等负责）

（三）强化人才和科技支撑。建立健全农村牧区教育培训制度，支持职业院校开展职业培训，加大职业培训财政支持力度。鼓励职业院校面向广大农村牧区群众举办各种形式的短期职业培训班，满足农村牧区多样化、多层次的技能培训需求。加大政策扶持力度，引导各类科技人员到农村牧区创业，鼓励科研人员到农牧业合作社、农牧业企业任职兼职，完善知识产权入股、参与分红等激励机制。实施农牧民工返乡创业三年行动计划和现代青年农牧场主计划，开展百万乡村旅游创客行动。加强农牧业科技创新能力基础建设，着力突破农牧业资源高效利用、生态环境修复、“互联网＋现代农牧业”等共性关键技术，集成一批绿色高产高效技术模式。建设农牧业科技服务云平台，提升农技推广服务效能。深入推进科技特派员农村牧区科技创业行动，加快实施科技进嘎查村入户工程，让农牧民掌握更多的农牧业科技知识，实现科技创新、成果转化、农技推广、农牧民培训与农牧业生产环节科技服务紧密衔接，全面提升农牧业科技服务质量和效能。支持农牧业企业、科研机构等开展产业融合发展科技创新，积极开发农畜产品加工贮藏、分级包装等新技术。（自治区教育厅、科技厅、农牧业厅、人力资源社会保障厅、发展改革委、旅游局等负责）

（四）改善农牧业和农村牧区基础设施条件。划定永久基本农田，探索建立粮食生产功能区和重要农产品生产保护区，优先在嫩江右岸平原、西辽河平原、河套平原等建成一批优质高效的粮食生产基地。加大财政均衡性转移支付力度，涉农项目资金优先安排在自治区粮食主产县和高标准基本农田建设示范县及国营农牧场范围内，鼓励向农牧民合作社、家庭农场、混合所有制农牧业产业化龙头企业等新型农牧业经营主体倾斜。着力推进标准化规模养殖水平，鼓励和扶持牧户建设棚圈、贮草棚、人畜饮水井以及相关配套牧业机械设备，大力发展牧区家庭牧场。深入推进农村牧区基础设施建设，研究制定农村牧区人居环境整治意见，重点开展生态环境综合整治，建成基础设施便利、生态环境优美、基本公共服务功能完善、宜居宜业的新农村新牧区。统筹规划建设农村牧区物流设施，逐步健全以旗县（市、区）、苏木乡镇、嘎查村三级物流节点为支撑的物流网络体系，加快实施“宽带乡村”工程，推动农村牧区宽带发展与普及。加强对休闲农业和乡村旅游的财力、人力资源支持，推进标准化建设，完善道路、供电、供水、停车场、观景台、游客接待中心等配套设施，优化旅游环境和发展条件。（自治区发展改革委、财政厅、国土资源厅、水利厅、交通运输厅、经济和信息化委、农牧业厅、商务厅、旅游局、能源开发局等负责）

（五）支持贫困地区农村牧区产业融合发展。坚持把贫困嘎查村作为扶贫攻坚的重点对象，加快改善贫困地区、贫困群众的生产生活条件。大力推广“政府＋龙头企业（合作社）＋贫困户”扶贫模式，实施符合当地条件、适应市场需求的农村牧区产业融合项目，支持贫困地区立足当地资源优势，发展特色种养业、农畜产品加工业以及乡村旅游、电子商务等农村服务业，对有劳动能力的贫困人口，通过支持产业和转移就业脱贫。加大与金融、保险机构的合作力度，发挥好政策性金融和商业性金融的互补作用，对有发展意愿和劳动能力的建档立卡贫困户，每户提供3万～5万元小额扶贫贷款，引入保险机构在贫困地区开展特色产品、扶贫小额贷款保险。加大对少数民族聚集区、边境地区、牧业旗、民族乡的扶持力度，积极推进兴边富民行动，大力扶持发展特色产业，加快推进民族地区重大基础设施建设项目和民生工程建设。鼓励经济发达地区与贫困地区开展农村牧区产业融合发展合作，支持企事业单位、社会组织和个人投资贫困地区农村牧区

产业融合项目。（自治区发展改革委、扶贫办、农牧业厅、商务厅、旅游局、金融办、民委，人民银行呼和浩特中心支行等负责）

六、健全农村牧区产业融合推进机制

（一）加大财税支持力度。扩大农畜产品加工企业进项税额核定扣除试点行业范围，完善农产品初加工所得税优惠目录。落实小微企业税收扶持政策，积极支持“互联网+现代农牧业”等新型业态和商业模式发展。统筹安排财政涉农涉牧资金，加大对农村牧区产业融合投入，利用现有资金渠道支持农村牧区产业融合发展试点，加大预算内投资、农业综合开发资金等向农牧业产业融合发展项目的倾斜力度。创新政府涉农涉牧资金使用和管理方式，研究通过政府与社会资本合作、设立绿色农牧业产业发展基金、贷款贴息等方式，带动社会资本投向农村牧区产业融合领域。（自治区财政厅、发展改革委、地税局等负责）

（二）开展试点示范。实施国家“百县、千乡、万村”产业融合示范工程，重点抓好和林县、阿荣旗、五原县、宁城县 4 个旗县级融合试点，40 个苏木乡镇试点和 400 个嘎查村试点建设推进工作，按照农业内部融合型、产业链延伸型、功能拓展型、新技术渗透型、多业态复合型、产城融合型发展方向，探索产业融合模式、主体培育和投融资机制，树立发展典型，充分发挥示范引领作用。优先在我区国家现代农业示范区开展试点示范，重点围绕农牧业发展的新模式、农牧民与工商资本在发展农牧业现代化过程中探索的利益联结新机制、一二三产业融合发展的新业态、农耕文明传承的新方式等，加大经验总结，形成可复制、可借鉴、可推广的典型，加强宣传推介，充分调动各方参与农牧业现代化发展的积极性，营造农牧业现代化发展的良好环境。（自治区发展改革委、财政厅、农牧业厅、经济和信息化委、商务厅、旅游局等负责）

（三）落实地方责任。各级政府要切实加强组织领导，把推进农村牧区产业融合发展摆上重要议事日程，纳入经济社会发展总体规划和年度计划；要创新和完善乡村治理机制，加强分类指导，因地制宜探索融合发展模式。旗县级政府要强化主体责任，制定具体实施方案，引导资金、技术、人才等要素向农村牧区产业融合集聚。（各盟行政公署、市人民政府，旗县级人民政府负责）

（四）强化部门协作。自治区各有关部门要根据本实施意见精神，抓紧制定和完善相关规划、政策措施，密切协作配合，形成工作推进合力。各部门要对本实施意见落实情况进行跟踪分析和评估，每年将工作进展情况报送自治区发展改革委汇总上报自治区人民政府。（自治区发展改革委负责）

2016 年 10 月 24 日

吉林省休闲农业“十三五”发展规划

一、“十二五”时期吉林省休闲农业发展状况

（一）发展成效

1. 产业规模不断扩大。吉林省休闲农业的发展已经进入了稳定发展期，已经发展成为有质量、有品位、有规模的朝阳产业。截至 2015 年底，吉林省休闲农业经营主体已达 2 988 个，其中农家乐 2 335 户，休闲观光农园 653 个，营业收入 59.8 亿元，直接安置以农民为主的从业人员 11.6 万人次，带动农户 5.6 万户，年接待 2 950 万人次。休闲农业作为一种新型产业形态和消费业态，正在成为我省农村经济发展的新增长点。

2. 产业类型不断丰富。各地依托自然特

色、区位优势、文化底蕴、生态环境、经济发展水平和消费习惯，以城市郊区、景区周边、山水牧区、民族地区和传统农区为重点，在农家乐、民俗村、休闲农园、休闲农庄等形式基础上，不断创新发展，形成了形式多样、功能多元、特色各异的类型。自然资源优势，因地制宜、科学规划、合理布局、多元发展等要求。主要有5种类型：城市依托型，主要是依托大中城市，利用周边农村、田园的自然生态和乡村文化，从吃、住、行、游、购、娱等多方面满足游客休闲旅游的需求。如长春关东文化园休闲度假区等；景区带动型，主要是以重点旅游景区为核心，引导周边乡村农民参与旅游接待和服务，从而形成环景区的乡村游，拉动农副产品、土特产品、旅游产品的开发销售。如集安市五女峰国家森林公园等；农业观光型，主要是以特色农业、高科技农业园区、农业遗产、生产生活场景为主要旅游场所，满足游客学习农业科技知识，体验乡村风貌和乡村生活的需求。如吉林市神农庄园有限公司等；民俗特色型，主要是以民俗村镇的生产活动、生活方式、民情风俗、宗教信仰及各种传统节日为特色，吸引广大游客和观光者前来观光游览、康体娱乐。如延边安图鑫博红旗朝鲜族旅游村等；农家体验型，主要是以吃农家饭、住农家屋、游农家景、享农家乐为主要内容，集休闲观光旅游、领略乡村风情、体验农耕文化于一体的感受农家娱乐生活。如舒兰市山水泉度假山庄等。

3. 产业品牌不断确立。目前，我省的长春市双阳、集安、珲春、临江、敦化、抚松、吉林市丰满、辉南和蛟河等9个县（市、区）被农业部、国家旅游局认定为全国休闲农业与乡村旅游示范县，吉林市神农庄园有限公司等16户企业被认定为全国休闲农业与乡村旅游示范点，四平市霍家店村等11个村被农业部认定为全国最美休闲乡村，省级休闲农业三星级及以上企业达到了89户，安图县自然风光农业体验游2015年被评为国家十大精品线路，延边苹果梨栽培系统被农业部确定为中国重要农业文化遗产。

4. 产业地位不断提升。随着产业规模的不断扩大，我省休闲与农业这一新型业态的产业地位不断提升，逐渐发展成为农村一二三产业发展的融合体，在促进现代农业发展、带动农民就业增收、传承中华农耕文明、建设美丽乡村、推动城乡一体化发展方面发挥了重要作用。对于加快转变农业发展方式、推进生态文明建设，确保2020年如期实现全面脱贫目标，全面建设小康社会具有重要意义。

5. 基础设施不断完善。“十二五”期间，吉林省主要休闲农业景区内给排水设施、供热、供电及通讯等基础配套设施建设不断改善；大多数企业具备提供餐饮、住宿、咨询、购物等休闲农业旅游服务条件。休闲农业与乡村旅游点的路标、停车场，住宿、餐饮、娱乐、卫生等基础设施建设发展迅速，特别是在空中交通、水上交通和地面交通快速发展，形成了覆盖全域的立体交通网络。

6. 多产融合初见成效。我省休闲农业紧紧围绕促进农业提质增效、农民就业增收、居民休闲消费的目标任务，以农耕文化为魂，以美丽田园为韵，以生态农业为基，以创新创造为径，以古朴村落为形，将休闲农业发展与现代农业、美丽乡村、生态文明、文化创意产业建设、农民创业创新融为一体，注重规范管理、内涵提升、公共服务、文化发掘和氛围营造，推动农村一二三产业的融合发展，通过农业和旅游业的结合，让农业焕发生机，多产融合初见成效。

（二）存在问题

1. 产业发展水平不高。

（1）产品特色开发不鲜明。吉林省休闲旅游产品虽然在大区域尺度上存在较大差异，但是在小空间尺度上，同质化严重，服务项目与体验活动大体相同，集中在吃农家饭、垂钓、采摘等项目上，造成目标市场相近，恶性竞争加剧。例如延边朝鲜族自治州的多处休闲农业旅游景区提供的均为朝鲜族民俗旅游产品，产品之间差异不大。

（2）休闲农业旅游产品缺乏文化的注入。吉林省在历史上不论是扶余文化、渤海文化、高句丽文化、围场文化还是农耕文化等都没有很好的注入到休闲农业旅游产品的开发和设计中，而文化元素的缺失让游客对当地文化的体验不佳。没有结合主导产业以及当地乡土文化形成特色鲜明的主题文化和企业文化，难以给消费者独特而深刻的印象。

（3）服务质量有待提高。休闲农业作为一种新型产业形态，与其他服务业相比，发展相对滞后，从业人员服务水平不高，休闲农业管理人员水平有限，导致游客的整体感受不佳，在一定程度上限制了吉林省休闲农业的发展。

（4）品牌宣传力度有待加强。吉林省拥有较为丰富的休闲农业旅游产品，但是宣传力度不足，目前吉林省对外宣传的旅游产品以长白山为核心，其知名度也是吉林省内其他旅游产品所不及的。除此之外，其他旅游产品不论在知名度还是游客熟知度上都不足，其宣传主要依赖电视媒体和平面媒体，而新媒体的利用程度非常低，无法吸引大量消费者。在经营过程中，没有注重在服务与销售过程中开展品牌形象推广，甚至不能较好地处理影响品牌形象的事件，造成消费者对品牌的黏度与忠诚度下降。

2. 基础设施较为落后。“十二五”期间，吉林省在旅游基础设施的建设上投入力度不断加大，但针对休闲农业景区（点）的投入不够，特别是在条块分割、多头管理的模式下，我省各种休闲农业设施的规划和建设缺乏必要的协调性，因而基础设施的配套性和兼容性差，缺乏系统功能。

3. 产业支撑保障体系薄弱。一是有关部门在落实财政税收、信贷政策、行业监管、市场体系、农业科技和农业信息等方面还存在不足；二是注重休闲接待设施建设，但对农业产业支撑体系建设重视不够，农业资源要素配置单一，大多数停留在“看花、垂钓、摘果”的传统低层次经营层面上，没有运用科技、文化、艺术的手段来充分提升农产品及其加工品的附加价值，难以形成核心竞争力和效益增长点；三是休闲农业多为点状布局，大型休闲农业企业的示范带动作用不够，企业之间未能形成良性的利益联结机制，缺乏整体互动，相互之间缺乏有机的联系与组合，尚未形成大规模的休闲农业产业聚集区，无法实现资源互补和市场共享。四是没有建立完整的视觉识别系统并进行有效推广，大部分农家乐经营户推介意识不浓，在推销自己、推销景点、推销在场农产品方面的力度不够，基本停留在口碑宣传的初级阶段，缺乏覆盖面广、辐射度大、持续时间长的促销方式。

二、“十三五”时期吉林省休闲农业发展环境分析

（一）发展条件

1. 资源优势。

（1）自然资源丰富。吉林省东部为著名的长白山区，是国家北药基地和天然绿色特色产品重要产区，主要特色产品有人参、鹿茸、林蛙、松茸以及木材、水果、山野菜、食用菌、中药材等。中部松辽平原，沃野千里，土质肥沃，农田防护林体系健全，素有“黄金玉米带”和“黑土地之乡”的美誉，盛产优质玉米、水稻、大豆以及肉牛、生猪、肉禽，是国家粮食、肉类主要产区和精深加工区。西部科尔沁草原，广袤辽阔，泡沼密布，水草丰美，具有发展优质畜牧业、杂粮杂豆和开发水产业的良好生态条件，也是油料、糖料、优质肉牛和土著鱼等生产基地。

（2）农业资源禀赋良好。吉林省具有土地资源丰富、土质肥沃，呈现人均耕地多、

后备土地多等特征。2015 年耕地面积 703 万公顷，黑土耕地约 83.2 万公顷，人均耕地面积 3.16 亩，为全国平均水平的 2.18 倍，可作为后备资源的未利用土地有 104.6 万公顷。生态环境良好，自然保护区占全省国土面积的 13.4%，天然湿地占全省总面积的 9.2%，森林覆盖率达 43.9%，农业发展的资源和生态条件十分优越。

（3）农村文化资源多彩。吉林省的休闲农业旅游资源储量丰富，特色鲜明，从西北白城、松原的蒙古族为文化主线的休闲农业旅游资源到东北部以朝鲜族文化为主线的休闲农业旅游资源，从北部依托城市打造的假日休闲农业旅游产品到东南部依托山地发展的休闲农业旅游产品，阔度之广、差异之大是吉林省的休闲农业旅游资源的主要特色。与此同时，吉林省内拥有的渤海文化、高句丽文化、扶余文化等历史文化资源也为吉林省的休闲农业旅游资源填上了浓墨重彩的一笔。

（4）农业产业资源雄厚。粮食生产能力稳定在 3 500 万吨阶段性水平，2014 年粮食总产量达到 3 533 万吨，人均粮食占有量达 1 290.68公斤，单产水平多年位居全国第一。牧业经济持续壮大，2014 年产值达到 1 195 亿元，占农业总产值的 43%以上。2014 年园艺特色产业产值达到 1 300 亿元。农产品加工业成为全省三大支柱产业之一，近 5 年生产总值以年均 13%以上的速度增长，2015 年销售收入达到了 4 835 亿元。总体上形成了粮、牧、特、加并举，农牧结合、循环发展的现代农业产业格局。

（5）休闲农业区域资源特色鲜明。从吉林省整体空间角度分析，吉林省休闲农业产业资源已经初步形成了东、中、西三大集聚区。

A 西部地区。吉林省白城、松原地区农业休闲旅游资源丰富多彩而独特，充满着自然与人文相交融的农业文明的精彩故事，是本区休闲农业发展的物质与文化基础。从历史文化与民族风情上看，西北部白城、松原地区邻近内蒙古东北部，保留着游牧民族鲜明的地域特色，目前已开发的农家乐等多建成蒙古包形态，蒙古族饮食比比皆是，这一区域形成了西部蒙古族风情主题休闲农业聚合区。

B 中部地区。该区有长春、吉林、四平、辽源构成吉林中部城市群，是吉林省经济最发达的地区。因山地平原地貌差异，农业资源的差异性，耕作方向种植结构的不同，休闲农业业态多样。一是北部城市依托型假日休闲农业聚合区。依托长春、吉林市农业经营以粮食种植为主，粮食品种多玉米，可形成广阔的玉米农田景观，体现玉米带的经营特色；此外大豆，高粱也有一定的种植面积。二是南部满族特色休闲农业聚合区。四平、辽源地区是满族的发祥地之一，满族文化在此生根发芽，目前当地许多的农耕文化、语言文化和生活习惯还依稀保存了当年满族兴盛时期的影子。

C 东部地区。包括延边朝鲜族自治州、通化市、白山市所辖的广大的长白山脉地区。一是东北部山地林果朝鲜族时尚农林区。优越的气候条件使延边的龙井、和龙等盆地成为驰名中外的苹果梨的产区。延边林特产品资源十分丰富，境内盛产的人参、鹿茸、貂皮被誉为“东北三宝”，延边的大米、烟叶、苹果梨、黄牛等驰名中外。二是东南部山地农事休闲聚合区 。东南部的白山市、通化市地处长白山余脉，山地、森林、水体资源极其丰富，各种林下生物，如林下参、林下鸡、林下蛙等数不胜数。由上述产业和自然旅游资源、人文旅游资源带动的人参种植园、葡萄园、中药材种植园、梅花鹿养殖场、水产养殖场等成为通化、白山休闲农业发展的重要支撑因素。

（二）发展机遇

1. 国家政策机遇。近年来，国家十分重视休闲农业与乡村旅游的发展，2016 年中央 1 号文件提出，要积极开发农业多种功能，研究制定促进乡村旅游休闲发展的用地、财政、金融等扶持政策，落实税收优惠政策。同时国办关于加快转变农业发展方式的意见、关于进一步促进旅游投资和消费的若干意见等文件，也对促进休闲农业发展，开发农业多种功能作了部署。这既是国家从战略层面对休闲农业作出的重大部署，也为发展休闲农业，促进农村一二三产业融合指明了方向。

2. 产业发展机遇。“十三五”期间，工业化和城市化持续推进，中国经济正在经历“三期”叠加的阵痛，即经济增速换挡期、结构调整阵痛期、前期刺激政策消化期。特别是持续出现的雾霾天气，经济发展与资源环境的矛盾日趋尖锐，加快转变经济发展方式和调整经济结构刻不容缓，休闲经济、体验经济、创意经济、低碳经济这些新的产业形态，正成为后工业时代世界各国竞相发展的新型产业，休闲农业作为转型时期的新业态，符合产业发展潮流。

3. 社会发展机遇。根据马斯洛需求理论，在吃穿富足的情况下，居民消费逐步向住、行消费转变，由重实物消费向物质和服务消费并重转变，服务型消费支出不断增加，由大量普及性消费向追求时尚、追求个性化、追求个人发展与提高的方向转变，这种趋势在“十三五”期间将日益明显和突出。休闲农业通过旅游、观赏、体验，不断丰富居民日益增长的需求。

4. 旅游业转型发展机遇。随着旅游者的消费经验日趋丰富．对大众旅游产品感到厌倦，开始追求一种彰显自己个性的旅游产品服务，传统的观光游已经不能满足旅游者的需求，散客化、自由行成为我国旅游的新潮流，游客越来越追求旅游产品的文化内涵、艺术审美、优质服务等。散客的多种需求正成为未来旅游业面临的新挑战，必须突出性格化产品的定制来迎合消费者的需求。特别是在网络信息技术推动下，在线旅游成为散客化和自由行最大推动力之一，专业化分工日趋细致，为休闲农业发展壮大，提供了良好的条件。

5. 吉林省发展战略机遇。2014 年，吉林省委省政府下发了《中共吉林省委吉林省人民政府关于加快建设旅游支柱产业的意见》。《意见》指出，未来一个时期，吉林省将实施休闲农业富民工程，大力扶持休闲农业与乡村旅游示范区、旅游扶贫试验区建设，健全完善服务体系。为贯彻落实习近平总书记在吉林省调研时提出的重要指示，吉林省委、省政府作出了吉林省率先实现农业现代化的战略决策，提出了加快发展休闲观光农业。整合农业资源、山水风景、地域文化、乡土民情，打造一批各具特色、有机统一的休闲农业网络。培育发展一批城市依托型、景区带动型、农业观光型、民俗特色型、农家体验型的休闲农业企业，建设一批高质量的乡村旅游示范点和都市休闲观光农业园区。扶持建设一批具有历史、地域、民族特点的特色景观旅游村镇，打造形式多样、特色鲜明的乡村旅游休闲产品。

（三）面临挑战

1. 资源开发与保护的矛盾日益凸显。休闲农业的开发不同于其他产业的发展，需要依赖农村、农民、农业，很多地域的休闲农业旅游产品的特色便在于极具原始风情的农耕文化，而市场化的开发、资本的介入、游客的涌入、文化的碰撞必然对传统的农耕文化带来巨大的冲击，甚至让传统农耕文化消失殆尽。但是不开发，只保护又无法形成良好的旅游资源。因此休闲农业企业必须处理好传统农耕文化与资源的保护与保护之间的矛盾。

2. 与其他产业间融合不够紧密。休闲农业不同于传统的农业或者旅游业，它是休闲业和农业的结合，也是旅游和农业的结合，更是多种产业相互融合的结果。我国经济保持了持续快速的增长，单一产业在发展过程中，其产业接续能力不强，而在旅游业快速发展的今天，在经济新常态的背景下，多种产业与旅游业的有机融合成为了产业发展的新动力，但是由于政策支持力度、社会认知程度等因素的制约，产业融合的发展并非畅通无阻，更多的机遇和挑战摆在了休闲农业发展的道路前方。

3. 产业发展与农民增收的利益链接机制不健全。从调查情况看，目前我省休闲农业主体与农户基本还是以订单合同联结为主，按股分红、风险补偿等紧密型联结机制还没有真正建立起来，企业与农民合作社、家庭农场等新兴经营主体紧密融合、互补共赢的发展机制尚需完善，农民如何以生产要素入股休闲农业经营，与企业形成休戚与共的一体化发展同盟，走一二三产业融合发展的路子，实现增收双赢，这方面的体制机制还没有建立起来。

4. 同区域、同质化竞争较严重。吉林省在“十二五”期间，逐步形成了东部产业集聚区、中部产业集聚区和西部产业集聚区等三大产业集聚区等三大聚合区，然而发展过程中，出现了同区域，同质化的情况。产品的同质性必然导致区域规模效应无法形成，发展相互制约，影响了休闲农业的发展。

三、“十三五”时期休闲农业发展思路、基本原则与发展目标

（一）发展思路

深入贯彻党中央、国务院和省委、省政府的有关部署要求，以创新、协调、绿色、开放、共享五大发展理念为指导，紧紧围绕促进农业提质增效、农民就业增收、居民生活质量提升、以打造产业核心竞争力和推动农村一二三产业的融合发展为目标任务，将休闲农业发展与现代农业、美丽乡村、生态文明、文化创意产业建设、农民创业创新、精准扶贫融为一体，优化区域布局、创新发展模式、注重规范管理、内涵提升、公共服务、文化发掘和氛围营造，强化政府引导、深化要素融合、突出产业拉动、力求打造精品，切实把休闲农业培育成为推动吉林省农业与农村新兴战略支柱产业，构建起具有吉林特色的休闲农业发展格局。

（二）基本原则

一是以农为本、促进增收。要以农业为基础，农村为载体，突出农民的主体地位，科学构建农民利益分享机制，增强农民自主发展意识，激发农民创业创新活力，促进农民持续稳定增收。

二是多方融合、相互促进。休闲农业发展要与农耕文化传承、美丽田园建设、创意农业发展、传统村落传统民居保护、精准扶贫、林下经济开发、森林旅游、乡村旅游、新农村建设和新型城镇化等有机融合、相互促进、按照统一生产、生活、生态，融合一、二、三产业的要求，分类指导，合理布局，引导各产业协调发展发展，推动城乡一体化建设。

三是因地制宜、突出特色。要结合资源禀赋、人文历史、交通区位和产业特色，在适宜区域，因地制宜、突出特色、适度发展。要根植于土地、根植于当地文化、根植于社会经济发展水平，在考虑到地块的基本条件的基础上，彰显地域特色、文化特色、民俗特色、农业特色。

四是规范管理、强化服务。要加大教育培训、宣传推介力度，文明出行、诚信经营、确保安全，制定规范标准，引导行业自律，实现管理规范化和服务标准化。

五是政府引导、多方参与。要发挥市场配置资源的决定性作用，更好发挥政府在宏观指导、规范管理等方面的作用，调动各方积极性。坚持以休闲农业市场需求为导向，以休闲农业旅游产品开发为核心，以塑造休闲农业旅游产品对休闲农业消费者的核心吸引力为准则，进行深度挖掘、个性包装，努

力把吉林省建设成一个有强吸引力、并能够产生巨大经济效益和社会效益的综合性休闲农业旅游目的地。

六是保护环境、持续发展。要按照生态文明建设的要求，遵循开发与保护并举、生产与生态并重的理念，统筹考虑资源和环境承载能力，加大生态环境保护力度，实现经济、生态、社会效益全面可持续发展。培育资源节约型、环境友好型的绿色休闲农业体系，在对景区、景点改造提升的同时，不能破坏区域生态环境和农业资源，并在规划设计中充分考虑大规模游客来临对地区生态系统的影响。

（三）发展目标

1. 总体目标。到 2020 年末，吉林省休闲农业发展在“规模、数量、水平、档次、接待能力、服务质量、产业影响力、品牌知名度”等方面得到大幅度提高，把吉林省休闲农业建设成为拉动农村一二三产业融合，推动农业与农村发展的战略性主导产业，促进农民就业增收和满足居民休闲需求的民生产业、缓解资源约束和保护生态环境的绿色产业和发展新型消费业态和扩大内需的新兴产业。

2. 产业发展目标。

（1）产业规模不断扩大。休闲农业发展总量稳步增长，到 2020 年，年营业收入达到 120 亿元以上，年递增 15%，利润总额达到 25 亿元以上，接待人次达到 5 000 万以上。

（2）产业结构明显优化。依据我省资源结构特征，逐步形成布局科学、结构合理、服务完善、特色明显、管理规范的休闲农业产业带、产业集群和精品线路，产业结构和空间结构不断优化。

（3）产业类型丰富多元。创新农民发展农（林、牧、渔）家乐、休闲农庄、农业示范园、农业观光园、民俗文化和农事节庆等发展模式，新颖性、趣味性、体验性进一步增强。在传统农区发展一批以拓展农业功能、传承农耕文化为核心，兼顾度假体验的休闲农庄，建设一批具有科普、教育、示范以及传统农耕文化展示功能的休闲农园、美丽田园，促进休闲农业的多元化、个性化发展。

（4）增收贡献显著提高。在休闲农业聚集地区，休闲农业收入占农民全部收入的 50%以上，到 2020 年全省休闲农业农民就业人数达到 20 万人以上，从业人员劳动报酬达到 40 亿元以上。

（5）产业拉动作用明显增强。通过发展休闲农业，从新的窗口和新的视角展示现代农业与农村经济发展，将农产品变成旅游商品、旅游礼品，增加农产品的经营路径，提高农产品的附加值，提升对农产品加工业及其他产业发展的拉动力。

3. 品牌建设目标。示范创建目标：到 2020 年，全省创建省级休闲农业和乡村旅游示范县 20 个、示范点 70 个，重点打造 4 条精品线路，培育吉林最美休闲乡村 70 个，创建三星级以上休闲农业企业 200 户。

4. 社会发展目标。

（1）提升休闲农业的精准扶贫功能。促进贫困地区贫困群众脱贫致富，确保 2020 年如期实现全面脱贫目标。

（2）扩大就业，促进社会稳定。充分发挥休闲农业的经济社会中的重要作用，有效拉动农村一二三产业融合，到 2020 年，休闲农业从业人员达到 25 万人以上。

（3）提高居民生活质量。既要满足游客观光、休闲、体验、度假的需求，又要通过休闲农业发展有效改善居民的生活环境和生活质量，为吉林省人民带来福祉，实现“社会和谐、人民幸福”的发展目标。

（4）促进城乡协调发展。通过发展休闲农业，推动城乡人员、信息、科技、观念的交流，加强城乡互动。

（5）拓展农业功能。大幅度增加当地农民就业容量，促进农村一二三产业融合，农村面貌明显改善，经济、社会、生态效益同步显现，农民综合素质显著提高，农民收入大幅提高。

5. 环境发展目标。广泛推行节约型的生产方式和消费模式，大力发展循环经济，显著降低能源资源的消耗。推动节约型产业发展，建设绿色产业体系。通过休闲农业发展有效促进环境保护，引导旅游者强化环保意识，促进环境质量的改善和提升。形成绿色休闲农业管理体系，发展资源节约型、环境友好型的现代农业产业，营造最佳人居环境，实现可持续发展。

6. 文化建设目标。挖掘整合历史文化（渤海文化、高句丽文化、扶余文化等）、民俗文化和现代都市文化，促进文化交流，丰富文化内涵，促进文化建设和精神文明建设，形成吉林省的独特文化品位，实现农村文化遗迹和传统村落、传统民居的保护，发展具有文化内涵的休闲乡村，加快乡土民俗文化的推广、保护和延续。

四、“十三五”休闲农业发展主要任务

（一）优化休闲农业产业布局

依据全省资源分布状况与产业发展基础，“十三五”期间，将重点打造大中城市周边地区和吉东、吉中、吉西四大板块和四大精品路线，构建起科学、合理的空间发展格局。同时鼓励休闲农业园区间共建、共用配套基础设施，休闲项目互补、客源共享等，逐步形成分工明确、功能完备、协调配套、共同发展的现代休闲农业特色优势产业聚集区。

1. 大中城市周边环城都市农业板块。

（1）区域范围。包括长春市的所有郊区，吉林、四平、白山、通化、辽源、松原、白城等地级市市府、梅河口、公主岭及延边朝鲜族自治州州府所在城市的郊区。

（2）资源条件。

A 农业资源：该区域以都市农业为主要特征，围绕大中城市“菜篮子”供给，蔬菜、瓜果等种植面积较大、品种较多，水产养殖和花卉、苗木也有一定的规模，设施农业发展较快。

B 客源市场：该区域城市人口稠密，大中小学学生众多，工业商贸金融等企业和行政机关聚集，人均可支配收入较高，加上过境旅客流量较大，客源市场广阔，农家餐饮、观光、休闲、科普、体验、养生和会议等休闲消费需求较大。

C 交通条件：城市与郊区路网比较密集，城郊开行公交车或旅游专线，私家车拥有量较大，休闲消费出行相当便利。

（3）主攻方向。

A 以满足市民休闲游憩体验消费需求中心，重点发展特色农家乐、农家乐片区和休闲农业区，以自产绿色生态农产品为主要食材，配套适量的客房、垂钓、采摘和娱乐等项目，满足大多数城市居民“吃农家饭、住农家屋、干农家活、享农家乐”的基本需求。同时，发展一批集观光、休闲与农特产品开发于一体的休闲农庄。

B 以亲子亲友游等消费需求为中心，建设一批功能比较完善的休闲农庄，发展观光、采摘、垂钓、饲喂等农事体验项目，以及儿童游乐、中老年健身等项目，满足亲子游、家庭游和亲友游等消费群体需求。

C 以科普教育等消费需求为中心，发展科技含量较高、知识性和趣味性较强的设施农业园、农作物品种园、创意农业主题园和农耕文化展示园等农业科技园，配备影音室和培训教室，在农产品加工企业专设产品展示室和参观通道，为大、中、小学生和部分市民提供农科展示、农科培训等服务，集休闲娱乐与学习教育于一体。

D 以满足商务会议消费需求为中心，在依山傍水、田园景观和自然风景优美的区域，发展集农业观光、餐饮住宿、会议、健身娱乐于一体的休闲农庄，满足企业会议、商务接待、养生休闲等群体的高端消费需求。

2. 中部多彩田园休闲农业板块。

（1）区域范围。主要包括长春市、吉林市、四平市、辽源市、公主岭市的有关县（市、区）。

（2）资源条件。

A 农业资源：该区域是玉米、水稻、大豆的主产区，是粮食和肉牛、生猪、肉鸡等畜禽等农特产品的重要产地。

B 生态旅游资源：该区域地处松辽平原腹地，生态环境良好，空气清新，风光秀美，红色旅游资源丰富，温泉养生资源较多，长春伪满皇宫、农安县发现一处新石器时代人类的居住遗址等文化资源具有历史上的唯一性。

C 客源市场：该区域地处长春、吉林所在地区，与辽宁、黑龙江交界，境内和周边有多个中等城市，县城人口较多，旅游业发展较好，发展休闲农业前景较好。

D 交通条件：京哈铁路，长吉城际铁路，长大高速铁路，长春龙嘉国际机场，长春绕城高速公路、长春—四平高速公路、长春—吉林高速公路、长春—营城子高速公路、长余高速公路、长双高速公路等交通网络，为该区域的休闲农业提供了较好的保障。

（3）主攻方向。

A 在交通较为便利、人流量较大的城区周边，以及果园、菜园和药草园附近，发展农家乐和少量休闲农庄，开展传统农耕表演和农特产品品尝，开发加工农特旅游商品和手工艺品，烹制绿色农家餐饮，吸引周边城市居民、本地城镇居民和旅游客人。

B 依托域内红色旅游资源，在长春、四平、吉林等地重点发展集革命教育和休闲游憩功能于一体的红色休闲游，通过革命遗迹陈列、烈士生平简介、艰苦生活体验等活动开展革命传统教育。

C 依托莲花山、净月潭、松花湖、二龙湖、鸑鹭湖的清新空气、优美景色，发展休闲养生度假项目和野外拓展、山地行走和攀崖等项目，提供青少年夏令营活动场所，吸引高端或老年游客以及青少年学生。

3. 东部山地林海休闲农业板块。

（1）区域范围

主要包括延边朝鲜族自治州、白山市、通化市、梅河口市的相关县（市、区）。

（2）资源条件

A 农业资源：该地区是吉林省优质特产品主产区，是全国重要的人参、中药材食用菌产业基地，鹿、林蛙、貂、蚕的经济动物产业基地、刺嫩芽、山芹菜、猴腿、红松果仁、特色核果的长白山山珍食品产业基地。延边黄牛、长白山中华蜜蜂、长白山野猪、犬、兔等山区特色养殖业发展态势良好，苹果、梨、桃、葡萄等水果发展速度较快。

B 生态及文化资源：该区域地处长白山腹地，水资源丰富，重峦叠嶂，松花江、图们江、鸭绿江三大水系丰满，江河湖泊较多，大中小水库星罗棋布，山水相依，特色明显。传统满族文化、高句丽文化、朝鲜族文化、渤海文化历史悠久，古渤海国文化遗址知名度高。

C 客源市场：吉东地区地处山区，近年来交通条件不断提高，尤其延边朝鲜族自治州、通化、白山等人口较多，城镇居民、工商企业、中小学生、过境游客对休闲农业都有很大的休闲消费要求，客源市场潜力较大。

D 交通条件：长春至珲春高铁已于去年正式贯通，延吉机场、珲春至乌兰浩特高速公路，长白高速公路珲春至长岭子口岸公路、珲春至圈河口岸公路等多条公路穿境而过、图们江是中国内陆通向日本海的唯一水上通道，交通便捷，优势明显。

（3）主攻方向

A 结合该区域特色农业资源、山地资源、文化资源和水资源，在东部山区发展食用菌、经济动物、长白山山珍的观光游、采摘游、科普游、休闲游；在集中连片的地方，发展具有观光价值的水上种植养殖项目，如油菜花海、荷叶荷花观光、养殖观光以及蔬菜水果观光采摘等，开发垂钓、捕捞、水上运动和蔬菜果实采摘等项目，辅之以季节性的农家餐饮，为本地城镇居民和外地游客提供休闲观光服务。

B利用交通路网比较完善的优势，在长城周边、自然景区和人文景观附近以及车站、高速公路出口、国道省道节点附近，发展以长白山山珍、食用菌、经济动物为重点的特色农家乐和休闲农庄，辅之以吉东地区传统农具和生活用具等农耕文化陈列展示，培植一批立足农特产品精深加工的休闲农庄。

4. 西部农牧风情休闲农业板块。

（1）区域范围。主要包括白城市、松原市的有关县（市、区）。

（2）资源条件。

A农业资源：该区域地处松嫩平原西部，是吉林省杂粮杂豆、薯类的主要产区，以油料和经济作为主，重点发展资源节约型循环牧业经济，形成了肉羊、优质绒毛用羊、草原红牛和鹅为主的农牧交错带。

B生态旅游资源：吉西板块地处嫩江平原西部，该区域生态环境良好，湿地资源丰富。蒙古族文化风韵独特，民俗风情浓郁。旅游资源富集，向海、莫莫格、查干湖、郭尔罗斯王爷府、乾安大布苏泥林等风景名胜和人文景观众多。

C客源市场：该区域有白城、松原两个地级市和多个中等城市，该区域湿地资源丰富，对湿地游、自驾游的吸引力逐年增加，省内和国内外旅游游客众多，休闲农业市场发展前景可观。

D交通条件：北京一哈尔滨、珲春一乌兰浩特、白城一长春、沈阳一明水、开通一方正、长春一哈尔滨六条国省级公路在境内通过，高速公路有大广高速公路、珲乌高速公路、嫩丹高速公路、松原绕城高速公路、五右高速公路等。松原查干湖机场即将开工建设，预计2016年投入使用，以及不断建设的县乡公路，将为到吉西地区的休闲农业游客带来便利。

（3）主攻方向

A在风景名胜和人文景观周边，以及铁路、高速公路、国道、省道沿线站点附近，结合该区域杂粮杂豆、循环农牧业等特色农产品，发展主题鲜明的赏、产、摘、加一体化的观光体验园和农家乐集聚区，培育一批以农特产品精深加工为依托的休闲农庄。

B依托向海、莫莫格、查干湖的湿地与湖泊资源，发挥吉西地区生态、有机的农产品资源优势，以及蒙古族健康生活民俗，发展一批湿地休闲度假农庄，建设休闲度假、游湖、野营、避暑、科考、探险和草原氧吧等项目。

C在白城、松原结合特色农业资源，依托蒙古包等吉西传统建筑和蒙古族民俗，挖掘吉西农耕文化，打造富有蒙古族风情的少数民族村寨，给游客提供农家生活、农事体验、民俗体验、民间手工艺观赏、民族歌舞观赏等活动，开发富有少数民族特色的旅游纪念品，开展少数民族民俗文化游。

（二）构建休闲农业发展模式

依托乡村文化、民风民俗、田园风光、自然景观、农（渔）家乐、农业观光园等资源，以“生态观光、休闲体验、绿化美化、文化创意”为发展方向，以“资源化整合、精品化打造、片区化开发、产业链带动”为发展理念，重点打造现代农业展示、居民农事参与、生态旅游观光、乡村民俗文化、农家生活体验、休闲度假娱乐等具有吉林特色的6大发展模式，包括20种类型。为全省休闲农业发展提供样板。

1. 现代农业展示模式。在长春市、吉林市等特大型城市近郊或风景点附近开发农业游、林果游、花卉游、渔业游、牧业游等不同特色的主题旅游活动，以科技为支撑，以设施农业、循环农业、高科技农业等为载体，以观光、教育为主要功能，向游客展示农业发展历史及现代农业科技成果，以满足游客放松心情、体验农业的需求。重点建设农业观光园、农业产业孵化基地、农业科技园区、农业博览园及科普教育园等 5 种模式类型。

2. 居民农事体验模式。由农民提供土地，让居民参与耕作的园地。在大城市近郊，将位于近郊的农地集中规划为若干小区，分别出租给城市居民，用以种植花草、蔬菜、果树或经营家庭农艺，其主要目的是让居民体验农业生产过程，享受耕作乐趣。居民农园以休闲体验为主，多数租用者只利用节假日到农园作业，平时交由农地提供者代管。根据使用对象的不同，重点建设家庭农园、儿童农园、银发农园 3 种模式类型。

3. 生态旅游观光模式。在吉东板块及吉西板块生态资源丰富的地方，以绿色农业、生态农业、自然景观为基础，通过设计改造，强化农业的观光、休闲、体验、教育等功能，满足游客体验自然、回归自然的心理需求。重点建设生态农园、森林公园、湿地公园、水上乐园、露宿营地等 5 种模式类型。

4. 乡村民俗文化模式。在四平、松原、延边、通化等具有浓郁地方或民族特色的地区，利用农村特有的民间文化、地方习俗、民间艺术、民俗风情和居民建筑、古建筑作为休闲农业活动的内容，让游客充分享受浓郁的乡土风情和浓重的民俗文化气息。重点建设民俗文化、民间手工艺、古镇建筑、乡村节庆旅游 4 种模式类型。

5. 乡村生活体验模式。利用当地特有的自然资源、农业资源和独特的民俗文化，提供购物、垂钓、农家菜品尝、住农家屋等服务，使游客体验农家生活，农民可获得农产品销售、餐饮、住宿等方面的经济效益。重点建设农家乐模式类型。

6. 休闲度假娱乐模式。在具有地区特色及区位优势的地方，生态田园集农业科技示范、观光采摘、体育健身、养身度假于一体，游客可以观光、采摘、体验农作、了解农民生活、享受乡土情趣，还可以度假、休闲、品尝绿色有机产品等。重点建设乡村俱乐部、休闲农庄观光园 2 种模式类型。

（三）建设工程与重点实施项目

1. 休闲农业示范项目创建工程。突出休闲农业示范县、示范点在体制机制、政策措施、资金支持、发展模式、经营管理等方面的引领作用。“十三五”期间，重点打造休闲农业示范县（乡）、示范点建设工程、最美休闲乡村和星级休闲农业企业培育工程，打造示范引领样板，推介发展模式。

（1）休闲农业示范县创建工程。一是制定市、县休闲农业发展规划。根据实际制定符合当地经济社会、农业和旅游业发展规划要求的休闲农业发展规划，用于指导当地休闲农业发展。二是制定休闲农业行业标准。制定有关休闲农业基础设施、餐饮、住宿、垃圾及污水处理、接待服务等行业标准，实现标准化发展。三是完善基础设施建设。根据休闲农业发展布局，完善休闲农业景区景点的水、电、路、通讯及网络等建设。四是加强宣传推介活动。由市、县主管部门统一对外宣传，在主要公路设置指示牌及广告牌，制作宣传册及宣传片，并利用各种媒体及节庆活动加强对当地休闲农业景区景点的宣传推介。

（2）休闲农业示范点创建工程。一是深度挖掘农耕文化。建设农耕文化博物馆，展示传统的农业生产方式、加工工具、设备及技术，同时进行新工艺、新技术、新品种、新设施的展示。二是加强宣传。举办地区特色农事节会，设立广告宣传牌，印制宣传单及音像资料，并建立景点推介信息网络，全面宣传景点文化及各种休闲信息。三是进行基础设施改造。包括改造道路、路灯、停车场、景点指示牌等设施，以及垃圾及污水处理、厕所等设施。

（3）最美休闲乡村培育工程。重点培育与以农业为基础、农民为主体、乡村为单元，围绕农业生产过程、农民劳动生活和农村风情风貌，因地制宜发展休闲农业的乡村。突出功能特色，现代农业发展紧密结合、主题鲜明、特色突出、文化内涵丰富、功能齐全、设施完善、市场认知度高、具有示范推广价值和很强的示范辐射和带动作用。

2. 休闲农业载体标准化提升工程。休闲农业载体标准化提升工程是对现有及即将建造的以休闲农业为主题的载体进行标准化建设，打造精品样板，使休闲农业管理系统化、标准化、制度化。“十三五”期间，按照吉林省的资源特点，重点打造休闲农业园区标准化提升、休闲农庄标准化提升和旅游特色村（点）标准化提升等三大工程，带动全省休闲农业发展水平整体提高。

（1）休闲农业园区标准化提升工程。针对目前休闲农业园区普遍存在园艺设施简单、产品质量低、现代农业科技应用不强、基础设施相对较差导致休闲观光产业链较短，游客逗留时间短，休闲观光效益不明显等问题，“十三五”期间对已经建成的休闲农业园区进行标准化提升改造，具体内容为：一是实施农产品品质提升工程。围绕园区特色优势产品，引进或培育优质、专用品种，同时增加产品的艺术特色，发展创意农产品，提升产品的附加值。二是设施园艺提升工程。对落后的不适应生产要求的温室、大棚进行更新改造，并配备现代设施设备，满足新品种生产要求。三是科技提升工程。围绕优势产品的科技需求，引进现代农业科技替代传统农业技术。四是基础设施提升工程。改造路面、标志性大门、标牌，改建休闲广场，修建景观建筑、生态厕所及生态餐厅，改造游客接待服务中心和新增休闲设施，改造停车场、更新教育设备等。五是生态休闲环境提升工程。建设植物景观，改造休闲绿色农业景观及渔业特色景观，提高园区绿化率，建设垃圾处理设施，使园区有机废弃物资源化处理。

“十三五”期间，确定九台、双阳、和龙、安图、珲春、敦化、汪清、图们、梨树、辉南、集安、临江、蛟河、抚松等区县为重点实施区域，将和龙市光东朝鲜族民俗村、和龙市西城镇金达莱村、圣鑫葡萄酒庄、神农生态庄园、青龙渔业度假村、和龙百年酒业、长白山雁鸣湖温泉度假村、白龙百年部落朝鲜族民俗村、绿野生态农庄等休闲农业园区作为样板进行标准化提升改造。

对于新建休闲农业园区，依托吉林省农业科技基础，发展以智能温室、日光温室为重点的现代农业设施。“十三五”期间，在长春、吉林、四平、白城、白山、通化、延边、松原及下属14个吉林省率先实现农业现代化示范县。应用优质、高产、节能、低成本、无公害和有机配套设施栽培技术、设施栽培环境自动调控技术、无土立体栽培技术、温室滴灌施肥智能化控制技术、生物农药施用技术及配方施肥技术等，艺术化布局生产空间，生产稀特优农产品，集中体现园区的展示、教育、体验、休闲、采摘等多种功能，满足游客消费需求。

（2）休闲农庄标准化提升工程。针对休闲农庄存在的设施简陋、活动内容及空间较少等问题。“十三五”期间一是以科技为支撑，围绕特色文化，选用无公害优质农产品，提升农产品消费档次。二是规范家具、门窗、墙壁装饰，使其主题特色或乡村特色更鲜明。三是增加娱乐及健身设施，设置休闲体验活动，延长休闲农业产业链，丰富游客休闲内容，延长休闲时间。

“十三五”期间，依托资源优势，在长春市、吉林市、四平市、辽源市、白山市等及其区县，重点将长春休闲农庄、吉林市田园农庄、神农庄园、名居葡萄酒庄园、四平小菜园等休闲农庄，作为休闲农庄提升改造样板。

对于新建休闲农庄，要以“主体创新、乡土文化展示、生态优先”为原则，在环境景观与建筑方面，规划合理，功能分区明确，农庄景观有较强的休闲主体特色，环境与小品景观分布合理，安全警示、道路引导标识规范明显，建筑外观、形式、色彩、材料与环境相协调。在特色项目方面，打造休闲特色突出、可参与性强的项目，提供丰富多样的粮食、水果、蔬菜等农副产品的种植、采摘等休闲体验，同时有可供参观的传统农业精华及高新农业设施设备、工艺技术和成果展示；有家禽、水产养殖基地的农庄，可提供喂养、垂钓等休闲体验，有小面积地块可供游客租种并提供代种代管业务，针对不同年龄层次人群，建设现代体育健身活动项目；建设农业会馆，普及农业知识，传播农业文化。在住宿餐饮方面，餐厅内部装饰、服务员服饰及餐具有地域特色，与环境相协调；建设会议餐厅，可提供中小型会议用餐服务。

（3）旅游特色村（点）标准化提升工程。旅游特色村（点）是发展农家乐（渔家乐）的基础，主要通过特色资源、特色历史文化、建筑古迹吸引游客。“十三五”期间，对已建成的旅游特色村（点）进行标准化提升改造，具体内容为：一是加强基础设施建设。进行道路维护，房屋修缮、停车场建设、厕所改造、村内及景区增建休闲长廊、凉亭、拱桥、喷泉等休闲娱乐设施，对有深谷险坡的地方修建围栏。二是对农家乐（渔家乐）进行升级改造。重点对农家乐（渔家乐）卧室、厨房、浴室、厕所等进行标准化改造，达到农家乐（渔家乐）经营标准。三是注重文化塑造。深度挖掘特色村（点）特色文化，以特色文化形成特色村（点）旅游品牌。四是改善生态环境。特色村（点）道路两旁通过植树栽花绿化美化环境，建设生活垃圾中转站，对生活垃圾进行资源化处理。“十三五”期间，在长春市、吉林市、四平市、白城市、通化市、白山市等地级市及其区县，重点对长春市净月经济开发区玉潭镇、长春市双阳区山河镇、长春市朝阳区乐山镇、九台市土门岭镇、吉林市龙潭区乌拉街镇、吉林市船营区搜登站镇、辉南县庆阳镇、白山市浑江区三道沟镇、长白县十四道沟镇望天鹅新村、图们市月晴镇 10 个镇（村）等 10 个以上旅游特色村（点）进行标准化提升改造。

对于新建旅游特色村（点），在配套基础设施方面，实现道路整洁、通畅，便于旅游车辆行驶，主干线通往村公路的路口有醒目的旅游标识牌，并建设停车场所及符合标准的生态厕所；有满足旅游者一般需求的食宿及购物场所，且安全、卫生、方便；建设医疗救护服务点，为患者提供医疗服务。在休闲农业建设方面，在居住上，按照农户居住特色，统一建设标准；在环境上，要符合生态宜居的要求；在饮食上，业主利用当地的符合食品安全标准的农产品进行加工，满足游客饮食需要。在产品开发方面，开发具有本地特色的深受游客欢迎的旅游商品、土特产品，并提供以收获各种农产品为主要内容的务农采摘活动。在旅游环境方面，进行村容改造，营造良好的生态环境；净化特色村周围河道，做到饮用水水质达标。“十三五”期间，依托白山市、通化市、白城市资源环境优势，加大特色村（点）建设力度，在临江、洮南、洮北等区县，重点新建 6 个以上标准化旅游特色村（点），增加游客量，带动特色休闲农业发展。

3. 基础设施提升工程。一是生产装备提升。加强休闲农业生产设施提升建设，在设施农业生产装备、无土栽培设施装备、水肥一体化设备、节地节水节能设备、绿色农产品加工物流设备等方面加大引进、改造和提升力度，提高休闲农业生产装备水平，为拓展农业功能创造更多有利条件。二是服务设施提升。参照有关服务规范标准，改善住宿区、餐饮区、娱乐区、垃圾污水无害化处理等服务设施，使休闲场所和卫生条件达到公共卫生标准，营造适宜游览和人居的美好环境。同时，重点提升休闲观光和娱乐设施的整体装备和服务水平，提升项目可参与度和满意度。三是基础设施提升。加快提升休闲农业场所的道路、供水、供电、通信、网路等基础设施建设，建立明晰的标识指示系统和完备的生态停车场，为休闲农业创造便捷畅快的基础条件。积极与水务和园林部门开展合作，全面提升村庄和村点绿化、美化、净化程度。

4. 休闲农业服务体系建设提升工程。

（1）信息平台建设工程。依托吉林农网，充分利用休闲农业公共信息资源，协调各类涉农信息网站联网运行，实现一站上传，多站发布。依托全国休闲农业服务信息“进城入户”工程建设，在“魅力城乡”（www.365960.com）休闲农业门户网站下设吉林省休闲农业信息交互平台，展示推介吉林省休闲农业信息，搭建供需直通桥梁，要注重为参与到休闲农业中来的农民服务，提供他们用得起和用得上信息化产品，使他们作为信息产品与游客供求衔接的重要力量，在休闲农业信息化建设中受益，增强他们利用信息资源的意识，推动休闲农业信息化建设的全面深入开展。

（2）培训平台建设工程。依托阳光办等培训机构及休闲农业管理、经营单位，为休闲农业建设主体提供专业化、科学化的培训服务。组织国内外休闲农业专家、高等院校老师，围绕农学、林学、园林、动物、畜牧、园艺、文化、旅游、规划等与休闲农业相关的学科，进行授课，共同打造全方位的培训体系。在休闲农业发展较好的农业企业建设休闲农业培训基地，通过多种形式、多种渠道，举办休闲农业从业人员服务、应急、安全、食品卫生、食品加工、养殖、餐饮、客运、礼貌、礼仪等旅游技能培训班，同时举办休闲农业从业人员厨艺、礼仪等技能竞赛活动，提升从业人员素质和服务水平，对本企业及周边地区从事休闲农业的各类人员进行培训，提高从业人员的业务能力和信息素养，提升服务水平。

（3）文化基础设施建设工程。制定休闲农业文化基础设施建设发展规划，统筹安排、有序推进、保证重点、分步实施。对历史文物进行整理和修复，改善古建筑基础设施和办公条件，建设一批现代化、高档次的文化基础设施，提升功能档次和服务品位。在环境建设中，建筑物造型、色彩、风格以及道路、广场、公园、路灯、栏杆等在追求文化个性的同时要讲究整体和谐，让农村文化氛围更具内涵和品位。

5. 休闲农业品牌提升工程。依托具有区域特色的资源优势，打造具有吉林特色的休闲农业品牌。“十三五”期间，重点实施特色农产品品牌拉动、农产品地域品牌带动和农业文化品牌驱动三大工程。

（1）优质特色农产品品牌拉动工程。坚持“一域一色”、“一村一品”和“一家一艺”，的特色发展道路，立足当地资源和生产优势，构建吸引游客的高品位休闲农业产品体系，从产品经营向品牌经营转变，培育一批具有地方特色、成规模、品质高、有一定影响力的农产品品牌，拉动旅游消费，促进农民增收。到2020年，以“黑土关东情、生态吉林粮”为主题，打造具有较高知名度和影响力的吉林省绿色农产品品牌形象，重点培育大米、杂粮杂豆、人参、鹿茸、食用菌等知名区域公用品牌50个，企业品牌200个、产品品牌500个。在此基础上，建立健全以区域公用品牌为核心、企业品牌为支撑、产品品牌为基础的农业品牌体系，全力打造“吉林大米”、“长白山人参”等名优产品成为国家级农业品牌。同时，要突出“乡土风味、地方特色、天然绿色”等特点。休闲食品和美容保健品要打造具有绿色生态、营养健康、易于存储与携带的深加工农副产品。纪念型商品要充分利用人参、木耳、蘑菇、松花石等本土材料，依靠传承和发展民间工艺、手艺、绝活儿等，利用创意思维和现代工艺技术进行加工制作。要注重包装设计和生产，富有“土”味、“农”味和科技含量、创意特色，并与产品有机结合。让农特产品变为精深加工品，让一般商品变成旅游商品，用特色农产品品牌拉动休闲农业发展。

（2）农业地域品牌带动工程。以 17 个“吉林省特产之乡”为载体，通过吉林省十大区域公共品牌评选活动，重点推出一批“吉林健康米”、“吉林放心肉”等省域公共品牌，以及地域特色显著的“双阳梅花鹿”、“延边黄牛”、“蛟河黑木耳”、“长白山人参”等地方公共品牌。打造一批影响大、效益好、辐射带动强的农业地域品牌。通过休闲农业、优质特色农产品与区域公共品牌的融合，打造吉林省休闲农业绿色整体品牌形象。

（3）文化创意品牌驱动工程。文化品牌建设是通过创作传统剧目、编排民俗歌舞、特色礼仪竞技游艺活动开发、文化传说整理、历史风貌复原、科普知识整理、新技术新工艺展示、精华农业展示、博物馆设立、知识趣味创意等活动开发、包装、宣传，挖掘历史悠久传统文化。“十三五”期间，吉林省重点打造 30 项文化品牌，包括：扶余文化、东丰农民画民俗文化、渤海文化、松花江漕运文化，以及四平叶赫满族文化旅游节、红叶谷红叶旅游节、查干湖冬捕节、向海湿地文化节、白山靖宇矿泉水旅游文化节、满族剪纸、草编、泥塑、石雕、根雕、松花石雕刻、民间花会、商家武术、书法、豪州古城、渤海国古城、文庙、二人转等。通过注入文化符号、文化元素，以文化为脉络，贯穿旅游体验过程中，带动休闲农业文化旅游消费。

6. 休闲农业文化提升建设工程。“十三五”期间，吉林省休闲农业文化提升工程包括建立和完善休闲农业文化产业体系和构建休闲农业文化服务体系两大工程。

（1）建立和完善休闲农业文化产业体系。一是确定吉林省休闲文化产业发展方略。对吉林省的农村文化资源进行全方位的调查摸底与挖掘，在此基础上对休闲农业文化的特点、史料现状、存在问题和发展趋势等问题进行研究，对吉林省休闲农业文化的特定内涵和价值进行分析、总结、挖掘和提炼，确定吉林省休闲农业文化特色品牌建设方向，制定具有前瞻性和可操作性的休闲农业文化发展规划和相应的历史风貌保护与开发方案。

二是确定特色文化发展模式。寻找可行的发展模式及可以落实到企业实际操作的商业模式，打造吉林省休闲农业文化特色品牌。

三是加强品牌的宣传。将与吉林省传统文化特色品牌有关的人物、事件等重要名称用于建筑物、道路、街道、广场的冠名或进行商品、商铺的命名以及商标注册等，提高传统文化的知名度；通过举办各种文化娱乐活动、会展、卡通、教育培训、体育赛事等进行宣传；通过知识竞赛、设计制作等形式吸引和引导游客对休闲农业文化建设的关注和参与。

（2）构建休闲农业文化服务体系。一是加大对农业文化遗产价值的发掘与保护力度。深入挖掘村落文化，将古村落、古树、古井、古迹、民俗村、名村、名景与休闲农业发展紧密结合。加强农村文化遗迹和传统村落、传统民居的保护，发展具有文化内涵的休闲乡村，加快乡土民俗文化的推广、保护和延续，推动遗产地经济社会可持续发展。

二是加强文化基础设施建设。制定休闲农业文化基础设施建设发展规划，统筹安排、有序推进、保证重点、分步实施。如对历史文物进行整理和修复，改善古建筑基础设施和办公条件，建设一批现代化、高档次的文化基础设施，提升功能档次和服务品位。

三是注重休闲农业文化建设的内涵和品位。在环境建设中，建筑物造型、色彩、风格以及道路、广场、公园、路灯、栏杆等在追求文化个性的同时要讲究整体和谐，让农村文化氛围更具内涵和品位。

7. 美丽乡村建设提升工程。充分发挥美丽乡村在休闲农业建设中的载体作用，突出农村生态、经济、社会、文化与政治协调发展，大力保护农村生态和充分挖掘乡村特色文化，集中力量建设一批天蓝水清、创业增收、宜居宜业、幸福和谐的美丽乡村，打造一批不同地域、不同类型、不同特点的精品村屯。培育一批美丽精品乡镇、美丽乡村学校、美丽休闲健身广场、美丽休闲农业村庄、整体美化专业村屯、花海旅游基地和特色文化品牌自然村，不断丰富美丽乡村建设内容。到2020年全省创建美丽乡村300个。

五、"十三五"休闲农业发展保障措施

1. 突出政府引导，加强政策支持。一是加强土地政策支持力度。在实行最严格的耕地保护制度的前提下，对农民就业增收带动作用大、发展前景好的休闲农业项目用地，各地要将其列入土地利用总体规划和年度计划优先安排。支持农民发展农家乐，闲置宅基地整理结余的建设用地可用于休闲农业。鼓励利用村内的集体建设用地发展休闲农业，支持有条件的农村开展城乡建设用地增减挂钩试点，发展休闲农业。鼓励利用"四荒地"（荒山、荒沟、荒丘、荒滩）发展休闲农业。二是加大财政政策支持力度。要将中央有关乡村建设资金适当向。整合相关农业与农村建设资金向休闲农业集聚区倾斜，采取以奖代补、先建后补、财政贴息、设立产业投资基金等方式扶持休闲农业与乡村旅游业发展，改善休闲旅游重点村基础服务设施。

2. 制定行业标准，规范行业发展。加大休闲农业标准的制定和宣传力度，因地制宜分层次制定相关标准，逐步推进管理规范化和服务标准化。从资源、环境、市场、服务、交通、效益等多方面进行规范管理，通过自我服务、管理和约束，规范竞争行为，营造公平环境，引导各休闲农业经营主体树立开发与保护并举的理念，走资源节约型和环境友好型的发展道路。从"十三五"开始，组织相关部门制定一系列"吉林省休闲农业行业标准"，具体应包括：《吉林省休闲农业示范点评选标准》《吉林省休闲农庄建设规范与评价标准》《吉林省休闲农业点准入规范》《吉林省休闲农业点等级划分与评定》《吉林省休闲农业点经营服务规范》《吉林省休闲农业特色业态标准及评定》《旅居车辆　旅居挂车　居住要求》《吉林省休闲农业点特色住宿安全标准》《吉林省休闲农业点特色住宿服务规范》《吉林省休闲农业点特色餐饮服务标准与规范》等，推动本地休闲农业规范有序发展。

3. 建立多元投入机制，拓宽融资渠道。探索休闲农业多元化投融资机制，鼓励符合条件的休闲农业企业上市。鼓励社会资本参与休闲农业建设，探索新型融资模式，鼓励利用PPP模式、众筹模式、互联网＋模式、发行私募债券等方式，加大对休闲农业的金融支持。探索以旅游资源、扶贫资金等入股方式，使贫困群众在项目发展中获得资产性收益。撬动社会资本，推动休闲农业产业的提档升级。鼓励担保机构加大对休闲农业的服务力度，搭建银企对接平台，帮助经营主体解决融资难题。同时，鼓励利用"互联网＋"时代下新兴的融手段，如休闲农业众筹、休闲农业接待设施分时度假、产权式酒店等进行融资。

4. 加大公共服务，优化发展氛围鼓励各地加大对休闲农业创业发展和基础设施建设的支持力度，带动大众创业、万众创新，扶持本地休闲农业做大做强。加快"互联网＋休闲农业"发展进程，增强线上线下营销能力，加快构建网络营销、网络预订和网上支付等公共服务平台，全面提升行业的信息化水平。支持建设休闲农业聚集区域的公共交通体系，加强生态停车场、道路、观光巴士

等公共服务设施配套。加强休闲农业经营场所的游客综合服务中心、公共卫生间、停车场、垃圾污水处理、餐饮住宿的洗涤消毒设施、农事景观观光道路、休闲辅助设施、特色民宿、乡村民俗展览馆和演艺场所、信息网络等基础设施建设，扶持一批休闲农业聚集村。鼓励各地利用多种模式开展公益性宣传推介，扩大休闲农业的影响力。

5. 加强人员培训，提高服务水平。依托省阳光办与高校、农业科研机构，整合行业协会等社会培训资源，共同打造全方位的培训体系；依托建立休闲农业培训基地，等各类培训设施，以休闲农业相关法律、法规、扶持政策、经营模式、品牌建设、餐饮、管理、服务重点内容进行业务技能培训指导，以帮助服务人员了解休闲农业服务规范性要求与标准、休闲农业市场现状和需求特点、休闲农业消费者消费心理，以及基本服务礼仪与技能等提高行业服务水平。特别是对村民进行农业科技、职业道德、民俗文化、旅游接待和经营管理等方面的培训，提高其综合素质、专业技能和服务水平，促进休闲农业规范化、科学化经营。同时充分运用现代传媒技术在培训方面的优势，加大远程培训，提升信息化对休闲农业发展的支撑作用。

6. 创新发展机制，增强休闲农业发展活力。整合农民自发的分散经营方式，推广“公司＋合作社＋农户”等产业化经营模式，培育有活力、有实力的行业龙头企业。推进休闲农业企业与农特产品加工龙头企业进行合作或联营，鼓励休闲农业企业利用龙头企业的厂房、设备、技术、资金和人才等生产自己的特色旅游商品；龙头企业将自己的名优农特产品委托休闲农业企业作为旅游商品出售。休闲农业集吃住行游购娱于一体，要积极推动上中下游企业之间、不同特色的休闲农业企业之间开展合作，通过联合或协作，推动产业化发展。

7. 加强资源保护，实现产业持续发展。注重休闲农业赖以生存的资源与环境的保护，严格保护耕地特别是基本农田这条底线，密切关注违法用地新动向，不能让“休闲农业”变成违法用地的新发地和土地管理的盲区。要充分利用广播、电视、报纸等新闻媒体，大力宣传有关资源保护的法律法规，不断提高各类休闲农业建设主体和农村农民以及乡（镇）、村干部依法保护资源的意识。对“休闲农业”要明确相关的审批制度，并规定经营的范围、面积、内容和用地要求等，切实把“休闲农业”管理纳入法制化、规范化轨道，并真正落到实处。同时，对经过千百年沉淀的乡村文化和古村落风貌，一定要尊重传承性，保护多样性，保持吉林省文化丰富多彩、繁荣饱满，持续发展。

黑龙江省人民政府办公厅关于推进农村一二三产业融合发展的实施意见

黑政办发〔2016〕31号

各市（地）、县（市）人民政府（行署），省政府各直属单位：

为贯彻落实《国务院办公厅关于推进农村一二三产业融合发展的指导意见》（国办发〔2015〕93号）精神，推进农村一二三产业（以下简称农村产业）融合发展，进一步拓宽农民增收渠道，构建现代农业产业体系，加快转变农业发展方式，经省政府同意，现提出如下实施意见：

一、总体思路

全面贯彻落实党的十八大和十八届二中、三中、四中、五中全会精神，按照党中央、国务院决策部署，坚持“四个全面”战略布局，牢固树立创新、协调、绿色、开放、共享的发展理念，主动适应经济发展新常态，用工业理念发展农业。以市场需求为导向，以完善利益联结机制为核心，以制度、技术和商业模式创新为动力，以新型城镇化为依托，推进农业供给侧结构性改革，着力构建农业与二三产业交叉融合的现代产业体系，形成城乡一体化的农村发展新格局。注重坚持因地制宜，分类指导，探索不同地区、不同产业融合模式；坚持尊重农民意愿，强化利益联结，保障农民获得合理的产业链增值收益。力争到2020年，农村产业融合发展总体水平明显提升，产业链条完整、功能多样、业态丰富、利益联结紧密、产城融合更加协调的新格局基本形成，农业竞争力明显提高，农民收入持续增加，农村活力显著增强，为国民经济持续健康发展和全面建成小康社会提供重要支撑。

二、主要任务及推进措施

（一）发展多类型农村产业融合方式。

1. 着力推进新型城镇化。将农村产业融合发展与新型城镇化建设有机结合，引导农村二三产业向县城、重点乡镇及产业园区等集中。加强规划引导和市场开发，培育农产品加工、商贸物流等专业特色小城镇。强化产业支撑，统筹城镇商圈、批发市场、零售网点建设，引进大型商贸流通企业开拓农村商品零售市场。实施差别化落户政策，努力实现城镇基本公共服务常住人口全覆盖，稳定吸纳农业转移人口。（省发改委、农委、畜牧兽医局、商务厅等负责）

2. 加快农业结构调整。以农牧结合、农林结合、循环发展为导向，调整优化农业种植养殖结构，加快发展绿色农业。建设现代饲草料产业体系，支持青贮玉米和紫花苜蓿等饲草饲料作物种植，力争到2020年青贮玉米种植面积达到350万亩，促进粮食、经济作物、饲草料三元种植结构协调发展。大力发展种养结合循环农业，合理布局规模化养殖场。大力发展高效经济林建设，鼓励林下食用菌和中草药种植，加快发展森林特色养殖业，推进农林复合经营。推广适合精深加工、休闲采摘的作物新品种。加强农业标准体系建设，严格生产全过程管理。（省农委、畜牧兽医局、林业厅、森工总局、大兴安岭林业集团等负责）

3. 延伸农业产业链。发展农业生产性服务业，鼓励开展代耕代种代收、大田托管、统防统治、烘干储藏等市场化和专业化服务。完善农产品产地初加工补助政策，扩大实施区域和品种范围，初加工用电享受农用电政策。加强政策引导，支持农产品深加工发展，促进其向优势产区和关键物流节点集中，加快消化粮棉油库存，率先在现有年加工能力30万吨以上的水稻加工企业和玉米深加工企业落实流动资金低息贷款和纳入国家政策性粮食委托收储库点的扶持政策。支持农村特色加工和产地初加工发展，改造升级贮藏、保鲜、烘干、分类分级、包装和运销等设施装备，实现“错峰”上市。加快农产品冷链物流体系建设，支持优势产区产地批发市场建设，推进市场流通体系与储运加工布局有机衔接。在各市年度建设用地指标中单列一定比例，专门用于新型农业经营主体进行农产品加工、仓储物流、产地批发市场等辅助设施建设。健全农产品产地营销体系，推广农超、农企等形式的产销对接，鼓励在城市社区设立鲜活农产品直销网点。（省农委、畜牧兽医局、发改委、财政厅、工信委、国土资源厅、商务厅、供销社等负责）

4. 拓展农业多种功能。加强统筹规划，推进农业与旅游、教育、文化、健康养老等产业深度融合。在大中城市周边、名胜景区周边、特色景观旅游名镇名村周边、依山傍水逐草自然生态区、少数民族地区和传统特色农区发展休闲农业。积极开展最美休闲乡村田园、休闲农业星级示范、特色景观名镇名村示范创建活动，培育休闲农庄、休闲农园，开发乡村休闲度假产品，发展到村到户休闲项目。鼓励有条件的地区发展智慧乡村游，提高在线营销能力。采取以奖代补、先建后补、财政贴息、产业投资基金等方式，着力改善休闲农业与乡村旅游重点村基础服务设施，休闲农业和乡村旅游项目建设用地，纳入土地利用总体规划和年度计划优先安排。按照“在发掘中保护、在利用中传承”的思路，开展农村文化遗产普查，加强农村传统文化保护，合理开发农业文化遗产，大力推进农耕文化教育进校园，统筹利用现有资源建设农业教育和社会实践基地，引导公众特别是中小学生参与农业科普和农事体验。按照“季节性旅居养老服务”规划布局，重点围绕“环镜泊湖（兴凯湖、松花湖）景观休闲养老区、大小兴安岭森林氧吧养老区、五大连池药泉康疗养老区、北部湿地温泉疗养养老区、三江平原田园特色养老区、哈尔滨赏冰滑雪度假养老区”建设“北方夏季绿色养老基地”，形成候鸟式养老产业联盟。（省农委、畜牧兽医局、旅游发展委、发改委、财政厅、教育厅、文化厅、民政厅、林业厅等负责）

5. 大力发展农业新型业态。加快实施我省《“互联网＋农业”行动计划》和《“互联网＋现代牧业”行动计划》，建设完善 1 000 个“互联网＋农业”高标准示范基地建设，推进现代信息技术应用于农业生产、经营、管理和服务，鼓励对大田种植、畜禽养殖、渔业生产等进行物联网改造。在 13 个市（地）40 个基点县建立省市县乡村五级农业信息监测预警体系，利用大数据、云计算等技术开展监测统计分析预警和信息发布，指导农产品产销。大力发展农产品电子商务，完善配送及综合服务网络，支持引导农业企业、农产品批发市场、农民合作社和农业生产经营主体等在第三方电子商务平台开设旗舰店、专卖店并开展网络直销、网上订货等批发零售业务，实现线上交易与线下交易融合互动。推动“电子商务进农村”综合示范县（市）加快发展，支持商务、农业、供销、邮政以及大型龙头流通企业建设改造农村电子商务综合服务及配送网络，提供线下代购、网上缴费、网络购票、普惠金融等附加服务。推动科技、人文等元素融入农业，发展农田艺术景观、阳台农艺等创意农业。鼓励在大城市郊区发展工厂化、立体化等高科技农业，提高本地鲜活农产品供应保障能力。鼓励发展农业生产租赁业务，积极探索农产品个性化定制服务、会展农业、农业众筹等新型业态。（省农委、畜牧兽医局、发改委、科技厅、工信委、财政厅、商务厅、林业厅、森工总局、大兴安岭林业集团等负责）

6. 引导产业集聚发展。加强农村产业融合发展与城乡规划、土地利用总体规划有效衔接，完善县域产业空间布局和功能定位。通过农村闲置宅基地整理、土地整治等新增的耕地和建设用地，优先用于农村产业融合发展。创建农业产业化示范基地和现代农业示范区，完善配套服务体系，形成农产品集散中心、物流配送中心和展销中心。扶持发展一乡（县）一业、一村一品，加快培育乡村手工艺品和农村土特产品品牌，推进农产品品牌建设。依托国家和省级农业科技园区、农业科研院校和“星创天地”，培育农业科技创新应用企业集群，为返乡大学生、农民工和农民创业者提供科技服务平台。（省发改委、农委、畜牧兽医局、国土资源厅、科技厅、工信委、教育厅、财政厅、商务厅、工商局等负责）

（二）培育多元化农村产业融合主体。

1. 强化农民合作社和家庭农场基础作用。深入开展规范社评比创建活动，出台《家庭农场认定管理办法》，支持农民合作社和家庭农场健康规范发展。鼓励农民合作社发展农产品加工、销售，拓展合作领域和服务内容。鼓励家庭农场开展农产品直销，支持农民合作社与大型连锁超市、城镇社区对接，实现“超市直采、产地直供”。引导大中专毕业生、新型职业农民、务工经商返乡人员领办农民合作社、兴办家庭农场、开展乡村旅游等经营活动。建立健全农民合作社辅导员制度，开展理事长、经营管理人员、财会人员等培训，分级建立农民合作社带头人人才库。支持符合条件的农民合作社、家庭农场优先承担政府涉农项目，落实财政项目资金直接投向农民合作社、形成资产转交合作社成员持有和管护政策。开展农民合作社创新试点，引导发展农民合作社联合社。引导土地流向农民合作社和家庭农场。（省农委、畜牧兽医局牵头负责）

2. 支持龙头企业发挥引领示范作用。鼓励和支持省级农业产业化龙头企业和林业重点龙头企业通过资本运营，引进工商资本，开展跨区域、跨行业、跨所有制的兼并、联合和重组，不断扩大规模。引导其重点发展农产品加工流通、电子商务和农业社会化服务，并通过直接投资、参股经营、签订长期合同等方式，建设标准化和规模化的原料生产基地，带动农户和农民合作社发展适度规模经营。龙头企业要优化要素资源配置，加强产业链建设和供应链管理，提高产品附加值。鼓励龙头企业建设现代物流体系，健全农产品营销网络。充分发挥农垦企业资金、技术、品牌和管理优势，培育具有国际竞争力的大型现代农业企业集团，推进垦地合作共建，示范带动农村产业融合发展。（省农委、畜牧兽医局、农垦总局、林业厅、森工总局、大兴安岭林业集团牵头负责）

3. 发挥供销合作社综合服务优势。推动供销合作社与新型农业经营主体有效对接，培育大型农产品加工、流通企业。兴办专业服务公司，不断拓展服务领域，通过合作、订单、托管等方式，为农民和新型农业经营主体提供农资供应、农机作业、统防统治、收储加工、产品销售等全程社会化服务。健全经营网络，支持流通方式和业态创新，搭建区域性电子商务平台。拓展供销合作社经营领域，由主要从事流通服务向全程农业社会化服务延伸、向全方位城乡社区服务拓展，在农资供应、农产品流通、农村服务等重点领域和环节为农民提供便利实惠、安全优质的服务。以省供销社“惠丰通村网”为平台，按照“网络＋实体”“线上＋线下”的运营方式，构建连接百城、千乡、万村、百万农户的服务网络。做大做强黑龙江金惠丰绿色食品有限公司，多渠道搭建产销对接平台。到2020年，基本建成覆盖到县的仓储、配送中心，形成设施比较完备、功能比较现代的省、市、县供销社物流体系。（省供销社牵头负责）

4. 积极发展行业协会和产业联盟。充分发挥行业协会自律、教育培训和品牌营销作用，开展标准制订、商业模式推介等工作。在质量检测、信用评估等领域，将适合行业协会承担的职能移交行业协会。鼓励龙头企业、农民合作社、涉农院校和科研院所成立产业联盟，支持联盟成员通过共同研发、科技成果产业化、融资拆借、共有品牌、统一营销等方式，实现信息互通、优势互补。（省农委、畜牧兽医局牵头负责）

5. 鼓励社会资本投入。优化农村市场环境，鼓励各类社会资本投向农业农村，发展适合企业化经营的现代种养业，利用农村“四荒”（荒山、荒沟、荒丘、荒滩）资源发展多种经营，开展农业环境治理、农田水利建设和生态修复。国家相关扶持政策对各类社会资本投资项目同等对待。对社会资本投资建设连片面积达到一定规模的高标准农田、生态公益林等，允许在符合土地管理法律法规和土地利用总体规划、依法办理建设用地审批手续、坚持节约集约用地的前提下，利用一定比例的土地开展观光和休闲度假旅游、加工流通等经营活动。能够商业化运营的农村服务业，要向社会资本全面开放。深化水利投融资体制改革，发挥开发性金融作用，利用过桥贷款、专项建设基金、抵押担保贷款建设水利工程。积极引导外商投资农村产业融合发展。（省发改委、财政厅、国土资源

厅、水利厅、农委、畜牧兽医局、商务厅、林业厅、森工总局、旅游发展委、大兴安岭林业集团等负责）

（三）建立多形式利益联结机制。

1. 创新发展订单农业。支持龙头企业建设专业化、标准化、规模化、集约化原料生产基地，引导其在平等互利基础上与农户、家庭农场、农民合作社签订农产品购销合同，合理确定收购价格，提高合同履约率，形成稳定购销关系。支持龙头企业为农户、家庭农场、农民合作社提供贷款担保，资助订单农户参加农业保险。鼓励农产品产销合作，建立技术开发、生产标准和质量追溯体系，设立共同营销基金，打造联合品牌，实现利益共享。（省农委、畜牧兽医局、发改委、商务厅、工商局、黑龙江银监局、黑龙江保监局等负责）

2. 鼓励发展股份合作。加快推进农村集体产权制度改革，将土地承包经营权确权登记颁证到户、集体经营性资产折股量化到户。市、县政府可探索组织制订发布辖区内农用地基准地价，为农户土地入股或流转提供参考依据。以土地、林地为基础的各种形式合作，凡是享受财政投入或政策支持的承包经营者均应成为股东方，并采取“保底收益＋按股分红”等形式，让农户分享加工、销售环节收益。探索形成以农户承包土地经营权入股的股份合作社、股份合作制企业利润分配机制，切实保障土地经营权入股部分的收益。（省农委、畜牧兽医局、发改委、财政厅、国土资源厅、林业厅、森工总局、大兴安岭林业集团等负责）

3. 强化工商企业社会责任。鼓励从事农村产业融合发展的工商企业优先聘用流转出土地的农民，为其提供技能培训、就业岗位和社会保障。引导工商企业发挥自身优势，辐射带动农户扩大生产经营规模、提高管理水平。完善龙头企业认定监测制度，实行动态管理，逐步建立社会责任报告制度。强化龙头企业联农带农激励机制，国家相关扶持政策与利益联结机制相挂钩。（省农委、畜牧兽医局、发改委、财政厅等负责）

4. 健全风险防范机制。稳定土地流转关系，推广实物计租货币结算、租金动态调整等计价方式。规范工商资本租赁农地行为，建立农户承包土地经营权流转分级备案制度。引导各地建立土地流转、订单农业等风险保障金制度，并探索与农业保险、担保相结合，提高风险防范能力。增强新型农业经营主体契约意识，鼓励制定适合农村特点的信用评级方法体系。制定和推行涉农合同示范文本，依法打击涉农合同欺诈违法行为。加强土地流转、订单等合同履约监督，建立健全纠纷调解仲裁体系，保护双方合法权益。（省农委、畜牧兽医局、发改委、财政厅、工商局、人民银行哈尔滨中心支行等负责）

（四）完善多渠道农村产业融合服务。

1. 搭建公共服务平台。以县（市、区）为基础，搭建农村综合性信息化服务平台，提供电子商务、乡村旅游、农业物联网、价格信息、公共营销等服务。优化农村创业孵化平台，利用现有产业园区、政府办公楼、空置厂房、仓储用房等存量房产，建设一批中小型农业电子商务产业园区，吸引电子商务服务企业和相关企业入驻，建立在线技术支持体系，提供设计、创意、技术、市场、融资等定制化解决方案及其他创业服务。依托工业云等信息化服务平台，按照“政府引导、多方参与、市场化运作”的模式，引导鼓励信息化服务提供商、互联网企业等积极参与涉农信息资源的整合利用和开放共享。建设农村产权流转交易市场，引导其健康发展。采取政府购买、资助、奖励等形式，引导科研机构、行业协会、龙头企业等提供公共服务。（省农委、畜牧兽医局、发改委、科技厅、工信委、商务厅等负责）

2. 创新农村金融服务。发展农村普惠金融，优化县域金融机构网点布局，推动农村基础金融服务全覆盖。落实农村金融机构定向费用补贴政策，对符合条件的村镇银行、贷款公司、农村资金互助社三类农村金融机构当年贷款平均余额给予2%比例的定向费用补贴。综合运用奖励、补助、税收优惠等政策，鼓励金融机构与新型农业经营主体建立紧密合作关系，推广产业链金融模式，加大对农村产业融合发展的信贷支持力度。贯彻落实县域金融机构涉农贷款增量奖励政策，对县域金融机构的“农户农林牧渔业贷款”“农户消费和其他生产经营贷款”“农村企业及各类组织农林牧渔业贷款”和“农村企业及各类组织支农贷款”四类涉农贷款平均余额增长幅度超过15%以上，且不良贷款率小于3%或同比下降的，按照贷款平均余额超增部分给予2%比例的涉农贷款增量奖励。在肇东市探索开展粮食生产规模经营主体营销贷款试点，全省15个农村承包土地的经营权抵押贷款试点县和3个农民住房财产权抵押贷款试点县稳妥有序开展试点。坚持社员制、封闭性、民主管理原则，发展新型农村合作金融，稳妥开展农民合作社内部资金互助试点。在已出资25.5亿元设立农业担保资金基础上，再出资10亿元用于吸引国内大型融资担保公司在我省设立新的融资担保机构，增大担保资金规模。创新信贷产品，将龙头企业订单纳入抵押物范围，研发以龙头企业信用为担保的信贷产品。鼓励开展支持农村产业融合发展的融资租赁业务。积极推动涉农企业对接多层次资本市场，支持符合条件的涉农企业通过发行债券、资产证券化等方式融资。创新开展涉农保险保证贷款业务，拓宽农业保险保单质押范围。积极支持符合条件的涉农企业在交易所发行上市或在全国中小企业股份转让系统挂牌。发展壮大我省期货机构，配合期货交易所，上市有利于我省农业产业发展的期货品种，设立期货交割库。（人民银行哈尔滨中心支行、省财政厅、黑龙江银监局、黑龙江证监局、黑龙江保监局、省农委、畜牧兽医局、发改委、地税局等负责）

3. 强化人才和科技支撑。加快发展农村教育特别是职业教育，加大农村实用人才和新型职业农民培养培训力度。建立教育培养与培训、认定管理、政策扶持“三位一体”，生产经营型、专业技能型和专业服务型“三类协同”，初、中、高“三级贯通”的新型职业农民培育制度。加大政策扶持力度，引导各类科技人员、大中专毕业生等到农村创业，实施鼓励农民工等人员返乡创业三年行动计划和现代青年农场主计划，开展百万乡村旅游创客行动。落实创业担保贷款政策，优化贷款审批流程。鼓励科研人员到农村合作社、农业企业任职兼职，完善知识产权入股、参与分红等激励机制。支持农业企业、科研机构等开展产业融合发展的科技创新，积极开发农产品加工贮藏、分级包装、质量溯源等新技术，开展粮食丰产、作物育种、优质饲草选育、智能农机、疫病防控、面源污染防治、秸秆综合利用等重大关键技术研发攻关。（省教育厅、科技厅、农委、畜牧兽医局、人社厅、发改委、旅游发展委等负责）

4. 改善农业农村基础设施条件。实施全省亿亩生态高产标准农田建设规划，继续加强农村土地整治和农田水利基础设施建设，改造提升中低产田。加快完善农村水、电、路、通信等基础设施。加强农村环境整治和生态保护，建设持续健康和环境友好的新农村。将农村物流基础设施纳入城乡建设规划，统筹规划建设农村物流设施，逐步健全以县、乡、村三级物流节点为支撑的农村物流网络体系。统筹规划建设具备农产品流通加工、仓储、运输、配送等综合服务功能的物流园区，做好与重点农业生产基地和优势农产品产区产地市场、田头市场、新型农业经营主体、农资配送中心、邮政和快件处理中心的对接。完善休闲农业和乡村旅游道路、供电、供水、停车场、观景台、游客接待中心等配

套设施。（省发改委、财政厅、国土资源厅、水利厅、交通运输厅、工信委、农委、商务厅、旅游发展委等负责）

5. 支持贫困地区农村产业融合发展。支持贫困地区立足当地资源优势，发展特色种养业、农产品加工业和乡村旅游、电子商务等农村服务业。实施符合当地条件、适应市场需求的农村产业融合项目，推进精准扶贫、精准脱贫，相关扶持资金向贫困地区倾斜。鼓励经济发达地区与贫困地区开展农村产业融合发展合作，支持各类新型农业经济主体参与扶贫开发，支持企事业单位、社会组织和个人投资贫困地区农村产业融合项目。（省发改委、扶贫办、农委、畜牧兽医局、商务厅、旅游发展委等负责）

三、保障措施

（一）加大财税支持力度。扩大农产品加工企业进项税额核定扣除试点行业范围，落实国家农产品初加工所得税优惠目录和小微企业税收扶持政策，积极支持“互联网＋现代农业”等新型业态和商业模式发展。统筹安排财政涉农资金，加大对农村产业融合投入。创新政府涉农资金使用和管理方式，研究通过政府和社会资本合作、设立基金、贷款贴息等方式，带动社会资本投向农村产业融合领域。（省财政厅、发改委、地税局等负责）

（二）开展试点示范。围绕产业融合模式、主体培育、政策创新和投融资机制，开展农村产业融合发展试点示范，积极探索和总结成功的做法，形成可复制、可推广的经验，促进农村产业融合加快发展。（省发改委、财政厅、农委、畜牧兽医局、工信委、商务厅、旅游发展委等负责）

（三）落实地方责任。各级政府要切实加强组织领导，把推进农村产业融合发展摆上重要议事日程，纳入经济社会发展总体规划和年度计划；要创新和完善乡村治理机制，加强分类指导，因地制宜探索融合发展模式；要制定具体实施方案，明确时间节点，引导资金、技术、人才等要素向农村产业融合集聚。（各级政府负责）

（四）强化部门协作。省直各有关部门要根据本意见精神，抓紧制定和完善相关规划、政策措施，密切协作配合，确保各项任务落实到位。省发改委要会同省直有关部门对本意见落实情况进行跟踪分析和评估。各地和省直各有关部门每年要将进展情况报送省牵头部门，牵头部门汇总后报告省政府。（省发改委牵头负责）

黑龙江省人民政府办公厅

2016 年 4 月 6 日

江苏省农业委员会关于加快推进休闲观光农业强省建设的意见

苏农园〔2016〕2 号

各有关市、县（市、区）农委（农业局、农林局），徐州市及所辖县（市、区）委农工办：

近年来，我省休闲观光农业呈现蓬勃发展的良好态势，已成为重要的民生产业和新型消费业态，为农业增效、农民增收和农村生态环境改善发挥了积极作用。为全面贯彻中央和省委省政府关于农业农村工作的决策部署，进一步推进休闲观光农业持续健康发展，促进农村一二三产业融合，推动现代农业建设迈上新台阶，现就加快推进休闲观光农业强省建设提出如下意见：

一、总体要求

（一）指导思想。深入贯彻中央和省委 1 号文件精神，认真践行创新、协调、绿色、开放、共享的发展新理念，紧紧围绕农业调结构、转方式主线，突出农业提质增效、农民就业创业增收和农村环境美化目标任务，以农耕文化为魂、以美丽田园为韵、以生态农业为基、以创新创意为径、以古朴村落为形，坚持区域化集群发展与特色化示范创建两轮驱动，将休闲观光农业与新农村建设和新型城镇化进程协调推进，与现代农业、美丽乡村、生态文明、创意产业相互融合，着力建设产业规模效益领先、示范创建水平领先、发展质量档次领先的休闲观光农业强省。

（二）基本原则。

——以农为本、促进增收。休闲观光农业发展要以农业为基础、农村为载体、农民为主体，突出农业生产功能，强化农业多功能拓展、农村文化挖掘和从业农民培养，增强农民自主发展意识，激发农民创业创新活力，科学构建农民利益分享机制，促进农业持续增效、农民稳定增收。

——因地制宜、彰显特色。休闲观光农业发展要结合资源禀赋、交通区位、人文历史、产业特色，在适宜地区因地制宜、突出特色、科学发展。要注重创新理念，因势利导，突出创意产业开发，推进农村“一村一品”、“一村一景”特色发展。

——多方融合、协调推进。休闲观光农业发展要注重与农耕文化传承、美丽田园创设、休闲功能拓展、传统村落与民居保护、林下经济开发以及森林与湿地旅游、乡村旅游、精准扶贫、新农村建设和新型城镇化建设等有机融合。要发挥政府在宏观指导、规范管理等方面的作用，更好发挥市场配置资源的决定性作用，相互促进、协调发展。

——保护生态、绿色发展。休闲观光农业发展要按照生态文明建设要求，遵循开发与保护并举、生产与生态并重的理念，统筹考虑资源和环境承载能力，加大生态环境保护力度，积极发展生态循环农业、绿色创意农业、乡村人文旅游业等，实现经济、社会、文化、生态的全面可持续发展。

（三）发展目标。到2020年，力争使全省休闲观光农业成为农业供给侧结构调整的重要产业、促进农民持续增收的战略产业和繁荣农业农村经济的支柱产业，实现休闲观光农业强省目标：

一是产业规模与综合效益全国领先。产业布局向规划空间优化集聚，产业发展向类型丰富多样、功能延伸拓展、内涵特色明显等方向集约提升。全省各类休闲观光农业经营主体达10 000个以上，年接待游客人次和营业收入平均增长10%以上，综合收入超过500亿元。从业农民数量稳定增长、收入显著提高。

二是示范创建与品牌培育全国领先。全省认定一批中国重要农业文化遗产保护项目，全国休闲农业与乡村旅游示范县（点）及星级示范企业、中国最美休闲乡村、中国美丽田园、全国十佳农庄等全国品牌创建数量名列前茅。重点培育200个以上“江苏休闲观光农业示范村”，覆盖各市县（区），发展成果全面惠及农业、农村和农民。

三是发展质量与档次全国领先。注重硬件和软件同步提升，公共服务体系健全，基础设施配套完善，发展质量明显提高，服务水平较大提升，从业人员素质能力过硬，管理规范化、服务标准化，形成政府依法监管、各类主体守法经营、城乡居民文明休闲消费的休闲观光农业可持续发展新格局。

二、重点任务

（一）推进产业集聚和融合发展。根据现代农业发展新形势和农业供给侧结构调整新要求，编制全省休闲观光农业“十三五”发展规划，进一步调整优化产业结构，合理布局发展空间。呼应全省都市圈和城市化建设，围绕沿江、沿海、沿运河、湖泊和丘陵资源，推进规模化集群发展，重点打造连片成带、集群成圈、沿线成廊的休闲观光农业大格局。坚持区域化特色发展，积极支持农民利用庭前屋后、现有房产等资源发展农家乐，建设农家乐集聚村，培育休闲观光农业示范村；引导适宜地区发展以拓展农业功能、传承农耕文化、体验农事情趣的休闲农庄和展示农业科技、传播农业文明的休闲农园，探索农业主题公园等新型模式，加强农业与文化、科技、生态、旅游等产业的融合，不断丰富产业内涵和发展类型，推进农村一二三产业融合发展。

（二）实施示范创建和品牌培育工程。深入推进全国休闲农业与乡村旅游示范县（示范点）、星级示范企业等示范创建工作，重点培育一批中国最美休闲乡村、全国十佳休闲农庄、中国美丽田园等精品景点和全国十佳休闲农业与乡村旅游精品线路等示范品牌。开展区域性示范点、特色村、星级户、精品景点线路创建，培育各具特色的地方品牌。从 2016 年起，在涉农县（市、区）每年建成一批江苏休闲观光农业示范村。

（三）强化农耕文化的发掘保护与传承利用。重视农村文化资源的挖掘，强化农业产品、农事景观、乡土文化和休闲农业经营场所的创意设计，按照传承与创新相结合的理念，加强农业文化遗产和古村落、古民居的保护，强化民间技艺的传承利用，促进乡土民俗文化的推广、保护和延续，发展具有文化内涵的休闲乡村。重点开展中国重要农业文化遗产发掘工作，组织开展省内重要农业文化遗产普查工作，做好中国重要农业文化遗产推选。加强对已认定农业文化遗产的动态监督管理，加大挖掘、保护、传承和利用力度，推动遗产地经济社会可持续发展。

（四）推进休闲观光农业项目开发建设。支持休闲观光农业发展，重点扶持已获得认定的休闲农业示范点、星级企业、休闲乡村、农家乐集聚村等经营主体改善基础设施和服务设施，开发创新产品、拓展农业多功能，开展营销宣传推介等，力争使每个获得省级以上认定的示范单位得到资金扶持。积极引导工商资本、民间资本、金融产品等投资休闲观光农业，提升产业内质。积极争取农业部休闲农业基本建设项目，扶持建设一批省级休闲观光农业示范村和休闲观光农业园。

（五）强化休闲观光农业宣传推介和创意营销。组织开展全国休闲农业与乡村旅游宣传推介活动，在春节、清明和五一节、端午节、中秋和国庆黄金周四个时间节点编排四批精品线路，组织 100 家以上休闲观光农业示范企业和精品景点在农业部“去农庄网”集中宣传推介。鼓励各地通过传统媒体和互联网等新兴媒体宣传推介精品线路和精品景点。完善“互联网＋”休闲观光农业平台建设，加强平台模块设置、功能拓展和内容更新，推动一批休闲观光农业精品景点和精品线路入驻平台，开展信息发布、宣传推介和线上线下电子商务等，拓展平台的行业统计、信息交流、理论研讨、政策咨询等功能。组织参加全国和区域性休闲观光农业博览会、展示推介会等活动，支持地方举办各具特色的农事节庆活动，努力营造全省休闲观光农业蓬勃发展的良好氛围。

（六）增强省休闲观光农业协会行业服务能力。加强协会自身能力建设，重点在人才培养和行业服务等方面有所突破。每年举办 1—2 期全省休闲观光农业管理人员和从业人员培训班；组织管理人员、示范单位、相关专家等赴外省市考察学习，开展理论研究，参与规划编制，为出台政策意见提供决策参考；委托协会开展全国休闲农业与乡村旅游星级企业评审工作，参与全国休闲农业与美丽乡村系列活动；鼓励协会探索制定休闲观光农业行业标准，促进管理服务规范化标准化。

三、保障措施

（一）加强组织领导，健全管理体系。各地要从战略和全局的高度深化对发展休闲观光农业重要性的认识，将之作为农业供给侧结构改革和农村融合发展的重要内容，制定区域发展规划，进一步明确管理机构，充实人员队伍，理顺职责关系，健全相应的工作机制，建立高效的管理体系。省里已将休闲观光农业发展列入全省发展现代高效农业考核指标，各地也要积极争取当地党委政府重视和支持，把休闲观光农业发展纳入本地农业发展目标考核内容，提高科学发展能力。

（二）争取政策支持，增强发展动力。要深入贯彻国务院办公厅《关于推进农村一二三产业融合发展的指导意见》和农业部、国家发改委等11部门联合印发的《关于积极开发农业多种功能大力促进休闲农业发展的通知》等文件精神，会同各有关部门研究出台支持休闲观光农业发展的用地政策、财税政策、融资政策和公共服务等政策落地，积极争取将休闲观光农业建设用地指标纳入土地利用总体规划或年度计划合理安排，形成有力的政策支撑体系。

（三）构建推进机制，提升指导水平。建立典型引路机制，在充分调研的基础上及时了解行业动态和基本信息，不断挖掘各地在示范创建和品牌培育中的经验，树立发展典型，发挥示范引领作用。推动建立利益共享发展机制，指导休闲观光农业经营主体联合，促进工商资本与农民利益紧密联结，推动农村一二三产业深度融合，实现多主体共赢获益。建立人才培养机制，结合新型职业农民培育、农村电商培训等教育培训项目，加快培养休闲观光农业管理与服务人才，提升休闲观光农业发展层次。

浙江省人民政府办公厅关于加快转变农业发展方式的若干意见

浙政办发〔2016〕58号

各市、县（市、区）人民政府，省政府直属各单位：

为提升现代农业发展水平，根据《国务院办公厅关于加快转变农业发展方式的意见》（国办发〔2015〕59号）精神，经省政府同意，现就我省加快转变农业发展方式提出以下若干意见：

一、总体要求

全面贯彻创新、协调、绿色、开放、共享的发展理念，以高效生态农业为主攻方向，按照产出高效、产品安全、资源节约、环境友好的要求，大力推进农业供给侧结构性改革和科技创新，着力优化农业产业结构和资源配置，加快构建现代农业产业体系，不断提高农业供给体系质量和效率，切实转变农业经营方式、生产方式、资源利用方式和管理方式，着力打造绿色农业强省，为我省高水平全面建成小康社会夯实基础。

二、树立“大粮食”安全观，切实转变粮食生产方式

围绕全省300亿斤粮食生产能力、1 950万亩粮食播种面积、160亿斤粮食总产量的目标，按照“稳面增产、绿色增效，保护能力、藏粮于地，需求引领、优化结构”的要求，加大政策扶持力度，稳定增加粮食播种面积，大力推广先进适用技术、良种良法和“千斤粮万元钱”的新型农作制度，提高种粮效益。划定和保护永久基本农田，加大农田基础设施建设力度，深入实施千万亩耕地质量提升工程和农业“两区”土壤污染防治三年行动计划，继续推进粮食生产功能区和旱粮生产基地建设，确保300亿斤粮食生产能力。大力发展旱粮产业，加快功能性、特用性粮食产品的开发，根据市场需求和形势，及时完善品种审定办法，优化粮食结构。推进粮食产业化经营，以粮油加工业为重点，打造千亿元粮食产业经济。

三、深化农业“两区”建设，打造农业“一区一镇”

在持续深化农业“两区”建设的基础上，借鉴特色小镇和产业集聚区建设的思路，力争到2020年全省建成30个左右产业集中布局、资源集约利用、产业相互融合的农业产业集聚

区和 100 个左右主导产业强、生态环境美、农耕文化深、农旅融合紧的特色农业强镇。农业产业集聚区突出产业基础，以全产业链发展为主线，以龙头企业和产地市场为核心，通过集聚资源要素，推进适度规模经营和生态循环，加快发展农产品加工和流通业，促进资源集约利用和产业互相融合，提高产业竞争力和可持续发展能力。特色农业强镇以地方特色产业为基础，以农旅融合为主线，通过开发利用生态资源优势，挖掘历史文化内涵，叠加文化、旅游、休闲等功能，促进生产、消费、体验互动，实现“三生”（生产、生活、生态）有机融合和“三农”统筹发展。

四、培育壮大农业经营主体

深化家庭农场、农民合作社示范社建设，开展农民合作社改造提升行动，引导组建农民合作社联合社。加强新型职业农民培育和就业技能提升培训。加大农业招商引资力度，引导工商资本到农村发展适合企业化经营的现代种养业、设施装备业、科技服务业、智慧农业等，带动农民增收。培育成长型涉农企业在中小板和创业板上市，支持符合条件的涉农企业发行中小企业私募债等产品。全面推进农村土地承包经营权确权登记颁证工作，积极推进土地流转，有序发展土地集中型、专业合作型、统一服务型等多种形式的农业适度规模经营，加强农业社会化服务。鼓励有条件的地方加大力度，支持流转土地时间较长的农户参加社会保险和转移就业。积极支持村集体经济组织领办土地股份合作社，引导农户以土地承包经营权入股组建土地股份合作社或合作农场。支持承包农户将土地经营权入股发展农业产业化经营，倡导推行租金保底和利润分红相结合的收益分配机制。支持有条件的村集体经济组织承接农业基础设施建设项目，承担农田改造和管护等工作，并向土地流入方协商收取适当的基础设施使用费和土地流转管理服务费。

五、加快推进农业供给侧结构性改革

树立“大农业”“大食物”观念，以市场需求为导向，深化农业结构调整，积极开发功能性、特用性农产品，拓展农产品市场和应用领域，满足居民多样化需求。加大特色农产品、优质农产品、高附加值农产品的开发力度，做大做强特色精品农业。全面推进国家农产品质量安全示范省建设，深化农产品质量追溯体系建设，加快农业生产经营诚信机制建设，打造“浙江农业追溯”监管品牌，建立健全农产品优质优价导向机制，切实提高农产品质量水平。

六、扎实推进农业全产业链建设

大力推进农业规模化、产业化经营，促进农业上下游产业、前后环节相连接，支持规模经营主体整合和延伸产业链，重点支持建设一批产加销各环节融合度高、综合竞争力强、带动作用明显的示范性农业全产业链，推动种子种苗、生产、加工、运输、销售等环节紧密对接、融合发展。引导农产品加工业集聚集群集约发展，鼓励农产品加工企业引进新设备、采用新工艺和新技术，提高精深加工水平，重点扶持一批起点高、规模大、带动力强的农产品精深加工企业。加强农产品产销对接，支持大型零售企业、批发市场参与农产品生产基地建设，开展农商（超）对接，支持开设生鲜（农产品）超市商店，在农产品批发市场开设生鲜农产品直销区。加强农产品产地市场建设，重点支持建设一批具有一定规模、设施配套、功能齐全、辐射带动力强的产地批发市场。各地要落实新型农业经营主体必要的农产品加工、仓储物流、产地批发市场等辅助设施建设用地。

七、因地制宜推进农旅融合发展

依托农村绿水青山、田园风光、乡土文化等资源，大力发展休闲度假、旅游观光、

创意农业、农耕体验、乡村手工艺等。加强规划引导，建设一批具有生产、观赏、体验、游乐等功能配套的休闲观光农业园区、生态农庄、风情旅游小镇、慢生活休闲基地、乡村精品民宿。研究制定促进休闲农业与乡村旅游发展的用地、财政、金融等支持政策，加大配套公共设施建设支持力度。加强从业人员培训，强化体验活动创意、农事景观设计、乡土文化开发，提升服务能力。

八、加强农业文化遗产发掘和保护

开展农业文化遗产调查，按照在发掘中保护、在利用中传承的原则，加大保护、传承和宣传利用力度。积极发掘农业文化遗产的历史价值、文化和社会功能，在有效保护的基础上，将农业文化宣传展示与休闲农业发展有机结合，提高休闲农业的文化软实力和持续竞争力。积极挖掘地方传统特色小吃等，通过产业化开发，提升地方传统特色产业，促进农民增收。各地、各有关单位要为农业文化遗产保护提供资金、人才等支持，探索开拓传承的途径、方法，逐步形成重要农业文化遗产保护机制，有效带动遗产地农民就业增收，实现文化、生态、社会和经济效益的统一。

九、深入推进现代生态循环农业建设

按照打造整洁田园、建设美丽农业的要求，合理布局农业设施和农作物，及时清除农田上的废弃物，加强农田绿化、美化建设，努力将农田打造成为美丽的风景线。根据资源禀赋、环境承载和产业特点，优化调整种养业空间布局，大力推广粮经（水旱）轮作、稻鸭共生、稻鱼共生等新型种养模式，科学发展林下经济等复合经营模式，不断提高现代生态循环农业发展水平。加快实施畜牧业区域布局调整优化方案，优化畜禽养殖种类、规模和总量，大力推进美丽牧场建设，积极发展优质猪、湖羊、蜜蜂和野生动物驯养等特色养殖业。逐步压减海洋捕捞强度，优化海洋捕捞作业方式，积极推动海洋捕捞渔民转产转业。大力推进清洁化生产，通过农牧结合、测土配方施肥、新型肥料应用以及病虫害绿色防控、统防统治等措施，减少化肥、农药等化学投入品使用量。加强耕地重金属、持久性有机物污染监测和防治，严格控制污泥、工业污染物等外来污染源对耕地的污染。深入推进畜禽排泄物、农作物秸秆等资源化利用，及时回收和科学处置农业投入品包装物，保护农业生态环境。

十、积极推进农业科技创新创业

立足应用导向、问题导向、需求导向，适应农业全产业链发展趋势和供给侧结构性改革的要求，以产业链部署创新链，以创新链落实资金链，进一步完善农业科研项目立项机制、成果评价机制、激励分配机制、科技资源向企业和基层流动机制以及科研项目管理制度，优化科技资源配置，着力研发促进农业现代化的关键技术、共性技术。深入实施现代种业工程，加快种业机制创新，健全育种资源向企业流动机制，支持育繁推一体化种业企业做大做强，支持基础好的种业企业开展商业化育种。加强农业科技自主创新，依托产业技术项目，进一步推进粮油和主导产业技术创新与推广服务团队建设，有效实现协同攻关、技术集成和产学研结合。大力推进农机农艺融合，强调农业机械的适用性、共用性，推进农业全程机械化、智能化和高效设施农业发展，加快农业“机器换人”步伐。集成创新应用先进适用技术和种养模式，加快研发推广农产品精深加工、农业清洁生产、农业废弃物综合处理利用等技术。引导涉农高校、科研机构和科技特派员与县乡农技推广组织、农业龙头企业、农民合作社等组建农科教产学研一体化的农业技术推广联盟，大力支持民营农业科研组织发展。鼓励高校毕业生从事现代农业，加强农业乡土人才培养，着力打造一批科技型农业

经营主体和农产品基地。

十一、大力推进农业品牌化建设

依托具有地域特色、历史渊源、文化内涵的农产品培育区域公共品牌，按照一个公共品牌、一套管理制度、一套标准体系、多个经营主体和产品的思路，设立品牌运营机构，加强区域品牌建设、运营和保护。严格准入管理，制定品牌使用细则，维护品牌形象。加强政策引导，大力推进农产品品牌整合和塑造，统一包装标识、推广营销，扩大品牌知名度和影响力。“十三五”期间，全省着力培育一批农产品区域公用品牌，打造一批粮食、油料、水果、蔬菜、食用菌、茶叶、中药材、畜产品、水产品等产业的知名品牌。

十二、积极发展“互联网＋现代农业”

加快农业信息基础设施建设和信息技术推广运用，抓好农业物联网平台建设，打造一批智慧农业园区示范样板，实现生产过程监测和智能控制。推广成熟可复制的农业物联网应用模式，发展精准化生产。鼓励互联网企业建立农业服务平台，支撑专业大户、家庭农场、农民合作社、农业龙头企业等新型农业生产经营主体加强产销衔接。深入推进信息进村入户试点，鼓励通过互联网为农民提供政策、市场、科技、保险等生产生活信息服务。构建网上庄稼医院、网上农技服务平台和益农信息服务体系，打造信息进村入户综合服务平台，实现线上线下双向联动。加快农村电子商务发展，培育多元化农村电子商务市场主体。鼓励电商、物流、商贸、金融、供销、邮政、快递等各类社会资源加强合作，完善城乡电子商务服务网络体系。推动运用大数据引导农业生产，提高农产品生产的精准性、适销性。

十三、加强农村金融服务支撑

积极推动农村金融产品创新，进一步满足家庭农场、专业大户、农民合作社、乡村旅游经营户和农业龙头企业等新型农业经营主体的金融需求。创新金融服务，把新型农业经营主体纳入银行业金融机构客户信用评定范围，对信用等级较高的在同等条件下实行贷款优先、利率优惠等激励措施，对符合条件的进行综合授信。稳妥开展农村承包土地经营权、农民住房财产权抵押贷款试点、大型农机具融资租赁试点，拓宽抵押物范围。稳妥推进农村互助资金组织发展，探索建立适应现代农业发展的农业信贷担保机构准入机制。探索水产养殖互保保单质押小额贷款，有效解决水产养殖主体的短期融资问题。进一步简化金融服务手续，推行通俗易懂的合同文本，优化审批流程，规范服务收费，严禁在提供金融服务时附加不合理条件和额外费用，切实维护农民利益。深入实施农村易（e）支付工程，大力推进电子支付业务在农村的应用，深化村级电子商务服务点与银行卡助农服务点合作共建，支持农村电子商务发展，使更多农民享受更便利的基础金融服务。

十四、优化财政支农政策体系

加大财政支农力度，推进普惠制补贴与精准补贴相结合，加快推进种粮补贴和渔业油价补助政策调整，强化政策支持的精准性和有效性。进一步优化支农政策结构和支持方向，重点支持农业生产方式、经营方式和治理方式转变，建立完善与现代农业发展相适应的财政支农政策体系。发挥财政资金引导作用，积极推动产业基金、担保、贴息、以奖代补、风险补偿等支持方式，带动金融和社会资金更多地投入农业发展领域。加大农业政策性保险力度，努力扩大覆盖面。鼓励开展农产品目标价格保险、气象指数保险、产值保险和农业互助保险等试点，提高农业应对自然灾害和市场风险的能力。

十五、进一步强化组织领导

各地、各有关部门要切实加强组织领导、统筹协调和政策引导，用新理念、新方法、新举措推进农业发展方式转变。农业部门要牵头抓好转变农业发展方式有关工作，密切关注工作进展，及时总结和推广经验。发展改革、财政部门要强化对重大政策、重大工程和重大项目的支持，发挥财政投入对结构性改革的引导作用，撬动更多社会资本投入农业。其他相关部门要积极履行职责，加强协作，抓紧出台相关配套政策措施，合力推进农业发展方式转变。

浙江省人民政府办公厅

2016 年 6 月 6 日

浙江省人民政府办公厅关于全面推进农家乐规范提升发展的意见

浙政办发〔2016〕131 号

各市、县（市、区）人民政府，省政府直属各单位：

为进一步促进农民就业创业增收，满足城乡居民消费需求，推进美丽乡村建设，经省政府同意，现就全面推进我省农家乐规范提升发展提出如下意见：

一、总体要求

（一）指导思想。以“绿水青山就是金山银山”科学论断为指导，按照“两富”“两美”现代化浙江建设的总体部署要求，围绕农民就业创业增收致富、满足城乡居民消费需求的目标，坚持依法依规、生态优先、市场导向、农民主体、农旅结合，加大政策支持和引导力度，综合开发利用乡村田园山水、村落民居、人文历史等资源，紧密结合美丽乡村和整洁田园、美丽农业等建设，完善区域布局和产业平台，丰富休闲业态和休闲产品，创新发展机制，规范经营管理，完善设施配套，优化服务指导，推动农家乐由数量型向质量型发展，全面规范提升发展水平。

（二）主要目标。到 2020 年，全省农家乐的基础设施、服务设施、生态环境、卫生状况、服务质量显著改善，接待能力、平台建设、服务水平、就业人数、经营业绩大幅度提升，对现代农业和服务业拉动、地方文化传承、城乡文明交融、农民就业创业增收等的作用进一步显现。

（三）基本原则。

——坚持生态优先、合理开发。充分考虑生态条件和环境承载能力，科学开发利用自然环境、农业产业、村居田园、传统民俗、人文历史等资源，合理布局，适度开发，持续经营。

——坚持农民主体、突出特色。以农民为主体，共同发展具有区域特色的餐饮住宿、娱乐休闲、运动健身、认知教育、养生养老及农产品加工、手工艺品生产、创意产品开发等产业，丰富业态和产品，打造农家乐特色品牌。支持村集体充分利用村内资源，引领或参与农家乐发展，促进村集体、农民共同增收。

——坚持产业联动、集聚发展。将吃、住、行、游、购、娱等传统旅游要素以及科普、养生等新型旅游要素，与农业、农村、农民、农居等有机结合，形成产业链，促进农家乐联动发展，提高农村经济整体效益。依托美丽乡村精品线路，发展配套休闲业态，加快串点、连线、扩片步伐，进一步发挥集聚效应。

——坚持规范管理、合法经营。督促经营主体严格遵守相关法律法规，落实用地、公共卫生、食品安全、消防治安、环境保护、防灾减灾等有关规定和责任，建立契合农家乐发展实际的监管办法和工作机制，完善相关行业标准和运营规则，引导经营主体依法经营、诚信经营。

二、政策措施

（一）加强规划引领。依据当地生态环境状况以及生态环境功能区划要求，紧密结合美丽乡村建设，完善农家乐发展规划，完善基础设施，美化区域环境，打造景观景致，丰富业态类型，促进配套产业发展。按照留得下、住得牢、可参与的要求，以农家乐集聚村、特色乡镇、精品示范区、重点县为平台，发展多种经营业态，扩大经营服务范围和内容，丰富参与体验活动，形成不同经营业态、不同经营主体共享客源的格局。

（二）完善标准体系。加快研究制定农家乐建设和评价标准体系。按照分类管理的要求，修订《农家乐经营户（点）旅游服务质量星级划分与评定》省级地方标准，涵盖农家餐厅、农家民宿、休闲观光农（林、渔）业基地、休闲农（林、渔）庄（场）、乡村乐园等不同经营业态。根据农家乐不同业态和发展实际，建立健全公共场所卫生、餐饮和食品安全、生态环境保护等监管规范，实施农家乐服务标准化建设，并将其纳入省级农家乐集聚村等评定内容。

（三）合理利用农村、海岛特色资源。在依法保护自然生态和文化资源的基础上，深入挖掘、利用山河湖海等自然资源和农耕文化、人文历史等，丰富农家乐文化内涵。按照宜游则游、宜居则居、宜业则业的原则，加强古村落、古道保护和利用。加强非物质文化遗产等民俗文化资源的开发利用。结合农业“两区”和整洁田园、美丽农业建设，积极构建生态景观、农事景观和田园风光，培育多元化发展的休闲农业示范区。充分利用森林、海岛资源，大力发展森林休闲养生业、休闲渔业及特色山居、森林人家、渔家（林家）客栈（民宿）。

（四）完善经营体系。改善农家乐经营主体结构，进一步发挥农民主体作用，支持大学毕业生返乡直接经营农家乐或为农民经营农家乐提供相关服务；支持村集体、农民专业合作社兴办农家乐及相关服务项目。鼓励相关企业参与农家乐客源组织、产品开发、交通运输、保险保障等服务，建立健全营销服务体系。

（五）建立健全用地保障机制。各县（市、区）政府要结合土地利用总体规划调整完善和村庄土地利用规划编制，合理利用存量土地安排符合农家乐自身特点及其配套设施建设的用地空间，有效统筹存量建设用地、增减挂钩节余指标、新增建设用地计划指标等用于农家乐发展。根据农家乐特点，积极探索“坡地村镇”建设试点项目“点状供地”等新模式。各地应统筹安排年度新增建设用地指标，优先保障农家乐集聚村、特色乡镇、精品示范区公共服务项目以及优秀省级农家乐精品示范区的建设用地；鼓励将符合“两规”（土地利用总体规划、城乡规划）、权源合法、权属清晰的农村闲置办公用房、闲置生产经营用房等国有或集体资产流转发展农家乐。积极鼓励农户利用依法批准、合法取得的住宅和存量房屋发展农家乐，支持村集体使用村集体闲置房产和通过合法方式取得的农民闲置房屋发展农家乐。严防占用耕地、乱搭乱建发展农家乐。积极解决依托农业产业基地发展休闲观光农业的设施用地问题。

（六）支持农家客栈（民宿）科学发展。各地要根据自然条件、村庄状况和游客需求，统筹规划，区别对待，分类管理，积极支持发展农家客栈（民宿）。农家客栈（民宿）的范围、条件及消防安全等基本要求按有关规定执行。对利用农村其他房屋、以其他方式经营的农家乐，由公安消防、食品药品监管、质监、安监、工商、卫生计生等相关部门依据相关规定，按照简化程序、便民利民、确保安全的要求实施行政许可和监管。环保部门应积极做好农家客栈（民宿）项目环评审批、排污许可证申领、配套污染治理设施建设等指导服务工作，对环境敏感区外不涉及土建的单纯住宿农家客栈（民宿），不再办理环评审批手续和排污许可证手续。

（七）提升配套设施。对省级农家乐集聚村、示范区的交通道路建设项目要优先立项、优先安排资金；结合通村公交建设，逐步开行直通重点区域的农家乐专线车，完善与主要城镇的游客集散系统；统筹安排好农家乐集聚村、特色乡镇、精品示范区路标路牌设置，修建好绿道、古道等休闲养生体验设施。优先支持和指导农家乐集聚村完善垃圾、污水、油烟等环保基础设施，健全配套服务体系。对农家乐集聚区域，优先建设医疗卫生服务中心（农家乐卫生室），探索建立县级医院挂钩协助机制和医疗救治、转诊绿色通道，帮助建立养生养老农家乐和其他农家乐常住游客的健康档案。指导完善农家乐卫生消毒设施、建立卫生管理制度。指导农家乐完善无线网络等通讯设施。

（八）落实税收政策。各级税务部门要积极支持农家乐发展，切实落实月营业额不超过 3 万元的免征增值税政策；对年应纳税所得额不超过 30 万元且符合条件的小型微利企业，其所得减按 50%计入应纳税所得额，按 20%的税率缴纳企业所得税。

（九）优化金融服务。农村金融机构要加大支持力度，优化服务，满足不同层次农家乐发展资金需求。鼓励组建专门服务团队对接农家乐集聚村、特色乡镇、精品示范区，积极开发农家乐专项信贷产品，按不同星级合理确定贷款利率；依托大数据和互联网，探索开发无抵押、便捷型信用贷款产品。金融机构要加快普及星级农家乐经营户（点）销售终端（POS 机）等设备，提供便捷的结算服务，并降低收费费率。

（十）加大财政扶持力度。各级政府要继续加大对农家乐的扶持，制定相对统一、公正透明、科学合理的农家乐扶持政策。省级农家乐扶持资金向 26 个加快发展县倾斜。

（十一）发挥农家乐行业协会作用。各地、各有关部门要积极支持农家乐行业协会建设，发挥其自我约束、自我管理、自我服务功能，强化宣传促销、市场营销、参与制订农家乐相关标准体系和信用评估制度等作用。按照政府简政放权的要求，进一步发挥农家乐协会管理和组织功能，承担政府扶持项目和政府采购定点单位推荐、服务质量等级初评、行业发展相关调查、营销平台建设等工作。

（十二）加强营销推广。积极开展促进供需对接、扩大农家乐客源市场的营销推广活动。发挥旅行社在农家乐营销推广中的传统主渠道作用，引导社会力量介入农家乐互联网营销渠道建设，倡导旅行社与互联网营销业务融合。支持农家乐经营户（点）加大互联网、移动终端（APP）等的网络营销力度。鼓励高校、中小学、幼儿园、街道社区等到农村建立教育科普基地、实习实训基地、市民休闲农园，组织学生、市民参与农家乐体验活动。加强农家乐基础信息数据、媒体宣传、电商营销和展销推广等公共平台建设，建立省级统一的农家乐基础信息数据平台和客房管理系统。加强农家乐商户与营销商、游客、电商的对接，建立各方共享的信用评价、支付结算、纠纷调处平台和机制。

三、组织保障

（一）加强组织领导。各地要将规范提升发展农家乐，作为促进农民持续增收、美丽乡村提档升级、发展旅游经济的一项重要内容，切实加强组织领导和政策支持。各级农业和农村工作部门牵头做好农家乐发展工作，承担规划编制、任务分解、政策协调、督促指导、队伍培训等工作；有关部门要认真履行职责，强化服务意识，积极支持农家乐提升发展。完善市县领导和部门联系帮扶农家乐集聚村、特色乡镇、精品示范区等重点项目制度，及时协调解决农家乐提升发展中遇到的困难和问题。

（二）加强人员培训。结合“农村劳动力素质提升”“农村两创人才培养”等工程实施，加大对农家乐业主和从业人员的培训力度。依托浙江农民大学、市级农民学院、县级农民学校，加强专业培训教材编写和师资力量建设，在做好食品安全、逃生急救、防汛防台防火、经营管理等和分岗专业技能培训的同时，开展讲解导览、电子商务、运动休闲、教育科普、养生养老、创意产品开发等知识培训，拓展出境培训和中长期实训，将农家乐经营业主培养成为有理念、有知识、有品位、会经营、懂管理的新型农村创业人才，把从业人员培养成为熟练掌握岗位服务技能的行家里手。

（三）加强宣传引导。有关部门要认真做好宣传引导工作，组织主流媒体开展农家乐专题宣传报道活动。要通过组建省市县三级农家乐指导团等形式，整合高校、专业研究机构、规划设计机构、社会组织等社会各界力量，建立一支专业的策划和指导队伍，定点联系和指导农家乐集聚村、特色乡镇、精品示范区等农家乐重点项目，全面提升我省农家乐发展水平。

本意见自2016年12月1日起施行。

浙江省人民政府办公厅
2016年10月12日

浙江省人民政府办公厅关于确定民宿范围和条件的指导意见

浙政办发〔2016〕150号

各市、县（市、区）人民政府，省政府直属各单位：

为促进我省民宿业健康可持续发展，根据《浙江省旅游条例》和《浙江省消防条例》有关规定，经省政府同意，现就确定民宿的范围和条件提出如下指导意见。

一、民宿的范围

本指导意见所指的民宿（含提供住宿的农家乐，下同），是利用城乡居民自有住宅、集体用房或其他配套用房，结合当地人文、自然景观、生态、环境资源及农林牧渔业生产活动，为旅游者休闲度假、体验当地风俗文化提供住宿、餐饮等服务的处所。

民宿的经营规模，单栋房屋客房数不超过15间，建筑层数不超过4层，且总建筑面积不超过800平方米。

各地可结合当地实际，适当放宽民宿规模界定标准，但应相应提高消防安全技术要求，并报省政府备案。

二、民宿的条件

具备下列条件的民宿，公安、卫生计生、市场监督管理、食品药品监督管理等有关部门应当发放相关的经营许可证照或准予申报登记。

（一）民宿的建筑设施。

1. 建筑物系合法建筑，符合有关房屋质量安全要求。

2. 新建、改建的建筑物应当符合城乡规划的相关规定和有关工程建设强制性标准，依法设计、施工；改建的建筑物，不得破坏建筑主体和承重结构，必要时还应采取加固措施并进行安全鉴定，确保建筑使用安全。

3. 自然保护区、饮用水水源一级保护区、重要的自然与文化遗产、风景名胜区的核心景区等高敏感区域，禁止新建、扩建民宿项目。

（二）民宿的消防安全。

1. 建筑主体应为钢筋混凝土或砖混结构，楼板或楼梯为木结构的，建筑层数不得超过2层且每层最大建筑面积不得大于200平方米。

2. 疏散楼梯可采用敞开楼梯间或室外疏散楼梯，采用敞开楼梯间的，客房门应安装闭门器。疏散楼梯净宽不应小于 1.1 米；确有困难的，不得小于 0.9 米。

3. 疏散通道和安全出口应保持畅通，3 层以上楼层应每层配置逃生绳、逃生梯等逃生设施，并对其采取保护措施。

4. 每间客房应设有开向户外的窗户，窗户不得设置金属栅栏，确需设置的，应能从内部易于开启，并可供人员逃生。

5. 客房、厨房、内走道应安装独立式或联网型火灾探测报警器，楼梯间、疏散走道应设置消防应急照明和疏散指示标志，客房应配备逃生用口罩和手电筒等器材。

6. 每层配备不少于 2 具 3 公斤以上 ABC 型干粉灭火器，并放置在公共部位。

7. 开关、插座和照明灯具靠近可燃物的，应采取隔热、散热等保护措施；明敷的电气线路应采用阻燃硬质聚氯乙烯（PVC）管或金属管保护。

8. 除厨房外，其他部位不得使用明火、存放瓶装液化石油气；厨房与其他部位应当采取分隔措施，并设置自然排风窗；燃油、燃气锅炉房不得设置在主体建筑内。

9. 除棋牌室、音乐茶座外，建筑内不得设置营业性娱乐场所。

10. 民宿可设置 1 部疏散楼梯；楼梯间不能直通屋顶平台并通向相邻建筑进行疏散，且规模达到下列条件的，应设置 2 部疏散楼梯：

（1）建筑层数为 3 层，且任一楼层建筑面积大于 200 平方米；

（2）建筑层数为 4 层，且任一楼层建筑面积大于 125 平方米。

（三）民宿的经营管理。

1. 客房及卫生间应具良好通风、有直接采光或有充足光线，卫生间应干湿分离，并供应冷、热水及清洁用品。

2. 经常维护场所环境清洁及卫生，避免蚊、蝇、蟑螂、老鼠及其他妨害卫生的病媒及孳生源。

3. 根据经营规模和项目设置清洗、消毒、保洁、盥洗等设施设备和公共卫生间，用于食品经营的工具、用具、容器设施等符合食品安全规定。

4. 提供给旅客使用的生活饮用水应当符合国家生活饮用水卫生标准要求。

5. 食品工作和公共场所从业人员应持有健康证明，并经卫生知识培训合格。

6. 具有较强的环境保护意识，积极推行生活和餐饮垃圾分类处理。

7. 民宿所在地应综合考虑环境容量，加强污水处理等设施建设，确保达标排放。

8. 安装旅馆业住宿登记信息系统或使用手机客户端（APP）旅客住宿登记系统，落实旅客住宿登记制度。

9. 配备必要的防盗设施，客房的门、窗须符合防盗要求，并设置符合防盗要求的物品保管柜（箱）。

10. 建立安全管理制度，配备专职或兼职治安保卫人员和消防安全管理人员。

对不符合本指导意见规定范围和条件的住宿设施，公安、卫生计生、市场监督管理、食品药品监督管理等有关部门依照《中华人民共和国消防法》《中华人民共和国食品安全法》《旅馆业治安管理办法》《无照经营查处取缔办法》等法律、法规、规章执行。

本指导意见自 2016 年 12 月日起施行。

浙江省人民政府办公厅

2016 年 12 月 5 日

安徽省人民政府办公厅关于推进农村一二三产业融合发展的实施意见

皖政办〔2016〕14 号

各市、县人民政府，省政府各部门、各直属机构：

为贯彻落实《国务院办公厅关于推进农村一二三产业融合发展的指导意见》（国办发

〔2015〕93 号），加快推进我省农村一二三产业（以下简称农村产业）融合发展，经省政府同意，提出如下实施意见：

一、总体要求

（一）指导思想。全面贯彻落实党的十八大和十八届三中、四中、五中全会精神，坚持“四个全面”战略布局，牢固树立创新、协调、绿色、开放、共享的发展理念，主动适应经济发展新常态，用工业理念发展农业，以培育农村产业融合主体为重点，以创新农村产业融合方式为着力点，以完善农村产业融合利益联结机制为核心，以建立农村产业融合服务体系为支撑，推进农业供给侧结构性改革，着力构建农业与二三产业融合发展的现代产业体系，形成城乡一体化的农村发展新格局，促进农业增效、农民增收和农村繁荣，为全省经济持续健康发展和全面建成小康社会提供重要支撑。

（二）基本原则。一是坚持市场导向。充分发挥市场配置资源的决定性作用，积极发挥政府引导作用，营造良好市场环境。二是坚持统筹推进。农业现代化要与新型城镇化相衔接，与新农村建设相协调，促进农村产业集聚发展。三是坚持分类指导。要因地制宜，探索不同地区、不同产业的融合模式和利益联结机制。四是坚持农民自愿。在尊重农民意愿的前提下，强化利益联结，保障农民获得合理的产业链增值收益。五是坚持改革创新。打破要素瓶颈制约和体制机制障碍，激发融合发展活力。六是坚持基本制度。坚持和完善农村基本经营制度，严守耕地保护红线，提高农业综合生产能力。

（三）主要目标。到 2020 年，农村产业融合发展总体水平明显提升，产业链条完整、功能多样、业态丰富、利益联结紧密、产城融合更加协调的新格局基本形成，农业竞争力明显提升，农民收入持续增加，农村活力显著增强。力争全省实现规模以上农产品加工产值 1.25 万亿元，主营业务收入超过 20 亿元的农产品加工企业达到 50 家以上；家庭农场达到 10 万家，农民合作社达到 8 万个，现代农业产业化联合体发展到 3 000 个。

二、培育农村产业融合主体

（四）发挥农业产业化龙头企业的引领示范作用。培育壮大农业产业化龙头企业，大力发展农产品精深加工和现代流通，积极打造龙头企业“甲级队”。大力培育以龙头企业为核心，生产、加工和服务一体化的现代农业产业化联合体。着力提升龙头企业科技水平，支持自主设立研发机构或与高校、科研院所深度合作开展农业研发，建立科技示范基地进行科技成果转化。鼓励龙头企业建设现代物流体系，加强产业链建设和供应链管理，健全农产品营销网络。充分发挥我省农垦企业资金、技术、品牌和管理优势，培育具有较强竞争力的大型现代农业企业集团，示范带动农村产业融合发展。（省农委、省林业厅、省科技厅、省商务厅、省发展改革委、省财政厅、省食品药品监管局、省供销社、省工商局、省农垦事业管理局等负责）

（五）强化农村家庭经营的基础作用。继续重视和扶持普通农户发展农业生产，加快培育新型职业农民，到 2020 年，全省培育新型职业农民 20 万人。大力发展规模适度的农户家庭农场，积极发展种养结合的生态家庭农场和示范家庭林场。鼓励和吸引具备条件的农户、大中专院校毕业生、返乡青年农民工、个体工商户和市场经纪人等兴办家庭农场。开展示范家庭农场创建活动，分级建立示范家庭农场名录，健全管理服务制度。加强家庭农场经营者培训，建立“青年农场主”培训和孵化基地，提高农场主知识技能水平和经营管理能力。稳妥推进土地流转向家庭农场倾斜，以县为单位，整合涉农资金优先流向家庭农场和专业大户，建设连片高标准农田。（省农委、省林业厅负责）

（六）促进农民合作社持续健康发展。拓宽合作领域，鼓励农民合作社从产品合作走向产业合作，从单一要素合作走向全要素合作，从生产终端合作走向全产业链合作。深入推进示范农民合作社建设，积极发展农林产品加工流通和直供直销，开展技术指导、技能培训、生产资料采购和经营、产品销售等统一服务。指导农民合作社创建品牌，发展无公害农产品、绿色食品、有机农产品生产，申请地理标志认定，提高农产品质量安全水平。支持符合条件的农民合作社优先承担政府涉农项目，落实财政项目资金直接投向农民合作社、形成资产转交合作社成员持有和管护的政策。开展农民合作社创新试点，引导发展农民合作社联合社。（省农委、省林业厅负责）

（七）培育多元社会化服务组织。稳定基层农业公共服务机构，健全农技推广、动植物疫病防控、农产品质量安全监管“三位一体”的公益性服务体系，建设“一站式”乡镇农业公共服务中心及村级服务站点。大力培育合作服务组织、服务型农业企业和社会服务组织等经营性服务机构，重点发展全要素、全过程、全产业链的现代农业集团化服务企业。推进农业社会化服务示范创建活动，开展政府购买农业公益性服务试点，鼓励向经营性服务机构购买易监管、可量化的公益性服务。充分发挥行业协会自律、教育培训和品牌营销作用，开展标准制定、商业模式推介等工作。鼓励新型经营主体、涉农院校和科研院所成立产业联盟，通过共同研发、科技成果产业化、融资拆借、共有品牌、统一营销等方式实现信息互通、优势互补。（省农委负责）

（八）发挥供销合作社和农垦系统的优势和作用。按照自我改造、服务农民的要求，推动供销合作社综合改革试点。拓展供销合作社经营领域，由主要从事流通服务向全程农业社会化服务延伸、向全方位城乡社区服务拓展，在农资供应、农产品流通、农村服务等重点领域和环节为农民提供便利实惠、安全优质的服务。健全供销合作社经营网络，支持流通方式和业态创新，搭建全国性和区域性电子商务平台。扩大基层供销社股份合作试点，针对农业生产重要环节，与农民签订服务协议，开展合作式、订单式服务。积极推进农垦改革，支持农垦建设现代农业示范基地，依托农垦搭建省级农业投资平台，促进垦地合作发展。（省供销社、省农垦事业管理局负责）

三、创新农村产业融合方式

（九）依托新型城镇化推进农村产业融合。完善与新型城镇化发展相适应的农村土地管理制度，充分利用现有各类产业园区，加强现代生态农业产业化示范区和产业集群专业镇建设，推进美丽乡村建设，将农村产业融合发展与新型城镇化建设有机结合，引导农村二三产业向县城、重点乡镇及产业园区集中。统筹新型城镇化和产业融合发展，加强规划引导和市场开发，加大基础设施投入，培育农产品精深加工、商贸物流、休闲旅游等专业特色小城镇。加强公共服务设施建设，强化产业支撑，实施差别化落户政策，鼓励和支持农村人口到城镇安家落户和发展产业，努力实现城镇基本公共服务常住人口全覆盖，稳定吸纳农业转移人口。（省农委、省发展改革委、省住房城乡建设厅、省公安厅、省商务厅等负责）

（十）加快推进农业全产业链发展。调整优化农业结构，实施绿色增效示范工程，构建粮饲兼顾、农牧结合、稻鱼共生、循环发展的新型种养结构，推动绿色农业发展。加大粮改饲扶持力度，引导发展青贮玉米、苜蓿等优质饲草料，促进粮食、经济作物、饲草料三元种植结构协调发展。实施种养结合循环农业示范工程，大力推进生猪、奶牛、肉牛和肉羊生产。积极发展林下经济，推进农林复合经营。鼓励开展代耕代种代收、大田托管、统防统治、烘干储藏等农业生产性服务业。完善农产品产地初加工补助政策，初加工用电享受农用电政策。实施“绿色皖农”品牌培育计划，打造一批农产品精深加工领军企业。加强农产品冷链物流体系建设和农产品批发市场改造升级，推进市场流通体系与储运加工布局有机衔接。在全省年度建设用地指标中单列一定比例，专门用于新型农业经营主体进行农产品加工、仓储物流、产地批发市场等辅助设施建设。推广农超、农企等形式的产销对接，鼓励在城市社区设立鲜活农产品直销网点。（省农委、省林业厅、省物价局、省质监局、省国土资源厅、省商务厅、省供销社等负责）

（十一）大力发展农业新兴业态。实施“互联网+现代农业”行动计划，扎实推进信息进村入户和现代农业大数据工程建设，大力发展农村电子商务，推广线上营销和线下体验一体化经营模式，促进电商与经营主体的有效结合，实施“快递下乡”工程，完善配送及综合服务网络。推进现代信息技术应用于农业生产、经营、管理和服务，鼓励对大田种植、畜禽养殖、渔业生产等进行物联网改造。采用大数据、云计算等技术，改进监测统计、分析预警、信息发布等手段，健全农业信息监测预警体系。推动科技、人文等元素融入农业，发展农田艺术景观、阳台农艺等创意农业。鼓励在大城市郊区发展工厂化、立体化等高科技农业，提高本地鲜活农产品供应保障能力。鼓励发展农业生产租赁业务，积极探索农产品个性化定制服务、会展农业、农业众筹等新型业态。（省农委、省商务厅、省发展改革委、省科技厅、省经济和信息化委、省林业厅、省工商局等负责）

（十二）积极开发农业多种功能。加强统筹规划，推进农业与旅游、教育、文化、健康养老等产业深度融合。深入开展国家级和省级休闲农业与乡村旅游示范县、示范点创建，实施休闲农业和乡村旅游提升工程及振兴传统手工艺计划，开展休闲农业绿色体验模式攻关，建设一批具有历史、地域、民族特点的特色旅游村镇和乡村旅游示范村。盘活农村资产资源，引导和支持社会资本开发农民参与度高、受益面广的休闲旅游项目，提升管理水平和服务质量。鼓励有条件的地区发展智慧乡村游，提高在线营销能力。加强农村传统文化保护，合理开发农业文化遗产，大力推进农耕文化教育进校园，统筹利用现有资源建设农业教育和社会实践基地，引导公众特别是中小学生参与农业科普和农事体验。将养老元素融入农业生态和休闲观光等产业链条，推进健康养老与农业产业共同发展。（省农委、省旅游局、省教育厅、省文化厅、省民政厅等负责）

（十三）引导农村产业集聚发展。加强农村产业融合发展与城乡规划、土地利用总体规划有效衔接，完善县域产业空间布局和功能定位。通过农村闲置宅基地整理、土地整治等新增的耕地和建设用地，优先用于农村产业融合发展。创建国家级现代农业示范区，推动省级现代农业示范区转型升级，加强省级现代林业示范区建设，完善配套服务体系，形成农产品集散中心、物流配送中心和展销中心。推进农产品品牌建设，扶持发展一乡（县）一业、一村一品，加快培育乡村手工艺品和农村土特产品品牌，新增一批“三品一标”农产品。依托现代农业产业园、农业科研院校和龙头企业，实施生物育种、农机装备、农产品精深加工、智能农业等重大专项，培育农业科技创新应用企业集群。（省发展改革委、省农委、省林业厅、省国土资源厅、省科技厅、省经济和信息化委、省教育厅、省财政厅、省商务厅、省工商局、省环保厅等负责）

四、建立农村产业融合利益联结机制

（十四）创新发展订单农业。引导农业产业化龙头企业在平等互利基础上，与农户、家庭农场、农民合作社规范签订农产品购销合同，合理确定收购价格，形成稳定的购销关系。支持农业产业化龙头企业建设稳定的原料生产基地，为农户、家庭农场、农民合作社提供贷款担保，资助订单农户参加农业保险。鼓励农产品产销合作，建立技术开发、生产标准和质量追溯体系，设立共同营销基金，打造联合品牌，降低经营风险，实现利益共享。（省农委、省发展改革委、省商务厅、省工商局、安徽银监局、安徽保监局等负责）

（十五）鼓励发展股份合作。加快推进农村集体产权制度改革，将土地承包经营权确权登记颁证到户、集体经营性资产折股量化到户，通过“资源变股权、资金变股金、农民变股东”，让农民获得更多的集体资产收益。市、县政府可探索制定发布农用地基准地价，为农户土地入股或流转提供参考依据。开展以土地、林地为基础的各种形式合作，凡是享受财政投入或政策支持的承包经营者均应成为股东方，并采取“保底收益＋按股分红”等形式，让农户分享加工、销售环节收益。开展农民土地股份合作社建设试点，引导农户自愿以土地经营权等入股龙头企业和农民合作社，形成以农户承包土地经营权入股的利润分配机制，切实保障土地经营权入股部分的收益。（省农委、省发展改革委、省财政厅、省国土资源厅、省林业厅等负责）

（十六）鼓励社会资本投入。优化农村市场环境，鼓励各类社会资本投向农业农村，发展适合企业化经营的现代种养业，利用农村“四荒”（荒山、荒沟、荒丘、荒滩）资源发展多种经营，开展农业环境治理、农田水利建设和生态修复。积极争取中央专项建设基金和农村产业融合发展投资基金，支持社会资本投资的农业项目建设。各级政府相关扶持政策对各类社会资本投资项目同等对待。对社会资本投资建设连片面积达到一定规模的高标准农田、生态公益林等，允许在符合土地管理法律法规和土地利用总体规划、依法办理建设用地审批手续、坚持节约集约用地的前提下，利用一定比例的土地开展观光和休闲度假旅游、加工流通等经营活动。能够商业化运营的农村服务业，积极向社会资本全面开放。积极引导外商投资农村产业融合发展。（省发展改革委、省财政厅、省国土资源厅、省水利厅、省农委、省商务厅、省林业厅、省旅游局等负责）

（十七）强化工商企业社会责任。鼓励和支持从事农村产业融合发展的工商企业优先聘用流转出土地的农民，为其提供技能培训、就业岗位和社会保障，增加农民务工收入。引导工商企业发挥自身优势，辐射带动农户扩大生产经营规模、提高管理水平，促进农户规模化、标准化、集约化经营。完善农业产业化龙头企业认定监测制度，实行动态管理，逐步建立社会责任报告制度。强化农业产业化龙头企业联农带农激励机制，各级政府相关扶持政策与利益联结机制相挂钩。（省农委、省发展改革委、省财政厅、省人力资源社会保障厅等负责）

（十八）健全风险防范机制。稳定土地流转关系，推广实物计租货币结算、租金动态调整等计价方式，确保农民获得稳定的租金收入。规范工商资本租赁农地行为，合理确定土地流转规模，建立农户承包土地经营权流转分级备案制度。建立土地流转、订单农业等风险保障金制度，并探索与农业保险、担保相结合，提高风险防范能力。增强新型农业经营主体契约意识，鼓励制定适合农村特点的信用评级方法体系。制定和推行涉农合同示范文本，依法打击涉农合同欺诈违法行为。加强土地流转、订单等合同履约监督，建立健全纠纷调解仲裁体系，保护双方合法权益。（省农委、省发展改革委、省财政厅、人行合肥中心支行、省工商局等负责）

五、完善农村产业融合服务体系

（十九）建设农村公共服务平台。以县（市、区）为基础，搭建农村综合性信息化服务平台，提供电子商务、乡村旅游、农业物联网、价格信息、公共营销等服务，实现农业公共信息资源的跨部门、跨地区、跨行业互联、互通、共享。优化农村创业孵化平台，建立在线技术支持体系，提供设计、创意、技术、市场、融资等定制化解决方案及其他创业服务。建设农村产权流转交易市场，推进已有的农村产权流转平台提供交易服务，鼓励建立新的交易平台。采取政府购买、资助、奖励等形式，引导科研机构、行业协会、龙头企业等提供公共服务。（省农委、省发展改革委、省科技厅、省经济和信息化委、省商务厅等负责）

（二十）创新农村金融服务。发展农村普惠金融，鼓励金融机构与新型农业经营主体建立紧密合作关系，推广产业链金融模式，加大对农村产业融合发展的信贷支持。大力推进“守合同重信用”企业信用增信融资。鼓励农业企业在主板、中小板、创业板以及境外资本市场公开发行上市和融资，在“新三板”和省区域性股权托管交易中心开设的农业、林业板块挂牌。稳妥有序推进农村承包土地经营权和农民住房财产权抵押贷款试点，积极发展林权、农业厂房、渔船抵押和生产订单、农业保单质押等业务，探索水工程所有权、使用权抵押贷款。大力发展“三农”保险，以新型农业经营主体为重点，积极推广政策性保险附加商业保险试点，完善政策性森林保险政策机制。充分发挥省农业信贷担保有限责任公司作用，完善政策性融资担保体系。规范发展新型农村合作金融，稳妥开展农民合作社内部资金互助试点，加强对开展信用互助业务的农民互助社准入资格审查和持续性经营的监管。（人行合肥中心支行、省财政厅、安徽银监局、安徽证监局、安徽保监局、省农委、省林业厅、省发展改革委、省地税局、省工商局等负责）

（二十一）强化人才和科技支撑。加快发展农村职业教育，以专业大户、家庭农场和家庭林场主、农民合作社骨干等为重点，实施新型职业农民培育工程，建立新型职业农民培育体系。鼓励各类科技人员、大中专毕业生到农村创业，落实国家农民工等人员返乡创业三年行动计划和现代青年农场主计划，推进百万乡村旅游创客行动。探索农业科研成果权益分配激励机制，完善校、院、企等涉农科技人才流动和兼职制度。深入推进科技进村入户工程，扎实开展科技特派员农村科技创业行动、农技人员包村联户服务和畜牧科技进万家活动。（省教育厅、省科技厅、省财政厅、省农委、省林业厅、省人力资源社会保障厅、省发展改革委、省旅游局等负责）

（二十二）加强农业农村基础设施建设。统筹实施安徽省高标准农田建设规划，继续加强农村土地整治和农田水利设施建设，改造提升中低产田。把财政支持的基础设施建设重点放在农村，建好、管好、护好、营运好，促进城乡基础设施建设互联互通、共建共享。强化农村饮水水源保护，实施农村饮水安全巩固提升工程，推动城镇供水管网向周边农村延伸。实施新一轮农村电网改造升级工程，开展农村“低电压”综合治理。加快实施农村道路畅通工程，完善农村公路客运网络，推进城乡客运一体化，实现全省具备条件建制村通班车。推动农村互联网提速降费，加快实现行政村宽带全覆盖。加强农村环境整治和生态保护，建设持续健康和环境友好的新农村。统筹规划建设农村物流设施，形成完善的农村物流网络体系。完善休闲农业和乡村旅游道路、供电、供水、停车场、观景台、游客接待中心等配套设施。加强国有垦区和国有林场基础设施建设。（省发展改革委、省财政厅、省国土资源厅、省水

利厅、省能源局、省交通运输厅、省经济和信息化委、省农委、省商务厅、省旅游局、省农垦事业管理局、省林业厅等负责）

（二十三）支持贫困地区农村产业融合发展。加大贫困地区产业扶贫力度，支持贫困地区立足当地资源优势，发展特色种养业、农产品加工业和乡村旅游、电子商务等农村服务业。对贫困地区符合当地条件、适应市场需求的农村产业融合项目，优先申报国家专项建设基金和相关扶持资金。鼓励我省经济发展较好的地区与贫困地区开展农村产业融合发展合作。支持企事业单位、社会组织和个人投资贫困地区农村产业融合项目。（省发展改革委、省财政厅、省扶贫办、省农委、省林业厅、省商务厅、省旅游局等负责）

六、健全农村产业融合推进机制

（二十四）加强组织领导。建立由省政府领导牵头，发展改革、农业等省有关部门参加的协调机制，协调解决农村产业融合发展中的重大问题。各级政府要切实加强组织领导，把推进农村产业融合发展摆上重要议事日程，纳入经济社会发展总体规划和年度计划。县级政府要强化主体责任，制定具体实施方案，引导资金、技术、人才等要素向农村产业融合集聚。（各级人民政府负责）

（二十五）强化部门协作。省有关部门要紧密配合，按照各自职责分工，合力推进农村产业融合发展。省发展改革委负责综合协调，支持重大项目建设。省农委、省林业厅负责产业指导，统筹推进农林业与二三产业融合发展。省经济和信息委、省国土资源厅、省科技厅、省交通运输厅、省水利厅、省商务厅、省旅游局、省地税局、省政府金融办等部门按职能制定扶持政策和措施。（省有关部门负责）

（二十六）开展试点示范。积极争取国家农村产业融合发展“百县千乡万村”试点示范工程，围绕产业融合模式、主体培育、政策创新和投融资机制，积极探索和总结成功做法，形成可复制、可推广的经验，促进农村产业融合加快发展。（省发展改革委、省财政厅、省农委、省经济和信息化委、省商务厅、省旅游局等负责）

（二十七）加强财税支持。落实国家有关农产品加工企业进项税额核定扣除和农产品初加工所得税优惠政策。落实小微企业税收扶持政策，积极支持“互联网＋现代农业”等新型业态和商业模式发展。积极争取中央财政资金和国家专项建设基金，省级预算内投资、农业综合开发资金向农村产业融合发展项目倾斜。创新政府涉农资金使用和管理方式，研究通过政府和社会资本合作、设立基金、贷款贴息等方式，带动社会资本投向农村产业融合领域。（省财政厅、省发展改革委、省地税局等负责）

（二十八）加强检查评估。各级政府及相关部门要充分认识推进农村产业融合发展的重要性和必要性，切实加大监督检查力度，建立目标责任和绩效考核机制。各市政府要加强对本市农村产业融合发展的分析和评估，每年将发展形势和工作进展情况报告省政府。（各市人民政府负责）

安徽省人民政府办公厅

2016年4月10日

安徽省农业委员会等14部门关于加快发展休闲农业的实施意见

皖农特〔2016〕190号

各市、县（市、区）农委、发展改革委、财政局、国土资源局、住房城乡建设委（局）、交通运输局、水利（水务）局、文化局、人民银行各市中心支行、林业局、旅游局、扶贫办、金融办、妇联：

为深入贯彻落实习近平总书记视察安徽重要讲话精神和农业部、国家发改委、工信部、财政部、国土资源部、住建部、水利部、文化部、中国人民银行、国家林业局、旅游局、文物局、国务院扶贫办、全国妇联等14部委《关于大力发展休闲农业的指导意见》精神，结合我省实际，现提出如下实施意见：

一、充分认识加快发展休闲农业的重要意义

近年来，我省各地主动适应新常态下现代农业发展形势，把发展休闲农业作为拓展农业多功能性的有力抓手，按照“农旅结合、三产互动、接二连三”的发展思路，强化政策扶持，优化发展环境，推进农区变景区、田园变公园、劳动变运动、农品变商品、农房变客房，拉长了产业链条，拓展了农业功能，促进了农民增收。休闲农业呈现出新主体竞相涌现、新功能日趋拓展的新格局，形成了由点到面、由小到大、由弱到强的良好态势，已成为农旅结合的现代农业新型产业形态、现代旅游新型消费业态，成为带动农业农村经济发展，促进农民增收的新的增长点，但也存在发展不够均衡、布局不尽合理、基础设施建设滞后、文化内涵挖掘不够、产品类型不够丰富、服务质量有待提高等问题。

安徽自然条件优越，区位优势明显，生态环境良好，文化底蕴深厚，发展休闲农业具有坚实基础、巨大潜力和广阔前景。各地区、各有关部门要切实提高思想认识，加大工作力度，把加快发展休闲农业作为推进农业供给侧结构性改革、统筹城乡一体发展、拓展农业功能价值、加快一二三产业融合发展的重要抓手，作为带动农民创业就业增收、实施特色产业扶贫的重要渠道，作为实现农村产业结构优化、促进农业发展转型升级的重要途径，作为传承农耕文明、弘扬农耕文化的重要载体，进一步优化政策措施，改善基础条件，提升服务质量，推进休闲农业持续健康发展，为促进农业强起来、农村美起来、农民富起来作出新贡献。

二、总体要求

（一）指导思想

全面贯彻党的十八大和十八届三中、四中、五中、六中全会精神，深入贯彻习近平总书记视察安徽重要讲话精神，牢固树立“创新、协调、绿色、开放、共享”的发展理念，以农业部等14部委《关于大力发展休闲农业的指导意见》为指导，以促进农民就业增收、满足居民休闲消费需求、传承农耕文明为核心，以激发消费活力、促进产业升级为着力点，围绕优化区域布局、丰富产品类型、提升服务能力、推动产业扶贫、弘扬优秀农耕文化、培育知名品牌为重点任务，加强统筹谋划，精准综合施策，推进农业与旅游、教育、文化、健康养老等产业深度融合，着力将休闲农业产业培育成拓展农业、繁荣农村、富裕农民的新兴支柱产业，推动传统农业大省向现代生态农业强省转变。

（二）基本原则

——基在农业、利在农民。坚持以农业为基础，以农民为主体、以农村为场所，加强规划引导，科学构建多方普惠共享机制，增强农民自主发展意识，激发农民创业创新的活力。

——政府引导、市场运营。更好发挥政府在政策扶持、规范管理、公共服务、营造环境等方面的作用，充分发挥市场在资源配置中的决定性作用，引导休闲农业经营主体主动对接城镇居民休闲观光、健康养生和农耕文化体验等消费需求，创新产品，加强服务，形成新兴市场。

——多方参与、协同推进。坚持龙头企业、农民合作社、家庭农场、社会投资主体等多方参与，进一步激发各类投资主体的创业创新活力，集聚各类生产要素，使休闲农业发展与美丽乡村、新型城镇化建设和精准扶贫相结合，与现代农业示范区、现代林业示范区建设协调推进。

——突出特色、创新发展。要结合资源禀赋、人文历史、交通区位和产业特色，因地制宜、突出特色，积极探索不同生态区域类型、不同产业类型的休闲农业发展模式，大力推进科技、经营管理、发展模式等多领域创新，突出“互联网＋”在休闲农业发展中的催化作用，统筹推进产权制度、分配制度、现代企业制度和农村金融等各项改革。

——生态优先、持续发展。始终遵循保护开发利用并重、生产生活生态一体的理念，综合考虑资源、环境的承载能力，加大生态环境保护力度，避免过度开发，实现经济、社会和生态效益的有机统一，走生产发展、生活富裕和生态良好的文明发展道路。

（三）发展目标

每年新增省级休闲农业和乡村旅游示范县2—3个、示范点20个。到2020年，打造知名度较高的休闲农业旅游精品路线20条，特色节庆活动20个。产业规模进一步扩大，全省休闲农业年接待人数达到2亿人次，综合营业收入900亿元以上，促进广大农民就业增收，带动30万贫困人口脱贫；布局更加优化、类型更加丰富、功能更加完善、特色更加鲜明的休闲农业发展格局基本形成；成为农民增收的新亮点，城市居民旅游度假的新去处，传承农耕文明的新载体。

三、重点任务

（一）加强规划引导，不断优化区域布局。按照一二三产融合发展的总体要求，以县（市、区）为基本单位，因地制宜编制发展规划，引导休闲农业规范有序、健康持续发展。在皖南和大别山区，打好原始生态牌，突出农业景观游、生态养生游、淠史杭灌区游等；在沿江、沿淮、沿湖及河塘沟汊等水资源丰富地区，打好水景观牌，突出湿地景观游、水乡风情游、渔家体验游等；在传统农区，打好现代农业牌，突出观光采摘游、农业园区游、农耕文化游等；在城市周边，打好休闲体验牌，突出农业观光游、农事体验游、乡村度假游等；在少数民族区域，打好民俗文化牌，突出特色乡村游、民俗风情游、古朴村落游等，努力形成串点成线、连片成带、集群成圈的发展格局。积极推进“多规合一”，注重休闲农业专项规划和当地国民经济与社会发展规划、脱贫攻坚规划、城乡建设规划、土地利用规划等的有效衔接。

（二）加强产品开发，不断丰富产业类型。依托青山绿水、田园风光、乡土文化等资源，开发休闲农庄、乡村酒店、特色民宿、自驾露营、户外运动等休闲农业和乡村旅游产品，不断丰富休闲度假、旅游观光、养生养老、创意农业、农耕体验、乡村手工艺等产业类型。支持农民发展农（林、牧、渔）家乐，支持休闲农业合作社的发展，从点状发展到面上打造，形成以休闲农业为核心的一二三产业融合发展集群。加强乡村生态环境和文化遗存保护，发展具有历史记忆、地域特点、民族风情的特色小镇，建设一村一品、一村一景、一村一韵的美丽村庄和宜游宜养的森林景区。着力打造一批农业主题公园、农业嘉年华、教育农园、市民农园、森林体验和森林养生基地、摄影基地、运动垂钓示范基地等，积极探索休闲农业和乡村全域旅游相结合的乡村休闲综合体。

（三）加强设施建设，不断提升服务能力。着力打造便捷、舒适、安全的旅游环境，实施休闲农业和乡村旅游提升工程，扶持建设一批功能完备、特色突出、服务优良的休闲农业聚集村、休闲农业园、休闲农业合作社，着力改善休闲农业村庄的景观道路、供水供气、宽带、停车场、厕所、垃圾污水处理、游客综合服务中心、餐饮住宿的洗涤消毒设施、农事景观观光道路、休闲辅助设施、乡村民俗展览馆和演艺场所等设施，因地制宜兴建特色餐饮、特色民宿、购物、娱乐等配套服务设施，着力提升服务质量和水平，满足消费者视觉、听觉、嗅觉、触觉和味觉等多样化需求。

（四）加强产业扶贫，不断推动创业就业。全省 70 个有扶贫开发任务的县（市、区）要把大力发展休闲农业作为实施特色产业精准扶贫的重要内容、促进精准脱贫的重要抓手，有计划、分层次举办专题培训班，提高贫困地区干部群众发展休闲农业和乡村旅游的能力。对资源禀赋有优势的贫困地区，支持建档立卡贫困户发展休闲农业合作社、农家乐和小型采摘园等，重点实施贫困村“一村一品”休闲农业产业精准扶贫行动，带动贫困地区传统种养业转型升级，促进贫困地区脱贫致富。探索社会资本参与贫困地区发展休闲农业的利益分享机制，引导和支持社会资本开发农民参与度高、受益面广的项目。推动贫困地区优质农副土特产品的加工和销售。引导大中专毕业生、新型职业农民、务工经商返乡人员领办休闲农业合作社、兴办农家乐、开展乡村旅游等经营活动。支持巾帼创办领办休闲农业实体，培育休闲农业致富带头人。

（五）加强保护传承，不断弘扬优秀农耕文化。加强传统村落、传统民居的保护力度，按照保持传统村落完整性、真实性、延续性要求，保护村落文化遗产，改善基础设施和公共服务设施。建立保护管理机制，加强对传统村落保护项目的实施和监督。加快乡土民俗文化的推广、保护和延续。做好农业文化遗产普查工作。加大对农业文化遗产的挖掘、保护、传承和利用力度，加强对已认定的农业文化遗产的动态监督管理。大力推进优秀农耕文化教育进校园，加强大中小学生的国情乡情教育，统筹利用现有资源建设农业教育、社会实践和研学旅游示范基地，引导公众特别是中小学生参与农业科普和农事体验。实施中国传统工艺振兴计划，支持发展妇女手工艺特色产业项目。把文化传承和创意设计，作为提升休闲农业内涵品味的重要着力点，挖掘农村文化、生态、民俗民族特色等资源，强化经营场所的创意设计，推进农业与文化、科技、生态、旅游融合，提高农产品附加值，提升休闲农业的文化品味。

（六）加强示范引导，不断培育知名品牌。坚持示范创建和宣传推介并重。持续抓好国家和省级休闲农业和乡村旅游示范县（点）创建，培育一批生态环境优、产业优势大、发展势头好、示范带动能力强的休闲农业集聚区。鼓励各地因地制宜开展多种形式的品牌创建与推介活动，培育地方品牌。积极借助各种现代传媒和中国安徽名优农产品暨农业产业化交易会、长三角休闲农业和乡村旅游博览会等各类展会，充分利用节假日和重要农事节庆节点，有组织、有计划、全方位、多层次地开展最美休闲乡村、美丽田园等精品景点、精品线路宣传推介。着力打造一批有内涵、有市场、有影响的休闲农业知名品牌，形成品牌体系，放大品牌效应，使农民“学有目标”、企业“创有对照”、市民“游有品牌”。

四、保障措施

（一）加强组织实施。各地要从战略和全局的高度深化对发展休闲农业的认识，将休闲农业纳入当地国民经济与社会发展规划，出台具体的政策措施，支持休闲农业和乡村旅游发展。要充实工作力量，加强人才队伍建设，建立高效的管理体系。要认真履行规划指导、监督管理、协调服务的职能，组织拟定发展战略、政策、规划、计划，并指导实施，切实提高推动休闲农业科学发展的能力。

（二）明确任务分工。各有关部门要结合工作职能，支持休闲农业发展。农业部门要落实牵头职责，加强与各部门协调配合，指导产业整体发展。财政、发展改革部门负责安排资金、基础设施项目。国土资源部门负责落实用地政策。住建部门负责指导村庄的规划建设、传统村落和民居保护等工作。交通运输部门负责指导道路交通和路牌路标等基础设施建设。水利部门负责指导相关供水设施建设管理、河湖管理保护和水利风景区建设发展。文化部门负责指导乡村文化建设和文物资源保护利用。林业部门负责指导森林、湿地等自然资源的保护与开发利用。旅游部门负责指导乡村旅游发展工作，推动乡村旅游与休闲农业融合发展。扶贫部门负责支持有条件的建档立卡贫困村和贫困户积极发展休闲农业。金融部门和金融机构要创新担保机制和信贷模式，扩大对休闲农业和乡村旅游经营主体的信贷支持。妇联负责指导妇女发展休闲农业。省农科院、安徽农业大学负责提供技术和智力支持。

（三）强化政策落地。各地要不折不扣落实今年中央和省委1号文件等相关文件提出的建设用地、扶持项目等政策要求。一要强化用地保障。各地要用足用活现行的管地和用地政策，在切实保护耕地资源的前提下，着力保障休闲农业发展用地需求。充分盘活农村闲置房屋和集体建设用地资源用于发展休闲农业；支持利用“四荒地”、林场和非饮用水源水库、湖泊等水面发展休闲农业；鼓励将休闲农业配套基础设施和乡村旅游项目建设用地纳入土地利用总体规划和年度用地计划；城乡建设用地增减挂钩和工矿废弃地复垦调整等试点要向休闲农业区域倾斜。在符合相关规划的基础上，农村集体经济组织可以依法使用集体建设用地自办或者以土地使用权入股、联营等方式与其他单位或个人共同兴办住宿、餐饮、停车场等休闲旅游接待服务企业。二要强化财政资金扶持。将休闲农业和乡村旅游作为农村一二三产业融合项目“百县千乡万村”试点示范工程项目的重点内容予以支持。采取以奖代补、先建后补、财政贴息、设立产业投资基金等扶持方式，着力改善休闲农业旅游重点村（点）道路、停车场、厕所、垃圾污水处理等基础服务设施。推进“资源变资产、资金变股金、农民变股东”改革试点工作，将财政投入量化折股，变为农民特别是贫困人口的入股资本。三要强化金融服务创新。金融机构要创新担保机制和信贷模式，充分发挥政策性农业信贷担保的支持作用，创新产品、优化服务模式，扩大对休闲农业和乡村旅游经营主体的信贷支持。鼓励社会资本依法合规利用PPP模式、众筹模式、“互联网＋”模式、发行债券等新型融资模式投资休闲农业。在政策允许范围内，积极探索开展各类大型装备设施、设施大棚、特色酒店、休闲农庄等抵质押融资业务。

（四）加强公共服务。加强从业人员培训，将从事休闲农业和乡村旅游发展的规划设计、创意策划、经营管理、品牌营销等专业人才纳入培训范畴，提升职业技能水平。建立安徽省休闲农业产业技术体系，引导科研教学单位积极开展休闲农业关键技术模式攻关、示范、集成及转化，增强休闲农业科技支撑保障能力。鼓励社会资本参与休闲农业宣传推介平台建设，加快构建网络营销、网络预订和网上支付等公共服务平台，增强线上线下营销能力，提高信息化服务水平。加强运行监测分析，构建完善的休闲农业监测统计制度。

（五）加强规范管理。制定实施全省休闲农业行业地方标准。加大对认定的国家和省级休闲农业和乡村旅游示范县（点）、中国美丽休闲乡村、休闲农业星级企业的动态管理，确保服务质量和水平。强化对各类休闲农业合作组织、产业联盟和行业协会的管理与支持力度，充分发挥行业自律、教育培训和品牌营销的作用。开展标准制订、商业模式推介等工作，加强对休闲农业经营者的行业指导与规范，加快形成自我管理、自我监督、自我服务的社会化服务体系，规范竞争行为，营造公平环境。

（六）强化宣传推介。按照“统筹谋划、上下联动、重点推进”的思路，在重大节假日前和重要农事节庆节点，充分利用网络、电视、报纸、微信等，以图文并茂的形式，有组织、有计划地开展休闲农业精品景点宣传推介，吸引城乡居民到乡村休闲消费。鼓励各地通过传统媒体和互联网等新兴媒体宣传推介精品线路和精品景点，扩大休闲农业和乡村旅游产业的知名度和竞争力。鼓励各地举办特色鲜明、影响力大、公益性强的农事节庆活动，努力营造发展休闲农业的氛围。

安徽省农业委员会
安徽省发展和改革委员会
安徽省财政厅　安徽省国土资源厅
安徽省住房和城乡建设厅
安徽省交通运输厅
安徽省水利厅　安徽省文化厅
中国人民银行合肥中心支行　安徽省林业厅
安徽省旅游局
安徽省扶贫开发领导小组办公室
安徽省人民政府金融工作办公室
安徽省妇女联合会
2016 年 12 月 26 日

山东省农业厅等 13 部门关于积极开发农业多种功能大力发展休闲农业的意见

鲁农生态字〔2016〕1 号

各市农业局（农委）、发展改革委、国土资源局、住房和城乡建设局、水利局、林业局、海洋与渔业主管局、文广新局、地方税务局、旅游局、文物局、人民银行各市中心支行（含分行营业管理部）、国家税务局：

根据《农业部等部门关于积极开发农业多种功能大力促进休闲农业发展的通知》（农加发〔2015〕5 号），为加快我省休闲农业发展，推进农村一二三产业融合，提出如下意见：

一、充分认识我省发展休闲农业的重要意义

休闲农业是贯穿农业一二三产业，融合生产、生活、生态功能，紧密联结农业生产、农产品加工业、服务业的新型产业形态和消费业态，具有促进增收的经济功能、带动就业的社会功能、传承农耕文明的文化功能、美化乡村环境的生态功能、促进基层政权建设的政治功能，在农村经济社会发展中发挥了不可替代的重要作用。山东是农业大省，具有丰富的农业休闲旅游资源。在当前全省农业发展进入转型升级和继续走在全国前列的关键时期，大力发展休闲农业，推进农村一二三产业融合发展，对于摆脱资源环境约束、转变农业发展方式、建设生态文明、全面建成小康社会具有长远的战略意义；对于培育新的居民消费增长点、拓宽农民增收渠道、促进我省贫困地区贫困群众脱贫致富、推进城乡统筹发展具有重要的现实意义。各地要充分认识加快发展休闲农业的特殊重要意义，立足当地农业资源，完善政策扶持措施，加大工作力度，积极开发农业的多种功能，切实推动休闲农业发展，使休闲农业成为助推农业强起来、农民富起来、农村美起来、建设美丽山东和美丽乡村的重要引擎。

二、明确发展休闲农业目标要求

（一）总体要求。深入贯彻落实中央及省委、省政府的部署要求，以打造快乐农业、培育幸福农民和建设美丽农村为目标，以产业升级、功能拓展、文化提升为重点，把休闲农业发展与现代农业、美丽乡村、生态文明、文化创意产业建设、农民创业创新融为一体，进一步优化布局、挖掘内涵、规范管理、培育品牌、提升素质，推动农村一二三产业融合发展。

（二）基本原则。

1. 以农为本、促进增收。要以农业为基础，农村为载体，农民为主体，科学构建农

民利益分享机制，增强农民自主发展意识，激发农民创业创新活力，促进农民持续稳定增收。

2. 因地制宜、突出特色。依托区位优势、资源禀赋、历史文化和市场需求，立足农业特色产业发展，探索具有浓郁地方特色的发展模式，变资源文化优势为产业发展优势。

3. 规范管理、强化服务。加强教育培训和宣传推介，制定规范标准，引导行业自律，实现管理规范化和服务标准化。

4. 政府引导、市场主体。强化政府在宏观指导、规划管理等方面的作用，规范和促进休闲农业开发。发挥市场主体作用，调动各方积极性。

5. 保护生态、持续发展。遵循开发与保护并举、生产与生态并重的理念，统筹考虑资源和环境承载能力，加大生态环境保护力度，实现经济、生态、社会效益全面可持续发展。

6. 多方融合、协同推进。发展休闲农业与传承农耕文化、建设美丽乡村、保护传统村落、精准扶贫、乡村旅游和新型城镇化等有机融合、相互促进、推动城乡一体化发展。

（三）任务目标。到 2020 年，实现产业规模进一步扩大，全省休闲农业经营主体发展到 2 000 个，休闲农业经营收入达到 500 亿元以上，带动受益农户 100 万户；结构合理、类型丰富、功能完善、特色明显、发展规范的休闲农业格局基本形成，为城乡居民提供看得见山、望得见水、记得住乡愁的高品质休闲旅游体验。

三、准确把握发展休闲农业的工作重点

（一）优化产业布局，夯实发展基础。深入分析区域资源特色和发展潜力，立足现代农业发展优势，重点打造“红、黄、蓝、绿”四大休闲农业产业带：一是以特色民俗和革命历史追忆为依托的鲁中鲁南山区红色休闲农业产业带；二是以黄河文化和自然生态为依托的黄河三角洲黄色休闲农业产业带；三是以海洋文化和山水风光为依托的鲁东半岛蓝色休闲农业产业带；四是以黄河故道和运河湿地景观为依托的鲁西、鲁北、鲁南平原绿色休闲农业产业带。支持在各大中城市周边、名胜景区周边，依托丰富优质农产品资源，重点发展现代农业展示、市民农事参与、休闲度假娱乐和乡村民俗文化等休闲农业模式，形成以采摘体验、休闲垂钓、花卉观赏、科普教育、文化创意、市民农园和休闲庄园为主的休闲农业体系。引导在适宜区域发展以拓展农业功能、传承农耕文化、适宜度假体验的休闲农庄和具有科普、教育、示范功能的休闲农园。支持发展品牌农（渔）家乐，不断丰富文化内涵，提升水平。

（二）强化创意设计，拓展功能内涵。以满足城乡居民多元化休闲消费需求为重点，立足当地资源特色和生态环境优势，突出乡村生产生活生态特点，进一步挖掘丰富休闲农业发展内涵，开发建设形式多样、特色鲜明、个性突出的休闲农业和乡村旅游产品。注重参与体验，加快创意发展，加大休闲农业资源整合力度，打造一批集农业生产、农耕体验、文化娱乐、教育展示、生态环保、产品加工销售于一体的多元化休闲农业园区，推进“农区变景区、田园变公园、劳动变活动、产品变商品”。深入挖掘农业文明和地方特色文化，注入文化内涵，举办具有地方特色的节庆活动。加强农村文化遗迹和传统村落、传统民居的保护，发展具有文化内涵的休闲乡村，加快乡土民俗文化的推广、保护和延续。

（三）注重典型示范，加强品牌培育。围绕提升产业影响力和竞争力，培育一批叫得响、传得开、留得住的知名品牌。积极参与中国最美休闲乡村、中国美丽田园推介、全国休闲农业星级评定、特色景观旅游名镇名村示范创建活动。继续实施省级休闲农业和

乡村旅游示范创建活动，积极培育休闲农业景区、休闲农庄、乡村文化生态博物馆和农业主题公园，打造特色精品线路。到 2020 年，认定省级休闲农业和乡村旅游示范县 40 个、省级休闲农业和乡村旅游示范点 100 个、山东最美休闲乡村 100 个、齐鲁最美田园 100 个、省级休闲农业示范园区 100 个，培育省级农业主题公园 20 个；打造 500 个休闲农庄和 1 000 个休闲农业景区，推荐 10 大休闲农业精品路线，推选 10 大优秀节会。

（四）突出优势特色，促进产业融合。充分整合农、林、牧、渔和旅游、文化、文物、教育等资源，加强休闲农业与一二三产业融合，树立大农业、大旅游、大文化、大产业、大市场、大发展的工作思路。充分发挥休闲农业在转方式、调结构中的重要作用，围绕特色产业发展，构建生态循环农业技术体系，增加观光度假体验功能；在现代农业园区、基地的基础上，培育创意休闲农业精品，增加农业观赏、教育研学、度假体验、健康养生功能；在农产品加工、农村手工艺品加工等基础上，结合传统农耕文化展示，建设休闲农业主题公园；在自然资源丰富、生态环境优美的古村落和新农村，鼓励发展农家乐、民宿等服务设施；在条件具备的休闲农业园区，开展农业主题会展及节庆活动，增加观光体验、文化传承功能；在传统休闲农业经营管理基础上，增加现代信息技术手段，通过打造网络平台，为休闲农业产业发展提供一个充满活力的广阔空间。

（五）坚持创新发展，提升产业素质。积极培育家庭农场、农民合作社、农业企业等新型休闲农业经营主体，逐步构建以农家乐为基础，以休闲农园、农庄为主体，以农业旅游公司为引领的休闲农业经营体系。依托农业信息网络，开辟休闲农业与乡村旅游专栏，介绍农业景观，推荐精品线路，加强信息发布，实现共建共享。依托特色产业，举办引领休闲农业发展的大型节会，提升产业的社会影响力和生产竞争力。加强业务培训，提高休闲农业从业人员整体素质。加快休闲农业经营场所的道路、水电、通讯、安全防护等基础设施建设，完善路标指示牌、停车场、游客接待中心、公共卫生间、垃圾污水无害化处理等辅助设施。

（六）规范行业管理，引导有序发展。研究制定全省休闲农业行业标准和运行规范。加强对休闲农业示范县、示范点和星级企业的监督管理。发挥各级休闲农业行业协会作用，加强对休闲农业经营者的行业指导与规范，促进行业自律，规范竞争行为，营造公平环境。

四、强化发展休闲农业保障措施

（一）加强领导，科学规划。各地要进一步提高对发展休闲农业的认识，建立多部门共同参与的休闲农业工作协调推进机制，将休闲农业纳入本地经济社会发展总体规划，加强对休闲农业发展的指导和服务，出台具体的政策措施，研究解决工作推进中的重要问题，支持休闲农业发展。要结合实际，立足当地资源条件、区位特点和产业优势，组织编制当地休闲农业发展规划或指导意见，注重与经济社会发展、土地利用、现代农业、城乡建设、环境保护、文物保护、旅游业发展等规划相衔接，做到高点定位、特色鲜明、优势突出，切实发挥规划引领发展和规范建设的作用。

（二）完善政策，强化扶持。各地要认真研究制定扶持政策，支持休闲农业发展。一是明确用地政策。在实行最严格的节约集约用地和耕地保护制度的前提下，支持农业经营主体生产性用地，农产品加工确需的新增建设用地，要纳入当地土地利用总体规划和城乡建设规划，各地应优先安排用地指标。鼓励利用“四荒地”、闲置宅基地、村内集体建设用地发展休闲农业和乡村旅游（农家乐）。结合当地农业发展和乡村旅游规划，通过城乡建设用地增减挂钩试点，发展休闲农业和乡村旅游。二是加大财税支持。认真推动现有扶持政策的落实，将省级及以上有关乡村建设资金适当向休闲农业集聚区倾斜。鼓励各地加大对休闲农业创业发展和基础设施建设的支持力度。落实税收优惠政策，从事休闲农业的纳税人符合税收优惠条件的，可享受有关税收优惠。有条件的地方，休闲农业用水用电享受农业收费标准。三是拓宽融资渠道。鼓励担保机构为从事休闲农业的新型农业经营主体提供贷款担保服务。积极拓宽抵押担保物范围，在风险可控的前提下探索开展集体林权、水域滩涂使用权等农村产权抵押业务以及大型农机具、存货、蔬菜大棚抵押、仓单和应收账款质押、涉农直补资金担保等业务。稳妥开展农村承包土地的经营权和农民住房财产权抵押贷款改革试点工作。鼓励在农村承包土地的经营权剩余使用期限内发放中长期贷款，增加休闲农业信贷投入。鼓励利用 PPP 模式、众筹模式、互联网＋模式等融资模式，支持符合条件的休闲农业企业上市。加大扶贫贴息贷款投放力度，引导建档立卡贫困户积极参与休闲农业项目开发，增加资产性收益。

（三）多方协同，形成合力。各地各部门要加强协调配合，确保各项任务落实到位。农业部门负责牵头落实本地休闲农业发展工作，加强与旅游等部门的协调配合，指导产业的整体发展，并做好宣传推广工作。发展改革部门负责将休闲农业列入国民经济和社会发展“十三五”规划，加强政策对接与支持。财政部门负责加大对休闲农业资金支持。税务部门负责落实税收支持政策。国土部门负责落实休闲农业用地政策。住房和城乡建设部门负责指导村庄的规划建设管理、农村危房改造、特色景观旅游名镇名村、传统村落和民居保护等。水利部门负责水资源保护工作，并指导水利风景区建设发展。海洋与渔业部门负责指导休闲海钓示范基地和休闲渔业公园建设。林业部门负责指导森林、湿地等自然资源的保护与开发利用。文化部门和文物部门负责指导乡村文化和文物的挖掘保护和传承利用工作。旅游部门负责将休闲农业纳入全省旅游发展规划，协助组织开展休闲农业基础设施建设、宣传推介、精品线路打造及重点产品开发。扶贫部门要按照精准扶贫的要求，加大整村推进工作力度，支持有条件的建档立卡贫困村积极发展休闲农业。人民银行等金融部门负责金融政策落实工作。

（四）加强服务，扩大宣传。增强线上线下营销能力，鼓励社会资本参与休闲农业宣传推介平台建设，支持旅行社、网络销售平台等企业开展专业的休闲农业市场销售和网络促销，拓宽销售渠道。要充分利用各类展会，宣传推介休闲农业项目，精心策划和举办各类推介会、博览会、农事节庆活动、创意大赛等活动，利用新闻媒体宣传休闲农业的好经验、好典型、好做法，营造全社会关心支持休闲农业发展的氛围，提高我省休闲农业的知名度，引导公众休闲消费。

山东省农业厅　山东省发展和改革委员会　山东省国土资源厅
山东省住房和城乡建设厅　山东省水利厅　山东省林业厅
山东省海洋与渔业厅　山东省文化厅
山东省地方税务局
山东省旅游局　山东省文物局　中国人民银行济南分行
山东省国家税务局
2016 年 1 月 5 日

重庆市人民政府办公厅关于加快乡村旅游发展的意见

渝府办发〔2016〕127 号

各区县（自治县）人民政府，市政府有关部门，有关单位：

为贯彻落实全市乡村旅游发展大会精神，充分发挥乡村旅游在扩内需、稳增长、促就业、减贫困、惠民生等方面的积极作用，进一步完善旅游产业结构，提升旅游经济综合竞争力，经市政府同意，现就加快乡村旅游发展提出如下意见。

一、总体要求

（一）指导思想。牢固树立创新、协调、绿色、开放、共享发展理念，全面落实五大功能区域发展战略，充分利用全市大乡村、大田园、大生态资源优势，突出“山水重庆、美丽乡村”主题，打造“巴渝人家、梦里老家”品牌，坚持生态为先、保护为重、乡土为根、农业为基、文化为魂、以人为本、政府引导、市场主体、核心在消费、关键在创新、宗旨在满意的方针，以把旅游业打造成综合性支柱产业、把重庆建设成国际知名旅游目的地为目标，整合资源，丰富业态，融合发展，推进乡村观光旅游向乡村休闲度假和乡村生活体验转型升级，以游兴村，以游强镇，以游富民，促进乡村生产发展、生态优化、生活富裕，把乡村旅游业培育成我市旅游产业的重要增长点、农村经济转型升级的特色产业和惠民富民的民生产业。

（二）基本原则。

——政府引导，市场运作。加强统筹协调和引导扶持，创新发展模式和经营机制，完善投融资体制和分配机制，实现社会各方力量共同参与、互利共赢。

——以农为本，融合发展。坚持依靠“三农”、为了“三农”，用建设景区的理念来建设农村，用经营旅游的思路来经营农业，实现深度融合、互动发展。

——因地制宜，突出特色。依托资源禀赋和文化创意，大力培育具有浓郁地方特色的乡村旅游产品，做到“一县一品牌、一镇一特色、一村一景区”，实现个性化、差异化、特色化发展。

——保护生态，持续发展。正确处理资源开发与生态保护、经济效益与社会效益、当前利益与长远利益的关系，突出乡村旅游的生态绿色本底和乡土文化风貌，推动乡村旅游有序持续健康发展。

——规划引领，以点带面。深入实施《重庆市乡村旅游发展规划（2013 — 2020年）》，充分发挥典型示范带动作用，积极探索做特、做精、做优路径，带动各类乡村旅游经营主体实现特色化产品、规范化管理、规模化发展和网络化运营。

（三）发展目标。到 2020 年，创建 10 个全国休闲农业与乡村旅游示范县，打造 10 大乡村旅游产业集群，建成 100 个特色旅游镇，1 000 个特色旅游村，年接待游客达 1.7 亿人次，乡村旅游总收入超过 800 亿元，吸纳 100 万农民就业。全市形成形式多样、发展规范的乡村旅游产品体系和特色显著、结构合理的乡村旅游发展格局，成为国内外知名的乡村休闲度假旅游目的地。

二、重点任务

（一）完善规划体系。各区县（自治县）要积极组织编制本行政区域乡村旅游专项规划和线路规划，注重与城乡建设总体规划、土地利用规划、农业农村发展规划、交通水利等基础设施建设规划衔接，提高规划的科学性、可操作性和权威性。找准切合本地区实际的乡村旅游发展定位和方向，构建布局合理、特色鲜明、多样化发展的乡村旅游产品体系和多业融合发展的产业体系，促进形成城郊风光乡村休闲旅游带、渝东北三峡风情乡村生态旅游带、渝东南民族风情乡村体验旅游带。

（二）创新发展模式。各区县（自治县）要充分考虑本地区自然禀赋、民俗风情和文化特性，强化顶层设计，选择适宜模式，打好田园牌、民俗牌、生态牌，促进旅游与一二三产业融合发展，引导乡村旅游走特色化、精品化、差异化发展道路，形成多点支撑、全域延伸的乡村旅游发展格局。

（三）健全标准规范。加快完善全市乡村旅游标准化体系，制定乡村旅游住宿、餐饮、娱乐、购物等主要消费环节的服务规范和定级标准，制定组织管理、基础设施、接待服务、市场营销与信息管理、乡村旅游等级划分与评定标准，加强对乡村旅游市场秩序、食品卫生、饮水、消防、社会公共治安、道路交通、景区游览设施、特种设备的安全监管和规范化管理，进一步规范和提升乡村旅游服务质量与水平。

（四）加强生态保护。正确处理开发和保护的关系，以“无碍自然文化景观”为原则，科学开发利用现有乡村资源，全面评估旅游对生态环境、自然资源和整体风貌产生的影响，避免人为因素对自然环境、人文景观造成破坏。加强乡村环境承载力监测，重视垃圾、污水无害化处理，加强水资源、森林资源和生态资源保护，营造良好的乡村生态文化环境。严格遵守国家文物保护法律法规，切实加强对乡村文物古迹、传统村落、历史风貌建筑、民宅、古树名木等的保护，加强乡土文化、原始风貌、民间艺术、农耕文化、民风民俗等文化资源的保护和传承。对传统村落中的文化历史建筑分门别类实行整体保护、外貌保护、局部保护，挖掘历史文化价值，开辟小型博物馆、陈列室进行合理利用，实现文物保护与延续使用功能、改善居住条件相统一，提升乡村旅游的传统文化内涵。

（五）改善基础设施。按照“乡村环境景区化”的标准，加快交通干道、重点旅游景区到乡村旅游景区（点）的道路交通建设，提高乡村公路等级标准，完善交通标识标牌体系，提高交通导引导航导识水平，促进乡村旅游便利化。强化乡村旅游景区（点）消防、卫生、安保、治安等安全管理，改善供电、供水、通讯、医疗、金融、邮政、停车、厕所、污水垃圾处理设施、游客接待中心、公共消防设施等基础条件，配套兴建特色餐饮、住宿、购物、娱乐、户外运动、互动体验等服务设施，努力提高可进入性与旅游活动的安全性、丰富性和舒适性。

（六）丰富产品业态。支持农村、农民盘活农房农具、农田农地、农水农树等各类资源，依托高山、森林、塘库、石林、梯田、山泉、峡谷、草场、果园、茶园、菜园等特色资源，活化古街区、古乡镇、古村落、古建筑等文化遗址遗产，加强创意创新，发挥叠加效应，积极开发“农业观光类”“农趣体验类”“民俗文化类”“农家生活类”“科普教育类”“游学体验类”“休闲度假类”“户外运动类”“特色餐饮类”“民间工艺类”“滨水活动类”“森林康养类”“避暑纳凉类”等特色鲜明的乡村旅游产品，建设一批宜居、宜业、宜游、宜养的特色旅游镇村。支持各地盘活空置农房、闲置集体资产等，打造一批富有吸引力的特色民宿、森林人家、休闲农庄、乡村酒店和农家乐集群。实施乡村旅游“后备箱”工程，将农产品开发为土特产品、旅游纪念品、特色食品等乡村旅游商品，健全生产、销售网络体系，促进乡村旅游消费。

（七）加强宣传营销。把乡村旅游宣传营销纳入全市和各区县（自治县）旅游整体营销计划，各级政府要有计划、有重点、有步骤地做好乡村旅游产品和线路的宣传营销工作，制作乡村旅游宣传片、歌曲、地图等宣传品，充分利用网络、电台、电视台、报刊等媒体，宣传推广乡村旅游，提高知名度，增强吸引力。通过以奖代补等方式，鼓励社会力量参与乡村旅游的宣传推广和中介服务，支持建设专业化、品牌化的乡村旅游网站。充分发挥旅游景区（点）、企业特别是旅行社的促销作用，形成宣传推广的合力。策划举办系列乡风民俗、农事节会活动，举办重庆乡村旅游博览会，实现“以节促游、以节富民”。

（八）抓好示范创建。大力实施乡村特色

旅游镇（村）、传统村落、美丽乡村、乡村旅游创客示范基地、星级农家乐、精品民宿、滨水休闲和森林养生等品牌创建工程，鼓励支持乡村旅游景区（点）创建国家A级旅游景区和旅游度假区。选择一批乡村旅游资源禀赋高、基础条件好、市场需求旺、资金和人才有保障、具有一定开发规模的地区、企业和农户，积极创建全国及市级乡村旅游示范县、示范镇、示范村、示范户，并总结推广创建经验和做法。

（九）实施旅游扶贫。编制《重庆市乡村旅游扶贫重点村名录》，按照全国《乡村旅游扶贫重点村开发指南》，制定《重庆乡村旅游扶贫工程行动方案》。引导主城区、城市开发新区及旅游要素联盟精准扶贫渝东南、渝东北两大旅游协作区，重点支持建设一批旅游扶贫重点项目、打造一批乡村旅游精品线路、创建一批乡村旅游品牌、开展一批游客互送旅游活动。各区县（自治县）要引导贫困山区群众，通过土地、山林承包经营权等方式，参与乡村旅游发展，分享产业链收益，依托发展旅游业脱贫致富。

（十）加强人才培训。组建乡村旅游发展研究中心，整合高校专家和行业精英力量，提供项目策划、创业辅导、经营管理、市场营销、人才培训等一站式服务，推动乡村旅游向个性化、精致化、主题化方向发展。各级农业、人力社保、旅游、扶贫等部门要围绕“以产业培育人才，以人才推动产业”目标，将乡村旅游人才培育纳入培训计划，开展多层次、多渠道的培训，提高基层干部和乡村旅游业主发展乡村旅游的意识和开发乡村旅游项目、开展市场营销的水平，提高乡村旅游从业者在经营服务、食品卫生安全、接待礼仪、餐饮和客房服务、乡土文化导游等方面的素质和技能。

三、保障措施

（一）加强组织领导。市旅游经济发展领导小组要切实加强对乡村旅游发展的领导、统筹和协调，及时研究解决乡村旅游工作中存在的问题。探索构建乡村旅游部门联动机制，形成发展改革、交通、商业、农业、国土、环保、城乡建设、规划、文化、食品药品监管、旅游、林业等部门密切协作，合力推动乡村旅游发展的局面。各区县（自治县）要强化旅游部门的综合协调职能，建立与发展乡村旅游相适应的管理协调机制，对重点乡村旅游项目的规划、土地、资金、审批等重大事项，采取一事一议的方式及时协调解决。加强旅游执法队伍和乡村旅游行业自律组织体系建设，规范乡村旅游市场秩序，保障游客合法权益和旅游安全。

（二）加强协调服务。全市各级政府各部门要各司其职，形成发展乡村旅游的强大合力。发展改革部门要会同旅游部门加强乡村旅游发展规划引导，支持乡村旅游重点项目建设。旅游部门着力打造乡村旅游产品和线路，会同有关部门抓好乡村旅游宣传推广、人才培训、标准制定、旅游统计等有关基础性工作。农业部门要大力发展景观农业、休闲农业，加快生态扶贫搬迁与“美丽乡村”建设，逐步完善乡村旅游发展必要的基础设施建设。城乡建设部门要大力推进古镇、古村落保护修缮和乡村风貌建设。交通部门要抓好交通主干道、重点景区与乡村旅游景区景点的道路连接工程，打通乡村旅游“最后一公里”，做好乡村旅游交通保障。国土部门要加大对乡村旅游用地的保障。环保部门要加大乡村环境整治力度。文化部门要加强对乡村文化资源的挖掘、保护与利用，组织开展游客喜闻乐见的文化娱乐活动。林业部门要抓好森林资源开发与利用，建设一批乡村森林养生基地和森林人家等品牌产品。水利部门要盘活乡村塘库水利资源，开展乡村滨水旅游。扶贫部门要加大乡村旅游扶贫项目资金投入，打造一批乡村旅游扶贫示范村。金融机构要研究制定发展乡村旅游金融扶持政策，完善乡村金融服务。宣传部门要加大乡村旅游宣传力度，推广“山水重庆、美丽乡村”品牌。商业部门要抓好农家乐（乡村酒店）转型升级和标准化建设，推进乡村住宿餐饮行业个性化、标准化、集群化、规范化发展。公安、国土、税务、工商、质监、食品药品监管、旅游等部门要以增强企业活力促进乡村旅游发展为中心，进一步简化管理流程，依法、高效、优质地为乡村旅游经营者提供注册、审批、监管等服务。

（三）加大投入力度。市级旅游发展专项资金要向乡村旅游发展重点区县（自治县）倾斜；农村基础设施和生态建设、新农村建设、生态农业发展等项目要向符合条件的乡村旅游项目倾斜；对乡村旅游发展相对集中区域，要优先安排土地整治专项资金、农业综合开发资金等开展田、水、路、林、村综合整治。各区县（自治县）要统筹整合各类专项资金，充分发挥财政资金的杠杆作用，加快建立以政府投入为引导，企业和社会投入为主体的多元化投入机制，引导和鼓励社会资本及各类经济实体投资乡村旅游业。

（四）强化用地保障。城乡建设、国土、规划部门在制定城乡规划、土地利用总体规划时，应考虑乡村旅游发展实际需求，将乡村旅游建设用地纳入城乡建设规划、土地利用总体规划，在符合相关规划前提下，分类保障各类乡村旅游用地。实行乡村旅游用地差别化管理，采用多种方式供应建设用地。公建项目用地通过划拨方式供应；经营性项目用地采取招拍挂方式供应；亭台、栈道、厕所、步道、索道缆车等设施应符合有关规划，并按规定办理规划手续；影视城、仿古城等人造景观用地在符合城乡规划、土地利用总体规划基础上，按照相应土地供应方式办理规划手续。土地供应方式、价格和使用年限依法按旅游用地确定。科学引导和鼓励农村集体经济组织依法利用集体建设用地自办或以土地使用权与企业合作开发乡村旅游项目。发展乡村旅游涉及建设永久性餐饮、住宿用地的，支持依法办理农用地转用等审批手续。支持有条件的地方通过盘活农村闲置房屋、集体建设用地、“四荒地”、可用林场和水面等资产资源发展乡村旅游。

（五）实行税费优惠。对月经营收入3万元（含3万元，按季纳税9万元）以下的乡村旅游经营户，免征增值税；在城镇土地使用税征收范围内经营采摘、观光农业的单位和个人，其直接用于采摘和观光的种植、养殖、饲养用地，免征城镇土地使用税。对从事乡村旅游的符合条件的小型微利企业，按规定执行小型微利企业所得税优惠政策；经批准改造的废弃土地和开山整治的土地，从使用的月份起免缴城镇土地使用税5年；对个人出租住房经营乡村旅游的，免征印花税，减按4%的税率征收房产税，免征城镇土地使用税。对符合西部大开发税收优惠政策规定条件的，可减按15%税率缴纳企业所得税。对在城镇规划区范围外开发乡村旅游项目的农户，在用电、用水等方面给予支持。

（六）加大金融支持。鼓励金融机构为乡村旅游发展提供信贷支持，创新金融产品，适当加大信贷投放力度，简化贷款手续，适度降低旅游企业贷款准入门槛。积极支持重庆旅游融资担保公司做大做强，突出业务特色，将乡村旅游纳入扶贫开发贷款扶持范围。担保资金要积极为乡村旅游提供担保，凡是符合小额担保贷款政策支持对象的，均可申请小额担保贷款，并按规定予以贴息。鼓励通过农村产权抵押和旅游门票质押方式，扩大乡村旅游融资规模，鼓励乡村旅游经营户通过小额贷款保证保险实现小额融资。

附件：工作任务分工

重庆市人民政府办公厅
2016年7月7日

附件

工作任务分工

序号	重点任务	责任单位
1	组织编制本行政区域乡村旅游专项规划和线路规划。	各区县（自治县）人民政府
2	制定乡村旅游住宿、餐饮、娱乐、购物等服务规范和定级标准，制定组织管理、基础设施、接待服务、市场营销与信息管理、乡村旅游等级划分与评定标准。	市旅游局、市商委
3	加强对乡村旅游市场秩序、食品安全、饮水安全、消防安全、社会公共治安、道路交通安全、景区游览安全、特种设备安全监管和规范化管理。	市旅游局、市交委、市公安局、市质监局、市安监局、市食品药品监管局、市公安消防总队，各区县（自治县）人民政府
4	加强乡村环境承载能力监测，加强垃圾、污水无害化处理，加强水资源、森林资源和生态资源保护。	市环保局、市市政委、市水利局、市林业局，各区县（自治县）人民政府
5	加强对乡村文物古迹、传统村落、历史风貌建筑、民宅、古树名木等的保护，加强乡土文化、原始风貌、民间艺术、农耕文化、民风民俗等文化资源的保护和传承。	市文化委、市城乡建委、市农委、市旅游局，各区县（自治县）人民政府
6	加快交通干道、重点旅游景区到乡村旅游景区（点）的道路交通建设，提高乡村公路等级标准。	市交委，各区县（自治县）人民政府
7	完善交通标识标牌体系，提高交通导引导航导识水平。	市交委、市旅游局，各区县（自治县）人民政府
8	强化乡村旅游景区（点）消防、卫生、安保、治安等安全管理。	市公安局、市卫生计生委、市安监局、市公安消防总队，各区县（自治县）人民政府
9	改善供电、供水、通讯、医疗、金融、邮政、停车、厕所、污水垃圾处理设施、游客接待中心、公共消防设施等基础条件。	市发展改革委、市经济信息委、市城乡建委、市环保局、市市政委、市旅游局、市金融办、市通信管理局、市邮政管理局、市公安消防总队，各区县（自治县）人民政府
10	兴建特色餐饮、住宿、购物、娱乐、户外运动、互动体验等服务设施。	市旅游局，各区县（自治县）人民政府
11	开发特色鲜明的乡村旅游产品，建设一批特色旅游镇村。	市旅游局、市城乡建委，各区县（自治县）人民政府
12	盘活空置农房、闲置集体资产等。	各区县（自治县）人民政府
13	打造特色民宿、森林人家、休闲农庄、乡村酒店和农家乐集群。	市旅游局、市商委、市林业局，各区县（自治县）人民政府
14	实施乡村旅游“后备箱”工程，开发土特产品、旅游纪念品、特色食品等乡村旅游商品。	市旅游局，各区县（自治县）人民政府
15	乡村旅游宣传营销纳入全市和各区县（自治县）旅游整体营销计划，做好乡村旅游产品和线路宣传营销工作。	市旅游局，各区县（自治县）人民政府
16	制作乡村旅游宣传片、歌曲、地图等宣传品，利用网络、电台、电视台、报刊等媒体，宣传推广乡村旅游。	市委外宣办（市政府新闻办）、市旅游局、市文化委、重庆日报报业集团、重庆广电集团（总台），各区县（自治县）人民政府
17	策划举办系列乡风民俗、农事节会活动，举办重庆乡村旅游博览会。	各区县（自治县）人民政府

（续）

序号	重点任务	责任单位
18	实施乡村特色旅游镇（村）、传统村落、美丽乡村、乡村旅游创客示范基地、星级农家乐、精品民宿、滨水休闲和森林养生等品牌创建工程。	市旅游局、市农委、市商委、市水利局、市林业局，各区县（自治县）人民政府
19	鼓励乡村旅游景区（点）创建国家A级旅游景区和旅游度假区。	市旅游局，各区县（自治县）人民政府
20	积极创建全国及市级乡村旅游示范县、示范镇、示范村、示范户。	各区县（自治县）人民政府，市旅游局
21	开展一批游客互送旅游活动。	市旅游局
22	编制《重庆市乡村旅游扶贫重点村名录》，制定《重庆乡村旅游扶贫工程行动方案》。	市发展改革委、市扶贫办、市旅游局
23	组建乡村旅游发展研究中心。	市旅游局、市教委、市编办
24	将乡村旅游人才培育纳入培训计划，对基层干部、乡村旅游业主、乡村旅游业主、乡村旅游从业者开展多层次、多渠道培训。	各区县（自治县）人民政府，市旅游局
25	强化旅游部门的综合协调职能，加强旅游执法队伍和乡村旅游行业自律组织体系建设。	各区县（自治县）人民政府，市旅游局
26	市级旅游发展专项资金向乡村旅游重点区县（自治县）倾斜；农村基础设施和生态建设、新农村建设、生态农业发展等项目向符合条件的乡村旅游项目倾斜；对乡村旅游发展相对集中区域，优先安排土地整治专项资金、农业综合开发资金等开展田、水、路、林、村综合整治。	市旅游局、市财政局、市农委、市国土房管局，各区县（自治县）人民政府
27	将乡村旅游建设用地纳入城乡建设规划、土地利用总体规划，分类保障各类乡村旅游用地。	市规划局、市城乡建委、市国土房管局
28	实行乡村旅游用地差别化管理，采用多种方式供应建设用地。科学引导和鼓励农村集体经济组织依法利用集体建设用地自办或以土地使用权与企业合作开发乡村旅游项目。发展乡村旅游涉及建设永久性餐饮、住宿用地的，支持依法办理农用地转用等审批手续。	市国土房管局
29	认真落实乡村旅游税收优惠政策。	市地税局、市国税局
30	在城镇规划区范围外开发乡村旅游项目的农户，在用电、用水等方面给予支持。	各区县（自治县）人民政府，市城乡建委、市规划局
31	鼓励金融机构为乡村旅游发展提供信贷支持，简化贷款手续，适度降低旅游企业贷款准入门槛。	市金融办、人行重庆营管部、重庆银监局，有关金融机构
32	探索组建乡村旅游农户和中小旅游企业的贷款担保机构，将乡村旅游纳入扶贫开发贷款扶持范围。为乡村旅游提供小额担保贷款。鼓励通过农村产权抵押和旅游门票质押方式，扩大乡村旅游融资规模。	市旅游局、市金融办、市扶贫办，各区县（自治县）人民政府，有关金融机构

重庆市人民政府办公厅关于 加快农村一二三产业融合发展的实施意见

渝府办发〔2016〕247 号

各区县（自治县）人民政府，市政府各部门，有关单位：

为加快转变农业发展方式，积极构建现代农业产业体系，有效拓展农民增收渠道，根据《国务院办公厅关于推进农村一二三产业融合发展的指导意见》（国办发〔2015〕93 号），经市政府同意，现就加快农村一二三产业（以下简称农村产业）融合发展提出如下实施意见。

一、总体要求

（一）工作思路。贯彻落实习近平总书记系列重要讲话和视察重庆重要讲话精神，牢固树立创新、协调、绿色、开放、共享的发展理念，深化拓展五大功能区域发展战略，坚持基在农业、利在农民、惠在农村，以构建农业和二三产业交叉融合的现代产业体系为重点，以完善利益联结机制为核心，以制度、技术和商业模式创新为动力，以培育多元化产业融合主体为关键，延伸产业链条，拓展农业功能，培育新型业态，引导产业集聚，促进农业增效、农民增收和农村繁荣。

（二）发展目标。到 2020 年，基本形成产业链条完整、业态丰富、利益联结紧密的农村产业融合发展新格局。柑橘、草食牲畜、生态渔业、茶叶、榨菜、中药材、调味品七大特色产业链实现综合产值 1 500 亿元以上，农产品加工率提高到 55%。创建 10 个全国休闲农业与乡村旅游示范县，建成特色旅游镇 100 个、特色旅游村 1 000 个，乡村旅游总收入超过 800 亿元，吸纳农民就业 100 万人。

二、实现路径

（三）推进种养循环融合。加快农业供给侧结构性改革，大力调整农业结构，推动粮经饲统筹、农林牧渔结合、产加销旅一体发展。推广稻鱼（鸭）同田和稻鳅、鱼菜（粮）共生等模式。实施种草养畜，开展种养结合循环农业试点示范。抓好农作物秸秆、畜禽粪便等农业废弃物资源化综合利用。大力发展林果、林菌、林药、林禽、林畜、林蜂等林下经济。积极发展创意农业、农业生产租赁业，培育农产品个性化定制服务、会展农业、精致农业、光伏农业等新型业态。鼓励在城市郊区发展工厂化、立体化等高科技农业。（市农委、市发展改革委、市科委、市环保局、市林业局等负责）

（四）提升产加销融合发展水平。大力发展农产品加工，完善产地初加工补助政策，重点支持产地加工、洗选、贮藏、保鲜、烘干、分等分级、包装运销等环节。初加工用电享受农用电政策。熟化推广一批农产品产后减损、副产物综合利用技术。实施农产品加工提升行动，鼓励企业改进技术和更新工艺设备，扶持发展精深加工。支持建设农产品加工示范区县（自治县）和示范基地，培育一批加工示范企业，创建一批农村产业融合发展先导区。完善市、区县、乡镇三级物流体系，加快区域性产地专业批发市场建设，健全供销合作社经营网络。大力发展农产品冷链物流，加快推进主城冷链集散中心、区县（自治县）冷链集配结点、产地冷冻库及集配基地、田头市场建设，强化农产品储藏、加工、运输和配送服务，降低物流综合成本。有序发展第三方物流，提升农产品流通组织化水平。加快西部涉农物流园建设，建成全国重要的冷链物流基地和长江上游农产品冷链物流中心。（市经济信息委、市商务委、市科委、市发展改革委、市农委、市供销合作社等负责）

（五）强化农旅融合发展。深入挖掘特色农业基地、特色村镇、农村自然人文景观等旅游资源，大力发展休闲农业和乡村旅游。鼓励建设集科普、教育及农耕文化、生态文化展示为一体的休闲农庄、农业文化创意产业园、森林体验养生基地、特色创意小镇和传统村落。完善休闲农业和乡村旅游道路、供电、供水、停车场、环卫、观景台、游客接待中心等配套设施，加强农村公共服务、生态环境保护和人居环境改善等标准制定与实施，促进服务设施、食宿条件和环境卫生改造升级，推出一批乡村旅游精品线路。创新发展森林人家、民宿产业、田园客栈、乡村酒店、生态庄园、市民农园等，推动形成多元化发展格局。（市旅游局、市农委、市发展改革委、市商务委、市城乡建委、市环保局、市文化委、市质监局、市林业局等负责）。

（六）深化农业与服务业融合。加快培育农业社会化服务组织，推广合作式、托管式、订单式等农业生产性服务。探索制定政府购买农业公益服务指导目录，开展政府购买农业公益性服务试点。扎实推进农业生产全程社会化服务试点。完善乡镇商业设施布局，规划建设乡镇微型商圈，配置品牌连锁超市、农贸市场或特色市场、品牌餐饮、星级农家乐等商业设施。建设完善农村消费品、农资、农产品、再生资源回收利用等流通网络，培育发展农民经纪人和个体工商户。支持发展农村养老服务业和生活服务业。（市农委、市财政局、市商务委、市民政局、市工商局、市供销合作社等负责）

（七）加大农业与文化融合力度。发展文化创意产业，鼓励文化创意和设计服务企业为农业企业、农民合作社、家庭农场等提供多种形式的创意设计服务，提高休闲农业、农产品加工包装、品牌营销的文化内涵和附加值。扩大农耕文化、地方特色文化宣传交流，开展农耕文化宣传教育进单位、进社区、进校园活动，引导公众参与农业科普和农事体验。规划打造一批渝东南民俗文化生态景区和大型民族歌舞精品剧目，建设一批民族文化特色美食街。（市文化委、市农委、市教委、市城乡建委、市民政局、市商务委、市工商局等负责）

（八）促进农业与信息化紧密融合。大力发展农村电子商务，推广企业零售、农场直供、消费者定制、订单农业、线上线下、社区支持农业等电商模式，完善“基地＋城市社区”“批发市场＋宅配”等配送模式。打造“网上供销合作社”，设立体验店、自提点和提货柜，形成农产品社区直供系统和“网订店取”。支持制定适合电子商务的农产品分等分级、产品包装、物流配送、业务规范等标准。加快“智慧农民”云平台和农村大数据云平台建设，培育一批农村电商带头人，建设一批农村电商综合服务网点，组织一批农网对接活动，实现农产品“网上进城入户”。实施“互联网＋现代农业”行动，推进以大数据、云计算为代表的现代信息技术与农业生产、经营管理和服务各个环节深入融合。（市经济信息委、市商务委、市农委、市发展改革委、市林业局、市供销合作社等负责）

三、重点任务

（九）打造现代特色效益农业全产业链。加快以七大特色产业链为重点的全产业链建设，探索完善“农户＋合作社＋加工流通”“农户＋基层供销社＋合作社＋加工”“基地＋农户＋合作社＋龙头企业”等融合模式。加强“一村一品”建设，支持各区县（自治县）因地制宜培育 2 — 3 个农业优势产业。着力打造长江三峡柑橘产业带，渝西时令蔬菜、武陵山区高山蔬菜和三峡库区加工蔬菜三大产业带，南（川）武（隆）彭（水）中蜂产业带，建成方山丘陵和平行岭谷两大优质粮油及畜产品产区，三峡库区生态鱼集中产区，渝东北、渝东南草食牲畜产区，秦巴

山和武陵山优质中药材产区。（市农委、市发展改革委、市经济信息委、市科委、市林业局、市供销合作社等负责）

（十）培育壮大产业融合主体。强化农民合作社和家庭农场的基础性作用，引导大中专毕业生、新型职业农民、务工经商返乡人员创办领办农民合作社、兴办家庭农场、发展休闲农业与乡村旅游。大力发展农产品加工、销售型合作社，鼓励家庭农场开展农产品直销。符合条件的农民合作社、家庭农场优先承担政府涉农项目，落实财政项目资金直接投向农民合作社、形成资产转交合作社成员持有和管护政策。发挥龙头企业示范引领作用，创建一批“流通过百亿、加工超十亿、基地上万亩”示范龙头企业，支持龙头企业通过兼并、重组、参股等方式，发展成为现代企业集团。积极发展行业协会和产业联盟。在年度建设用地指标中安排一定比例，专门用于新型经营主体建设农产品加工、仓储物流、产地批发市场等辅助设施。（市农委、市发展改革委、市财政局、市国土房管局、市林业局、市中小企业局、市供销合作社等负责）

（十一）完善利益联结机制。全面开展农业项目财政补助资金股权化改革，将财政投入农业企业和农民合作社项目补助资金的一定比例，作为涉及土地流转的农民、农民合作社成员和集体经济组织持股，项目存续期间实行固定分红。发展股份合作，引导各类经营主体共同出资、相互持股，发展多种形式的农业混合所有制经济。引导和鼓励农民自愿以土地、资金、资产等要素入股参与农业产业化经营。鼓励龙头企业采取定向投入、定向委托、定向收购和设立共同营销基金等方式，为农户提供贷款担保、农业保险资助以及技术培训、农资购销等多种服务，把农产品加工、流通等环节的收益更多留在农村、留给农民。政府相关扶持政策与利益联结机制挂钩。（市农委、市发展改革委、市财政局、市国土房管局、市金融办、重庆保监局等负责）

（十二）引导产业集聚发展。加强农村产业融合发展与城乡规划、土地利用总体规划的有效衔接，农村闲置宅基地整理、土地整治等新增耕地和建设用地优先用于农村产业融合发展。完善配套政策，依托国家现代农业示范区、现代农业科技园区、农业产业化示范基地以及市级现代农业示范园区和农产品加工基地（园区），吸引研发、仓储、物流、信息等配套服务企业入驻，将原料基地、产品加工、物流配送、市场营销等环节连为一体，建成农村产业融合发展集聚区。（市发展改革委、市国土房管局、市农委、市工商局、市科委、市中小企业局等负责）

（十三）强化农产品品牌培育。围绕重点特色产业链，加强创意设计和资源整合，挖掘、包装、培育、宣传一批具有深厚历史文化传承、地域特色的区域公共品牌。深度挖掘巴渝传统农特产品、加工技艺、农业非物质文化遗产内涵，支持有条件的特色农产品注册商标和原产地标识、申报著名商标。鼓励新型农业经营主体间联合创建品牌，支持农业企业通过市场融资、连锁加盟等方式创建自有品牌、打造知名品牌。对成功创建国家级、市级或国际权威机构评选认定品牌的给予政策扶持。加强农业品牌保护。（市工商局、市农委、市文化委、市旅游局等负责）

（十四）鼓励社会资本投入。支持符合条件的工商企业开展土地整治、高标准农田、现代特色效益农业产业基地、农产品加工基地（园区）等项目建设，发展高标准设施农业、规模化养殖等适合企业化经营的现代种养业，按照《重庆市人民政府办公厅转发市农委等部门关于用好农业农村发展用地政策促进农民增收的指导意见（试行）的通知》（渝府办发〔2016〕211 号）精神，合理开发“四荒”（荒山、荒沟、荒丘、荒滩），盘活闲置房屋、集体建设用地、可用林地和水面等农村资源。支持区县（自治县）对城市资本在农村流转土地上修建的水利、道路等基础设施，初加工基地、大棚、冷藏库等生产设施，花卉苗木、牲畜等生物资产进行投资价值评估认定，办理投资产权和证明，作为办理担保手续、向金融机构抵押融资的依据。相关扶持政策对各类社会资本投资项目同等对待。社会资本建设连片面积达到一定规模的高标准农田、生态公益林等，允许在符合土地管理法律法规和土地利用总体规划、依法办理建设用地审批手续、坚持节约集约用地前提下，利用一定比例的土地开展观光和休闲度假旅游、农产品加工流通等经营活动。能够商业化运营的农村服务业，向社会资本全面开放。（市发展改革委、市财政局、市国土房管局、人行重庆营管部、市金融办、市农委、市商务委、市水利局、市林业局、市旅游局等负责）

（十五）加强农业科技创新。实施农业科技创新驱动工程，利用农业重点实验室、工程技术中心、农业“星创天地”、农民创业园等载体，加快建设农业科技协同创新联盟。推进“产学研推”一体化，在生物育种、智能农业、机械装备、加工技术、生态环保等领域取得一批具有重大应用价值和自主知识产权的突破性成果，建设一批农产品加工技术集成基地，建立具有中试能力的工程化研究平台及产业化应用平台，开展工程化研究和核心装备创制。健全重点特色产业链创新团队。支持有条件的龙头企业建立研发中心。完善农业科研成果权益分配激励机制，建设农业科技成果转化促进中心。（市农委、市科委、市发展改革委、市财政局、市林业局等负责）

（十六）大力发展融合型扶贫产业。推进贫困地区农业结构调整，因地制宜、因户施策发展特色产业。鼓励企事业单位、社会组织和个人投资贫困地区农村产业融合项目。支持贫困地区实施一批产业融合项目，优先发展农产品加工业、休闲农业和乡村旅游、林下经济、农产品电子商务等。积极打造扶贫民宿，避暑休闲旅游地产重点布局在贫困区县（自治县）。对每个贫困区县（自治县）专项安排40公顷新增建设用地年度计划指标，精准用于贫困村和贫困户发展乡村旅游、养老、特色农产品加工等产业。（市扶贫办、市发展改革委、市农委、市国土房管局、市商务委、市林业局、市旅游局等负责）

（十七）开展农村产业融合发展示范。围绕农村产业融合模式、主体培育、政策创设和投融资机制，开展农村产业融合发展试点示范。编制农村产业融合发展试点示范方案，创建一批示范区县、示范乡镇（园区）、示范村和示范龙头企业，形成可复制、可推广的经验。（市发展改革委、市财政局、市经济信息委、市农委、市商务委、市旅游局等负责）

四、组织保障

（十八）加强责任落实。各区县（自治县）人民政府要把推进农村产业融合发展摆上重要议事日程，纳入经济社会发展总体规划和年度计划，细化实化有关政策措施，建立目标责任和绩效考核机制，加强辖区农村产业融合发展的分析和评估，每年将发展形势和工作进展情况报告市政府。市发展改革委、市农委要加强对农村产业融合发展的统筹协调，负责宏观政策制定和日常工作。其他有关部门和单位要按照职责分工，制定具体扶持政策和工作措施，合力推进农村产业融合发展。（各区县人民政府、市发展改革委、市农委负责）

（十九）加大财税支持力度。扩大农产品加工企业进项税额核定扣除试点行业范围，完善农产品初加工所得税优惠目录。落实小微企业税收扶持政策。加大农村产业融合发展投入，市级财政在现有资金渠道内安排一部分资金支持开展试点示范。涉农基建投资和统筹资金、市级现代特色效益农业资金、农业综合开发资金等向农村产业融合项目倾斜。改革财政投入资金管理方式，赋予民间资本项目建设自主权，对以民营企业为主，政府采取先建后补、以奖代补给予支持的农林产业发展（含附属基础设施）、农村小水电建设、社会化服务体系建设等项目，凡项目业主依法能够自行建设、生产或提供的部分，按照法律法规规定，可以不进行招标，由企业自主实施并承担安全、管护等责任。（市财政局、市发展改革委、市国税局、市地税局、市农委等负责）

（二十）优化产业融合服务。打造信息化综合服务平台，实施信息进村入户工程，加快智慧乡村旅游建设。建设农村创业孵化平台，发展众创空间，培育文化创意和设计服务企业，为涉农经营主体提供多种形式的服务。拓展农村土地交易所业务范围和功能。健全农村资产处置机构，建立不良资产处置和处置前的经营管理体系。完善工商资本租赁农地的监管和风险防范机制，强化工商企业责任。采取政府购买、担保贴息、以奖代补、风险补偿等措施，支持科研机构、行业协会、龙头企业等为农村产业融合发展提供公务服务。加大新型职业农民培育力度。实施现代青年农场主计划、农民工等人员返乡创业三年行动计划和农村实用人才培养计划，培育一批担纲农村产业融合发展的企业家人才、经营管理人才、科技领军人才、创新团队、生产能手和技能人才，为农村产业融合发展提供人才支撑。（市发展改革委、市财政局、市科委、市农委、市商务委、市人力社保局、市国土房管局、市文化委、市工商局、市旅游局等负责）

重庆市人民政府办公厅
2016 年 11 月 24 日

陕西省人民政府关于深入推进新型城镇化建设的实施意见

陕政发〔2016〕47 号

各设区市人民政府，省人民政府各工作部门、各直属机构：

新型城镇化是现代化的必由之路，是最大的内需潜力所在和经济社会发展的重要动力，也是重要的民生工程。为深入推进全省新型城镇化建设，根据《国务院关于深入推进新型城镇化建设的若干意见》（国发〔2016〕8 号），结合我省实际，提出如下实施意见。

一、总体要求

（一）指导思想。全面贯彻党的十八大和十八届三中、四中、五中全会以及中央经济工作会议、中央城镇化工作会议、中省城市工作会议精神，按照“五位一体”总体布局和“四个全面”战略布局，牢固树立创新、协调、绿色、开放、共享的发展理念，围绕让农村人口进入城市、安居乐业目标，以人的城镇化为核心，以供给侧结构性改革为动力，以关中平原城市群建设为重点，以新型城镇化试点为抓手，着力增强城镇化发展的质量和水平，提升城镇综合承载能力，优化城镇布局和体系，促进城乡统筹发展，为全省经济社会持续健康发展提供持久动力。

（二）基本原则。坚持统筹规划、科学布局，建设大西安，做美城市、做强县城、做大集镇、做好社区，大力推动“一融双新”工程，促进大中小城市和小城镇协调发展；坚持点面结合、统筹推进，深化新型城镇化综合试点，总结推广成功经验，带动全省新型城镇化体制机制创新；坚持纵横联动、协同发力，完善推进机制，优化政策组合，推动户籍、土地、财税、住房等相关政策和改革举措配套；坚持补齐短板、重点突破，瞄准重点领域和关键环节，加快体制机制创新，确保改革举措和政策落地生根。

（三）主要目标。到2020年，累计实现1 000万农业转移人口和其他常住人口在城镇落户，全省城镇化水平和质量稳步提高，常住人口城镇化率和户籍人口城镇化率分别达到60%和45%以上，并力争超过全国平均水平。关中平原城市群辐射带动能力显著增强，“一核一群两轴三带四极”的格局基本形成，城市建设和城市管理水平明显提高，城市环境更加生态宜居；城镇化体制机制更加完善，城乡公共服务均等化步伐明显加快，城乡统筹一体化发展水平进一步提升。

二、以户籍制度改革为突破，推进农业转移人口市民化

（四）加快推进户籍制度改革。逐步剥离户籍上附着的公共服务和社会福利，2017年底前，各市要制订完成推动农业转移人口在城镇落户的实施方案，确保进城落户人员与城镇居民享有同等权利、履行同等义务。除西安市主城区外，各市（区）要进一步放宽落户限制条件，允许农业转移人口在就业地落户，优先解决农村学生升学和参军进入城镇的人口、在城镇就业居住一定年限和举家迁徙的农业转移人口以及新生代农民工落户问题。高校毕业生、技术工人、中职学校毕业生、留学归国人员、优秀农民工凭相关证件和证明可在就业地办理落户。西安市要根据城市综合承载能力和功能定位，分区域、分类实施相应落户政策；在制定积分落户政策中，要以具有合法稳定住所（含租赁）、参加城镇社会保险年限、连续居住年限为主要指标，重点解决在城镇就业或居住5年以上、举家迁徙的农业转移人口及符合条件的普通劳动者落户问题。（省公安厅牵头，省人力资源社会保障厅等配合，各市、区具体实施）

（五）全面实行居住证制度。根据国务院《居住证暂行条例》，加快《陕西省流动人口服务管理办法》修订进程。2016年底前，各市（区）要制定具体实施管理办法，公布居住证持有人享受的公共服务范围等，逐步保障居住证持有人在居住地享有义务教育、就业、卫生、计划生育、文化体育、住房、法律援助和法律服务以及国家规定的其他基本公共服务；同时享有办理出入境证件、换领补领居民身份证、机动车登记、申领机动车驾驶证、报名参加职业资格考试和申请授予职业资格以及其他便利。鼓励各地对居住证服务内容扩面提标，缩小与户籍人口基本公共服务的差距。（省公安厅牵头，省人力资源社会保障厅等配合，各市、区具体实施）

（六）推进农业转移人口享有城镇基本公共服务。全面落实13年免费教育，把进城务工随迁人员子女就学情况纳入国家义务教育均衡发展和我省“双高双普”督导评估指标体系。支持企办和普惠性民办幼儿园发展。保障农民工随迁子女以公办幼儿园和普惠性民办幼儿园为主接受学前教育。从2017年起，全面实施城乡义务教育“两免一补”和生均公用经费基准定额资金随学生流动可携带政策。实施农民工职业技能培训提升计划，“十三五”期间每年培训60万人次。积极推进社会保险关系转移接续，保证农民工和进城落户农民缴费记录不断档、参保续得上。整合城镇居民基本医保和新农合，建立城乡居民基本医疗保险一体化制度。积极发展分级诊疗、医联体、医疗集团、家庭医生、县镇一体化，建立基本医疗保险异地结算制度，2016年底前实现省域内医疗费用异地结算。构建新型城镇化现代公共文化服务体系，保障农业转移人口享有基本文化权益。（省教育厅、省人力资源社会保障厅、省卫生计生委、省文化厅等按各自职能分别牵头负责）

（七）健全农业转移人口市民化激励机制。加快落实财政转移支付同农业转移人口市民化、城镇建设用地增加规模与吸纳农业转移人口落户数量“双挂钩”政策，制定省

级预算内投资安排向吸纳农业转移人口落户数量较多的城镇倾斜的实施办法和细则。建立健全由政府、企业、个人共同参与的农业转移人口市民化成本分担机制。（省发展改革委、省国土资源厅、省财政厅、省人力资源社会保障厅等按职能分别牵头负责）

（八）加强社区服务与治理。加大社区服务设施建设，2020 年前实现城市社区综合服务设施全覆盖。健全城乡社区综合服务管理平台，促进公共服务、便民利民服务、志愿服务有机衔接，实现一站式服务。完善城乡社区治理机制，充分发挥社区党组织在服务群众中的领导核心作用，建立健全居民代表大会、业主委员会等社区居民自治组织，组织和引导社区居民自我管理、自我教育、自我服务。加强社区服务岗位职业培训，提升社区工作者队伍职业素质。以精神文明创建为抓手，鼓励支持社区开展群众性文体活动、志愿服务活动，形成文明健康、积极向上的社区文化环境。（省民政厅牵头，省人力资源社会保障厅、省财政厅等配合）

三、加强城镇基础设施建设，提升城市功能

（九）改造提升城市基础设施。加强城市公共停车场规划与建设，扩大公共停车位供给总量，调整停车设施供给结构，缓解西安等大中城市交通拥堵问题。推进“宽带陕西”建设，加快全光纤网络城市和第四代移动通信（4G）网络布局，到 2020 年，城市和农村接入带宽能力普遍达到 50Mbps 和 12Mbps 以上，实现城市无线网络全覆盖。加强信息网络、数据中心等基础设施建设，协同推进智能化信息应用，支持咸阳等地建设智慧城市。实施地下管网改造工程，编制地下综合管廊专项规划，建立地下综合管廊项目储备库，积极争取将西安、延安等城市列入全国地下综合管廊试点，加快实施既有路面城市电网、通信网络架空线入地工程，推进雨污分流。到 2020 年，全省建成并投运地下综合管廊 100 公里以上，在建管廊长度超过 500 公里。（省住房城乡建设厅牵头，各市、区具体实施）

（十）加快城镇棚户区、城中村和危房改造。实施棚户区改造行动计划和城镇旧房改造工程，改造各类棚户区 50 万套以上，货币化安置率不低于 50%。推动棚户区改造与名城保护、城市更新相结合，推动城市老城区改造。加快城中村改造，有序推进旧住宅小区综合整治、危旧住房和非成套住房改造。（省住房城乡建设厅牵头，省国土资源厅、省财政厅等配合，各市、区具体实施）

（十一）加快城市综合交通网络建设。加快大西安地铁网建设，完善关中城际铁路网体系，形成城市交通快速网络，加快建设城市快速干道、主次干路与支路合理配置的路网系统。引导新建住宅推广街区制，原则上不再建设封闭住宅小区。已建成的住宅小区和单位大院要逐步打开，形成道路交通微循环。在西安等市（区）选择部分区域开展住宅小区、单位大院内部道路与城市道路打通试点。优化公共交通线网布局和站点设置，到 2020 年，全省各市建成区平均路网密度达到 8 公里/每平方公里，榆林、安康、商洛、韩城市及杨凌示范区中心城区公共交通站点 500 米覆盖率达到 98%，其余市（区）中心城区公共交通站点 500 米覆盖率达到 100%。规划建设一批“零换乘”综合客运枢纽，提升新增及更新公交车辆中的新能源车辆比例，到 2020 年，全省分散式充电桩达到 9 万台以上。（省发展改革委、省住房城乡建设厅、省交通运输厅等牵头，各市、区具体实施）

（十二）推进海绵城市建设。各市（区）要加快编制海绵城市建设规划，充分利用自然山体、河湖湿地、荒野滩涂、草地等生态空间建设海绵城市。支持西咸新区海绵城市建设试点，推广海绵型建筑与小区、海绵型道路与广场建设，推行道路与广场雨水的收

集、净化和利用，支持海绵型公园和绿地建设。按照柔性治水理念，科学构建陕西水系，恢复和保持河湖水系的自然连通，构建城市良性水循环系统。加强城市防洪保安系统、排水管网、排涝泵站等基础设施建设，加快低洼地、易涝点改造，提高城市防灾排水能力。加大城市黑臭水体治理力度，加强城市污水处理厂及配套管网建设，改进运营管理机制。到 2020 年，全省城市建成区 20%以上的面积达到海绵城市要求。（省住房城乡建设厅牵头，省发展改革委、省环境保护厅、省水利厅等配合，各市、区具体实施）

（十三）加强城市规划与管控。复制推广榆林市、富平县“多规合一”试点经验，扩大“多规合一”试点范围，科学划定城市水体保护线、绿地系统线、基础设施建设控制线、历史文化保护线、永久基本农田和生态保护红线，限定开发边界，控制开发强度。制定城市设计导则，开展城市设计，加强传统文化、民俗文化、历史文化与自然遗产保护，保留城市特有地域环境、文化特色、建筑风格等基因。严格依法实施规划，加强刚性约束，强化惩戒机制，增强规划的严肃性、稳定性和权威性。（省发展改革委、省住房城乡建设厅、省国土资源厅、省环境保护厅、省文物局等按职能分别负责）

四、完善城镇体系，优化城镇化格局

（十四）推进关中平原城市群建设。配合国家编制好关中平原城市群发展规划，力争更多诉求上升到国家层面；建立关中协同创新发展协调机制，出台关中协同创新发展意见，推进关中各市（区）规划统筹、交通同网、信息同享、产业同构、金融同城、电话同号、环境同治、服务同质。全面加快省市共建大西安步伐，支持西咸新区创新管理体制机制，推进西铜、西渭、西商一体化发展，支持宝鸡加快关天副中心城市建设。（省发展改革委、省住房城乡建设厅牵头，省国土资源厅、省交通运输厅、省金融办、省工业和信息化厅、省卫生计生委、省民政厅、省环境保护厅等配合）

（十五）培育特色中小城市。加大力度支持 39 个重点县城建设，进一步完善城市功能，增强人口、产业等要素集聚能力，打造区域性中小城市。支持具备条件的县撤县设区设市，到 2020 年，人口规模高于 20 万以上的县城达到 10 个，10 万至 20 万的达到 26 个左右。创新体制机制，优化人口、产业、交通、公共设施布局，培育沿黄和沿汉江城镇带，打造渭北台塬、渭河北岸、陕晋蒙毗邻等区域新增长极。加大对庄里、蔡家坡、大柳塔、恒口镇级综合改革试点的支持力度，落实县级经济社会管理权限，鼓励试点镇在行政管理、社会管理、投融资体制等领域先行先试，在此基础上逐步扩大试点镇范围。充分发挥省级产业发展母基金引导作用，支持试点镇吸引金融资本和社会资本设立小城市培育发展基金，主要用于基础设施完善、园区建设、产业培育和公共服务能力提升等。（省发展改革委、省住房城乡建设厅牵头，省民政厅、省财政厅、省编办等配合，各市、区具体实施）

（十六）培育发展特色小镇。持续推进 35 个重点示范镇和 31 个文化旅游名镇建设，打造县域副中心和宜居宜游特色镇。积极争取国家特色小镇政策支持，进一步发掘历史文化、产业、生态等资源，打造一批休闲养生小镇、民俗小镇、特色产业小镇。到 2020 年，全省形成 100 个特色小镇。（省住房城乡建设厅、省发展改革委牵头，省财政厅、省国土资源厅、省旅游局、省文物局等配合，各市、区具体实施）

五、统筹城乡发展，建设美丽乡村

（十七）推动基础设施和公共服务向农村延伸。加强农村水电路气网等基础设施建设，推动城镇供水管网向农村延伸，加大集中供水工程推进力度。选择一批基础条件较好的镇开展小城镇地下综合管廊试点，完善村庄排洪排水管网设施。实施农村电网改造升级行动计划，着力提高农村供电能力和质量。以贫困地区为重点，持续加快农村公路建设，到 2020 年，改建和完善农村公路 6 万公里，实现具备条件的建制村通沥青（水泥）路。积极发展通村客运，实现具备条件的建制村通班车、直接通邮、通快递。加快宽带普及，推进信息进村入户。推进农村危房改造，建立农村生活垃圾收运处理体系，加大农村改厕力度，着力改善人居环境。（省发展改革委、省水利厅、省住房城乡建设厅、省农业厅、省交通运输厅、省财政厅、省环境保护厅、省卫生计生委等按职能分别负责）

（十八）促进农村一二三产业融合发展。推动农业供给侧结构性改革，调整优化农业产业布局，完善农产品产地初加工补助政策，落实初加工用电享受农用电政策，打造杨凌、渭南等一批农产品深加工贸易示范园区，加快形成契合市场需求、供给与需求匹配、生产与消费对接的现代农业生产经营体系。推进农业与旅游、教育、文化、健康养老等产业深度融合发展，开展乡村旅游品牌建设活动，引导大中专毕业生、新型职业农民、务工经商返乡人员领办专业合作社、兴办家庭农场，抓好韩城、紫阳、子长、平利农民工返乡创业试点。支持大荔、榆阳、蓝田建设国家农村产业融合发展“百县千乡万村”试点示范工程。（省发展改革委、省农业厅、省财政厅、省工业和信息化厅、省工商局、省人力资源社会保障厅等按职能分别负责）

（十九）加快农村电子商务发展。加快武功、洛川、山阳等 30 个电子商务示范县建设，在全省 80%以上县城设立农村电子商务服务中心。结合鼓励引导农民工返乡创业，大力发展农村电子商务，培育一批农产品电子商务主体，做强做优陕西苹果、猕猴桃、茯茶等优质农产品品牌。深化与阿里巴巴、京东等电商龙头企业合作，推进电子商务进村综合示范工程建设，整合邮政、商贸、交通、供销等公共资源，支持快递企业在农村建立网点，推动县级仓储配送中心建设，改造、新建一批农产品冷库，完善农产品物流配送体系，打通农村物流“下乡与进城”双向快捷通道。（省商务厅牵头，省发展改革委、省农业厅、省财政厅、省工商局、省邮政管理局等配合，各市、区具体实施）

（二十）推进移民（脱贫）搬迁与新型城镇化结合。按照“四避免”“四靠近”原则推进易地搬迁，科学规划建设搬迁居民小区，同步配套桥、路、水、电、气、网等基础设施，以及教育、卫生、文化、社会保障等必要的公共设施。积极发挥当地资源优势，推广先进实用技术，培育发展特色优势产业，因地制宜建设产业园区，五年完成建档立卡贫困户 35.5 万户 125 万人搬迁任务，切实做到搬迁一户、脱贫一户。（省国土资源厅牵头，省扶贫办、省住房城乡建设厅、省发展改革委、省财政厅、省金融办、省文化厅、省交通运输厅、国家开发银行陕西省分行、农业发展银行陕西省分行等配合，各市、区具体实施）

六、深化土地制度改革，推进土地集约高效利用

（二十一）推进城乡建设用地增减挂钩。稳妥推广增减挂钩“高陵模式”“阎良模式”“富平模式”“西乡模式”，引领全省重点示范镇、文化旅游名镇和新型农村社区建设。大力开展农村土地综合整治，指导列入国家连片特困地区、国家扶贫开发工作重点区域的 56 个县（区）开展省域内增减挂钩，允许节余建设用地指标在省域内跨县、跨市流转使用。支持高陵农村土地征收、集体经营性建设用地入市、宅基地制度改革试点。积极探

索农村集体经营性建设用地出让、租赁、入股，与国有土地同等入市、同权同价。综合利用国家遥感监测成果以及各类用地管理信息，开展年度土地利用现状预报监测。（省国土资源厅牵头，各市、区具体实施）

（二十二）建立城镇低效用地再开发激励机制。深入推进"以地控税、以税节地"，鼓励低效工业用地企业搬迁改造，适当提高对原土地使用权人的补偿标准，提高单位面积产出率。在符合规划、不改变原用途的前提下，对现有工业用地经批准在原用地范围内新建、改建、扩建工业项目，且投资强度、建筑容积率等指标符合规定的，其增加建筑面积部分不再补缴土地出让金。鼓励农村集体经济组织开展城中村更新改造，政府征收城中村存量集体建设用地进行经营性开发和土地公开交易的，可适当提高对原农村集体经济组织的补偿标准。鼓励旧城镇用地集中开发利用，符合城乡规划的，市场主体可收购相邻多宗地块，申请集中开发利用。旧城镇用地依法收回后纳入政府储备的，可参考原用途评估价格确定收购价格，适当提高对原土地使用权人的补偿标准。（省国土资源厅牵头，省财政厅、省地税局等配合，各市、区具体实施）

（二十三）完善农村承包土地经营权和宅基地使用权流转机制。结合实施不动产统一登记制度，全面完成不动产统一登记窗口建设。开展农村"房地一体"村庄地籍调查确权登记发证试点，统筹推进农房等集体建设用地上的建筑物、构筑物确权登记。加快推进农村集体土地确权登记颁证工作，稳步推进农村土地承包经营权和农民住房财产权抵押贷款试点。加快农村"两权"流转交易平台建设，规范"两权"价值评估行为。探索进城落户农民土地承包经营权、宅基地使用权、集体收益分配权的依法自愿有偿退出机制。（省国土资源厅牵头，省农业厅等配合，各市、区具体实施）

七、坚持购租并举方式，完善城镇住房体系

（二十四）建立购租并举的城镇住房制度。加快推进以满足新市民住房需求为主要出发点的住房制度改革，建立健全购房与租房并举、市场配置与政府保障相结合的住房制度，打通保障性安居工程与存量商品房通道，通过购买和长期租赁方式，把适合或经改造符合公共租赁住房条件的存量商品房转为公共租赁住房房源，配租给保障对象。积极培育市场供应主体，鼓励自然人和各类机构投资者购买库存商品房，规范住房租赁中介行为，引导社会闲置房源进入租赁市场，发展住房租赁专业化企业，完善住房租赁支持政策，明确各方权利义务。到2020年，保障房覆盖面稳定在23%左右。（省住房城乡建设厅牵头，各市、区具体实施）

（二十五）完善城镇住房保障体系。各地应结合住房供需状况等因素，将新增租赁住房纳入住房发展规划，合理确定公共租赁住房建设规模，允许将商业用房等按规定改建为租赁住房。对依法登记备案的住房租赁企业、机构和个人，给予税收优惠政策支持。采取实物配租和租赁补贴相结合并逐步转向租赁补贴为主的方式，加大公共租赁住房补贴发放力度，加快推广租赁补贴制度，支持保障对象通过租赁市场解决住房问题。合理扩大保障面，降低申请门槛，将在本地就业的非户籍人口纳入公共租赁住房保障范围。进一步拓宽申请渠道，实行常态化受理，严格"三级审核、三次公示"制度，确保在项目竣工前6个月编制完成配租配售方案、竣工验收后3个月内完成分配入住。到2016年底，力争2013年底前开工的公共租赁租房入住率达到90%以上，以后年度照此类推。（省住房城乡建设厅牵头，各市、区具体实施）

（二十六）健全房地产市场调控机制。调整完善差别化住房信贷政策，提高对农民工

等中低收入群体的住房金融服务水平。鼓励保险机构创新产品，为中低收入群体提供保险增信服务，帮助其获得银行住房贷款支持。将进城农民工纳入住房公积金保障范围。支持符合条件的住房租赁企业发行债券、不动产证券化产品。稳步推进房地产投资信托基金（REITs）试点。加强商品房预售管理，制定新建商品房预售资金、二手房交易资金监管办法，完善新建商品房网签和二手房买卖网签系统。鼓励地方政府盘活城区存量土地，采用多种方式增加租赁住房用地有效供应。（省住房城乡建设厅牵头，省金融办、人民银行西安分行、陕西银监局、陕西保监局等配合，各市、区具体实施）

八、推进体制机制创新，形成强大合力

（二十七）深化新型城镇化试点。支持高陵、韩城、西咸新区等积极开展国家新型城镇化综合试点，深化渭南国家中小城市综合改革试点，指导富平等11个县（区）开展全省新型城镇化综合试点。加强对试点地区监测评估，推动相关改革举措在试点地区先行先试。鼓励试点地区在农业转移人口市民化成本分担、产城融合、投融资、行政管理等方面加快改革，重点突破，积极探索符合各自实际的新型城镇化路径。各地各有关部门要加大对试点地区指导支持力度，及时总结推广试点经验。各试点地区要制定工作实施方案和年度计划，明确任务、夯实责任。建立健全试点绩效考核评价机制，实施动态管理，进一步激发和调动试点工作积极性。（省发展改革委牵头，省推进新型城镇化工作联席会议其他成员单位配合）

（二十八）构建多元化可持续投融资模式。完善PPP项目储备库，继续选择一批重大项目开展PPP项目示范。合理确定合作双方权利义务，建立投资、补贴与价格的协同机制，为社会资本获得合理回报创造条件。积极争取中央专项建设基（资）金扩大支持新型城镇化建设的覆盖面，加大对城市基础设施和公共服务设施建设、特色小城镇功能提升等支持力度。加强与国家开发银行、中国农业发展银行对接，充分利用“政府发展基金+政策性银行”等方式，争取更多融资支持。鼓励公共基金、保险资金等参与具有稳定收益的城市基础设施项目建设和运营。加快健全新型城镇化投融资平台，进一步放大中央资金及我省专项资金效应。（省发展改革委牵头，省财政厅、省国税局、省金融办、人民银行西安分行、陕西银监局、陕西证监局、陕西保监局、国家开发银行陕西省分行、农业发展银行陕西省分行等按照职能分别负责）

（二十九）健全工作推进机制。定期召开省推进新型城镇化工作联席会议，及时协调解决新型城镇化工作中的重大问题。省发展改革委要加强统筹协调，强化对各市（区）新型城镇化工作的指导，推动相关具体政策尽快出台，落地、落细、落实。各市（区）要进一步完善城镇化工作机制，统筹推进本地新型城镇化工作。各有关部门要结合各自职能，强化对新型城镇化建设进展情况的跟踪监测和监督检查，对相关配套政策实施效果及时进行分析评估。各地各有关部门要广泛宣传推进新型城镇化的新理念、新政策、新举措，及时报道典型经验和做法，为推进新型城镇化营造良好的社会环境和舆论氛围。（省发展改革委牵头，省推进新型城镇化工作联席会议其他成员单位配合，各市、区具体实施）

陕西省人民政府
2016年10月21日

陕西省人民政府办公厅关于促进旅游投资和消费的实施意见

陕政办发〔2016〕5号

各市、县、区人民政府，省人民政府各工作部门、各直属机构：

为贯彻创新、协调、绿色、开放、共享的发展理念，落实《国务院办公厅关于进一步促进旅游投资和消费的若干意见》（国办发〔2015〕62号）精神，以到2020年实现接待游客6.4亿人次、旅游总收入6 000亿元为目标，进一步扩大旅游投资和消费，促进全省旅游产业转型升级增效，将旅游业打造成我省综合性新兴支柱产业，经省政府同意，提出以下实施意见：

一、加强旅游基础设施建设，改善旅游消费环境

（一）着力优化旅游市场环境。建立健全部门联动、属地管理、动态监管的旅游综合执法机制，县级以上（含县级）政府要明确旅游投诉受理机构，严厉打击虚假广告、价格欺诈、欺客宰客、超低价格恶性竞争、非法“一日游”等旅游市场顽疾，深入开展文明景区、平安景区创建活动，积极推进A级景区周边环境综合治理工作，将其纳入当地政府考核工作中。建立旅游企业、从业人员诚信记录制度和退出机制，对管理秩序混乱的等级景区、星级饭店予以警告或摘牌处理，对严重违法的旅行社依法吊销旅游经营许可证。鼓励A级景区对当地群众实行门票减免等优惠政策；鼓励A级景区在承载量范围内，每年5月19日（中国旅游日）和9月27日（世界旅游日），对国内外游客实行首道门票免费优惠；逐步推动有条件的景区免费开放。

（二）完善城市旅游咨询中心和集散中心。完善机场、车站、高速公路服务区、重要交通节点等游客集聚区的旅游咨询中心建设。加快建设省域副中心城市大型旅游集散中心，带动重点城市（镇）、重要县级城市中小型旅游集散中心发展，形成以大型集散广场为总站，核心城市客运场站、重要景区为分站，重点旅游城市客运站为支点的三级旅游集散网络体系。完善旅游集散中心交通、信息咨询、产品营销、综合服务等功能。2020年前，实现重点旅游景区、旅游城市、旅游线路咨询服务全覆盖。

（三）加强旅游交通网络建设。增加西安至美国、法国、日本、韩国、俄罗斯等重要客源国的国际航线，鼓励发展旅游包机服务，完善汉中、安康、延安、榆林航空支线网络，积极发展72小时过境免签旅游线路。在旅游旺季增开旅游城市列车，优先办理旅游团队火车票预定，鼓励对旅游团队火车票实行优惠政策。加快建设以空中旅游环线和沿黄河、汉唐帝陵、秦岭南北两麓为骨架的重要旅游线路，完善交通标识和旅游标识牌。到2020年，全面实现4A级景区之间、景区与依托城市之间、景区连接主要公路之间二级以上公路贯通。

大力发展通用航空旅游，在秦岭山区、渭河流域、黄河流域、汉江流域、榆林沙漠区域等地建设直升机、动力滑翔伞、热气球、小型商务飞机等通用航空旅游支线机场，适时开发以渭河公园（帝陵带）—华山景区—瀛湖—两汉三国文化景区—太白山景区—壶口瀑布—榆林毛乌素沙漠为主的省内通用航空旅游线路。

（四）大力推进旅游厕所建设。积极开展旅游厕所建设管理行动，新建旅游厕所1 500座、改建700座，到2017年，全省旅游景区、旅游公路沿线、城市旅游综合区、旅游餐馆、旅游娱乐场所内厕所全部达到A级标准，并实现“数量充足、干净无味、实用免费、管理有效”的要求。全省各级政府要将旅游厕所纳入基础设施建设规划，承担建设管理主体责任；相关部门要主导管辖范围内的旅游厕所建设管理工作。建立健全旅游厕所管理体制，积极探索完善“以商管厕、以商养厕”机制。坚持技术革新，在不具备水冲条件的场所建设“生态厕所”。

二、加大投资力度，拓展旅游消费市场

（五）加快汽车营地建设。制定实施全省

《旅游公共服务体系规划》《汽车营地建设规范标准》。统一规划自驾游营地、旅居全挂车营地、露营地建设。进一步提升旅游便利化程度，加快建设针对散客、自驾游市场需求的公共服务设施，实现建设标准化和标识统一化，到 2017 年，规划布局 100 个汽车营地。

（六）大力开发休闲度假旅游产品。按照差异化、特色化发展思路，加快休闲度假型旅游产品开发，依托周、秦、汉、唐等历史文化资源，打造特色鲜明的旅游休闲精品景区；依托红色旅游资源，打造具有现代旅游特色的教育基地；依托秦巴山区自然山水文化资源，打造人文生态旅游度假圈；依托黄河、渭河、汉丹江等水系生态建设，打造亲水休闲体验廊道；依托乡村、古镇特色鲜明的民俗文化资源，打造乡村旅游度假产品；依托农业生产过程、农村风情风貌，发展休闲农业；依托大中型城市和现代文化资源，发展休闲购物、科普教育、体育健身、特色美食、文化演出、康体养生等文化旅游休闲项目。鼓励社会资本开发温泉、滑雪、水上项目、山地、养生等休闲度假旅游产品。争取“十三五”期间每年至少创建一个国家级旅游度假区、两个省级旅游度假区。

（七）强力推进文化旅游名镇建设。按照“城镇旅游化、区域一体化、全域景区化”要求，加快 31 个文化旅游名镇建设，在“十三五”期间继续执行土地和省级财政资金补助政策。按照《旅游特色名镇评定规范》《美丽乡村建设规范》以及《等级景区评定标准》，大力开展景区创建工作，到 2020 年，打造不少于 15 个 4A 级景区。对达到 4A 级景区以上的文化旅游名镇，按省级重点示范镇政策给予支持。

（八）大力发展旅游装备制造业。鼓励发展旅游房车、观光电梯、观光轻轨、景区索道、旅游小飞机、漂流船、大型游乐设施等旅游装备制造业。大力培育休闲、登山、滑雪、露营、探险等各类户外自主品牌。支持有条件的企业兼并收购国外先进旅游装备制造企业或开展合资合作。鼓励企业开展旅游装备自主创新研发，按规定享受国家科技创新政策。

（九）大力发展“互联网＋旅游”。建设陕西智慧旅游公共服务信息系统，深入推进智慧旅游城市、智慧景区、智慧旅行社、智慧饭店、智慧乡村创建工作。加快旅游目的地营销平台、餐饮营销平台、旅游产品电商平台、租车预订平台、导游讲解预订平台、电子门票营销平台、陕西旅游一卡通金融平台建设。到 2020 年，全省 4A 级以上景区、三星级以上饭店和其他主要游客活动场所实现免费 Wi-Fi（无线局域网）、智能导游、电子讲解、信息推送等功能全覆盖。

三、实施旅游消费促进计划，培育新的消费热点

（十）丰富特色旅游商品。加强旅游商品研发设计，扎实推进旅游商品创新工作。推进陕西旅游商品研发基地建设，定期举办陕西省旅游商品大赛。推出陕西“热购旅游商品”名单，鼓励各市（区）及 4A 级以上景区开发具有自身特点的“热购旅游商品”。鼓励建立旅游商品示范店，推动优质特色旅游商品进驻城市大型商场超市。在省内重点景区、机场、车站等旅游集散地，建立一批旅游商品自动售货机；在游客服务中心开辟旅游商品售卖专柜；在重点旅游城市建立专门销售旅游商品的交易中心。到 2020 年，旅游商品收入占旅游总收入的 25%左右。

（十一）积极支持老年旅游。加强老年旅游研究，提升老年旅游服务水平，开发一批多层次、多样化符合老年人需求的旅游产品。落实景区门票对老年人的优惠办法，建立便捷的老年人进出通道。大力推动乡村养老旅

游发展，鼓励进一步开发完善适合老年旅游需求的商业保险产品。

（十二）支持研学旅行发展。把研学旅行纳入学生综合素质教育范畴，重点打造以文化遗产资源为载体的文化旅游研学旅行示范基地，以自然山水为载体的生态保护研学旅行示范基地，以红色文化为载体的爱国主义研学旅行示范基地，以乡村休闲为载体的现代农业研学旅行示范基地，以航天工业为载体的高科技研学旅行示范基地，以祭祀文化为载体的寻根祭祖研学旅行示范基地。旅行社和研学旅行基地应在内容设计、体验参与、导游配备、安全防护等方面结合不同年龄段学生特点，寓教于游，推出不同类别的研学项目。加强国际研学旅行交流，规范和引导中小学生赴境外开展研学旅行活动。

（十三）积极发展中医药健康旅游。鼓励具有相应资质的中医医疗机构在酒店、景区、旅游度假区等场所提供针灸、推拿、按摩、药膳等中医药健康服务项目。广泛利用中华老字号名店、中药材种植基地和生产企业等资源，建设一批中医药氛围浓郁的旅游景区、养生体验中心、主题公园、观赏基地、文化街区和示范区。加快咸阳、铜川的全国中医药文化宣传教育基地建设。鼓励社会力量投资开发集医疗康复、养生保健、休闲旅游为一体的中医药健康旅游项目，开发中药美容化妆品、药食同源保健食品等产品。鼓励旅游企业或协会参加境外国际旅游展会，宣传推广中医药健康旅游项目。

四、提升乡村旅游服务水平，增强旅游吸引力

（十四）通过示范引领大力发展乡村旅游。以第二批10个省级旅游示范县建设为抓手，通过试点创建和典型经验推广，推动全省县域旅游快速发展。总结和推广我省10大乡村旅游发展模式，推广商洛的美丽乡村建设以及安康的旅游村镇建设经验，促进乡村旅游提档升级。贯彻落实《旅游特色名镇评定规范》和《乡村旅游示范村评定规范》两个地方标准，提升乡村旅游服务质量。到2020年，建成30个旅游示范县、150个旅游特色名镇，3万户农家乐，乡村旅游从业人员达到30万人，乡村旅游综合收入超过200亿元。

（十五）加大休闲农业与乡村旅游建设项目支持力度。从2016年起，在旅游基础设施专项资金中适当增加乡村旅游补助比重，重点用于旅游厕所、游客中心、标识系统、停车场等旅游服务设施建设。发展改革、农业、扶贫、城乡建设等农业农村相关部门要结合乡村旅游扶贫、休闲农业、美丽乡村及文化旅游名镇等建设项目，重点加强旅游村镇的道路、民房、饮水、垃圾污水处理、信息网络等基础设施建设。

（十六）开展乡村旅游创客行动。以袁家村、上王村、马嵬驿、青木川等精品旅游村镇为重点，着力打造乡村旅游创客基地，为返乡农民工、大学毕业生、专业技术人员等开展乡村旅游创业提供条件。鼓励科技、文艺类专业人才发挥自身优势，在城市周边、景区周边、汉唐帝陵沿线、传统村落、古镇等进行乡村旅游开发建设，打造具有特色创意的乡村旅游产品。

（十七）大力推进乡村旅游扶贫工程。采取对口支援、专业培训、规划指导、宣传推介等方式，加快贫困村旅游资源开发，打造一批景区依托型、田园风景型、古镇村落型、传统民俗型乡村旅游扶贫示范村庄。以10个旅游扶贫试点示范县和31个建档立卡旅游扶贫试点村为重点，分批实施151个重点贫困村的旅游扶贫工程。

五、落实带薪休假制度，释放旅游消费潜力

（十八）落实带薪休假制度。各地、各

部门要严格执行《陕西省人民政府关于进一步落实职工带薪年休假制度的意见》(陕政发〔2012〕48号),进一步制定带薪休假制度实施细则。

(十九)鼓励错峰休假。除国家法定节假日之外,各地、各部门要将带薪休假和本地传统节日、地方特色活动相结合,合理安排错峰休假,并举办特色鲜明的传统节庆活动,推出丰富的旅游产品和特色旅游线路。

(二十)鼓励弹性作息。鼓励有条件的地方和单位根据实际情况,依法优化夏季作息安排。有条件的行政、事业、企业单位可按照"先行先试"的原则,实行2.5天的周末休假方案。

六、综合施策,为旅游业转型升级创造良好环境

(二十一)加大政府支持力度。充分发挥省旅游工作联席会议作用,综合协调全省旅游改革发展工作。积极发挥省级旅游产业发展基金作用,支持符合条件的重大旅游项目建设。支持采用PPP模式(政府与社会资本合作)投资、建设、运营旅游项目。重点支持丝绸之路经济带、大秦岭生态度假圈、沿黄旅游带、汉唐帝陵等重点旅游带和省内重点景区建设。各市、县人民政府要强化责任主体,协调推进各项工作顺利实施。

(二十二)落实差别化用地政策。对于投资大、发展前景好的旅游重点项目,要优先安排用地指标。允许社会资本和个人利用荒地、荒坡、荒滩、垃圾场、废弃矿山和石漠化土地开发旅游项目,政府给予补助或贴息贷款支持。鼓励农村集体经济组织依法以集体经营性建设用地使用权入股、联营等形式开办旅游企业。

(二十三)推进旅游业与金融业融合发展。鼓励金融机构对"十三五"重大旅游项目和31个文化旅游名镇建设项目给予融资授信支持。发展旅游投资项目资产证券化产品,推进旅游项目产权与经营权交易平台建设。加大对小微旅游企业和乡村旅游的信贷支持力度,符合条件的旅游企业可享受中小企业贷款优惠政策。引导预期收益好、品牌认可度高的旅游企业探索通过相关收费权、经营权抵(质)押等方式融资筹资。支持符合条件的旅游企业上市。积极吸引民间资本投资旅游业,加快形成多元化投资格局。

陕西省人民政府办公厅
2016年1月20日

陕西省农业厅办公室关于印发《陕西省省级休闲农业示范点认定和运行监测管理工作方案》的通知

陕农业办发〔2016〕65号

各设区市农业局(委),杨凌示范区农业局,韩城市农林局:

为深入贯彻落实省委省政府大力促进休闲农业发展的决策部署,进一步发挥典型示范带动作用,推动全省休闲农业加快提升发展水平,培育农村经济新业态、新动能,省农业厅研究制定了《陕西省省级休闲农业示范点认定和运行监测管理工作方案》。现印发给你们,请遵照执行。

陕西省农业厅办公室
2016年7月27日

陕西省省级休闲农业示范点认定和运行监测管理工作方案

为进一步规范省级休闲农业示范点认定和运行监测管理工作,加强对示范点的服务和支持,推动全省休闲农业健康、稳步、可持续发展,结合本省实际制定本工作方案。

一、总体思路

深入贯彻落实省委省政府大力促进休闲

农业发展的决策部署，牢固树立并切实贯彻创新、协调、绿色、开放、共享五大发展理念，以规范、引导休闲农业发展方式为重点，通过开展省级休闲农业示范点创建活动，进一步探索发展规律，完善标准体系，优化发展环境，理清发展思路，加快培育一批经营管理规范、产业特色鲜明、服务功能完善、发展势头良好、示范带动能力强的示范点，形成“特色化竞争、差异化发展、品牌化运营”的良性发展格局，推动农村一二三产业融合互动发展，培育壮大农村新产业新业态，加快促进农业强、农村美、农民富。

二、基本原则

——坚持自愿申报。省级休闲农业示范点由相关主体自愿申报，不搞行政摊派和硬性命令。凡申报的主体，须同意本工作方案所规定的申报要求和监测管理制度，自觉履行相关义务。

——坚持分级负责。实行“省统筹、市负责”的工作机制。省农业厅制定有关标准、组织实施认定和监测管理等工作；市级农业部门负责遴选推荐、业务指导、汇总数据、监督检查、甄别情况等工作。

——坚持动态管理。省级休闲农业示范点的认定遵循择优汰劣原则，实行动态管理。每2年认定1次，有效期2年，并实行每年1次的监测制度。

——坚持正向激励。优先支持获认定的省级休闲农业示范点享受相关农业项目扶持政策；优先支持纳入省级公共宣传推介；优先向农业部推荐参加相关认定、推介等活动。

三、工作分工

省农业厅成立省级休闲农业示范点评审委员会，由分管厅领导担任评审委员会主任。评审委员会办公室设在省发展一村一品指导中心，具体负责起草有关标准，组织实施认定和监测管理等工作。各市（区）农业（农林）局（委）负责本辖区休闲农业示范点的遴选推荐和业务指导等工作。

四、认定范围

省级休闲农业示范点认定的业态包括：

（一）休闲农园。指具有农业观光、科普教育、农事体验、农耕文化展示、农特产品销售等功能的农业园区。

（二）休闲农庄。指以农业生产、加工、经营为基础，以拓展农业功能、传承农耕文化为核心，兼顾度假体验，一二三产业融合发展，有独立法人资格的企业。

（三）休闲乡村。指以农户为单元，以农家饭、自产农产品、农家庭院为吸引，提供农家生活体验等服务，直接从事接待服务农户数占全村总户数30%以上的行政村。

五、申报条件

申报省级休闲农业示范点，应具备以下基本条件：

（一）示范带动作用强。休闲农业项目符合当地规划布局和有关要求，并得到相关部门批准。能够紧紧围绕当地农业生产过程、农民劳动生活、农村民俗风情开发休闲产品，周边农民能够广泛参与和直接受益。通过项目建设，对当地经济发展、农民就业增收和美丽乡村建设起到重要带动作用。

（二）经营管理规范。遵守国家法律法规，诚实守信，依法经营，热心公益事业，社会形象良好。管理制度完善，岗位责任明确，接待服务规范。近2年内无安全生产和食品质量安全事故发生，无拖欠职工工资和损害职工合法权益现象。

（三）服务功能完善。规划科学，布局合理，休闲项目特色鲜明，功能突出，知识性、趣味性、体验性强。环境干净整洁，卫生符合相关标准。通讯、网络等设施顺畅。农业观光及农耕文化体验、教育、展示设施完善。机电、游览、娱乐等设备完好，运行正常，无安全隐患。

（四）基础设施健全。道路通畅，路标、说明牌、路灯、停车场健全。消防、安防、救护等设备完好、有效。无违规建筑和占用耕地乱搭滥建现象。建立符合环保标准的污水和生活垃圾处理设施，生产和生活垃圾实行无害化处理和综合利用，近 2 年内无污染环境等问题。

（五）从业人员素质较高。有完善的培训制度，健全的管理机制，坚持开展经常性业务培训。上岗人员培训率达 100%，关键和重点岗位人员持证上岗。

（六）发展成长性好。主导产业特色突出，坚持标准化生产和产业化经营，所产农产品达到无公害、绿色或有机农产品标准。年营业收入 800 万元以上，吸纳当地农村劳动力占从业人员总数 60%以上。近 2 年总资产、销售收入和利税等主要经济指标稳定增长。

六、申报办法

（一）申报主体。休闲农园、休闲农庄法人单位，休闲乡村所属行政村，是省级休闲农业示范点申报主体。

（二）申报材料。申报材料应客观、真实，具体包括：

1.《陕西省休闲农业示范点申报表》；

2. 基本情况及经营情况介绍；

3. 营业执照、组织机构代码证、税务登记证复印件（企业提供。已实行工商营业执照、组织机构代码证、税务登记证“三证合一”的，提供新登记证）；

4. 近 2 年年度财务报表（企业提供）；

5. 其他可以反映休闲农业发展情况的材料。

（三）申报程序。休闲农园、休闲农庄法人单位，休闲乡村所属行政村，在对照申报条件进行认真自我评估并符合基本申报条件的基础上，向县级农业主管部门提出申请，并提交相关材料。县级农业主管部门对相关材料进行审查和实地考察后，向市级农业主管部门推荐。市级农业主管部门对相关材料进行审查并组织实地考察、公开评议后，择优向省农业厅推荐。

七、认定程序

（一）初审。评审委员会办公室对申报材料的完整性进行初审，并组织进行现场检查。初审合格的，向评审委员会推荐进行评审。

（二）评审。评审委员会组织有关专家对申报单位进行综合评审，提出评审意见。

（三）公示。评审委员会评审确定的省级休闲农业示范点，在陕西农业网进行不少于 7 个工作日的公示。

（四）认定。经公示无异议的，由省农业厅审查批准、行文认定。

八、监测管理

（一）监测频次。实行每年 1 次的监测制度。动态监测合格的单位，继续享受有关扶持优惠政策；对监测不合格者，取消其示范资格，不再享受有关扶持优惠政策。

（二）监测标准。运行监测评分标准参照本工作方案所列申报条件，由省级休闲农业示范点评审委员会办公室（省发展一村一品指导中心）制定。

（三）退出机制。有下列行为之一的，一经查实，实行退出一票否决制。对已获认定的，取消认定。

1. 由于防范措施不力或防范不当，导致重大农产品（食品）质量或生产安全事故，造成人员生命和财产重大损失的；

2. 在提交有关材料时存在严重造假行为的；

3. 存在重大经营困难停止经营半年以上的；

4. 有其他违反国家法律、法规和政策行为的。

青海省人民政府办公厅关于加快发展休闲农牧业与乡村旅游的意见

青政办〔2016〕98号

各市、自治州人民政府，省政府各委、办、厅、局：

休闲农牧业与乡村旅游作为横跨农牧区一二三产业的新兴产业，是促进农牧民就业增收和满足居民休闲需求的民生产业，是缓解资源约束和保护生态环境的绿色产业。为深入贯彻落实中央1号文件、《国务院办公厅关于加快转变农业发展方式的意见》（国办发〔2015〕59号）、《国务院办公厅关于进一步促进旅游投资与消费的若干意见》（国办发〔2015〕62号）等文件精神，进一步优化政策措施，加快推进我省休闲农牧业与乡村旅游健康发展，经省政府同意，现提出以下意见：

一、总体要求

（一）总体思路。以党的十八大及省委十二届历次全会精神为指导，结合青海实际，以促进农牧业提质增效、农牧民就业增收、城乡居民休闲消费为目标，以农耕文化为魂，以美丽田园为韵，以生态农牧业为基，以创新创造为径，以古朴村落为形，进一步完善基础设施和配套服务设施，丰富产业、产品体系，优化发展环境，提高公共服务能力，全面提升全省休闲农牧业与乡村旅游发展质量和水平，推动农牧区一二三产业深度融合发展。

（二）基本原则。坚持以农为本，以乡为魂。以农牧业为基础，农牧区为载体，突出农牧民的主体地位，科学构建农牧民利益分享机制，激发农牧民创业创新活力，促进农牧民持续稳定增收。深入挖掘农耕草原文化和民俗文化资源，推进乡村传统文化产业化。

坚持政府引导，多方参与。充分发挥政府在宏观指导、规范管理、宣传推广等方面的作用，鼓励支持社会各方力量积极参与休闲农牧业与乡村旅游开发建设，增强发展动力和活力。

坚持科学规划，持续发展。正确处理资源开发与生态环境保护、经济效益与社会效益、当前利益与长远利益的关系，加强对乡村生态环境和文化遗存的保护，推动休闲农牧业与乡村旅游持续有序健康发展。

坚持因地制宜，突出特色。立足自身资源特点和市场条件，突出地域和文化特色，培育发展不同类型、不同风格的休闲农牧业与乡村旅游产品，实现个性化、差异化发展，避免简单模仿和同质化竞争。

坚持创新机制，提升效益。创新发展模式和经营机制，完善投融资体制和分配机制，充分调动农牧民和旅游经营者积极性，推动休闲农牧业与乡村旅游扩大规模、提升层次、提高效益。

（三）发展目标。积极拓展农牧业多种功能，在全省集中引导培育50个具有观光、品尝、体验、休闲、度假、教育等多功能的休闲观光农牧业基地，推进休闲农牧业由单纯观光向观光—休闲—度假并重转变。力争到2020年休闲农牧业经营主体达到2 500家，乡村旅游扶贫重点村发展到243个，乡村旅游接待点达到4 000家，其中星级乡村旅游接待点达到1 200家，休闲农牧业与乡村旅游收入达到10亿元，带动20万农牧民从中受益，形成布局合理、业态丰富、功能完善的休闲农牧业与乡村旅游发展新格局。

二、主要任务

（一）科学编制规划。各地要按照全省休闲农牧业、旅游业发展和脱贫攻坚等有关规划，因地制宜，分类发展，围绕油料、蔬菜、水果、中药材、花卉等主导产业和特色产业，结合乡（镇）土地利用总体规划和新村规划，抓紧编制当地休闲农牧业与乡村旅游发展专项规划。各级政府及相关部门要坚持从实际出发，将休闲农牧业与乡村旅游发展规划和乡镇、村庄规划一同编制，实现多规合一。要提高规划设计的创意水平，充分挖掘当地自然、历史、民俗等资源内涵，突出主题特色，开发新业态，创意新产品。

（二）改善基础设施。实施休闲农牧业与乡村旅游提升工程。各地各部门要充分发挥统筹功能和主体作用，加强基础性、公益性公共服务设施建设，着力改善休闲农牧业与乡村旅游特色村道路、电力、饮水、停车场、标志标识、垃圾污水处理设施、信息网络等基础设施和公共服务设施，重点解决交通主干道、重点景区与休闲农牧业、乡村旅游点的道路连接。加强农牧区环境综合整治，开展美丽家园清洁行动，加大周边环境综合整治和垃圾污水处理力度，形成整洁、卫生、美观的村容村貌。

（三）健全标准体系。各地各部门要依法依规加强对休闲农牧业与乡村旅游的管理和引导，抓紧修订完善《青海省休闲农牧业与乡村旅游示范县（点）评定办法》、《青海省乡村旅游质量等级划分与评定》标准，加强对休闲农牧业与乡村旅游点软硬件建设规范指导，提升经营管理和接待服务水平。加强市场监管，着力解决散、乱、差和管理不规范、服务意识不强、哄抬物价、欺客宰客等问题，保护好“大美青海”品牌形象。

（四）创新发展模式。按照“一村一品、一村一韵”的发展思路，整合各方资源，集中力量打造一批特色鲜明、功能齐全、设施完善，具有示范带动效应的乡村旅游示范村。转变发展方式，大力发展休闲度假、旅游观光、康体养生、创意农业、农耕体验、乡村手工艺等。在妥善保护自然生态、原居环境和历史文化遗存的前提下，鼓励社会资本有规划地开发休闲农庄、乡村酒店、特色民宿、自驾露营、户外运动等乡村休闲度假产品。深入挖掘乡村文化内涵，支持各地开展富有地方特色的民俗演艺、农事体验、节事节庆活动。鼓励休闲农牧业、乡村旅游与文化、运动、森林、研学等旅游新业态融合发展。

（五）推进旅游扶贫。注重生态保护、旅游开发、扶贫攻坚有机结合，加大对贫困人口参与旅游经营服务的扶持力度，鼓励先富帮后富。积极探索以旅游资源、扶贫资金等入股参与旅游开发，让贫困群众从旅游业发展中获得稳定收益。加强对乡村旅游扶贫重点村的规划指导、人员培训、宣传推广，对有条件的建档立卡贫困村实施整村扶持。发挥旅游扶贫的综合带动效应，促进一二三产业融合发展、集群发展，提高旅游扶贫总体效益。

（六）支持创业就业。加大政策和资金支持，重点鼓励和引导大学毕业生、返乡农民工、专业技术人员到有条件的农牧区开展规划设计、创作创意、经营管理等就业创业行动，建设乡村旅游创客示范基地。支持高等学校、旅游协会等单位和组织为乡村旅游创业人员提供咨询服务。到 2020 年，在全省打造 50 个乡村旅游创客示范基地。

（七）推动智慧乡村建设。大力实施乡村旅游“千千万万”品牌推广工程，充分利用“互联网＋”，全面提升休闲农牧业与乡村旅游的管理、服务、营销水平。积极支持社会资本和企业发展休闲农牧业与乡村旅游电子商务，加快推进农副产品网上交易步伐。支持有条件的地方通过休闲农牧业与乡村旅游 APP、微信等方式宣传推广特色产品。支持有条件的贫困村开展智慧旅游示范村建设。鼓励各地建设集旅游咨询、展示、预订、交易于一体的智慧旅游乡村服务平台。

（八）提升组织化水平。创新休闲农牧业、乡村旅游的组织模式，鼓励成立行业协会、合作社、股份制公司或适度引入工商资本形成“公司＋农户”、“公司＋合作社”等方式，进行休闲农牧业与乡村旅游生产经营、组织管理、品牌打造、形象推广，建立分工协作、上下游高效衔接、农工商贸游有机结合的产业体系，提升休闲农牧业与乡村旅游的组织化水平。引导和支持社会资本开发群众参与度高、受益面广的休闲旅游项目。

（九）加强人员培训。各地要建立健全休闲农牧业与乡村旅游人才培养培训机制，加大教育培训力度，重点开展对休闲农牧业与乡村旅游发展带头人、经营户和从业人员的培训，提高企业经营管理水平，提升服务质量。到2020年，全省培养休闲农牧业与乡村旅游发展带头人500名，休闲农牧业与乡村旅游从业者10 000名。

三、保障措施

（一）加强组织领导。建立由省发展改革委、省财政厅、省农牧厅、省旅游局、省扶贫开发局等部门组成的青海省休闲农牧业与乡村旅游发展联席会议制度。省农牧厅、省旅游局、省扶贫开发局共同负责联席会议的日常工作，定期组织召开联席会议，协调和制定全省推进休闲农牧业与乡村旅游发展相关政策、争取项目资金、研究部署重大活动和工作措施，做好总结推广等工作。各级政府要把加快发展休闲农牧业与乡村旅游作为大力发展现代农牧业、扎实推进高原旅游名省建设的一项重要工作纳入议事日程，建立相应工作机制，切实抓紧抓好。

（二）强化协调服务。要加强协调配合，指导产业整体发展。

农牧部门要把休闲农牧业与乡村旅游纳入现代农业发展和新农村建设整体布局，扶持和培育主导产业。旅游部门要加强行业指导和宣传营销，积极争取国内外客源。扶贫部门要按照精准扶贫要求，加大整村推进力度，支持有条件的建档立卡贫困村积极发展休闲农牧业与乡村旅游。发改、科技、公安、财政、国土、环保、住建、交通、水利、林业、文化、卫生、税务、广电、工商、食药、通信、电力、消防、金融等部门要根据各自职能，积极支持休闲农牧业与乡村旅游发展。

（三）加大投入力度。各级政府要将发展休闲农牧业与乡村旅游纳入当地经济社会发展整体布局，根据产业发展规划，采取以奖代补、先建后补、财政贴息、设立产业投资基金等方式扶持休闲农牧业与乡村旅游发展，加快建立政府投入为引导，企业和社会投入为主体的多元化投入机制。农牧区水、电、路等基础设施建设项目，要向符合条件的休闲农牧业与乡村旅游项目倾斜。各类用于新农村建设的涉农财政资金，要围绕培育和发展休闲农牧业与乡村旅游统筹安排、综合利用。

（四）拓宽融资渠道。鼓励担保机构加大对休闲农牧业与乡村旅游的服务力度，搭建银企对接平台，帮助经营主体解决融资难题。金融机构要拓宽抵押担保范围，在符合条件的地区稳妥开展承包土地经营权、集体林权等农村产权抵押贷款业务，加大信贷支持。对信用状况好、有资源优势的休闲农牧业与乡村旅游开发组织，适当放宽担保抵押条件，简化贷款手续，优惠贷款利率。探索新型融资模式，鼓励利用PPP模式、众筹模式、互联网+等方式，加大金融支持。探索以土地承包经营权、旅游资源、扶贫资金等入股方式，使贫困群众在项目发展中获得资产性收益。扶贫部门要为建档立卡贫困户发展休闲农牧业与乡村旅游给予贷款贴息。

（五）保障土地供给。各级政府要将休闲农牧业与乡村旅游项目建设用地纳入土地利用总体规划和年度计划合理安排。对利用农用地或未利用地在不改变用途功能、不固化地面、不破坏耕作层前提下，可发展休闲农牧业与乡村旅游。支持农牧民发展农家乐，闲置宅基地整理结余的建设用地可用于发展休闲农牧业。支持有条件的地区开展城乡建设用地增减挂钩试点，鼓励利用村内集体建设土地发展休闲农牧业与乡村旅游。鼓励利用荒地、荒滩发展休闲农牧业与乡村旅游。积极探索支持由村集体收购、村集体统一管理的模式，利用农村闲置房屋开发休闲农牧业与乡村旅游。

青海省人民政府办公厅

2016 年 6 月 12 日

青岛市加快发展休闲农业的实施意见

青农发〔2016〕51 号

各区市农业局、发展改革局、国土资源局、城乡建设局、畜牧局、水利局、林业局、海洋与渔业局、文广新局、地方税务局、旅游局、文物局、人民银行支行、国家税务局：

根据《农业部关于积极开发农业多种功能大力促进休闲农业发展的通知》（农加发〔2015〕5 号）和《山东省农业厅关于积极开发农业多种功能大力发展休闲农业的意见》（鲁农生态字〔2016〕1 号）文件精神，为加快我市休闲农业发展，促进农民就业增收，提出如下意见：

一、充分认识我市发展休闲农业的重要意义

休闲农业作为农村一二三产业发展的融合体，具有促进农民增收的经济功能、带动农村就业的社会功能、传承农耕文明的文化功能、美化乡村环境的生态功能、促进基层政权建设的政治功能。发展休闲农业，有利于积极开发农业和农村蕴藏的自然生态、生产生活、民族风情等休闲旅游资源，有利于促进农村剩余劳动力就地就近转移就业，有利于促进贫困群众脱贫致富，对农业增效、农民增收、农村繁荣具有重要的现实意义。

青岛市是著名的旅游城市，具有海滨海域海岛、山岳山林山地、乡村渔村山村等丰富的休闲农业资源，在当前我市农业转型升级的关键时期，各级各部门要充分认识发展休闲农业对推动现代农业的重要作用，各区市要立足当地休闲农业资源，完善扶持政策措施，加大工作力度，使休闲农业成为助推“和谐生态幸福城乡、宜居宜游现代大青岛”的重要引擎。

二、发展休闲农业的指导思想、基本原则

（一）指导思想。落实科学发展观，按照“以农耕文化为魂，以美丽田园为韵，以生态农业为基，以创新创造为径，以古朴村落为形”的发展思路，坚持农业生产与旅游开发相结合、生态资源开发利用与保护建设相结合、村庄整治与休闲养生相结合，大力发展以农村体验、生态观光、养生养老为内容的休闲观光农业新产业。打造“乡约青岛”休闲农业品牌。

（二）基本原则。

1. 政府引导、市场运作。实行政府统一引导，加强行业自律，提高服务水平。以市场为导向，动员全社会广泛参与，加快休闲农业发展。

2. 保护生态、持续发展。遵循开发与保护并举、生产与生态并重的理念，统筹考虑资源和环境承载能力，加大生态环境保护力度，实现经济、生态、社会效益全面可持续发展。

3. 因地制宜、协同推进。利用现有基础、农业生态资源和农耕文化资源，因地制宜，有条件的先发展、有优势的快发展。把休闲农业与传承农耕文化、精准扶贫、保护传统村落、民俗挖掘、风情展示、农事体验等有机结合起来，协同推进城乡一体化发展。

4. 农游结合、示范带动。以农业为基础，农民为主体，农村为特色，产业为依托，做到农中有游、以游促农、农游结合、旺游兴农。通过引导扶持，典型示范，以点带面，

高标准、高档次、高质量稳步推进。

三、休闲农业发展目标及工作重点

（一）发展目标。到2020年，全市休闲农业经营主体发展到2 000个，休闲农业节会发展到100个，休闲农业经营收入达到200亿元以上，带动受益农户50万户。构建起“食、住、行、游、购、娱”为一体的休闲农业格局，满足不同层次、规模和群体的旅游消费需求。

（二）工作重点。一是制定规划、优化布局。各区市要结合经济社会发展实际，明确休闲农业发展总体目标、功能定位、发展重点，要本着“因地制宜，突出特色，合理布局”的原则，组织编制休闲农业发展规划。规划编制中，按照“多规合一”的要求，与经济社会发展、土地利用、现代农业、城乡建设、环境保护、文物保护、旅游业发展等规划相衔接，做到高点定位、特色鲜明、优势突出，切实发挥规划引领发展和规范建设的作用。立足现代农业发展优势，打造我市“两带三山”休闲农业布局。一是以赏渔家风情、享耕海牧渔快乐的滨海休闲度假带；二是依托大沽河生态中轴，辐射带动两侧区域的大沽河生态休闲旅游带；三是在崂山、大泽山、大小珠山等山区村庄，发展具有多功能的休闲农业区。

二是拓展功能、丰富内涵。以满足城乡居民多元化休闲消费需求为重点，积极推进休闲农业与文化、科技、生态、旅游的融合，进一步拓展功能、丰富内涵。在名胜景区周边，重点发展品牌“农家乐”，“乐居家园”型养生养老村庄，建立农业科技园、示范园，为游览、教学、培训、生产、销售提供基地。在适宜区域打造一批集农业生产、农耕体验、文化娱乐、教育展示、生态环保、产品加工销售于一体的多元化休闲农业园区，推进“农区变景区、田园变公园、劳动变活动、产品变商品”。充分挖掘我市特色农业产业文化底蕴，利用农耕文化、民俗文化、乡村文化，举办具有浓郁地方特色的农事节庆活动和乡村旅游活动。按照“在发掘中保护、在利用中传承”的思路，加强农村文化遗迹和传统村落、传统民居的保护，发展具有文化内涵的休闲乡村，加快乡土民俗文化的推广、保护和延续。

三是创新发展、产业升级。充分发挥休闲农业在调结构、惠民生的集聚功能和平台作用。积极培育家庭农场、农民合作社、农业企业等新型休闲农业经营主体，逐步构建以农家乐为基础，以休闲农园、农庄为主体，以农业旅游公司为引领的休闲农业经营体系。立足现代畜牧业发展特点和优势，打造以生态观光牧场、居民动物认领、畜产品加工参观、生产流程感知为特点的畜牧业休闲体验旅游区。围绕精准扶贫，探索农民自组织、自激励、自就业的创业模式，使休闲农业成为大众创业和农村剩余劳动力就地就业的重要渠道。鼓励农民以承包土地入股等形式参与休闲农业发展，不断提高农民的资产性收益。依托农业信息网络，开辟休闲农业专栏，介绍景观，推荐精品线路，加强信息发布，实现共建共享。

四是典型带动，培育品牌。坚持典型引路，重点围绕休闲农业发展的新模式、一二三产业融合发展的新业态、农耕文明传承的新方式等，加大经验总结，形成可复制、可借鉴、可推广的典型。培育推荐国家级和山东省级休闲农业示范典型，组织实施青岛市级休闲农业示范典型创建活动，从2016年起，严格按照《青岛市休闲农业示范典型评选标准及认定办法》（详见附件），每年在全市评选5个生态环境优、产业优势大、农民广泛参与的休闲农业示范镇，评选10个发展势头好、管理规范、示范带动能力强的示范村，评选20个经营特色化、产品品牌化、服务标准化的休闲农业示范点，引领全市休闲农业持续健康发展。

五是规范管理、有序发展。研究制定全市休闲农业行业标准和运行规范，借鉴国内外先进地区开展休闲农业服务质量等级评定的好做法，在从业资格、经营场地、接待设施、环境保护等方面，对经营休闲农业作出明确规定和具体要求，强化监督管理。加强业务培训，提高休闲农业从业人员整体素质，逐步推动持证上岗制度。加快休闲农业经营场所的道路、水电、通讯、安全防护等基础设施建设，完善路标指示牌、停车场、游客接待中心、公共卫生间、垃圾污水无害化处理等辅助设施。

四、促进休闲农业发展的政策措施

（一）进一步完善休闲农业发展用地政策。各区市应依据国家和省市的有关规定，在实行最严格的耕地保护和生态环境保护制度的前提下，对农民就业增收带动作用大、发展前景好的休闲农业项目用地，要将其列入土地利用总体规划和年度计划优先安排。鼓励利用“四荒地”、闲置宅基地、村内集体建设用地发展休闲农业，通过城乡建设用地增减挂钩试点发展休闲农业。

（二）继续加大财税扶持力度。推动现有财政扶持政策的落实，将市级及以上有关农业扶持资金适当向休闲农业倾斜。落实税收优惠政策，从事休闲农业的纳税人符合税收优惠条件的，可享受有关税收优惠。有条件的地方，休闲农业用水用电享受农业收费标准。撬动社会资本，推动本市休闲农业产业的提档升级，带动大众创业、万众创新，扶持休闲农业做大做强。

（三）拓宽融资渠道。鼓励金融机构加大对休闲农业的服务力度，搭建银企对接平台，鼓励利用 PPP、众筹等融资模式，帮助经营主体解决融资难题。稳妥开展农村承包土地的经营权和农民住房财产权抵押贷款改革试点工作。积极采取多种信贷模式和服务方式，拓宽抵押担保物范围，在风险可控的前提下探索开展集体林权、水域滩涂使用权等农村产权抵押业务以及大型农机具、存货、蔬菜大棚抵押、仓单和应收账款质押、涉农直补资金担保等业务。加大扶贫贴息贷款投放力度，引导建档立卡贫困户积极参与休闲农业，增加资产性收益。

（四）加强领导，强化宣传。各区市要进一步提高对发展休闲农业的认识，建立多部门共同参与的休闲农业工作协调推进机制，加强对休闲农业发展的指导和服务，出台具体的政策措施，研究解决工作推进中的重要问题，支持休闲农业发展。加快实施“互联网＋休闲农业”，推动信息技术与休闲农业的跨界融合，增强线上线下营销能力，鼓励社会资本参与休闲农业宣传推介平台建设，支持旅行社、网络销售平台等企业开展专业的休闲农业市场销售和网络促销，拓宽销售渠道。充分利用各类展会，宣传推介休闲农业项目，精心策划和举办各类推介会、博览会、农事节庆等活动，利用新闻媒体宣传休闲农业的好经验、好典型、好做法，营造全社会关心支持休闲农业发展的氛围，提高我市休闲农业的知名度，引导公众休闲消费。

附：青岛市休闲农业示范典型评选标准及认定办法

青岛市农业委员会　青岛市发展和改革委员会

青岛国土资源房管局　青岛市城乡建设委员会

青岛市畜牧兽医局　青岛市水利局

青岛市林业局　青岛市海洋与渔业局

青岛市文化广电新闻出版局　青岛市地方税务局

青岛市旅游局　青岛市文物局

中国人民银行青岛市中心支行　青岛市国家税务局

2016 年 10 月 25 日

附件

青岛市休闲农业示范典型评选标准及认定办法

为促进我市休闲农业发展，增强农村经济发展新业态、新动能，打造农村一二三产业融合新亮点，增加农民收入，特制定本办法。

一、总则

休闲农业是指利用农业景观资源和农业生产条件，发展观光、休闲、旅游的一种新型农业生产经营形态。也是深度开发农业资源潜力，调整农业结构，改善农业环境，增加农民收入的新途径。休闲农业示范典型包括：示范镇、示范村、示范点。

二、休闲农业示范镇、示范村评选标准

（一）优势特色突出。有发展休闲农业的资源禀赋、区位优势、产业特色和人文历史，形成了一定规模的产业带、集聚区或观光点。镇域有 3 处以上、村域有 1 处以上休闲农业项目。

（二）规划编制科学。编制了符合当地经济社会实际的休闲农业发展规划，目标定位准确，布局结构合理，工作措施有力。

（三）发展成效显著。休闲农业是镇、村经济发展的主导产业，镇域年接待游客 10 万人次以上、营业收入 5 000 万元以上，村域年接待游客 3 万人次以上、营业收入 1 000 万元以上。近三年游客接待数和营业收入年均增速均超过 10%。

（四）基础条件完备。具备良好的基础设施条件和完善的接待服务能力。区域内休闲农业旅游点要做到通路、通水、通电，通讯网络畅通，要有路标、有指示牌、有停车场，住宿、餐饮、娱乐、卫生等基础设施要达到相应的建设规范和公共安全卫生标准。生产和生活垃圾、污水实行无害化处理和综合利用。近三年无各类质量安全事故和重大事件。

三、休闲农业示范点评选标准

休闲农业示范点是指具有一定规模，规划布局合理、管理服务规范、基础设施健全、文化特色突出、服务功能完善、示范带动能力强，依法运作的经营实体。包括农业观光园、农业科技示范园、农民专业合作社、农（渔）家乐、新农村建设点等。

（一）促进农民增收。项目得到相关部门批准，产品优质安全，食用农产品有品牌或商标并通过农业“三品一标”认证。从事休闲农业的农民收入高于所在镇人均收入 20% 以上。

（二）依法经营管理。诚实守信、依法纳税、社会形象良好。有完善的管理制度，接待服务规范。无拖欠职工工资和损害职工合法权益现象，近三年没有发生安全生产、食品质量事故。

（三）服务功能完善。规划科学，布局合理，休闲项目特色鲜明，项目设计具有农耕文化展示、农业科普教育、体验和康体等功能。

（四）基础设施健全。各种标识标牌清晰，道路通畅，路灯、停车场健全。消防、安防、救护等设备完好、有效。有完备的通讯、网络、游览、娱乐等设施，运营正常，无安全隐患，各项卫生设施达标，近三年内没有发生污染环境等问题。

（五）培训制度健全。重视提高员工素质，坚持开展经常性的业务培训，上岗人员培训率达 100%，关键和重点岗位人员持证上岗。

（六）规模效益突出。具有良好的经济效益和较大的规模，园区种养面积在 300 亩以上或设施面积 100 亩以上。近三年示范点总资产、销售收入和利税等主要经济指标稳定增长，示范点年营业收入达到 200 万元以上，年接待游客 2 万人次以上。

四、申报和认定

（一）申报。自愿申报青岛市休闲农业示范典型的单位，向所在区（市）农业主管部门提出申请，填写《青岛市休闲农业示范典型申报表》，并报送相关材料。包括：申报单位基本情况及经营情况，营业执照、组织机构代码证、税务登记证复印件，近两年度财务报表（企业提供），表彰通报、新闻报道、荣誉证书及其他图片资料和证照复印件等。

（二）初审。区（市）级农业主管部门对申报材料的完整性进行初审，并组织进行现场核查。初审合格的，向青岛市农业委员会推荐。

（三）评审。青岛市农业委员会组织有关专家，对各区（市）上报的休闲农业示范典型进行综合评审，并按规定的认定数量择优确定。

（四）公示。经专家评审确定的休闲农业示范典型，在“青岛农业信息网”上进行公示，公示期为七天。

（五）认定。经公示通过的，由青岛市农业委员会行文认定，并颁发“青岛市休闲农业示范点”牌匾和证书。

五、监督管理

（一）青岛市休闲农业示范典型每年认定一次，有效期三年。

（二）动态管理。青岛市农业委员会对休闲农业示范典型每三年复核一次，对复核不合格者，取消其示范称号，收回牌匾和证书。

（三）对认定的青岛市休闲农业示范典型，优先给予支持和奖励，并纳入青岛市“三农”重点宣传计划，进行宣传推介。

青岛市农业委员会办公室
2016 年 10 月 25 日印发

中共青岛市委办公厅　青岛市人民政府办公厅关于印发《青岛市美丽乡村标准化建设行动计划（2016—2020 年）》的通知

各区、市党委和人民政府，市委各部委，市政府各部门，市直各单位，中央、省驻青各单位，青岛警备区：

《青岛市美丽乡村标准化建设行动计划（2016—2020 年）》已经市委、市政府同意，现印发给你们，望结合实际认真组织实施。

中共青岛市委办公厅
青岛市人民政府办公厅
2016 年 12 月 22 日

青岛市美丽乡村标准化建设行动计划（2016—2020 年）

为深入贯彻落实中央关于建设美丽中国的战略部署，统筹城乡一体化发展，提升社会主义新农村建设水平，实现全面建成小康社会的目标，根据省委办公厅、省政府办公厅印发的《关于推进美丽乡村标准化建设的意见》和市委办公厅、市政府办公厅印发的《青岛市农村新型社区和美丽乡村发展规划（2015—2030 年）》精神，制定本计划。

一、总体要求

（一）指导思想

全面贯彻党的十八大和十八届三中、四中、五中、六中全会精神，以邓小平理论、“三个代表”重要思想、科学发展观为指导，深入学习贯彻习近平总书记系列重要讲话和视察山东重要讲话、重要批示精神，以创新、协调、绿色、开放、共享的发展理念为引领，以全面建成美丽乡村为目标，以城乡统筹协调发展为主线，以持续深化农村改革为动力，坚持规划先行、系统建设，以人为本、彰显特色，政府主导、合力推进，加快美丽乡村标准化建设步伐，为全面建成小康社会打下坚实基础。

（二）总体目标

按照生态美、生产美、生活美、服务美、人文美"五美"要求，全域统筹、科学规划，分类施策、整体推进，实施美丽乡村标准化"十百千"创建工程，每年建设10个集聚类农村新型示范社区、100个美丽乡村示范村和1 000个美丽乡村达标村。到2020年，实现全域85%以上村庄达到省级美丽乡村标准化建设要求，基本实现都市农业现代化，农村生态显著改善，环境更加宜居，经济更具活力，公共服务和乡风文明水平大幅提升，为全面建成小康社会提供强有力支撑。

二、主要任务

对照山东省《美丽乡村建设规范》（DB37），立足我市实际，精准发力、补足短板，着力推进农村生态保护与修复、强农富民、宜居建设、公共服务水平提升、乡风文明行动，提高美丽乡村标准化建设水平。

（一）围绕生态美，持续推进农村生态保护与修复行动

1. 加强山体生态保护与修复。加强山石资源保护，持续深入开展山石资源保护专项整治行动，严禁在禁采区、限采区滥采滥挖，切实保护山体地形地貌。坚持因地制宜，系统开展山体修复工作，突出抓好重点区域，到2020年完成自然保护区、风景名胜区、高速公路沿线等区域的山体修复。

责任单位：市国土资源房管局、市城乡建设委、市林业局，各区市

2. 加强水生态保护与修复。按照堤固、岸绿、洪畅、水清、景美的要求，持续推进乡村河道综合治理，完成列入国家计划的河道治理任务。持续推进乡村水岸带生态湿地修复工程，加强再生水、中水回收利用，补充河湖生态基流，提升自然生态调控能力。深入实施《青岛市落实水污染防治行动计划实施方案》（青政发〔2016〕27号），开展农村水污染专项整治，到2020年基本消除全市村庄内黑臭水体。加强农村规模化供水水源地保护，到2018年完成农村规模化供水水源保护区或保护范围划定。严格乡村规划蓝线管理、水域岸线用途管制，加强河道、湖泊和滨海地带的管理和保护。

责任单位：市水利局、市环保局、市城乡建设委、市林业局、市国土资源管理局、市城市管理局、市海洋与渔业局，各区市

3. 加强农田生态保护与修复。加快实施《青岛市耕地质量提升规划（2015—2020年）》，落实耕地质量保护制度，划定基本农田红线。坚持节水、节肥、节药、节能，重点推进水肥一体化、生态循环农业工程，促进农业废弃物循环利用，打好农业面源污染防治攻坚战。到2020年，实现化肥、农药施用量零增长，农业废弃物利用率达95%以上。

责任单位：市国土资源房管局、市农委、市畜牧局，各区市

4. 加强乡村绿化。突出增绿补绿，采取退化林分改造与人工造林相结合，增加森林面积，提升乡村森林质量。开展镇村绿化、乡村道路绿化和围村林网建设，推进村内空闲地拆违植绿、清湾补绿、见缝插绿，建设村中花园。按照三季有花、四季常青、错落有致、色彩丰富要求，合力搭配道路景观，美化镇村环境，建设森林城镇、花园村庄，到2020年村庄绿化率山区达80%以上、丘陵区达50%以上、平原区达35%以上。

责任单位：市林业局、市城市管理局，各区市

（二）围绕生产美，持续推进强农富民行动

5. 加快农业提档升级。大力发展都市现代农业，实施《青岛都市现代农业发展规划（2016—2020年）》，加快推进百万亩粮油生

产功能区、百万亩高效设施农业生产功能区和百万亩重点农产品生产保护区建设。大力发展农村富民产业，发挥资源禀赋优势，打造“一社区一品”“多社区一品”“一镇一业”。培育壮大现代种业、农产品加工业、节会农业、农村电商等新业态，引进、培育一批大型农业龙头企业，建设一批农村一二三产业融合发展示范区，巩固农产品出口领先地位。做强特色品牌，发展传统工艺、手工制作等农村特色产业产地品牌，培育一批农产品区域公用品牌。到2020年，打造100个农村产业融合发展示范区、100个以上农产品区域公用品牌。

责任单位：市农委、市旅游局、市商务局，各区市

6. 发展乡村生态农业。推进农业清洁生产，推广种养结合、耕地轮作休耕等新型农作制度，发展无公害农产品、绿色食品、有机食品和地理标志农产品生产，创建国家农产品质量安全示范市。建立农业生态价值评估体系。发展乡村生态旅游业，利用农村自然风光、山水资源和乡村文化，发展各具特色的乡村休闲旅游业，加快形成以重点景区为龙头、骨干景点为支撑、“农家乐”休闲旅游业为基础的乡村休闲旅游业发展格局。到2020年，发展100个休闲农业节会。

责任单位：市农委、市旅游局、市环保局、市畜牧局，各区市

7. 发展乡村低耗、低排放工业。按照生态功能区规划要求，严格产业准入门槛，严禁在水源保护区、水库库区发展高污染、高能耗的资源性产业。开展乡村企业升级行动，重点支持100家乡村企业通过技术改造、产品创新，发展符合国家产业政策和环保要求的二、三产业，调整乡村工业产业结构。鼓励乡村企业到乡村工业功能区集聚。鼓励有条件的村庄建设标准厂房、来料加工服务点和村集体商业网点等，不断壮大村级集体经济。规范农村“三资”管理，将农村集体经济组织产权交易、工程发包等全部纳入农村产权交易市场公开交易。

责任单位：市经济信息化委、市环保局、市发展改革委、市农委，各区市

（三）围绕生活美，持续推进宜居建设行动

8. 推进集聚类农村新型社区建设。遵循农村新型社区布局规划，坚持规模化、组团式、生态化原则，有序推进村庄撤并和空心村改造，集中建设农民安居区。对具备整村拆迁条件的村庄，整建制实施改造，集中到农民安居区安置农户；对不具备整村拆迁条件的村庄，鼓励农户通过宅基地自愿有偿退出或“宅基地置换＋统一规划自主建房”的方式，分期向农民安居区集聚。每年开工建设一批集聚类农村新型社区，逐步推进社区组织、居住、服务、产业、经济、文化融合发展。

责任单位：市农委、市委组织部、市城乡建设委、市国土资源房管局、市规划局、市文广新局，各区市

9. 培育美丽乡村示范村。每年从规划的农村新型社区中心村、长久保留特色村中，遴选100个基础好、班子强、群众积极性高的村庄，集中资源、系统整治，重点打造美丽乡村示范村。按照提升设施水平、改善人居环境，发展特色产业、壮大乡村经济，彰显乡村特色、传承乡土文化的要求，开展美丽乡村示范村创建活动，到2020年建成400个市级美丽乡村示范村，建设50个3A级景点标准美丽乡村。按照全域景区、连点成片要求，以美丽乡村示范村为节点、以景观道路为脉络整体谋划，突出“一村一韵”“一带一风情”，打造独具魅力的美丽乡村示范片和美丽乡村风情带。到2020年，每个镇（街道）建成2个美丽乡村示范片，每个区（市）形成1条美丽乡村风情带。

责任单位：市农委、市城乡建设委、市规划局、市文广新局、市水利局、市环保局、

市旅游局，各区市

10. 建设美丽庭院。以环境美化心灵为主题，开展美丽庭院创建活动，推进庭院绿化净化，落实农户“三包三净一绿”（包门前环境清洁、绿化管护、良好秩序，净厨房、厕所、院落，绿化庭院）责任。通过实行村推民选、评星挂牌、动态管理等方式，激励农民参与美丽庭院建设，争当“美在农家文明户”。到2020年，美丽庭院覆盖率达70%以上。

责任单位：市妇联、市农委、市城乡建设委、市城市管理局、市林业局，各区市

11. 提升农村基础设施水平。加强村庄道路建设，全面硬化村内主次街道，配套完善排水沟渠，设置进村道路、主干道道路交通标识，对支街小巷鼓励选用碎石、砖块等简易材料平整铺装。实施农村饮水安全巩固提升工程，推进农村饮水安全达标，到2020年农村自来水普及率达98%以上，水质达标。完善村文化体育设施，到2020年每村建成1处小广场。加强村庄亮化建设，推广使用太阳能、风光互补等新能源路灯，配置道路、广场照明设施，亮化乡村景观。加强农村污水治理，通过纳入城镇污水处理系统、建设氧化塘污水处理设施等方式，有效处理农村污水。推广“污水治理＋改厕”系统治理模式，到2017年底基本实现农村无害化卫生厕所全覆盖。推广清洁能源、热源，因地制宜推进天然气管网和供热系统延伸，合理布局燃气供气站和小型供热设施，采取集中或分散的供气、供热模式满足居民生活需求，到2020年实现农村新型社区供气、供热全覆盖，村庄供热覆盖率达70%以上。

责任单位：市城乡建设委、市水利局、市城市管理局、市交通运输委、市经济信息化委、市环保局、市旅游局、市文广新局、市体育局，各区市

（四）围绕服务美，持续推进公共服务水平提升行动

12. 提升农村基层组织为民服务水平。完善农村区域化基层党建工作新格局，建设服务型基层党组织，强化镇（街道）党（工）委的领导核心地位和区域化治理职能，提高服务群众水平。健全农村党建与经济社会融合发展机制，推行“支部＋合作社”“支部＋产业园”“支部＋协会”等模式，增强基层组织带领群众致富能力。开展“接地气、连民心”“我是党员我带头”等活动，引导党员干部主动联村（社区）包户，亮身份、比服务、讲奉献、作表率，强化双向互动，密切党群干群关系。

责任单位：市委组织部、市农委，各区市

13. 推进农村社区化服务全覆盖。创新为农服务方式，发挥农村新型社区服务中心作用，推进以村为单元的单一服务向“社区化服务＋村级自治服务”模式转变、农村管区单一行政服务向农村社区化综合服务转变，打造为农服务“超市”。推进农村新型社区服务中心规范运转，配齐社区服务队伍，健全社区服务制度，公开服务事项、服务程序、服务承诺，优化服务流程。到2017年实现农村新型社区服务中心建设全覆盖，到2018年实现农村新型社区服务中心规范运转全覆盖。

责任单位：市农委、市民政局、市综治办、市供销社，各区市

14. 促进城乡公共服务均等化。推进城乡基本公共服务制度衔接，清理、修订、整合原有城乡分割的政策、制度，新出台的政策制度原则上对城乡不再区别对待。推进公共资源向农村倾斜，加大财政基本公共服务支出优先支持农村力度，引导城市教育、医疗、养老等优质公共服务资源向农村延伸。推进城乡基本公共服务范围与均等化标准同步调整，逐步消除城乡差异，探索建立城乡统一、水平更高的劳动就业和社会保险、社会救助和最低生活保障、基本住房保障、残疾人保障服务、基础教育、基本医疗卫生保

障体系。

责任单位：市发展改革委、市人力资源社会保障局、市民政局、市教育局、市卫生计生委、市国土资源房管局、市残联、市财政局，各区市

（五）围绕人文美，持续推进乡风文明行动

15. 繁荣乡村文化。建立乡村传统文化保护制度，编制历史文化遗存资源清单，形成传统文化保护与传承体系。挖掘古民俗风情、历史沿革、典故传说、名人文化、祖训家规等乡村特色文化。修复保护古建筑、古文物、古树名木、古遗址等物质文化遗产。传承保护民间民族表演艺术、传统戏剧和曲艺、传统手工技艺、传统医药、民俗活动、农业文化、口头语言等乡村非物质文化遗产。鼓励建设乡情村史陈列馆。积极发展农村广场舞队、庄户剧团等乡村文化队伍，开展庙会歌会、传统民俗节会、地方戏展演等活动，打造一批乡愁记忆文化精品。

责任单位：市文广新局、市规划局、市体育局、市城乡建设委，各区市

16. 弘扬文明乡风。弘扬社会主义核心价值观，推进移风易俗，教育引导村民改陋习、树新风。弘扬乡风正气，用好善行义举四德榜，通过文明户、好媳妇、道德模范和身边好人等评选活动，传承精神文明道德风尚。弘扬勤劳致富正能量，发现推荐乡村优秀共产党员、劳动模范、“乡村之星”等先进榜样，宣传农民身边的先进典型事迹。弘扬新乡贤文化，引导离退休干部、教师、复员转业军人、企业家、专家学者、大学生回乡奉献，带动乡风文明建设。强化农民文化素质提升，推进农民继续教育，普及科学文化知识，提高农村居民文明水平。

责任单位：市委宣传部、市委组织部、市人力资源社会保障局、市农委、市教育局，各区市

17. 推进民主管理。健全完善村（社区）“两委”班子，普遍建立村规民约和村民议事会、道德评议会、禁赌禁毒会、红白理事会“一约四会”。推行党务、村务、财务公开，完善农村社区民主协商议事制度。在村内定期开展向居民报告、听居民建议、请居民评议活动，保障农村居民知情权、参与权、表达权、监督权等民主权利落实。

责任单位：市民政局、市委组织部、市农委，各区市

18. 建设法治农村。加强农村基层社会管理创新，健全农村治安防控体系，推进社会治安综合治理网格化管理，完成天网工程建设。依法调处纠纷和化解信访矛盾，做好农村普法工作，开展巡回法庭、送法下乡、法治案例巡展等活动，增强居民法治观念。打击农村非法宗教活动，开展农村不良风气专项治理，推进平安乡村建设。

责任单位：市综治办、市公安局、市司法局、市民族宗教局，各区市

三、保障措施

（一）强化组织领导。各级党委、政府和各部门各单位要把美丽乡村标准化建设摆到重要位置，纳入全面建成小康社会总体布局，统筹谋划，全面部署，形成党委统一领导，党政齐抓共管，部门统筹协调、各负其责的工作格局。区（市）党委、政府是美丽乡村标准化建设的第一责任主体，主要负责同志是第一责任人，对完善体制机制、解决重大问题、出台重大政策等要亲自研究部署。成立青岛市美丽乡村标准化建设工作领导小组，重点抓好综合协调、任务分工、督促检查、考核验收等工作。各有关部门要根据职责分工，研究制定相关政策措施，编制实施年度重点项目工作方案、资金统筹计划。把美丽乡村标准化建设工作纳入经济社会发展考核体系，建立督查、考核、通报制度，充分发挥综合考核的导向、评价、激励、约束作用。引入第三方调查机构，开展经常性督导检查，

并将督查结果在新闻媒体公布。对工作突出、成效明显的予以表扬；对工作落实不力、未完成建设任务的通报批评。每年开展“十百千”创建工程验收认定，经验收合格的，分别授予“青岛市农村新型示范社区”“青岛市美丽乡村示范村”等称号。各区（市）要健全党政主要负责同志任组长的领导机构，完善工作机制，编制年度方案，建立工作台账，落实路线图、时间表、责任单位和责任人员，确保规划衔接、计划对接、项目配套、全面落地。

（二）强化政策支持。市财政设立美丽乡村标准化建设专项资金，从2017年起，采取以奖代补方式，对达标的农村新型示范社区和美丽乡村示范村给予奖补，具体办法由市农委会同市财政局制订。各区（市）政府、镇（街道）作为美丽乡村标准化建设责任主体和投入主体，要将美丽乡村标准化建设作为财政投入的重要方向，加大财政投入和资金整合力度，统筹各类进村建设性项目资金，适当集中投入建设一批农村新型示范社区、美丽乡村示范村和达标村。市级投融资平台公司要发挥美丽乡村标准化建设主力军作用，加强与国家开发银行、中国农业发展银行等金融机构合作，推进农村规划、重大基础设施建设等。用足用好中央和省改善农村人居环境金融政策，积极争取信贷支持，破解资金难题。建立健全农村基础设施和公共事业长效管护运行机制，落实人员、责任和工作经费。强化用地支持，每年单列建设用地指标，保障农村新型社区和美丽乡村基础设施、宅基地建房、搬迁安置等需要。积极动员社会力量，通过“村企共建”“公益捐助”、参股产业园区等方式，鼓励国有企业、集体企业、民营企业、社会团体、个人等社会力量参与美丽乡村标准化建设。鼓励美丽乡村建设与乡村旅游项目相结合，实现美丽乡村可持续发展。充分尊重农民作为美丽乡村建设者和直接受益者地位，尊重农民意愿、发挥农民作用，通过示范引导、典型带动、政策激励等方式，不断增强广大农民参与建设的积极性、主动性，引导农民通过投资、投劳等方式参与美丽乡村标准化建设。

（三）强化规划引领。加快区市美丽乡村建设规划编制，以区（市）为单位，到2017年完成县（市、区）域乡村建设规划和示范村专项发展规划。按照年度计划编制农村新型社区修建性详细规划和示范村庄规划，实现村庄规划全覆盖。注重以人为本、彰显特色，坚持“让农村更像农村”理念，突出不同乡村的差异性和多元化，形成一村一品、一村一韵、一村一景。推行乡村建设规划许可管理，做到“无规划不建设”。坚持分类推进、系统整治，对城镇规划建成区的村庄，全面按照城镇化要求规划建设。对规划进行农村新型社区建设的中心村，加快推进村庄改造，促进人口、产业、资源等集聚。对历史文化名村、传统古村落等长期保留特色村，支持其积极创建美丽乡村示范村。对未来10年内暂不集聚改造的村庄，按照山东省《美丽乡村建设规范》（DB37）的综合评价B级以上要求进行标准化建设。对5年内整体拆迁合并的村庄和空心率达到50%以上的村庄，原则上不进行大规模的基础设施和公共服务项目建设，应根据不同情况开展环境整治、垃圾处理、绿化亮化、便民服务等工作。在保护传统文化的基础上，对农村残旧房屋、废弃宅院等进行合理利用，发展乡村旅游、休闲观光、养老服务等项目，打造特色村庄。对精准脱贫村重点全面改善农民基本生活条件，支持其创建美丽乡村达标村。

兵团国土资源局等三部门关于支持兵团旅游业发展用地政策的意见

兵国土资发〔2016〕19号

各师（市）国土资源局、建设局、旅游局：

为贯彻国务院支持旅游业发展的意见，促进兵团旅游业快速发展，依据国土资源部、住房和城乡建设部、国家旅游局《关于支持旅游业发展用地政策的意见》（国土资规〔2015〕10 号）要求，结合兵团旅游用地实际，提出以下意见。

一、积极保障旅游业发展用地供应

（一）有效落实旅游重点项目新增建设用地。

（二）支持使用未利用地、废弃地等建设旅游项目。

（三）依法实行分类管理制度。

（四）多方式供应建设用地。

（五）加大旅游厕所用地保障力度。2018 年前按年度由旅游厕所建设单位集中向所在师（市）申请，按照法定报批程序集中统一办理建设用地手续。各师（市）专项安排新增建设用地计划指标。符合《划拨用地目录》的粪便处理设施，可以划拨方式供应。支持在其他项目中配套建设旅游厕所，可在供应其他项目建设用地时，将配套建设要求纳入土地使用条件，土地供应后，由相关权利人依法明确旅游厕所产权关系。

二、明确旅游新业态用地政策

（六）引导团场城镇旅游规范发展。围绕兵团建设成为全国著名的农家旅游目的地的目标，支持休闲农庄、特色农家乐、开心农场、农家庭院建设以及团场旅游产业聚集区、环城市旅游集聚带建设。在符合土地利用总体规划、城镇总体规划和旅游发展规划的前提下，鼓励发展对职工就业增收带动作用、发展前景好的休闲农业项目，支持闲置的宅基地用地用于休闲农业发展。团场可以依法使用建设用地自办或以土地使用权入股、联营等方式与其他单位和个人共同开办住宿、餐饮、停车场等旅游接待服务企业。团场（城镇）以外的单位和个人，可依法通过承包经营流转的方式，从事与旅游相关的种植业、林业、畜牧业和渔业生产。鼓励利用“四荒地”（荒山、荒沟、荒丘、荒滩）发展休闲农业，少数民族团场和贫困团场利用“四荒地”发展休闲农业的，建设用地指标给予倾斜。

（七）促进自驾车房车营地有序发展。

（八）支持游艇旅游优化发展。支持拥有水资源的师（市）发展适合大众消费的中小型游艇，为游艇码头等基础设施建设提供便利。新建游艇码头用地实施有偿使用。现有码头增设游艇停泊功能的，可保持现有土地权利类型不变；利用现有码头设施用地、房产增设住宿、餐饮、娱乐等商业服务设施的，经批准可以协议方式办理用地手续。

（九）促进文化、研学旅游发展。

三、加强旅游业用地服务监管

（十）做好登记发证服务。

（十一）建立部门共同监管机制。

（十二）严格旅游项目配套商品住宅管理。对景区旅游项目建设加强规划审查，禁止不符合土地利用总体规划和城镇总体规划的商品住房开发建设和用地。对景区已有职工群众住房加强建设改造，利用国家有关工程政策资金，对结构安全、功能面积、节能保温、外观造型等方面进行完善，提高居住水平，加强相关景区内连队居住区公用配套设施建设，改善人居环境，方便职工群众从事旅游服务业。

（十三）严格旅游业用地供应和利用监管

本文件自下发之日起，有效期五年。

兵团国土资源局

兵团建设局

兵团旅游局

2016 年 3 月 10 日

统计资料

2016 年休闲农业基本情况表

序号	地区	经营主体个数（个）	从业人数（人）	其中：农民就业人数（人）	带动农户数（户）	接待人次（万人次）	营业收入（万元）
1	北京	10 284	62 564			4 548	423 312
2	天津	3 587	68 000	61 200	73 750	1 810	620 830
3	河北	5 922	300 600	282 769	322 182	4 936	683 736
4	山西	3 592	101 392	93 309	124 714	2 210	2 033 278
5	内蒙古	2 861	62 186	50 983	95 158	2 317	577 912
6	辽宁	14 425	331 450	279 215	373 970	8 558	2 376 864
7	吉林	3 197	132 468	112 597	65 212	3 360	705 110
8	黑龙江	5 175	82 973	66 934	130 195	1 761	744 833
9	上海	324			16 314	1 947	139 297
10	江苏	7 200	962 013	885 007	928 270	12 158	3 500 000
11	浙江	5 354	279 568			5 704	2 177 180
12	安徽	12 766	502 515	452 321	593 096	13 300	6 160 700
13	福建	3 352	101 081	85 715	147 551	5 655	678 518
14	江西	25 190	1 000 010	900 050	98 450	3 190	1 650 000
15	山东	16 374	688 082	566 093	672 703	13 971	6 772 413
16	河南	15 149	312 489	290 655	311 169	3 917	1 108 399
17	湖北	34 572	339 597	290 515	45 974	6 378	2 650 827
18	湖南	16 700	453 000	336 000	630 000	15 800	3 200 000
19	广东	3 446	93 705	80 259	10 354	4 964	604 567
20	广西	5 000	214 049	197 646	164 110	5 280	1 897 370
21	海南	259	20 497	16 282	32 519	1 358	127 625
22	重庆	33 000	520 000	420 000	200 000	15 200	3 490 000
23	四川	31 656	1 182 672	1 043 524	608 953	35 000	11 500 780
24	贵州	4 763	78 264	71 232	144 652	6 084	640 798
25	云南	8 821	120 965	99 014	548 541	5 604	1 073 081
26	陕西	14 004	186 845	160 912	104 652	13 400	1 210 827
27	甘肃	8 760	131 865	113 678	63 580	3 247	225 663
28	青海	2 146	30 943	27 469	13 074	14 840	158 542
29	宁夏	684	22 040	17 651	45 240	704	134 998
30	新疆	6 050	60 493	41 995	95 148	1 739	345 939
31	新疆兵团	1 086	6 823	5 656	5 082	308	44 738

附录

农业部关于公布2016年中国美丽休闲乡村推介结果的通知

农业部关于公布2016年全国休闲农业和乡村旅游示范县（市、区）的通知

农业部办公厅关于开展第四批中国重要农业文化遗产发掘工作的通知

农业部办公厅关于公布2016年全国农业文化遗产普查结果的通知

住房城乡建设部等部门关于公布第四批列入中国传统村落名录的村落名单的通知

中国重要农业文化遗产发掘与保护工作评估报告

农业部关于公布2016年中国美丽休闲乡村推介结果的通知

农加发〔2016〕4号

各省、自治区、直辖市及计划单列市农业（农牧、农村经济）厅（局、委），新疆生产建设兵团农业局：

美丽乡村是美丽中国的重要组成部分。加快建设美丽休闲乡村，对于传承农耕文明、保护传统民居，培育消费新增长点，增强乡村经济发展新动能，推动农业供给侧结构性改革，带动农民就业增收、促进新型城镇化和城乡一体化发展具有重要作用。

为深入贯彻落实党中央国务院建设美丽宜居乡村和美丽中国的决策部署，总结各地休闲农业和乡村旅游发展经验，树立发展典型，促进美丽宜居乡村建设，推进生态文明建设，2016年，农业部按照“政府指导、农民主体、多方参与、共建共享”的思路，组织开展了中国美丽休闲乡村推介活动。经过地方推荐、专家审核和网上公示等程序，形成了2016年中国美丽休闲乡村推介名单，现予以公布。

希望此次推介的乡村要珍惜荣誉，加强管理，进一步拓展农业功能，挖掘农耕文化，保育生态环境，改善服务设施，开发特色产品，提升服务质量，不断提升本村的休闲农业和乡村旅游发展水平，切实发挥好示范带动作用。各级休闲农业管理部门要进一步加强组织领导，完善政策措施，加大公共服务，强化宣传推介，培育一批知名品牌，让推介的中国美丽休闲乡村保持天蓝、地绿、水净，安居、乐业、增收的良好状态，成为发展现代农业、增加农民收入、建设社会主义新农村的典范，成为市民观光旅游、休闲度假、养生养老、回忆乡愁的好去处，为建设美丽宜居乡村、健康乡村和美丽中国、健康中国做出新的更大的贡献。

附件：2016年中国美丽休闲乡村推介名单

农业部

2016年9月13日

特色民居村（40个）

北京市延庆区下湾村
天津市蓟县小穿芳峪村
山西省平定县理家庄村
内蒙古自治区伊金霍洛旗
辽宁省盘锦市大洼区石庙
吉林省长春市九台区平安
上海市浦东新区棋杆村
上海市金山区中华村
江苏省昆山市姜杭村
江苏省盐城市亭湖区黄尖
浙江省桐庐县芦茨村
浙江省玉环县山里村
浙江省青田县洞背村
浙江省德清县五四村
福建省大田县东坂村
福建省晋江市围头村
江西省大余县大龙村
山东省临沂市蒙山旅游区李家石屋村
山东省济南市长清区马套村
山东省荣成市东楮岛社区
河南省沈丘县卢庄村
湖北省十堰市郧阳区樱桃沟村
湖北省麻城市洪家河村
湖北省来凤县土家寨村
广东省乐昌市茶料村
广西壮族自治区南宁市兴宁区围村村
重庆市开州区马营村
四川省芦山县青龙场村
贵州省遵义市播州区花茂村
贵州省盘县岩脚村
云南省水富县邵女坪社区
云南省泸西县菊畹村
西藏自治区错那县麻玛村
陕西省蓝田县簸箕掌村
陕西省山阳县前店子村
甘肃省肃南县大都麻村
青海省门源县大庄村
宁夏回族自治区西吉县大庄村
新疆维吾尔自治区乌鲁木齐

县甘沟乡
新疆生产建设兵团第六师军户农场二畦镇

特色民俗村（44个）

北京市昌平区康陵村
天津市滨海新区崔庄村
河北省武强县周窝村
河北省廊坊市安次区第什里村
河北省广平县胡堡村
内蒙古自治区鄂伦春旗多布库尔猎民村
辽宁省新民市蒲河新村
吉林省龙井市仁化村
吉林省延吉市春兴村
吉林省珲春市防川村
黑龙江省齐齐哈尔市梅里斯区哈拉新村
上海市金山区中洪村
江苏省南京市高淳区蓝溪村
江苏省宜兴市白塔村
浙江省常山县黄塘村
安徽省南陵县丫山村
安徽省金寨县小南京村
福建省惠安县大岞村
江西省泰和县蜀口村
山东省平原县花园村
山东省长岛县土岛村
河南省孟州市莫沟村
湖北省咸丰县钟塘村
湖南省通道侗族自治县皇都侗族文化村
湖南省张家界市永定区马头溪村
湖南省江永县浦美村
广东省揭阳市榕城区长美村
广西壮族自治区三江县丹洲村
海南省三亚市吉阳区中廖村
重庆市酉阳县何家岩村
贵州省平塘县京舟村
云南省勐海县勐景来村
云南省广南县大牡露村
云南省澜沧县勐根村
西藏自治区波密县巴卡村
陕西省岚皋县宏大村
陕西省淳化县咀头村
陕西省大荔县平罗村
甘肃省文县石门沟村
青海省湟源县前沟村
青海省互助县多士代村
宁夏回族自治区吴忠市利通区穆民新村
新疆维吾尔自治区昭苏县苏吾克托海村
新疆维吾尔自治区和田市库木巴格村

现代新村（43个）

北京市平谷区玻璃台村
天津市宝坻区牛庄子村
天津市宁河区小闫村
河北省滦平县周台子村
山西省长治县振兴村
山西省汾阳市贾家庄村
内蒙古自治区扎赉特旗红卫村
辽宁省铁岭县当铺屯村
吉林省桦甸市色洛河村
黑龙江省农垦红兴隆管理局八五三农场（雁窝岛）
黑龙江省东宁市洞庭村
黑龙江省肇东市飞跃村
黑龙江省依安县新合村
江苏省常州市天宁区牟家村
浙江省安吉县横山坞村
安徽省岳西县榆树村
福建省福鼎市杜家村
江西省共青城市双桥村
江西省武宁县长水村
河南省济源市东沟村
河南省新郑市泰山村
湖北省阳新县南市村
湖北省京山县马岭村
湖南省常德市柳叶湖旅游度假区太阳谷美丽乡村示范片
湖南省安仁县山塘村
广东省汕头市潮南区东华村
广西壮族自治区玉林市玉东新区鹿塘社区
重庆市万州区永胜村
重庆市潼南区罐坝村
重庆市武隆县木根村
四川省成都市新都区回南村
四川省郫县青杠树村
四川省内江市市中区尚腾新村
四川省宣汉县洋烈村
贵州省普定县秀水村
陕西省凤县永生村
甘肃省景泰县龙湾村
宁夏回族自治区银川市兴庆区掌政村
宁夏回族自治区彭阳县杨坪村
新疆维吾尔自治区霍城县四宫村
大连市瓦房店市前进村
青岛市胶州市纪家庄村
新疆生产建设兵团第四师65团后三宫镇

历史古村（23个）

北京市房山区水峪村
河北省黄骅市聚馆村
山西省和顺县许村
山西省天镇县新平堡村
内蒙古自治区清水河县老牛

湾村
辽宁省新宾县赫图阿拉村
江苏省南京市浦口区侯冲社区
浙江省新昌县外婆坑村
安徽省黟县卢村
安徽省泾县黄田村
福建省古田县桃溪村
福建省泰宁县际溪村
江西省高安市贾家古村
河南省夏邑县青铜寺村
湖南省岳阳县张谷英村
广东省信宜市八坊村
广西壮族自治区灵山县马肚塘村
广西壮族自治区灵川县长岗岭村
贵州省石阡县佛顶山（尧上仡佬族民族文化）村
西藏自治区拉萨市柳梧新区达东村
甘肃省山丹县祁店村
宁波市余姚市中村村
厦门市同安区郭山村

农业部关于公布 2016 年全国休闲农业和乡村旅游示范县（市、区）的通知

农加发〔2016〕7 号

各省、自治区、直辖市及计划单列市农业（农牧、农村经济）厅（局、委），新疆生产建设兵团农业局：

为深入贯彻落实党中央、国务院关于大力发展休闲农业和乡村旅游的决策部署，树立发展典型，探索发展模式，总结发展经验，充分发挥典型的示范带动作用，2016 年，我部开展了全国休闲农业和乡村旅游示范县（市、区）创建工作。经各县（市、区）申报、省级农业主管部门审核、专家评审和网上公示，决定认定北京市昌平区等 74 个县（市、区）为全国休闲农业和乡村旅游示范县（市、区），现予以公布。

休闲农业和乡村旅游是现代农业和现代旅游的新业态，是推进农村一二三产业融合发展的新载体，是促进农村经济发展的新动能，是实现农民就业增收的新途径。发展休闲农业和乡村旅游对于推动农业供给侧结构性改革，促进农业强、农村美、农民富，建设美丽宜居乡村、健康村镇和美丽中国、健康中国具有重大意义和作用。希望获得认定的示范县（市、区）以此为契机，进一步加强规范管理，强化示范带动，推动全县（市、区）休闲农业和乡村旅游持续快速健康发展，为发展现代农业，增加农民收入，建设社会主义新农村，夺取全面建成小康社会的伟大胜利作出新的更大贡献。

附件：全国休闲农业和乡村旅游示范县（市、区）名单

农业部

2016 年 11 月 15 日

附件

全国休闲农业和乡村旅游示范县（市、区）名单

北京市昌平区、房山区
天津市宝坻区
河北省承德市、平山县、馆陶县、张家口市崇礼区
山西省太原市尖草坪区、曲沃县
内蒙古自治区五原县、宁城县
辽宁省新宾满族自治县、绥中县
吉林省长春市九台区、安图县

黑龙江省东宁市、林甸县
江苏省启东市、常州市金坛区、南京市浦口区、盐城市盐都区
浙江省丽水市、桐乡市、浦江县
安徽省南陵县、金寨县、灵璧县
福建省永泰县
江西省吉安市青原区、宜春市袁州区、赣县
山东省兰陵县、蓬莱市
河南省洛阳市、民权县、光山县
湖北省宜昌市夷陵区、恩施土家族苗族自治州
湖南省安仁县、吉首市
广东省平远县、翁源县
广西壮族自治区容县、贵港市覃塘区、荔浦县
重庆市合川区、潼南区
四川省成都市、西昌市、阆中市
贵州省台江县、荔波县、毕节市百里杜鹃管理区
云南省广南县、水富县
西藏自治区加查县、芒康县、索县
陕西省咸阳市渭城区、蓝田县、渭南市休闲农业示范区（临渭区、大荔县）、杨凌示范区
甘肃省康县、庄浪县
青海省祁连县、互助县
宁夏回族自治区银川市、彭阳县
新疆维吾尔自治区阜康市、和静县、察布查尔锡伯自治县
大连市瓦房店市
青岛市黄岛区
新疆生产建设兵团第一师10团

农业部办公厅关于开展第四批中国重要农业文化遗产发掘工作的通知

农办加〔2016〕13号

各省、自治区、直辖市及计划单列市农业（农牧、农村经济）厅（局、委），新疆生产建设兵团农业局：

农业部自2012年开展中国重要农业文化遗产发掘工作以来，各地高度重视，深入挖掘遗产价值，编制保护与发展规划，创新保护与利用机制，积极组织上报。截至目前，农业部分三批认定了62项中国重要农业文化遗产。从今年我部委托中国重要农业文化遗产专家委员会对发掘保护工作的评估结果看，中国重要农业文化发掘工作在增强遗产地产业发展后劲、带动遗产地农民就业增收、促进农业可持续发展、传承农耕文明和弘扬农耕文化方面发挥出了积极作用。

为深入贯彻落实今年中央1号文件关于“开展农业文化遗产普查与保护”的部署要求，根据《重要农业文化遗产管理办法》（农业部公告第2283号）规定，2017年将继续认定第四批中国重要农业文化遗产。现就开展第四批中国重要农业文化遗产发掘工作有关事项通知如下。

一、思路目标

中国重要农业文化遗产发掘工作要以挖掘、保护、传承和利用为核心，以筛选认定中国重要农业文化遗产为重点，不断发掘重要农业文化遗产的历史价值、文化和社会功能，并在有效保护的基础上，探索开拓动态传承的途径、方法，努力实现文化、生态、社会和经济效益的统一，逐步形成中国重要农业文化遗产动态保护机制，为繁荣农业农村文化、推进现代农业发展、促进农民就业增收做出积极的贡献。

二、标准条件

中国重要农业文化遗产是指人类与其所处环境长期协同发展中，创造并传承至今的独特的农业生产系统，

这些系统具有丰富的农业生物多样性、传统知识与技术体系和独特的生态与文化景观等，对我国农业文化传承、农业可持续发展和农业功能拓展具有重要的科学价值和实践意义。

中国重要农业文化遗产应在活态性、适应性、复合性、战略性、多功能性和濒危性方面有显著特征，具有悠久的历史渊源、独特的农业产品，丰富的生物资源，完善的知识技术体系，较高的美学和文化价值，以及较强的示范带动能力。

三、申报程序

（一）各传统农业系统所在地人民政府按照要求分别准备申报书、编制保护规划及管理办法，有关材料报送至各省、自治区、直辖市及计划单列市、新疆生产建设兵团农业行政管理部门。

（二）各省级农业行政管理部门严格按照认定标准，本着优中选优的原则组织筛选审核，各省、自治区、直辖市及计划单列市、新疆生产建设兵团上报的候选项目原则上不超过3个。

（三）请各地农业行政管理部门于2017年3月1日前，将所有纸质申报材料和电子版光盘（一式二份）报送至农业部农产品加工局休闲农业处。

遗产申报书、遗产保护与发展规划编写导则请见《农业部办公厅关于印发〈中国重要农业文化遗产申报书编写导则〉和〈农业文化遗产保护与发展规划编写导则〉的通知》（农办企〔2013〕25号）。

四、工作要求

（一）加强组织领导。各级农业行政管理部门要高度重视发掘和推荐工作，按照本通知要求制定工作方案，完善工作措施，落实工作责任，切实加大工作力度。

（二）强化政策扶持。各级农业行政管理部门要结合工作实际，研究探索对中国重要农业文化遗产的扶持政策，拓展工作思路，加强服务手段，创新工作方法，努力形成促进重要农业文化遗产保护与传承的良性机制。

（三）搞好总结宣传。要及时了解发掘和推荐工作的进展情况，不断总结推广好经验、好做法，加强典型宣传，营造良好氛围。

联系方式：

农业部农产品加工局休闲农业处

电　话：010-59192271，010-59193256

传真：010-59192761

农业部办公厅

2016年6月3日

农业部办公厅关于公布2016年全国农业文化遗产普查结果的通知

农办加〔2016〕24号

各省、自治区、直辖市及计划单列市农业（农牧、农村经济）厅（局、委），新疆生产建设兵团农业局：

为贯彻落实2016年中央1号文件关于“开展农业文化遗产普查与保护”的部署要求，农业部精心组织、科学安排，强化指导、扎实推进，依托专家、科学论证，着力做好普查工作。在各级农业管理部门、各传统农业系统所在地有关部门和农业文化遗产专家委员会的共同努力下，圆满完成了普查工作。此次普查按照农业部部署指导、省级组织审核汇总、县级农业部门组织填报的方式进行推进，基本摸清了全国农业文化遗产的底数、类型和分布。经过中国重要农业文化遗产专家委员会论证分析，上报的项目中有潜在保护价值的农业生产系统 408 项，现予以公布（其中，根据农业文化遗产的价值特征和所处地域，专家委员会对部分农业生产系统进行了合并收录、名称修改等适当调整）。

农业文化遗产是中华文明立足传承之根基。做好农业文化遗产的发掘保护和传承利用，对于促进农业可持续发展、带动遗产地农民就业增收、传承农耕文明具有十分重要的作用。加强重要农业文化遗产的发掘保护，是各级农业部门的重要职责。各地要高度重视，积极贯彻落实中央 1 号文件精神，深挖文化内涵，完善保护机制，提升保护意识，提高保护成效，着力发掘与保护好祖先留下的宝贵财富。

一要加强组织领导。各级农业管理部门要肩负起发掘保护农业文化遗产牵头单位的作用，完善工作措施，落实工作职责，加大工作力度，着力推动本地农业文化遗产发掘保护工作。

二要强化价值发掘。要在此次普查的基础上，加大价值发掘力度，对已公布的农业生产系统的历史、文化、经济、生态和社会特征与价值进行系统调查和科学研究，深入挖掘其精神内涵，为申报中国重要农业文化遗产奠定基础。

三要加大宣传推介。各级农业管理部门要运用现代手段，对农业文化遗产的生物多样性、传统知识、技术体系、独特的文化景观等进行充分展示和宣传推介，形成全社会关心和保护农业文化遗产的良好氛围。

附件：2016 年全国农业文化遗产普查结果

农业部办公厅
2016 年 12 月 9 日

附件

2016 年全国农业文化遗产普查结果

北京市（50 项）

北京朝阳洼里油鸡养殖系统
北京朝阳黑庄户宫廷金鱼养殖系统
北京朝阳郎家园枣树栽培系统
北京海淀玉巴达杏栽培系统
北京丰台长辛店白枣栽培系统
北京丰台桃树种植系统
北京丰台花乡芍药复合种植系统
北京门头沟京白梨栽培系统
北京门头沟杏树栽培系统
北京门头沟京西核桃栽培系统
北京门头沟玫瑰花栽培系统
北京门头沟盖柿栽培系统
北京门头沟红头香椿栽培系统
北京房山旱作梯田系统
北京房山京白梨栽培系统
北京房山良乡板栗栽培系统
北京房山菱枣栽培系统
北京房山磨盘柿栽培系统
北京房山山楂栽培系统
北京房山仁用杏栽培系统
北京房山黄芩文化系统
北京房山上方山香椿文化系统
北京房山中华蜜蜂养殖系统
北京房山拒马河流域传统渔业系统
北京通州葡萄栽培系统
北京顺义水稻栽培系统
北京顺义铁吧哒杏栽培系统
北京大兴安定古桑园
北京大兴北京鸭养殖系统
北京大兴金把黄鸭梨栽培系统
北京大兴玫瑰香葡萄栽培系统
北京大兴皇室蔬菜栽培系统
北京大兴西瓜栽培系统
北京昌平京西小枣栽培系统
北京昌平海棠栽培系统
北京昌平京白梨栽培系统
北京昌平核桃栽培系统
北京昌平磨盘柿栽培系统
北京昌平燕山板栗栽培系统
北京平谷佛见喜梨栽培系统

北京平谷蜜梨栽培系统
北京怀柔板栗栽培系统
北京怀柔尜尜枣栽培系统
北京怀柔红肖梨栽培系统
北京密云黄土坎鸭梨栽培系统
北京密云御皇李子栽培系统
北京延庆香槟果栽培系统
北京延庆八棱海棠栽培系统
北京延庆李子栽培系统
北京延庆葡萄栽培系统

天津市（3项）

天津宝坻稻作文化系统
天津静海枣树栽培系统
天津西青沙窝萝卜栽培系统

河北省（4项）

河北涉县核桃—作物复合系统
河北魏县鸭梨栽培系统
河北永年大蒜栽培系统
河北献县古桑林

山西省（6项）

山西稷山板栗栽培系统
山西临猗江石榴栽培系统
山西神池莜麦种植系统
山西壶关旱作梯田系统
山西平顺大红袍花椒栽培系统
山西沁县沁州黄小米种植系统

内蒙古自治区（6项）

内蒙古东乌珠穆沁草原游牧系统
内蒙古西乌珠穆沁草原游牧系统
内蒙古阿巴嘎黑马养殖系统
内蒙古乌审草原游牧系统
内蒙古伊金霍洛草原游牧系统
内蒙古鄂托克阿尔巴斯白绒山羊养殖系统

辽宁省（7项）

辽宁台安龙凤台鸭养殖系统
辽宁岫岩大尖把梨栽培系统
辽宁本溪绒山羊养殖系统
辽宁本溪老红根谷子种植系统
辽宁大石桥博洛铺谷子种植系统
辽宁庄河歇马杏栽培系统
辽宁庄河大骨鸡养殖系统

吉林省（1项）

吉林和龙长白山林下参种植系统

黑龙江省（8项）

黑龙江五常稻作文化系统
黑龙江阿城交界木耳生产系统
黑龙江宁安镜泊湖渔猎文化系统
黑龙江东宁黑木耳生产系统
黑龙江东宁松茸文化系统
黑龙江穆棱红豆杉文化系统
黑龙江塔河桦树文化系统
黑龙江呼玛樟子松文化系统

江苏省（14项）

江苏丰县果树栽培系统
江苏溧阳白芹栽培系统
江苏金坛建昌圩传统农业系统
江苏张家港稻作文化系统
江苏张家港小麦种植系统
江苏如东狼山鸡养殖系统
江苏如东海子牛养殖系统
江苏海门琵琶栽培系统
江苏东海淮猪养殖系统
江苏淮安蒲菜栽培系统
江苏淮阴柘树文化系统
江苏淮阴银杏栽培系统
江苏姜堰溱湖湿地农业系统
江苏沭阳栗树栽培系统

浙江省（46项）

浙江建德苞茶文化系统
浙江东钱湖白肤冬瓜种植系统
浙江奉化水蜜桃栽培系统
浙江奉化芋艿栽培系统
浙江奉化曲毫茶文化系统
浙江奉化大桥草籽种植系统
浙江象山白鹅养殖系统
浙江乐清铁皮石斛文化系统
浙江永嘉稻作梯田系统
浙江苍南古磉柚栽培系统
浙江德清桑基鱼塘系统
浙江德清淡水珍珠养殖系统
浙江安吉竹文化系统
浙江秀洲南湖菱栽培系统
浙江秀洲槜李栽培系统
浙江嘉善杨庙雪菜栽培系统
浙江嘉善杜鹃花栽培系统
浙江海盐柑橘栽培系统
浙江海宁汪菜种植系统
浙江桐乡槜李栽培系统
浙江桐乡桑基鱼塘系统
浙江上虞盖北葡萄栽培系统
浙江上虞桑蚕养殖系统
浙江嵊州茶文化系统
浙江江山中华蜜蜂养殖系统
浙江常山油茶栽培系统
浙江常山胡柚栽培系统
浙江开化清水鱼养殖系统
浙江普陀兰花栽培系统
浙江普陀观音水仙栽培系统
浙江黄岩蜜橘栽培系统
浙江黄岩东魁杨梅栽培系统
浙江黄岩枇杷栽培系统
浙江天台云雾茶文化系统

浙江天台乌药文化系统
浙江天台小狗牛养殖系统
浙江天台香鱼养殖系统
浙江仙居鸡养殖系统
浙江缙云麻鸭养殖系统
浙江缙云茭白栽培系统
浙江龙泉香菇文化系统
浙江云和雪梨栽培系统
浙江云和黑木耳生产系统
浙江景宁惠明茶文化系统
浙江景宁香菇文化系统
浙江莲都通济堰及灌区农业系统

安徽省（8 项）

安徽绩溪金山时雨茶文化系统
安徽寿县古香草园
安徽寿县梨树栽培系统
安徽寿县八公山黄豆种植与豆腐文化系统
安徽相山笆斗杏栽培系统
安徽杜集葡萄栽培系统
安徽烈山石榴栽培系统
安徽黟县石墨茶文化系统

福建省（25 项）

福建丰泽清源山茶文化系统
福建洛江槟榔芋栽培系统
福建洛江红心地瓜栽培系统
福建洛江黄皮甘蔗栽培系统
福建洛江芥菜栽培系统
福建南安龙眼栽培系统
福建南安石亭绿茶文化系统
福建永春佛手茶文化系统
福建永春岵山荔枝栽培系统
福建永春闽南水仙栽培系统
福建晋江花生文化系统
福建惠安余甘栽培系统
福建安溪油柿栽培系统
福建安溪山药栽培系统
福建漳州凤凰山古荔枝林
福建云霄古茶园与茶文化系统
福建连城白鸭养殖系统
福建武平绿茶文化系统
福建龙岩斜背茶文化系统
福建龙岩花生栽培系统
福建松溪甘蔗栽培系统
福建霞浦荔枝栽培系统
福建福鼎白茶文化系统
福建古田银耳生产系统
福建蕉城柳杉文化系统

江西省（17 项）

江西广昌莲作文化系统
江西鄱阳传统渔业系统
江西大余鸭养殖与板鸭文化系统
江西遂川狗牯脑茶文化系统
江西遂川金桔栽培系统
江西修水宁红茶文化系统
江西青原灰鹅养殖系统
江西遂川鸭养殖系统
江西遂川稻作梯田系统
江西峡江蒿菜种植系统
江西新干三湖红橘栽培系统
江西泰和乌鸡养殖系统
江西分宜苎麻文化系统
江西浮梁茶文化系统
江西赣县稻作文化系统
江西彭泽梅花鹿养殖系统
江西庐山云雾茶文化系统

山东省（46 项）

山东历城白菜栽培系统
山东历城核桃栽培系统
山东章丘大葱栽培系统
山东章丘龙山小米种植系统
山东章丘明水香稻文化系统
山东章丘明水白莲藕栽培系统
山东章丘鲍芹栽培系统
山东章丘核桃栽培系统
山东章丘花椒栽培系统
山东章丘香椿文化系统
山东章丘甲鱼养殖系统
山东长清瓜蒌栽培系统
山东长清张夏玉杏栽培系统
山东长清茶文化系统
山东长清灵岩御菊栽培系统
山东桓台白莲藕栽培系统
山东桓台山药栽培系统
山东桓台四色韭黄栽培系统
山东峄城石榴栽培系统
山东滕州梨树栽培系统
山东台儿庄桃树栽培系统
山东台儿庄银杏栽培系统
山东寿光桂河芹菜栽培系统
山东寿光羊角黄辣椒栽培系统
山东寿光大葱栽培系统
山东寿光鸡养殖系统
山东安丘流苏树栽培系统
山东安丘大姜栽培系统
山东安丘花生栽培系统
山东安丘大蒜栽培系统
山东安丘大葱栽培系统
山东安丘樱桃栽培系统
山东岱岳古栗林
山东新泰黄瓜栽培系统
山东新泰樱桃栽培系统
山东雪野古栗林
山东莱芜鸡腿葱栽培系统
山东莱城白花丹参种植系统
山东莱城花椒栽培系统
山东莱城姜栽培系统
山东莱城朱砂桃栽培系统
山东莱城山楂栽培系统
山东莱城黑山羊养殖系统
山东莱城黑猪养殖系统

山东莱城大蒜栽培系统
山东临清古柘树林

河南省（6 项）

河南巩义古橿树林
河南新安古樱桃园
河南南召辛夷栽培系统
河南南召柞蚕养殖系统
河南平舆白芝麻种植系统
河南确山古栗林

湖北省（11 项）

湖北夷陵雾渡河猕猴桃栽培系统
湖北普都银杏栽培系统
湖北秭归桃叶橙栽培系统
湖北秭归九畹溪丝锦茶文化系统
湖北巴东独活栽培系统
湖北蔡甸藜蒿栽培系统
湖北蔡甸莲藕栽培系统
湖北监利猪养殖系统
湖北荆江鸭养殖系统
湖北随县葛根栽培系统
湖北钟祥葛根栽培系统

湖南省（5 项）

湖南江永香米文化系统
湖南双牌古银杏群
湖南道县把截萝卜栽培系统
湖南保靖古茶园
湖南古丈毛尖茶文化系统

广东省（9 项）

广东增城乌榄栽培系统
广东增城凉粉草栽培系统
广东增城挂绿荔枝栽培系统
广东增城稻作文化系统
广东增城迟菜心种植系统
广东潮阳乌苏杨梅栽培系统
广东阳春春砂栽培系统
广东高州古荔枝园
广东化州化橘红栽培系统

广西壮族自治区（14 项）

广西横县白毛茶文化系统
广西临桂罗汉果栽培系统
广西恭城月柿栽培系统
广西灌阳雪梨栽培系统
广西灵川古银杏群
广西全州稻鱼鸭复合系统
广西苍梧六堡茶文化系统
广西岑溪古茶园与茶文化系统
广西八步开山白毛茶文化系统
广西南丹巴平米种植系统
广西南丹长角辣椒栽培系统
广西南丹六龙茶文化系统
广西南丹巴平稻作梯田系统
广西忻城珍珠糯玉米种植系统

海南省（3 项）

海南海口荔枝栽培系统
海南白沙茶园与茶文化系统
海南陵水疍家渔文化系统

四川省（20 项）

四川崇州枇杷茶文化系统
四川龙泉驿水蜜桃栽培系统
四川郫县稻鱼共生系统
四川邛崃老川茶文化系统
四川邛崃花楸茶文化系统
四川双流成都麻羊养殖系统
四川双流郁金栽培系统
四川双流辣椒栽培系统
四川温江大蒜栽培系统
四川平武果梅文化系统
四川江油附子栽培系统
四川安州大树杜鹃文化系统
四川三台涪城麦冬栽培系统
四川三台崭山米枣栽培系统
四川北川苔子茶文化系统
四川雨城藏茶文化系统
四川名山蒙顶山茶文化系统
四川高坪芥菜栽培系统
四川嘉陵柑桔栽培系统
四川通江银耳生产系统

云南省（63 项）

云南师宗薏米种植系统
云南师宗糯稻文化系统
云南师宗药用生姜栽培系统
云南南华山菌利用系统
云南双柏稻作梯田系统
云南大姚核桃栽培系统
云南大姚湾碧鸡养殖系统
云南大姚蜂蜜养殖系统
云南澄江渔猎文化系统
云南新平古茶园与茶文化系统
云南元阳古茶园与茶文化系统
云南建水古茶园与茶文化系统
云南建水稻作梯田系统
云南弥勒甘蔗栽培系统
云南蒙自甜石榴栽培系统
云南文山三七栽培系统
云南富宁八角栽培系统
云南广南铁皮石斛文化系统
云南广南古茶园与茶文化系统
云南广南文山牛养殖系统
云南西畴阳荷栽培系统
云南西畴乌骨鸡养殖系统
云南西畴传统渔业系统
云南丘北乌芋栽培系统
云南丘北辣椒栽培系统
云南丘北粉红腰豆种植系统
云南勐海古茶园与茶文化系统
云南巍山稻豆复种系统
云南巍山黑山羊养殖系统

云南巍山黄牛养殖系统
云南巍山红雪梨栽培系统
云南弥渡古茶园与茶文化系统
云南弥渡传统种植业系统
云南宾川核桃—作物复合系统
云南宾川朱苦拉古咖啡林
云南云龙沟渠灌溉农业系统
云南云龙林下作物栽培系统
云南云龙稻作梯田系统
云南云龙诺邓古盐井
云南云龙坝区灌溉农业系统
云南云龙梨—作物复合系统
云南云龙核桃—作物复合系统
云南云龙山地旱作复合系统
云南云龙高原养殖系统
云南云龙传统蔬菜种植系统
云南云龙古茶园与茶文化系统
云南云龙花椒栽培系统
云南云龙河谷灌溉农业系统
云南云龙仔猪养殖系统
云南云龙黑山羊养殖系统
云南云龙荞麦种植系统
云南云龙古梨园
云南云龙乌骨鸡养殖系统
云南腾冲银杏栽培系统
云南腾冲古茶园与茶文化系统
云南腾冲水牛养殖系统
云南腾冲秃杉栽培系统
云南腾冲马养殖系统
云南腾冲香叶树栽培系统
云南腾冲灌溉农业系统
云南芒市稻作文化系统
云南芒市德昂酸茶文化系统
云南瑞丽石斛栽培系统

贵州省（6 项）

贵州盘县稻作梯田系统
贵州盘县古银杏群
贵州剑河稻作文化系统
贵州黎平香禾糯栽培系统
贵州三穗鸭养殖系统
贵州普定朵贝茶文化系统

西藏自治区（3 项）

西藏乃东雅砻谷地传统农业系统
西藏山南青稞栽培系统
西藏吉隆犏牛养殖系统

陕西省（8 项）

陕西凤县大红袍花椒栽培系统
陕西千阳稻作文化系统
陕西南郑古茶园与茶文化系统
陕西佛坪山茱萸栽培系统
陕西汉阴稻作梯田系统
陕西石泉桑蚕养殖系统
陕西紫阳古茶园与茶文化系统
陕西岚皋稻作文化系统

甘肃省（6 项）

甘肃阿克塞哈萨克草原游牧系统
甘肃肃南裕固族草原游牧系统
甘肃碌曲洮河传统渔业系统
甘肃徽县银杏栽培系统
甘肃岷县黑裘皮羊养殖系统
甘肃岷县中蜂养殖系统

青海省（3 项）

青海大通牦牛养殖系统
青海湟中蚕豆种植系统
青海湟中燕麦种植系统

宁夏回族自治区（6 项）

宁夏大武口葡萄栽培系统
宁夏平罗昌润渠及其灌区农业系统
宁夏平罗桑树栽培系统
宁夏青铜峡稻作文化系统
宁夏盐池滩羊养殖系统
宁夏沙坡头灌溉农业系统

新疆维吾尔自治区（4 项）

新疆察布查尔布哈农业系统
新疆温宿旱稻栽培系统
新疆高昌吐鲁番葡萄栽培系统
新疆阿图什无花果栽培系统

住房城乡建设部等部门关于公布第四批列入中国传统村落名录的村落名单的通知

建村〔2016〕278 号

各省、自治区、直辖市住房城乡建设厅（建委）、文化厅（局）、文物局、财政厅（局）、国土资源厅（局）、农业（农牧、农村经济）厅（局、委）、旅游委（局）：

按照《住房城乡建设部等部门关于做好 2015 年中国传统村落保护工作的通知》（建村〔2015〕91 号）要求，在各地推荐上报基础上，经传统村落保护和发展委员会评审认定，并向社会公示，住房城乡建设部、文化部、国家文物局、财政部、国土资源部、农业部、国家旅游局（以下简称7部门）决定将北京市门头沟区斋堂镇西胡林村等1598个村落（名单见附件）列入中国传统村落名录，现予以公布。

请各地按照《住房城乡建设部 文化部 国家文物局 财政部关于切实加强中国传统村落保护的指导意见》（建村〔2014〕61号）要求，认真做好新列入中国传统村落名录村落的建档和保护规划编制工作。申请纳入2017年中央财政支持范围的传统村落，请最迟于2017年2月20日前将申请文件连同村落档案、保护发展规划和项目需求表报至住房城乡建设部（村镇建设司）、财政部（经建司）。

附件：第四批列入中国传统村落名录的村落名单

中华人民共和国住房和城乡建设部
中华人民共和国文化部
国家文物局
中华人民共和国财政部
中华人民共和国国土资源部
中华人民共和国农业部
中华人民共和国国家旅游局

2016年12月9日

一、北京市（5个）

门头沟区斋堂镇西胡林村
门头沟区王平镇东石古岩村
房山区南窖乡南窖村
房山区蒲洼乡宝水村
密云区太师屯镇令公村

二、天津市（2个）

西青区杨柳青镇六街村
蓟州区下营镇黄崖关村

三、河北省（88个）

石家庄市井陉县天长镇核桃园村
石家庄市井陉县天长镇长生口村
石家庄市井陉县天长镇吴家垴村
石家庄市井陉县天长镇庄旺村
石家庄市井陉县天长镇板桥村
石家庄市井陉县天长镇石桥头村
石家庄市井陉县天长镇乏驴岭村
石家庄市井陉县天长镇北关村
石家庄市井陉县天长镇东关村
石家庄市井陉县秀林镇南横口村
石家庄市井陉县小作镇卢峪村
石家庄市井陉县小作镇沙窑村
石家庄市井陉县南障城镇七狮村
石家庄市井陉县苍岩山镇杨庄村
石家庄市井陉县苍岩山镇汪里村
石家庄市井陉县测鱼镇石门村
石家庄市井陉县于家乡南张井村
石家庄市井陉县于家乡张家村
石家庄市井陉县于家乡狼窝村
石家庄市井陉县辛庄乡小切村
石家庄市井陉县辛庄乡苏家嘴村
石家庄市井陉县辛庄乡胡仁村
石家庄市井陉县辛庄乡洪河漕村
石家庄市井陉县南王庄乡河应村
石家庄市平山县北冶乡黄安村
石家庄市平山县杨家桥乡九里铺村
石家庄市鹿泉区石井乡封庄村
唐山市滦县泡石淀乡西刘各庄村
邯郸市峰峰矿区和村镇李岗西村
邯郸市峰峰矿区界城镇老鸦峪村
邯郸市涉县更乐镇大洼村
邯郸市涉县固新镇原曲村
邯郸市涉县辽城乡岩上村
邯郸市涉县鹿头乡东鹿头村
邯郸市磁县白土镇吴家河村
邯郸市磁县白土镇五合村
邯郸市磁县都党乡同义村
邯郸市磁县北贾璧乡岗西村
邯郸市武安市贺进镇后临河村

邯郸市武安市管陶乡万谷城村
邯郸市武安市马家庄乡没口峪村
邢台市沙河市綦村镇城湾村
邢台市沙河市册井乡册井村
邢台市沙河市册井乡北盆水村
邢台市沙河市柴关乡安河村
邢台市沙河市柴关乡绿水池村
邢台市沙河市柴关乡彭硇村
邢台市沙河市柴关乡石门沟村
邢台市沙河市柴关乡西沟村
邢台市沙河市蝉房乡后渐寺村
邢台市沙河市蝉房乡口上村
邢台市沙河市蝉房乡王茜村
保定市涞水县九龙镇岭南台
保定市安新县圈头乡圈头村
保定市顺平县大悲乡刘家庄村
张家口市蔚县代王城镇张中堡
张家口市蔚县暖泉镇千字村
张家口市蔚县暖泉镇中小堡村
张家口市蔚县南留庄镇史家堡村
张家口市蔚县南留庄镇单堠村
张家口市蔚县南留庄镇杜杨庄村
张家口市蔚县南留庄镇大饮马泉村
张家口市蔚县南留庄镇小饮马泉村
张家口市蔚县南留庄镇白河东村
张家口市蔚县南留庄镇白南堡
张家口市蔚县南留庄镇白宁堡村
张家口市蔚县南留庄镇埚串堡村
张家口市蔚县南留庄镇白中堡村
张家口市蔚县阳眷镇南堡村
张家口市蔚县宋家庄镇宋家庄村
张家口市蔚县宋家庄镇邢家庄村
张家口市蔚县宋家庄镇郑家庄
张家口市蔚县宋家庄镇王良庄
张家口市蔚县宋家庄镇大固城村
张家口市蔚县宋家庄镇吕家庄村
张家口市蔚县宋家庄镇邀渠村
张家口市蔚县宋家庄镇大探口村
张家口市蔚县宋家庄镇北口村
张家口市蔚县下宫村乡浮图村
张家口市蔚县涌泉庄乡卜北堡村
张家口市蔚县涌泉庄乡任家涧村
张家口市蔚县涌泉庄乡辛庄村
张家口市蔚县白草村乡钟楼村
张家口市怀安县西沙城乡北庄堡村
张家口市怀安县西沙城乡水闸屯村
张家口市怀安县西沙城乡西沙城村
承德市丰宁满族自治县凤山镇石桥村
衡水市冀州市门家庄乡堤北桥村

四、山西省（150 个）

太原市晋源区晋源街道程家峪村
大同市新荣区郭家窑乡助马堡村
大同市天镇县谷前堡镇水磨口村
大同市广灵县蕉山乡殷家庄村
大同市广灵县蕉山乡西蕉山村
大同市大同县杜庄乡落阵营村
大同市大同县许堡乡许堡村
阳泉市平定县娘子关镇新关村
阳泉市平定县巨城镇下盘石村
阳泉市平定县巨城镇岩会村
阳泉市平定县巨城镇移穰村
阳泉市平定县石门口乡西郊村
阳泉市平定县岔口乡冯家峪村
阳泉市平定县岔口乡大前村
长治市长治县荫城镇琚寨村
长治市长治县南宋乡南宋村
长治市平顺县石城镇黄花村
长治市平顺县石城镇豆峪村
长治市平顺县石城镇蟒岩村

长治市黎城县东阳关镇枣镇村
长治市黎城县西井镇东骆驼村
长治市壶关县百尺镇西岭底村
长治市壶关县店上镇瓜掌村
长治市壶关县树掌镇神北村
长治市长子县慈林镇西范村
长治市武乡县蟠龙镇砖壁村
长治市武乡县石盘农业开发区泉之头村
长治市沁源县王和镇古寨村
长治市潞城市黄牛蹄乡辛安村
长治市潞城市黄牛蹄乡土脚村
晋城市沁水县中村镇上阁村
晋城市沁水县端氏镇端氏村
晋城市沁水县嘉峰镇嘉峰村
晋城市沁水县嘉峰镇尉迟村
晋城市沁水县嘉峰镇武安村
晋城市阳城县润城镇中庄村
晋城市阳城县润城镇润城村
晋城市阳城县润城镇上伏村
晋城市阳城县河北镇匠礼村
晋城市陵川县礼义镇平川村
晋城市陵川县礼义镇东街村
晋城市陵川县附城镇夏壁村
晋城市陵川县附城镇丈河村
晋城市陵川县西河底镇黄庄村
晋城市陵川县杨村镇平居村
晋城市陵川县六泉乡浙水村
晋城市陵川县六泉乡六泉村
晋城市陵川县秦家庄乡侯家庄村
晋城市泽州县大东沟镇贺坡村
晋城市泽州县犁川镇成庄村
晋城市泽州县晋庙铺镇窑掌村
晋城市泽州县高都镇善获村
晋城市泽州县大阳镇金汤寨村
晋城市泽州县大箕镇南沟村
晋城市泽州县大箕镇秋木洼村
晋城市泽州县李寨乡陟椒村
晋城市泽州县南岭乡葛万村
晋城市高平市河西镇永宁寨村
晋城市高平市河西镇西李门村
晋城市高平市河西镇常乐村
晋城市高平市马村镇东周村
晋城市高平市马村镇西周村
晋城市高平市马村镇康营村
晋城市高平市建宁乡建北村
晋城市高平市石末乡石末村
晋城市高平市石末乡侯庄村
晋城市高平市原村乡原村村
晋城市高平市原村乡下马游村
朔州市朔城区南榆林乡青钟村
朔州市朔城区南榆林乡王化庄村
朔州市平鲁区高石庄乡七墩村
朔州市右玉县李达窑乡破虎堡村
晋中市榆次区什贴镇小寨村
晋中市榆次区长凝镇相立村
晋中市榆社县河峪乡下赤峪村
晋中市昔阳县乐平镇西南沟村
晋中市昔阳县皋落镇北岩村
晋中市昔阳县大寨镇大寨村
晋中市昔阳县赵壁乡楼坪村
晋中市昔阳县赵壁乡东寨村
晋中市昔阳县孔氏乡三教河村
晋中市寿阳县宗艾镇下洲村
晋中市寿阳县宗艾镇宗艾村
晋中市寿阳县西洛镇南东村
晋中市寿阳县西洛镇南河村
晋中市寿阳县西洛镇林家坡村
晋中市寿阳县西洛镇杏凹村
晋中市寿阳县平舒乡龙门河村
晋中市太谷县阳邑乡阳邑村
晋中市太谷县小白乡白燕村
晋中市祁县古县镇孙家河村
晋中市祁县贾令镇贾令村
晋中市祁县来远镇唐河底村
晋中市祁县峪口乡上庄村
晋中市平遥县段村镇横坡村
晋中市平遥县岳壁乡西源祠村
晋中市平遥县朱坑乡喜村
晋中市介休市张兰镇板峪村
晋中市介休市张兰镇张村
晋中市介休市张兰镇旧新堡村
晋中市介休市连福镇刘家山村
晋中市介休市连福镇张良村
晋中市介休市绵山镇焦家堡村
晋中市介休市绵山镇兴地村
晋中市介休市绵山镇小靳村
运城市新绛县北张镇西庄村
运城市新绛县泉掌镇泉掌村
运城市垣曲县历山镇南堡村

运城市平陆县张店镇侯王村
忻州市五台县豆村镇东会村
忻州市定襄县宏道镇北社东村
忻州市五台县东冶镇槐荫村
忻州市五台县东冶镇永安村
忻州市繁峙县神堂堡乡韩庄村
忻州市繁峙县岩头乡岩头村
忻州市岢岚县王家岔乡王家岔村
忻州市河曲县楼子营镇罗圈堡村
忻州市河曲县巡镇五花城堡村
临汾市翼城县西闫镇古桃园村
临汾市翼城县西闫镇曹公村
临汾市襄汾县景毛乡北李村
临汾市浮山县响水河镇东陈村
临汾市乡宁县关王庙乡康家坪村
临汾市乡宁县关王庙乡安汾村
临汾市乡宁县关王庙乡鹿凹峪村
临汾市乡宁县关王庙乡下川村
临汾市乡宁县关王庙乡后庄村
临汾市乡宁县关王庙乡上川村
临汾市汾西县团柏乡下团柏村
吕梁市离石区吴城镇街上村
吕梁市文水县凤城镇前周村
吕梁市文水县开栅镇北徐村
吕梁市文水县刘胡兰镇刘胡兰村
吕梁市文水县下曲镇北辛店村
吕梁市兴县高家村镇碧村
吕梁市临县林家坪镇南圪垛村（含沙垣组）
吕梁市临县招贤镇渠家坡村
吕梁市临县碛口镇寨则山村
吕梁市临县碛口镇寨则坪村
吕梁市柳林县王家沟乡曹家塔村
吕梁市柳林县西王家沟乡兴隆湾村
吕梁市孝义市高阳镇临水村
吕梁市石楼县义牒镇义牒村
吕梁市方山县峪口镇张家塔村
吕梁市交口县康城镇康城村
吕梁市交口县回龙乡韩家沟村
吕梁市孝义市下堡镇官窑村
吕梁市孝义市下堡镇昔颉堡村
吕梁市汾阳市杏花村镇东堡村
吕梁市汾阳市阳城乡虞城村

五、内蒙古自治区（20个）

呼和浩特市清水河县城关镇古城坡村
呼和浩特市清水河县城关镇雷胡坡村
包头市土默特右旗美岱召镇楼房沟村
包头市土默特右旗美岱召镇毛岱村
包头市土默特右旗九峰山生态管理委员会巴总尧村
赤峰市松山区老府镇二道河子村
赤峰市松山区城子乡北沟村
赤峰市松山区城子乡城子村
赤峰市松山区大夫营子乡大杖房村
赤峰市敖汉旗丰收乡宋杖子村
呼伦贝尔市莫力达瓦达斡尔族自治旗腾克镇腾克村
呼伦贝尔市牙克石市博克图镇西沟经济合作管理委员会
呼伦贝尔市牙克石市免渡河镇胜利村
呼伦贝尔市额尔古纳市莫尔道嘎镇太平村
呼伦贝尔市额尔古纳市三河回族乡下护林村
呼伦贝尔市根河市敖鲁古雅乡敖鲁古雅村
巴彦淖尔市五原县新公中镇光联村二社
巴彦淖尔市乌拉特前旗沙德格苏木沙德格嘎查
巴彦淖尔市乌拉特后旗新忽热苏木莫仁嘎查
乌兰察布市卓资县梨花镇土城子村

六、辽宁省（9个）

锦州市北镇市富屯街道龙岗子村
锦州市北镇市富屯街道石佛村
锦州市北镇市大市镇华山村
朝阳市朝阳县羊山镇肖家店村
朝阳市朝阳县胜利镇三家村
朝阳市北票市下府开发区三府村
朝阳市凌源市三十家子镇裂

山梁村
朝阳市凌源市沟门子镇二安沟村
葫芦岛市连山区塔山乡盘道沟村

七、吉林省（3个）

吉林市蛟河市漂河镇富江村
白山市临江市六道沟镇夹皮沟村
延边朝鲜族自治州敦化市大蒲柴河镇大蒲柴河村

八、黑龙江省（1个）

齐齐哈尔市讷河市兴旺鄂温克族乡索伦村

九、江苏省（2个）

苏州市吴中区金庭镇蒋东村后埠村
苏州市吴中区金庭镇堂里村堂里

十、浙江省（225个）

杭州市萧山区河山镇东山村
杭州市桐庐县凤川街道三鑫村
杭州市桐庐县江南镇石阜村
杭州市桐庐县江南镇彰坞村
杭州市桐庐县新合乡引坑村
杭州市建德市更楼街道于合村
杭州市建德市杨村桥镇徐杭村百箩畈自然村
杭州市建德市大洋镇建南村章家自然村
杭州市建德市三都镇乌祥村
杭州市建德市大慈岩镇里叶村
杭州市建德市大慈岩镇双泉村
杭州市建德市大慈岩镇三元村麻车岗自然村
杭州市建德市大慈岩镇檀村村樟宅坞自然村
杭州市建德市大慈岩镇大慈岩村大坞自然村
杭州市建德市大同镇劳村村
杭州市建德市大同镇石郭源自然村
杭州市富阳区场口镇东梓关村
杭州市临安市锦南街道横岭村
杭州市临安市湍口镇童家村
杭州市临安市清凉峰镇杨溪村
杭州市临安市岛石镇呼日村
宁波市鄞州区东吴镇勤勇村
宁波市宁海县一市镇箬岙村
宁波市奉化区袭村镇马头村
宁波市奉化区西坞街道西坞村
温州市永嘉县岩坦镇张溪林坑村
温州市平阳县顺溪镇顺溪村
温州市苍南县马站镇金城村
温州市文成县珊溪镇朱川村
温州市文成县峃口镇东方村
温州市泰顺县罗阳镇仙居村
温州市泰顺县罗阳镇洲滨村
温州市泰顺县司前畲族镇左溪村
温州市泰顺县筱村镇库村
温州市泰顺县筱村镇徐岙村
温州市瑞安市湖岭镇均路村
湖州市南浔区旧馆镇港胡一新兴港村
湖州市长兴县泗安镇上泗安村
绍兴市柯桥区兰亭镇紫洪山村
绍兴市上虞区上浦镇董家山村
绍兴市新昌县回山镇回山村
绍兴市诸暨市次坞镇次坞村
绍兴市诸暨市五泄镇十四都村
绍兴市诸暨市璜山镇溪北村
绍兴市嵊州市崇仁镇崇仁六村
绍兴市嵊州市石璜镇楼家村
绍兴市嵊州市下王镇泉岗村
金华市金东区江东镇雅湖村
金华市武义县柳城畲族镇橄榄源村
金华市武义县柳城畲族镇梁家山村
金华市武义县柳城畲族镇东西村
金华市武义县柳城畲族镇上黄村
金华市武义县履坦镇范村
金华市武义县新宅镇上少妃村
金华市武义县桃溪镇陶村
金华市浦江县仙华街道登高村
金华市浦江县黄宅镇古塘村
金华市浦江县岩头镇礼张村
金华市浦江县檀溪镇潘周家村
金华市浦江县杭坪镇杭坪村
金华市浦江县杭坪镇石宅村
金华市磐安县尖山镇里岙村
金华市磐安县冷水镇朱山村
金华市兰溪市永昌街道永昌村
金华市兰溪市水亭畲族乡西姜村
金华市义乌市赤岸镇尚阳村

金华市义乌市赤岸镇朱店村
金华市义乌市义亭镇缸窑村
金华市东阳市城东街道李宅村
金华市东阳市巍山镇白坦村
金华市东阳市虎鹿镇厦程里村
金华市东阳市虎鹿镇西坞村
金华市东阳市马宅镇雅坑村
金华市东阳市画水镇天鹅村
金华市永康市石柱镇塘里村
金华市武义县柳城畲族镇金川村
衢州市柯城区航埠镇北二村
衢州市衢江区湖南镇破石村
衢州市衢江区黄坛口乡茶坪村
衢州市衢江区举村乡翁源村
衢州市衢江区举村乡洋坑村
衢州市江山市峡口镇三卿口村
衢州市江山市峡口镇柴村村
衢州市江山市峡口镇广渡村
衢州市江山市峡口镇枫石村
衢州市江山市廿八都镇浔里村
衢州市江山市张村乡秀峰村
衢州市江山市张村乡先峰村
衢州市江山市塘源口乡洪福村
衢州市龙游县湖镇镇星火村
衢州市龙游县沐尘畲族乡双戴村
衢州市开化县齐溪镇龙门村
衢州市开化县长虹乡高田坑村
衢州市开化县林山乡姜坞村
舟山市定海区金塘镇大鹏岛村
台州市天台县石梁镇迹溪村
台州市天台县街头镇后岸村
台州市天台县街头镇九遮村
台州市天台县南屏乡山头郑村
台州市天台县南屏乡上杨村
台州市天台县泳溪乡灵坑村
台州市仙居县南峰街道管山村
台州市仙居县横溪镇苍岭坑村
台州市仙居县横溪镇溪头村
台州市仙居县横溪镇上江垟村
台州市仙居县埠头镇埠头村
台州市仙居县埠头镇十都英二村
台州市仙居县埠头镇西亚村
台州市仙居县田市镇垟墺村
台州市仙居县田市镇九思村
台州市仙居县田市镇公盂村
台州市仙居县下各镇羊棚头村
台州市仙居县朱溪镇朱家岸村
台州市仙居县朱溪镇上岙村
台州市仙居县朱溪镇兴隆村
台州市仙居县朱溪镇朱溪村
台州市仙居县溪港乡仁庄村
台州市仙居县湫山乡方宅村
台州市仙居县湫山乡四都村
台州市仙居县广度乡祖庙村
台州市仙居县广度乡三井村
台州市仙居县淡竹乡尚仁村
台州市仙居县淡竹乡油溪村
台州市仙居县皤滩乡枫树桥村
台州市仙居县皤滩乡山下村
台州市仙居县步路乡西炉村
台州市仙居县大战乡大战索村
台州市仙居县大战乡白岩下村
台州市仙居县双庙乡上王村
台州市温岭市石塘镇东海村
台州市临海市江南街道岙底罗村
台州市临海市东塍镇坦头村
台州市临海市东塍镇呈歧村
台州市临海市汇溪镇善家洋村
台州市临海市小芝镇胜坑村
台州市临海市小芝镇桥头村石牛坑自然村
台州市临海市沿江镇南蒋村
台州市临海市白水洋镇大泛村
台州市临海市白水洋镇西洋庄村
台州市临海市白水洋镇前塘村
台州市临海市河头镇殿前村
台州市临海市河头镇下湾村
台州市临海市括苍镇黄石坦村
台州市临海市桃渚镇城里村
丽水市莲都区联城街道官桥村
丽水市莲都区碧湖镇堰头村
丽水市莲都区大港头镇官岭村
丽水市莲都区雅溪镇库川村
丽水市莲都区雅溪镇龚山村
丽水市莲都区峰源乡库坑垟村
丽水市莲都区峰源乡赛源村
丽水市莲都区峰源乡夏庄村
丽水市龙泉市塔石街道炉地

垟村
丽水市龙泉市塔石街道李山头村
丽水市龙泉市八都镇双溪口村
丽水市龙泉市上垟镇源底村
丽水市龙泉市小梅镇黄南村
丽水市龙泉市小梅镇孙坑村
丽水市龙泉市安仁镇李登村
丽水市龙泉市安仁镇湖尖下村
丽水市龙泉市安仁镇金蝉湖村
丽水市龙泉市屏南镇横坑头村
丽水市龙泉市屏南镇垟顺村
丽水市龙泉市屏南镇石玄铺村
丽水市龙泉市兰巨乡梅地村
丽水市龙泉市宝溪乡车盂村
丽水市龙泉市竹垟乡安坑村
丽水市龙泉市道太乡夏安村
丽水市龙泉市岩樟乡柳山头村
丽水市龙泉市城北乡盛山后村
丽水市龙泉市龙南乡杨山头村
丽水市龙泉市龙南乡底村
丽水市龙泉市龙南乡上南坑村
丽水市龙泉市龙南乡大庄村
丽水市龙泉市龙南乡金川村
丽水市遂昌县云峰街道长濂村
丽水市遂昌县北界镇淤弓村下坪自然村
丽水市遂昌县应村乡竹溪村斋堂下自然村
丽水市遂昌县湖山乡福罗淤村
丽水市遂昌县湖山乡姚岭村
丽水市遂昌县蔡源乡大柯村
丽水市庆元县松源街道九漈村
丽水市云和县石塘镇竹子坪村
丽水市庆元县五大堡乡西川村
丽水市庆元县张村乡南阳村
丽水市庆元县张村乡后溪村
丽水市庆元县官塘乡横坑村
丽水市庆元县官塘乡白柘洋村
丽水市青田县祯旺乡牛路坑村
丽水市青田县阜山乡陈宅村
丽水市青田县石溪乡考坑村
丽水市缙云县新碧街道黄碧虞村
丽水市缙云县壶镇镇宫前村
丽水市缙云县新建镇笕川村
丽水市缙云县东渡镇桃花岭村隘头自然村
丽水市缙云县大源镇寮车头村
丽水市缙云县大源镇吾丰村
丽水市缙云县溶江乡岩门村上官坑自然村
丽水市景宁畲族自治县鹤溪街道东弄村
丽水市景宁畲族自治县鹤溪街道周湖村
丽水市景宁畲族自治县东坑镇桃源村
丽水市景宁畲族自治县英川镇隆川村
丽水市景宁畲族自治县郑坑乡吴布村
丽水市景宁畲族自治县毛垟乡库头村
丽水市松阳县玉岩镇玉岩村
丽水市松阳县玉岩镇何山头村
丽水市松阳县大东坝镇蔡宅村
丽水市松阳县大东坝镇内大阴百鸟朝凰自然村
丽水市松阳县大东坝镇小后畲
丽水市松阳县新兴镇竹囮岗头自然村
丽水市松阳县新兴镇张山头村
丽水市松阳县新兴镇东北头村
丽水市松阳县叶村乡膳垄村
丽水市松阳县叶村乡斗米岙村
丽水市松阳县斋坛乡下坌村
丽水市松阳县三都乡后湾村
丽水市松阳县三都乡下田村
丽水市松阳县三都乡上田村
丽水市松阳县竹源乡呈田村
丽水市松阳县竹源乡周岭根村
丽水市松阳县四都乡汤城村
丽水市松阳县枫坪乡钱余宝钱源旧处自然村
丽水市松阳县板桥畲族乡大毛科麒上自然村
丽水市松阳县裕溪乡木岱坑村
丽水市松阳县安民乡大洋坑村

十一、安徽省（52个）

马鞍山市含山县运漕镇蓼花

洲村
铜陵市郊区大通镇和悦村
安庆市潜山县官庄镇官庄村
安庆市宿松县趾凤乡吴河村
安庆市岳西县黄尾镇马元村
黄山市徽州区潜口镇蜀源村
黄山市徽州区西溪南镇竦塘村
黄山市歙县北岸镇白杨村
黄山市歙县杞梓里镇杞梓里村
黄山市歙县杞梓里镇苏村
黄山市歙县杞梓里镇滩培村
黄山市歙县霞坑镇萌坑村
黄山市歙县岔口镇祝筒坦村
黄山市歙县岔口镇庐山村
黄山市歙县坑口乡柔川村
黄山市歙县上丰乡蕃村
黄山市歙县昌溪乡沧山源村
黄山市歙县森村乡黄备村
黄山市休宁县蓝田镇枧潭村
黄山市休宁县蓝田镇五陵村
黄山市休宁县鹤城乡樟源里村
黄山市黟县碧阳镇柏山立川村
黄山市黟县碧阳镇赤岭村
黄山市黟县宏村镇江村
黄山市黟县宏村镇横断村
黄山市黟县渔亭镇桃源村青岭山
黄山市黟县西递镇霭峰上村
黄山市祁门县芦溪乡芦溪村
黄山市祁门县新安乡珠林自然村
六安市裕安区独山镇蔬菜村
六安市金寨县汤家汇镇斗林村李家湾
池州市青阳县陵阳镇上章村
池州市青阳县酉华镇宋冲村
宣城市宣州区水东镇七岭村
宣城市宣州区水东镇东胜村小胡村
宣城市泾县桃花潭镇桃花潭村
宣城市泾县桃花潭镇厚岸村
宣城市泾县桃花潭镇宝峰村
宣城市泾县桃花潭镇龙潭村
宣城市泾县茂林镇潘村村
宣城市泾县榔桥镇溪头村
宣城市泾县琴溪镇马头村
宣城市泾县黄村镇九峰村
宣城市宁国市港口镇山门村
宣城市宁国市霞西镇白茂村
宣城市绩溪县上庄镇石家村
宣城市绩溪县上庄镇宅坦村
宣城市绩溪县伏岭镇伏岭村
宣城市绩溪县家朋乡尚村
宣城市绩溪县家朋乡霞水村
宣城市旌德县蔡家桥镇乔亭村
宣城市旌德县俞村镇仕川村

十二、福建省（105个）

福州市罗源县中房镇岭兜村
福州市罗源县飞竹镇塔里洋村
福州市闽清县梅溪镇桥东村
福州市闽清县坂东镇新壶村
福州市永泰县嵩口镇溪口村
福州市永泰县嵩口镇月阙村
福州市永泰县嵩口镇道南村
福州市永泰县嵩口镇芦洋村
三明市三元区莘口镇龙泉村龙安自然村
三明市明溪县夏坊乡苎畲村
三明市宁化县泉上镇延祥村
三明市大田县建设镇建国村
三明市大田县华兴乡杞溪村
三明市大田县吴山乡张坑村
三明市大田县梅山乡香坪村
三明市尤溪县洋中镇浮洋村武洋自然村
三明市尤溪县西城镇新坑村
三明市尤溪县汤川乡黄林村豪峰自然村
三明市沙县风岗街道水美村
三明市将乐县大源乡肖坊村
三明市永安市贡川镇洋峰村
三明市永安市小陶镇石丰村
泉州市晋江市灵源街道灵水社区
泉州市晋江市新塘街道梧林社区
泉州市晋江市龙湖镇福林村
泉州市德化县三班镇三班村
泉州市德化县三班镇桥内村
泉州市德化县三班镇泗滨村
泉州市德化县龙门滩镇碧坑村
泉州市德化县上涌镇曾坂村
泉州市南安市眉山乡观山村
漳州市云霄县火田镇菜埔村
漳州市漳浦县湖西乡城内村
漳州市南靖县书洋镇塔下村
漳州市南靖县书洋镇石桥村
漳州市南靖县书洋镇下版寮村
漳州市南靖县书洋镇南欧村
漳州市南靖县奎洋镇上洋村
漳州市华安县马坑乡福田村
漳州市长泰县岩溪镇珪后村
漳州市龙海市港尾镇城内社村
南平市延平区峡阳镇江汜村
南平市延平区巨口乡村头村
南平市顺昌县洋墩乡洋坑村
南平市光泽县止马镇亲睦村

南平市政和县星溪乡九蓬村
南平市政和县澄源乡前村村
南平市政和县澄源乡赤溪村
南平市政和县杨源乡禾洋村
南平市政和县澄源乡上榅洋村
南平市邵武市和平镇坎头村
南平市邵武市和平镇和平村
南平市邵武市桂林乡横坑村
南平市武夷山市上梅乡茶景村
南平市武夷山市上梅乡上梅村
南平市建瓯市徐墩镇伍石村
南平市建瓯市小桥镇阳泽村
南平市建阳区莒口镇长埂村小源
南平市建阳区崇雒乡后畲村
龙岩市新罗区万安镇梅村村
龙岩市永定区下洋镇中川村
龙岩市永定区高陂镇西陂村
龙岩市永定区抚市镇新民村
龙岩市永定区湖坑镇实佳村
龙岩市永定区古竹乡大德村
龙岩市永定区洪山乡上山村
龙岩市永定区陈东乡岩太村
龙岩市上杭县中都镇罗溪村
龙岩市上杭县中都镇田背村
龙岩市上杭县中都镇兴坊村
龙岩市长汀县古城镇丁黄村
龙岩市长汀县四都镇汤屋村
龙岩市连城县曲溪乡白石村
宁德市蕉城区八都镇猴盾村
宁德市蕉城区八都镇洋头村
宁德市蕉城区八都镇闽坑村
宁德市蕉城区九都镇贵村村
宁德市蕉城区霍童镇石桥村
宁德市蕉城区霍童镇外表村
宁德市蕉城区霍童镇邑坂村
宁德市蕉城区赤溪镇赤溪村
宁德市蕉城区赤溪镇夏村村
宁德市蕉城区赤溪镇桃源村
宁德市蕉城区赤溪镇官岭村
宁德市蕉城区洋中镇代都村
宁德市蕉城区洋中镇东山村
宁德市蕉城区三都镇松歧村
宁德市蕉城区三都镇斗帽村
宁德市蕉城区金涵乡后溪村
宁德市蕉城区洪口乡吴峰村
宁德市蕉城区虎贝乡梅鹤村
宁德市古田县城东街道桃溪村
宁德市古田县大桥镇瑞岩村
宁德市古田县杉洋镇岭里村
宁德市古田县杉洋镇白溪村
宁德市古田县卓洋乡前洋村
宁德市周宁县咸村镇洋中村
宁德市周宁县咸村镇川中村
宁德市周宁县纯池镇桃坑村
宁德市周宁县礼门乡陈峭村
宁德市屏南县代溪镇忠洋村
宁德市屏南县寿山乡降龙村
宁德市屏南县岭下乡岭下村
宁德市寿宁县下党乡碑坑村
宁德市福安市潭头镇龙井坑村

十三、江西省（51个）

南昌市进贤县前坊镇西湖李家
南昌市新建区大塘坪乡汪山村
景德镇市浮梁县蛟潭镇礼芳村
景德镇市浮梁县蛟潭镇胡宅村
九江市修水县黄沙镇岭斜村箈竹自然村
九江市修水县黄沙镇下高丽村内石陂自然村
九江市都昌县苏山乡鹤舍村
九江市彭泽县浩山乡岚陵村
鹰潭市贵溪市文坊镇车家村
赣州市崇义县聂都乡竹洞村
赣州市龙南县杨村镇乌石村
赣州市全南县龙源坝镇雅溪村
赣州市全南县陂头镇瑶族村
赣州市兴国县枫边乡山阳寨村
赣州市宁都县黄陂镇杨依村
赣州市于都县银坑镇平安村
赣州市于都县岭背镇禾溪埠村石溪圳自然村
赣州市石城县琴江镇沙塅河背自然村
赣州市石城县小松镇丹溪村
吉安市吉州区兴桥镇丁塘村
吉安市吉州区兴桥镇上藤桥村
吉安市青原区富田镇王家村
吉安市吉安县浬田镇田岸上村
吉安市泰和县马市镇蜀江村
吉安市泰和县螺溪镇爵誉村
宜春市宜丰县天宝乡平溪村
宜春市奉新县宋埠镇牌楼村
宜春市靖安县仁首镇雷家村
宜春市丰城市湖塘乡坑里村
抚州市南丰县洽湾镇洽湾村
抚州市黎川县华山镇洲湖村
抚州市金溪县浒湾镇浒湾村
抚州市金溪县浒湾镇黄坊村
抚州市金溪县合市镇龚家村
抚州市金溪县合市镇大耿村
抚州市金溪县合市镇游垫村
抚州市金溪县合市镇戌源村
抚州市金溪县合市镇乌墩

塘村
抚州市金溪县左坊镇后车村
抚州市金溪县对桥镇旸田村
抚州市金溪县陆坊乡下李村
抚州市金溪县陈坊积乡岐山村
抚州市金溪县琉璃乡蒲塘村
抚州市金溪县琉璃乡北坑村
抚州市金溪县琉璃乡谢坊村
抚州市金溪县石门乡石门村
上饶市婺源县赋春镇上严田村
上饶市婺源县赋春镇甲路村
上饶市婺源县段莘乡东山村
上饶市婺源县大鄣山乡黄村村
上饶市广丰区东阳乡龙溪村

十四、山东省（38个）

济南市长清区归德街道双乳村
济南市长清区孝里镇方峪村
济南市章丘区普集街道博平村
济南市章丘区文祖街道三德范村
淄博市淄川区昆仑镇张李村
淄博市淄川区洪山镇蒲家庄村
淄博市淄川区寨里镇南峪村
淄博市淄川区太河镇柏树村
淄博市淄川区太河镇永泉村
淄博市淄川区太河镇罗圈村
淄博市博山区域城镇黄连峪村
淄博市博山区域城镇蝴蝶峪村
淄博市博山区域城镇龙堂村
淄博市周村区北郊镇大七村
淄博市周村区王村镇万家村
枣庄市山亭区北庄镇双山涧村
枣庄市山亭区冯卯镇独古城村
枣庄市山亭区冯卯镇冯卯村
枣庄市滕州市柴胡店镇胡套老村
烟台市龙口市徐福街道桑岛村
烟台市龙口市诸由观镇西河阳村
烟台市龙口市芦头镇庵夼村
潍坊市青州市王府街道井塘村
潍坊市昌邑市龙池镇齐西村
泰安市东平县接山镇朝阳庄村
威海市荣成市俚岛镇东崮村
威海市荣成市人和镇院夼村
莱芜市莱城区茶业口镇卧铺村
临沂市沂南县铜井镇竹泉村
临沂市沂水县马站镇八大庄村
临沂市沂水县夏蔚镇王庄村
临沂市沂水县泉庄镇崮崖村
临沂市费县梁邱镇邵庄村
临沂市费县马庄镇西南峪村
临沂市临沭县曹庄镇朱村
临沂市蒙山旅游区柏林镇金三峪村
菏泽市巨野县核桃园镇付庙村
菏泽市巨野县核桃园镇前王庄村

十五、河南省（25个）

郑州市荥阳市高山镇石洞沟村
郑州市新密市刘寨镇吕楼村
开封市祥符区朱仙镇西街村
洛阳市新安县北冶镇甘泉村
洛阳市新安县仓头镇孙都村
洛阳市洛宁县下峪镇后上庄村
平顶山市鲁山县梁洼镇鹁鸽吴村
平顶山市郏县薛店镇后冢王西村
平顶山市郏县黄道镇前谢湾村
平顶山市郏县渣园乡马鸿庄
平顶山市汝州市焦村乡张村
鹤壁市浚县白寺乡白寺村
鹤壁市淇县灵山办事处赵庄村
新乡市辉县市沙窑乡水磨村
许昌市禹州市浅井镇扒村
许昌市禹州市浅井镇浅井村
许昌市禹州市花石镇白北村
许昌市禹州市张得镇张西村
三门峡市陕州区张湾乡官寨头村
三门峡市渑池县张村镇苏秦村
南阳市方城县独树镇砚山铺村
信阳市光山县马畈镇代洼村杨柳湾组
信阳市光山县晏河乡管围孜村徐畈组
信阳市新县郭家河乡土门村徐冲组
驻马店市西平县杨庄乡仪封村

十六、湖北省（29个）

武汉市黄陂区王家河街罗家岗村罗家岗湾
武汉市黄陂区蔡家榨街蔡官

田村蔡官田湾
黄石市阳新县浮屠镇李山下村
十堰市张湾区黄龙镇黄龙滩村
十堰市郧阳区胡家营镇冻青沟村
十堰市丹江口市浪河镇黄龙村
宜昌市点军区土城乡高岩村
宜昌市兴山县昭君镇滩坪村
宜昌市五峰县湾潭镇茶园村
宜昌市五峰县采花乡栗子坪村
襄阳市南漳县板桥镇冯家湾村
孝感市大悟县城关镇双桥村
黄冈市红安县八里镇陡山村
黄冈市红安县永佳河镇喻畈村
黄冈市红安县永佳河镇椿树店村
黄冈市麻城市宋埠镇谢店古村
黄冈市麻城市木子店镇刘家塆村
黄冈市麻城市木子店镇龙门河村
黄冈市麻城市黄土岗镇大屋垸村
黄冈市麻城市黄土岗镇桐枧冲村茯苓窝
咸宁市通城县塘湖镇大埚村
咸宁市通城县大坪乡内冲瑶族村
咸宁市通山县闯王镇高湖村朱家湾
恩施土家族苗族自治州恩施市红土乡天落水村马弓坝组
恩施土家族苗族自治州恩施市盛家坝乡大集场村
恩施土家族苗族自治州利川市毛坝镇人头山村
恩施土家族苗族自治州宣恩县长潭河乡白果村黄家寨
恩施土家族苗族自治州宣恩县高罗镇大茅坡营村
恩施土家族苗族自治州来凤县旧司镇板沙界村

十七、湖南省（166个）

湘潭市湘潭县石鼓镇顶峰村
湘潭市湘乡市壶天镇壶天村
衡阳市衡南县宝盖镇宝盖村
衡阳市衡南县栗江镇大渔村
衡阳市衡东县草市镇草市村
衡阳市衡东县荣桓镇南湾村
衡阳市耒阳市小水镇小墟村
衡阳市耒阳市太平圩乡寿州村
衡阳市耒阳市上架乡珊钿村
衡阳市常宁市白沙镇上游村
衡阳市常宁市西岭镇六图村
衡阳市常宁市罗桥镇下冲村
邵阳市新邵县潭溪镇爽溪村
邵阳市新邵县坪上镇仓场村
邵阳市新邵县潭府乡小白水村
邵阳市隆回县山界回族乡老屋村
邵阳市绥宁县东山侗族乡横坡村
邵阳市绥宁县鹅公岭侗族苗族乡上白村
邵阳市城步苗族自治县儒林镇清溪村
邵阳市城步苗族自治县蒋坊乡杉坊村
岳阳市平江县上塔市镇黄桥村
岳阳市汨罗市新市镇新市村
岳阳市汨罗市长乐镇长新村
张家界市永定区王家坪镇伞家湾村
张家界市永定区四都坪乡庙岗村
张家界市桑植县洪家关白族乡洪家关村
益阳市桃江县桃花江镇花园洞村
益阳市安化县南金乡九龙池村
郴州市北湖区鲁塘镇陂副村
郴州市北湖区鲁塘镇村头村
郴州市苏仙区坳上镇坳上村
郴州市苏仙区望仙镇长冲村
郴州市桂阳县和平镇筱塘村
郴州市桂阳县正和镇阳山村
郴州市宜章县迎春镇碕石村
郴州市宜章县长村乡千家岸村
郴州市永兴县油市镇坪洞村
郴州市嘉禾县石桥镇仙江村
郴州市嘉禾县石桥镇石桥铺村
郴州市嘉禾县珠泉镇雷公井村
郴州市临武县汾市镇南福村
郴州市临武县麦市镇上乔村
郴州市临武县大冲乡乐岭村
郴州市汝城县土桥镇金山村
郴州市汝城县卢阳镇东溪村
郴州市汝城县卢阳镇津江村
郴州市汝城县文明镇沙洲村
郴州市汝城县马桥镇石泉村
郴州市汝城县永丰乡先锋村
郴州市资兴市三都镇辰冈岭村

郴州市资兴市三都镇流华湾村
郴州市资兴市三都镇中田村
郴州市资兴市程水镇星塘村
郴州市资兴市程水镇石鼓村
郴州市资兴市东坪乡新坳村
永州市零陵区大庆坪乡芬香村
永州市祁阳县大忠桥镇蔗塘村
永州市祁阳县肖家村镇九泥村
永州市祁阳县进宝塘镇陈朝村
永州市祁阳县下马渡镇元家庙村
永州市东安县横塘镇横塘村
永州市双牌县江村镇访尧村
永州市道县清塘镇楼田村
永州市道县清塘镇小坪村
永州市道县祥霖铺镇田广洞村
永州市宁远县湾井镇下灌村
永州市蓝山县祠堂圩乡虎溪村
永州市新田县三井乡谈文溪村
永州市江华瑶族自治县东田镇水东村
永州市江华瑶族自治县大圩镇宝镜村
永州市江华瑶族自治县大石桥乡井头湾村
怀化市中方县中方镇荆坪村
怀化市中方县铜湾镇黄溪村
怀化市中方县铁坡镇江坪村
怀化市中方县接龙镇桥头村
怀化市沅陵县明溪口镇浪潮村烧火岩
怀化市沅陵县明溪口镇胡家溪村
怀化市沅陵县二酉苗族乡莲花池村
怀化市沅陵县荔溪乡明中村
怀化市溆浦县黄茅园镇金中村
怀化市溆浦县小江口乡蓑衣溪村
怀化市溆浦县九溪江乡光明村
怀化市溆浦县横板桥乡株木村阳雀坡
怀化市溆浦县横板桥乡乌峰村
怀化市会同县广坪镇吉朗村
怀化市会同县高椅乡翁高村
怀化市新晃侗族自治县天堂乡道丁村
怀化市新晃侗族自治县贡溪乡天井寨村
怀化市靖州苗族侗族自治县甘棠镇燎原村
怀化市靖州苗族侗族自治县甘棠镇寨姓村
怀化市靖州苗族侗族自治县坳上镇九龙村
怀化市靖州苗族侗族自治县坳上镇木洞村
怀化市靖州苗族侗族自治县平茶镇江边村
怀化市靖州苗族侗族自治县寨牙乡岩脚村
怀化市靖州苗族侗族自治县寨牙乡大林村
怀化市靖州苗族侗族自治县三锹乡地笋村
怀化市靖州苗族侗族自治县铺口乡林源村
怀化市靖州苗族侗族自治县藕团乡老里村
怀化市通道侗族自治县播阳镇上湘村
怀化市通道侗族自治县播阳镇陈团村
怀化市通道侗族自治县锅冲乡占字村
怀化市通道侗族自治县黄土乡半坡村
怀化市通道侗族自治县坪坦乡高步片
怀化市通道侗族自治县坪坦乡高团村
怀化市通道侗族自治县甘溪乡洞雷村
怀化市洪江市沅河镇沅城村
怀化市洪江市茅渡乡洒溪村
怀化市洪江市湾溪乡堙上古村
怀化市洪江市湾溪乡山下陇古村
怀化市洪江市洗马乡古楼坪村
娄底市双峰县荷叶镇硖石村
娄底市涟源市三甲乡铜盆村
娄底市新化县水车镇楼下村
湘西土家族苗族自治州吉首市矮寨镇坪年村
湘西土家族苗族自治州吉首市寨阳乡坪朗村
湘西土家族苗族自治州吉首市寨阳乡补点村
湘西土家族苗族自治州泸溪县梁家潭乡芭蕉坪村
湘西土家族苗族自治州泸溪县梁家潭乡槲木溪村
湘西土家族苗族自治州泸溪县八什坪乡欧溪村

湘西土家族苗族自治州凤凰县茶田镇塘坳村
湘西土家族苗族自治州凤凰县吉信镇大塘村
湘西土家族苗族自治州凤凰县吉信镇火炉坪村
湘西土家族苗族自治州凤凰县山江镇东就村
湘西土家族苗族自治州凤凰县都里乡塘头村芭蕉冲
湘西土家族苗族自治州凤凰县三拱桥乡泡水村
湘西土家族苗族自治州凤凰县麻冲乡扭光村
湘西土家族苗族自治州凤凰县千工坪乡香炉山村
湘西土家族苗族自治州凤凰县木里乡关田山村
湘西土家族苗族自治州凤凰县木里乡黄沙坪村
湘西土家族苗族自治州凤凰县米良乡米良村
湘西土家族苗族自治州花垣县雅酉镇高务村
湘西土家族苗族自治州花垣县雅酉镇五斗村
湘西土家族苗族自治州花垣县排碧乡十八洞村
湘西土家族苗族自治州花垣县排碧乡张刀村
湘西土家族苗族自治州花垣县排料乡芷耳村
湘西土家族苗族自治州花垣县排料乡金龙村
湘西土家族苗族自治州花垣县雅桥乡油麻村
湘西土家族苗族自治州保靖县水田河镇金落河村
湘西土家族苗族自治州保靖县葫芦镇新民村
湘西土家族苗族自治州保靖县葫芦镇木芽村
湘西土家族苗族自治州保靖县葫芦镇傍海村
湘西土家族苗族自治州保靖县葫芦镇黄金村
湘西土家族苗族自治州保靖县清水坪镇魏家寨村
湘西土家族苗族自治州保靖县夯沙乡吕洞村
湘西土家族苗族自治州保靖县夯沙乡夯吉村
湘西土家族苗族自治州保靖县夯沙乡梯子村
湘西土家族苗族自治州古丈县默戎镇李家村
湘西土家族苗族自治州古丈县默戎镇中寨村
湘西土家族苗族自治州古丈县默戎镇九龙村
湘西土家族苗族自治州古丈县默戎镇毛坪村
湘西土家族苗族自治州古丈县默戎镇翁草村
湘西土家族苗族自治州古丈县红石林镇列溪村
湘西土家族苗族自治州古丈县岩头寨镇洞溪村
湘西土家族苗族自治州古丈县双溪乡宋家村
湘西土家族苗族自治州永顺县灵溪镇爬出科村
湘西土家族苗族自治州永顺县灵溪镇博射坪村
湘西土家族苗族自治州永顺县泽家镇砂土村
湘西土家族苗族自治州永顺县大坝乡大井村
湘西土家族苗族自治州永顺县列夕乡芷州村
湘西土家族苗族自治州永顺县列夕乡列夕村
湘西土家族苗族自治州永顺县万民乡伍伦村
湘西土家族苗族自治州永顺县泽家镇西那村
湘西土家族苗族自治州龙山县洗车镇老洞村
湘西土家族苗族自治州龙山县苗儿滩镇树比村
湘西土家族苗族自治州龙山县贾市乡街上村
湘西土家族苗族自治州龙山县贾市乡巴沙村

十八、广东省（34个）

韶关市仁化县扶溪镇古夏村
珠海市斗门区斗门镇南门村
珠海市斗门区斗门镇八甲村委排山村
佛山市禅城区南庄镇罗格村委孔家村
佛山市南海区九江镇烟南烟桥村
佛山市顺德区乐从镇沙滘村
佛山市顺德区杏坛镇逢简村
佛山市顺德区杏坛镇马东村
佛山市三水区白坭镇岗头村
佛山市三水区芦苞镇长岐村
佛山市高明区明城镇罗稳村委深水村
江门市台山市斗山镇浮月村
江门市开平市百合镇马降龙村
江门市鹤山市鹤城镇田心村
肇庆市高要区回龙镇黎槎村
惠州市惠东县铁涌镇溪美村
惠州市龙门县永汉镇鹤湖

围村
惠州市龙门县龙华镇功武村
梅州市梅县区松口镇圳头村
梅州市梅县区白渡镇峰溪村委石溪村
梅州市梅县区松源镇横坊村委横江村
梅州市丰顺县黄金镇清溪村
梅州市平远县石正镇南台村
梅州市平远县泗水镇梅畲村
河源市和平县东水镇大坝村
清远市佛冈县汤塘镇汤塘村
清远市佛冈县迳头镇土仓下村
清远市连南瑶族自治县大坪镇大掌村
清远市连南瑶族自治县三江镇石泉村
清远市连州市丰阳镇丰阳村
潮州市潮安区浮洋镇井里村
潮州市饶平县所城镇所城居委大城所村
云浮市郁南县大湾镇五星村
云浮市郁南县连滩镇兰寨村

十九、广西壮族自治区（72个）

柳州市融水苗族自治县安太乡寨怀村新寨屯
柳州市融水苗族自治县良寨乡大里村国里屯
柳州市融水苗族自治县杆洞乡党鸠村乌英屯
柳州市三江侗族自治县独峒镇林略村
柳州市三江侗族自治县独峒镇岜团村
柳州市三江侗族自治县独峒镇座龙村
柳州市三江侗族自治县林溪镇高秀村
柳州市三江侗族自治县梅林乡车寨村
桂林市雁山区大埠乡大埠村委大岗埠村
桂林市雁山区柘木镇禄坊村委禄坊村
桂林市临桂区两江镇信果村委（木田木）头村
桂林市临桂区宛田乡宛田村委东宅江村
桂林市阳朔县白沙镇遇龙村委遇龙堡村
桂林市灵川县灵田镇正义村委宅庆村
桂林市兴安县高尚镇东河村委菜子岩村
桂林市兴安县高尚镇东河村委山湾村
桂林市兴安县高尚镇金山村委待漏村
桂林市兴安县溶江镇佑安村委青山湾村
桂林市灌阳县文市镇桂岩村委白竹坪屯
桂林市龙胜各族自治县龙脊镇金江村委金竹壮寨
桂林市龙胜各族自治县龙脊镇马海村委田寨组
桂林市龙胜各族自治县龙脊镇小寨村委小寨屯
桂林市龙胜各族自治县瓢里镇平岭村委上下甘塘屯
桂林市龙胜各族自治县江底乡城岭村委江口屯
桂林市龙胜各族自治县江底乡建新村委矮岭红瑶组
桂林市龙胜各族自治县江底乡建新村委江门口屯
桂林市龙胜各族自治县江底乡李江村委金竹组
桂林市龙胜各族自治县马堤乡芙蓉村委芙蓉村
桂林市龙胜各族自治县马堤乡龙家村委龙家村
桂林市龙胜各族自治县马堤乡民合村委民合屯
桂林市龙胜各族自治县伟江乡新寨村委老寨屯
桂林市龙胜各族自治县平等镇小江村委田段组
桂林市龙胜各族自治县平等镇龙坪村委龙坪村
桂林市龙胜各族自治县平等镇平等村委平等村
桂林市龙胜各族自治县乐江乡宝赠村委宝赠村
桂林市龙胜各族自治县乐江乡地灵村委地灵村
桂林市龙胜各族自治县乐江乡石甲村委泥寨组、岩寨组
桂林市龙胜各族自治县乐江乡西腰村委西腰大屯
桂林市恭城瑶族自治县莲花镇门等村委矮寨屯
桂林市恭城瑶族自治县莲花镇竹山村委红岩老村屯
桂林市恭城瑶族自治县平安乡巨塘村委巨塘屯
桂林市恭城瑶族自治县西岭乡西岭村委西岭屯
桂林市平乐县同安镇屯塘村委屯塘村
桂林市平乐县张家镇钓鱼村委和村
梧州市蒙山县长坪瑶族乡六坪村

北海市铁山港区营盘镇白龙社区白龙村
北海市合浦县曲樟乡璋嘉村委客家老屋村
玉林市兴业县葵阳镇葵联村榜山村
玉林市兴业县城隍镇大西村
贺州市平桂管理区羊头镇柿木园村
贺州市昭平县走马镇黄胆村罗旭屯
贺州市钟山县石龙镇源头村
贺州市钟山县珊瑚镇同乐村
贺州市钟山县公安镇荷塘村
贺州市钟山县清塘镇白竹新寨
贺州市钟山县两安乡星寨村
贺州市富川瑶族自治县福利镇毛家村
贺州市富川瑶族自治县福利镇留家湾村
贺州市富川瑶族自治县福利镇红岩村
贺州市富川瑶族自治县麦岭镇村头岗村
贺州市富川瑶族自治县葛坡镇义竹村
贺州市富川瑶族自治县葛坡镇谷母井村
贺州市富川瑶族自治县城北镇凤溪村
贺州市富川瑶族自治县石家乡龙湾村
贺州市富川瑶族自治县石家乡城上村
贺州市富川瑶族自治县石家乡石枧村
贺州市富川瑶族自治县柳家乡茅樟村
河池市南丹县里湖瑶族乡怀里村蛮降屯
河池市南丹县里湖瑶族乡八雅村巴哈屯
河池市天峨县三堡乡三堡村堡上屯
崇左市龙州县上金乡卷逢村白雪屯
崇左市龙州县上金乡中山村

二十、海南省（28个）

海口市秀英区永兴镇冯塘村
海口市秀英区石山镇美社村
海口市秀英区永兴镇美孝村
海口市琼山区旧州镇包道村
海口市琼山区红旗镇昌文湖村
海口市美兰区灵山镇道郡村
海口市美兰区三江镇罗梧村
海口市美兰区大致坡镇美篆村
海口市桂林洋农场迈德村
琼海市中原镇仙寨莲塘村
琼海市博鳌镇留客村
文昌市东阁镇富宅村
文昌市文城镇松树下村
文昌市文城镇义门二村
定安县定城镇春内村
定安县新竹镇三滩村
定安县新竹镇卜效村
定安县雷鸣镇龙梅村
定安县雷鸣镇仙坡村
定安县岭口镇皇坡村
澄迈县永发镇美傲村
澄迈县永发镇美墩村
澄迈县永发镇美楠村
澄迈县永发镇那雅村
澄迈县永发镇南轩村
澄迈县永发镇秀灵村
乐东县黄流镇黄流村
琼中县湾岭镇金妙朗村

二十一、重庆市（11个）

万州区太安镇凤凰村
万州区罗田镇用坪村
江津区中山镇鱼塆村
潼南区古溪镇禄沟村
城口县高楠镇方斗村
武隆县平桥镇红隆村
酉阳土家族苗族自治县麻旺镇亮垭村烂田沟
酉阳土家族苗族自治县泔溪镇大板村皮都
酉阳土家族苗族自治县板溪镇山羊村山羊古寨
酉阳土家族苗族自治县可大乡昔比村
酉阳土家族苗族自治县板桥乡井园村仡佬溪

二十二、四川省（141个）

成都市龙泉驿区洛带镇老街社区
成都市金堂县五凤镇五凤溪社区
成都市大邑县安仁镇街道社区
成都市邛崃市平落镇禹王社区
自贡市自流井区龙凤山社区
自贡市贡井区艾叶镇竹林村
自贡市大安区三多寨镇徐家村
自贡市沿滩区永安镇鳌头铺社区
自贡市荣县墨林乡吕仙村
自贡市富顺县富世镇后街社区
攀枝花市米易县麻陇彝族乡中心村
泸州市泸县立石镇玉龙村

泸州市泸县百和镇东林观村
泸州市泸县方洞镇宋田村
泸州市合江县白沙镇芦稿村
泸州市合江县先市镇下坝村
泸州市合江县尧坝镇白村
泸州市合江县九支镇柏香湾村
泸州市合江县五通镇五通村
泸州市合江县凤鸣镇文理村
泸州市合江县福宝镇大亨村
泸州市合江县福宝镇穆村
泸州市合江县法王寺镇法王寺村
泸州市叙永县白腊苗族乡天堂村
德阳市广汉市连山镇川江村
德阳市旌阳区孝泉镇正阳街居委会
德阳市中江县仓山镇三江村
德阳市罗江县御营镇响石村
德阳市罗江县白马关镇白马村
德阳市什邡市师古镇红豆村
绵阳市安县桑枣镇红牌村
绵阳市涪城区丰谷镇二社区
绵阳市游仙区魏城镇铁炉村
绵阳市游仙区刘家镇曾家垭村
绵阳市游仙区玉河镇上方寺村
绵阳市游仙区东宣乡鱼泉村
绵阳市盐亭县林山乡青峰村
绵阳市平武县虎牙藏族乡上游村
绵阳市平武县白马藏族乡亚者造祖村
绵阳市平武县木座藏族乡民族村
广元市旺苍县东河镇东郊村
广元市旺苍县福庆乡农经村
广元市旺苍县化龙乡石川村
广元市旺苍县化龙乡亭子村
广元市青川县观音店乡两河村
广元市剑阁县秀钟乡青岭村
遂宁市安居区玉丰镇高石村
内江市威远县向义镇静宁古村
内江市资中县罗泉镇禹王宫村
内江市隆昌县渔箭镇渔箭社区
内江市隆昌县云顶镇云峰村
乐山市五通桥区竹根镇兴隆里村
乐山市犍为县罗城镇菜佳村
乐山市犍为县芭沟镇芭蕉沟社区
乐山市犍为县铁炉乡铁炉社区
乐山市井研县千佛镇民建村
南充市仪陇县马鞍镇琳琅村
南充市阆中市河楼乡白虎村
眉山市洪雅县高庙镇花源村
眉山市洪雅县瓦屋山镇复兴村
眉山市青神县汉阳镇汉阳场社区
宜宾市宜宾县横江镇民主社区
宜宾市江安县夕佳山镇坝上村
宜宾市屏山县龙华镇汇龙社区
广安市广安区协兴镇协兴村
广安市广安区肖溪镇肖家溪社区
广安市广安区石笋镇石笋村
广安市武胜县中心镇环江村
广安市武胜县飞龙镇莲花坪村
广安市武胜县三溪镇观音桥村
广安市岳池县顾县镇顾兴社区
广安市邻水县王家镇地选村
达州市通川区金石乡金山村
达州市大竹县童家乡童家村
达州市宣汉县庙安乡龙潭河村
达州市宣汉县马渡乡百丈村
达州市万源市秦河乡三官场村
雅安市名山区中峰乡朱场村
雅安市荥经县新添乡新添村
雅安市汉源县九襄镇民主村
雅安市天全县小河乡红星村
巴中市巴州区光辉镇白鹤山村
巴中市恩阳区登科街道办事处恩阳古镇
巴中市通江县洪口镇古宁寨村
巴中市通江县龙凤场乡环山村
巴中市通江县澌波乡苟家湾村
巴中市通江县胜利乡大营村
巴中市通江县胜利乡迪坪村
巴中市通江县文胜乡白石寺村
巴中市通江县毛浴乡迎春村
巴中市南江县朱公乡百坪村
资阳市安岳县协和乡治山村
资阳市乐至县大佛镇红土地村
阿坝藏族羌族自治州汶川县

水磨镇老人村
阿坝藏族羌族自治州汶川县龙溪乡阿尔村
阿坝藏族羌族自治州汶川县龙溪乡联合村
阿坝藏族羌族自治州理县薛城镇较场村
阿坝藏族羌族自治州理县甘堡乡甘堡村
阿坝藏族羌族自治州理县蒲溪乡休溪村
阿坝藏族羌族自治州理县下孟乡沙吉村
阿坝藏族羌族自治州理县桃坪乡增头村
阿坝藏族羌族自治州茂县太平乡牛尾村
阿坝藏族羌族自治州松潘县十里回族乡大屯村
阿坝藏族羌族自治州九寨沟县漳扎镇中查村
阿坝藏族羌族自治州九寨沟县永和乡大城村
阿坝藏族羌族自治州九寨沟县罗依乡大寨村
阿坝藏族羌族自治州九寨沟县马家乡苗州村
阿坝藏族羌族自治州九寨沟县草地乡下草地村
阿坝藏族羌族自治州九寨沟县大录乡大录村
阿坝藏族羌族自治州九寨沟县大录乡东北村
阿坝藏族羌族自治州黑水县知木林乡知木林村
阿坝藏族羌族自治州马尔康县松岗镇直波村
阿坝藏族羌族自治州马尔康县梭磨乡色尔米村
阿坝藏族羌族自治州马尔康县党坝乡尕兰村
阿坝藏族羌族自治州马尔康县大藏乡春口村
阿坝藏族羌族自治州马尔康县草登乡代基村
阿坝藏族羌族自治州壤塘县宗科乡加斯满村
阿坝藏族羌族自治州壤塘县吾依乡修卡村
阿坝藏族羌族自治州壤塘县茸木达乡茸木达村
阿坝藏族羌族自治州壤塘县中壤塘乡壤塘村
甘孜藏族自治州丹巴县巴底乡齐鲁村
甘孜藏族自治州丹巴县聂呷乡妖枯村
甘孜藏族自治州丹巴县梭坡乡宋达村
甘孜藏族自治州丹巴县中路乡克格依村
甘孜藏族自治州丹巴县中路乡波色龙村
甘孜藏族自治州白玉县章都乡边坝村
甘孜藏族自治州白玉县热加乡麻通村
甘孜藏族自治州白玉县灯龙乡帮帮村
甘孜藏族自治州白玉县灯龙乡龚巴村
甘孜藏族自治州白玉县赠科乡下比沙村
甘孜藏族自治州理塘县高城镇车马村
甘孜藏族自治州理塘县高城镇德西二村
甘孜藏族自治州理塘县高城镇德西三村
甘孜藏族自治州理塘县高城镇德西一村
甘孜藏族自治州理塘县格木乡查卡村
凉山彝族自治州木里藏族自治县俄亚纳西族乡大村
凉山彝族自治州木里藏族自治县东朗乡亚英村
凉山彝族自治州木里藏族自治县唐央乡里多村
凉山彝族自治州木里藏族自治县瓦厂镇桃巴村
凉山彝族自治州盐源县泸沽湖镇母支村
凉山彝族自治州盐源县泸沽湖镇舍垮村

二十三、贵州省（120个）

六盘水市六枝特区落别乡长湾村长田组
六盘水市盘县石桥镇乐民村
六盘水市盘县保田镇鹅毛寨村
六盘水市盘县丹霞镇水塘村
遵义市汇川区高坪街道海龙屯村
遵义市播州区尚嵇镇乌江村
遵义市桐梓县高桥镇周市金鸡水古寨
遵义市桐梓县狮溪镇狮溪村
遵义市正安县芙蓉江镇祝家坪村
遵义市正安县流渡镇白花村
遵义市道真县阳溪镇阳溪村
遵义市务川县丰乐镇造纸塘
遵义市务川县黄都镇大竹村
遵义市务川县黄都镇沈家坝
遵义市务川县丹砂街道马拱坡

遵义市赤水市元厚镇陛诏村
安顺经济技术开发区幺铺镇磊跨村歪寨组
安顺市平坝区安平街道办事处大寨村
安顺市平坝区白云镇白云村白云庄自然村
安顺市平坝区白云镇车头村
安顺市平坝区白云镇高寨村高寨自然村
安顺市平坝区乐平镇大屯村
安顺市平坝区乐平镇小屯村
安顺市普定县马场镇云盘村
安顺市西秀区双堡镇山京村
安顺市西秀区双堡镇骟马牛村
安顺市西秀区大西桥镇西陇村
安顺市西秀区七眼桥镇仁岗村
安顺市西秀区蔡官镇罗大寨村
安顺市西秀区轿子山镇郭家屯村
安顺市西秀区旧州镇詹屯村
安顺市西秀区旧州镇海马村
安顺市西秀区新场乡绿泉村石关组
安顺市西秀区杨武乡顺河村顺河组
安顺市西秀区黄腊乡龙青村
安顺市西秀区刘官乡周官村
安顺市镇宁布依族苗族自治县丁旗街道办事处官寨村官寨组
安顺市紫云苗族布依族自治县格凸河镇格井村
铜仁市碧江区川硐镇板栗园村杨家坡
铜仁市碧江区六龙山侗族土家族乡瓮慢村
铜仁市江口县民和镇韭菜村
铜仁市江口县怒溪镇梵星村
铜仁市石阡县河坝场乡深溪村
铜仁市思南县瓮溪镇三星村
铜仁市思南县胡家湾乡周家椏村
铜仁市印江自治县新寨乡乐洋村
铜仁市印江自治县木黄镇木良村
铜仁市印江自治县紫薇镇大园址村
铜仁市德江县合兴镇龙溪村岩头坝
铜仁市德江县长堡镇马家溪村岩阡头组
铜仁市沿河县夹石镇山羊村
铜仁市沿河县泉坝镇三坝村
铜仁市松桃县蓼皋镇文山村
铜仁市松桃县盘信镇大湾村
铜仁市松桃县普觉镇干背河村罗溪屯
铜仁市松桃县普觉镇高坎村
铜仁市松桃县普觉镇真武堡村
铜仁市松桃县寨英镇蕉溪村
铜仁市松桃县寨英镇凯牌村
铜仁市松桃县世昌乡世昌村底哨
铜仁市松桃县正大乡麻洞村
铜仁市松桃县长坪乡地甲司村
铜仁市松桃县长坪乡干沙坪村
铜仁市松桃县沙坝河乡界牌村
黔西南布依族苗族自治州贞丰县挽澜镇兴农村
黔西南布依族苗族自治州贞丰县平街乡花江村
黔西南布依族苗族自治州册亨县弼佑镇秧佑村
黔东南苗族侗族自治州凯里市三棵树镇朗利村
黔东南苗族侗族自治州凯里市三棵树镇南花村
黔东南苗族侗族自治州凯里市凯棠乡南江村
黔东南苗族侗族自治州黄平县谷陇镇岩门司村
黔东南苗族侗族自治州镇远县金堡镇爱和村
黔东南苗族侗族自治州锦屏县三江镇瓮寨村
黔东南苗族侗族自治州锦屏县茅坪镇茅坪村
黔东南苗族侗族自治州剑河县久仰镇巫溜村
黔东南苗族侗族自治州台江县方召镇方召村
黔东南苗族侗族自治州黎平县顺化瑶族乡高孖村
黔东南苗族侗族自治州黎平县茅贡镇腊洞村
黔东南苗族侗族自治州黎平县口江乡朝坪村
黔东南苗族侗族自治州榕江县忠诚镇定弄村
黔东南苗族侗族自治州榕江县寨蒿镇晚寨村
黔东南苗族侗族自治州榕江县寨蒿镇乌公村
黔东南苗族侗族自治州榕江县朗洞镇卡寨村
黔东南苗族侗族自治州榕江

县栽麻镇归柳村
黔东南苗族侗族自治州榕江县计划乡加宜村
黔东南苗族侗族自治州榕江县平阳乡丹江村
黔东南苗族侗族自治州从江县贯洞镇潘今滚村
黔东南苗族侗族自治州从江县洛香镇登岜村
黔东南苗族侗族自治州从江县往洞镇高传村
黔东南苗族侗族自治州从江县往洞镇信地村
黔东南苗族侗族自治州从江县往洞镇秧里村
黔东南苗族侗族自治州从江县高增乡美德村
黔东南苗族侗族自治州从江县谷坪乡留架村
黔东南苗族侗族自治州从江县丙妹镇大塘村
黔东南苗族侗族自治州从江县庆云镇转珠村
黔东南苗族侗族自治州从江县加鸠镇加学村
黔东南苗族侗族自治州从江县斗里镇马安村
黔东南苗族侗族自治州从江县东郎镇党相村
黔东南苗族侗族自治州雷山县望丰乡羊卡村
黔东南苗族侗族自治州丹寨县兴仁镇排佐村
黔南布依族苗族自治州荔波县瑶山瑶族乡拉片村一、二组
黔南布依族苗族自治州三都水族自治县三合街道高寨村大寨
黔南布依族苗族自治州三都水族自治县三合街道姑挂村姑鲁寨
黔南布依族苗族自治州三都水族自治县三合街道行偿村姑八寨
黔南布依族苗族自治州三都水族自治县三合街道龙台村王家寨
黔南布依族苗族自治州三都水族自治县三合街道牛场村巴卯寨
黔南布依族苗族自治州三都水族自治县三合街道排招村排招寨
黔南布依族苗族自治州三都水族自治县大河镇甲照村甲照大寨
黔南布依族苗族自治州三都水族自治县大河镇蕊抹村
黔南布依族苗族自治州三都水族自治县都江镇摆鸟村
黔南布依族苗族自治州三都水族自治县都江镇达荣村羊告组
黔南布依族苗族自治州三都水族自治县都江镇盖赖村
黔南布依族苗族自治州三都水族自治县都江镇控抗村
黔南布依族苗族自治州三都水族自治县都江镇来术村
黔南布依族苗族自治州三都水族自治县都江镇排抱村
黔南布依族苗族自治州三都水族自治县都江镇排怪村
黔南布依族苗族自治州三都水族自治县都江镇排外村
黔南布依族苗族自治州三都水族自治县都江镇小脑村
黔南布依族苗族自治州三都水族自治县都江镇小昔村党虾组
黔南布依族苗族自治州三都水族自治县都江镇小昔村火烧组

二十四、云南省（113个）

曲靖市麒麟区珠街街道办事处箐口村
曲靖市麒麟区越州镇潦浒社区大村
曲靖市陆良县马街镇良迪村
曲靖市沾益县花山街道松林村
曲靖市宣威市落水镇宁营自然村
玉溪市红塔区春和街道黄草坝村委会玉碗水村
玉溪市通海县河西镇大回村
玉溪市通海县里山乡小荒田村
玉溪市通海县兴蒙乡桃家嘴村
玉溪市华宁县宁州街道办事处碗窑村
玉溪市易门县小街乡歪头山村
玉溪市峨山县甸中镇八字岭村
玉溪市峨山县甸中镇栖木塀村
玉溪市峨山县塔甸镇大西村
玉溪市峨山县岔河乡安居村
玉溪市峨山县富良棚乡雨果村
玉溪市新平县戛洒镇大平掌小组村
玉溪市元江县那诺乡二掌村
玉溪市元江县洼垤乡邑慈

碑村
保山市隆阳区蒲缥镇塘子沟村
保山市隆阳区水寨乡平坡村
保山市腾冲县腾越镇马常村
保山市腾冲县腾越镇热海村
保山市腾冲县腾越镇洞坪村
保山市腾冲县清水乡大寨村
保山市腾冲县清水乡荆陈社区
保山市龙陵县象达乡营坡社区南海寨村
昭通市巧家县小河镇拖车村
昭通市巧家县大寨镇车坪村
昭通市威信县双河乡后房村
丽江市古城区九子海村
丽江市玉龙县巨甸镇拉市坝村
丽江市玉龙县塔城乡拉市落村
丽江市宁蒗县翠玉乡培德村
普洱市镇沅县振太镇文索村杨家组
普洱市澜沧县南岭乡勐炳村龙塘老寨村
临沧市凤庆县鲁史镇老道箐村老议山自然村
临沧市凤庆县鲁史镇金鸡村先锋自然村
临沧市凤庆县诗礼乡永兴村
临沧市凤庆县诗礼乡三合学堂村
临沧市云县后箐乡后箐村
临沧市沧源县单甲乡嘎多村
楚雄州武定县高桥镇老滔村
楚雄州禄丰县勤丰镇马街村委会旧县村
红河州蒙自市鸣鹫镇鸣鹫村
红河州蒙自市老寨乡老寨村
红河州建水县西庄镇东者村
红河州建水县普雄乡藤子寨村
红河州建水县坡头乡咪的村
红河州建水县利民乡小暮阳村
红河州建水县李浩寨乡马占户村
红河州建水县甸尾乡泥冲村
红河州建水县甸尾乡期租碑村
红河州石屏县异龙镇大水村
红河州石屏县异龙镇冒合村
红河州石屏县异龙镇松村
红河州石屏县异龙镇太岳村
红河州石屏县异龙镇李家寨村
红河州石屏县异龙镇豆地湾村
红河州石屏县宝秀镇宝秀村
红河州石屏县宝秀镇张本寨村
红河州石屏县宝秀镇吴营村
红河州石屏县坝心镇新街村
红河州石屏县龙朋镇桃园村
红河州石屏县龙朋镇大寨村
红河州石屏县龙朋镇龙朋村
红河州石屏县龙武镇坡头甸村
红河州石屏县哨冲镇莫测甸村
红河州石屏县哨冲镇龙黑村
红河州石屏县哨冲镇哨冲村
红河州石屏县哨冲镇曲左村
红河州石屏县哨冲镇撒妈鲊村
红河州弥勒市西一镇滥泥箐村
红河州泸西县金马镇嘉乐村
红河州泸西县旧城镇黑舍村
红河州泸西县午街铺镇普泽村
红河州泸西县白水镇小红杏村
红河州泸西县向阳乡小沙马村
红河州泸西县三塘乡大阿定村
红河州元阳县新街镇大鱼塘村
红河州元阳县大坪乡太阳老寨村
红河州红河县迤萨镇他竜村
红河州红河县甲寅乡阿撒村
红河州红河县大羊街乡小妥赊村
文山州广南县者兔乡下者偏村
文山州广南县者兔乡上者偏村
文山州广南县者兔乡那坝村
大理州大理市喜洲镇上关村
大理州祥云县下庄镇大仓村
大理州宾川县力角镇中营村
大理州宾川县平川镇盘古村
大理州弥渡县寅街镇朵祜村
大理州弥渡县寅街镇大庄村
大理州弥渡县苴力镇大寺村
大理州巍山县庙街镇顾旗厂村
大理州巍山县大仓镇回营村
大理州巍山县巍宝山乡玉碗水村
大理州巍山县五印乡鼠街村
大理州云龙县白石镇顺荡村
大理州洱源县茈碧湖镇松鹤村
大理州洱源县乔后镇老街村

大理州洱源县牛街乡牛街村
大理州鹤庆县辛屯镇逢密村
大理州鹤庆县金墩乡金登村
德宏州芒市遮放镇芒丙村
德宏州芒市遮放镇遮冒村
德宏州芒市三台山乡出冬瓜村
德宏州芒市轩岗乡芒项村
德宏州盈江县铜壁关乡松克村
德宏州盈江县盏西镇扒欠村
怒江州贡山县丙中洛镇甲生村
怒江州贡山县丙中洛镇秋那桶村
迪庆州香格里拉市虎跳峡镇海典村

二十五、陕西省（41个）

西安市蓝田县葛牌镇石船沟村
西安市周至县厚畛子乡老县城村
咸阳市三原县鲁桥镇东里村
咸阳市彬县香庙乡程家川村
渭南市华县赤水镇辛村
渭南市大荔县朝邑镇大寨村
渭南市大荔县段家镇东高垣村
渭南市合阳县百良镇东宫城村
渭南市蒲城县椿林镇山西村
渭南市韩城市新城办相里堡村
渭南市韩城市龙门镇西原村
渭南市韩城市桑树坪镇王峰村
渭南市韩城市西庄镇柳枝村
渭南市韩城市西庄镇郭庄砦村
渭南市韩城市西庄镇柳村
渭南市韩城市西庄镇薛村
渭南市韩城市西庄镇张代村
延安市宝塔区临镇镇石村
延安市子长县安定镇安定村
汉中市城固县上元观镇乐丰村
榆林市绥德县义和镇虎焉村
榆林市绥德县中角镇梁家甲村
榆林市米脂县银州办事处高庙山村
榆林市米脂县桃镇桃镇村
榆林市米脂县桃镇黑圪塔村
榆林市米脂县杨家沟镇寺沟村
榆林市米脂县杨家沟镇岳家岔村
榆林市米脂县郭兴庄镇白兴庄村
榆林市米脂县乔河岔乡刘家峁村
榆林市米脂县城郊镇镇子湾村
榆林市佳县木头峪乡木头峪村
榆林市清涧县高杰村镇高杰村
榆林市子洲县何家集镇眠虎沟
安康市汉滨区石转镇双柏村
安康市汉滨区双龙镇天宝村
安康市汉滨区叶坪镇双桥村
安康市汉滨区早阳镇王庄村
安康市汉滨区共进镇高山村
安康市汉滨区瀴坝镇马河村
安康市旬阳县仙河镇牛家阴坡村
商洛市镇安县云盖寺镇云镇村

二十六、西藏自治区（8个）

日喀则市南木林县土布加乡岗嘎村
日喀则市定日县岗嘎镇岗嘎村
日喀则市谢通门县通门乡坚白村
日喀则市亚东县帕里镇居委会
林芝市巴宜区鲁朗镇扎西岗村
林芝市波密县八盖乡日卡村
山南市乃东县扎西曲登村
山南市琼结县下水乡唐布齐行政村

二十七、甘肃省（21个）

兰州市榆中县金崖镇永丰村
白银市景泰县中泉乡龙湾村
白银市景泰县中泉乡尾泉村
张掖市高台县罗城乡天城村
平凉市华亭县安口镇高镇村
庆阳市正宁县永和镇罗川村
陇南市文县碧口镇白果村郑家社
陇南市文县铁楼乡强曲村
陇南市宕昌县狮子乡东裕村
陇南市康县岸门口镇朱家沟村
陇南市西和县兴隆乡下庙村
陇南市西和县大桥镇仇池村
陇南市礼县宽川乡火烧寨村
陇南市礼县崖城乡父坪村
陇南市徽县嘉陵镇稻坪村
陇南市徽县嘉陵镇田河村
陇南市徽县麻沿乡柴家社
陇南市徽县大河乡青泥村
甘南州迭部县益哇乡扎尕那村

甘南州临潭县流顺乡红堡子村

甘南州临潭县王旗乡磨沟村

二十八、青海省（38个）

西宁市大通回族土族自治县东峡镇衙门庄村

西宁市大通回族土族自治县景阳镇寺沟村

西宁市湟中县田家寨镇沙尔湾村

西宁市湟中县田家寨镇下营一村

西宁市湟中县鲁沙尔镇石咀一村

西宁市湟中县土门关乡贾尔藏村

西宁市湟源县日月藏族乡兔尔干村

海东市乐都区芦花乡十字村

海东市乐都区马营乡昆仑村

海东市乐都区马营乡龙王岗村

海东市化隆回族自治县扎巴镇黄麻村

海东市化隆回族自治县扎巴镇南滩村

海东市化隆回族自治县金源藏族乡恰加村

海东市化隆回族自治县塔加藏族乡塔加一村

海东市化隆回族自治县塔加藏族乡塔加二村

海东市化隆回族自治县塔加藏族乡牙什扎村

海东市化隆回族自治县塔加藏族乡尕洞村

海东市循化撒拉族自治县积石镇西沟村

海东市循化撒拉族自治县积石镇瓦匠庄村

海东市循化撒拉族自治县白庄镇上科哇村

海东市循化撒拉族自治县白庄镇下张尕村

海东市循化撒拉族自治县道帏藏族乡比隆村

海东市循化撒拉族自治县道帏藏族乡张沙村

海东市循化撒拉族自治县查汗都斯乡苏志村

海东市循化撒拉族自治县文都藏族乡牙循村

海东市循化撒拉族自治县文都藏族乡毛玉村

海东市循化撒拉族自治县尕楞藏族乡合然村

黄南藏族自治州同仁县隆务镇吾屯上庄村

黄南藏族自治州同仁县兰采乡土房村

黄南藏族自治州同仁县年都乎乡录合相村

海南藏族自治州贵德县拉西瓦镇罗汉堂村

海南藏族自治州贵德县拉西瓦镇昨那村

玉树藏族自治州玉树市安冲乡结拉村查同社

玉树藏族自治州玉树市安冲乡拉则村英达社、英群社

玉树藏族自治州称多县清水河镇扎哈村

玉树藏族自治州称多县尕朵乡吾云达村

玉树藏族自治州称多县尕朵乡卓木其村

玉树藏族自治州囊谦县白扎乡也巴村

二十九、宁夏回族自治区（1个）

宁夏吴忠市利通区东塔寺乡石佛寺村

三十、新疆维吾尔自治区（2个）

吐鲁番市高昌区葡萄沟街道办事处拜西买里村

吐鲁番市鄯善县鲁克沁镇赛尔克甫村

中国重要农业文化遗产发掘与保护工作评估报告

重要农业文化遗产是指“我国人民在与所处环境长期协同发展中世代传承并具有丰富的农业生物多样性、完善的传统知识与技术体系、独特的生态与文化景观的农业生产系统，包括由联合国粮农组织（FAO）认定的全球重要农业文化遗产（GIAHS）和由农业部认定的中国重要农业文化遗产（China－NIAHS）。”这些种类繁多、特色明显、经济与生态价值高度统一的传统农业生产系统，不仅在历史上推动了农业发展，保障了百姓生计，同时也促进了社会进步，由此演进并创造出了

悠久灿烂的中华农业文明，对我国农业文化传承、农业可持续发展和农业功能拓展具有重要的科学价值和实践意义。

一、发掘与保护工作进展

（一）发掘与认定工作

中国重要农业文化遗产发掘与保护工作自2011年底正式准备，在有关科研人员的支持下，由农产品加工局具体负责，在较短时间内起草完成了《中国重要农业文化遗产遴选标准与办法》《中国重要农业文化遗产申报书编写导则》《农业文化遗产保护与发展规划编写导则》等文件，于2012年3月正式发文。2013年5月、2014年6月、2015年10月，以农业部的名义认定发布了三批共62项中国重要农业文化遗产，覆盖大陆地区25个省份，这一工作也使我国成为世界上第一个开展农业文化遗产系统发掘与保护的国家。

在62项中国重要农业文化遗产中，已有11项被联合国粮农组织认定为全球重要农业文化遗产，数量居各国之首。另有28项被公布为中国全球重要农业文化遗产预备名单。

（二）保护、传承与利用工作

1. 农业部层面上开展的主要工作

一是为科学指导中国重要农业文化遗产发掘与保护工作，于2014年3月成立了“中国重要农业文化遗产专家委员会”，包括4位院士在内的27位相关专家被聘为第一届委员；二是由产业政策与法规司牵头，农产品加工局和国际合作司配合，经过多次征求意见和反复修改，出台了《重要农业文化遗产管理办法》，这也是世界上第一部国家级农业文化遗产保护的规范性文件；三是农业部管理干部学院、中央农业广播电视学校等先后举办了农业文化遗产保护培训班、农耕文化大讲堂，国际合作司和农业部国际交流服务中心与联合国粮农组织举办了两期“南南合作框架下全球重要农业文化遗产高级别培训班”；四是全国农业展览馆先后举办了多次以农业文化遗产保护为主题的大型展览；五是农产品加工局利用中国重要农业文化遗产发布活动等契机，大力开展宣传活动；六是部属有关部门组织开展了各种形式的科普宣传工作，如中国农业出版社出版了《中国重要农业文化遗产》《中国重要农业文化遗产系列读本》等图书，CCTV-7拍摄并在播放了《农业遗产的启示》系列专题片，《农民日报》多次刊发专题、专访和系列文章。

2. 各地开展的主要工作

一是所有中国重要农业文化遗产地均制定了保护与发展规划，一些地方还出台了有关管理办法。如，云南红河颁布实施了《红河哈尼梯田保护管理办法》《云南省红河哈尼族彝族自治州哈尼梯田保护管理条例》等；内蒙古敖汉旗制定了《敖汉旗全球重要文化遗产标识使用与管理办法》《敖汉小米国家地理标志产品保护专用标志使用管理办法》；福州市颁布实施了《福州茉莉花茶保护规定》，河北张家口市宣化区先后出台了《关于加快葡萄产业发展的补助办法》《宣化传统葡萄园保护管理办法》和《宣化城市传统葡萄园建立标准示范漏斗架葡萄种植管理方案（试行）》等。

二是各遗产地政府积极开展教育培训活动，编写科普教材，不断提高遗产地广大人民的遗产保护意识与生产技术水平。如河北、江西、云南等地先后举办了较大规模的农业文化遗产保护培训或专题报告；云南红河组织编写出版《文化解读哈尼梯田》《哈尼梯田传统文化知识读本》等梯田文化丛书；浙江青田县开展了稻鱼共生技术培训并发行《青田传统稻鱼共生技术》电子版；河北省农业厅、内蒙古敖汉旗分别编印了《重要农业文化遗产知识读本》等。

三是各地加强遗产地宣传推介工作，通过举办各种文化节庆、比赛、农事体验等活动，以报纸、广播、电视、多媒体等为载体，不断提高遗产地品牌价值，打造遗产地特色农产品，促进农旅结合、三产融合发展，丰富休闲农业与乡村旅游产品，促进农民就业增收。如，云南红河重点建设 8 万亩梯田红米生产基地，助农增收 1.44 亿元，已打造了“梯田谷雨”“土司血米”“云雾谷”等著名品牌。

二、发掘与保护农业文化遗产的主要效益

（一）提高了全社会对于农业文化遗产重要价值的认识，各级政府高度重视农业文化遗产的发掘与保护工作

通过重要农业文化遗产发掘与保护工作，更加深刻地理解了习近平总书记“农耕文化是我国农业的宝贵财富，是中华文化的重要组成部分，不仅不能丢，而且要不断发扬光大”“农村是我国传统文明的发源地，乡土文化的根不能断，农村不能成为荒芜的农村、留守的农村、记忆中的故园”等重要讲话精神，有效推动了中华优秀传统文化的传承和弘扬。2015 年 7 月 30 日国务院办公厅印发《关于加快转变农业发展方式的意见》（国办发〔2015〕59 号），指出“积极开发农业多种功能。保持传统乡村风貌，传承农耕文化，加强重要农业文化遗产发掘和保护”。12 月 30 日国务院办公厅 印发《关于推进农村一二三产业融合发展的指导意见》（国办发〔2015〕93 号），提出“拓展农业多种功能。加强农村传统文化保护，合理开发农业文化遗产”。12 月 31 日《中共中央国务院关于落实发展新理念加快农业现代化实现全面小康目标的若干意见》（2016 年“1 号文件”）中，明确提出“开展农业文化遗产普查与保护”。农业部 2016 年 1 月 18 日印发的《关于扎实做好 2016 年农业农村经济工作的意见》（农发〔2016〕1 号），也将“加强重要农业文化遗产发掘认定和保护，培育各种文化产品”列为 2016 年重点工作。

2015 年 6 月，中共云南省委、云南省人民政府出台了《关于进一步加强农耕文化保护与传承工作的意见》，并明确提出“农耕文化是美丽乡村建设的重要基础，也是建设美丽乡村的内在动力。”“在民族团结进步示范区建设过程中，必须始终保护与传承好农耕文化这个根基。……重要农业文化遗产认定工作有序推进，……确保农耕文化薪火相传、发扬光大。”2015 年 10 月，福建省人民政府在《关于加快转变农业发展方式的实施意见》中，也明确提出“加强重要农业文化遗产发掘和保护，传承农耕文化，保持传统乡村风貌，扶持建设一批具有历史、地域、民俗特点的休闲农业示范点和特色休闲村镇。促进休闲农业与旅游扶贫相结合，支持旅游扶贫开发重点村建设。”

（二）农业文化遗产多种功能日益实显、品牌价值日益提高，极大地促进了遗产地经济社会可持续发展

一是农业文化遗产品牌效应逐渐显现，打造了一批有浓郁地域色彩、有深厚文化内涵的农产品。中国重要农业文化遗产的发掘对于提高遗产地农产品的品牌影响力、文化内涵和产品附加值发挥了重要作用。例如，云南哈尼梯田红米、浙江青田田鱼、江西万年贡米、内蒙古敖汉小米、陕西佳县红枣、云南漾濞核桃、浙江绍兴香榧、河北宣化葡萄等，都是具有丰富文化内涵的农产品的典型代表。自稻鱼共生系统获得重要农业文化遗产地称号以来，浙江省青田县依托环境和品牌优势，把稻田养鱼作为农业主导产业来抓，坚持以生态农业为主线，着重做好“稻鱼共生、

鱼米增效”的大文章，大力实施稻鱼共生“百斤鱼、千斤稻、万元钱”工程，积极开展粮食生产功能区、稻鱼共生精品园和省级生态循环示范区建设，呈现出“有稻就有鱼”的良好扩展局面。云南红河重点建设8万亩梯田红米生产基地，助农增收1.44亿元。已打造了“梯田谷雨”“土司血米”“云雾谷”等著名品牌。云南红河哈尼梯田红米2014年获得了中央电视台农业频道(CCTV-7)“全国十大魅力农产品”称号。

二是遗产地多部门联动，积极整合资源，休闲农业和乡村旅游更加具有吸引力。以中国重要农业文化遗产品牌为契机，打造出一批精品休闲农业和乡村旅游示范区，培育出一批各具特色的农家乐，提高了农民的就业水平和收入水平，实现农业文化遗产动态保护和可持续发展。例如，青田县龙现村在被认定为重要农业文化遗产之后，一个原本默默无名的小山村很快成为休闲农业和乡村旅游发展的示范点，目前已有5家“农家乐”。该村农民杨民康、伍丽贞一家，在地方政府的支持下，利用农业文化遗产的品牌，种稻养鱼、制作田鱼干、开办“渔家乐”，很快就由当地有名的贫困户变成为富裕户，不仅为当地农民起到了很好的示范作用，还引起了国内外媒体的关注。

三是农业文化遗产保护和多功能发展提高了农民收入和文化自觉，涌现出一批农业文化遗产保护和发展的带头人。青田县方山乡的归国华侨金岳品，组建合作社，学习育苗孵化技术，带领周边农民共同致富，2014年被联合国粮农组织授予“世界模范农民”称号；云南红河农民郭五六，在家乡人看来微不足道的梯田鸭蛋里看到了商机，成立了梯田养鸭协会，带领全村人走上了共同富裕的道路。此外，贵州从江县县委书记王之政、云南红河世界遗产管理局局长张红榛、浙江青田农业技术推广站站长吴敏芳等，积极投入农业文化遗产保护和发展事业中，多次被国内外重量级媒体报道。

（三）中国农业文化遗产保护引领世界发展，为中国优秀传统文化走向世界发挥了重要作用

农业文化遗产保护工作已经成为中国和联合国粮农组织合作的重要领域，中国科学家连续在农业文化遗产相关委员会担任要职。在农业部的努力下，农业文化遗产保护工作写入了APEC农业部长会议《北京宣言》。中国连续举办的农业文化遗产高级别培训班，20多个国家的代表前来学习，直接促进了这些国家农业文化遗产申报和保护工作。

2015年6月在米兰举办的世博会中国馆日，汪洋副总理观看了青田农民带队表演的“鱼灯舞”，并多次为之“点赞”。精心打造的反映哈尼梯田传统文化艺术的《哈尼古歌》也成功亮相米兰世博会，作为中国馆唯一驻场演出节目，获得了世人的惊叹与赞赏。从江侗族大歌、万年贡米、湖南紫鹊界梯田影像等，都在世博会上大放异彩。

（四）各地申报工作积极踊跃，农业文化遗产保护意识显著提升

自2012年启动中国重要农业文化遗产发掘与保护工作以来，各地对于申报工作高度重视。2012—2014年连续三年申报数均在40项以上。即使目前尚未申报的省份，也在开展一些基础性准备工作。海南省已经把重要农业文化遗产发掘与保护作为2016年重要工作，并将有效融入“国际旅游岛”“全域旅游示范区”建设中。通过遗产发掘与保护，广大农民对于遗产保护的意识由自发到自觉，对遗产保护的热情空前高涨，形成了遗产地民众“人人知晓农业文化遗产保护理念，时时关心农业文化遗产保护工作进展、处处维护遗产地良好发展”的可喜局面。

三、存在的主要问题

一是全国范围内农业文化遗产底数不清。当前，我们尚未对农业遗产进行系统普查，全面的科学评估还没有做到，这需要自上而下与自下而上两个方面进行改进。目前采取的是由地方申报，集中申报一批、批准一批的评选方式，还是属于农业文化遗产保护工作的初级阶段。

二是农业文化遗产保护制度建设还要不断向前推进。尽管出台了《重要农业文化遗产管理办法》等一系列法规制度，但当前最紧迫的是缺少生态与文化方面的补偿措施。遗产地传统农耕生活对年轻人缺乏吸引力，很多传统农耕栽培技艺的传承人年龄都在 60 岁以上，面临后继无人的状况。

三是农业文化遗产保护的组织机构还有待健全完善。目前，仅有部分遗产地成立了农业文化遗产保护的专门机构，比如内蒙古敖汉旗成立了农业文化遗产保护与开发管理局，云南红河成立了梯田管理局等，其他大部分仍在农业部门或者文化部门管理，缺少专职工作人员。

四是遗产地经济发展水平很不平衡，遗产地之间保护与传承工作存在较大的差异。一些既是中国同时又是全球重要农业文化遗产的遗产地，甚至是世界文化遗产地，其保护与发展在政策制定上、项目资金扶持上做得就比较到位，发展也更好更快；但另一些刚刚获评的遗产地以及经济条件相对较差的遗产地，由于地处偏远、交通闭塞，遗产地民众文化水平不高，基层政府资源有限，在资金扶持政策上捉襟见肘，举步维艰，面临很大困难。

四、若干建议

一是制定全国重要农业文化遗产普查方案，力争在 3～5 年内做好农业文化遗产普查摸底工作。全面普查是农业文化遗产保护的基础性工作。按照《农业部办公厅关于开展重要农业文化遗产普查的通知》要求，建议农业部加大业务指导，督促各地把全国各地现有农业文化遗产的现状摸清，为重要农业文化遗产项目的评定和开展有针对性的保护扶持工作打好基础。

二是大力推动各地农业文化遗产保护管理办法的制订完善。抓紧做好农业文化遗产生态与文化补偿方面的规章研究制订工作，吸引遗产地年轻人回归，继承传统农耕财富。对于重要农业文化遗产农耕技艺传承人要进行抢救性保护，增加补贴力度，同时要大力宣传，使农业文化遗产传承工作顺利开展。

三是农业文化遗产保护的体制机制要适应时代发展需要，不断创新，更好地开展工作。以内蒙古敖汉旗、云南红河等地的实践经验作为榜样，建议各地成立专门的农业文化遗产管理机构，选拔热爱此项事业的专业干部充实进来，认真探索农业文化遗产保护与发展的内在规律，为农业文化遗产的保护与发展工作提供制度保障。

四是加大对遗产地保护政策与项目支持的力度。借鉴国家自然保护区、风景名胜区、文物保护单位、传统村落等经验，会同发改、财政等部门，尽快建立“农业文化遗产保护专项”，对已被列入重要农业文化遗产的项目进行重点支持。将农业文化遗产保护与美丽乡村建设、休闲农业和乡村旅游发展、精准扶贫等有机结合，建立多元融资、多方参与机制。对现有已经获评“中国重要农业文化遗产”的 62 个遗产地，要按照其所处地域、农业类型和发展水平的不同，制定相应政策措施，做到因时因地、精准扶持，使遗产保护工作效率最大化。

几年来的实践表明，挖掘、保护、利用和传承重要农业文化遗产，是填补国家遗产保护在农业领域的空白，是传承弘扬中华优秀传统文化的需要，是探寻农业可持续发展道路的要求，更是加快推进生态文明建设和促进农民就业增收的有效途径。让农业增效，让农民增收，推动农业生产结构调整和发展方式转变，充分发挥农业的多功能性，推动产业融合发展，让弃耕农民回归耕种，遗产地各级主管政府部门努力实现多部门联动，千方百计增加资金投入，保障各项措施落地，促进生态旅游与休闲农业发展，实现农业文化遗产动态保护和可持续发展的目标。

几年来的实践充分表明，做好农业文化遗产的发掘保护与传承利用工作，不仅能够增强产业发展后劲，带动遗产地农民就业增收，促进农业可持续发展，而且对传承农耕文明，弘扬农耕文化，增强国民对民族文化的认同感、自豪感，增进民族团结和维护社会稳定，实现中华民族经济与文化的永续发展都具有重要意义。

索引

H

J

L

N

图书在版编目（CIP）数据

中国休闲农业年鉴.2017/农业部农产品加工局（乡镇企业局）主编.—北京：中国农业出版社，2018.1
ISBN 978-7-109-24060-5

Ⅰ.①中…　Ⅱ.①农…　Ⅲ.①观光农业—中国—2017—年鉴　Ⅳ.①F592.3-54

中国版本图书馆CIP数据核字（2018）第076913号

中国农业出版社出版
（北京市朝阳区麦子店街18号楼）
（邮政编码 100125）
责任编辑　贾　彬　徐　晖
文字编辑　贾　彬　杜　婧

北京通州皇家印刷厂印刷　　新华书店北京发行所发行
2018年1月第1版　　2018年1月北京第1次印刷

开本：787mm×1092mm 1/16　　印张：20.25　　插页：4
字数：700千字
定价：300.00元